JN192742

強行法・任意法の研究

近江幸治
椿　寿夫　［編著］

成文堂

本書を企画した趣旨

　本書は，民法学の古典的なテーマである「強行法・任意法」について，現在の学問的状況から，もう一度，あるいは原点に立ち戻り，あるいは現在の判例・学説の状況を横断的に鳥瞰し，あるいは理論的に検討しようとする意図から，編集されたものである。

　「強行法・任意法」の区別や機能については，これまで，ある意味では自明のように取り扱われてきた。ところが，多々検討してみると，必ずしも自明ではなく，理論的にも多くの疑問に遭遇した。

　この問題については，椿を中心とするグループは，これまで数年にわたり共同研究を続け，その成果として，民法全般を対象とした解説書『強行法・任意法でみる民法』（日本評論社，2013年，本文340頁）を公刊し，さらに，特に法理面から追究した研究書『民法における強行法・任意法』（日本評論社，2015年，本文380頁）を公刊した。

　他方，これとは別に，近江らは，弁護士および企業法務担当者を中核として「実務系・強行法研究会」を2014年来重ねてきた。これは，「強行法」対「任意法」の異同という従来のアプローチから離れ，実務界で行われている取引のほとんどが当事者間で合意した「契約」（契約書）に依拠している現実を踏まえ，いくつかの重要な契約（契約書）を取り上げ，それに対して「民法という"網"」を被せた場合，生き残るもの（有効な条項），生き残らないもの（無効な条項），一部生き残らないもの（一部無効な条項）などがあると考えて，その整理の中から強行法・任意法の関係を捉えようとしたものである。

　以上の研究目的を集約すれば，「強行法規・任意法規とはどのように区別されるのか」という大命題の下で，具体的に「法律の規定に反する合意（契約）はどこまで許されるのか」ということを検証することであり，それによって，強行法規と任意法規との関係・区別を明らかにすることであった。

　そして，この「強行法と任意法」に関する研究が，日本私法学会の2018年度のシンポジウムとして承認された。その企画趣旨（申請書）は，本書の編

ii

集の趣旨と同じなので，その一部を原文のまま掲げる。

＊＊＊

「強行法」と「任意法」との関係の問題は，古くからわが国でも法理学および各実定法学で言及されてきた。両者は，おおむね，当事者の意思によってこれを排除できるか否かで区別されるが，当該条文が強行法と任意法のいずれであるかは，規定の趣旨を考慮して判断するほかはないとされ，区別の一般的原則の定立はされてこなかった。そして，任意法は，私的自治原則の下において，当事者の特約（合意）に対しては，その解釈的作用と補充的作用をもつものと理解されてきた。

ところが，その後，特約に劣後するはずの任意法につき，経済的弱者の保護の観点から強行的意義が強調され，「任意法から強行法へ」の移行が叫ばれるようになった（我妻など）。他方，ドイツにおける約款規定の民法への組み込みの影響などから，「任意法の半強行法化」・任意法の「部分的強行法」という観念が強力に主張されるようになった（大村，河上など）。

他方において，今日の取引社会では，西欧の契約観念の影響から，契約締結の際に「契約書」が取り交わされ，その合意どおりの法律効果を発生させているのが普通である。その合意内容は，民法等の規定に従った条項から，民法に規定のない条項，民法規定とは異なった合意条項まで，様々である。このような契約の各条項が強行法違反となるのか否かは，実務界では，大きな関心事であるといってよい。

今般の民法改正作業においても，特に実務界から，強行規定と任意規定とを条文上明確にすることの要望や，強行法の概念を明確にすることの要望が強く出されたことは，記憶に新しい。

民法改正では見送られたものの，強行法と任意法との関係をどのように理解するか，また，強行法概念の明確化や，任意法の法的作用等につき，改めて議論することの意義は十分あるように思われる。このような議論は，私法学会全体に寄与すべきばかりでなく，実務界での関心も高いと聞いているので，取引実務への貢献も大きいものと考える。

＊＊＊

本書は，21名の研究者が，「強行法と任意法」という大テーマに関して26

の項目に渡って執筆した論文集であり，これをもって2018年度日本私法学会シンポジウムに向けた基礎資料集とするものであるが，これ自体は私たち研究会の一つの成果である。なお，「契約自由・私的自治と強行法」など重要な項目のいくつかは，都合で掲載ができなかった。

　このテーマについては，私たちは結論などはもっておらず，ただ，現在までの学問的状況を学会員の方々に提示し，学界全体で問題点を共有することができれば，学会へのひとつの寄与となり得ると考えた。本書に掲載された諸論文が，今後の議論の一端となることができれば，誠に幸いである。

　2018年 5 月28日

早稲田大学教授　　近江幸治
京都大学法学博士　椿　寿夫

目　　次

1　強行法・任意法に関する法学的基礎

近 江　幸 治

I　はじめに

　本書は，椿寿夫教授との協同による「本書を企画した趣旨」で示したように，日本私法学会2018年度大会シンポジウムのための基礎資料集である。本稿は，総括する立場上，「強行法・任意法」に関するこれまでの問題点や疑問点などを，一般的・総合的に述べるものである。個別的なテーマについては，本書の各論稿で詳しく論じられることになる。

II　「法」（法規範・法律規定）の強行法規性と任意法規性

　「法」（法律）とは，さまざまな社会規範のうちで，その「効力」の面からいえば，特定の効力——すなわち，「強制力」——をもっているものと解してよい。この「法」のもつ「強制的効力」については，次に述べる「強行法規」であれ，「任意法規」であれ，変わるところはない。

　他方において，人間の「意思」（行為の自由意思）との関係からいえば，人の行為は自由であるけれども，社会秩序のなかで「公の秩序」に関する規定に反して行為をすることは許されない。このような強行的性格の法規を「強行法規」と呼んでいる（90条，91条参照）。これに反し，社会秩序のなかで「公の秩序」に関しない規定については，当事者はその規定に反して行為をすることが認められることになる（91条）。これを「任意法規」と呼んでいる。

　おおむね，法律の規定は，強行法規と任意法規とから成るのであるから，具体的規定が強行法規なのか任意法規なのかを峻別することは，理論的・抽象的には可能[1]であるといえよう。しかし，次に述べるように，明文規定があれば格別，そうでない場合は，そのいずれか判別することは，極めて困難である。そこで，判例・学説は，一般に，「規定の趣旨を考察し，個人の意思によって排斥することを許すものかどうかを判断して決す他はない」[2]としている。

Ⅲ　「強行法規」とは何か

1　民法規範

　民法上，「強行法規」とは，「公の秩序」に関する法規範をいう。90条（「公の秩序又は善良の風俗」違反の法律行為），91条（「公の秩序」に反しない意思表示），92条（「公の秩序」に反しない慣習），280条（地役権の内容は「公の秩序」に反しないこと），法適用通則法3条（「公の秩序又は善良の風俗」に反しない慣習）が，そのことを明言する。

（1）　椿寿夫「強行法の観念をめぐる問題の所在」椿編著『民法における強行法・任意法』（日本評論社，2015年）66頁以下参照。
（2）　我妻榮『新訂民法総則』（岩波書店，1965年）10頁。また，川島武宜『民法総則』（有斐閣，1965年）223頁，石田穣『民法総則』（悠々社，1992年）282頁以下，河上正二『民法総則講義』（日本評論社，2007年）262頁，大村敦志『基本民法Ⅰ総則・物権法総論［第3版］』（有斐閣，2008年）66頁，山本敬三『民法講義Ⅰ総則［第3版］』（有斐閣，2011年）21頁以下参照。最判平11・2・23民集53巻2号193頁。

　「公の秩序」とは，「善良の風俗」が道徳的観念が中心的概念であるのに対し，社会経済的観念の「国家的利益秩序」を指すものと解される。「国家的利益秩序」とは，国家の目的である〈社会の安定，経済の発展，国民の幸福〉を全うするための法秩序である(3)。

　民法典において規定の強行法規性を謳うものは少ないが，例えば，民法446条2項「保証契約は，書面でしなければ，その効力を生じない。」，民法改正「中間試案」678条関係「組合員の脱退について，……(1)民法第678条に付け加えて，やむを得ない事由があっても組合員が脱退することができないことを内容とする合意は，無効とするものとする。」〔ただし，削除〕などは，その例である。

　反対に，規定の任意法規性を表明する規定は多い。例えば，民法116条本文「追認は，別段の意思表示がないときは，契約の時にさかのぼってその効力を生ずる。」，民法404条「利息を生ずべき債権について別段の意思表示がないときは，その利率は，年5分とする。」，民法417条「損害賠償は，別段の意思表示がないときは，金銭をもってその額を定める。」，民法427条「数人の債権者又は債務者がある場合において，別段の意思表示がないときは，各債権者又は各債務者は，それぞれ等しい割合で権利を有し，又は義務を負う。」，民法484条「弁済をすべき場所について別段の意思表示がないときは，特定物の引渡しは債権発生の時にその物が存在した場所において，その他の弁済は債権者の現在の住所において，それぞれしなければならない。」，民法485条「弁済の費用について別段の意思表示がないときは，その費用は，債務者の負担とする。」などである。

2　特別法（片面的強行法）

　民法典（1896年）が制定されて以来，民事法領域では，様々な民事特別法が制定されてきた。例えば，利息制限法（1877年，改正1954年），失火責任法（1899年），建物保護法（1909年），借地法・借家法（1921年，改正1941年），自動車損害賠償保障法（1955年），借地借家法（1991年），製造物責任法（1994

（3）　近江幸治『民法講義Ⅰ民法総則［第7版］』（成文堂，2018年）176頁。

年），消費者契約法（2000年）その他の特別法である。

　「特別法」は，民法各領域において生じた特別現象——不公平・不平等——に対する法的手当なのであるから，強行性をもっていることは当然である。ただし，各特別法は，その中のすべての規定が強行法規であるというわけではない。「強行法規」という建前で立法されたわけではないからである。ただ，法文中に規定に反する特約を許さない文言があれば，その規定が強行法規であることは明白である。例えば，借地借家法9条「第17条から第19条までの規定に反する特約で借地権者又は転借地権者に不利なものは，無効とする。」（同37条も同様），消費者契約法10条「民法，商法その他の法律の公の秩序に関しない規定の適用による場合に比し，消費者の権利を制限し，又は消費者の義務を加重する消費者契約の条項であって，民法第1条第2項に規定する基本原則に反して消費者の利益を一方的に害するものは，無効とする。」などである。

　このような規制は，経済的な弱者や情報量に格差のある弱者を保護する目的——不公平・不平等の是正——から，当事者の一方のみの法律行為を無効とするものである。そのことから，一般に「片面的強行法規」といわれる[4]。

3　取締法規——「行為」の禁止
(1)　取締法規と強行法規との関係

　法律の中には，経済政策や行政目的から，"一定の「行為」を禁止"または"制限"する法規が存在する。これを，「取締法規」と呼んでいる。「取締法規」は，国家の行政的政策から立法されるもので，その行為自体を取り締まる（＝「行為」自体の存在を禁止する）ものである。

　これに対し，「強行法規」とは，民法の基本理念である「公の秩序」（国家的利益秩序）の維持を目的とするものであり，その違反行為に対しては私法的効果を認めない（＝効果無効＝法律行為として成立を認めない）とする禁止規定である。

　それゆえ，強行法規と取締法規とは，その目的の次元・観点を異にし，両

---

(4)　この問題は，本書では，川地宏行「特別法の強行法性」，椿久美子「強行法・任意法をめぐる学説」で扱われる。

者の概念は，原則として無関係というべきである。このことから，食品衛生法に違反して許可を得ずに精肉を販売した売買契約は有効とされ（最判昭35・3・18民集14巻4号483頁），また，「白タク営業」であっても乗客との運送契約による運賃の請求は認められることになる（最判昭39・10・29民集18巻8号1823頁）。なお，次掲(2)(b)「『無効否定』判例」参照。

(2)　私法上の効力の否定（効力規定）とは？

　しかし，取締規定の内容が<u>民事的「強行法規」</u>性を帯びている場合がある。「取締」目的からして，当該契約の効力を否定（＝私法的無効）としなければ取締規定の趣旨が没却される場合，あるいは，その規定の禁止趣旨が民法90条・91条の「公の秩序」に反し，さらに民法1条の「公共の福祉」・「信義則」などに反する場合には，私法的効力も否定されるべきことは当然である[5]。したがって，<u>その限りにおいては，取締規定は「強行法規」だ</u>ということになる。そのことの意味は，民法学的に見れば，<u>そのような取締規定の一部は私法的強行性を有している</u>ということである。その結果，取締規定に抵触する公法的行為は，私法的効力が否定され，私法上の法律行為として成立しないことを意味する。

　この関係で，この場合の強行法規を「効力規定」ということがある。「効力規定」とは，必ずしも明文で定められているわけではないが，取締法規の中でも，違反行為については，公法上の制裁のみならず，私法上の効力も認めないとされる規定を称している。違反行為の「効力」（＝結果）を禁止しているからである。それゆえ，上記のとおり，その限りにおいては民法上の「強行法規」ということになる[6]。

(a)　「無効」判例

そこで，どのような取締規定がこれに該当するかは個別的な判断によるが，一般には，特別法違反の事例に多い。ただ，判例は，その私法的無効の「論拠」として，民法90条・91条を示すか，または示さないで単に「公の秩序」に反するものとするのが多い。例えば，以下のような判例が注目される[7]。

（5）　川井健『無効の研究』（一粒社，1979年）26頁以下，渡部達徳「取締法規と民事法」河上正二編・消費者法研究4号（信山社，2017年）18頁以下参照。
（6）　この問題につき，我妻・前掲注(2)263頁，大村・前掲注(2)66頁参照。

* 大判大 8 ・ 6 ・14民録25輯1031頁（取引所法違反の委託契約は「公の秩序」に反して無効）
* 大判大 8 ・ 9 ・15民録25輯1633頁（90条の「公の秩序」に反して無効）
* 大判大14・ 2 ・ 3 民集 4 巻51頁（鉱業法に反する売買契約は90条の「公の秩序」に反して無効）
* 大判大15・ 4 ・21民集 5 巻271頁（取引所法に反する名義借契約は公益規定に反して無効）
* 大判昭19・10・24民集23巻608頁（鉱業法に反する斤先堀契約は90条の「公の秩序」に反して無効）
* 最判昭30・ 9 ・30民集 9 巻10号1498頁（臨時物資需給調整法は強行法規であるからこれに反する取引は無効）
* 最判昭38・ 6 ・13民集17巻 5 号744頁（弁護士法72条に抵触する委任契約は民法90条に照らして無効）
* 最判昭39・ 1 ・23民集18巻 1 号37頁（食品衛生法に違反した有毒アラレを販売することは90条に反して無効）など。

(b) 「無効」否定判例　　他方において，取締法規違反であっても，私法的には，民法90条などにより無効とされない限り，無効とはならないとする（取締法規と私法的効果の峻別）。この論法は，判例の一貫した態度である[8]。

* 最判昭46・ 4 ・20民集25巻 3 号290頁（旧司法書士法 9 条に違反してした和解契約であっても，公序良俗に違反する性質を帯びるものでない限り，直ちに無効とはならないとする）
* 最判昭52・ 6 ・20民集31巻 4 号449頁（拘束された即時両替預金を取引条件とする貸付契約は独禁法違反に当たるものの，「その違反により，貸付

（7）　強行法規に関する判例の流れと分析については，本書では，芦野訓和「判例における強行法と任意法」で詳しく論じられる。
（8）　この点，我妻榮『新版民法案内Ⅰ』（一粒社，1967年）155頁は，「取締法は，行為の現実に行われることを禁圧することだけを目的とするものだから，すでに行われた取引行為から生じた私法上の効力には影響がない，すなわち有効だ，と解するのが判例であり，一般の学説でもある。」とする。もとより，その行為が，公序良俗等に該当する場合は別である。

契約が直ちに私法上無効になるとはいえず，また，同契約が公序良俗に反
するともいえない」）

* 最判平28・6・27民集70巻5号1306頁（認定司法書士が司法書士法3条
に違反して裁判外の和解を行い，その報酬を得たことにつき，違法な代理
行為であるから，不法行為による損害賠償として報酬相当額の支払義務を
負う）[9]

* 最判平29・7・24民集71巻6号969頁（弁護士法違反の和解契約につ
き，「その内容及び締結に至る経緯等に照らし，公序良俗違反の性質を帯び
るに至るような特段の事情がない限り，無効とはならない」）

以上のように，取締法規については，基本的には強行法規とは異別の規範
範疇であり，したがって，取締法規に違反する法律行為であっても，私法的
な禁止規定である民法90条・91条・民法1条などの法理に抵触しない限り
は，民法上の効力は有効に発生する，というのが判例・学説の態度である。

Ⅳ 強行法規・任意法規の明文化は？

債権法改正の過程の中で，「強行規定と任意規定の区別の明記」として，
「強行規定か任意規定かが明確で，解釈の余地を残しておく必要がないか，
残すべきでないと考えられる規定については，できる限りその区別を条文上
明記することとしてはどうか。」との提案がされた。すなわち，「中間的な論
点整理第28，3［87頁（215頁）］として，「民法上の規定のうち，どの規定
が強行規定であり，どの規定が任意規定であるかを条文上明らかにすること
が望ましいとの考え方がある。これに対しては，全ての規定についてこの区
別を行うのは困難であるとの指摘，規定と異なる合意を許容するかどうか
は，相違の程度や代替措置の有無などによって異なり，単純に強行規定と任

---

(9) この判例については，読み方に注意をする必要がある。不法行為として報酬相当額
の損害賠償が認められたことから，これを「無効」判例と捉える向きもないではな
い。しかし，「不法行為」と認定された以上，代理行為は有効であって，その上での
損害賠償である。「無効」を前提とした損害賠償ではない（この構成は，訴訟代理人
の訴訟技法とも考えられるが）。

8

意規定に二分されるわけではないとの指摘，強行規定かどうかを法律上固定することは望ましくないとの指摘などがある。これらの指摘を踏まえ，強行規定と任意規定の区別を明記するという上記の考え方の当否について，強行規定かどうかを区別することの可否やその程度，区別の基準の在り方，区別をする場合における個々の規定の表現などを含め，検討してはどうか。」(10)である。

その「補足説明」として，つぎのように述べられている。

「1　第10回会議の審議において，民法の規定を個別に検討し，強行規定か任意規定かの区別を条文上明らかにすべきであるとの意見があった。このような考え方に従えば，全ての規定について強行規定か任意規定かを区別し，例えば，強行規定については「これに反する特約は，無効とする。」，任意規定については「当事者がこれと異なる意思を表示したときは，この限りでない。」などの表現を用いて，区別を条文上明記するものとする考え方もあり得る。

　　このような考え方に対し，第10回会議の審議においては，<u>民法の全ての規定について強行規定と任意規定を区別することは困難であること</u>，<u>強行規定かどうかに関する現在の解釈論を固定するのは不適切であること</u>，<u>ある規定と異なる意思表示の効力は，その規定の内容からの乖離の程度や適切な代替措置の有無などによって異なり，その規定が強行規定か任意規定かを単純に二分することはできないことなどの指摘があった</u>〔アンダーライン筆者〕。

2　そこで，逆に，全ての規定について区別を明記する考え方に対する批判から，その対極にある考え方として，全ての規定について強行規定か任意規定かを解釈に委ねるという考え方もあり得る。民法は，任意規定であることを明確にしている場合もあるが，契約当事者間の法律関係に関する規定については，原則として強行規定か任意規定かの区別を条文上明記しておらず，この区別を明示しない考え方は，このような民法の立場にも適合するとも言える。

(10)　民法改正部会資料「27」11頁以下。なお，その後の中間論点整理とパブリックコメントを踏まえた議論の概略については，芦野訓和・椿寿夫・伊藤進・島川勝「債権法改正議論における法規の強行法性」椿編著・前掲注(1)49〜50頁参照。

　　これに対しては，どの規定が強行規定であり，どの規定が任意規定であるかが分かりにくいという批判があるほか，強行規定か任意規定かが明確で，将来の解釈の余地を残す必要がない又は残すべきでないと考えられる規定もあり，そのような規定について明文化を否定する理由はないとも考えられる。

3　以上から，本文記載の考え方は，全ての規定について強行規定か任意規定かの区別を明らかにすることが困難又は不適切であるとしても，強行規定か任意規定かが明確であり，解釈の余地を残しておく必要がない又は残すべきでないと考えられる規定については強行規定か任意規定かを条文上明記することとし，それ以外の規定については解釈に委ねることを提案するものである。民法の契約に関する規定には，数は少ないものの，条文の内容と異なる合意を明示的に許容している場合があり（第127条第3項，第272条ただし書，第417条，第466条第2項，第525条など），本文記載の考え方は，明記する規定の範囲を可能な限り拡大することを試みるものであると言える。」

　しかし，審議においては，上記内に見られるような立法技術上の困難性から，立法化が見送られた。

V　強行法規であることが明示されていない場合の判断

1　個別的判断

　一般法である民法では，任意法規であるか強行法規であるかをほとんど明示していない。このため，当該規定が強行法規なのか任意法規なのかを具体的に判別することは困難である。他方において，上記引用したように，「民法の全ての規定について強行規定と任意規定を区別することは困難であること，強行規定かどうかに関する現在の解釈論を固定するのは不適切であること，ある規定と異なる意思表示の効力は，その規定の内容からの乖離の程度や適切な代替措置の有無などによって異なり，その規定が強行規定か任意規定かを単純に二分することはできない」(11)ことも事実である。

　一般的にいえば，これまで指摘されてきたように，債権法の分野は，私的

自治の原則を基盤としているので任意法規が多いが，物の所有権秩序を規律する物権法や，家族法秩序の維持を目的とする家族法，特別の領域のために用意された特別法などは，原則として強行法規である。しかし，例外がないわけではないから，各規定について，その趣旨を考慮し，個人の意思によって排斥することを許すものか否かから個別的に判断されるほかはないとされてきた。

2 「公の秩序」の判断基準

問題は，法律の規定に反した特約が「強行法規違反」（特約の無効又は一部無効）とされる場合の具体的な「判断基準」である。民法の領域で直截に「公の秩序」（強行法規違反）を理由として法律行為を無効とした判例はあまりなく，最判平11・2・23民集53巻2号193頁（ヨットクラブ組合契約の脱会規定の強行法規性）くらいであろうか。

他方，上記の特別法違反の判例では，「公益的理由」から当該契約を無効とする場合でも，90条，91条，1条（信義則），708条（不法原因給付）などを理由に，または一般的に「合理性」，「当事者間の公平」，「信義則」などを理由として，当事者間特約を排除しているのである。

ただ，特別法の場合には，基本的に強行法的性格であることから，その違反は，「公の秩序」違反として位置づけられ得るとしても，一般法（民法）ではそのような関係にないため（そもそも当該規定が強行法規なのか否かは判然としない），無効とされた特約が，強行法規違反なのか，単なる信義則違反なのかの判定は困難である。

しかし，「強行法規」は，国家的利益秩序である「公の秩序」の維持を目的とした規範概念であることは疑いなく，これは，民法90条・91条・92条・法適用3条などが一体となって「強行法規類型群」[12]を形成していると考えてよいであろう。したがって，これらの諸規定から無効又は一部無効の法的効果が導かれ，類型的に「公の秩序」違反行為として位置づけることは可能である。

---

(11)　前掲・民法改正部会資料「27」11頁以下。
(12)　近江・前掲注(3)177頁。

VI　考え方の歴史的変遷

　上記では強行法と任意法との関係を大まかに述べたが，ここでは，考え方の変遷につき，概略をしておこう（詳細は，本書の別項を参照されたい）[13]。

1　古典的な概念の峻別

　強行法・任意法の区別につき，かつては，「強行法規は当事者意思によって変更を許さないもの，任意法規は当事者意思が優先するから当事者意思を補充するもの（補充規定）」，などといわれてきたが，現在では，このような立場をそのまま受け入れる学説はない。

2　社会法的視点からのアプローチ＝任意法の強行法規化（「片面的強行法」）

　わが国は，明治後期以降，一方で産業革命の成立と循環的な恐慌により労働問題（市場経済の歪み）が生じ，他方で相次ぐ農業飢饉により農村は疲弊していく。この中で，社会的弱者（都市労働者と困窮農民）が大量に発生するようになったとき，法律は，社会的平等と正義を実現する目的から，任意法規の理念を実現しようとする方向に向かった。借地法・借家法や労働関係法の制定などがそれである。つとにこの現象を捉えて，我妻博士は，「法律は，任意法規として第二次的な立場にあることを棄て，強行法規として第一次的立場に進出」する傾向があることを指摘した[14]。

　第二次大戦を経て日本経済が復興し，昭和40年代以降に「約款」に対する規制が学界の関心を引くようになると，合理性を内在する任意法規の強行性を論じるものが多くなった[15]。

---

(13)　強行法・任意法の捉え方（学説）の歴史的変遷については，本書内の椿久美子・前掲「強行法・任意法をめぐる学説」で論じられる。

(14)　我妻・前掲注(2)255頁。

(15)　例えば，石原全『約款法の基礎理論』（有斐閣，1995年）。また，同「ドイツにおける約款規制法の改正」一橋大学研究年報法学研究30号（1997年）3頁以下は，1996年のドイツ約款規制の改正を詳しく紹介している。

12

3　法規の内在的機能からのアプローチ＝任意法の指導形象機能（「半強行法」）

　その後，法規に内在する社会指導的機能が強行法性を持つのだとする考え方が主張された。すなわち，河上教授は，約款規制に対する分析から，「任意法規」に内在する特殊的な機能（指導形象機能 Leitbildfunkution）に着目し，次のように主張する。「任意規定」は，当事者の意思によって排除されうるものであるが，特約がない場合の単なる補充規定や解釈規定にすぎないと見るべきではなく，<u>立法者が，当該法律関係における当事者の合理的意思を推測し，または公正・妥当な権利義務の分配のあり方を提案しているというべきである</u>とする（これを任意法の「指導形象機能」とする）。そこから，一方当事者の認識の及ばない場合や当事者間で情報・交渉力に構造的格差が存在するなど，<u>正当性が保障されない状況下では，任意法が半強行法的に作用し</u>，信義則に反して任意法の内容を改変し不当な利益を追求する契約条項を無効とする場合があり（消費者契約法10条など），これを「任意法の半強行法化」と名付けた。そして，約款規制法は，任意法規の事実上の半強行法化を志向しており，またそのことが期待されているのだとする[16]〔アンダーライン筆者〕。

　この「半強行法」概念は，多少の理解は異なるものの，その後の学説に受け継がれていく[17]。そして，現在では，強行法規と任意法規との関係については，旧来の硬直的な考えでは捉えられず，この「半強行法」概念（合理性・衡平性を本来内包している任意法規の強行法規化）的な視点から理解され，学説の主流をなしているといってよい[18]。

---

(16)　河上正二『約款規制の法理』（有斐閣，1988年）383頁以下，河上・前掲注(2)263頁。
(17)　大村敦志『典型契約と性質決定』（有斐閣，1997年）9頁以下，山本敬三「契約法の改正と典型契約の役割」別冊 NBL51号（商事法務，1998年）28頁以下，潮見佳男『民法総則講義』（有斐閣，2005年）202頁，四宮和夫＝能見善久『民法総則［第9版］』（弘文堂，2018年）217頁以下など。
(18)　以上の学説の展開については，椿寿夫「民法規定と異なる合意・特約の問題性および論点」椿編著・前掲注(1)30頁以下，椿久美子「半強行法概念の生成とその機能」椿編著・前掲注(1)92頁以下参照。

Ⅶ　強行法違反の効果──「無効」の意味──

1　「法律行為」として不成立

　強行法規（公の秩序）に違反する法律行為は「無効」（又は一部無効）である（民法90条。91条もその趣旨）。この「無効」効果についても，いくつかの視点から分析しなければならない。

　まず第1に，「無効」というのは，契約内容どおりの権利義務が生じないことである[19]。いいかえれば，法律行為の「効果」が発生しないことであるから，私法上の「法律行為」としての成立を認めないことを意味しよう。法律行為としては成立するが法律効果は発生しないというのは，悖理だからである。

2　「行為の自由」原則との関係

　法律行為が無効とされる前提として，「近代法の基本原則」である〈行為の自由〉原則──すなわち，人の行動・行為は自由であり，何事にも制約を受けないとする原則[20]──との関係を考えなければならない。近代社会の成立にあたって，「行為の自由」（私的自治の原則）が基本原則として確認されたが，行為の「無効」は，「行為の自由」原則を制約する原理である。そして，近代法は，2つの方向から「行為の自由」を制約している。

　〔Ⅰ類型〕……「公法的無効」行為　　第1は，社会的に法律行為自体の存在性を認めない制約である。これは，国家目的である公法的・行政的秩序〈国家社会としてあってはならない行為〉維持のためである。そして，対象とされる行為は，①殺人委託契約など「刑罰法規に反する行為」と，②物価統制令・経済統制などの「取締規定に反する行為」とに分けることができる。いずれも，公法的規制である。

---

(19)　我妻・前掲注(8)149頁。
(20)　いうまでもないことであるが，近代法の基本原則というのは，封建制を打倒した指導理念そのものであり，それがそのまま近代社会および近代民法の基本理念（基本原則）となったものである（ただし，「過失責任主義」を除く）。

14

　この類型は，刑罰法規または取締法規から「行為」自体存在が否定されるものである。そこで，私法的な無効を伴うのかどうかが問題となるが，この問題は，上記Ⅲ「3」で既に論じた。

　〔Ⅱ類型〕……「私法的無効」行為　　第2は，行為自体は自由だが，行為の私法的効果を発生させないとする制約である。行為の私法的効果を発生させないというのであるから，上記「1」で述べたように，「法律行為としての成立を認めない」ということである。そのことの意味は，無効とされる契約の履行を求めて裁判所に訴え出ても，裁判所（国家）は助力しないということである[21]。私法的な秩序維持を目的とした制約であり，これを「私法的無効」と呼んでいる。

3　当事者間で法律行為として成立させることは可能か？

　上記の「私法的無効」な行為は，行為は自由（行為自由原則）であるから，当事者間では有効であるというのが一般的理解である。すなわち，賭博契約で，勝った者が負けた者に対して「約束を理由として1万円の支払いを訴えても，裁判所は，その契約は無効で，1万円支払えという債権は生じないから，訴はだめだ，といってしりぞけるというだけのことである。当事者が勝手に支払えば，それまでである」[22]。

　「契約は無効で……債権は生じない」ということは，民法上「法律行為」としては成立しないことを意味する。だが，当事者間で契約を履行することは否定されないから，当事者間では，法律行為として成立することをも意味するはずである。このことを前提とすれば，およそ強行法規に反する契約であっても，裁判所に訴えることはできないが，当事者間では有効に成立するというとこになる。例えば，高金利契約や賭博契約はもとより，奴隷契約や売春契約などもしかりである。ただ，奴隷契約などについては，強行法規違反として，当事者間でも無効とする考え方も強い。奴隷契約などは，取締法規違反的性格（上記〔Ⅰ類型〕「公法的無効」行為）を有しているからであろう。

---

(21)　我妻・前掲注(8)152頁など。
(22)　我妻・前掲注(8)151頁。

このことから「強い強行法規違反」・「弱い強行法規違反」などと考える向きもあるが，そうではなくて，契約の種類による効力の問題だということになる。

4　「第三者」との関係？

上記「3」の理屈をさらに推し進め，例えば，強行法規に違反する契約につき，当事者間では有効とされるなら，では，その契約が「無効」とされるのは，誰との関係であるか，の問題が出てこよう。「第三者」が利害関係をもっている場合には，その「第三者」が無効を主張できることは，当然である。

他方，当事者間で強行法規に反する契約をしておいて，後から無効を主張することは，禁反言原則や不法原因給付（708条）などによって否定されよう。そうなると，強行法規違反＝無効というのは，対第三者関係の問題なのかという，うがった見方も出てこよう。

5　無効の「根拠」規定

上記Ⅲ「3」(2)「取締規定」に関して述べたことであるが，判例は，「公益的理由」から当該契約を無効とする場合でも，その私法的無効の「根拠」として，民法90条（公序良俗），91条（公の秩序），1条（信義則），708条（不法原因給付）などを理由に，または根拠を示さないで単に「公の秩序」に反するものとして，当事者間特約を排除しているのである。

そして，特に民法の領域では，当該規定が強行法規なのか否かは判然としないため，無効とされた特約が，強行法規違反なのか，単なる信義則違反なのかの判定は困難である。「最高裁判所民事判例集」などで，「民法90条，91条」該当判例ととして整理されているのがひとつの手がかりである[23]。

ただ，「強行法規」は，理念的に，国家的利益秩序である「公の秩序」の維持を目的とした規範概念であることは確かであるから，前記したように，理論的に，民法90条・91条・92条・法適用3条などが一体となって「強行法

---

(23)　本書内の芦野訓和「判例における強行法と任意法」参照。

規類型群」を形成していると考えられよう。

Ⅷ 「ソフトロー」の法規範性

　「ソフトロー」というのは,「ロー（Law 法律）＝ハードロー」ではない
が,一定の規範性を持った行動指針であり,これらを包括的に総称してい
る[24]。ソフトローには,各領域において,様々なものが存在しているが,
我われが典型と考えているのは,行政官庁の主導で作られた各種の「ガイド
ライン」[25]である。これら「ガイドライン」は,特定の分野における行動
（活動）指針であり,法律ではないから,それに違反したとしても,法律効
果は発生しない。しかし,各業界は,「ガイドライン」に沿って行動しなけ
れば,不利益を受けるであろうし,おそらく裁判の場では敗訴するであろ
う。その意味で,経済・行政業界においては,重要な行動指針となってい
る。

　「ガイドライン」は,特定の分野における行動指針にすぎず,法律ではな
いから,強行法規とも任意法規ともいえないが,しかし,ある意味では,法
規範の重要な機能である「行為規範性」を強力に有しているのである（「法」
（法律）の本質は「強制力」だからである）。それゆえ,ガイドラインは,任意
法規以上の,強行法規に近づいた規範として機能していよう。「ソフトロー」
を,法規範との関係でどのように位置づけるかは,今後の課題となろう[26]。

---

(24)　本書では,青木則幸「ソフトローに違反する法律行為」がこの問題を扱う。
(25)　建物賃貸借では,国土交通省住宅局「原状回復をめぐるトラブルとガイドライン」
　　　（再改訂版・平成23年 8 月）が有名であるが,各官庁の所轄下には,おびただしい数
　　　のガイドラインが作られている。
(26)　詳細は,齋藤民徒「『ソフト・ロー』の系譜」法律時報77巻 7 号（2005年） 1 頁以
　　　下,藤田友啓『ソフトローの基礎理論』（有斐閣, 2008年）などを参照。
　　　　なお,当研究会の趣旨とは若干視点を異にするが,日本弁護士連合会編「自由と正
　　　義」67巻 7 号（2016年）35頁以下では,「ソフトローの基本的知識と実務の展開」の
　　　特集を組んでいる。内容は,森田果「ソフトローの基本概念」,高橋真弓「スチュ
　　　ワードシップ・コード」,松本恒雄「消費者政策におけるソフトローの意義と限界」,
　　　小塚荘一郎「通信・放送分野におけるソフトロー」である。

2　民法における強行法・任意法
—— 一つの研究構想の由来と展望——

椿　寿夫

I　はじめに

　当初作成した担当表題は「強行法・任意法の意義と範囲」であり，若干の学説を引用しつつ問題点を掲記することにしていたが，複数の切り口を実験的に考案したり下書きしたりしている裡に，もともと本書は私法学会シンポジウム（責任者・近江幸治）の基礎ないし参考用の資料として計画・立案した文献であり，また，私は主催者でも報告者でもないけれど，コメンテーターという役割で当日参加する（したがって，NBL誌の学会配布資料には登場しない）ことなどから，あらかじめ本書において，この研究"構想の由来や展望を端的に"語っておくのが有用かつ適切だと新たに気付き，表題を変更させていただいた。コメンテーターなるものは昔行った数件の私法学会シンポでの記憶にもないので，今回の準備会で尋ねたところ，10年ほど前からではないかという話が河上正二よりあり，その役割については近江らが幾つか説明してくれたが，今回はとりあえず諸報告（6人が予定されている）に対して幾らかの感想を若干の時間内で述べることにあるとさせてもらい，かつ，近江の意見を当方なりに翻案して，当初の問題提供者が"由来"と彼流の"展望"を報告より前に活字にしておこうと思う。この程度の稿でも学会用の資料として何ほどかの意義がないではあるまい。特に若い研究者の諸兄姉

には生まれる前の事象より事が始まっているので，記憶の一部分に収めてくだされば幸いである。力作が並ぶ本論集の中へ少々軽い原稿を混入させるが，この点はどなたもご海容ありたい。

　こういう次第で，私自身が書いた論考は，本研究の由来を語るものだから，関連するものまで広く挙示する一方，本問をめぐって公けにされている同学の方たちの諸業績に関しては，本書掲載の諸論考で見ていただきたい。また，本書所掲稿自体の方向や内容も，それらの多くにつき参照させてもらう時間的余裕が報告者らおよび私の双方ともの側に無かったため，この小稿でそれら所掲論考の方向や内容として私が言及するものと，論考で実際に書かれた方向や内容とが異なる場合もあり得る。なお，強行法・任意法の問題は，今回の民法改正では見送られたので，われわれの議論も個別改正条文と関係しない範囲で，格別の修正なく今後に引き継がれる。

　さらに書けば，本書の執筆者には，俗称「椿塾」の共同メンバーとして強行法のみならず他の研究もずっと一緒に行ってきた諸兄姉と，責任者・近江あるいはその同意を得て行った椿からの依頼により今回特別に参加していただいた研究者とがあり，前者のグループには，最初の解説書『強行法・任意法でみる民法』（日本評論社，2013年）および続く研究書『民法における強行法・任意法——民法の規定と異なる合意・特約の効力はどこまで認められるか』（日本評論社，2015年）で登場してもらったが，今回は編者両名の作成したプランと紙幅の都合で執筆をお願いしなかった諸兄姉もある。これも各位のご諒解を得ておきたい。

II　研究の前夜と端緒

　1　昔のドイツなどで「公法は強行法であり，私法は任意法である。」とする見解もあったが，もちろん否定された（ただし，視点を変えて一定の評価変えを行う余地はある）。また，私法ないし民法の内部でも現在，法律行為の問題とは関係なく強行法か否かを検討すべき場面がある，との見解も主張されている。これに対し，私見は，或る"民法規定と異なる合意"が許容され

るか否か，という角度からの問題として採り上げようとする。

　そもそも，民法の"研究"以前に，その前段階である"学習"において，われわれは，いろいろな条文の説明を読んでいて強行法・任意法という用語に出会う。本の大小にかかわらず，わりあい頻繁に出ているものもあれば，判例でも無い限り全然知らぬ顔で通すものもある。しかも，現われ方としては，「例えば，物権法の規定は多くが強行法規ないし強行規定であり，債権法は原則として任意法である。」というかなり粗っぽい表現も少なくは無い。また，「時効期間に関する規定は強行法か？」などと，突然思い付いたかのように現われてくる場合がある。理由付けも，あまりはっきりしない場合が少なくなかったり，さらにはそもそも強行法なり任意法だとする論拠不明な場合も結構あったりする。

　以上のほか，判例・裁判例に関しても，大戦後10年余の時期からぽつぽつと刊行された判例総合研究叢書（有斐閣）は，学習者にはレベルが少し高過ぎたであろうけれど，研究者にも各種の実務家にもきわめて有益かつ便利な資料文献であったし，後続の他社企画も同様であったが，いずれも"強行法・任意法"というテーマについては計画が出ていなかったのではないか。強行法か否かを調べようとして，判例が予想外に少ないのも一つの驚きであるから，テーマにならなかったのかもしれないが，本書では，われわれの既刊研究書（Ⅱ部 7〜12参照）を踏まえて芦野訓和「判例における強行法と任意法」が整序を行う。

　私自身，民法旧504条の担保保存義務とか夫婦の財産関係と当事者間の合意など個別的な問題については強行法と任意法の問題を若干考えたことはあったが，たまたま出会った条文や問題限りでお付き合いする程度に関心は留まっていた。——要するに，私だけではなく一般に，開発の度合いがかなり低いレベルのまま放置し，検討の労を怠っていたように見える。この問題を皆で手掛けようとした最初の頃，「民法の成立と共に導入されたが，"名"のみ高く（あるいは"名"のみ"有"って）"実"の乏しい観念がこれだ」と下手にしゃれたことがある。有名（高名）無実ほどではないにしても，貧実（中身が少ない）と言いたかったのである。学説の全体的な紹介と分析も無かった本テーマは，繁簡さまざまの記述をまず客観的に整理しなければなら

ず，今回，椿久美子「強行法・任意法をめぐる学説――強行法史の観点から――」により空白をかなり大きく埋められるであろう。

　なお，わが国とドイツの主要学説については私が，前記研究書の最初の部分80頁ほどにわたり，ちりばめておいた。さらに，法時連載と前記研究書の間に，いずれも2010年の刊行である『強行契約法の限界』および『任意契約法』と題する，私には涎の出るようなドイツの研究書を入手したが，残念なことに両書とも大部なだけでなく，私がただちには付いて行けない法の経済的分析（rechtsökonomischer Beitrag）に拠っているので，時間の余裕ができるまで放置せざるを得ない。私法学会では，松田貴文がこの方向の報告を行っている（私法79号）。

　2　われわれによる問題解明へ向けての展開は，以下のようにしてその前夜が始まった。

　強行法・任意法の共同研究は，決して威張るつもりで言うのではない点を誤解無く了解していただきたいが，私が皆で勉強会をするためのテーマをこれまで無効や多角など幾つか提供してきた過程で生まれている。およそ何でも勉強を続けていると，誰もが新しい論点とりわけ問題点の卵に遭遇するものである。少々脱線するが，私の育った関西では末川民事法研究会という少なくとも当時は開放的な会合が昔から続いていて，好々爺になられた大先生を中心とするその例会において論客である山木戸克己ら先達・先輩の議論を通して種々知恵をみがかせてもらった。私もたまたまその縁で末川古稀論集への掲載機会を与えられて，「抵当権・質権の濫用」というテーマの割当てを受け，「流担保特約ことに代物弁済予約と関連させて」という副題を当方で付加して，論考を提出した（1962年）。この中で，“公序良俗違反による無効から担保としての把握とその清算義務へ”という発想に到達したが，その過程において民法90条とはどのような内容の規定かという課題も改めて考えるようになった。それまでの私見は，90条と聞けば，それは帝王規範（Königsnorm）であると何かの機会に聴いた末川の言葉から，同条の存在根拠や適用の在り方などに関心を抱くようになっていたが，それ以上の具体化には至らなかった。

　後日，関東へ転じてから相当の年月が経過した時期（1991年頃）に，同業知友の諸兄姉20人ほどと法律行為研究会を始めた際，まず，この《公序良俗》問題を採り上げた。提案者として参加者の参考資料になればと，研究余滴「公序良俗論の周辺」を，また，論考「法律行為論の課題一斑」を，いずれも法律時報誌に発表した（前者は同誌64巻2号，後者は同巻10号）。ちなみに，私の共同作業プランは，他誌に持ち込んだ幾つかを除き，長年この法律時報誌に協力してもらった。当時におけるこの雑誌は，進歩的文化人や左派系に人気があり，地味で退屈な伝統的法律学の特集や連載さらには出版をいつも依頼してくる解釈法学徒（私のこと）は迷惑だったかもしれないが，何十年も辛抱強く付き合ってくれた。この機会を借りて当時いろいろと煩わせた今や元編集者諸氏にお礼を申し上げておきたい。

　本題へ戻って，たまたまこの頃，加藤一郎古稀論集の企画があり，私にもお声が掛かったので，論考「公序良俗違反の諸相」を献じたが，これら拙稿を序論とし，法時誌に連載した諸論考を基幹に，『公序良俗違反の研究──民法における総合的検討』（日本評論社，1995年）が"公序良俗"それ自体11編と"公序良俗と他規定との関係"9編の2部構成でもって出版された。前編は判例・学説・外国法へ切り込んだオーソドックスな労作から成るのに対し，後編は，私の研究手法を特徴付ける論題設定スタイルにさせてもらったが，これは恩師・於保の指導を受け始めた最初の数年，折に触れ師が伝授してくれたアプローチの仕方──制度や理論をそれ自体だけではなく他との関連において観察・検討する──である。他規定の側だけから挙示すれば，各論のトップに滝沢昌彦「強行法規」が登場し，続けて中舎寛樹「信義則」，橋本恭宏「権利濫用」，織田博子「不法行為」，平野裕之「消費者取引」，山本豊「不当条項」，難波譲治「不法原因給付」，前田陽一「身分行為」が論じられている。滝沢論考は，大村敦志・山本敬三らと共に民法90条の新たな研究方向を模索する先駆業績の一つとなっている。なお，サブ編者の伊藤進には後編はしがきと全篇のまとめを依頼した。

　この研究書は，日評旧編集部員の私的会話によると，何年かして売り切れた後も，印刷するほど一気に多数ではなかったが在庫の問い合わせがぽつぽつと続いたそうで，2013年にやっと増刷された。どういう方向の読者であっ

たかは不明ながら，少数にせよ需要が相当年月の間あったわけであり，どのような職種・年齢層だったかは今でも知りたい気持ちがある。

　民法90条との関係は以上で見たとおり多く論じられてきたが，本書でも青木則幸「強行法違反の法律行為の無効と公序良俗」があり，青木はさらに信義則と強行法の判断基準についても「法令違反の法律行為における強行法違反則と信義則」を書いている。これまで多くの論者が公序良俗と強行法の関係につき論著を公けにしてきたが，ここいらで一応の締めくくりを行ってもよい時期に来ているのではないか。

Ⅲ　研究の開始と経過

　1　2011年の秋，半年滞在したミュンヘンから書斎の窓607号（2011年9月号）に投稿した民法学余滴「強行法と任意法」が皮切りとなり（続編は同誌612号），すでに1999年から始めていた前掲の組織──民法研究塾という名前で始めたが，20年経つ間にニックネームの塾ないし椿塾と称するようになった──において共同研究作業を開始した。

　最初は，法学セミナー（2012年1月号）に特集「強行法と任意法」を組んでもらい，従来あまり研究者仲間の間で話題になっていないようだが皆でこれから何年か掛けて取り組んでも大丈夫か，辺りの気配を窺って見た。長年にわたり全く，あるいはあまり顧みられなかった問題は，自分独りでならば検討を始めようと途中で辞めようとその人の自由である。しかし，友人や年下の人を誘う場合には，「うまくいかなかったから，申し訳ないがこれで辞めます，ご苦労でした」と簡単に投げ出すこともできないため，一応反応を窺わなければとなった次第であるが，どうも大方の関心がないような気もした。そこで，事前に暮夜独り迷い歩く思いで考えてみたが，この問題では，昔の大先生の手になる民法総則に迷いの源──少なくともその一つがあった。それは強行法規の定義ないし説明を，法規の分類と法律行為の両方で行う仕方から生じているような気がしたが，私見は我妻説に従い法律行為のほうでだけ強行法という観念を用いることに決めた。それ以上に観念的な議論

をするよりも，現在における重要論点にアプローチして行きたかった。この中身を詳しく説明すると，その当時も時折あったアイディアの無断持ち出しが不愉快なので，"債権法規定と異なる合意・特約の効力"という副題を付けることで無事片付くと思っていた。提案者として私がこのテーマで狙っていたのは，まさしくこの副題に集約される。

　もっとも，たまたまミュンヘン大学の巨大な開架式書庫で引っ張り出して見ていた中級以上の教科書は，民法総則から相続法まで当該法域の強行法性と任意法性にやや立ち入って言及するものが多く，当方も前記解説書の組み立て方からおわかりのように元来がそういう方向のプランにも惹かれているため，作業においても債権法を超えるテーマに視座を拡大し，前記解説書は民法の5編すべてにわたる組み立てによって記述したのみならず，将来に備えて第Ⅶ編は民法以外の法域にも筆を及ぼし，前記研究書は個別テーマを債権法以外の法域から若干数ピックアップした（Ⅲ部13・14・22・23，Ⅳ部24〜26）。塾での共同研究は実のところ"企業取引"ないし"取引法"をはっきり中心対象に据えたかった。ただ，共同研究の運営は難しいものであって，私とは異なる方向を強く意識するメンバーと数回研究例会で議論し合った挙句，"合意・特約と法規範の関係"を解明することに決め，新しい研究の進行にとってプラスにならないはみ出しの議論は断ち切った。これはこれとして別に実施すればよいわけであり，"星雲状態"へ"不明確な仮説"をいきなり突き合わせると共倒れし兼ねない。例えば，或る法規範が法律行為とは関係なく強行法規性を持つと解するときには，対（つい）となる任意法の観念ははたして出てくるのか？。セットの片一方しか無いものと，両方が揃って一定の意義を備えるものとは，強行法の意味を単純に一つの表現で把握はできないのでは？。また，企画の反響如何については，同業知友との間でやはり話題となった記憶があまりなく，おそらく無関心がそういう状況の原因であろうと勝手に解釈していた。

　今回の私法学会シンポジウムは，近江が本書の「企画趣旨」において述べるように，報告する側が研究"成果"と銘打って最終的に展開する段階までまだ到達しておらず，成熟途上の現状を幾つかの視点から開陳して大方の関心を呼び起こしたいのである。未成熟の原因は，われわれの努力と力量の不

足によるだけではなく，核心へ明確に迫る体系書の書き手が必ずしも多くないことと，読む側での無関心もあるのではなかろうか。そういう意味で，私としては，最近出版された近江の民法総則第7版で本問に関する記述が増えたことを喜ぶ。多忙な近江にかなり前になるが"実務強行法"の開発を友人として勧めたのは，ほかならぬ私であった。法規範の性質論に意義を見出す向きは，或る程度論じた後は塾のメンバーとは別に作業を続けて行い，合意・特約の価値と力を究明したいわれわれからその点では離れてほしい。――"法規制と実際・実務"の関係を解明するのが，私には整理的次元の作業が主となる法的構成論よりはるか魅力がある。

　2　梅謙次郎であったか，諸国につき強行法の立法化の状況を検討したが，いずれの国もうまく処理できていないと言っていたが，現在のわが民法においても今回の改正の前後を通じ，この問題は途中で採り上げられながら結局は解釈・運用に委ねられている。そして，幾つもの説明が積み重なってきた。それらの中で，初歩の知識しかなくても受け容れやすいのは，民法91条から引き出す見解であろう。「当事者が……公の秩序に関しない規定と異なる意思を表示したときは，その意思に従う。」とあるから，反対解釈により，公けの秩序に関する規定と異なる意思表示の効力は容認されない，とする結論がすんなり出てくる。ところが，90条は良俗もセットになっており，かつ，効果は「無効とする。」となっている。そこで，良俗順守も強行法か？，然り，良俗違反の合意を許容する必要はない，否！，そうではなく公序だけが問題だ，また，わが民法の起草者も強行法違反は無効効果の発生だけではないと説明しているではないか（90条へ持ち込みながら効果の全体像は除外してよいか？），そもそも強行法に反する場合には欲する効果が生じないと言うだけだ，など諸種の意見が出ている。特にわが国では"強行法規"と"取締法規"という観念の関係が古来異常に熱心な対応を受けてきた。これらに"任意法規""効力法規"が加わって議論を複雑にしてきたのではないか？。おまけに，任意法は独自の研究ルート（法の経済的分析）も持つにいたっていて，全体を鳥瞰すれば，われわれが従来実施してきた作業では足りない幅の広がりがある問題となっている。さらに，任意法から考究する際に

も，研究者それぞれで差異がある。河上らと異なる吉田邦彦『民法典の百年Ⅰ』（有斐閣，1998年）6-1 の労作も，今回は採り上げていない（実施しようとすれば相当なエネルギーを追加しなければ足りない）。

3 強行法の根拠をめぐっては，上記のように①民法90条とりわけ公序部分と②民法91条の裏側の二つが挙げられ，かつては②説が強かったのに対し，現在では①説とりわけ公序部分を根拠とする見方が優勢化しているが，ドイツおよびフランスにつき『公序良俗違反の研究』における 4 本（林幸司・鹿野菜穂子・後藤巻則・難波譲治）と『民法における強行法・任意法』における 2 本（中山知己・吉井啓子）の諸論考は，相互の間だけでなく山本敬三『公序良俗論の再構成』（有斐閣，2000年）や大村敦志『公序良俗と契約正義』（有斐閣，1995年）などとの間でも，公序良俗論と強行法論の両方から突き合わせた総合再検討が望まれる。——これは，私が近頃始めようと計画している"独・仏の狭間（はざま）で育ったわが民法"再検討の重要な素材の一つでもある。ここでも実施に先立つパテント予告（!?）をしておこう。

根拠論では私見もある。民法には昔から条文としては無いけれども判例や学説を通して認められてきている観念があり，椿塾では『解説・条文にない民法』（日本評論社，2002年）として50題ほどピック・アップしてみた。アイディアは私から出ていて（なお，2003年には NBL 誌から，若干レベル・アップした「民法典に規定が無い概念・制度」を連載し，その「序論」を椿が書いた），単行本の実施は共編者・中舎寛樹がもっぱら担当してくれたが，書名は確か編集サイドから採用を勧められたように記憶している。教科書でもないのに売れ足は良く，3 版ほど重ねて2010年に『新・〜〜』と改称，テーマも 4 割増やして刊行した。強行法違反はもちろん当初から入っているが，民法改正によりこれらのうち相当数が消えた。

私見は，こうである。民法典が現下問題の全事項を規制できているはずがない。その上，法的解決を必要とする問題は次から次へと発生する。およそ取引の場で発生した争いは，まず話し合いや慣行によって解決されるが，裁判で勝敗を決める事態ないし事例も現われる（企業と実際の訴訟については後述）。そして，争いは上級審へも持ち込まれ，ピラミッドの頂点である最上

級審の判断も示される。しかし，今回行われたような法改正に出会い制定法上の存在となる機会はそう頻繁には無い。例えば，譲渡担保は民法成立より120年以上経つが，民法上に姿を未だ現していない。それほどの長期間ではないが法人格無き社団や合有・合手（Gesamthand）も同様である。これらのほか，一応条文はあるけれども細部の見当が付かない問題や，国際化の進展により入ってくる新種の契約などにあっても，同様な場面に遭遇する。

　そこで本問との関連で考えてみよう。規定は無いが"当然のこととして認められている"法的な観念や制度などがある。自己の所有物を盗まれた場合，民法には周知の通り占有を理由とする返還請求は制定法上の制度がある（200条）。しかし，所有権を理由とする物権的請求権は規定が無い。では，所有権に基づく物権的請求はダメかと言えば，もちろんそうではない。幾つかの理由を挙げて，この権利を明文の規定無く肯定してきたのが定説である。物権編の総則を眺めても，規定として存在しないことに訝しさを感じる原理・原則がある。一物一権，物権の譲渡性などであるが，新法下の契約自由は逆の感じがあり，私見では債権者の履行請求権も条文に無い民法規範である。契約自由は今回規定されたが（新521条・522条2項），ずっと昔から規定されずにその存在が認められてきた。――これらのうちで，履行請求権は認めることに異論も多いから一応除外するとして，他はどのように解するのか？。強行法・任意法という用語を"〜〜法規"または"〜〜規定"という場合に限るならば，それらは本問からは外れる。のみならず，"条文に無い民法規範"と異なる特約の許否は，すべて強行法・任意法の外に置かれ，それぞれの個別規範ごとに考えるべき（視点を変えれば，考えれば足りる）ことになるのではないか？。それでよいとするならば，強行法・任意法が出てくる最初に，この観念は成文法に限って問題になると書かねばならない。

　私見は，或る法規からの逃避を許さないことが問題無く肯定される場合には，合意・特約を使って反対のことを行えないのは"当然"であり，それはわざわざ条文に書かれていなくとも強行法の根拠に用いることができると解するのである。もちろん，納得を得られるだけの"法的な理由付け"がまず必要なことは別問題である。

　4　判例で認められた観念・制度も，新しい見方をする状況が生まれていはしないか？。

　古典的立場では判例は法源ではないと解されていた。また，裁判所法4条によれば，上級審の裁判はその事件につき下級審を拘束する（だけである）。しかし，時の流れはこれを変えた。何かの会合で，東京地裁の活力が今は失われたと法律実務家が話していた。私には話の前後がよくわからなかったが，上級審ことに最高裁の指導力・指導性が強くなっている感じは相当ある。権威が増したとも言い替えられるかもしれない。もともと企業法務は古くから，司法の判断に対し敏感であった。一地裁の偶発的な判決に対してさえ，関係法務担当者が雑談中に約定自体あるいは顧客との対応の仕方を改めるかどうかと話していたのをしばしば聞いた。

　ましてや，民法には規定が無い問題について，最高裁が一定の判断を示したのに対して，後日それと異なる合意・特約を行うなぞは，実際上まず考えられない。そういう意味で最高裁の判断は強大な"強制力"を持つ。通常の強行法規のように該当するか否かの判定など不要である。ただし，安定度の高い確定判例か否か，私がかつて採り上げて問題にしていた公式（判例集登載の）先例か否か，などで強行法性のレベルを分けることも問題となり得る。さらに進んで，そもそも判例の強行的妥当（Geltung）と強行法・任意法の問題とは異なる次元にあるから，ここで採り上げることがおかしい，という見解もあり得よう。

　5　不文という点では"慣習法"の強行法性も問題として出てくる可能性がある。これは私もまだ詳しく考えたことが無いので，論題となるかどうかがわからない。

　6　最後に，梅謙次郎の説明に，"強行法違反の効果"には無効，取消し，損害賠償その他がある，とされていた。文献によっては，刑罰や行政処分も挙げられていた。近時は，効果としては無効だけが言及される傾向にある。本書では，強行法違反の"効果論"も包括的に採り上げる予定であったが，担当者の時間的都合で独立のテーマとしては収録しなかった。

　わが新法は，強行法違反そのものにつき規定を設けず，解釈では民法90条へ持って行く見解が優勢となっているから，少なくとも無効として処理されるわけだが，われわれが法時誌に1995年から連載した論考を中心にまとめた『法律行為無効の研究』（日本評論社，2001年）における多数の論考が呈示したように，多岐にわたる問題がそこには含まれている。一つだけ新しい状況を例示すれば，新法は，無効の効果として"原状回復義務"を新設し（新121条の2），取消しも無効とみなすから（新121条），新旧同規定（545条1項）の解除と同じになった。ずっと昔，椿の1年後輩・山下末人が取消しと解除における原状回復義務を手始めに研究していたが，新法の下では無効も加わるわけである。ちなみに，無効と原状回復については，新フランス民法が〈債権の消滅〉の次に〈原状回復〉という独立の節を設け，無効・失効（日本法の失効とは異なる）とつなげている。椿の憶測に過ぎないが，わが新法の解決は新フ民を幾らか参考にしたのではなかろうか？。

　〔補記〕　労働契約法20条につき，同条は私法上の効力を有し，有期労働契約のうち同条に違反する部分は無効になるが，有期契約労働者が無期契約労働者と同一の労働条件になるとは定めていないとする判例が出た（最2小判平30・6・1）。ここから先を"補充的効力"と呼ぶ見解もあるが（大内伸哉・NBL1126号4頁以下），"強行法規違反による無効の効果"に含めて考えることも可能であろう。とりあえず補足しておく（7月20日）。

Ⅳ　若干の展望

　1　本書には上記以外にも様々な問題・論点が収録されている。編者2人と判例および学説の整序2編（芦野と椿〔久〕）を除き二十数編の労作が並んでいて，すべてを紹介および短評付きで掲記すれば独立した1本の未来向け論考になろう。前記研究書『民法における強行法・任意法』と重なるテーマについては，レベルの"深化"を繰り返し希望してあるので，ぜひとも読者の皆さんも本書の論考すべてを一読願いたい。題名は略記し，幾つかのグループに分けて列挙すれば，以下のようである。群の順序は重要性とは全く関係がない。

〔A群〕　後藤元伸「法人」，川地宏行「物権・担保物権」，山口斉昭「不法行為」，前田泰「親族・相続」，稲田和也「民法・商法」

〔B群〕　藤原正則「ドイツ」，馬場圭太「フランス」，アントニオス　カライスコス「ヨーロッパ」

〔C群〕　髙井章光「業法」，川地「特別法」

〔D群〕　藤田寿夫「詐害行為」，大澤慎太郎「保証」，深川裕佳「相殺」，青木則幸「公序良俗」，同「信義則」

〔E群〕　髙井「実務」，椿久美子「半強行法」，中山知己「物権法定主義」，西島良尚「典型契約・冒頭規定」，中舎寛樹「対抗要件規定」，青木「ソフトロー」，長谷川貞之「新民法と請負」

　上記テーマのうちで，「法人」「不法行為」「フランス」「ヨーロッパ」「詐害行為」「保証」は今回新たに執筆をお願いした。「実務」「業法」の執筆者は実務強行法研究会以来の同人である。

　直前の分類は椿の題名一読印象に基づく組み立てであって，基準や要素の如何で異なる形になるのみならず，もっと種々の項目も出てくるが，ここでは“こういう事項もありますよ”という点を理解されれば十分である。限られた人数で，しかもかなりのテーマおよび内容は執筆者が細部を検討しつつ選定したため，偏りは避けられなかった。それぞれの項目における執筆者の意見はここで集約しない。各項目につき読者が探索・整理されたい。続く2以下の問題提起は，あくまでも椿の考えた範囲の見方であり，かつ，本稿においてはごく簡単にしか記述しない。やや詳細には，前記研究書の椿「強行法の観念をめぐる問題の所在」（テーマ4）なども参考になるか。

　2　強行法・任意法の入り口では，以下のような問題がある。

　(1)　民法典において“強行法の根拠”をどの法条に求めるかは，われわれが強行法・任意法の検討を始めた当時には公序良俗の研究も盛時にあったから，絡み合う形で問題となった。その上，成文法国の裁判では依拠すべき法条の存否は裁判官の心証にとり大きい影響力があるそうだから，軽視できない。学説では，強行法そのものに関しては直接の条文がなく，前述のよう

に90条の公序と91条の反対解釈のどちらか，または組み合わせにより"強行法違反の契約・法律行為は無効"という結論を導き出す。──ただし，今や種々かつ長々と議論すべきほどの論点ではなくなったと思うが，いかがであろうか？。

　(2)　強行法違反の"効果は無効"と言えば，それで問題は終りか？。新フランス民法は無効などの効果として10か条に及ぶ"原状回復"制度を設けたし（1352条以下），わが新法も前記のとおり同名の制度を新設した。本問の場合に限定されない問題だが，強行法の側からも新たに検討する価値があろう。──椿は，無効"それ自体の変容"という観点から関心を持つ。もっとも，無効は法律行為の効力が生じないという所までで終わるか，などの分別的な思考はあまり意味がない。無効と原状回復との結び付きにこそ相当な年月を経てきた議論の歴史的価値と将来性が感じられる（近江幸治『民法講義 Ⅰ 民法総則［第7版］』（成文堂，2018年）314頁以下に教科書としては出色の整理がある）。

　(3)　強行法も単一の観念ではなく，「片面的強行法」「半強行法」「部分強行法」など複数の顔を持っている。今回の報告では椿久美子「半強行法」が重要な顔を分析・構成する。──強行法だけでなく，或る法的な観念は，生成の当初与えられた意味でもって貫き通せるとは限らない。朝令暮改・右顧左眄は論外だが，いったん或る観念・用語の意味が決められると，それは金輪際変わらないし変えるべきでもないという見解にひたすら執着するのも固定化が過ぎる。

　(4)　上記(3)と関係して，強行法と任意法の"境界部分"も，その取り扱い方が注意を要する。すでに部分強行法という観念が唱えられているが，椿の考えでも，「強行法→違反は完全無効」と「任意法→異なる合意は完全有効」を峻別並列するのではなく，両者の中間領域では一定の事項と程度において法規と異なる合意・特約の許容と不許が並立する状態を肯定すべきである。これは，前記研究書『無効の研究』において述べた拙稿「法律行為の"無効"について──その内容の多様化と緩和」「法律行為"無効"の細分化・類型化──再検討のための中間視点」の展開形態である。

3　強行法の“法”は法原則を含むか，また，成文法にだけ認められるか？。

（1）　すでに採り上げたが，法原則や法原理とまで表現されている規範
——特にその“要素”部分——を合意・特約によって一般的に（＝例外は別
として）排斥・変更できるとは，通常考えないのではないか。また，時代と
共に原理・原則の妥当性も変わり得る。例えば，一物一権の原則は物の集合
の上に単一の物権が成立する旨の合意を許容しなかったが，集合物上の譲渡
担保を必要とする社会経済の需要は，肯定見解を生み出し，この範囲では一
物一権の強行法性は修正された。

なお，私的自治の基礎ないし前提となる場合には法律行為と関係がない強
行法である，との見解を前述したが，これも原理・原則に属する場面と言え
ないではない。ただし，この視角を本稿では採り上げない。

（2）　前述したように，判例法や慣習法，さらに“条文に無い法規範”も
強行法の範囲に含めることができるかどうかが問題となるのではないか。

4　強行法が問題となる法域とそれへの接近をめぐっては，以下の諸点も
問題となる。

（1）　弱い立場にある賃借人や消費者は，解釈のみならず特別法によって
も保護され，後者では強行法規の手法が採用された（川地「特別法」参照）。
労働者の保護は，民法から離れて労働法の領域へ移ったが，そこでも強行法
規が活躍する。役務提供契約の領域でも，下請け（請負だけでなく製造業全般
の従属的業者）など弱者保護が立法化される場合には，強行法の登場が増える。

他方，“事業者間契約”と呼ばれる領域では，弱者保護法ないし社会法領
域とは反対に，契約自由の支配が依然として維持され，さらには拡大・強化
されるのか？。たまたま今回の民法改正に際して契約法の冒頭で，“締結・
内容・方式の自由”が宣言された（新521条・522条2項）。もちろん野放しの
自由を許容するものではなく，法令の制限内という枠が付けられており，法
定前と状況が変わっていないが，受け止め方は単一ではあるまい。或る人々
は，基本方向は従来の流れを見れば判断でき，成文法国の法として体裁を整
えたまでである，この条文から自由へ向けての大きい変更を予想し難い，と
言うであろうし，他の人々の中には，格別の変動要因も感じられないのに，

わざわざ規定を新たに設けたのは，取引・契約が当事者の創意と工夫で展開されるべきことを改めて確認するためであり，この立法化を通してわれわれは取引の自由が持つ積極的な意義を思い出そう，と強調する向きもいるであろう。

(2)　アプローチとしては，今後，すべての職種にわたる契約法関係者が諸種の問題を通して検討を重ねる過程において解答を見付けるほかはあるまい。われわれ研究者も「実際をご存じない」といなされたくらいで簡単にひるんではならない。「ご存じない」からこそ，かえって公平・公正な提案ができることもある。

契約実務と民法学の間柄につき，「ご存じない」一人として少しだけ補足しておけば，契約は関係当事者が最も良く理解しており，適合性の有無や程度も明確ではない法規が個別性や特殊性へもあまり配慮することも無く適用されるのは受け入れ難い，という企業法務側の意見はまずはしっかり耳へ入れるべきであろう。しかし，だからと言って，債権法には「原則として任意法である」という命題が古来あることを無制約に強調されても困る。立法途中の或る座談会だったかで企業法務の担当者が「不都合な規定ができたならば，われわれとしてはそれが任意法であると主張しますよ」といった議論をしていた。また別に，「自分たち契約自由の世界に住む者は」というふうに書き始めた企業法務担当者もいた。

これらは非常に微妙な論争点であろうし，様々な角度から判断を突き合わせて各職種からの意見を調整しなければならない。論文書きをしていると，すっきり筋の通った論旨にあこがれやすいし，現実の利害が渦巻くどこかに身を置けば，そこの利益に注目しやすくなるのも人情であろう。河上によって広まり，研究者仲間の間ではすっかり定着した"任意法の指導像（Leit-bild)"性という魅力的な仮説ないしテーゼも妥当する範囲と程度を慎重に吟味すべきであろう。

(3)　ここまでの記述からも明らかなように，本問でも他の多くのテーマ同様，いわゆる"実務"とりわけ"企業法務"が重要な役割を持つ。今回は高井「実務」に書かれたような有益な実際取引の報告をいろいろ彼から聴く機会を得ている。思えば半世紀以上も前，外国文献ばかり読もうとする私

を，青法協の判例研究会へ誘ってくれた生涯の惜友・熊谷尚之（元大弁会長）が，法学における実務の重要性をよく語っていた。ただし，向かい合う当時の私は，大阪下町の取引や家族の紛争話よりもローマ法・ゲルマン法のほうに興味があった。

　(4)　解説書『強行法・任意法』第Ⅶ編の「概説」において，民法以外の法分野の事項につき少し触れた。そして，「公法」「会社法」「民事訴訟法」は執筆してもらったが，商法・国際私法・労働法の3分野では当方の予定した人に書いてもらえなかったりして，計画の実現が半減した。さらに，その頃（2013年前後），"諸法の強行法研究会"という名前で民法以外の法域の検討グループ立ち上げも或る友人に依頼したが，彼が執筆その他の諸活動に文字通り忙殺され，全然実施されないまま"失効"（ここでは日本法で使われる意味と同じ）してしまった。そのほか，商法との合同による強行法を含む学際的研究も，立案しては何かの事情によりいつも流れる結果となってきた。——誰かの尽力により今後における展開が成功することを期待する。本書では稲田「民法・商法」を収録している。

　5　最後に，強行法・任意法の未来像につき，ごく簡単に一言しておこう。
　一派の取り扱い方ならば任意法・強行法の順に並べるのが，われわれの場合は逆になっている。その上，任意法の側からは，河上や松田らの考究が続けられている。もともと，強行法は，その言葉が古くよりかなり周知されておりながら深められていない。開いて見ると，定義や位置づけがすでに曖昧である。学説にとどまらず，判例における取扱いが期待に反して少なく，かつ，勝手な言い分ながら，内容に関する当方の願望を満たしてくれない。『法セミ特集』の実験を出発点とする『解説書』→『研究書』→『本書』の3段構えで"深化"作業を進めてきたが，近江が本書の「企画趣旨」でお断りしたように，こういう問題があるのでは？という段階までがやっとであった。しかも，〈私的自治・契約自由と強行法〉という中心的テーマの一つが椿からの譲受人の手をたぶん時間不足により離れなかった。譲渡人としての担保責任も考えてみたが，本書の間には合わない。
　本問が，不完全燃焼のまま立ち消えとなるか，燃え切って新しい芽を吹く

かは，しばらく様子を眺めていなければなるまい。なお，最近，中舎寛樹
『民法総則［第2版］』（日本評論社，2018年）の贈呈を受けた。一緒にこのテ
ーマも議論してきた仲間であり，強行法不要論を簡潔に述べていて（同書
250頁），説得力もある。ただし，その上手さも"教科書の範囲内"でのこと
であり，論文レベルで言えば正確な論証はまだ底が浅いと評すべきであろ
う。論考を待望する。私も勉強会の途中で両三度，将来像として強行法概念
の脱力化の可能性に言及したことがあり，もう何段か階段を登ってほしい。

　企業法務において，強行法の退潮はどこまで進むか？，また，それに対す
る押し戻しはどの程度までを妥当ないし適切というべきか？。契約債権法な
いし取引法の大問題である。
　さらに，視野を拡大して言えば，そもそも法は"国家意思"の表明手段と
して，本来的には国家の創った規制に被支配者を従わせたいはずだが，私人
の活動を抑え込むことにも限界があり，かつは時とともに"当事者意思"を
容認すべき範囲と強度は増してくる。とりわけ私法領域では経済活動におけ
る私人の役割が大きくなり，国家といえども専制だけでは事がスムーズには
片付かなくなってくる。その上，国家と私人の強力な部分とがそれぞれの利
益や都合のために手を握る事態が生まれると，当事者意思の尊重を容認する
領域は広がる。——このようにして，"国家意思と当事者意思との微妙なせ
めぎ合い"が今後も続くであろう。

3 強行法・任意法をめぐる学説
——強行法史の観点から——

椿　久美子

I　はじめに

1　強行法に関する従来の研究状況

　任意法のみを考察対象とする研究は，その解釈的・補充的機能を探求するために[1]，これまでも数多くなされてきており[2]，最近では任意法の半強行法化の研究もドイツの約款規制法の研究の影響を受けて進んできた[3]。これに対して強行法を研究の中心的視座に置いた本格的研究は，行政的な取締法規違反行為の私法上の効力[4]に関するものは別として，最近までなかったと

---

(1)　大村敦志『典型契約と性質決定』（有斐閣，1997年）352頁は，任意規定には分析基準機能・内容調整機能・創造補助機能があるという。

(2)　最近では，松田貴文「契約法における任意法規の構造—厚生基底的任意法規の構想へ向けた一試論」神戸法学雑誌63巻1号171頁以下参照。

(3)　詳細な文献は，椿久美子「半強行法概念の生成とその機能」椿寿夫編『民法における強行法・任意法』（日本評論社，2015年）（以下では，「強行法研究」と引用）92頁以下で引用した諸文献参照。

(4)　川井健『無効の研究』（一粒社，1979年）26頁以下，米倉明「法律行為(10)」法教53号（1985年）28頁以下，同「法律行為(12)」法教55号108頁以下，大村敦志「取引と公序—法令違反行為効力論の再検討(上)(下)」ジュリ1023号82頁以下，1025号66頁以下（1993年）。取締法規違反行為と私法上の効力論について総合的に論じたものとして，川島武宜＝平井宜雄『新版注釈民法(3) 総則(3)』（有斐閣，2003年）237頁以

いってよいだろう。私たちの研究グループは，民法を中心に諸法にも研究を拡げつつある[5]。

本稿では，これらの研究を踏まえた上で，民法に限定した強行法の観点から強行法・任意法に関する学説の変遷を立法期前から現在に至るまで検討したい。

学説史の客観的整理と検討は非常に地味な作業でしかないが，強行法の問題を考察する上での研究上，前提となる不可欠な作業であると考える。

2 考察視点

本稿では，強行法・任意法という用語はどのように生成されたのか，強行法の概念はどのように理解されていたのか，強行法・任意法の区別基準とその類型化[6]はどのような変遷をたどってきたのか，強行法の機能とは何か，学説が例示した民法における具体的な強行規定にはどのようなものがあるのか，という考察視点で，明治から現在に至る学説の検討を行う。

これらの考察過程において，結論を出すことは難しいかもしれないが，以下のようなことを考えてみたい。公の秩序に関する規定という強行法の定義の是非とその内容はどのようなものなのか，私的自治を画する規定とされる強行法は私的自治の支配する民法において，その存在が許容される範囲はどこまでか，公序規定を強制しようとする国家意思と私的自治を求める当事者意思・個人意思はどのような関係にあるべきなのか，当事者意思に当事者間

下［森田修］。
（5） 椿寿夫編『強行法・任意法でみる民法』（日本評論社，2013年）（以下では，「強行法解説」と引用）。諸法の強行法性として，椿寿夫編・前掲注（3）（強行法研究）における稲田和也「定款自治と強行法性」299頁以下，川地宏行「公法上の取締規定の強行法性」309頁以下，木村仁「信託法の規定の半強行法性」319頁以下参照。
（6） 椿寿夫・前掲注（3）（強行法研究）「強行法の観念をめぐる問題の所在」66頁以下は，「規定どおりに対応しなければアウトになる強行法規と，規定からの離隔を許容される任意法規の境界線」を，どこに，どういう基準で，どのような理由づけと中身に基づいて，両者の区別を行うべきかが重要であるとする。同・前掲（強行法研究）「民法の規定と異なる合意・特約の効力序説」3頁以下，同〔付録〕『強行法と任意法』『続・強行法と任意法』16頁以下，同「民法規定と異なる合意・特約の問題性および論点」30頁以下において，ドイツ法も含めた強行法・任意法に関する総合的問題を指摘する。

の不均衡を是正するために国家意思が介入することの許容性と妥当性の範囲をどのように考えるべきなのか，任意法を原則として出発した民法において，当事者間の経済力・情報力・交渉力の格差を縮小するために強行法化の傾向が現れてきたことに触れつつ（借地借家法，身元保証法，消費者契約法等の特別法の制定を媒介にして民法の強行法化が図られたが，民法自体の強行法化への改正は，新法における一連の保証人保護規定の新設や第三者保護規定の新設（心裡留保，錯誤）によりようやく実現されたといえよう。），私的自治の原則（契約自由の原則）の拡大化と縮小化の対立をどのように調整してきたのか，強行法と任意法はどのような基準で区別されてきたのか，そしてどのような基準で区別すべきものなのかを考察したい。

3　考察の限定

強行法につき包括的・原則的記述がなされている民法総則の体系書・教科書を中心に考察し[7]，債権総則については，私はすでに既刊『民法における強行法・任意法』において検討した[8]ので，本稿ではそれを参照するにとどめたい。物権法，契約法，法定債権法，親族・相続法も同書で研究され[9]，本書でも考察されている[10]ので，本稿では検討対象としない。

本稿では，民法における強行法に重点を置いて考察し，任意法の問題は，強行法の意義・機能・区別基準を浮かび上がらせるための従たるものとして検討するにとどめる。表題も強行法を先に挙げているのはそのためである。任意法とくにその機能については，「半強行法概念と任意法」の問題を本書の別項目で論ずる際に言及する。

（7）　三林宏・前掲注(3)（強行法研究）「判例・学説にみる民法総則規定の強行法性」107頁以下参照。

（8）　椿久美子・前掲注(3)（強行法研究）「判例・学説にみる債権総則の強行法性」130頁以下参照。

（9）　長谷川貞之・前掲注(3)（強行法研究）「判例・学説にみる物権規定の強行法性」119頁以下，芦野訓和・前掲注(3)（強行法研究）「判例・学説にみる契約法の規定と強行法性」145頁以下，織田博子・前掲注(3)（強行法研究）「判例・学説にみる法定債権規定の強行法性」155頁以下，前田泰・前掲注(3)（強行法研究）「判例・学説にみる親族編・相続編規定の強行法性」165頁以下参照。

（10）　本書における諸論考を参照。

　取締法規と効力法規の問題から強行法を論ずることも重要であるが，これまでにも優れた研究がなされていることから，この問題については取り上げない。

　強行法違反による無効の根拠規定について，伝統的通説は91条の反対解釈に求めるが，最近の有力説は90条の「公の秩序」の１類型として90条に求め，さらに書かれざる原理規定と考えて該当条文はないと解する説もある。この問題は強行法を考える上で重要であるが，90条・91条の立法過程も含めて，今後の検討課題としたい。

　最後に，本稿において強行法・任意法の問題を検討する際には，法律行為における当事者（私人・個人）の意思，つまり合意・特約により民法規定の適用を排斥できるか否かについて[11]考察するのであって，意思と無関係な単なる法規範だけを問題とはしない[12]ということを考察の出発点に当たり述べておきたい。また，強行法と慣習の関係についても検討対象としない[13]。

II　立法期から戦前までの学説

1　強行法・任意法という用語の生成史

　強行法・任意法という用語はいつ頃使われだしたのか，そしてどのような意味として位置づけられていたのかをみていきたい。

　立法前においては，箕作麟祥は命令法・禁止法と聴任法（するかしないかを各人に任せる法という意味）という分類をし[14]，富井は法典調査会の審議

---

(11)　前掲注(5)（強行法解説）においては，民法の領域だけで98項目の民法規定と異なる合意・特約の効力について検討された。

(12)　この問題については，椿（寿）・前掲注(6)「強行法の観念をめぐる問題の所在」63頁以下が詳しい。これに対して，伊藤進・前掲注(3)（強行法研究）「強行法規の役割，機能―「法律行為」以外の私法的生活関係の規律を中心に」81頁以下は，法律行為以外の強行法規の検討もする。

(13)　強行法規に反する慣習は，たとえ存在したとしても法律行為解釈の規準とはなりえず，したがって強行法規に反しない慣習だけが92条の要件であるとみる（幾代通『民法総則』（青林書院，1969年）228頁）。

の中で，反対の意思表示を許す規定が任意法で許さない規定が命令法であるという区別をした⁽¹⁵⁾。梅は，命令的規定と聴任的規定との区別が難しいといった議論が審議過程でなされたことに言及し⁽¹⁶⁾，また，命令法と随意法とも呼び，随意法を解釈法，規定法または許可法とも名づけていた⁽¹⁷⁾。岡松は強行法と聴任法（Nachgiebiges Recht）という用語を用いていた⁽¹⁸⁾。

　これらの用語を整理すると，強行法は命令法，禁止法と呼ばれ，任意法は聴任法，随意法，解釈法，規定法，許可法と様々に呼ばれていたということである。

　結局，民法典には，強行法と任意法という用語は使われず，任意規定を指すものとして，91条・92条にみられるごとく法令中の「公の秩序に関しない規定」という表現が使われ，それとの対比で強行規定は法令中の「公の秩序に関する規定」（以下では「公序規定」ということもある。）と定義された。立法後，90条・91条・92条の原案を提出した富井は，教科書で強行法と任意法と呼び，これがその後定着した呼び名となった。

2　強行法・任意法をめぐる学説史の検討に関する前提

　強行法は「公の秩序に関する規定」であり，当事者（私人・個人）の意思・合意・特約によって排除・変更することができない規定だと定義されることには異論をみないが，その内容となると多様な見解が存在する。

　学説は，総則・物権法・親族法・相続法はほとんどが強行法であり，債権法はほとんどが任意法であるとし（以下ではこのような強行法・任意法の区別を「単純区別説」という），結局，強行法か任意法かの区別は非常に難しく，規定の目的・趣旨を吟味して判断するしかないとする見解がほとんどである（これを「趣旨判断説」と呼ぶ）。このような考え方を前提に強行法を論ずる学

(14)　強行法概念の変遷について滝沢昌彦「公序良俗と強行法規」椿寿夫＝伊藤進編『公序良俗違反の研究』（日本評論社，1995年）257頁以下参照。
(15)　第6回民法整理会議事速記録『日本近代立法資料叢書14』（1988年，商事法務研究会）145頁。
(16)　梅謙次郎『民法原理　総則編』（明法堂，1904年）（信山社復刻叢書）317頁以下。
(17)　梅・前掲注(16)9頁。
(18)　岡松参太郎『註釈民法理由上巻総則編［第7版］』（有斐閣，1898年）166頁。

説の姿勢は，立法期から現在まで一貫しているので，この考え方については学説の紹介に当たりいちいち言及しない。

　以下では，最初は強行法・任意法をめぐる学説を詳しく紹介するものの，後になれば類似の学説は簡略化し，特徴のある点のみを紹介したい。

3　立法期（明治）から大正期頃の学説

(1)　岡松参太郎説[19]

立法直後に注釈書を出した岡松は次のようにいう。法令の規定には2種類あり，強行法は個人の私意をもって左右することを許さず，聴任法は個人が別段の意思を表示してその適用を免れることができる。

　聴任法に反する意思表示が有効なための必要な条件を示し，各条においてこれを復言する煩わしさを避けるために，一括して明言する必要があることから，91条の規定が設けられたとする。

　法律が，ある規定と異なる行為を無効と明言し，禁止することを明言し，または罰を課すときは，それは常に公の秩序に関する規定であり，公の秩序に関するかどうかは裁判官の判定に任し，刑法その他公法，人事，相続に関する法は多くは強行法になるとする。

(2)　梅説[20]

(a)　梅は強行法・任意法の問題についてはかなりの頁を割いて言及していた。

梅は，強行法と任意法を命令法と随意法と呼び，命令法とは，その必行を期して定めたるもの，随意法とは当事者の意思をもって変更することを許すものをいい，故に随意法を解釈法，規定法，または許可法と名づけ，当事者はこれに反する事項を約定することができると説明する。

　命令法は絶対的に服従することを要し，慣習または契約のいかんによってその適用を免れることはできず，随意法は従うかどうかは全く自由である。しかし，実際においてはこの2者を区別するのは甚だ難事である。けだし，

(19)　岡松・前掲注(18)166頁以下。
(20)　梅説については，椿寿夫・前掲注(3)(強行法研究)「梅博士の意見を参考に少し述べよう」53頁以下参照。

一定の文例をもって何れに属するかを一目瞭然とするものが極めて少ないからであり，故に法律の精神を吟味して決定することを要する，という[21]。

(b) 梅は，命令的規定と聴任的規定（「任意的規定」または「随意的規定」ともいう）という分け方をもする[22]。「命令的規定」とは，立法者が当事者にある事をなすことを命じ，またはある事をなすことを禁ずる規定にして，当事者の意思をもってこれを変更することを許さないものであると定義する。

例えば，90条の規定は，立法者が公の秩序に反する行為を禁ずるものなので，当事者の意思によりこれを有効にすることができない。書面によらない贈与の取消し（現在は撤回に改正）を定める550条の規定も公益上の理由により命令的規定である。したがって，たとえ当事者が取り消すことができない旨を約しても法律上の効力はない。

これに反し，「聴任的規定」とは，当事者の意思を推測し，または当事者が反対の意思を表示しない場合に適用する規定である。したがって，当事者の意思をもって随意に変更することができる。例えば，法定利息の規定（404条）である。

(c) 単純区別説に異論を唱えた者がいるのを聞かず，命令的規定に反する行為は90条の規定に包含されるとする[23]。

強行規定違反の根拠規定を90条とする梅の見解は，いわゆる90条一元論を支える論拠の一つになろう。

梅は別の教科書でも，公序規定として立法者がとくに当事者に命令するものがあり（禁止もまた命令である），当事者の意思をもってこの規定を動かすことができないという[24]。

(3) 富井説

富井によると[25]，強行法（命令法）とは，公益上の理由に基づきわれわれの意思をもって適従を免れることを許さないものをいう。

---

(21) 梅・前掲注(16) 9頁。
(22) 梅・前掲注(16)314頁以下。
(23) 梅・前掲注(16)316頁以下。
(24) 梅謙次郎『民法要義総則編（復刻版）［第33版］』（有斐閣書房，1911年）202頁以下。
(25) 富井政章『民法原論第1巻総論』（有斐閣，合冊1922年［初版1903年］）44頁以下。

42

　強行法と任意法は，一法律中の各条規につきなす区別である。そうして民法のごとき実体的私法に関して最もその実用をみる。任意法を細別して補充法規と解釈法規の２種とするものが多い。

　法律行為の目的が不法なために行為を無効とすべき場合として，法令に禁止する事項を目的とするとき，ある行為を為すことを得ずと規定するとき，あるいは法令に命ずる行為を為さないことを目的とするときである。法令に禁止する事項とは強行的法規に違反する事項に限るとする[26]。

　(4)　鳩山説[27]

　(a)　鳩山によれば，民法法規の分類の一つとして，強行法規（Zwingendes Recht）と非強行法規・任意法規（Nichtzwingendes Recht, dispositives R., nachgiebiges R.）に分ける。前者は当事者の意思いかんにかかわらず適用されるべきもの，後者は当事者の意思によってその適用を排除することができるものである[28]。

　(b)　鳩山は，名著『法律行為乃至時効』において，91条を公の秩序に関する規定と公の秩序に関しない規定に分け，後者に異なる内容の法律行為は有効となり，前者に反する事項の法律行為は無効というべきである。けだし法律が個人に私法的自治の力を認めるのは，公の秩序に反しない範囲内においてであり，強行法に反する法律行為の効力を認めるべきでないのは当然である，と説く。

　(c)　両者の区別の標準として，まず法の公私により区別し，公法の規定は主として公益のためなので強行法であり，私法は個人相互の関係を規定するものならば主として非強行法である。私法の規定が強行的性質を帯びるか否かは当該規定の精神に基づき決めるほかはない。すなわち，取引の安全，弱者保護，家の維持，倫理道徳の保全等を理由として設けられた規定は強行的規定であって，これら特殊の理由がないものは非強行法である。

　鳩山は，この標準に基づき民法規定の中で具体的に強行的規定と非強行的

(26)　ド民134条「法律による禁止に違反する意思表示は，法律により別段の結果が生じない限り無効とする。」
(27)　鳩山秀夫『法律行為乃至時効［第７版］』（巌松堂，1933年［初版1912年]）82頁以下。
(28)　鳩山秀夫『日本民法総論』（岩波書店，1927年）19〜20頁。

規定を掲げている。すなわち，物権編，親族編，相続編には概して強行的規定が多く，債権編は極めて少ない。しかし，債権編にも，債権者取消権の期間制限（426条），書面によらない贈与の取消（旧550条），担保責任免除特約（572条），買戻しの期間（580条），短期賃貸借の期間（602条），賃貸借の存続期間（604条），雇用の期間（626条），解約の申し入れ（627条），やむことを得ない事由による解除（628条），担保責任免除特約（旧640条），不法行為の要件と効果（709条）等の強行的規定があると指摘する。

　(d)　強行的規定と非強行的規定との区別が法文によって明瞭なことがある。例えば，「別段ノ意思表示ナキトキハ」「別段ノ定ヲ為シタルトキハ」と言える類の文字を使用したときは非強行法（250条，268条，272条，278条，281条，285条等）であり，「放棄スルコトヲ得ス」「創設スルコトヲ得ス」「契約ヲ為スコトヲ得ス」というような当事者の意思表示の効力を排斥した字句があるときは強行法であることは明らかである。ただし，「得ス」もしくは「要ス」なる字句も直ちに強行法であると速断することはできない（400条，401条，402条，407条2項，475条，476条等）。

　なお，当事者の意思表示の効力を許す趣旨を示す法律規定がない故に強行法となることを認めるべきものとして，例えば権利能力，行為能力に関する規定を挙げる。

　(e)　鳩山説を詳しく紹介したのは，強行法に反する法律行為の無効を91条から導き，私法的自治を認めるのは公の秩序に反しない範囲であるとする鳩山説が我妻により継承され，今日の通説の基礎を作ったからである。岡松・梅・富井とは異なり，強行法・任意法の区別基準を初めて類型化したことが注目される。取引安全と弱者保護は現在も基準となっているが，「家の維持」については戦後の相続法の改正による家制度の廃止により基準とはならず，「倫理道徳の保全等」は法律により強制するものではないとの現代思想とは相いれないことから基準とはなりえないであろう。

　債権法の中にも強行規定があるとして，各種契約の期間に関する規定，雇用の解約・解除規定や不法行為規定を強行規定と解していた。「得ス」や「要ス」の文言は強行規定であるが，そうではない場合もあると指摘した。また，近時の社会政策は契約の自由を制限する傾向があり，将来債権編にも

強行法規が増加するであろうと述べ，大正末期から昭和にかけての経済・社会構造の変化に対応した見解を述べていた。

(5) その他の学説

その他特徴的なことを述べている学説を紹介しよう。

(a) 川名[29]によれば，強行法規は公安に影響を及ぼす規定でもある。強行法規と異なる内容の法律行為は無効とするので，権利能力を放棄し，不法行為をなすも損害を賠償しない旨を約するときは無効になるという。

曄道説[30]によれば，私的自治の限界をなすものが強行法規であり，各人の意思いかんにかかわらず絶対的に適用される法規である。強行法規を設けた重要な理由は，国民に道義を尊重させ，家庭の平和を維持させ，経済上の弱者もしくは精神状態の不完全な者を保護し，または取引を安全にする等の目的を達することにある。

(b) 菅原[31]は，ある法規が非強行法か強行法かが，法文の文言上，明らかでない場合には，解釈により私的自治を許すか否かを探求して決めるべきである。両者の区別の実益は，強行法は法規所定の事項が成立したときは無条件に適用されるが，非強行法は当事者が意思表示をなさない場合に限り適用をみることにあるとする。

長島[32]は，強行法とは当事者の意思をもって規定と異なる効果を付与することを許さない法規をいうとし，通説的説明をする。

(c) 末弘[33]は，法規の中には，国家において予め一定の標準を示し，これに適合するものには国家的援助を与えるものの，そうでないものには拒む趣旨をもって設けられているものが少なくないと指摘する。例えば，278条の永小作権の存続期間は，すべて法定の標準に該当しない限り法律的保護を与えない趣旨であって，これらの法規が強行法規であるとする。

---

(29) 川名兼四郎『日本民法総論［訂正5版］』（金刺芳流堂，1916年［初版1912年］）206頁以下。
(30) 曄道文藝『日本民法要論第1巻』（弘文堂書房，1920年）10頁以下。
(31) 菅原春二『日本民法論総則上巻［第3版］』（弘文堂書房，1924年）49〜50頁。
(32) 長島毅『民法総論』（厳松堂，全部改訂1925年）7頁以下。
(33) 末弘厳太郎『民法講和（上巻）』（岩波書店，1926年）194頁。

4　昭和初期から戦前までの学説

（1）　穂積重遠説ほか

（a）　穂積によれば[34]，元来法律はすべて適用されるはずのもので，任意法でも適用が強行される点において強行法と同様であり，ただ当事者が予め反対意思を表示するによってその適用を免れ得る点において強行法と違うのである（91条）。そうして，ある法規が任意法であることが法文中に明示されることもあるが（116条，281条，359条，370条），必ずしもその外形によって強行法か任意法かは判断すべきでない。

また強行法規に違背した行為は多くは無効であるが，無効でなくて別に制裁が加えられることがあり，まれには何らの制裁のないいわゆる不完全規定もないではないから，この点も区別の標準たりえないとする。

強行法を設ける理由を公益に関する故というが，公益とか私益は元来相対的な区別にほかならないから，正確明瞭な立法の標準とは言い難く，結局，制度の目的に適い社会の利益に応ずるかによって決するほかないという。

昭和初期に穂積は，社会政策は民法から見れば契約自由の制限であり，民法中の任意法の範囲の縮小が将来の問題になるだろうと述べる。

（b）　山下博章は，簡潔に法律行為の内容は強行法規に反することができず（91条），例えば時効完成前の時効利益の放棄（146条）や法定物権以外の物権の創設（175条）は許されないという[35]。

（2）　石田文次郎説[36]

石田文次郎によれば，経済上の弱者・社会上の劣位者は，契約自由の美名のもとに実は不自由な地位を押し付けられ，不平等な拘束を受けざるを得ない。そこで真の契約自由の保障のために，国家が種々の強行法規を作り，当事者一方の独裁専制を防ごうとする。労働者の保護法，借地借家法はこの精神によるもので，私法は漸次特別法化または公法化されようとしている。

物権法・親族法・相続法上の命令または禁止規定は強行法規と考えてよ

---

(34)　穂積重遠『改訂民法総論［第8版］』（有斐閣，1936年［初版1930年］）54〜56頁。

(35)　山下博章『民法講義総則』（有斐閣，1929年）236〜238頁。

(36)　石田文次郎『現行民法総論［第6版］』（弘文堂書房，1935年［初版1930年］）248〜250頁，297〜298頁。

い。新たな物権創設，重婚をなすべき契約，親権を放棄させる契約，相続順位を変更する契約とかは無効であるとする。

Ⅲ　戦後から現在までの学説

1　戦後（1945年）から2000年前後の学説

　戦前と同様にほとんどの学説は，強行法と任意法につき単純区別説と趣旨判断説を前提としているので，その点は引用しない。戦前の学説と比べ，両者の区別基準につきより詳細な類型化を試みる学説が出てきた。

（1）　末川説・於保説

　末川によれば，強行法規は社会一般の公の秩序に関するものであるから，私人が自分たちだけの都合で個人的な利益のためにこれに反することは許されない。17歳で成年に達したこととする合意（4条），賃貸借の存続期間を30年とする契約（旧604条）は，強行法規に反し無効とされる。

　強行法かどうかは，各規定の趣旨を考え，当事者以外の者の利害に直接影響を及ぼしたり，一般の秩序に関係する法規は強行法規であるとする[37]。末川は，戦前の論文の中でも，同様の見解を述べていた[38]。

　於保は，法規の趣旨は社会情勢によって変化しうるものであるから，社会の一般通念に従って，強行法かどうかを個別的に決定しなければならず，個人の人格を保障し，取引の安全，基本秩序を維持するための法規は強行法規であるという[39]。

（2）　川島説

　川島は，強行規定について，①明文がある場合（146条，借地借家法な

---

(37)　末川博『全訂民法(上)［第11版］』（千倉書房，1960年，［初版1948年]）18〜19頁，82〜83頁。なお，末川は，戦前に言及した強行法の見解（末川博『増訂民法大意』（弘文堂書房，1933年）87頁以下）と変わっていない。

(38)　末川博『所有権・契約その他の研究』（岩波書店，1939年）211頁。同書210頁以下は，651条に反する特約である解除権放棄の特約について，651条は当事者のみの利害に関するものなので強行規定ではないとして，有効とする。

(39)　於保不二雄『民法総則講義［復刻版］』（新青出版，1996年［初版1951年]）172〜173頁。

ど），②第三者の権利関係に関連する規定（物権法），③社会秩序の基本をなす親族法の多くの規定（婚姻・養子縁組・親子関係・扶養等），④個人の平等という法基本原則に由来する相続法上の規定（相続人に財産を保留する遺留分規定，多くの人の利害に関する遺言規定），⑤特定の人の利益を保護する規定（民349条，利息制限法，借地借家法），⑥公益法人や会社に関する規定のうち構成員や第三者の利益を確保する規定を挙げる[40]。

(3)　我妻説

（a）　我妻は，強行法規は私法的自治の限界を画し，任意法規は私法的自治の補充をするものなので，両者の区別は重要であるが，規定の趣旨を考察し，個人の意思によって排斥することを許すものかどうかを判断して決めるしかなく，一般的原則を掲げることはできないという[41]。

ただ，両当事者の経済的な力が均衡を失うにつれ，任意法規が強行法規化する傾向に注意すべきである。すなわち，均衡を失うときは，経済的強者は合理的な理由なく任意法規を排斥する約款を強い，経済的弱者は忍容するしかなくなり，ここにおいて法律は，任意法規として第二次的な立場にあることを棄て，強行法規として第一次的立場に進出し，当事者の意思を排斥して契約内容の合理性を保障する必要に迫られる。賃貸借契約の解約期間の規定（617条）は任意規定であるが，借地借家法（27条）では強行規定とされたのが適例であるが，解釈においてもこの理論が現れる，と説く[42]。

我妻は，任意規定である民法規定そのものが強行法化されることをいっているのでなく，強行法である特別法が出現し，同法の適用により当該約款が無効とされ，弱者保護が図られる傾向が出てきたことを指摘する。

（b）　どのような法律行為が違法であるかについては，強行法規を網羅することなので到底できないとした上で，主要なものを示している。①親権・相続順位・夫婦など身分関係に関する法規が強行規定であるのは社会秩序に関係する事項だからである。したがって，相続順位を変更する契約や重婚を

---

(40)　川島武宜『民法総則』（有斐閣，1965年）223頁。
(41)　我妻栄『新訂民法総則』（岩波書店，1965年）255頁。椿（寿）・前掲注(3)（強行法研究）「民法の規定と異なる合意・特約の効力」6頁以下で我妻学説を詳細に紹介する。
(42)　我妻・前掲注(41)255頁。

しようとする契約などは無効である。②物権の種類・内容などに関する規定のように直接第三者の利害に関係する法規も強行法規である（175条）。③利息制限法，流質契約禁止（349条），恩給・扶助料の取引禁止（恩給法11条）のような一定の者を保護する趣旨の法規も強行法規である。借地借家法は半面的強行法規である[43]。

(c) 法律行為の内容が強行法規に違反しなくとも，社会の一般的秩序または道徳観念に違反する場合には，その法律行為は90条により無効であるとして[44]，強行法違反としての認定ができなくても，90条により解決を図ることができるとする。

(4) 薬師寺説

(a) 薬師寺によれば，強行法と任意法を区別する標準は公の秩序に関するものか否かであり，それは当該規定の立法目的を探求して決定しなければならない。強行法と任意法のどちらが当該制度の目的に適合し，社会の要求に応ずるかによって決するしかない。

私法の規定中，取引の安全（物権規定など），弱者保護（利息制限法等），社会道徳の維持（例えば90条及び身分関係に関する法規）というような公益を目的とするものは強行法とする[45]。

(b) 「放棄することを得ず」「創設することを得ず」「契約をなすことを得ず」のような文言を使用するものは強行法である（146条，175条，256条等）。しかし，「得ず」とか「要す」とかいうような文言が使用される場合でも，当事者の自治を禁止する趣旨を包含しないものは任意法である（400条，401条，402条，407条2項，475条，476条等）[46]。

債権法は任意規定が多いが，詐害行為取消権の期間制限（426条），書面によらない贈与の取消（旧550条），572条，580条，602条，604条，626条ないし628条，640条，709条等のごときは強行法規である[47]。

---

(43) 我妻・前掲注(41)267頁。
(44) 以上は，我妻栄『民法総則』（岩波書店，1951年）230頁以下，我妻・前掲注(41)270頁以下。
(45) 薬師寺志光『改訂日本民法総論新講』（明玄書房，1970年）33〜34頁。
(46) 薬師寺・前掲注(45)409頁（注）(1)。
(47) 薬師寺・前掲注(45)409頁（注）(6)。

（c）　薬師寺説は，民法における強行規定の具体的な挙示が他の学説に比べて多いのが特徴である。

(5)　幾代説

強行法規が明示されていない場合には，①第三者の権利関係に関連する規定（物権法規定や法人規定），②社会秩序の基本的なものにかかわりを持つ規定（親族編・相続編規定），③経済的に弱い人々の利益を守る規定（349条，恩給法，利息制限法）は強行規定であるという[48]。

幾代説はとくに目新しい強行規定の基準を示してはいない。

(6)　星野説

星野によれば，民法の中で強行規定が多いのは，第一に，家族に関する部分である。婚姻，親子，相続に関する規定は社会秩序の根本に関するからである。第二に，物権に関する規定である。これは第三者に関係するからである。物権は誰に対しても主張できる権利であるから当事者間だけでは決められない。第三に，社会的・経済的弱者を保護する規定である（146条，349条）。特別法に多い。第四に，公益法人とか登記・戸籍といった一定の制度や手続を決めた規定である[49]。

(7)　高津幸一説

高津説は川島説とほぼ同じである[50]。

(8)　来栖説

来栖は，典型契約の中で強行規定とされているのは，旧572条，旧604条，旧626条，628条，旧640条とするが，理由は特別述べていない[51]。

(9)　米倉説

（a）　米倉は強行規定の多い領域を次のように類型化する。

①社会秩序の基本をなす法領域（身分関係と財産の帰属にかかわる領域。物権法，相続法の規定）。②第三者の利害にかかわる領域。例えば，AB間での

---

(48)　幾代・前掲注(13)198頁。

(49)　星野英一『民法概論Ⅰ』（良書普及会，1971年）182頁以下。星野・同書183頁は，これらの手続きは法律行為そのものでないから，これに関する規定は厳密な意味で強行規定とは異なるという。

(50)　川島武宜編『注釈民法(3)　総則(3)』（有斐閣，1973年）91頁以下［高津幸一］。

(51)　来栖三郎『契約法』（有斐閣，1974年）737頁。

50

Aの土地所有権は譲渡性を有しないとの合意はAB間では有効だが，第三者Cには主張しえない（175条参照）。取引の安全確保とか，第三者の信頼保護という観点でもあるので，本人と代理人との間で第三者に対して表見代理の責任を負わないと決めても第三者には主張しえない。

③経済的弱者を保護する規定[52]。例えば流質契約の禁止（349条）がある。特別法にも多い。④法律行為制度の前提をなす（行為能力制度など），あるいはそれを補助する制度（法人制度，登記，戸籍など）に関する規定は強行規定である[53]。

(b)　強行規定と任意規定の区別の基準は，強行規定が明確な146条や175条，任意規定が明確な250条，272条但書，285条1項但書はそれでよい。しかし，「要ス」（「しなければならない」），「得ス」（「できない」）の文言は必ずしも強行規定とはいえない（400条，475条）。結局のところ文言はあまり頼りにならず，規定の趣旨を考察して，当事者の自由に任せるべきかどうかで判断するしかなく，最後には裁判官の判定によるしかないとする。

(10)　川井説

川井によると，「民法90条は抽象的に公序良俗という基準を掲げるのであるが，これと異なり具体的にある行為をしてはならないと定める規定を強行規定（法規）という。強行規定は，公序良俗を具体的に定めたものであり，強行規定に違反した行為が無効になることは，任意規定に関する91条の反対解釈から導かれる（通説）。……民法の規定の中に，……絶対的に適用される公の秩序に関する規定があり，これを強行規定という。」[54]

物権の規定は取引の基礎を定めるもの（例として175条），親族・相続法の規定は社会秩序にかかわるものなので，概ね強行規定（例として739条1項）である。

(52)　米倉明・前掲注(4)「法律行為(10)」26頁は，強行規定が経済的弱者保護のためにあるとは限らず，正義・公平（均衡確保）のために経済的強者も保護されることがある。その例として，572条は強行規定であって，瑕疵のあることを知りながら，瑕疵担保責任は免責されるとの特約は効力を有しない。これは買主の経済力の大小だけで判断していないという。
(53)　米倉・前掲注(4)「法律行為(10)」23頁以下。
(54)　川井健『民法概論1民法総則［第4版］』（有斐閣，2008年［初版1995年］）145頁以下。

別の文献では，「民法上の強行法規は，私的財産権，財産変動の基礎，身分秩序の基礎を形づくる目的のほか，当事者の一方の不利益を救済する目的のために認められており，意思による修正が可能かどうかという観点で定められている。」従来の判例・通説が統制法規上の強行法規と民法上の強行法規は別物であるのに，それを同視して違反契約を「無効」と処理してきたことは疑問であるとする[55]。

（11） 北川説

北川は，強行規定違反行為を明文で定めている場合として，民法規定ではなく，労働基準法，利息制限法等の特別法の規定を挙げ，定めていない場合は解釈問題になると述べているだけであり，叙述の中心は行政取締規定，経済統制法規や独禁法である[56]。

（12） 四宮説[57]

四宮は，強行規定・任意規定の対立は，私的自治を排除する機能をもつ規定（強行規定）と私的自治を補助する機能を有する規定（任意規定）との対立であり，行為の点からは，当事者がその規定に反する法律行為によって達成しようとする効果の実現について，国家が助力を拒むもの（強行規定）と拒まないもの（任意規定）の対立である，という。

①社会秩序に関する規定（親族・相続・物権法），②私的自治の前提に関する規定（法人格，行為能力，意思表示・法律行為の効力に関する規定），③第三者の信頼ないし取引の安全を保護する規定（物権法，表見代理の規定），④経済的弱者の利益保護の規定（349条）などが強行規定であるとする。

（13） 四宮＝能見説

四宮＝能見になると，強行規定は私的自治に限界を画し，違反する行為の効力を否定する規定であるとして，少し変化している。前記四宮説の区別基

---

(55) 川井健・前掲注(4)80頁以下。川井は，統制法規を私法上の効力に影響を与えないものを取締法規，影響を与えるものを履行請求制限法規と称し，強行法規と称することは誤解を招くという。
(56) 北川善太郎『民法総則［第2版］』（有斐閣，2001年）120頁以下。124頁以下では，公法と私法の接合・融合現象が増加している過程で生じてきたのが取締規定であるとする。
(57) 四宮和夫『民法総則［初版］』（弘文堂，1972年）205頁。

準（旧①②③④と呼ぶ）と対比すると，新①は旧①と同じで，新②は旧②に私的自治の枠組みに関する規定を追加した。旧②と旧③の間に，組合員の脱退を制限する組合契約を無効とした判例（最判平11・2・23民集53巻2号193頁）を契機として，新たに基本的な自由を保障する規定（678条）を新③として加えた。新④は旧③と同じだが，例示の規定として善意取得（192条）と対抗要件に関する規定（177条，467条）を付け加える。旧④と新⑤は同じである。新⑤の私法の社会化に伴う経済的弱者のための強行規定として特別法が多く登場し，例えば借地・借家関係（借借法16条），労働関係（労基法13条），消費者保護関係（特商取法9条8項）等を挙げる[58]。

なお，鈴木禄弥は四宮説とほぼおなじである[59]。当該規定に反する契約を国家が拒むものが強行規定で，拒まないものが任意規定であるという。

2　2000年前後から現在までの学説

(1)　森田説

民法の強行規定の分類は四宮＝能見による分類を継承する。契約法の例外的な強行規定として，①やむを得ざる事由ある場合の解除に関する諸規定（628条，678条），②担保責任に関する特約の制限に関する諸規定（572条，旧640条）などを挙げる。

なお，契約条項の効力を否定する際に，90条によれば端的に当該条項の悪性評価が問題とされるが，91条による強行法規違反として無効を導く場合には，契約の性質決定という作業が介在せざるをえない。だが，前記最判平11・2・23は，この作業に意義を認めず，脱退禁止条項の反公序性に言及していると指摘する[60]。

(2)　内田説

明文上明らかな場合（借借9条）以外は，規定の趣旨から判断する。民法総則規定の多くは「市民社会のゲームの基本的ルールを定めるもの」であり

---

(58)　四宮和夫＝能見善久『民法総則［第9版]』（弘文堂，2018年）302頁。遠藤浩ほか編『民法注解財産法　民法総則』（青林書院，1989年）369頁［中田耕三］は，幾代，四宮＝能見，高津分類と同旨。

(59)　鈴木禄弥『民法総則講義［2訂版]』（創文社，2003年）136頁，140頁。

(60)　森田・前掲注(4)223頁以下。

（意思表示，行為能力），強行規定が多い。重婚を禁ずる732条は，国家の身分
秩序・家族秩序の基礎をなす一夫一婦制を定めたものであるから強行規定で
あるとする[61]。

（3）　加藤雅信説

加藤は，分水嶺としての「公の秩序」により強行法と任意法を区別し，物
権は対世的な権利であるのに対して，債権は相対的な権利であることから，
物権は「公の秩序」に関する規定，債権は当事者間での私的な「公の秩序」
に関しない規定であるとする。

両者の区別は，当事者以外に影響を及ぼすか否かで考え，家族法は，第三
者の利害や社会秩序の基本にかかわるものとして強行規定（一夫多妻婚の約
定は無効）である。弱者に不利な領域では強行規定による規制が加えられ，
特別法が制定されることが多いとする[62]。

加藤は，契約法の体系書では強行規定を理由も含めて具体的に列挙す
る[63]（579条以下[64]，602条・603条，604条，626条，628条，678条，683条）。

（4）　潮見説

強行規定が明示されている例として，労働基準法13条（無効と規定）を挙
げるのが特徴的である。

強行規定か否かを判断する手がかりは，強行規定が90条の具体化であり，
私的自治・契約自由の否定を目的とした点にある。さらに，90条の背後にあ
る憲法秩序を考慮すべきだとする。つまり，憲法の理念・原理・秩序が90条
を介して私法秩序に具体化し，したがって90条を具体化する強行規定にも反
映する点を，強行規定を性質決定する際に視野に入れておくべきだと主張す
るのが注目される。

強行規定を３類型に分ける。①国家・社会の基本的秩序に関する規定であ

（61）　内田貴『民法Ⅰ総則・物権総論［第４版］』（東京大学出版会，2008年［初版1994
　　　年］）276頁以下。
（62）　加藤雅信『民法総則［第２版］』（有斐閣，2005年）216頁以下。
（63）　加藤雅信『契約法』（有斐閣，2007年）165頁。
（64）　加藤・前掲注(63)（契約法）207頁は，買戻しに関する規定は契約自由の原則の例外
　　　として強行規定となり，再売買予約は契約自由の原則のもとに有効だとされ，機能的
　　　には買戻し規定の脱法的な意味を持つと指摘する。

る。物権法・親族法・相続法の規律は，個別に任意規定であるとの指示がなければ強行規定と評価され，その違反に刑罰がある規定も強行規定であるという。

②私的自治・契約自由の存立基盤である競争秩序を形成する規定も強行規定と評価すべきであり，この観点から独占禁止法の規定や不正競争防止法の規定は強行規定であるとする[65]。

③社会権・生存権の保障（社会的弱者）を目的として私人間契約を規制する規定も強行規定と評価すべきであるとする。

(5) 河上説[66]

当事者の意思に左右されることなく適用される規定，つまり強行規定は「公序良俗」が具体化された規定群である。任意規定と強行規定の区別は，明文（572条）もあるが，規定の趣旨を勘案して決めるしかない。法律関係を画一的に定める必要性の高い，身分法上の規定，物権法上の規定，組織のあり方を定める規定などには強行規定が多い。

任意法については，補充・解釈規定に過ぎないとみるべきでなく，指導形象機能を有するものとみるべきであり，これを任意法の半強行法化というとする。

(6) 浅場説

浅場は，強行規定を法文上，明示せよとする梅の持論が実らなかったことを立法過程の分析により明らかにした[67]。その上で，「強行規定とは，私人の間に国家が介入するという強烈な意向の表明であり，立法権の発露にほかならない。強行規定がそのような性質のものである以上，」民法典に強行規定を明記されることが望ましいと主張する[68]。

---

(65)　潮見佳男『民法総則講義』（有斐閣，2005年）199頁以下。同書200頁によれば，判例は独占禁止法や不正競争防止法の諸規定の違反から直ちに無効とせず，当該契約が経済秩序を害し，市場に対する信頼を損なう反社会的行為か否かを90条により判断しているとする（証券取引の損失保証合意に関する最判平9・9・4民集51巻8号3619頁）。
(66)　河上正二『民法総則講義』（日本評論社，2007年）262頁以下。
(67)　浅場達也「契約法の中の強行規定(上)(中)(下)―梅謙次郎の「持論」の今日的意義」NBL891号（2008年）23頁以下，892号40頁以下，893号47頁以下参照。
(68)　浅場・前掲注(67)NBL893号53頁以下。

(7)　山本（敬）説[69]

山本は，強行法規が明示されている場合（利息制限法等）と明示されていない場合に分け，非明示の場合をさらに二つに分ける。

つまり，(a)契約制度を構成するルールとして，成立要件ルール（特商59条）と拘束力の範囲ルールに分ける。後者は，契約は当事者のみを拘束し，第三者は拘束されないというルールであり，第三者にかかわる事項を規律する法規（物権法や表見代理の規定等）は強行法規とみる。(b)契約内容に関するルールとして，国家の基本秩序の維持（732条）と弱者保護の要請（特定商取引法の規制（10条1項1号））に分ける。

任意法規については，明示（404条等，474条1項）と非明示に分け，後者は特に強行法規であるべき理由が存在しない限り，任意法規とみることが要請されると説く。

(8)　中舎説

中舎によると，法律関係を画一的に規律する必要がある規定（物権法や家族法）や政策目的のための特別法の規定は強行法規であることが多い。ある規定が強行法規であるか否かは，「個々の法規の趣旨から見て当該法規違反行為が90条の公序良俗違反か否かという判断に基づかざるを得ない。」つまり，強行法規・任意法規という区別は，個別的に判断した結果にすぎず，あらかじめ先に決まっている区別とはいえないと主張し，強行法規と任意法規の区別が強行法規違反を論ずるための先決問題とする従来の通説を批判する。判例も法規違反という事実からだけでなく，90条によりその効力を判断しているという[70]。

(9)　平野説

平野は，社会規範として必ず通用させる必要性のある規定を強行規定というと定義し，区別基準として，社会の基本秩序を設計する親族・相続法，物権法定主義のある物権法は原則として強行規定とする[71]。

---

(69)　山本敬三『民法講義Ⅰ総則［第3版］』（有斐閣，2011年）253頁以下。
(70)　中舎寛樹『民法総則［第2版］』（日本評論社，2018年）250頁以下。
(71)　平野裕之『民法総則［第3版］』（日本評論社，2011年）116頁以下。

(10) 石田穣説

（a） 石田は，強行規定とは，私的自治の原則の限界を画定する規定であり，個々の法令による強行規定のほかに，90条，1条2項，3項も強行規定に入るとして，一般条項を強行規定とみる。さらに「強行規定は，法審査的解釈[72]において主役を演じるが，しかし，補充的解釈の第一順位の規準でもある[73]。」として，強行規定の機能の一つに補充的解釈を位置づける。

強行規定は私的自治の原則に対する合理的な制約規準であるともいう[74]。

権利能力に関する規定は，強行規定であるので，違反すれば無効になる[75]とする。

（b） 強行規定とは，法律上の規定のうち，違反行為が明文で無効とされるもの，および，その目的や趣旨により違反行為が無効とされるものである[76]。後者につき，強行規定は，規定違反の行為を無効としなければ，規定の目的や趣旨が達成されないかどうかによって判断され，その際の考慮要因として次のものを挙げる。

第一に，第三者利益の保護に関係する規定である。私的自治の原則の限界を有するからである（物権規定）。第二に，弱者保護規定（借借9条・30条，身元保証6条，利息1条・4条，消費契約8条1項・9条・10条など），被害者保護規定（96条，消消4条）または当事者の活動自由の保護規定（678条，一般法人28条）である。情報能力や交渉力などに大きな差がある場合も，私的自治の原則は限界を有するものとなる。第三に，取締規定は強行規定である[77]。

---

(72) 石田穣『民法総則』（信山社，2014年）531頁において，法審査的解釈とは，「補充的解釈を法秩序に照らして審査し，法律行為からどのような効果が生じるかを明らかにする作業である」とする。

(73) その例として，石田・前掲注(72)525頁は，建物賃貸人からする借家契約の解約申入れに関し，当事者の内心的効果意思が不明または空白である場合，借借法27条1項・28条により，建物賃貸人は6か月後に借家契約を解消することができる，とする。

(74) 石田・前掲注(72)531頁以下。

(75) 石田・前掲注(72)117〜118頁。

(76) 石田・前掲注(72)546頁。
　石田・前掲注(72)546頁注(1)は，「ドイツやスイスにおいても，ある規定が強行規定であるかどうかは，その規定に明文の定めがあればそれによるが，明文の定めがなければ，その規定の目的や趣旨によって判断されるとする。

（11）　大村説

法律の規定に従うことを強制し違反行為を許さない規定を強行規定といい，標準を示すだけで当事者の合意による別の定めを許容する規定を任意規定という[78]。

大村は，①基本的な価値・秩序に関する領域（総則のうちの人，親族・相続），②第三者の利害にかかわる領域（物権・相続），③制度・手続など画一性を要求される領域（登記や戸籍など），④特定の者の保護が必要とされる領域（総則のうちの人，借地借家関係，消費者契約など）に分ける[79]。

（12）　佐久間説

規定の文言による区別と規定の趣旨による区別をする。前者では，効力を認めない旨の文言（できない，無効とする）があれば強行規定とする（146条や175条，利息1条1項，借借9条ほか）。後者は類型として，①私的自治の前提となる規定（法律行為の成立要件や効力否定要件に関する規定［権利能力，行為能力，意思表示の瑕疵に関する規定］。前提をやぶる法律行為は，その法律効果発生の根拠をもたないことになるからである），②第三者の権利義務にかかわる規定（物権法の大部分，第三者保護規定（94条2項・96条3項，表見代理）。私的自治の原則から，原則として当事者間の法律関係にとどまるべきだからとする。③弱者保護規定（349条，弱者保護のための特別法），④社会秩序の基本にかかわる規定（当事者意思を優先させると社会秩序維持という立法目的が達成されないからとする。）[80]

佐久間は，民法に関する強行規定の例示を理由も含めて詳しく言及している点が特徴的である。

（13）　近江説[81]

2018年に出版された民法総則の教科書では，強行法の説明が格段に詳細となっている。「公の秩序」とは，強行性を帯びた「国家的利益秩序」，「すなわち国家の目的である〈社会の安定，経済の発展，国民の幸福〉を全うする

(77)　石田・前掲注(72)549頁。
(78)　大村敦志『新基本民法総則編』（有斐閣，2017年）86頁以下。
(79)　大村敦志『民法読解総則編』（有斐閣，2009年）278頁以下。
(80)　佐久間毅『民法の基礎1［第4版］』（有斐閣，2018年）184頁以下。
(81)　近江幸治『民法講義I民法総則［第7版］』（成文堂，2018年）176頁以下。

58

ための法秩序であり，その法的対応が強行法規である」とする。強行法規が明示されている場合として，借地借家法9条や消費者契約法10条等を挙げ，これらを片面的強行法とする。これに対して，一般法である民法ではほとんど明示されていないので，各規定の趣旨を考慮し個別的に判断するしかないという。「強行法規は公の秩序（国家的利益秩序）の維持を目的とした規範概念であり，これは，90条・91条・92条・法適用3条などが一体となって「強行法規類型群」を形成しているのである。したがって，これらの諸規定から無効・一部無効が判断されるものの，類型的に「公の秩序」違反行為として位置づけることは可能である」と主張する。

(14)　以上，総則の基本書を中心に強行法に関する学説をみてきた。債権総則についてはすでに私が別稿で発表しており，それを参照していただきたい[82]。契約法についても検討が必要であるが，本稿では紙幅の関係もあってできなかった。

Ⅳ　強行法史の総括

1　学説の変化の傾向

(1)　強行法・任意法について，起草者，戦前の学説および戦後の薬師寺らまでは，民法総則の冒頭部分における法規の分類（一般法及び特別法等）の箇所と法律行為の目的の適法の箇所における両方で言及したが，その後の学説はもっぱら後者の箇所で言及するものが多い。これは，強行法を当事者による法律行為の中でとらえるべきだという考え方に変化したことを示すものである。

(2)　強行法と判断される規定の特徴を類型化する試みは，明治以来なされてきており，最近では民法およびその特別法を対象とするだけでなく，私的自治に関係する法領域に拡大した類型化が提唱されている。潮見は私的自治の存立基盤を形成する規定である独占禁止法や不正競争防止法も強行規定

---

(82)　拙稿・前掲注(8) 9頁以下。

として，類型化の中に組み込み，山本敬三も公法を取り入れた類型化を試みる[83]。私的自治の限界を画定する強行法の問題は，民法だけが問題となるわけではなく，このような幅広い法領域を対象とすること自体は有益な作業であるが，本稿では，区別基準の類型化に意義があるのかという視点も含めて，原点に戻り民法上の規定のみを対象とする区別基準の類型化に関する検討を試みた。

　以下では本稿の冒頭で述べた学説の考察視点に沿って簡単にまとめてみよう。

2　強行法概念

　（1）　強行法とは，「公の秩序に関する規定」であり，その内容を当事者（私人・個人という）の意思によって排除・変更することができない規定であるということを共通の出発点としながらも，様々な見解が述べられていた[84]。

　（2）　戦前の学説では，個人の私意をもって左右することを許さない規定（岡松），法律がある規定と異なる行為を無効や禁止とし，または罰を課す規定（岡松），必行を期して定めた規定（梅），絶対に服従しなければならず，慣習または契約によって適用を免れることができない規定（梅），立法者が当事者にあることをするよう命じ，またはすることを禁止する規定であり，当事者の意思による変更を許さない規定（梅），公益上の理由により当事者の意思をもって適従を免れることを許さない規定（富井），公安に影響を及ぼす規定（川名），私的自治の限界をなすものであり，各人の意思いかんにかかわらず絶対的に適用される法規（曄道），私的自治を許さない規定（菅原），国家が予め法定の標準を示し，これに適合しない合意には国家的援助を拒む規定（末弘），命令または禁止規定（石田（文））というように多様な見解が主張されている。

　（3）　戦後の学説の定義をみると，社会一般の公の秩序に関する規定であり，私人が個人的な利益のために反することは許されない規定（末川），私

（83）　潮見・前掲注(65)200頁，山本・前掲注(69)255頁以下。
（84）　椿（寿）・前掲注(6)「強行法の観念をめぐる問題の所在」60頁以下参照。

人の意思によって変更を許さない規定（川島），私法的自治の限界を画する規定（我妻，石田穣），個人の意思によって排斥することを許さない規定（我妻），私的自治を排除する機能をもつ規定，国家が助力を拒む規定（四宮・鈴木（禄）），公序良俗を具体的に定めた規定であり，絶対的に適用される規定（川井），市民社会のゲームの基本的ルールを定める規定（内田），私的自治に限界を画し，違反行為の効力を否定する規定（四宮＝能見），90条を具体化する規定（潮見，河上），当事者の意思に左右されることなく適用される規定（河上），私人の間に国家が介入するという規定（浅場），法律関係を画一的に規律する規定（中舎），社会規範として必ず通用させる必要性のある規定（平野），法律に従うことを強制する規定（大村），公の秩序（国家的利益秩序）の維持を目的とした規範（近江）と定義される。

　（4）　以上，強行法概念について一見多様性があるが，共通項もみられる見解をまとめてみた。私見としても，これらの見解に異論はないが，強行法概念を一言でまとめるのは困難である。上記の強行法概念に関する学説のキーワードを拾い出すと，その傾向を知ることができよう。これらの強行法概念を踏まえて，強行法と任意法の区別基準を考えていかなければならない。

3　強行法・任意法の区別基準の類型化

　（1）　物権法・親族法・相続法は国家・社会秩序が支配する領域であるから概ね強行法，債権法は私的自治・契約自由が支配する領域であるから概ね任意法とされる（単純区別説）。しかしながら，これらの規定をつぶさにみていくと，そのようなおおざっぱな結論は不正確であることが理解できるだろう。

　強行規定で貫かれているとみられるような民法総則をみても，概ね強行法であるとの記述はあまりみられないが，さりとて任意法とも解していないようである。民法総則の規定について詳細に検討すると，当然に強行法とは解せない規定が存在する。たとえば，代理規定の111条2項や116条1項は任意規定と解してよいという見解がある[85]。137条（期限の利益喪失）も，任意

---

(85)　佐々木典子・前掲注(5)（強行法解説）「代理規定と任意法規」54頁以下。

規定と解したうえで，銀行取引喪失約款等は認められている[86]。時効期間についても，私益にかかわる制度である点を強調すれば，時効期間を延長する合意も有効であるとの立法が現れてきているとの指摘がある[87]。

　強行法性で覆われていると解されている物権法・担保物権法についても，規定と異なる多様な特約の有効性が議論されている[88]。任意法で支配されている債権総則や契約法の諸規定についても，多様な特約の効力が制限・否定されており，強行規定と解されるものがある[89]。

　結局，強行法かどうかは規定の目的・趣旨から総合的に判断するしかないとする明治以来の多数説が支持されてきたのも納得できよう。そうはいっても全規定に通じる抽象的基準を明確化するのはきわめて困難であるとしつつも，戦前から現在に至るまで多様な類型化の提案がなされてきたのである。

　（2）　戦前では立法後，鳩山が初めて取引安全，弱者保護，家の維持，倫理道徳の保全等という区別のための具体的基準を示した。その後，曄道は，道義の尊重，家庭平和維持，経済上の弱者もしくは精神状態の不完全な者の保護，または取引安全等の目的を達成しようとする規定を強行規定とみた。公益・私益の区別は相対的であるとして否定し，制度の目的に適い社会の利益に応ずるかどうかを基準とする説（穂積）や命令または禁止規定（石田（文））が基準として提示された。

　（3）　戦後の学説をみると，末川は当事者以外の利害に直接影響・一般秩序，於保は人格保障・取引安全・基本秩序の維持，川島は明文・第三者の権利関係・社会秩序・個人の平等，我妻は社会秩序・第三者の利害関係を基準とする。

　薬師寺は取引安全・弱者保護・社会道徳の維持，幾代は第三者の権利関係・社会秩序・経済的弱者，四宮・鈴木禄弥は社会秩序・私的自治の前提・第三者の信頼・経済的弱者保護，星野は社会秩序・第三者関係・社会的経済的弱者保護・制度や手続規定，大村も星野に近く，基本的な価値秩序・第三

(86)　長坂純・前掲注(5)(強行法解説)「期限の利益喪失約款」67頁以下。
(87)　吉井啓子・前掲注(5)(強行法解説)「時効期間に関する合意」78頁。
(88)　長谷川貞之・前掲注(5)(強行法解説)「概説」80頁以下参照。
(89)　椿久美子・前掲注(5)(強行法解説)「概説」140頁以下，同・前掲注(8)(強行法研究)130頁以下，芦野訓和・前掲注(5)(強行法解説)「概説」188頁以下参照。

者の利害・制度手続きの画一性・特定者の保護を挙げる。2000年代に入って
も上記にみたように多様な類型化がなされてきた。

　戦前の学説と異なる特徴的な基準は，第三者の利害・取引安全の基準がよ
り強調されるようになったこと，人格保障の基準，四宮の私的自治の前提と
なるという基準を入れたこと，道徳の維持の基準が消えたこと等である。

　なお，星野・大村は，手続規定（登記・戸籍）を類型の一つに位置づける
が，星野も指摘（前掲注(49)）しているように，手続規定は厳密な意味での
強行法ではない。手続違背は，強行法違反でなく，単純に違法，したがって
行為の不成立とみるのがよく，それ以上の問題は生じないと考える。

4　学説が例示した民法における強行規定

　(1)　上記に紹介した学説の中で具体的な強行規定を挙げていたのは意外
と少なかったことが明らかになった。以下では学説が例示した民法上の強行
規定を整理してみよう。強行規定と解される理由は上記学説の所で記述した
ので参照されたい。

(2)　民法上の強行規定の学説による例示

　(a)　**民法総則**　信義則・権利濫用（1条2項・3項）（石田），成年年齢
（4条）（末川，幾代），権利能力・行為能力（3条～21条）（川名，鳩山，幾代，
佐久間，大村，森田），法人格（33条～37条）（四宮，能見，森田），公序良俗
（90条）（梅，石田，薬師寺），法律行為の効力（90～92条）（幾代），意思表示の
瑕疵（93条～96条）（幾代，佐久間，森田），第三者保護規定（93条2項，94条2
項，95条4項，96条3項）（佐久間），表見代理（109条，110条，112条）（幾代，
佐久間，森田），不法条件（132条前段），時効完成前の時効利益の放棄（146
条）（山下，川島，薬師寺，星野，佐久間，高津）。

　(b)　**物権法**　対抗要件に関する規定（177条～178条）（森田），物権の創
設（175条）（山下，石田（文），薬師寺，佐久間，高津），不分割特約（256条）
（薬師寺），永小作権の存続期間（278条），流質契約の禁止[90]（349条）（梅，川
島，幾代，星野，佐久間，高津）。

---

(90)　民法349条については，経済的弱者の保護のための規定として，明治時代から強行
　　規定の例としてよく挙げられている。

（c）　**債権総則**　　債権者取消権の期間制限（426条）（鳩山，薬師寺），債権譲渡の対抗要件[91]（467条）。

（d）　**契約法**　　贈与の取消し（新法は解除）（550条）（梅[92]，薬師寺，鳩山），担保責任免除特約（572条）（薬師寺，鳩山），買戻しについての諸規定（579条以下）（加藤），買戻しの期間（580条）（薬師寺，鳩山），短期賃貸借の期間（602条）（薬師寺，鳩山，加藤），短期賃貸借の更新（603条）（加藤），賃貸借の存続期間（604条）（鳩山，薬師寺，末川），雇用の期間（626条）（鳩山，薬師寺，加藤），雇用の解約の申し入れ（627条）（鳩山，薬師寺），やむことを得ない事由による雇用の解除（628条）（鳩山，薬師寺，森田，加藤）[93]，担保責任免除特約（旧640条）（鳩山，薬師寺），組合員の任意脱退[94]（678条）（能見，森田，加藤）。

（e）　**法定債権**　　不法行為の要件と効果[95]（709条）（鳩山，川名，薬師寺）。

（3）　**小　括**

以上が，民法総則の基本書において学説が例示した民法の強行規定である。すべての分野の基本書を検討したわけではなく，また家族法に関する強行規定の例示も挙げてはいないので，明確な結論を導き出せないが，一定の傾向は理解できよう。学説名が多い規定はそれだけ例示が多いことを示す。

無効および取消しの規定（119条〜126条）は，私的自治の前提となるべき規定だから強行規定と解すべきであるにもかかわらず例示している学説は意外と少ない。条件についても既成条件（131条），不法条件（132条），不能条件（133条）および随意条件（134条）が強行規定であることは当然であろう。

時効については，146条の時効利益の放棄以外は強行規定として例示されていない[96]が，新法では大幅な改正が行われたのであるから今後検討する

---

(91)　判例（大判大10・2・9民録27輯244頁ほか）は，467条1項は強行規定であり，通知・承諾がなくても債務者に対抗できる旨の特約は無効とする。債務者を二重弁済の不利益から保護し，取引の安全を保護するためである。詳細は，三林宏・前掲注(3)（強行法研究）「債権譲渡の対抗要件規定と強行法性」201頁以下。

(92)　公益上の理由による（梅）。550条については，有賀恵美子・前掲注(3)（強行法研究）「民法550条の強行法性」233頁以下参照。

(93)　雇用に関する諸規定を強行規定と解する学説が多い。

(94)　最判平11・2・23民集53巻2号193頁。

(95)　例えば，不法行為をなすも損害を賠償しない旨の合意は無効である。

必要がある。

　それにしても債権法は概ね任意法であるとの記述は不正確ではないかと考える。詳細に規定を見ていけば債権総則については強行規定がみられる（債権者代位権や詐害行為取消権の諸規定）。不当利得・不法行為は債権法に入るにもかかわらず，強行規定かどうかの言及はほとんどない。法定債権ゆえに強行規定と解するのが当然とみられているのだろうか[97]。

V　強行法・任意法の異なる視点からの区別基準・判断基準の試み

　以上，強行法について，学説の歴史的経緯を追い，強行法の概念，強行法・任意法の区別基準の類型化，民法における具体的な強行規定について考察した。区別基準については，鳩山以来，それほど劇的に異なる類型化はなされておらず，学説で受け入れられてきたようである。

　以下では，それらの学説で十分に取り上げられていなかった視点から，強行法・任意法の区別基準・判断基準を考えてみたい。

1　条文の文言と強行法

　（1）　強行規定か否かの判断基準について，条文の文言は関係するのだろうか。

　前述（Ⅱ3，4）したように，穂積は，必ずしも法文の外形によって強行法か任意法かは判断すべきでないという。富井は「得ス」の規定は法令禁止行為と同様に無効になるとする。鳩山によると，「放棄スルコトヲ得ス」「創設スルコトヲ得ス」「契約ヲ為スコトヲ得ス」というような当事者の意思表示の効力を排斥した文言があるときは，強行法であることが明らかであるが，必ずしもつねに「得ス」（できない）もしくは「要ス」（しなければならない）という文言は，強行法であるとはいえないとする。たとえば，「要ス」

---

(96)　時効の強行法性については，吉井啓子・前掲注(5)（強行法解説）70頁～78頁。

(97)　織田・前掲注(9)155頁以下参照。

では400条，401条1項，402条2項が，「得ス」では，407条2項，475条，476条がそうである。

「できる」については，民法総則における家裁関連の「できる」という規定は，国家機関の権限を制約する私人間の合意は認められないので強行規定であると解され，「できる」が任意規定だという法則は成り立たないとされる[98]。

　(2)　その他にも，強行規定と解せるような文言はあるのだろうか。

「効力を生じない」（446条2項・3項，465条の2第2項・3項，465条の3第1項・3項，465条の5第1項・2項）の文言は無効とされ，「効力を失う」（587条の2第3項）は失効と解されており，国家意思が効力を否定することを明確にしているこれらの文言を有する規定については，特約による規定の排除は正当性・合理性がないことから，強行規定であることは明らかである。

「取り消すことができる」（120条，465条の10第2項ほか）の文言は，取り消しにより無効となるので，前述の理由と同じく強行規定と解することができる。

　その他にも，民法上，無効や取消しを効果として定めている規定は，強行規定と解すべきであろう。これらの規定は強行規定であるのが明確なことから，完全・全部・強い強行規定と呼ぶことにしたい。

　(3)　第三者の利益を保護する規定，たとえば「第三者に対抗することができない」（467条ほか）旨を定める規定については，当事者間の特約により第三者に対してのみ当該規定を排除することが認められないので，不完全・部分・弱い強行規定と解することができよう。

　(4)　「効力を妨げられない」（437条），「効力を生ずる」（437条，587条，587条の2第1項，632条等の冒頭規定）といった効力に関する規定，「みなす」（548条の2第1項・第2項，579条）の規定，「適用する」（587条の2第4項）・「適用しない」（424条2項，637条2項）という「適用」規定，「撤回することができない」（540条2項）という撤回規定，「義務を負う」（560条，561条等）

---

(98)　川地宏行・前掲注(5)（強行法解説）「『できる』『できない』という文言と任意法・強行法」13頁以下。

との規定その他のこれらの文言を強行法との関係でどのように解すべきかが問題となる。

　立法者は，文言と強行規定の結びつきをきちんと考えて立法したとはいえないので，文言だけで強行規定か任意規定かを振り分けることは難しいのは事実だが，一方，国民は文言を拠り所として規定の強行法性を考えるのも事実であり，国民のためのわかりやすい民法を目指すには，文言と強行法性の関係性を今後明らかにしていくべきではないかと考える。

　強行法違反は無効という重い効果を発生させるので，これらの文言を有する規定を強行規定と解すべきかどうかは，どのような理由でこれらの文言を使用しているかを規定の趣旨から慎重に考慮しなければならないが，完全・全部・強い強行法とすぐに判断できる規定を除いては，原則的には任意法と考え，その上で，当該規定について部分的強行規定ないし半強行規定と解することも考えられる。

2　要式行為と強行法

　一定の方式に従って法律行為が行わなければ不成立または無効とされる法律行為を要式行為という。近代法の大原則である契約自由の原則の一つは方式自由である。ところが，当事者に契約の慎重さを求め，法律関係を明確化し，取引安全のためには方式自由を制約する必要が生じる。例えば，保証契約の書面作成（446条2項），婚姻（739条2項），協議離婚（764条・739条2項），養子縁組（799条・739条2項），認知（781条），遺言（967条以下）等身分行為にかかわるものが多い。そうすると要式行為を定めた規定は強行規定と解せられるのかが問題となる。

　方式を必要としているのは国家の政策的意図に基づくものであり，これは公序規定であり強行法規であるとする見解がみられる[99]。この問題は財産行為と身分行為に分け，前者は保証契約に見られるように契約内容の明確化，契約当事者の保護や取引安全の保護のために，後者は国家秩序維持のために，方式自由が制約されたものであり，いずれにしてもこれらの規定は強

---

(99)　伊藤進・前掲注(5)（強行法解説）「要式行為規定の強行法規性」19頁。

行規定と解すべきである。

3 要物契約と強行法

要物契約につき，たとえば587条は，相手方から金銭等を受け取ることによって，その「効力を生ずる」と定めているので，強行規定と解されるかが問題となった。金銭等の受領がない消費貸借契約について，同条に強行法性を認めて要物的消費貸借の予約と解するべきなのか，強行法性を否定し契約自由の原則から諾成的消費貸借を肯定すべきなのかという論争があった[100]。

新法は，要物的消費貸借をそのまま存置しつつ（新587条），書面での諾成的消費貸借を認めた（新587条の2第1項）ので，従来ほど要物的消費貸借の強行法性を論ずる意義は減少したが，「効力を生ずる」という文言を有する冒頭規定の強行法性を論ずる意義は今なお続いている。

4 新法と強行法

民法改正法が制定されるまでの強行規定の増加については，借地借家法等特別法の規定，それも片面的強行法の増加であって，民法規定ではなかった。新法では銀行・大企業等が契約の自由を侵害するものとして批判的であった保証規定に関する弱者保護規定の新設や定型約款の新設がみられ，また心裡留保や錯誤の第三者保護規定が設けられた。これらの規定は弱者や第三者保護のための規定であるから部分的強行規定であると解せよう。私的自治原則が支配する債権法の領域においても強行規定のわずかながらの増加がみられたのである。

5 公共の福祉の積極的評価と強行法の判断基準

（1） ある特約の効力が問題になる場合，当該特約と関連する民法規定がある場合には，当該規定が強行規定かどうかをまず考える必要がある。その際には強行法と判断されるべき多様な基準を考慮し，同時に，公序良俗則，信義則，権利濫用則，さらには1条1項の公共の福祉や2条の個人の尊厳と

（100） 詳細は，拙稿「要物的消費貸借・諾成的消費貸借・消費貸借予約の効力と相互関係」中央学院大学法学論集13巻2号（2000年）249頁以下参照。

68

いう一般条項に依拠しつつ総合的に強行法性の判断をすることが必要であると考える。

　当該特約に直接関連する民法規定がなくて[101]も，関連する判例や一般法理がある場合には，それらが強行法性をもつかを考えて特約の効力を導き出すことができよう。強行法は規定だけでなく判例や一般法理も含めた概念として位置づけているからである。

　(2)　一般条項（公序良俗，信義則，権利濫用）を強行法の判断基準として取り入れることは前述したが，さらには「公共の福祉」概念を積極的に再評価[102]し，強行法の判断基準に加えることが有用ではないかと考える。

　民法1条1項は，私権は公共の福祉に適合しなければならない，と定める。「公共の福祉」は，民法の冒頭規定の最初に基本原則として規定されているにもかかわらず，民法での議論は活発でない。他の法律では考えられないことである。消極的な評価をするいくつかの学説をみてみよう。

　我妻は，私権の内容及び行使は，公共の福祉つまり社会一般の利益に適合する範囲において認められ，それに違反すれば私権としての効力を認められないということは，私権の本質として当然の事理であるとし，ただ，個人主義的法思想がいまだ充分に徹底しないわが国では，「公共の福祉」という理念を性急に利用することには私権の使命を犠牲にするおそれがある[103]と説く。

　川島は，1条1項は，私的利益の自由な発展が資本制社会の発展をきたすという古典的思想に対する反対を表明し，社会の共通利益に基づいて私権に対し法律上の制限を加えることを正当化するもので，解釈によっては，ファシズム体制の思想的根拠ともなり得る[104]，と述べる。

　(3)　これに対して，於保や勝本は積極的評価をする。民法1条および2条は，戦後，新憲法の民事法に関する大原則として改正民法の冒頭に掲げら

---

(101)　消費者契約法10条における任意規定の範囲拡大について，本書の拙稿「半強行法と任意法」を参照。
(102)　宗建明「日本民法における「公共の福祉」の再検討(1)―「市民的公共性」形成の試み」北法52巻5号109頁以下。
(103)　我妻・前掲注(41)34頁，38頁以下。
(104)　川島・前掲注(40)50頁。

れたものであり，民法の基本原則を最も端的にかつ最も明白に示している，と評したのは，戦後間もなくの於保であった。

於保によれば，民法の三大原則（個人財産尊重の原則・個人意思自治の原則・自己責任の原則）が，資本主義経済の発展に貢献したものの，弊害が生じ，「公序良俗」・「信義誠実」「取引の安全」の原理は，制約的ないし消極的原理ではなく，正義・公平・進化という民法の根本理念を具体化すべきより上位の原理として積極的地位が与えられた[105]。

公共の福祉の原則は，憲法をはじめとする諸法律の最高原則であり，民法でも公序良俗の原則にとって代わって，最高原則となり，信義誠実，権利濫用禁止を行動原理として[106]，その下に，個人の尊厳と平等原理が基礎原理となって，民法の基本的な原理構造が成り立っており，信義誠実に反し，権利が濫用にわたるところには，法律活動としての効力は認められない[107]。

公序良俗は，公共の福祉に最高原則の地位を譲って，法律行為の限界原則に戻ることとなった。このことは，公序良俗の抽象的・形式的・画一的・分別的な人格概念を中心とした民法から，公共の福祉の具体的・実質的・社会共同的人間概念を中心とする民法への質的転換を思わせる，と於保は説く。

勝本によると，1条1項（公共の福祉）は，民法全般について憲法の趣旨に順応することを明白にしたもので宣言的な意味を有し，憲法12条に対応するものである。憲法12条は，国民が憲法によって保障された自由および権利を公共の福祉のために利用すべき義務を定めていることは，民法の解釈を補足するものであり，この義務違反は，国家に対してだけでなく，私人相互間においてもその行為の違法性を発生させる[108]。

薬師寺は，各人の固有利益は，公共の福祉に反しない限度において保護されるものであるから，公共の福祉に反することを内容とする権利は存立することができず，権利行使も許されない。公共の福祉に反する法律行為が公序良俗にも反するときは，90条により無効となり，そうでない場合も，憲法12

---

(105) 於保・前掲注(39)15頁〜18頁以下。
(106) 勝本は1条1項から権利濫用の禁止と公序良俗の規定が流出するとする（勝本正晃『新民法総則』（創文社，1952年）13〜15頁。
(107) 於保・前掲注(39)20頁。
(108) 勝本・前掲注(106)13〜15頁。

条並びに民法1条1項の精神に従い，90条を類推して無効と解すべきである。公序良俗と公共福祉とは，同一でなく，伝染病の予防や火災防止設備は公共福祉のためであるが，公序良俗とは無関係であり，公共福祉は道徳や公の秩序の破壊によっても脅かされるが，道徳的に無色なる事項によっても害されるとする[109]。

北川は，公共の福祉は，ある私権の行使を排除する一般の公共利益を定めた規定である[110]とする。

（4）　以上のように，公共の福祉は，民法の最高原則であるとか（於保），この義務違反行為は違法性を発生させるとか（勝本），権利は存立することができないとかいわれつつも，我妻・川島説の影響により，この理念を利用することに慎重かつ抑制的，さらには否定的な傾向すらあった。

しかしながら，いま改めて憲法秩序を背景に公共の福祉の重要性を説く於保や勝本の見解を読むと，新鮮な感じを受ける。戦後の民法改正により「公共の福祉」が，憲法をはじめとする諸法律の最高原則であり，民法では公序良俗則にとって代わって最高の原則に置かれたとの学説に耳を傾け，その価値を評価しなおす必要があるのではなかろうか。同じ1条に位置しながら信義則や権利濫用については論議され，判例も多いが，公共の福祉については具体的に論じられたことはほとんどない。

公共の福祉規定が新設されて約70年経過した今日，我妻が危惧した個人主義的法思想は当時と比べればはるかに成熟してきた。

公共の福祉は，社会一般の利益，社会共通の利益を意味するとされるが，これは強行法と任意法の区別基準の一類型である基本秩序維持，公益，社会秩序維持と通ずるものがある。ある規定と異なる合意・特約が有効か無効かを判断する際に，1条1項の公共の福祉により判断することは，「裁判官が制定法に拘束されるという法源イデオロギーのもとにおいては……裁判の正当性について一般の承認を得られやすい[111]」といえるのではないか。

民法の冒頭にあるこの基本原則を積極的に評価し，公序規定としての強行

---

(109)　薬師寺・前掲注(45)16頁以下。
(110)　北川・前掲注(56)17頁。
(111)　石田譲・前掲注(72)103頁。

法性の判断にあたり，「公共の福祉」を判断基準として積極的に取り入れるべきではなかろうか。もちろん，18・9世紀にはすでに民法の原則であった個人の尊厳・平等原則とそれを修正する形で生まれてきた「公共の福祉」原則については両者の調和を図る解釈を忘れてはいけないと考える。

6　段階別・機能別類型化の試みと強行法違反の効果の多様性

（1）　私は以前に別稿で債権総則規定の強行規定に関する学説・判例を検討した[112]結果，効力を生じないという文言（446条2項・3項，465条の2第2項・3項，465条の3第1項・第3項，465条の4（私見は片面的強行規定と解する），465条の5等）がある場合は，強行規定として明白であるとした。そして，強行法の判断基準として，①公益，公共の福祉，公の秩序維持，一般の利害，社会の調和，②法的安定性，統一的処理，③善意者保護，第三者保護，取引安全，対抗要件，④財貨帰属秩序，物権法的秩序，⑤信義則，当事者間の衡平，⑥実質的平等，公平の確保，経済的弱者保護というキーワードを抽出した。

　これらをみると，民法総則規定での判断基準としてのキーワードと重なり合うものが多い。以上の検討から総合的に考えると，強行法は，ⓐ社会秩序維持機能，ⓑ私的自治限界画定機能，ⓒ人格保障機能，ⓓ第三者保護機能，ⓔⓕⓖ弱者保護機能を有すると考える。

（2）　以上の民法総則および債権総則で検討した区別基準を参考に，民法上の規定につき，以下の7つの段階別・機能別類型化を試みた。ⓐⓑに属する規定は完全・全部・強い強行規定であるが，ⓒⓓⓔⓕⓖに属する規定は部分的強行規定（不完全・部分（一部）・弱い強行規定）であると考えた。そして強行規定違反の効果はこれらの類型によって異なるという結論に達した。以下では，強行法性の強い段階から順に類型化してみた。

　ⓐ類型の公序（国家秩序・社会秩序・公益・公共の福祉）に関する規定およびⓑ類型の私的自治の前提に関する規定については，全部強行規定として当事者間においても第三者に対しても規定と異なる合意・特約の効力は全部無

---

(112)　拙稿・前掲注(8)130頁以下。

効とされる絶対的無効であると解されよう。

ⓒ類型は当該規定の核心部分が本来的かつ不可奪的な強行法部分であるとするものである。人格保障や基本的自由の保障部分である。最判平11・2・23民集53巻2号193頁は，678条が組合員はやむを得ない事由がある場合には，常に組合から任意脱退できると規定する部分を強行法規だとしたが，この部分が本来的かつ不可奪的強行法部分であり，部分的強行規定と解せよう。この場合の無効は，一部のみ強行規定であることに対応して一部無効となろう。

ⓓ類型の第三者に利害関係のある規定（善意者保護，第三者保護，取引安全，対抗要件規定）については，当事者間においては規定と異なる合意・特約の効力は有効とされるものの，第三者に対しては有効性を主張できず，無効とされるので，相対的無効と解することができる。これらの規定は，対第三者との関係でのみ強行規定となることから，部分的強行規定と解することができ，当該強行法部分のみが無効とされる一部無効と解することができよう。

ⓔ類型の時期に関する規定，たとえば明治以来，強行規定の代表的なものとして常に例示されてきた時効利益の事前放棄（146条）や流質契約の禁止規定（349条）は，予め時効利益を放棄する特約や弁済期前の流質契約が無効とされるのであって，それら特定の時期の後の特約・契約であれば有効と解することができる。したがって，これらの規定はある特定の時期の前であれば強行規定とされるという意味で，時期的強行規定と名づけ，これも部分的強行規定といえよう。この場合，特定の時期以前の合意・特約は無効となり，特定の時期以後の合意・特約は有効と解してもよいのではないか。規定の趣旨に反するものではないからである。

ⓕ類型の社会的・経済的弱者保護に関する規定については，これらの者との関係において，規定と異なる合意・特約は無効とされるが，同じ規定であっても，対等な当事者間における合意・特約は有効となると解することができる。その意味では，弱者に対する関係でのみ無効とされる片面的強行規定であり，かつ部分的強行規定と解せよう。

ⓖ類型は，ある任意規定の本質的基本理念からの正当性・合理性のない合

意・特約による逸脱を許さず，任意法が半強行法化する類型である。

（3）　ⓐⓑ類型に含まれる規定は，主体，第三者，内容，時期を問わず常に強行規定であるという意味で全部強行規定または強い強行規定であり，強行規定違反の効果は絶対的無効かつ全部無効と解することができる。ⓒⓓⓔⓕⓖ類型の規定は，内容，第三者，時期，主体，規定の本質的基本理念に関わる部分のみ強行規定とされる意味で部分的強行規定または弱い強行規定である。ⓒはⓐⓑと同じ理由で絶対的無効と解することができよう。ⓓでは相対的無効，ⓔでは片面的無効，ⓕでは時期的無効と呼ぶことにする。

ⓐⓑは全部が強行規定，ⓒはある部分が強行規定であって，これらの規定は，部分的であれ規定そのものが最初から強行規定性を有するものである。ⓓⓔⓕは，原則として任意規定であるが，法が第三者や弱者を保護するために部分的に強行規定化したものであり，いわゆるⓖ類型の半強行法は，特約の正当性・合理性のない任意規定からの逸脱により任意規定が半強行規定化するものであるという違いがあると考えている(113)。

（4）　以上のように全部強行規定（強い強行規定）と部分的強行規定（弱い強行規定）に対応した7つの段階別・機能別の類型化を試みた。前述した一見多様な，しかしよく見れば共通性が多い区別基準に基づき，かつ各規定の目的・趣旨に照らして，当事者間の自由な意思表示・合意に任せてよいものか否か，私的自治・契約自由の範囲に入るか否か，公益性と私益性の基準は何か，国家の介入はどこまでなら許されるのか等，区別基準を複合的にとらえて強行規定かどうかを判断することが必要であろう。

当該規定が全部強行規定または部分的強行規定と判断されれば，前述のように規定の種類に応じて特約は強行規定違反により多様な全部無効または一部無効とされる。強行法違反の無効の根拠規定については伝統的通説の91条反対説，有力説の90条説，原理規定ゆえに規定がないとの説が対立している(114)。無効の根拠規定と効果の多様性については，別の機会に論じたいと考えている。

---

(113)　半強行法については，本書の拙稿「半強行法と任意法」を参照。
(114)　前掲最判平11・2・23は，民法678条を一部強行規定と解した上で組合契約の約定を90条により無効とした。

　強行規定と判断できず任意規定と解された場合でも，当該任意規定を強行法的に作用させることが考えられないか，つまり任意規定の半強行法化が考えられないかを検討する必要がある。

　完全な強い強行規定と完全な強い明文のある任意規定の間には，その中間にどちらに属するか不明確な規定が段階的に存在する。これらの規定をとりあえず任意規定とみて，前述の ⓓⓔⓕ 類型に属する部分的強行規定といえるかどうかを考えて，特約の効力を判断し，さらに ⓖ 類型，つまり当該任意規定からの乖離に合理性・正当性があるか否かで特約の効力を判断することが妥当ではないかと考えている。

　ある特約と結び付けられる規定がない場合には，その特約が強行法違反かどうかを判断できないわけではなく，判例や一般法理に反するかどうかも強行法違反の判断の範疇に含めるべきであろう。強行法規や強行規定と言わずに強行法と呼んでいるのはそのためである。判例の強行法化は本稿では論じていないが，実務では判例に反していないかを考えて契約条項を作成している場合が多く，実質上，判例が強行法的に作用しているのが実情であろう。

　当該特約に強行法違反が認められない場合には，公序良俗，信義則，さらに重要なのは公共の福祉に反しているかどうかなど特約の内容規制一般の問題となり，本稿のテーマと少しはずれるので，これ以上立ち入らない。

4　半強行法概念と任意法

椿　久美子

Ⅰ　はじめに

　半強行法という概念は，一部の体系書や論文等で紹介され，わが国においても定着しつつある概念であるが，その内容・機能・効果は十分に明らかになっていない。そこで，本稿では，この不明確さを解消するために，半強行法概念について考察する。

　任意法は，私的自治の原則ないし契約自由の原則により，当事者の意思・合意・特約よりも劣位にあり（民91条），当事者の意思が不明確な場合（解釈規定），あるいはその意思が欠けている場合（補充規定）に適用される法であると解するのが伝統的通説である。それにもかかわらず，いかなる法的理論によって，任意法に強行法性を与え（任意法の半強行法化），当事者の意思・合意・特約よりも任意法を優位に立たせることができるのだろうか，つまり，任意法と異なる意思・合意・特約の効力を否定ないし制限することができるのだろうか，が素朴な疑問として出てこよう。

　任意法の半強行法化という考え方は，伝統的な任意法観を前提とするならば理解できない考え方であろう。そこで，半強行法概念を創出したドイツで

は，どのような任意法観によって任意法の半強行法化が認められるに至ったのか，わが国の学説にドイツの約款規制論はどのような影響を与えたのかについて，半強行法概念の生成とそのわが国への導入を見ていきたい（Ⅱ）。

　次いで，学説は任意法の機能と半強行法をどのように考えているのか（Ⅲ），さらにわが国では信義則を介しての任意法の半強行法化が，消費者契約法10条により実現されたこと（否定説もある）により，消費者契約の場面において「半強行法概念」の展開がみられるので，半強行法概念と任意法は消費者契約の場面ではどのように位置づけられているのかの検討は有意義であろう（Ⅳ）。

　最後にドイツ民法では，半強行法・片面的強行法・部分的強行法がどのような関係にあるか（Ⅴ）を検討する。

Ⅱ　半強行法概念の生成

1　約款の内容規制基準としての任意法の機能[1]

　（1）　1960年代のドイツでは，普通取引約款（以下では「約款」という）の内容規制の基準が，従来の良俗違反説，信義則説では不十分であるとして，任意法規説が提唱され，約款に対する任意法規の秩序づけ機能や指導形象機能が論じられ，1976年12月，旧約款規制法が成立した[2]。

　（2）　同法 9 条 2 項 1 号（現ド民307条 2 項 1 号[3]）は，法律規定（筆者注・

（1）　半強行法概念の生成については，拙稿「半強行法概念の生成とその機能」椿寿夫編『民法における強行法・任意法』（『強行法』で引用）（日本評論社，2015年）92頁以下で検討したので，文献も含めて参照されたい。半強行法の観念について，椿寿夫「民法規定と異なる合意・特約の問題性および論点」『強行法』36頁以下。

（2）　約款規制法についての文献は多いが，たとえば山本豊『不当条項規制と自己責任・契約正義』（有斐閣，1997年）25頁以下。

（3）　約款規制法中の実体法規定は，ドイツ債務法現代化法（2002年 1 月 1 日施行）により，ド民305条ないし310条に移され，手続法規定は差止訴訟法に規定された（詳細は，マンフレッド・レービンダー＝高橋弘訳「ドイツ債務法改正による約款法」広島法学28巻 1 号（2004年）192頁以下参照）。

　　　　以下の条文の和訳は高橋弘「約款規制に関するドイツ民法の規定」広島法学28巻 1 号（2004年）208頁以下，半田吉信『ドイツ債務法現代化法概説』（信山社，2003年）

任意法）と異なる約款条項が，その法律規定の本質的基本理念と相容れない
ときには，契約相手方に対して不相当に不利益を与えることが推定され，当
該条項を無効とすると定めた。そして同法10条及び11条（現ド民308条・309
条）は約款条項についての多様な無効規定を列挙し，これらの諸規定は現行
ドイツ民法典に導入された[4]。

　旧約款規制法と任意法規との関係について，鹿野は，次のようにいう。約
款による任意法規の排除は，個別合意とは異なる一定の制約がある。「約款
の領域では任意法規が強行法規として適用されるべき」だというライザー等
の見解は，自由かつ柔軟な契約形成を過度に制限することになるとの批判を
受け，約款規制法には採用されなかった。しかし，判例では，任意法規は適
切な規律の指導形象として，約款の内容規制に大きな役割を果たしていた
（BGHZ41, 151）。約款規制法の立法過程でも，歴史的経験の所産であり当事
者の利益調整を内包している任意法規に指導形象としての役割を負わせるこ
とが必要だと考えられていた[5]，と。

452頁以下，岡孝編「ドイツ債務法現代化法（民法改正部分）試訳」『契約法における
現代化の課題』（法政大学現代法研究所，2002年）182頁以下を参照した。旧約款規制
法8条および9条はド民307条に導入され，その際，下線部分が新たに規定された。
　ド民307条（内容規制）
　（1）約款中の条項は，当該条項が信義誠実の原則に反して約款使用者の契約相手方
を不相当に不利益に取り扱うときは，無効（unwirksam）とする。<u>不相当な不利益取
り扱いは，条項が不明確かつ平易でないことからも生じうる。</u>
　（2）条項が次の各号のいずれかに該当する場合であって，疑わしいときは，不相当
に不利益な取り扱いと推定する。
　1　法律規定（gesetzliche Regelung）と異なる条項が，その法律規定の本質的基本
理念と相容れないとき，または，
　2　条項が，契約の性質から生じる本質的な権利または義務を著しく制限し，契約目
的の達成を危うくさせるとき。
　（3）<u>第1項及び第2項並びに第308条及び第309条は，法規定（Rechtsvorschriften）
と異なる規律又は法規定を補充する規律が合意されている約款中の条項についてのみ
適用する。他の条項は，第1項第1文と結びついた第1項第2文により無効となりう
る。</u>
（4）　ド民308条は「普通取引約款において，次の各号に掲げるものは，特別な場合に
は，無効とする。」と定め，1号から8号まで無効とされる場合を列挙する。ド民309
条は，「法律の規定と異なることが認められる場合であっても，普通取引約款におい
て，次の各号に掲げるものは，無効とする。」として，1号から13号まで無効規定を
列挙する。ド民309条7号は生命，身体及び健康の侵害並びに重大な過失がある場合
の免責約款を無効とし，8号は義務違反における免責約款を無効とする。

78

(3)　わが国でも，ドイツの約款規制論の諸論議の影響を受けて，任意法
の機能と約款の内容規制とを結びつけた議論が活発になっていった。

　約款による任意法規の改変は任意法規の秩序機能を破壊するとし，私的自
治の違法な逸脱の規準は任意法規の逸脱の有無によるべきだとする見解[6]，
約款では任意規定は強行規定的性格を有するので，合理的根拠がない限り任
意規定を逸脱できないという見解[7]，任意法規範を正義内容とする立場から
約款をコントロールすべきであるとの見解[8]，秩序機能を有する任意法を判
断基準とした信義則による約款のコントロールをすべきであるとの見解[9]等
である[10]。

(4)　上記の学説に少し遅れて，1980年の論文で山本（豊）[11]も，ドイツ
法における任意規定観を検討し，契約条項内容の評価基準を任意法（不文の
任意法（判例法等）も含む）に求める見解が支配的であると分析した。「任意
法の秩序づけ機能ないし導きの像としての機能」といった表現に示される任
意法理解は，約款規制法にも反映していると説く。そして，約款条項が任意
規定の精神に照らして無効と判断されれば，当該約款条項に代わってその任
意規定が適用されるという。

　このような任意法観が生じたのは，山本によれば，たとえばド民459条以
下（売買における瑕疵担保の諸規定）が，立法者の正義観念を表現しており，
拘束的なものであると解されているのは，国民の民法典やその立法者への強
い信頼感が背後にあると思われるとする。それに対して，異質な外国法を急
速に継受して生まれた日本民法典（その任意法規）には，愛着の念もドイツ
流の任意法観も生じないのではないかと推測される。

（5）　石田喜久夫編『注釈ドイツ約款規制法』（同文館，1998年）104頁［鹿野菜穂子］。
（6）　大村須賀男「普通取引約款における内容的限界について(1)(2)」神戸法学雑誌14巻
　　　4号（1965年）761頁以下，15巻1号（1965年）103頁以下。
（7）　石田穣「法律行為の解釈方法（3・完）」法協93巻2号（1976年）224頁以下。
（8）　高橋弘「普通契約約款と消費者保護」法時47巻10号（1975年）114頁。
（9）　石原全「普通契約約款の司法的規整」私法40号（1978年）178頁以下，同『約款に
　　　よる契約論』（信山社，2006年）323頁，326頁注6。
（10）　約款規制論における任意規定の半強行法化については，川島武宜＝平井宜雄編『新
　　　版注釈民法(3) 総則(3)』（有斐閣，2003年）233頁以下［森田修］参照，拙稿・前掲
　　　注(1)94頁参照。
（11）　山本（豊）・前掲注(2)59頁以下。本稿に引用した論文の初出は1980年である。

（5）　以上みたように任意法の機能が，従来の補充・解釈機能という消極的機能に止まらず[12]，秩序づけ機能や指導形象機能という積極的機能をも有するというドイツ法の考え方は，わが国にも1960年代半ばから紹介され，1970年代に入ってからも約款規制論を議論する中で学説が取り上げていたが，教科書等に紹介されるまでには至らなかった[13]。消費者契約法の制定後の2000年代に入りようやく注目されだしたようである。

2　半強行法概念のわが国への導入

以上の学説は任意法の秩序づけ機能や指導形象機能を認めるものであるが，半強行法概念については言及していなかったように思われる。半強行法概念を積極的に評価し，わが国への導入をはかった河上は，任意法の秩序づけ機能や指導形象機能を積極的に評価し，約款規制法の列挙された「無効条項群」（同法10条・11条［ド民308条・309条］）は任意法規を半ば強行的なものへと変えたということを指摘したのであった[14]。そして，任意法は「公正・妥当な権利義務の分配のあり方・モデル」を示す指導形象機能を有し，正当性保障がない状況下では，任意法が半強行法的に作用し，信義則上の正当な理由がなく任意法を改変する不当条項を無効と解すべき場合があるとした。これを任意法の半強行法化という[15]。

---

(12)　任意規定は，アメリカではデフォルト・ルールと呼ばれ，当事者が契約をしなかった場合の依拠すべき規定とされている（四宮和夫＝能見善久『民法総則［第9版］』（弘文堂，2018年）217頁）。

(13)　川島武宜『民法総則』（有斐閣，1965年）250頁，幾代通『民法総則』（青林書院，1969年）198頁以下，232頁以下には，任意法規の説明は従来の解釈・補充規定であるとの記述だけであり，星野英一『民法概論Ⅰ』（良書普及会，1971年）33頁，四宮和夫『民法総則』（弘文堂，1982年）160頁，204頁も同様である。

(14)　河上正二『約款規制の法理』（有斐閣，1988年）384頁以下。

(15)　河上正二『民法総則講義』（日本評論社，2007年）263頁，292頁。詳細は拙稿・前掲注(1)95頁以下参照。

Ⅲ　任意法の機能と半強行法

1　任意法の機能と半強行法に関する学説

（1）　任意法の半強行法化を肯定する場合には，その前提として任意法の機能をどのようにとらえているかが重要であり，それを踏まえて半強行法について言及している学説をみていこう。

半強行法の概念を広めた河上説はすでに述べた。磯村は，任意規定について，「当事者の権利関係を規律する基本的ルールとしての合理性を備えている」から，当事者に不当な不利益を課すものではない，ただし，すべての任意規定が合理性を有しているかは疑問もあり，個別的に見ていく必要があるという[16]。

（2）　大村は任意規定の機能について①分析基準機能，②内容調整機能，③創造補助機能，④交渉促進機能の四つを挙げる。そのうち②は，任意規定から大きくはずれた約定は，その合理性に疑いを差し挟まれ，場合によっては当該約定の効力が否定される。これが任意規定の半＝強行化と呼ばれる現象であるとする[17]。

大村は，不公正な契約条項に対して，任意規定を強行化（半強行化）するということが考えられるが，これは任意規定を合理性の表象としてとらえることを意味するという[18]。

典型契約規定は合理的な内容を定型的に定めたものであるから，全く自由に離脱できる任意規定と合理的な離脱に限って認められる任意規定（半＝強行規定）の区別を行うべきであるとして[19]，合理的かどうかを離脱の許容基準とする。

さらに，任意規定の半強行規定化と対をなす問題，すなわち，強行規定についても合理的な理由があれば変更することが許されるという考え方（強行

---

(16)　磯村保「法律行為論の課題(上)—当事者意思の観点から」民法研究2号（信山社，2000年）19〜20頁。
(17)　大村敦志『民法読解総則編』（有斐閣，2009年）283頁。
(18)　大村敦志『典型契約と性質決定』（有斐閣，1997年）9頁。
(19)　大村・前掲注(18)355頁。

規定の半任意規定化と呼びうる）をとることができないか，そして，強行規定と任意規定に二分することに疑問をもち，「白と黒の間に広範なグレーゾーンを認めようという三分論[20]」を主張する。

（3）　山本（敬）は，任意法規が正義を体現したものであるという考え方に疑問を持ちつつ，任意規定の目的を実現するためには，自発的で明確な合意もなしにそれと異なる効果を認めるわけにはいかないと判断される場合にはじめて「半強行法」として認められるとする[21]。

（4）　能見は，任意規定の中には，内容的に強い合理性に支えられた規定の適用を，契約当事者が実質的な交渉に基づいて明確に排除しない限り適用されると考えられる規定（たとえば契約不適合責任）があり，これを半強行規定と呼び，この概念はある種の任意規定を約款では簡単に排除できないとする点に意味があるという[22]。

不当条項の効力をどのような法的根拠で否定するかについて，公序良俗違反とまでは言えない条項については，任意規定の定める基準を合理的な基準と考えて，それからの逸脱については合理的な理由がない限り無効とする（任意規定の半強行法規化），あるいは「信義則が一定の合理的基準を定めているので，信義則違反を理由に無効とするという根拠が考えられる。」[23]と説く。

（5）　潮見は，任意規定を契約正義を体現する規範ととらえる。相手方の利益保護の必要性がある場合に，任意規定が強行規定のように作用して，交渉力の対等性が欠け，かつ個別交渉を経ていない契約条項の効力が否定される。これを「任意規定の強行規定化」という。すべての任意規定が強行規定化されるわけではなく，むしろ任意規定の適用により民法典に内在している「契約正義」を実現する点に問題の核心があることに注意を要するという[24]。

(20)　大村敦志・民法判例百選（8版）総則37頁，大村敦志「取引と公序」ジュリ1025号（1993年）70頁。
(21)　山本敬三「契約法の改正と典型契約の役割」山本敬三ほか『債権法改正の課題と方向』別冊NBL51号（1998年）29頁。
(22)　四宮＝能見・前掲注(12)218頁。
(23)　四宮＝能見・前掲注(12)219頁。
(24)　潮見佳男『民法総則講義』（有斐閣，2005年）202頁。

　潮見は「半」という言葉を入れずに「任意規定の強行規定化」という。このような表現は，任意規定が全面的に強行規定化されたと捉えられるが，任意規定のある部分のみ，とりわけ本質的基本理念の部分のみだけを強行法的に作用させるべきである場合も考えて，原則的には「半」強行規定化（「半」強行法化）と表現するほうがよいと私は考える。

　（6）　吉田（邦彦）は，任意規定・補充規定の強行規定化の流れは，アメリカ法学においてもみられると指摘し，スタンダードとしての任意規定のほうが，より強行規定化しやすいとして，契約責任の賠償範囲に関する期待賠償スタンダードにつき，特約による修正を否定する場合—免責約款の問題—を例として挙げる(25)。取引の前提をなす法状態である任意規定の地位は重要となり，特約が自由になされるとは言えないから，任意規定はその意味で半強行法規化することになる。だとすると，伝統的理解（多数の取引関係者が望むものを任意規定とするという見方）は，特約が成立しにくい世界における取引当事者の効率性実現という見地から再評価されると説く(26)。

　（7）　石田（譲）は，前述の学説と異なり，任意法の半強行法化という観点から半強行法をとらえるのではなく，任意法の内容の一部だけが強行規定であるという意味で半強行規定を理解しているように思われる。そして一部強行規定を主観的・客観的・時間的一部強行規定に分類する(27)。

　（8）　以上からすると，任意法を指導形象機能，合理性の表象，契約正義の体現ととらえることが，任意法の半強行法的作用を許容する根拠づけとなっている。

2　「任意法の半強行法化」に対する批判とその反論

　（1）　ドイツ法では任意規定が約款条項（ド民305条1項3文により個別に交渉して決められた契約条件は約款ではない）の効力を判断する際の一つの基準として機能し（ド民307条2項1号によれば，ある条項が任意規定における本質

---

(25)　吉田邦彦「比較法的にみた現在の日本民法—契約の解釈・補充と任意規定の意義（日米を中心とする比較法理論的考察）」広中俊雄＝星野英一編『民法典の百年Ⅰ』（有斐閣，1998年）556頁注(16)。
(26)　吉田（邦）・前掲注(25)571頁。
(27)　石田穣『民法総則』（信山社，2014年）547頁以下。

的基本理念から逸脱したときは無効とされる），わが国では任意規定が消費者契約の効力を判断する際の基準の一つとして機能している（消契10条）。これらの場合，任意規定があたかも半強行法的に作用しているように捉えることができることから，「任意法の半強行法化」と呼ばれており，この任意法の性質の変容を捉えて半強行法概念ともいう。

(2) このような「任意法の半強行法化」について，北川は，任意法規を解釈で強行法規とすることには無理があり，信義則に依拠して契約条項を修正することは可能である[28]，と批判する。山本（敬三）[29]も，もともと任意法規とは，定義上，当事者がそれと異なる合意をすることを認めるものであり，このような基本的枠組みを明文の規定もないまま解釈によって変更することに異論もあり，判例でもこの考え方が採用されているとはいえないという。

ドイツにおいても，ドイツ流任意規定観に対しては，任意規定は，特定の歴史状況における妥協の産物であり，現代の変化した経済状況の下では契約正義の指針にはならないとの批判があった[30]。

(3) 河上は，このような批判は当然のことであり，「任意法規は全ての取引類型に存在しないこと，社会の進展の中で固定的な制定法は必ずしも合理的な基準たりえないこと，などがその主たる理由と思われる。しかし，これは当然のことであって，「基準」とするとは常に任意法を約款に優先させよということでは全くなく，……そこから（任意法）の逸脱の程度，逸脱を正当化する合理的根拠を問うにすぎないのであるから，任意法の強行法化を前提とする批判はそのまま妥当しない[31]。」と反論し，「逸脱が問題になるのは，任意規定そのものではなく，そこに含まれる「正義内容」であり，ドイツ約款規制法に即して言えば「法規定の基本思想」である」ことに注意すべきであるという[32]。

(4) 私は次のように考える。任意法が契約条項や特約の内容規制基準と

(28) 北川善太郎『債権各論［第3版］』（有斐閣，2003年）31頁。
(29) 山本敬三『契約法の現代化Ⅰ―契約規制の現代化』（商事法務，2016年）186頁以下。
(30) 山本（豊）・前掲注(2)61頁。
(31) 河上（正）・前掲注(14)『約款規制』311頁。
(32) 河上（正）・前掲注(14)316頁注(59)。

して機能する場合に，現代社会の多様かつ複雑な契約条項や特約が，どのような任意規定から逸脱しているかを判断するための任意規定がそもそも存在していないということがありうる。

　また，すでに存在している任意規定も，発展し変容を遂げていく社会と適合しない時代遅れの規定に変容してしまうこともありうる。時代を超えて任意法に指導形象機能としての役割を維持させることができるのかという疑問が生まれても当然であろう。

　「半」とはいえ任意法を強行法として作用させ，場合によっては合意・特約について無効という重い結果を導くことになるのであるから，どのような任意法でも半強行法化されるわけではないと考えるべきであろう。

　判断基準となる任意法が十分でないとの批判に対しては，当該条項に関連する規定の類推適用，判例または一般法理というように任意法の範囲を拡大することで，ある程度対処することができよう（後述参照）。任意規定の内容の時代不適合性については，規定の本質的基本理念を重視して判断するなど，解釈テクニックで対応できるのではなかろうか。

　ドイツ民法では，当該約款条項あるいは新しい非典型契約に対応する任意規定や典型契約が存在しない場合には，ド民307条2項2号（条項が，契約の性質から生じる本質的な権利または義務を著しく制限し，契約目的の達成を危うくさせるときは，無効とされる）に依拠した判断ができる。わが国では，当該消費者契約の条項の効力を判断するための任意規定が存在しない場合には，消費者契約法10条が適用されず，公序良俗や信義則等一般条項により判断することになり，それが問題であることは後述する（Ⅳ2(6)(7)）。

Ⅳ　消費者契約における約款・個別合意と任意法の半強行法化

1　消費者契約法制定前の消費者契約条項と任意法

　消費者契約法が制定される以前は，合理性のある任意規定よりも消費者に不利となる契約条項は，公序良俗違反により無効とすべきだと加藤一郎は主張した。当時としては，不当条項は公序良俗違反となるかどうかで判断する

しかなかったが，不当条項の違反性のレベルが低い場合には，公序良俗違反の解釈を緩和しなければ無効に導くことは難しく，消費者救済のために公序良俗違反の判断の柔軟化が進められていった。また，信義則の適用や契約解釈による隠れた内容規制についても限界があった[33]。

石原は，公序良俗による規制は道徳的非難に結合しやすいので，信義則による約款の内容規制が望ましいとし，約款による任意法修正に正当事由が存するかが判断基準であると主張する[34]。

2000年にようやく消費者契約法が制定されたことで，不当条項からの消費者の救済がある程度はかられた。以下では，半強行法概念との関係で同法を検討する。

2 消費者契約法10条と任意法の半強行法化

（1）　まず消費者契約法における消費者契約とは，消費者と事業者との間で締結される契約をいうと定義されていることから（消契2条3項），消費者契約法は消費者契約全般に広く適用される法律であり，その点がこの法律の大きな特徴であるとみられている[35]。したがって消費者契約法は約款にも個別合意にも適用され，ドイツ民法307条以下のように約款に限定されているものではない。

（2）　次に，半強行法概念の展開を示すものとして見落とせないのが，消費者契約法10条である。10条は，不当条項規制[36]の一般条項として位置づけられ，任意規定違反かつ信義則違反という準包括的規制をすることで，これまで無効とされなかった条項を無効にすることができるようになったとされる[37]。

(33)　加藤一郎「免責条項について」加藤一郎編『民法学の歴史と課題』（東京大学出版会，1982年）261頁。山本豊「消費者契約法(3)・完」法教243号（2000年）56頁。
(34)　石原（全）・前掲注(9)「普通取引約款の司法的規整」178頁以下。
(35)　中田邦博＝鹿野菜穂子編『基本講義消費者法』（日本評論社，2016年）67頁［鹿野菜穂子］。落合誠一『消費者契約法』（有斐閣，2001年）152頁参照。
(36)　不当条項規制については，多数の文献があるが，消費者法契約やフランス法の不当条項規制も含めて考察された大澤彩『不当条項規制の構造と展開』（有斐閣，2010年）参照。10条について，後藤巻則「消費者契約法10条の前段要件と後段要件の関係について」小野秀誠ほか編『民事法の現代的課題』（商事法務，2012年）57頁以下参照。

86

　10条の要件を要約すれば，①任意規定の適用による場合と比べて，消費者の権利を制限するか，義務を加重することになる消費者契約条項であって，②信義則に反して消費者の利益を一方的に害する条項であることと定め，これらの要件を充足すれば当該条項は無効とされる。

　(3)　能見によれば[38]，前述の①は任意規定との乖離が問題となる。任意規定は当事者の利害に配慮した合理的な内容を定めているものであって，事業者と消費者のように情報・経験・交渉力の格差がある当事者間では対等な交渉が期待できないので，任意規定から乖離する条項は信義則に基づいて無効とされるのである。②は契約条項の無効の理論的根拠が信義則違反であることを明らかにしたものである。要するに，乖離の程度が信義則違反といえる場合に②により無効とされる。

　(4)　このように任意規定から乖離（逸脱）する契約条項が信義則に反する場合には無効となることは，信義則の判断を介して任意規定の半強行規定化が生じたと考えるが，この点についてはいくつかの見解がある。消費者契約条項の効力の判断基準として任意法を基準とする点で，任意法の秩序づけ機能による半強行法化だとみる見解[39]，任意規定が準強行規定としての機能を果たすとする見解[40]，とりたてて任意規定の性質論に立ち入っていない見解[41]，半強行法化とはいえないとする見解[42]等がある。

　10条により任意規定がいっせいに半強行規定化することによって，「複合契約的な消費者契約の場合の10条の準拠する任意規定の選択をどうするかといった，困難な解釈問題を生むことが予想される」との指摘がある[43]。

(37)　山本敬三「消費者契約法の意義と民法の課題」民商123巻4・5号538頁以下参照，平野裕之『民法総則［第3版］』（日本評論社，2011年）193頁。
(38)　四宮＝能見・前掲注(12)286頁以下。
(39)　河上・前掲注(15)『総則』263頁，森田（修）・前掲注(10)236頁，潮見・前掲注(24)202頁，中田裕康『契約法』（有斐閣，2017年）60頁。
(40)　平野・前掲注(37)117頁。
(41)　加藤雅信『契約法』（有斐閣，2007年）149頁以下は，任意規定逸脱条項に積極的な合理性が認められる場合に，当事者の推定的意思に合致するとして，当該条項は有効とする。
(42)　山本豊・前掲注(33)62頁，落合・前掲注(35)149頁注(5)は，10条の文言を理由とする。
(43)　森田・前掲注(10)236頁。

(5)　さて，①の任意規定とはどのようなものを指すのか，法令に限定されるのか否かなど任意規定の範囲が問題となる。

森田の記述によれば，10条の任意規定は，立法作業の最終段階に入り，任意規定の秩序づけ機能に依拠した規定を一般条項として置く考えが浮上し，立法化されたものである。また，当初はあった「正当の理由なく」という文言が削除され，「信義則に反して」という文言に変わった。信義則が置かれたのは，任意法規からの逸脱をすべて無効とする趣旨ではなく，特約による任意規定の合理性のない修正に内容規制が限定されることとして理解されている[44]。

任意規定の範囲は，任意規定が類推適用されている場合や，信義則などを理由に解釈上認められている判例法も含めて，その適用範囲を広く解すべきであるとする見解[45]，適用範囲を拡大する点では同じであるが，10条の任意規定は例示とみて，特約がなければ形成されたであろう権利義務関係や，当事者が交渉力の不均衡のないときに合意したであろう権利義務関係と考え，その際には，判例法や，信義則や慣行から導かれる一定のルール（あわせて任意法と呼ぶ）が考慮されるべきであるとする見解[46]，10条の冒頭において不当条項の一例を掲げたこと，判例（最判平23・7・15民集65巻5号2269頁）が一般法理等も含まれるとしたことからも，任意規定は法令の規定に限られないとする見解[47]がみられる。

(6)　以上のように，任意規定の範囲は拡大説が通説であるが，立案担当者の説明では狭く解されている[48]。

私見は拡大説に賛成である。10条が任意規定を消費者契約条項の効力判断の比較基準に置いたのは，要件を明確にし，一般条項の判断基準のあいまいさを回避するためである[49]としても，任意規定を狭く解することは，その

---

(44)　森田・前掲注(10)235頁
(45)　平野・前掲注(37)193頁以下。中田裕康「消費者契約法と信義則論」ジュリ1200号（2001年）74頁は任意規定群も含むとする。
(46)　中田（邦）・前掲注(35)92頁。
(47)　佐久間毅『民法の基礎1総則［第4版］』（有斐閣，2018年）214頁。
(48)　消費者庁消費者制度課編『逐条解説消費者契約法［第2版補訂版］』（商事法務，2015年）225頁。
(49)　大澤・前掲注(36)49頁。

範囲でしか任意規定と契約条項の比較をしないということになり，不当条項を規制する10条の一般条項としての存在意義を失わせることになる。現代のような多様・新種あるいは複合的な消費者契約に対応する任意規定を用意しておくことは不可能であり，任意規定が存在しなければ10条を適用しないというのは，不当条項から消費者を救済するという立法趣旨にも適合しないのではなかろうか。10条が適用されない場合には，不当条項の効力判断は民法90条等一般条項に依拠せざるを得ず，そうすると無効とされることが減少することも問題である。

　ドイツ民法における約款の内容規制においては，当該約款条項に対応する任意規定が存在しない場合にも，他の基準で無効と判断される一般規定が別に設けられている（ド民307条2項2号）（前述Ⅲ2(5)参照）が，消費者契約法にはそのような規定はないことからも，任意規定を拡大して解すべきであろう。本稿で強行法・任意法と呼んでいるのは，判例も一般法理も含む趣旨である。

　(7)　もっとも，任意規定の範囲を拡大したとしても，自ずからそこには限界がある。消費者契約条項の有効性の判断基準の第一関門として「任意規定」を基準としたのは，不当条項の判断の範囲を任意規定から乖離する条項に限定し，任意規定がない領域では立案担当者に私的自治・契約自由の原則を尊重すべきとの考えがあったと思われる。

　そうすると弱者保護を目的とする消費者契約の領域において，任意規定の枠内でのみ契約条項の無効を導くということになり，消費者契約法の目的・趣旨に反し，その妥当性が疑われよう。

　能見は，契約条項を信義則違反によって無効にできる途を開いた以上，任意規定との乖離の場合にだけ限定するのは理由がなく，任意規定との乖離は信義則違反の例示でしかないと考えるのが妥当でないかと主張されるが，私見もその見解に賛成である。

　なお，10条に関する判例を検討することは有用であるが，紙幅の関係で本稿では省略する。

3　消費者契約法10条による無効の内容

　不当条項が無効とされた場合,「契約は当事者が作った自治規範であるから, なるべく効力を維持すべきであり, 一部無効に止めるべきである」とするのが一部無効原則説である。だが, 約款は事業者側が一方的に作成したものであり, 一部無効にすると業者側が包括的な条項を作成し, 予防効果が期待できず, 異議を唱えない消費者が不利益を受ける危険性がある。したがって, 10条により規律される不当条項については全部無効を原則としてよいとの見解もある[50]。約款か個別合意かに分けて考えるべきかも含めて, 私見は保留しておきたい。

　10条により無効とされた後は, 欠缺のできた部分については任意規定により補充され, なければ信義則ないし条理を援用することになる[51]。

V　ドイツ民法における半強行法・片面的強行法・部分的強行法の関係

1　片面的強行法に関する具体的規定の状況

　(1)　ドイツ民法では,「異なる合意」（Abweichende Vereinbarungen）という見出しの規定をよく見かけるが, これらの規定は, 消費者, 使用賃借人, 顧客等が不利益となる場合には, 規定と異なる合意をすることができない旨を定めるものであり, 片面的強行規定である。そこで, ドイツ民法ではどのような内容の規定が片面的強行規定として定められているのか, どのような「人」を保護するために, こうした規定が置かれているのかを以下で簡単に検討し[52], ドイツ民法と比べ, わが民法には片面的強行規定が少ない

---

(50)　平野・前掲注(37)194頁, 山本（敬）・前掲注(37)542頁以下。

(51)　潮見・前掲注(24)202頁, 四宮＝能見・前掲注(12)219頁。

(52)　ドイツ法における強行法の状況については, 総則, 債務法, 物権法, 親族法, 相続法に関する強行法を紹介したものとして, 椿寿夫「強行法と任意法－民法学余滴」前掲注(1)『強行法』20頁以下, 同「民法規定と異なる合意・特約の問題性および論点」同書36頁以下, 同「強行法の観念をめぐる問題の所在」同書70頁以下参照, 中山知己

（片面的強行規定は特別法［借地借家法や身元保証法］に多い）現状について考えてみたい。

　(2)　メディクス[53]によると，判例は個別合意に対して強行性をもつものと，普通取引約款に対してのみ強行性をもつものの2種類の強行法を作り出した。後者については，判例による約款規制法理が1976年の約款規制法に受け継がれ，それが2002年にはド民307条以下に導入され，約款条項についてはド民307条にどの任意規定が強行性を有するかの基本的方向性が定められている。

　他方，前者については，債務法が個別合意に対して強行性を有することは例外であり，強行性を有するというためには特別の理由が必要である。一つは民法が強行性を明示している場合であり，もう一つは強行性を明示する規定が欠けている場合である。後者の場合はそれぞれの規定の目的から強行性を推論しなければならない[54]という。

　以下では，前者の個別合意に対する強行性が明示されている規定について検討する。

　(3)　ドイツ債務法は強行性を，個々の規定（たとえば，248条1項，276条3項，536条4項，574条4項[55]）について定めることもあれば，規定の全グループ（たとえば，312k条1項，475条1項・2項[56]，511条（後述），651m

---

　　　　「ドイツ法における任意法・強行法の議論について」前掲注(1)『強行法』333頁以下，同「ドイツ民法における任意法・強行法の議論序説─ラーバンを手掛かりに─」明治大学法科大学院論集17号（2016年）83頁以下，同「ドイツ法学における任意法・強行法の理論的分析」明治大学社会科学研究所紀要56巻2号（2018年）31頁以下参照。

(53)　Medicus, Schuldrecht I Allgemeiner Teil, 20.Aufl., 2012, Rn. 86f.

(54)　Medicus, a.a.O., Rn.88.

(55)　**ド民248条1項**あらかじめの重利の特約は無効（nichtig）とする。日本民法は重利につき何ら制限していないので重利の特約は有効と解されている。

　　　　ド民276条3項（債務者の責任）「債務者の故意に基づく責任は，あらかじめ免責することができない。」

　　　　ド民536条4項は，物的瑕疵および権利の瑕疵における賃料減額を定めたもので，住居使用賃貸借関係において使用賃借人に不利益となる規定と異なる合意は無効とする（unwirksam）。

　　　　ド民574条4項は，解約に対する使用賃借人の異議を定めたもので，使用賃借人の不利益において規定と異なる合意は無効とする（unwirksam）。

(56)　**ド民312k条**（異なる合意）**1項**「別段の定めがない限り，消費者又は顧客の不利

条⁽⁵⁷⁾）について定めることもある。

　それらの規定の中には，一方的（片面的）強行性（einseitig zwingend）を有するものがあり，一方当事者のみを不利益に扱う規定と異なる合意は，その者のみが保護を必要とすることからすべきでないとする。

　たとえば住居使用賃貸借，旅行契約および消費者信用の場合がそうである。その場合，住居使用賃貸人（たとえば536条4項，574条4項），旅行者（651m条（前述））または信用受信者（＝消費者）のみを不利益に扱う場合には規定と異なる合意をすることはできないが，ときには規定と異なる合意が特別の要件のもとでのみ許される場合がある。その例として，552条2項⁽⁵⁸⁾によれば，相当な補償が定められている場合のみ建物使用賃借人の収去権を⁽⁵⁹⁾排除することができるとする。

　民法のほかに，とりわけ，商品またはサービス（役務）の価格を拘束する（このようなことは珍しいことではなくなった）規定が強行性をもつ。すなわち，通常は最高価格，だがときおり最低価格または定価，そして官庁の同意

益において，この款の規定と異なる合意をしてはならない（darf‥nicht）。別段の定めがない限り，この款の規定は，その規定を他の形式によって回避するときにも，適用する。」

　　ド民312a条以下は，通信取引契約や電子取引を定めており，通信取引契約では事業者は通信取引契約の締結の前に消費者に情報提供しなければならないことや消費者は撤回権を有すること，電子取引では事業者の顧客に対する義務を定める。312k条1項は，消費者または顧客に不利益な合意は許されないとし，脱法行為も許されないとする。

　　ド民475条（異なる合意）1項「事業者に対する瑕疵の通知前になされた，消費者の不利益において433条ないし435条，437条，439条ないし443条ならびに本款の諸規定と異なる合意を，事業者は主張することができない（kann‥nicht）。1文で定められた規定は，それらが別の形により回避されるときにも適用される。」

　　2項「437条に定められた請求権の消滅時効は，……事業者に対する瑕疵の通知前には，法律行為によって軽減されることができない（kann‥nicht）。」

(57)　ド民651m条（旅行契約における規定と異なる合意）「2文をのぞき旅行者の不利益において651a条ないし651l条の規定と異なる合意をすることができない（kann‥nicht）。」

(58)　ド民552条2項「収去権を排除する合意は，相当な補償を定めているときにのみ有効である。」

(59)　収去権とは，使用賃借人が目的物に備え付けた設備を収去することができる権利のことであり，使用賃貸人が相当な補償を定めているときは，収去権を排除する合意は有効である。

によってのみ変更することができる価格（たとえば郵便，電話のような）に関する規定は強行性を有する。

　以上は，メディクスの挙げた片面的強行法の例であるが，以下ではその他の片面的強行法についてもみていきたい。

　(4)　ド民511条は規定と異なる合意が消費者にとって不利益なものは許されない旨を規定し，消費者についてのみこの合意が無効とされる片面的強行規定である。

　511条1文は，別段の定めがない限り，消費者の不利益において491条から510条の諸規定（消費者消費貸借，消費者ファイナンスリース契約および消費者分割供給契約等の諸規定）と異なる合意をしてはならない（darf‥nicht）と定め，2文はこれらの諸規定を他の形式によって回避するときにも適用するとする。すなわち，本条1文は，消費者の不利益において491条〜510条と異なる合意を禁止し（片面的強行性（halbseitig zwingender Charakter)），とりわけ撤回権（495条1項）の排除は無効（unwirksam）とされる。

　355条以下も消費者の負担で撤回権を合意によって排除することができないとし，形成権または抗弁権の放棄も無効である。

　491条〜510条に基づく権利の一方的放棄も同様に無効である。それに対して，発生した権利の事後の放棄は許される。

　(5)　法的効果としては，このような合意は134条[60]により無効とされる。たとえば，消費者消費貸借契約において利息および元本の分割払いが遅滞した場合に，即時に満期となる満期条項は，498条1項と異なる合意であって，511条により「してはならない」として134条により無効と解されるのである[61]。

　「異なる合意」という見出しのついた規定ではないが，片面的強行規定の例として，489条4項は，「第1項及び第2項に定める借主の解約告知権は，契約により排除し，又はその要件を加重することができない。（略）」と定める。

---

(60)　**ド民134条**（法律による禁止）法律による禁止に違反する法律行為は，その法律から別段のことが生じない限り，無効である（nichtig）。

(61)　Jauernig, Bürgerliches Gesetzbuch Kommentar, Aufl., 16. (2015) §511, Rn. 1f..

　以上のように，ドイツ民法は，わが民法と異なり，片面的強行規定を一方当事者の保護のために多数用意している。では，片面的強行法は半強行法とどのような関係にあるのだろうか。

2　半強行法に関する学説

　(1)　ラーレンツ・ヴォルフは，任意規範と強行規範の対立は，全部でなく部分的にのみ強行性を有するいわゆる半強行規範によって，いくらか相対化されていると述べ，部分的強行法と半強行法を同じ意味として扱う。そして，半強行規範は，通常は劣弱な交渉状況にある当事者の保護として作用するという(62)。

　その上で，半強行規範を三つの類型に分ける。(A)主体的半強行規範とは，弱者保護のために合意による変更を許さない規範のことをいい，賃借人保護の諸規定（536条4項，547条2項(63)，551条2項，553条3項，554条5項（2013年に削除された）(64)），消費者保護の諸規定（312k条，475条，487条，506条）および顧客保護の諸規定（676c条3項，676g条5項）がそうであり，約款使用者の相手方のみを保護する諸規定（305条以下）もそれに含まれるとする。詳細は前述した。

　(B)客体的半強行規範とは，規定の核心部分についてのみ合意によって変更することができない規範をいう。ド民307条2項1号は「法律規定と異なる（約款）条項が，その法律規定の本質的基本理念と相容れないとき」は，契約相手方を不相当に不利益に取り扱うものであると推定され，1項により当該条項が信義則に反する場合には無効とされる。したがって，同号の「本質的基本理念」に反する約款条項の場合には無効とされる。444条(65)につい

---

(62)　Larenz/Wolf, Allgemeiner Teil des bürgerlichen Rechts, 9. Aufl., 2004, S. 70.
　　　ド民305条1項3文（契約条件は，契約当事者間で個別に交渉して決められた限り，普通取引契約ではない。）および310条3項2号は，劣弱な交渉状況にある当事者を考慮するものである。
(63)　ド民547条2項（前払賃料の償還）「住居の使用賃貸借関係においては，使用賃借人の不利益となる規定と異なる合意は，無効とする（unwirksam）。」
(64)　ド民551条2項（賃料保全の限界と基金）。
(65)　ド民444条（責任の排除）「売主は，瑕疵を知りながら告げず又は物の性状につき損害担保を引き受けたときは，瑕疵に基づく買主の権利を排除又は制限する旨の合意を

ても，損害担保の引き受けだけは排除できず，その他は排除できるとされ
る。

　(C)時期的半強行規範とは，ある一定の時期までは異なる合意ができず，
責任事例の発生後（202条1項[66]，276条3項），弁済期到来後（248条1項，
1149条，1229条[67]），瑕疵の通知後，争訟の発生後は規定と異なる合意がで
きるとするものである。このような3類型の分け方はボルクも似た分け方を
する。

　(2)　ボルクは，半強行規定は，あらゆる点ではなく，制限的にしかその
規定と異なる合意をすることができない規定であるという。具体的には，一
方当事者にのみ不利益となる合意ができない規定（574条4項（解約に対する
使用賃借人の異議）[68]，規定からの乖離（逸脱）を一定の限度までしか許さな
い規定（444条（前述）），あるいは一定の時期までしか許さない規定（請求権
の発生ないし弁済期到来後のみ異なる合意を許す規定）（248条1項[69]，276条3
項[70]，1149条[71]）の三つの類型に分け，これらを半強行法として位置づけ
る。

3　半強行法・片面的強行法・部分的強行法の関係とわが民法における
　　半強行法

　(1)　このようにドイツの学説は，片面的強行法のみに言及する説，ある

援用することができない。」
(66)　ド民202条1項（消滅時効についての合意の無効）は「故意による責任について
　　は，あらかじめ法律行為により消滅時効の完成を容易にすることができない。」と定
　　め，276条3項はあらかじめ免責することができないとする。
(67)　ド民1229条（流質契約の禁止）「質権者が満足を受けず，又は適切な時期にこれを
　　受けなかった場合に質物の所有権を質権者に帰属させ，又は質権者に移転させる合意
　　は，これが売却権の発生前に締結されたときは，無効とする（nichtig）。」
(68)　Bork, Allgemeiner Teil des bürgerlichen Gesetzbuch, 3. Aufl, 2011, Rn. 97.
(69)　ド民248条1項については前掲注(55)参照。
(70)　ド民276条3項については前掲注(55)参照。
(71)　ド民1149条（不適法な満足の合意）「所有者は，自己に対する債権が弁済期にない
　　ときは，債権者に満足を与えるために土地の所有権の移転を請求する権利又は強制執
　　行手続以外の方法によって土地を譲渡する権利を債権者に承諾することができない
　　（kann‥nicht）。」（ヴォルフ／ヴェレンホーファ＝大場浩之ほか訳『ドイツ物権法』
　　（成文堂，2016年）642頁）。

いは半強行法を部分的強行法と同列に扱い，半強行法を主体・客体・時期の
三つに分ける説もある。(A)主体的半強行法は，弱者保護の考えに立つもの
であり，そこで例示された規定が片面的強行法での例示規定とほぼ同一であ
ることから片面的強行法ともいえるものである。(B)客体的半強行法は，規
定の「本質的基本思想（理念）」の部分の変更を許さないものである。(C)時
期的半強行法は，合意を理解できない人や劣弱な地位にある人を保護するた
めに，あらかじめ規定と異なる合意をしてはならないとされ，一定の事実の
発生後は規定と異なる合意をすることができるものである。

　Aは人により，Bは規定の本質的基本理念部分か否かにより，Cは時期
により「規定と異なる合意」をすることができるか否かを分けるものであ
る。したがって，A・B・Cはある規定の一定の部分については強行性をも
つことから部分的強行法とも半強行法ともいえ，A・C類型は劣弱者保護，
B類型は本質的基本理念の保護のために，その部分について任意法が半強
行法的に作用したと考えられる。片面的強行法はほぼA類型と同じである。

　(2)　A類型の主体的半強行法について，わが民法では個人根保証規定の
元本確定事由を定める465条の4が，保証人保護のための規定であり，片面
的強行規定と解されている[72]。

　B類型の客体的半強行法については，わが民法では契約不適合責任（日民
562条〜565条）がB類型の例示と考えられる[73]。B類型の適用範囲は幅広
く，任意規定の本質的基本理念，信義則および不当な不利益扱い等の判断要
素を複合的に考慮し，規定と異なる合意が有効か無効かを導き出せると考え
る。

　C類型の時期的半強行法については，わが国でも同様の規定がある。時
効利益の事前放棄の禁止を定める146条や設定行為前または弁済期前の契約
による質物の処分の禁止を定める349条は，明治以来の学説が強行法の例と
して挙げているものであり，まさに時期的半強行法ないし部分的強行法とい
えるだろう。

　完全な強行規定以外は強行規定の認定は難しく，その場合には，無理に強

(72)　中田裕康『債権総論［新版］』（岩波書店，2011年）498頁。
(73)　四宮＝能見・前掲注(12)218頁。

96

行法の範疇に入れる必要はないと考える。任意法を前提に半強行法化の可能性があるかを考えたほうが適切な解決に結びつくのではなかろうか。

（3）　半強行法（部分的強行法）と解される規定と異なる合意がなされた場合の効果について、各規定をみていこう。

ドイツ民法は、法律上の禁止に違反する法律行為は、その法律により別段のことが生じない限り、無効とする旨の134条（法律上の禁止）の規定を置き、また138条[74]は善良な風俗に反する法律行為や暴利行為を無効とする[75]。

「無効とする（unwirksam）」（536条4項、574条4項ほか）と「無効とする（nichtig）[76]」（1229条）というように同じ無効でも、前者は相対無効であり（追認があれば有効となる）、後者は絶対無効である。いずれにしてもこれらの半強行規定は無効と定められているので、ド民134条に基づかなくても、これらの規定を直接の根拠として、規定と異なる合意を無効とすることができる。「してはならない」（darf‥nicht）（511条1文）という規定については、ヤウエルニックは禁止規定違反行為を定める134条を根拠規定として無

(74)　ド民138条（良俗に反する法律行為、暴利行為）
　　「1項　善良な風俗に反する法律行為は、無効とする。
　　2項　とくに、相手方の強制された状態、経験不足、判断能力の欠如又は著しい意思の弱さを利用し、給付に対して著しく不均衡な財産上の利益を自己又は第三者のために約束させ又は譲渡させる法律行為は、無効とする。」
　　暴利行為については138条2項により規制される。消費貸借契約（ド民488条［消費貸借契約における典型的な諸義務］）における利息が異常に高い場合（判例（BGH MJW 1995, 2635, 2636）は、消費者信用において合意された利息が市場での慣行の利息よりも2倍高いときには、給付（貸付）と反対給付（利息支払い）の顕著な不均衡を認める）には、138条2項の急迫状態の利用の要件（主観的要件）が充足しないときには、同条1項により暴利行為類似の行為による無効と解されている（ライポルト＝円谷峻訳『ドイツ民法総論』（成文堂、2008年）273頁以下、277頁）。
(75)　Jauernig, a.a.O§511, Rn.1f..
　　石田穣・前掲注(27)544頁注1は、「ドイツにおいても、禁止規定違反行為の無効は、個々の禁止規定の解釈により基礎付けられるが、良俗違反行為の場合には、解釈により無効が導かれるべき個々の法規定は存在しないとされる。」とメディクスの記述を引用する（Medicus, Allgemeiner Teil des BGB, 10.Aufl., 2010, Rn.679）。
(76)　ドイツ民法では、「同じ無効でも、Nichtigkeit は絶対無効の意味であり、なんらの効果を生じないのに対し、Unwirksamkeit はある人に対する関係で無効とされる場合（相対的無効）であって、その人の同意があれば有効となる。」たとえば、7才以上の未成年が法定代理人の同意を得ないでした契約は unwirksam であるが、法定代理人が追認をすれば有効となる（108条1項）（山田晟『ドイツ法律用語辞典［改訂増補版]』（大学書林、1993年）652頁）。

効となるという（前述）。

　「できない」（kann‥nicht）についても，半強行規定と解された規定については，禁止規定違反と考え，134条を根拠に無効とすることができるであろう。

　なお，片面的強行規定の適用領域においても，旧約款規制法 9 条（現ド民307条）も適用される。

Ⅵ　まとめと検討すべき課題

　本稿では，任意法の第三の機能（特約の内容規制基準機能）を認め，半強行法概念を積極的に肯定することで，対等当事者間を規律する民法規定に弱者保護機能を取り込むことを考えた。

　以下では，本稿で検討したことを交えながら，次に論ずべき課題を，その問題状況を提示しつつ述べていきたい。以下のテーマは，別稿において引き続き執筆する予定である。

1　消費者契約における約款・個別合意と任意法の半強行法化

　本稿では，消費者契約における約款・個別合意と任意法の半強行法化についても考察した。同法10条の存在により，任意法違反かつ信義則違反が認められる場合という限定はあるが，従来の公序良俗違反で判断していた時代に比べると，不当な約款条項や個別合意について無効を導きやすくなったといえよう。

　問題となっている消費者契約条項の効力を判断する際に，第 1 要件である当該条項の任意法からの逸脱により消費者の権利制限または義務加重がみられるかを考えることは，現象面として任意法が半強行法的に作用しているようにみえるが，それだけで無効とされるのではなく，第 2 要件の信義則違反が認められてはじめて無効とされることに注意しなければならない。任意規定がいわば強行規定的に扱われるだけであるから，それだけで無効の効果を与えることは難しく，信義則違反が認められてはじめて無効になるという法

構造をとっている。第1要件を充足させるために任意規定の範囲を拡大的に解すべきであるとの私見は述べた（Ⅲ2(4)，Ⅳ2(6)(7)）。

2　事業者間契約における約款・個別合意と任意法の半強行法化

　この問題については，事業者には消費者契約法が適用されないことから，対等性を欠いている一方当事者の保護をどのように考えるべきかが問題となる。約款については，まだしも約款規制の理論によって保護する途は考えられるが，個別合意は個別交渉を経ていることから，不当な個別合意の効力を否定ないし制限できるかが問題となり，その場合に任意法の半強行法化の考え方を適用できるかを検討したい。情報力・交渉力において劣弱者である小規模事業者については，準消費者としての消契法10条の類推適用を考慮できるのではなかろうか。

3　強行法の軟化と任意法の硬化

　任意法の半強行法化について検討してきたが，これはある意味で，任意法の硬化現象として捉えることができよう。

　では，反対に強行法が任意法化するという半任意法化の概念は考えられるのであろうか。たとえば，明治以来の教科書等に，強行規定ないし禁止規定の典型として挙げられていた345条や349条については，任意規定と解すべきとの主張が少なからずみられる。これは強行法とされる物権法の領域でも任意法化の動きがみられるのであり，強行法の軟化現象とみることができよう。

　冒頭規定が強行規定かは議論の分かれるところである。実務では概して強行法として捉えられているようであるが，場合によっては半任意法化した扱いがなされている。これも検討課題である。

4　民法における半強行法化されうる任意法

　本稿では任意法の半強行法化を検討したものの，民法規定の中のどの任意法について合理性ないし正当性がなければ逸脱が許されないのかの具体的検討はできなかった。

　ドイツ民法では債務者の故意に基づく責任をあらかじめ免責することはできない旨の規定（ド民276条3項）が置かれているが，わが民法にはそのような規定はない。415条は任意規定と解されているものの，故意免責特約は判例・通説により無効と解されているが，重過失免責特約の有効性は争われている。このように任意規定であっても，規定の本質的基本理念に反する合意は認められないことから，どのような任意規定がそれに該当するのかについて検討するのが課題である。

5　ドイツ民法における半強行法・片面的強行法・部分的強行法の違い

　本稿では，ドイツ法における半強行法・片面的強行法・部分的強行法の違いを論じた（私見はV 3（1）参照）が，日本法についてこの問題の検討は簡単にしかできなかった。部分的強行法については，最判平成11・2・23民集53巻2号193頁は，678条の組合員がやむを得ない事由がある場合には任意に脱退できる旨の部分は，強行法規であるとし，これに反する約定は公の秩序に反して無効とした。私見によれば，部分的強行法には，強行法性の効力につき段階があり，この事例は，任意法が半強行法化するものではなく，規定の一部が本来的かつ不可奪的な強行法性を有するという意味である。片面的強行規定は弱者保護のために，弱者側のみ無効となる規定である。ドイツ法で検討した結果を，次の日本法での分析に生かしたい。

6　「任意法の半強行法化」と半強行法違反の効果

　合意・特約の任意法からの逸脱に合理性・正当性がない場合には，任意法が半強行法化され，半強行法違反により当該合意・特約の効力が否定される。ドイツ民法は先に紹介したように，半強行法違反による無効の根拠規定を個別に置くか，置かれていない場合にはド民134条（法律上の禁止違反行為の無効を定める）により無効とされる。合意・特約によっては一部無効とされることもある。

　これに対して，わが国では消費者契約法10条が任意法違反および信義則違反による無効を定めているものの，民法においては強行法違反の効果を直接定めた規定はなく，その結果，いわゆる91条反対解釈説，90条説，原理規定

ゆえに規定がないとする説に分かれている。

　さらに言えば，半強行法違反の場合は本来は任意法であるから，もともと規定の全部が強行法である場合の違反行為と同じレベルで効力を否定することは妥当でない。とすると，少なくとも絶対無効にはすべきでなく，無効として任意法を補充的に適用するか，場合によっては損害賠償も考えられる。いずれにしても半強行法違反の効果も含めて検討課題である。

　7　以上，引き続いてなすべき半強行法をめぐる様々な問題を提起した。半強行法は完全な強行法と完全な任意法の間にあるとしても，どの位置にあるかは任意法の内容による。上記の課題を終えて，方向性を出したいと考えている。

5 強行法違反の法律行為の無効と公序良俗

青 木 則 幸

Ⅰ　はじめに

　法令が，その立法趣旨に鑑みて強行法規と考えられる場合に，その法令に反する法律行為や特約は，少なくとも立法趣旨の実現に必要な範囲で無効となる。このようなルールの存在は，かつては自明として扱われてきたのであり，当研究会の共同研究でも，議論の枠組みの一角を占めている。

　しかし，現在では，このようなルールが，少なくとも裁判規範として，具体的に使われているのかどうか自体を問題とする立場が有力に説かれ，私的自治ないし契約自由の原則にも拘らず法律行為の無効を導くルールを，公序良俗によって判断すべきとする考え方が，多数を占めつつある[1]。

　もっとも，このような考え方の説得力にも拘らず，法令違反の法律行為の無効を，どこまで公序良俗違反で説明すべきか——重複を認めることで足りるのか，完全な一元説をとるべきか——については，なおも見解が分かれている[2]。

<hr>

（1）　先駆的な指摘として川島武宜『民法総則』（有斐閣，1965年）233頁以下がある。近年の体系書では，河上正二『民法総則講義』（日本評論社，2007年）267頁，佐久間毅『民法の基礎Ⅰ』（有斐閣，2008年）190頁，中舎寛樹『民法総則』（日本評論社，2010年）244頁，平野裕之『民法総則［第3版］』（日本評論社，2011年）144頁，山野目章夫『民法概論1』（有斐閣，2017年）149頁など。

　本稿では，このように強行法に違反するから無効だとも説明できる法律行為ないし特約の無効を，公序良俗則の判断要素とすべき要請が強く認識されている現在，強行法による判断を行うことの意味が，どの程度残されているのかを検討していきたい。

II　一元説の展開

　現在の一元説の通説化ともいえる展開を牽引しているのは，大村敦志教授および山本敬三教授の立論によるところが大きい。ここで，論旨の骨子を確認しよう。

1　大村説

　大村説は，仏法の議論における経済的公序論からの公序良俗論の展開のうえに，「法令違反の取引行為を私法上どのように扱うか。それは公序違反とどうからむか。」という命題につき，2つの現象を取り上げて，検討をする。
　まず，法令違反行為を原則として有効と解する伝統的な判例の傾向に反し，消費者取引の場合には，転売を予定しない取引であることや，対象となる法令の性質の変化もあって，違反取引を無効とすることが当事者間の信義・公平にかなうという現象である[3]。
　次に，経済法令について，判例や伝統的学説にはやはり違反行為の効力の維持の傾向がみられるのに反し，市場の確保・競争の維持という価値観が広く需要されつつある現在，その実現のために必要な範囲で法令違反行為の効力を否定すべき場合があるという現象である。その場合には当事者間の信義・公平を後退させる必要もあり，その判断にあたっては，法令違反ということを判断の一要素として考慮すべきであるとする[4]。

（2）　強行法規違反というだけで形式的に無効判断ができる点に着目し独自の意義を指摘するものとして，平野・前掲注(1)144頁。
（3）　大村敦「取引と公序─法令違反行為効力論の再検討（上）」ジュリスト1023号82頁（1993年）。
（4）　大村・前掲論文（下）・ジュリスト1025号66頁（1993年）。

　そのうえで，これらの判断基準を導く法規範について，次のような分析を
する。判例は，古くから法令違反というだけで無効とすることは少なく，当
該違反行為に公序良俗といえる事情があるかどうかを考慮する傾向にある。
法令違反の法律行為を原則有効とする解釈に向いていた諸説もこのような判
断枠組みを取っていた。さらに，上記のような現象の変化があっても，判例
の傾向は同じであって，むしろ下級審裁判例には，公序良俗の判断基準の一
要素として法令違反であることを考慮するものも表れている[5]。学説も，違
反行為の効力を否定すべき場合かどうかで効力規定か取締規定かを決めるべ
きとするものが有力化しており，法令違反行為論としての独自性が失われて
いる。

　以上のような分析の上で，①法令違反行為の無効を91条の反対解釈によっ
て導くことは無理であり，②強行法規違反だけで無効という判断がなされる
のはごくわずかな場合であって，この場合を含めて根拠規定を90条とする方
が体系的にみて一貫する，③法令違反行為について，91条の適用を判断した
うえで90条の適用を考えるという二段の判断を求めることが，実際に適合し
ておらず，迂遠で，必要性も疑わしい，として，90条一元論を提唱する。

　この見方は，その後の体系書・教科書に大きな影響を与え，通説化してき
ているとみてよい。とりわけ，新たな2現象を捉え，法令違反行為の効果を
原則無効とすべき方向性にあるとする点は，学説の潮流を二元論（第2世
代）から転化させるものとして，学説史に位置付けられよう[6]。

2　山本説

　山本説は，「公序良俗」を「何らかの正当な「理由」があるために契約自
由を制限してよいという判断がくだされた結果」であるとみて，その「理
由」に，政策実現を加える。立法が法令を通じて契約自由を制限する決定を
行っている場合，裁判所には立法尊重義務があるのだから，自ら実質的理由
を提示する必要はない。立法府が様々な政策的考慮のもとに行った立法その

（5）　大津地彦根支判昭56・10・30判時1046号110頁を代表例とする。大村・前掲注(4)69
　　　頁。
（6）　川島武宜＝平井宜雄編『新版注釈民法』（有斐閣，2003年）238頁以下〔森田修〕。

104

ものが，裁判所が「公序良俗違反」として憲法上の自由である契約自由を制
限する理由となるというわけである（法令型－政策実現型）[7]。また，法令に
は基本権保護立法もあるとして，その場合には，立法府の決定した基本権保
護が契約自由の制限理由となるとする（法令型－基本権保護型公序良俗）[8]。

　前者の類型（法令型－政策実現型）は，さらに，①立法の基本決定が個別
法令（個別法令型）か一定の法領域の諸法令（総合型）か，②違反した契約
を無効にするという決定が明文（明文型）か不文（不文型）か，③立法の基
本決定を行う法令が私法（私法型）か公法（公法型）か，という視点から細
分類される。

　具体的には，「民法349条などの外，一般に強行法規とされている物権法や
家族法の諸規定など」が，法令型-政策実現型-個別法令型-不文型-私法型の
代表とされる。「取締規定」は，法令型-政策実現型-個別法令型-不文型-公
法型の例であるとされる。「独占禁止法をはじめとした経済法令」は，総合
型にあたるとされる。

　また，後者の類型（法令型-基本権保護型）は，立法府が憲法上課せられた
基本権保護義務を果たすべく決定したものであり，（前者の類型と審査構造そ
のものには違いがないものの）衡量問題として，契約自由の制限を拡大する方
向での法形成を行いやすく，そのため，相対的に契約の無効を導きやすいと
する。

　具体的には，「いわゆる弱者保護に関する法令のなかには，単に保護政策
立法というよりは，むしろ基本権保護立法とみることが可能なものが少なく
ない。たとえば，利息制限法や借地借家法，労働基準法，割賦販売法，訪問
販売法，宅地建物取引業法などの関連規定が，その代表例である」とされ
る。

　さらに，これら両「法令型」について行われる衡量基準として①「適合性

（7）「理由」の俯瞰としては，決定機関が裁判所か立法府かでわかれ，また，内容が政
　　策実現か基本権の実現かでわかれるため，4つの組み合わせがあるという。もっと
　　も，司法－政策実現は支持が弱く，政策実現は，司法を介した，立法府の決定による
　　契約自由の制限理由として整理されている。山本敬三『公序良俗論の再構成』（有斐
　　閣，2000年）46頁以下，及び，61頁以下。
（8）　山本・前掲注(7)86頁。

の原則」，②「必要性の原則」，③「均衡性の原則」からなる「比例原則」を
説く[9]。

　まず，③均衡性として，厳しい制約を正当化する目的の重要性を説く。法
令そのもののみならず社会情勢ないし社会意識に関する基準があるとして
「法令の目的の重要性は，それぞれの時代に応じて決まってくる」とし罰則
の強化などの法改正があると判断されやすいと指摘する。また，同様の視点
から，時代によって変化する法令目的の重要性を図るために公法を類別し除
外すべきではないとする。

　次に，②法令目的実現の手段として無効が役立つかという視点（適合性の
原則）から，法令違反の状態の除去のレベルと禁止・命令規定違反のレベル
に分けて論ずるが，適合性を否定する場合は限定されるようである。一方，
予防・威嚇効果と制裁効果を区別し，前者の場合には法令目的実現の重要性
が高いことを要件とするようである。

　また，③必要性として，適合性が認められても，他の手段によって同じ目
的が実現できるのであれば，違反行為の効力を否定する必要はないと説く。
違反行為の効力を否定（＝契約の自由の制限）しない限り，その法令の目的
を実現することができないといえなければならないとする。

　そのうえで，一元論にたち，「「強行法規違反の行為は無効である」という
命題は90条のなかに含まれる」として，その意味を次のように説明する。
「強行法規違反の行為は無効である」という命題は，91条の文言にしたがっ
て，「公の秩序に関する規定」と理解されているところ，「「公の秩序に関す
る規定」に対する違反が，「公の秩序」に対する違反の一場面であることは
あきらかである」と[10]。

　山本説も，公序良俗の内容として法令を判断基準とするべき判断枠組み
を，裁判所の職権を踏まえ，詳細に分析するものであり，より体系的に位置
づけるものであるといえる。

（9）　山本・前掲注(7)252頁。
（10）　山本・前掲注(7)83頁。

3　一元説に残された問題点

　以上の学説の展開により，今日では，法令違反であることを重要な判断要素とする公序良俗違反や，法令型公序良俗違反が，公序良俗による法律行為の無効というルールの重要な領域であることが広く受け入れられているとみてよい。

　残された問題があるとすれば，その領域が，公序良俗の一領域でしかありえないのか，それとも，一応強行法たる法令違反による無効というルールを残すことを前提に公序良俗違反と強行法違反が重なる分野と考えてもよいのか，という点であろう。疑問の端緒は，次の点にある。

　まず，大村説が取り上げる2現象（消費者公序・競争公序）は，いずれも，法令違反の法律行為を無効とする方向に向く現象を取り上げているのであるが，両類型では，当事者間の信義・公平との関係は真逆になっている。その原因は，法令の目的の違いにあるともとれる。前者では，消費者との関係で衡平を欠く取引の禁止が法令の目的であり，後者では，市場システムの維持が目的となっているものだからである。そうすると，数ある90条違反の総合的な判断の要素の一つとして，法令違反を位置付けるというよりも，法令の目的や趣旨で区別される類型によって，配慮の仕方が異なるという意味で，二段の判断にはなお意味があるのではないか。

　また，山本説は，契約自由の原則を制限する「理由」の説明として，従来の学説判例で意識されてきた要素を分類する極めて巧みな整理・分析であるが，法令型を裁判型から自律的に類別できるのであれば，それこそが強行法・任意法の問題ではないのかという疑問である。

　さらに，一元説を支持する学説も，法令型公序の重要性については説得的な補強をするものが多いものの，なぜ一元説なのかという点に関しては，必ずしも決定的な根拠は示されていないように見える。

　もちろん，二元説への批判には，法令違反による無効の根拠を91条の反対解釈に求めることの無理もある[11]。しかし，学説によれば，敢えて91条の反対解釈によらずとも，強行法に違反する法律行為の無効は不文律であると

---

(11)　森田寛二「反対解釈の力学」自治研究61巻8号19頁（1985年）。

もとれるとの指摘がある[12]。そうであれば，問題は，反対解釈の可否ではなく，公序良俗からはみ出した強行法違反無効則の必要性にあろう。一応，公序良俗則が総合的な判断によるのに対して，強行法違反は立法の趣旨ないし保護法益から該当性を考えるという違いがあると考えられるが，しかし，現実にそのような判断がなされることが稀であるとされており[13]，そういえるのかどうかが問題となろう。

Ⅲ　判例の展開

それでは，判例において，法令違反であることが公序良俗の判断基準となるような事案類型が展開しつつあることとは別に，それ以外の法令の趣旨から強行法性を検討する枠組みでの判断がなされることは，ほんとうに稀であり，90条に包摂してしまって差し支えないくらいに，存在意義を減じているといえるのか。

ここでは，主だった教科書，体系書に取り上げられている判例を中心に，検討を試みたい。

1　民法の条文に反する法律行為

（1）　大審院判例

同時期の民法（財産法）の規定に関するものとしては，①物権法定主義に反して上土権の設定移転を内容とする法律行為（175条）[14]，②所有権の権能に反して譲渡可能性を恒久的に制限する特約（206条）[15]，③土地と土地上に

---

(12)　椿寿夫「法律行為論の課題一斑」椿寿夫＝伊藤進編『公序良俗違反の研究』3頁（日本評論社，1995年）7頁。

(13)　山本・前掲注(7)83頁，山本敬三『契約法の現代化Ⅰ』（商事法務，2016年）98頁参照。

(14)　〔Ⅰ-①-1〕大判大6・2・10民録23輯138頁（「上土権ナル地表ノミノ所有権ヲ認ムルコトハ我民法ノ許容セサル所」とする）。

(15)　〔Ⅰ-②-1〕大判明32・3・15民録5輯3巻20頁（当該特約が「公ノ秩序ニ反スル事項ヲ目的トスル法律行為」であることを挙げ「物ノ融通ヲ阻遏シ土地ノ改善ヲ妨害シ其生産力ヲ減少シ国家ノ公益ヲ害スルコト大ナ（リ）」として，特約の無効 を認めた）。

雑然と建てられた複数の建物上の抵当権の設定にあたり設定遺漏建物があっても法定地上権を成立させない旨の特約（388条）[16]，④債権譲渡の債務者に対する通知を不要とする旨の特約（467条1項）[17]などが知られる。

いずれも，条文の趣旨から強行法であるとの判断を前提に特約の効力を否定している。その趣旨は，多くの学説が指摘してきたもののうち，財産権ないし財産権の移転に関する制度的基礎をなすルールであり，個人の意思によって排斥できないもの[18]にあたる。これらのうち，〔Ⅰ-②-1〕には，公序に反する事項を目的とする法律行為であるとの記述がある。

（2） 最高裁判例

最高裁判例において，民法財産法（特別法を含む）の趣旨から強行法であるとする判断を前提に，その違反が無効だと説明される裁判例には，次のものが知られている。

少なくとも，明示に強行法であることを理由に無効とされたのが，⑤組合の脱退の自由を制限する特約[19]，および，⑥賃料増減額特に減額請求権を封じる特約[20]である。

〔Ⅰ-⑤-1〕で問題とされたのは，ヨットクラブからの退会について「オーナー会議で承認された相手方に対して会員権を譲渡することをもって退会とする」方法のみを認める旨の特約であり，判旨は，「民法678条は，組合員は，やむを得ない事由がある場合には，組合の存続期間の定めの有無にかかわらず，常に組合から任意に脱退することができる旨を規定しているものと解されるところ，同条のうち右の旨を規定する部分は，強行法規であ」ると

---

(16) 〔Ⅰ-③-1〕大判明41・5・11民録14輯677頁（388条が「公益上ノ理由ニ基キ法律ニテ地上権ノ設定ヲ強制スルモノ」であることを理由に，「其特約ハ当事者ノ意思表示ニ因ル地上権ノ設定ヲ制限スルノ効アリトスルモ同条ノ適用ヲ妨クルモノニアラス」と説示している）。
(17) 〔Ⅰ-④-1〕大判大10・2・9民録27輯244頁（債務者ノ利益ヲ保護スルト同時ニ公益ヲ保護スル強行規定），〔Ⅰ-④-2〕大判大10・3・12民録27輯532頁（前掲大10・2・9判決の引用を理由づけとする）。
(18) 我妻栄『民法総則〔新訂版〕』（岩波書店，1965年）262頁。
(19) 〔Ⅰ-⑤-1〕最判平11・2・23民集53巻2号193頁。
(20) 〔Ⅰ-⑥-1〕最判平15・10・21民集57巻9号1213頁，〔Ⅰ-⑥-2〕最判平16・6・29判時1868号52頁，〔Ⅰ-⑥-3〕最判平16・11・8判時1883号52頁，〔Ⅰ-⑥-4〕最判平17・3・10判時1894号14頁，〔Ⅰ-⑥-5〕最判平20・2・29判時2003号51頁。

説示して，これを無効とした。「組合員の自由」の著しい制限が「公の秩序に反する」ことを理由とする。

〔I-⑥-1〕は，「賃料名義の額については湯銭の騰落，経費の増減，浴客の多寡等に応じてこれを改訂するものとし，一年毎に両当事者協議の上これを決定すべき旨の約定があるというのであるが，かかる約定の存在は未だもつて借家法7条の適用を否定すべき特別の事情となすに足りない。けだし右約定によつては，賃料の増減につき当事者間に協定が成立しない場合にもなお当事者の右法条による賃料の増減請求権を否定すべきものとした趣旨が窺いえないのみならず，同条は契約の条件いかんにかかわらず借家契約にこれを適用すべき強行法規であることは疑なく，右の如き約定によつてその適用を排除することをえないからである。」とし，以降，一連の判例では，〔I-⑥-1〕以降蓄積される判例を引き，強行法だと述べる。問題は，これが強行法である根拠である。立法の趣旨は，判例で認められていた地代請求権の明文化であるとされ，むしろ借地権の長期化のもとで地主の保護を図ることを基礎に，減額請求権を加えて賃借人の保護との均衡を図るものであったされる(21)。しかし，その後の紛争で争われたのは，均衡が，事情変更の原則が適用されるべき状況が中心であり(22)，衡平の原則の確保の機能が中心であった(23)。いわば信義則の排除に近い特約は認められないという趣旨で強行法との位置づけが正当化されているものと思われる。

いずれも，強行法であるとする法令違反を理由として法律行為の無効を導いている。法律行為の内容に関する公序ないし公序良俗違反や信義則とのオーバーラップは排除されておらず，多様な要素の総合的判断となっているが，このような適用方法は，大審院時代の判例と同様である。

しかし，大審院時代との違いは，最高裁で認められた強行法が，いずれも，債権法に属するものであることである。財産権ないし財産権の移転に関

---

(21)　星野英一『借地・借家法』（有斐閣，1969年）234頁。
(22)　学説は，賃料増減額請求権を事情変更の原則のひとつだとみる点では一致している。もっとも，立法の経緯からどの程度の強行性があるかには疑問も提示されている。内田貴「判旨」『民法判例百選〔第8版〕』136頁，近江幸治「判批」金法1691号9頁など。
(23)　吉政知広『事情変更法理と契約規範』（有斐閣，2014年）58頁参照。

する制度的基礎をなすルールであるとはいいにくく，むしろ，憲法上の価値
観に根差す脱退の自由であるとか，衡平に基づく事情変更の原則といった，
基本原則を，個人の意思によって排斥できないものと位置付けているものと
思われる。

(3) 小　括

このようにみると，民法の条文に違反する法律行為ないし特約の無効については，一定数の判例が，強行法違反を論拠として明示し，無効との判断をしている。たしかに数は多くはない。しかし，大審院判例に比べて最高裁判例で減少の傾向にあるとは言えない。

2　取締法規

(1)　大審院判例

法律（およびその授権のある命令）に違反する法律行為が問題となったものとして，①監査役の承認なき取締と会社との間の契約の禁止（商法旧176条)[24]，②仲買人免許を持たない者による市場取引（名板貸）の禁止[25]，③鉱業権の譲渡（斤先堀）禁止[26]，④蚕の予約売買の禁止[27]，⑤免許外の銀行取引の禁止（旧貯蓄銀行法第1条第1項第4号)[28]がある。また，当時の府県令を中心とする命令に反する法律行為が問題となったものとして，⑥都道府県令による無許可の講契約の禁止規定[29]，⑦都道府県令による代書業者

---

(24)　〔Ⅱ-①-1〕大判大8・4・21民録25輯624頁，〔Ⅱ-①-2〕大判大9・7・10民録26輯1068頁，〔Ⅱ-①-3〕大判大13・7・10民集3巻349頁。

(25)　〔Ⅱ-②-1〕大判大8・6・14民録25輯1031頁，〔Ⅱ-②-2〕大判大10・9・20民録27輯1583頁，〔Ⅱ-②-3〕大判大15・4・21民集5巻271頁，〔Ⅱ-②-4〕大判昭18・7・16民集22巻19号837頁。

(26)　〔Ⅱ-③-1〕大判大2・4・2民録19輯193頁，〔Ⅱ-③-2〕大判大8・9・15民録25輯1633頁，〔Ⅱ-③-3〕大判大10・4・12民録27集632頁，〔Ⅱ-③-4〕大判大14・2・3民集4巻51頁，〔Ⅱ-③-5〕大判昭5・6・21法律学判例評論全集19巻諸法466頁，〔Ⅱ-③-6〕大判昭19・10・24民集23巻608頁。

(27)　〔Ⅱ-④-1〕大判昭2・12・10民集6巻748頁，〔Ⅱ-④-2〕大判昭16・6・16全集8輯22号8頁。

(28)　〔Ⅱ-⑤-1〕大判昭3・10・4法律学説判例評論全集17巻民法1199頁。

(29)　〔Ⅱ-⑥-1〕大判大4・8・27民録21輯1411頁，〔Ⅱ-⑥-2〕大判大4・12・22民録21輯2158頁，〔Ⅱ-⑥-3〕大判大5・1・29民録22輯66頁，〔Ⅱ-⑥-4〕大判大8・7・3民録25輯1204頁，〔Ⅱ-⑥-5〕大判昭4・12・21民集8巻961頁。

対して紛議ある債権の譲渡を禁止[30]，⑧省令による許可なき劇物の販売禁止[31]，⑨都道府県令による検査前穀物の販売禁止[32]，⑩警察庁令による免許なき風俗営業の禁止[33]が挙げられてきた。

　もっとも，これらの類型のうち，①については，事後的な合意の効力の遡及効を認める解釈によって，違反を回避する解釈が採られている。⑤・⑥・⑦・⑧・⑨・⑩については，法令の趣旨から違反する法理行為が私法上無効との前提が採られておらず，法律行為の効力が認められている。

　結果的に，法令の趣旨から強行法であることを前提とした処遇がなされていたといえるのは，②・③・④のみである。戦前から学説が，取締法規違反の法律行為として問題にしてきた類型の中では少ないけれども，これらの類型については，強行法違反としての処遇の在り方が，かなり明確に出ているとも考えられる。ここで少し詳細に立ち入ってみよう。

　(a)　名板貸（類型②）　　上記②名板貸の類型について，大審院が強行法性を認めたのは，〔Ⅱ-②-1〕が最初のようであるが，その趣旨を詳細に述べているのは，〔Ⅱ-②-3〕である。取引所法11条の趣旨について，取引員が，取引より生ずる私法上の責任一切を負担せざるを得ないうえ，取引所の機能を左右する者であることから，厳格な資格を設けたものと説明し，名義貸しは，背後で名義人が取引上の責任を引き受けるとしても「公益上到底之ヲ許容シ難キトコロ」であり，名義貸しを目的とする契約は，「公益規定ニ違背スル行為」であり「無効」と説示している。要するに，違反する法律行為を無効とする根拠は，厳格な基準により審査・員数制限された有資格取引員による取引所の機能維持という法規の目的ないし保護法益の公益性である。

　もっとも，この類型は，次の2つの点で，限界が画されている。

　第1に，判例の中には，取引所法11条に関連する事案でありながら，これを強行法として扱っていない事案類型があるという点である。

　1つは，大判昭9・3・28民集13巻318頁である。事案は，Yの依頼によ

---

(30)　〔Ⅱ-⑦〕大判大4・12・10民録21輯2044頁。
(31)　〔Ⅱ-⑧〕大判大6・5・25民録23輯839頁。
(32)　〔Ⅱ-⑨〕大判昭13・3・30民集17巻569頁。
(33)　〔Ⅱ-⑩-1〕大判大8・9・25民録25輯1715頁。

って，Xが自己名義で株式の売注文と買戻しをした結果，Yの負担に帰すべき損失金が出，XがYにその立替金の支払を求めたところ，YがXY間の取次行為が取引所法11条の4第2項に違反し無効である等と主張し，支払いを拒絶したというものである。大審院は，同条を「主トシテ行政取締ノ必要上認可ヲ得スシテ斯ル行為ヲ営業ト為スコトヲ禁止シタル法意」と説明し，「私法上之ヲ以テ無効ノモノナリト断スヘキニ非ス」としている。

　もう1つは，最判昭38・6・27裁民66号743頁である（戦後の最判であるが関連上ここで扱う。）。類似の事案につき，商品取引所法93条に違反する売買取引の取次の受託につき，前掲大判昭9・3・28事件を引用し，「取次および取次の委託を受ける個々の行為は何等公序良俗に反するものでないから無効ということはできない」との原審を支持するとした。

　これらのケースでは，市場で取引をしたのは，有資格の取引員自身であり，単にその顧客の名称が明らかにされていないというに過ぎない。この点で，名義貸し取引とは異なり，取引員による取引機能の維持が脅かされるものではないといってよい。その意味で，この類型は，強行法類型から区別されているのだとみてよい。

　第2に，名義貸の禁止のルールを強行法とする前提をとっている場合でも，法律行為の内容の公序ないし公序良俗違反による無効のルールを併用する場合（〔Ⅱ-②-2〕〔Ⅱ-②-3〕）とそうでない場合（〔Ⅱ-②-1〕〔Ⅱ-②-5〕）がある点である。

　これら4件の事案を見ると，〔Ⅱ-②-3〕だけが，法令違反の行為をした当事者間の争いである。すなわち，〔Ⅱ-②-3〕では，名義貸しの当事者間で，その名義貸しによって生ずべき損失の返還債務を被担保債権とする担保契約の効力が争われたという点で，名板貸を給付内容とする法律行為に付従する法律行為の効力が争われた事案であり，法令の禁止事項に直接関連する当事者間で争われた事案である。この事案では，大審院は，内容の公序違反に言及せず，公益規定に違反する法律行為として無効だと判示している。

　次に，〔Ⅱ-②-1〕及び〔Ⅱ-②-2〕は，取引員による名板貸の承諾を前提にしつつ，名義借人とその旨を知る顧客との委託契約の効力が争われたものである。また，〔Ⅱ-②-4〕も同様の委託契約について，名板借人の保証人の

債務が争われている。

　いずれも，名板貸を給付内容とする法律行為は，当該紛争事案で効力が争われている法律行為の前提に，後退している。この事案類型では，大審院は，法令違反だけでなく，公序に反する法律行為であるとの説明を付与している。なお，〔Ⅱ-②-2〕も内容の公序違反に言及しないが，これは論拠を〔Ⅱ-②-1〕の引用のみとしているためであろう。

　学説も，名義貸の取引自体を法令に反し無効とする点に，異論はみられない[34]。しかし，名義貸の結果行行われた名義借人と委託者の間の委託契約について，前提である名板貸しの不適法を理由に無効とすることには，批判が寄せられてきた。取引の安全の見地から，法律の取締の趣旨が私法上の法律行為の無効にまで及ばないとする説[35]と，両当事者が違法な事項を目的とすることを知って共同して行った点が公序良俗違反行為であるとの観点から無効を導くことに理解を示す説[36]，に分かれている。

　(b)　斤先堀（事案類型③）　斤先堀契約の無効に関する大審院の判例は，鉱業法17条の趣旨である鉱業権者による管理に反する法律行為を無効とするものであり，法令違反の法律行為の無効を導いているものである。先例は，〔Ⅱ-③-1〕のようである。無効という効果を導く説明として，鉱業法17条の趣旨を「鉱業法カ鉱業ノ経営ヲ以テ鉱業権者ニ専属セシムルハ元来鉱業ノ経営ハ公安公益ニ重大ナル関係ヲ有シ鉱業法ハ之ヲ保全スルニ必要ナル事項ヲ規定スル所ナレハ鉱業権者ヲシテ鉱業ノ経営ニ関スル全責任ヲ負担セシメ鉱業法ノ規定ヲ励行シ以テ公安公益ヲ保全スルノ目的ヲ達セントスルノ必要ニ出テタルモノナリ」と説示する。その後，〔Ⅱ-③-2〕が，「公安公益」の内容を「鉱業ノ盛衰ハ一国ノ経済上ニ多大ノ影響ヲ及ホス」こと，及び「人ノ生命身体財産等ニ関シ種々ナル危害ヲ及ホスノ虞」あることに分けて説示。以降の判例に踏襲されている。

　この類型でも，説示に公序良俗に反する法律行為という視点を含めないもの（〔Ⅱ-③-1〕・〔Ⅱ-③-3〕・〔Ⅱ-③-5〕）と，含めるもの（〔Ⅱ-③-2〕・〔Ⅱ-③-

(34)　我妻・前掲注(18)265頁（一般に無効とする），川島・前掲注(1)226頁．
(35)　我妻・前掲注(18)265頁。
(36)　川島・前掲注(1)224頁。

114

4〕・〔Ⅱ-③-6〕）の混在がみられる。後者が敢えて90条を併用することには，次のような事情が看取される。

　まず，〔Ⅱ-③-2〕は，既履行の納税負担債務が不法原因給付に該当するか否かが争われた事案であった。大審院は，古くから，不適法の行為が不法の原因であるとは限らないという立場であった[37]。当時の鉱業法17条の趣旨から斤先堀契約に私法上の効果を発生させないとする（取締規定違反を超えた）非難を与える立場は，クリーンハンズの原則に妥当する利益状況であるとの判断になじみやすく，そのために，90条違反を持ち出したものと思われる。

　また，〔Ⅱ-③-4〕および〔Ⅱ-③-6〕では，斤先堀契約の当事者間でなされた，鉱業権者でない者に対する採掘経営権の付与を給付内容とする契約ではなく，斤先堀契約を前提にした，石炭の売買（〔Ⅱ-③-4〕）や斡旋者（ないし鉱業権の前主）に対する報酬の支払いを内容とする契約（〔Ⅱ-③-6〕）の効力が争われている。法令違反によって勿論無効だと言える法律行為は前提に過ぎない。そこで，前提契約の無効を知ってした契約は，前者を助長する内容の法律行為であって無効だとの論法をとる必要から，前者が90条違反であることが強調されているものとみられる。

　学説でも，名板貸しの類型同様に，法令違反の法律行為が取引監督の趣旨に反するときに一般に無効であることを認めつつ，取引の安全の見地から〔Ⅱ-③-4〕のような鉱物の第三者への売却の事案には取締の趣旨が及ばないと説かれてきた[38]。

　(c)　蚕の予約売買　蚕の予約売買の禁止に違反する法律行為を扱う大審院判例は2例しか見当たらない（〔Ⅱ-④-1〕〔Ⅱ-④-2〕）。しかも，法令の趣旨から強行法とするという前提が，分かれている。

　〔Ⅱ-④-1〕は，県令に違反して飼育中の蚕児をXに売却したAが，引渡しをせず飼育を続けたところ，Aの一般債権者Yが強制執行による差押えをしたので，Xが執行異議の訴えを提起したという事案である。大審院は，県令について「広ク此等ノ売買ヲ禁スル所以ハ斯カル売買ヲ許スニ於テハ自ラ繭ノ品質ヲ粗悪ナラシムル虞アルカ為ナルコト之ヲ窺フニ余アル」と

(37)　大判明41・5・9民録14輯546頁。
(38)　我妻・前掲注(18)265頁。

して，違反する法律行為の私法上の効力を無効とすると説示した。90条の参照は見られない。

これに対し，〔Ⅱ-④-2〕は，事案の詳細は不明であるが，売主に旧蚕糸業法85条所定の免許がなかったことを理由に預託金の返還を拒んだ事案であり，大審院は，同法を「売買契約の効力に省長を来すことなし」としたうえで，本件無免許の売買契約が90条に違反しないことを理由に，売買契約を有効としている。

前者は，法令違反の取引を前提とする利害関係人との取引というわけではなく，むしろ，対抗関係にある者の争いであり，不適法の売買契約の買主がそれによる所有権の移転を対抗できるかどうかが決め手となる。違法行為の当事者については，敢えて90条該当性を問題とするまでもなく，強行法違反により無効だという，上記(a)(b)の類型と共通の判断枠組みがあてはまる。

それに対して，後者は，詳細は不明ながら，違法行為をした売主が自ら無効主張をしている事案のようであり，信義に反する事案にみえる。

(2) 戦中戦後の時限立法

次に，戦中から始まるが，主として戦後しばらくして，取り締まりの必要性が疑わしくなった時期に大多数の判例が出た取締法規違反を全部無効とする類型として，⑮臨時物資需給調整法等に基づく流通統制[39]がある。

この事案類型では，臨時物資需給調整法に基づいて制定された規則に違反する法律行為を無効とする。回復復興の基本的政策・計画の確保という調整法の趣旨により，定められた方法以外での資源の移転を禁ずべく，規則が直接に私法上の効果の否定に向けられているためと考えられる。法令違反だから無効という論旨が通りやすく，実際〔Ⅱ-⑮-1〕，〔Ⅱ-⑮-2〕，〔Ⅱ-⑮-3〕，〔Ⅱ-⑮-5〕が，（大審院・最高裁としては，公序良俗違反に言及せず）法令違反から直接に違反する法律行為の無効を導いている。

もっとも，この類型では，このような強行法違反＝無効が強く意識された

---

(39) 〔Ⅱ-⑮-1〕大判昭16・11・7法律新聞4752号17頁，〔Ⅱ-⑮-2〕最二小判昭30・9・30民集9巻10号1498頁，〔Ⅱ-⑮-3〕最二小判昭35・9・16民集14巻11号2209頁，〔Ⅱ-⑮-4〕最一小判昭37・3・8民集16巻500頁，〔Ⅱ-⑮-5〕最判昭40・12・21民集19巻9号2187頁。

が故に，妥当な事案解決に向けた判例法理の模索がなされたことで知られる。

　問題提起となったのは〔Ⅱ-⑮-2〕であり，（原審における公序良俗違反の無効という説示をとらず）「強行法」違反を根拠に法律行為を無効とし，一方当事者の既履行にも拘らず，その調整をしなかった。無効としての処遇を徹底したのである。実質的な理由は，2様に指摘されている。

　第1に，これらの事案で，法令違反の法律行為がなされた時点で，統制内容が時代遅れになっており，無効を徹底する処遇がふさわしくない状況にあったことである(40)。

　第2に，いずれも法令違反の法律行為から生じた債務を履行した側（売主・融資者）からの反対給付の請求に対して，未履行（買主・代物弁済者）の側が履行を免れるべく法律行為の無効を主張したという事案であり，（第1の前提もあって）法律行為の無効を主張させないほうが，衡平に適うという点である(41)。

　このような実質に鑑みると，調整法・諸規則を取締法規とすべきだとの見方が出てきそうであるが，判例は，強行法違反で無効であるという判断を維持してきた。その場合，問題となるのは，上記の問題点を，実質上どのように解決するかであった。

　1つには，原則無効であるにしても，当事者の行為態様によっては有効と解するという論法であろうが，法令違反による無効の場合に，当事者の主観を考慮に入れて違法性を減じるという処理は難しいとされる(42)。しかし，この類型に挙げた判例では，法令違反の無効を取り下げ（＝取締規定と解し）法令違反が公序良俗に反しないという論法はとられていない。むしろ，原審レベルでは，多くが，法令違反なので公序公序良俗に反し無効であるとの論法が採用されている（→上告審は，同じ論法を取っていないものが多いものの明

---

(40)　星野英一「判批」法協78巻4号76頁（1960年）78頁など。
(41)　川井健「物資統制法規違反契約と民法上の無効(下)」判タ18巻9号14頁（1967年）など。
(42)　強行法規違反と構成することが，当事者の主観を考慮にいれた処理に向かないという指摘は，当時の学説でも指摘されていた。，幾代通『民法総則』（青林書院新社，1969年）208頁，米倉明「本件判批」法協94-11-132。

示に排斥はしていない)。この事案類型は，法令違反を知りつつ取引をした当
事者間で，一方が給付をしたのちに他方が給付を拒むという事案類型であ
り，両当事者に法令違反の法律行為の認識があったことをうかがわせる事案
であることから，法令違反＝無効をとらずとも，無効となる事案であったこ
とがわかる。

　かわりに試みられたのが，不当利得返還請求権，及び，損害賠償の否定で
あった。

　〔Ⅱ-⑮-3〕では，不法原因給付に該当しないとして不当利得返還請求権を
認めたが，判旨は無効の理由を法令違反としていた。この論旨からは，法令
の趣旨に反する客観的事実に依拠する行為当事者の主観や行為態様になじみ
にくい無効原因が，不法（708条）に該当しない理由を，客観的に説明する
必要がある。〔Ⅱ-⑮-3〕の法廷意見は，不法を「反道徳的な醜悪な行為」と
するが，その判断基準として国民生活・感情への影響を挙げ，本件事案で
は，法令違反の売買の目的物が荷縄という影響の少ないものであったことを
実質的な根拠とする。なお，奥野健一裁判官補足意見は，法令の趣旨に「違
反して移動した物資についてはその移動を無効として，これを原状に復せし
めることがその目的に合致する」との補足をしている。いずれも，法令の趣
旨にかかわる客観的事情を抽出しようとする説示とみてよい。

　ところが，次の〔Ⅱ-⑮-4〕は，自動車用揮発油（ガソリン）である。国
民生活や感情への影響が，荷縄と同様に軽度なものとは思われまい。(実質
は，上記に挙げた時代の変化と衡平であるにしても，そのことから効力規定と認
めず法律行為を原則有効と構成しない場合には) 当事者の行為態様を考慮に入
れざるをえない。(強行法違反の無効でも，不法の要件と別立てに論じられうる
が) そのような判断枠組みにおける無効は，公序良俗になじむものであった
と思われる。

　また，⑯価格統制違反[43]については，強行法違反に基づく一部無効の判
断がなされている。

<hr />

(43)　〔Ⅱ-⑯-1〕大判昭20・11・12民集24巻115頁，〔Ⅱ-⑯-2〕最判昭29・8・24民集8
　　巻8号1534頁，〔Ⅱ-⑯-3〕最判昭29・10・29最民16号345頁，〔Ⅱ-⑯-4〕最判昭31・
　　5・18民集10巻5号532頁。

　事案としては，単純に，超過額の支払義務の有無が争われた事案もみられる（〔Ⅱ-⑯-1〕）。しかし，土地売買について，代金のほとんどの支払いと引渡しが終わっているにも関わらず，売主側（〔Ⅱ-⑯-2〕）あるいは買主側（〔Ⅱ-⑯-3〕，〔Ⅱ-⑯-4〕）が翻意して売買契約の無効を主張した事案も存在する。

　この事案類型では，公序良俗に反する事項であるか否かという判断基準を用いる判例は存在しないようである。すべて，法令の目的から直接的に超過部分につき一部無効という結論を導いている。

(3)　その他の最高裁判例

　体系書等で整理されてきたものとしては，⑰食品衛生法に基づく無許可販売の禁止[44]，⑱免許外の自動車運送事業の禁止（道路運送法旧4条1項)[45]，⑲非弁活動の禁止（弁護士法72条)[46]，⑳宅建業法による報酬規制違反[47]の事案類型がみられる。さらに，その後に現れた類型として，㉑商標法及び不正競争防止法に違反する偽ブランド商品の販売[48]，㉒職業安定法（32条）に反する高額な報酬を定めるスカウト行為[49]，㉓無限連鎖講防止法違反の講契約[50]などがみられる。

　もっとも，⑰は，食品衛生法上の無許可販売の私法上の効力を認めておらず，ただ，〔Ⅱ-⑰-2〕で，有毒物質を含むがゆえに販売が禁止されていることを知りながら敢えて売買をしたという場合の売買契約について，90条による無効を認めているに過ぎない。また，⑱無免許の運送事業の禁止についても，違反する「運送契約が私法上当然無効となるべき筋合のものではない」とされている。そうすると，私法上の強行法に該当する（効力規定）ことを前提にした判断がなされているのは，⑲～㉓である。

---

(44)　〔Ⅱ-⑰-1〕最判昭35・3・18民集14巻4号483頁，〔Ⅱ-⑰-2〕最判昭39・1・23民集18巻1号37頁。

(45)　〔Ⅱ-⑱-1〕最判昭39・10・29民集18巻8号1823頁。

(46)　〔Ⅱ-⑲-1〕最判昭38・6・13民集17巻5号744頁，〔Ⅱ-⑲-2〕最判平29・7・24民集71巻6号969頁。

(47)　〔Ⅱ-⑳-1〕最判昭45・2・26民集24巻2号104頁。

(48)　〔Ⅱ-㉑-1〕最判平13・3・6判時1757号62頁。

(49)　〔Ⅱ-㉒-1〕最判平6・4・22民集48巻3号944頁。

(50)　〔Ⅱ-㉓-1〕最判平26・10・28民集68巻8号1325頁。

（a）　資格制限と第三者取引　　〔Ⅱ-⑲-1〕は，債権回収にかかわる非弁活動につき，委託を受けた非弁護士が委託者に対して報酬の支払いを求めた事案で，「弁護士法72条本文前段同77条に抵触するが故に民法90条に照しその効力を生ずるに由なきものといわなければならない」とした原審を正当と説示した。

　このような判断に対しては，学説の支持があったものの，無資格者が第三者とする法律行為の効果についてまで無効といえるかという点については，疑問視されていた[51]。〔Ⅱ-⑲-2〕は，無資格者（司法書士）と破産会社がした過払い金返還請求権に係る和解契約について，委任契約を「弁護士法72条に違反するものであって……民法90条に照らして無効」としながらも，「当該和解契約は，その内容及び締結に至る経緯等に照らし，公序良俗違反の性質を帯びるに至るような特段の事情がない限り，無効とはならないと解するのが相当である」と説示している。

　大審院の判例では，強行法違反の法律行為を前提とした，違反当事者と第三者の法律行為を無効にするために，公序良俗違反との説明を積極的に用いていた（〔Ⅱ-②-1〕，〔Ⅱ-②-2〕，〔Ⅱ-②-4〕，〔Ⅱ-③-4〕，〔Ⅱ-③-6〕，〔Ⅱ-④-1〕）。夙に学説では，取引の安全に悖るなどの理由で，取締の趣旨が第三者に及ばないのではないかとの疑問が呈されていたが，〔Ⅱ-⑲-2〕は，その学説の疑問に沿う方向に処遇を変更しているものの，違反当事者と第三者の法律行為の無効の判断につき，強行法違反でなく90条に依拠している点で大審院の判断と共通している。法令違反無効の有無で公序良俗違反か否かが検討されるのではなく，立法趣旨から法令違反無効が及ばないが，場合によっては別途90条による無効もあり得るが本件ではそれもない，という説明になるからである。

　なお，大審院にみられた説示では，違反当事者間の法律関係については，90条違反であることに敢えて触れてはいなかったが，最高裁はそのような論法を用いた原審の判断を承認している。もっとも，大審院の説示でも，強行法違反であれば，90条違反であるとの説示は排除されていなかった。

---

(51)　川島他編・前掲注(6)138頁〔森田修〕。

120

　(b)　**法令違反と公序良俗違反を共に認める類型**　〔II-㉑-1〕は，不正競争防止法および商標法に違反する，偽ブランド品の売買契約について，「本件商品が周知性のある米国ポロ社の商品等表示と同一又は類似のものを使用したものであることを互いに十分に認識しながら，あえてこれを消費者の購買のルートに乗せ，米国ポロ社の真正な商品であると誤信させるなどして大量に販売して利益をあげようと企てたもの」として，「本件商品の取引は，単に上記各法律に違反するというだけでなく，経済取引における商品の信用の保持と公正な経済秩序の確保を害する著しく反社会性の強い行為であるといわなければならず，そのような取引を内容とする本件商品の売買契約は民法90条により無効である」と説示した。

　法令違反と知りつつした法律行為が消費者の購買ルートに乗せる行為と評価されている点で〔II-⑰-2〕に類似するが，法令違反による私法上の取引の無効が明示には排除されていない点が異なる。

　本判決は，経済的公序論に沿った判断がなされていると評価されている[52]。不正競争防止法や商標法は，被侵害者の差止請求権や損害賠償請求権を規定するが，本件では被侵害者が当事者ではなく[53]，流通過程の売買契約の当事者について，法令上は罰則規定のみが適用される状況で，私法上の効力が問題となっている。その趣旨から直ちに私法上無効とは言いにくい事案であるが，それでも90条を介して趣旨が，法律行為の無効判断において考慮されるということになる。

　(c)　**量的規制**　〔II-⑳-1〕は，手付の放棄により解約された宅地売買契約について，売主から売買あっせんの依頼を受けた宅地建物取引仲介業者が，その特約に依拠し，宅建業法17条所定の上限額を上回る報酬を請求した事案で，「宅地建物取引業法一七条一項，二項は，宅地建物取引の仲介報酬契約のうち告示所定の額を超える部分の実体的効力を否定し，右契約の実体上の効力を所定最高額の範囲に制限し，これによつて一般大衆を保護する趣旨をも含んでいると解すべきであるから，同条項は強行法規で，所定最高額を超える契約部分は無効であると解するのが相当である」と説示している。

---

(52)　後藤巻則「判批」リマークス25号10頁。
(53)　大村敦志「判批」ジュリ1224号64頁（2002年）。

〔II-㉒-1〕も，職業安定法32条6項の立法趣旨から，所定の手数料の最高額を超える部分の効力を否定している。

量的な上限を示す強行法について，一部無効を導くのは，価格統制に見られた説示であり，本件は，そのような類型が，時限立法ならずとも，判例中に現存することを示しているといえよう。

(4) 小 括

以上のようにみると，判例は，必ずしも，強行法の判断を縮小させているとはいえない。次の理由による。

戦前の大審院判例じたい，強行法違反が法律行為の内容の公序ないし公序良俗違反を伴うことを前提としていた。それでも，強行法違反を理由とするのは，条文の趣旨から，一律に法律行為の無効を導きやすい場合と，効果として法律行為の一部を強行法の基準にあわせるための前提として無効を導く場合であった。さらに，前者の類型でも，法令違反の行為の当事者間でない場合や，不当利得の是非が問題となる場合には，法令違反が公序良俗則に妥当することを確認したうえで，判断がなされている。強行法違反だけで判断がなされる場合は，条文の趣旨から導かれる法令違反行為の名宛人たる当事者間で行われた法律行為で，不法原因給付に当たらない場合という相当限定的な状況で利用されていたにとどまる。

戦後でも，資格制限型の取締法規に関して，90条を引きつつも，法令違反の当事者以外との関係では，公序良俗に反しない限り法律行為を無効としないとの判断をしている点や，量的制限に関する一部無効のために，一定の判例の蓄積があり，これらについては，基本的に大審院と同様の処理であり，また現在でもそのような利用があることを示している。

もっとも，競争秩序について，従来にみられない用法があり，ここで強行法性が参照されている（(3)(b)）。これは，近時の通説の指摘する類型の出現を示していよう。しかし，法令違反と公序良俗違反を共に認める類型は，大審院判例にもみられたのであり，ただその総合的判断の必要性の内容が現代的なものになっていることで，一元説の説く領域との重なりが生じているものと言えよう。

3　小　括

　以上のように検討すると，強行法違反を根拠として法律行為や特約の無効の判断をする判例は，全体とすれば，必ずしも減少傾向にあるわけではない。民法の条文に違反する法律行為でも，また，取締法規違反の法律行為についても，もともと数は少ないながら，戦前に積極的に利用されていた判断枠組みが戦後になって減少傾向にあるとまでは言えない。

　それにもかかわらず，減少を印象付けるのは，学説が取締法規に関する判例を中心にこの問題を論じてきたことに由来するものと思われる。取締法規違反の法律行為の私法上の効力につき無効という結論を導くために強行法違反則のみによる判例は，大審院判例と最高裁を問わず，かなり少数であった。比較的数が多かった大審院判例においても，基本的に，強行法違反は公序良俗違反と重なっていると考えられており，実際に論拠を併存させているものも多い。あえて，強行法違反則のみに依っているのは，取締法規の禁止目的との関係で，直接それを乗り越えた当事者間の法律行為くらいである。同一の法令違反の法律行為でも，違反者と第三者の関係の法律行為の無効をいうときは，公序良俗を持ち出している。また，無効の効果を，不法原因給付と評価すべきかという問題についても，公序良俗を持ち出している。

　さらに，戦後の流通統制の判例類型は，強行法違反を論拠とする無効処理の不当性を強調する結果となった。

　以上のように観察すると，強行法違反無効則の存在意義についての評価を下げているのは，学説における，取締法規ないし公法違反の法律行為の評価であると思われる。

Ⅳ　学説の変遷における公法・取締法規の位置づけと強行法

1　起草過程の議論

　90条は，旧民法における，「公ノ秩序及ヒ善良ノ風俗ニ触ル」ものでなければ，「普通法」に依らない合意も有効である旨の規定（同328条）と，旧法令における「公ノ秩序又ハ善良ノ風俗ニ関スル法律ニ抵触シ又ハ其適用ヲ免

カレントスル合意ハ不成立トス」（同15条）を参考にして起草されたとされる。興味深いのは，いずれも公序良俗に関する法令に反する合意（その成否・効力）を問題にしている点である。これらを参考にしながら90条から法令違反の要素を削除した趣旨について，適用を免れる合意を不成立とするような法令を「法律」に限定したのでは狭すぎ，慣習法にまで広げると広すぎるから，旧328条のただし書きのような規定にしたという。

　以上の説明からは，（法令のレベルの如何をとわず）公序良俗に関する法令違反と同様に評価される法律行為について無効とするという趣旨であることが伺われ，公序良俗に関する法律行為は，90条の中心的な想定事案であったと言える。

　一方，91条は，92条の理論的前提として主査会によっておかれたものであるとされ，それ自体91条の反対解釈から公序に関する規定を強行法規としてその無効を規定したものとは解されえないことの根拠とされる。

　これらの議論からは，確かに，強行法に違反する法律行為の無効は，90条に位置付けられており，91条の反対解釈ではなかったと言えそうである。

　ただ，なぜ，92条の理論的前提として，91条を置かねばならなかったのかという点については，もう少し検討を要する。任意法に反する内容の法律行為や特約が有効ということが，自明ではないという態度がみられるからである。

　注目すべきは，（少し時期が後れるが）富井・体系書に見られる，「公益」の説明である。同書は，公法と私法の区別について，4説を挙げ詳論しているが，「一切ノ法律ハ同時ニ国家及ヒ個人ノ利益ヲ以テ其目的トスルモノト解スルコト至当ナルヘシ」と説き，私法は原則公益にあたらず任意法だとの視点は見られない[54]。

　このように，起草当時の議論にうかがわれるのは，私法の一般法たる民法であっても，原則は強行法であって，敢えて明文規定を置くとすれば，任意

---

(54)　なお，公法と私法の区別について，4説を挙げ詳論しているが，「一切ノ法律ハ同時ニ国家及ヒ個人ノ利益ヲ以テ其目的トスルモノト解スルコト至当ナルヘシ」と説き，公益と私益による区別を否定している。穏当な分類として「国家ニ関スルモノト国家ニ関セサルモノ」に分ける説であるという。富井・前掲17頁以下。

124

法規のほうであるという立場である。そうすると，91条がおかれた趣旨は，原則は強行法だとの視点から，個別規定に任意法規だとの規定を置くと漏れがあってはいけないとの配慮を加味して，91条の規定が叙述されたものとみられる[55]。翻って考えると，90条の趣旨も，法令違反のうち特別な内容の法令違反を無効とするとの規律を主眼とするものではなく，当然である法令違反の無効が法律に違反する場合でなくても法律行為の内容によっては適用される点に主眼があったものと考えられる。

2　二元論（第1世代）

鳩山・注釈書（明43）は，公序規定違反の法律行為が無効であるとの準則を91条の反対解釈に位置付けたことで知られる。法律行為無効の効果を導くために，90条の要件と，90条と異なる要件の2本を立てたという意味で，初代の二元論というべき説である。公序良俗違反と強行法違反について，次のように整理している。

公序良俗違反の法律行為については，90条の注釈として，次のようにいう。①公序違反の法律行為については，「国家ノ一般ノ利益ヨリ観察シテ共同体ノ維持発達ノ要件ニ反スル法律行為」とし，裁判官の自由裁量ではなく，「現代ノ国家ノ方針ヲ根拠トシテ之ヲ決スルノ外ナシ」とする。②「善良の風俗」とは，「現在の風俗を保護」するのではなく，「公の秩序」と同じく「国家社会の健全なる状態を保護する」目的で「共同生活の維持発達の要件に違背する事項を目的とする法律行為」に拘束力を与えない趣旨であり，その趣旨を「道徳の方面」から規定したのだと説く。そして，その判断基準となる「道徳」について，①個人の道徳観ではなく社会に存するものである，②現代の社会的秩序を維持すべく最新のものを標準とすべき，③商人のように団体特殊の道徳か国民一般の道徳かは解釈問題であるが，90条は一般に社会の健全な秩序を維持するという趣旨であるから，国民一般の道徳観を問題とすべきである，④国民が実践する道徳か理想とする道徳かという問題

---

(55)　周知のように，起草過程で，91条は，92条の理論的前提として必要とされた規定である。しかし，92条にしても，敢えて公序に関しない規定についての叙述がなされているのは，やはり，原則慣習に勝るのが法律の条文であるとの視点がうかがえよう。

があるが，風俗というのは「空想ヲ離レテ現実ニ根拠シ国民ノ実行セル道徳，国民ニ依リテ実践セラレタル倫理観」を標準とするべきである，といった点を説く。

　強行法については，91条の注釈として次のように説く。同条は「法律ノ規定ヲ二分シテ公ノ秩序ニ関スル規定ト公ノ秩序ニ関セサル規定ト為シ後者ニ異ナリタル内容ヲ有スル法律行為ヲ以テ有効ト為セリ従テ前者ニ反スル事項ヲ目的トスル法律行為ハ無効ト云ハサルヘカラス蓋シ法律カ個人ニ私法的自治力ヲ認ムルハ唯公ノ秩序ニ反セサル範囲内ニ於テスヘキハ勿論ナルカ故ニ公ノ秩序ニ関スル法律即チ所謂強行法ニ反スル法律行為ノ効力ヲ認ムヘカラサルハ勿論ナレハナリ」[56]，と。

　そのうえで，ある法令が公序規定か否かという「各個ノ法律ノ規定ニ就テ研究スヘキ解釈問題」として，まず，①「公法」は「主トシテ公益ノ為メニ設ケラレタルモノ」であり「主トシテ強行法」である。②「私法」は，「個人相互ノ関係ヲ規定スル」ので「主トシテ非強行法ナリ」とする。私法の規定が特に強行法的性質を帯びている場合もあるとするが，その判断は「当該規定ノ精神ニ基キテ之ヲ決スルノ外ナシ」として，（ⅰ）取引の安全，（ⅱ）弱者の保護，（ⅲ）家の維持，（ⅳ）倫理道徳の保全といった「公益」を理由として設けられた規定は，「特殊ノ理由」ない限り強行法であるという[57]。そのうえで，私法の規定が特に強行法的性質を帯びている場合もあるとするが，その判断は「当該規定ノ精神ニ基キテ之ヲ決スルノ外ナシ」とする。

　以上のように，鳩山・注釈書では，90条の公序違反の法律行為は「現代国家ノ方針」に背く内容をもつために無効であるとされるのに対して，91条の公序規定に違反する法律行為は，法律によって私的自治が認められる範囲内の法律行為ではないためであるということになる。上述の「国家ノ方針」が，立法府の判断する方針よりも広いことは明らかであり，この決定機関との関係からみると，91条反対解釈に担わせる強行法違反による無効のルール

---

(56)　鳩山秀夫『法律行為乃至時効』（三書楼，1910年）82頁。
(57)　民法では，物権編，親族編，相続編に「比較的ニ強行的ノ規定ガ多」いとし，債権編には極めて少ないとする。ただ，426条，550条，572条，580条，602条，604条，626-628条，640条，709条は強行規定であるとする。

の適用範囲を限定する説であることになる。さらに，鳩山説は，民法起草者の議論と異なり，立法が公法と私法を問わず，公益を担うものだとの立場を採っていない。そのような原則をもつ法律を公法に限定して考えている。

このように，二元説（第1世代）は，起草者の議論と比較すると，法令違反は原則として無効という判断を，公序良俗違反の法律行為は無効とする見解の拡大と入替えに，大幅に限定する方向に向いた説であったと見るべきである。

3　二元論（第2世代）

二元論は，上記のように公法上の法律行為は原則無効とする第1世代から，さらに，無効判断をなすべき領域を限定して，公法上の法令違反の法律行為も，原則的に私法上有効とする第2世代へと，変貌を遂げる。

二元説を次世代に導いたのは，取締法規違反について，判例類型の丹念な分析を行った一連の研究であろう。

（a）　末弘説　　末弘・論文（昭4）は，公序に関する規定に相当する「法律が公益上の理由から一定の行為を禁止している場合の中」に，①「違反行為を無効とすべき趣旨のもの」，②「違反行為を無効とし且之に刑罰を課すべき趣旨のもの，③刑罰を課すれども無効とせざる趣旨のもの」，④「単に禁止するのみにして刑罰を課せず又無効とせず何等特に法律的制裁を科せざる趣旨のもの」があると指摘する。

これは，公序に関する法令といえども，違反しただけで常に不適法として無効となるわけではないことに注目する指摘であり，次のような結論に向けられていた。「禁止法規違反の故を以て行為を無効とすべきや否やを判断するに当っては，之を無効とするによって達成せらるべき法規目的の公益的価値と之を無効とするが為め当事者相互間に生ずべき私益的不公正とを比較考量すべき」だというものである。

末弘説は，この結論に向けた大審院判例の分析として，(a)公序規定違反（「禁止法規違反」）の事案につき，「法規が命令なるときは原則として有効説をとり，法律なるときは無効説をとっている」とする。

ただし，(b)「法律違反の故を以て法律行為を無効としてゐる判決が多く

の場合に於て単に強行法規に違反するの故を以て之を無効とせず同時に其行為が公の秩序に反する事項を目的とする法律行為なることを付言している」(72頁) ことに注目し，これを支持する。理由としては，まず，①「強行法規違反はそれ自身独立の無効原因」という通説の立場（＝この場合には公序良俗違反の行為に当たるか否かの判断の余地なし）を否定はしないが，法規には「行為の無効を明言せざる場合」があり，この場合でも，裁判所が，法規の禁止目的や，公序良俗違反に当たるかどうかという点を相関的に考える「実質的価値判断」をして，もって「合理的に当然法規中に行為の効力を否認する趣旨が含まれているや否やを判断」すべきとする。また，②708条の判断枠組みとの関係でも，「行為の無効を理由として給付を拒絶する者のある場合に於ても，単に其行為が禁止法規に違反するや否やの形式的判断を為すに止まらず，更に進んで其行為が公序良俗に反するや否やを判断することを要求するのは，彼此の権衡上正当と言わねばならない」という。

　そのうえで，(c)「同時に之と相関的に其行為を無効とするが為め当事者相互間に生ずべき利害関係の不公正を考慮するの必要」を説き，判例，通説ともにこの点怠っていると批判する(58)。

　(b)　末川説　このような，公序に関する法令違反が直ちに私法上の無効につながらないという立場は，前後して説かれていた，私法上の効力の無効を導く判断基準として，公序良俗を用いるべきとの立場と交錯していく。

　後者の立場の嚆矢とされるのは，末川・論文（大正11年）である。末川説

---

(58)　具体的には，①鉱業法17条によって，鉱業権の譲渡が禁止されているにも関わらず，第三者に掘削をさせる内容の斤先堀契約がなされた事案類型（大判大8・9・5，大判大10・4・12，大判大14・2・3といずれも無効。末弘論文の後も，大判昭5・6・21，大判昭19・19・24と，無効判断が続いた。）につき，「斤先堀契約それ自体を鉱業法違反として無効とすることは相当」であるが，公益上の不利益だけでなく「当事者相互間の不公正とを較量」すれば「掘採された石炭の売買契約までをも無効とする必要ありや否やは疑わしい」と批評する。また，②取引所法に違反する名板貸し契約も，「それ自体を無効とすることは正当」であるが，「名板貸人が委託者と締結した契約までをも無効とするときは委託者は之によって多大の損害を被る虞があ」り，これを無視して委託契約を無効とする理由はないとする。さらに，③山形県例（蚕の予約売買の禁止）に違反の売買契約について，繭の品質維持という法律の趣旨を反映した県令であることから，無効とした大判昭2・12・10についても，「結繭前の嬰児売買を禁ずるためには同令所定の罰則あるを以て足りるとする。

128

は，私法を「一般に，私人相互間の法律関係は私人自らをして規律せしむる
のがもっとも合目的的だ，という基調の上に立っている」こと（私的自治）
を前提とする。しかし，「社会生活の規範としての法律が，その内容または
精神とも呼ばるべきものと相容れざる法律上の効果の発生を認許すること
は，いかなる意味においても，法律の本質上なしあたわざるところである」
とし，「民法90条はまさに，この法律がその本質上認拠することを得ざる限
界を，明らかにせんとしたものにほかならない」と位置付ける[59]。

　このような視点から，無効となる法律行為は，「その行為自体の内に法律
上当然に無効とせらるべき原由を包含していなければならない」として，
「法律行為がなされるに至った手段方法や周囲の状況や動機」との区別を説
く。「違法な公法上の関係」もこの「状況」であるとされ，法令違反の法律
行為でも「その行為それ自体が不法な分子を包有しないかぎりは，その行為
は無効とせらるべきではない」という。

　(c)　我妻説　　このような立場は，我妻・体系書に受け継がれている。

　我妻・体系書は，強行法規たる法令違反の法律行為について，「強行法
規，すなわち，公の秩序に関する法規は，個人の意思によって左右すること
を許さないものであるから，法律行為の内容がこれに違反するときは，その
法律行為は無効である」と説き，「このことは，法律行為制度の理想からい
って当然のことであるが，第91条は間接にこのことを規定している」とす
る[60]。この基準自体は，鳩山説を踏襲している。

　しかし，我妻説が，公法を原則として強行法とみていないことは，取締法
規と効力規定の峻別の説明に表れている[61]。すなわち，取締法規を「一定
の行為が現実に行われることを禁圧防止することを直接の目的とする」と
し，強行法規が「当事者が一定の行為によって達成しようとする私法上の効
果の実現について，国家が助力しないことを直接の目的とする」ことと区別

---

(59)　末川博「公序良俗の概念―民法90条について―」同『続民法論集』11頁（評論社，
　　　1962年）12頁以下。
(60)　我妻・前掲注(18)262頁。
(61)　「取締法規のうち私法上の効果に影響のないものだけを取締法規（「単なる取締法
　　　規」）ということもあり，また，私法上の効果を否定するものを効力規定ということ
　　　もある」とする。我妻・前掲注(18)262頁。

する。そのうえで,「処罰しただけで,私法上有効としてその結果の実現に
国家が助力しては,処罰をおそれずに違反行為をする者もあるから,行為の
私法上の効力をも否認することが,その行為の禁圧防止の目的からみて,一
層有効な場合」があるとし,後者のような効力規定と解するか否かについて
は,取引の安全や当事者の信義公平に悖るおそれがあるから,「それぞれの
取締法規について,立法の趣旨,違反行為に対する社会の倫理的非難の程
度,一般取引に及ぼす影響,当事者間の信義・公正などを仔細に検討して,
決定するより他はない」とされる[62]。

　もっとも,我妻説が想定する強行法は,決して狭いものであったわけでは
ない。任意法規と強行法規の区別について,「規定の趣旨を考察し,個人の
意思によって排斥することを許すものかどうかを判断して決する他はない」
としつつ,「任意法規の強行法規化」を説く。すなわち,「両当事者の経済的
な力の均衡……を失うときは,経済的強者は,何等特別の合理的な理由なし
に,任意法規を排斥する約款を強い,経済的弱者は,これを忍容するより他
にしかたがないようになる。ここにおいて,法律は,任意法規として第二次
的な立場にあることを棄て,強行法規として第一次的立場に進出」するとい
う[63]。

　ところで,我妻説は,公序良俗則を「法律の全体系を支配する理念」[64]と
位置付けるが,「第90条は,個人の自治に対する例外的制限を規定したもの
ではなく,法律の全体系を支配する理念がたまたまその片鱗をここに示した
にすぎない」[65]と説明しており,90条そのものの適用範囲については,「抽
象的規定であることがその生命である」と説き,「法律行為の内容が個々の
強行法に違反しな」い場合を前提としている[66]。しかし,公法上の取締法
規を当然に効力規定とせず,総合的な要素の判断を行うとする立場には,90
条にも片鱗を示す高次の理念としての公序良俗と同旨の考え方が伺えよう。

---

(62)　我妻・前掲注(18)264頁。
(63)　我妻・前掲注(18)255頁。
(64)　我妻・前掲注(18)270頁。
(65)　我妻・前掲注(18)255頁。なお,我妻栄『民法総則』(岩波書店・1933年)299頁に
　　既に同旨の叙述がある。
(66)　我妻・前掲注(18)270頁。

4 流通統制に関する議論

　二元説の展開にみられる，公法上の法令に反する法律行為の無効を制限的
に解する方向性は，さらに，戦後の流通統制の事案との関係で，より徹底し
た形で整理されている。

　川井説は，物資統制法規の分析を通して，(1)判例も（最判昭30・9・30を
例外として）①無効から生じる不利益の救済を与えたり②違反の態様程度等
に鑑みて有効とするなど「違反契約を有効視するのと結果においてちがわな
い」とし，また，(2)学説も，「強行法規と解し違反契約を無効としつつ，無
効の時効，無効の追完，信義則による無効主張の制限，社会経済事情の変化
による強行法規の非強行法規化，不法原因給付に該らぬ[67]という理由での
利得の返還請求の肯定等の立場を示し，やはり判例と同じく契約を有効とす
るのと違わない結果を示している」とする。そのうえで，「統制法規につき
強行法規，取締法規という分類をし，違反契約を直ちに民法上の無効と結び
つけるところに問題がある」とし，ここでいう強行法規を，「当事者が契約
の履行上のいかなる段階（①双方既履行・②双方未履行・③一方のみが既履行）
で相手方に何を請求しているかを問題とし，その請求が物資統制法規により
制限されていないかを判断すれば必要にして十分」という結論を導く。これ
は，「むしろ公法と私法との分離を認め，両者が別々に機能し，必要最小限
度で，しかも必要な限度では強力に公法上の制限を私法の領域に認める」も
のだという。

　ただし，この分析については，前提が限定されていることに注意が必要で
ある。

　まず，検討素材となった流通統制の事案類型が，時代遅れで社会状況に合
わなくなくなりその意味で重要性の低くなった目的をもつ法令に違反した法
律行為を扱う，例外的なものであるとみることができる領域であった[68]。

　また，川井説も，物資統制法規を念頭に置いた取締法規[69]についてであ

---

(67)　ただし，不法原因給付の不法について，単なる「強行法違反」がそれにあたらない
　　　とするのは，古くから通説化しており，川井説も，公序良俗を介した流通統制違反＝
　　　無効の実質的な否定を問題にしている点には注意が必要である。
(68)　山本・前掲注(7)259頁参照。
(69)　「財産・身分の基礎に関する私法を前提としつつ，国家の政策上物資の流通を阻止

り，「私法上のいわゆる強行法規とは別物」と説かれていることに注意が必要である。同説は「民法上の強行法規」については，「私的財産権，財産変動の基礎，身分秩序の基礎を形づくる目的のほか，当事者の一方の不利益を救済する目的のために認められており，意思による修正が可能かどうかという観点で定められる」として区別している[70]。

さらに，磯村説は，履行段階に応じて個別的な請求を認める川井説を「明確な基準を提示する果断な主張」と評価しつつ，その例外的位置づけを指摘する。すなわち，「なお従来の多数説と同様に相関的な決定によって取締規定違反の効力を決定すべき」として，次のように説く。「まず，当事者の主観的な態様如何に拘らず，客観的に取締規定に違反する行為の効力が私法上事後的にも否認されるべき場合には，端的に91条の問題として効力規定＝強行規定であるとすれば足りる。価格統制令……はこれに属（する）。民法90条の公序良俗違反は，個別的な強行規定が存在しない場合に補充的に適用があると解すれば足りるから，判例がこれを同条により処理する必要はなかったであろう。」[71]

5　小　括

以上，要するに，学説における，取締法規ないし公法違反の法律行為の評価は，次のように変遷してきた。起草過程においては，総ての法令違反は無効が原則だと考えられていたところ，二元説（第1世代）は，そのような説明が妥当すべき領域を公法の原則に縮減した。さらに，二元説（第2世代）は，公法についても，私法上の無効を導くべき場合を限定するに至った。また，戦後の流通統制で観察されたのは，原則無効とすることの弊害であった。

以上のような学説の議論は，取締法規の判例を素材にした議論における，適用領域の小ささと呼応して，二元説の必要性を低く評価する方向に捉えられるようになった。しかし，既にみたように，判例での必要性は，少なくと

する目的をもち」観点が異なるとする。川井・前掲注(41)21頁。

(70)　川井・前掲注(41)21頁。

(71)　磯村保「取締規定に違反する私法上の契約の効力」『判例における法理論の展開（民商法雑誌創刊50周年記念論集1）』（有斐閣，1986年）17頁。

も減少しているとはいえない。学説の動向は，むしろ，起草時の強行法の広さを前提とした，中庸的な範囲への適用領域の縮小の議論であったと見るべきである。

V　おわりに

　以上，本稿では，法令違反の法律行為を，公序良俗則によらず無効にすべき場合があるか，という点について，学説と判例の議論の変遷を手掛かりに，検討をしてきた。

　強行法違反を根拠として法律行為や特約の無効の判断をする判例は，全体とすれば，必ずしも減少傾向にあるわけではない。このことは，民法の条文に違反する法律行為でも，また，取締法規違反の法律行為についても，もともと数は少ないながら，戦前に積極的に利用されていた判断枠組みが戦後になって減少傾向にあるとまでは言えない。

　それにもかかわらず，減少を印象付けるのは，学説が取締法規に関する判例を中心にこの問題を論じてきたことに由来するものと思われる。学説の強行法の議論は，総ての法律を原則強行法とみるところからはじまり，この原則を公法領域に縮減し，さらに公法領域においても私法上の効力を分けて考える方向へと動いてきた(72)。取締法規の問題はこの縮減の流れの中に位置付けられるものであり，それゆえに，効力規定の減少が印象付けられてきたものと思われる。

　公序良俗に法令違反を手掛かりにすべき領域が拡大していることは，確かであり，本稿もそれを否定するわけではない。しかし，法令の趣旨から，直接その規律に反する部分を無効とするという判断基準は，常に少数ではあるが，やはり必要な判断枠組みであると考えられる。

---

(72)　山本敬三『契約法の現代化Ⅰ』（商事法務，2016年）98頁では，公序良俗則の根本理念化との関係で，公法私法二分論の展開を分析するが，学説と判例の乖離を指摘される。本稿では公序良俗との重複部分を認識しつつもあえて強行法に絞った検討を行った。公法私法二分論との関係がより直截に表れるように思う。

6 法令違反の法律行為における強行法違反則と信義則

青 木 則 幸

I はじめに

信義則は，従来，法律行為の義務内容の確定や，事案の具体的事情（当事者の信義則上の関係）に鑑みた権利行使の制限といった効果をもつものと捉えられてきた。しかし，近年，とりわけ消費者契約法10条の成立に向けた議論を機に，信義則違反の効果としての法律行為ないし特約の無効がありうるとの認識が広がっている。

そうだとすれば，法令違反の法律行為について，強行法違反を理由とする無効と信義則違反を理由とする無効の交錯という事態がありうるのだろうか。言い方をかえれば，強行法違反と判断されうる法律行為や特約の無効を導くのに，敢えて強行法違反ではなく，信義則違反を理由とする判断がありうるのだろうか。あるとすれば，なぜそのような判断がなされるのか。

本稿では，信義則が法律行為に及ぼす作用[1]に注目しつつ，このような疑問についての検討を試みたい。

---

(1) 学説には，夙に，信義則の機能について，優れた研究の蓄積がある。議論の行使となった好美説によると，機能として挙げられるのは次の4つである。①「裁判官が既存の法規によってすでに予定されている構図，枠を超えることなく，法規自身のより

II　強行法違反による無効の制限法理としての信義則

1　強行法違反の判断基準

　一般に，法律行為やその特約に法令違反がある場合，その法律行為の無効に作用するは，法令の目的から当該法規を強行法と解しその趣旨目的に反する限りで効力を否定する強行法違反無効則か，公序良俗に反する内容の法律行為を無効とする公序良俗違反無効則であると考えられてきた。信義則違反によって無効が導かれるとは説かれてこなかった。同様に，約款に不当条項が存在しても，信義則による無効は一般的でないと考えられてきた[2]。

　もっとも，法令違反の法律行為や特約の無効を判断するに際して，信義則の要素が考慮されてこなかったわけではない。

　例えば，伝統的に通説的地位を占めてきた二元説について，我妻説をみてみよう。取締法規違反の私法的効果の解釈について，考慮すべき要素として，①立法の趣旨が「私法上の効果の実現について，国家が助力しないことを直接の目的とする」かどうか，に加え，②「行為の禁圧防止の目的からみて，一層有効な場合」といえるかどうか，また，③「行為の私法上の効力を

　　詳細かつ具体的な実現にすぎないもの」（裁判官の「職務的機能」），②「当事者の権利主張ないし防禦方法の妥当性の要請，つまり，法倫理的振舞いへの要請を裁判官が掲げ，実質的正義を問題とする場合（「衡平的機能」），③「すでに法典が予定し規定している対象でありながら……これを裁判官が実際上の必要性に基づき，権利の社会的使命，目的をも考慮して，ふみ越え修正していく」場合であり「社会の進展に伴って」表れた現象であり「不動産賃借権や労働関係」にみられるもの（「社会的機能」），④「判例が法規を打破し，法規に反して……新しい裁判官法を創造していく場合」（「機能授与的機能」）を挙げる。「衡平という名による『一般条項への逃避』が規範構造の裁判官による軟化を惹起するとの非難」という問題意識から，裁判官が信義則の適用によって実現する機能に注目するものであり，実現される規範導入の内容によって分類されている。好美清光「信義則の機能について」一橋論叢47巻2号73頁（1982年）。同旨の機能に注目するものとして，菅野耕毅「信義則理論の現状」『現代民法学の基本問題〔上〕』（1983年），谷口知平他『新版注釈民法(1)〔改訂版〕』88頁〔安永正昭〕。

　　本稿で注目するのはこの意味の機能ではなく，信義則の適用が，法律行為の効力に及ぼす作用に注目するものである。
（2）　山本敬三「消費者契約法の意義と民法の課題」民商123巻4＝5号39頁（2001年）75頁。後藤巻則『消費者契約の法理論』（弘文堂，2002年）74頁。

否認することは，取引の安全を害するだけでなく，――自分で契約したことを無効だと主張して，義務を免れようとする者の主張を認めることになるから――当事者の信義に反し，公正を害する結果になる」という点を挙げる。それゆえに，これら「諸点を考慮におき，それぞれの取締法規について，立法の趣旨，違反行為に対する社会の倫理的非難の程度，一般取引に及ぼす影響，当事者間の信義・公正などを仔細に検討して，決定する他はない」との判断基準を導く[3]。

　この説明に表れているように，法令違反の法律行為の無効の判断において，信義則の要素は，無効という効果を導くことが信義則違反にならないかという判断基準として取り上げられており，信義則違反じたいの効果は無効の否定に向いている。

2　判例における信義則の作用

　このような判断過程における信義則の作用は，判例にもうかがえる。法令違反の法律行為や特約の私法上の効力が明確に争われることが多かったのは，いわゆる取締法規であり，信義則の取扱いも，ここに典型がみられる[4]。

　いわゆる名板貸しの事案類型（旧取引法11条違反の法律行為に関する大審院判例）では，厳格な基準により審査・員数制限された有資格取引員による取引所の機能維持という法規の目的ないし保護法益の公益性から，名義貸しの契約[5]だけでなく，名義借人と顧客の間でなされた委託売買[6]についても，無効が導かれている。また，いわゆる斤先堀の事案類型（鉱業法17条の趣旨である鉱業権者による専属的管理に反する法律行為を無効とする大審院判例）も，これに類似している。鉱業の経済への影響の大きさと鉱物の生命身体財

（3）　我妻栄『民法総則［新訂版］』（岩波書店，1965年）264頁。
（4）　民法の条文に反する法律行為についても，同様の方向性の現象が看取される。たとえば，不動産物権変動における対抗要件制度（177条）は，強行法であるとされるが，この制度の適用される第三者の範囲につき，信義則に依拠した背信的悪意者排除論が存在する。対抗要件制度は，強行法といっても，法律行為の無効という効果を導くものではないが，信義則が強行法の適用を外す方向に作用するという意味では，共通性を見出すことができよう。
（5）　大判大15・4・21民集5巻271頁。
（6）　大判大8・6・14民録25輯1031頁，大判大10・9・20民録27輯1583頁。

産への危害の虞から鉱業権者による専属的管理を命ずる法規目的に公益性が
あるとして，鉱業権者と名義借人との間でする斤先堀契約を無効にするだけ
でなく，斤先堀契約を前提にした，石炭の売買[7]や斡旋者（ないし鉱業権の
前主）に対する報酬の支払い[8]を内容とする契約をも無効とする。

　しかし，学説は，判例が違反当事者と第三者との間の契約（委託売買契
約・石炭売買契約等）を無効としている点を批判する。取引の安全を害する
との理由づけもみられるが[9]，違反者自らした無効の主張を認めることがク
リーンハンズの原則に反する[10]という理由づけもみられる。後者は，衡平
規範の持ち込みの機能を担う信義則に依拠する説明である。当事者が敢えて
違法行為を行ったという意味で公序良俗に反するとの指摘[11]もあるが，そ
の場合でも，上記の信義則の要素との衡量で判断をすべきだということにな
ろう。

　類似の作用は，戦後の流通統制違反の売買契約で，判例が採用しているも
のもある。最判昭40・12・21民集19巻9号2187頁では，臨時物資需給法に基
づく木炭需給調整規則（生産者から木炭を譲り受ける者は所定の木炭集荷業者票
の交付を受けた集荷業者に限られるとの統制）に違反する譲渡担保契約につい
て，担保権者の私的実行に相当する木炭の引渡請求権は強行法違反を理由に
否定されたが，既に代物弁済のために切り出された木炭についての債務者側
の損害賠償請求は「信義誠実の原則に違反し権利の濫用として許されない」
として斥けられている[12]。

　さらに，最判平26・10・28民集68巻8号1325頁では，無限連鎖防止法に違
反する法律行為（新規会員から集めた資金を先行会員への配当金の支払いにあて
る内容の無限連鎖講契約）について，公序良俗違反による無効を認定し，そ
の悪性から不法原因給付に当たることが認定された事案において，破産した

（7）　大判大14・2・3民集4巻51頁。
（8）　大判昭19・10・24民集23巻608頁。
（9）　我妻・前掲注(3)265頁。
（10）　末弘厳太郎「判批（大判大10・9・20民録27輯1583頁）」法協40巻3号（1922年）
　　　171頁。
（11）　川島武宜『民法総則』（有斐閣，1965年）224頁。
（12）　最判昭40・12・21民集19巻9号2212頁。

出資配当事業者の管財人が，多数の後行会員らを中心とする破産債権者への配当を行うために，先行会員への配当金の返還を求める場合に，これを「衡平にかなう」と評価し，先行会員が「本件配当金の給付が不法原因給付に当たることを理由としてその返還を拒むことは，信義則上許されない」と説示している。

　もちろん，このような信義則の側面は，法令の趣旨との衡量によって行われているものであり，法令による法律行為の禁止の趣旨の重要性によっては，信義に反する場合でも無効となることがありうるとされる[13]。

3　位置づけ

　以上のように，伝統的な法令違反の法律行為の無効判断における信義則は，無効やその結果としての不法原因給付といった処遇の妥当性をスクリーニングする要素として扱われてきたのであり，判断要素といっても，むしろ法律行為の有効性を導く方向に向くものであった。

　学説には，信義則と公序良俗の関係について，紛争類型の整理から，信義則が公序良俗への過渡期的現象とは言えず，むしろ個々の問題領域で独自の法理の形成に向かうという方向性を示したうえで，公序良俗違反を強行法規違反（権利を否認する場合）に近く，反対に，信義則違反を法規による権利の承認に近い位置づけであると説くものがある[14]。このような理解が，受け入れられてきたといえよう。

Ⅲ　法令違反の法律行為の無効の代替法理としての信義則

　信義則には，法律行為に基づいて発生した権利行使の制限という作用がある。この作用自体は，判例でも古くから認められ，学説でも中核的な作用だ

(13)　米倉明「法律行為（11）」法学教室54号28頁（1985年）33頁は，そのような例として，弁護士法72条違反が問題となった最判昭38・6・13民集17巻5号744頁を挙げる。
(14)　中舎寛樹「公序良俗と信義則」椿寿夫＝伊藤進編『公序良俗違反の研究』265頁（日本評論社，1993年）275頁。

138

と捉えられている。もっとも，この権利行使の制限じたいは，法律行為の無効と同じ作用を果たしているとは言えない。権利者の利益を奪う結果は同じだとしても，法律行為の内容の悪性が判断されるわけではなく，権利義務の発生を前提としたその行使の態様ないし行動過程が評価されるものだからである[15]。

しかし，1990年代頃から，とりわけバブル経済の興亡の過程で蓄積された投資勧誘の裁判例の分析を前提に，無効と評価すべき内容をもつ法令違反の法律行為について，強行法違反無効則ないし公序良俗違反無効則に替えて，信義則による権利行使制限が利用されている実態が指摘されるようになっている。

もっとも，理論的には，このような実態の可能性は，もっと古くから説かれていたとも考えられる。

というのは，権利行使の制限は，信義則の中核的な作用の一つであり，いくつかのレベルの規範導入機能があることが説かれ，これが契約の補充として行われるのではなく，契約条項の解釈として行われる場合には，裁判所が表示の客観的な社会的意味に反する解釈を行う事案が抽出されてきたからである。裁判所が，信義則による法律行為の解釈の名のもとに法的評価の基準を持ち込む局面である[16]。

従来の議論では，「一般条項への逃避」への警戒感から，持ち込まれる規範が，特に，法令がもともと予定しない規範である場合について，注目されてきたものといえる[17]。しかし，信義則が，法令の趣旨から離れた規範を導入する場合には，強行法違反無効則の代替とはいいがたい。代替的作用という視点から注目すべきは，規範導入機能としてはプリミティブな位置づけになる，裁判官が既存の法規によってすでに予定されている構図枠組みに沿った規範を持ち込むに過ぎない職務的機能[18]についてであり，そのような機能を担うにもかかわらず，規範としては，あえて，法令違反無効を前面に

(15)　道垣内弘人「消費者契約法10条による無効判断の方法」能見善久他編『民法の未来』375頁（商事法務，2014年）387頁。
(16)　川島武宜『民法総則』（有斐閣，1965年）206頁。
(17)　注(1)に掲げた文献参照。
(18)　好美・前掲注(1)81頁以下。

出さない場合である。

　特に，違反する法令が，強行法かどうか，はっきりしない場合には，このような手法によって，強行法の判断を回避しつつも，実質上，それに反する特約の効力を奪うことにつながる。

　このような分析視覚は，とりわけ投資勧誘に関する判例の蓄積で多く観察された，法律行為の内容に，実質的に無効とすべき悪性があるにもかかわらず，契約を有効とした判断がなされることが多いという現象を捉えた議論で，切りだされたものである。

　といっても，この議論じたいは，主に，公序良俗違反による無効と原状回復的損害賠償の関係で論じられてきた。すなわち，「成立した契約が不公正な取引あるいは詐欺的商法にあたると評価されたときに，不法行為による損害賠償により契約の名の下で支出した金額に相当する額の回復を命じることで……同様の経済的効果を導き出した」事案類型に対する批判的検討である。

　本来，「契約の解消を認めるべきかどうかという問題と，当該契約に拘束された結果こうむった損害の賠償を認めるべきかという問題は，するはずのない契約への拘束という「侵害」からの回復という点で重なっている」から，「原状回復的損害賠償を認めるのであれば，すでにその契約の解消そのものを認めるべき」といえよう[19]。

　しかし，裁判例には，無効評価への躊躇がみられるものが少なくないとされ，その理由について，次のように指摘される。①損害賠償という技術を用いることにより，過失相殺を挟んで当事者間の利益衡量を弾力的に行うという目的や，②契約当事者だけでなく関与した第三者への責任追及の処理が容易になるといった機能もあるが，これらの機能は，公序良俗違反による無効を前提としても，一部無効や，契約の無効による当事者への原状回復請求と非当事者への損害賠償請求の併用といった方法が可能であることから，代替現象の決定的な原因にはならない。むしろ，③経済法令違反による無効を導くことへの躊躇や，④契約締結時点で存在していた事情だけから無効を導くことへの躊躇が存在すると指摘される[20]。

---

(19)　山本敬三・前掲注(2)72頁。
(20)　潮見佳男「規範競合の視点から見た損害論の現状と課題〔2・完〕」ジュリスト

このような分析は，強行法違反無効則との関係でも，より直截に成り立つものであり[21]，また，代替的手法として，信義則による権利制限の方法を用いることに親しむものである。もっとも，信義則に代替しうるとしても，一方当事者の不法行為による損害賠償債権を考慮し，これと履行請求権を相殺したという構成の方が，より直截・精密に違法な加害が問題になっていることを捉えうるとの見方もあり[22]，いずれが妥当な構成かは別途の考察を要しよう。ただ，ここでは，法令違反の法律行為や特約につき，その悪性から無効だと判断する場合に，強行法違反無効則ないし公序良俗違反無効則による判断に代替する方法として，契約の効力を認めた上で，信義則による権利行使の制限，あるいは，原状回復的損害賠償が用いられるという点で，三者に代替関係が存在することを確認しておきたい。

Ⅳ　法律行為の無効・消費者契約法10条

消費者契約法10条は，信義則違反を判断基準のひとつとして，消費者契約の条項の無効という効果を導く。信義則が法律行為の無効を導くべく何らかの作用を担う制定法規であると考えられるが，すでに見てきたように，法律行為の無効の判断にあたって，信義則が考慮されるという判断過程じたいは，消費者契約法成立以前にもみられた。しかも，そこでの作用は，強行法違反による無効と重複する内容をもつものではなく，強行法違反による無効の判断の制限や回避に向けられたものであった。消費者契約法10条の無効においても，その判断の過程で信義則が考慮されるという要素を超えて，判断過程における信義則の作用を検討しなければならない。

1080号86頁（1995年）89頁以下。
(21)　潮見教授の分析が，経済的公序論を前提とした，公序良俗違反無効則と強行法違反無効則の一元説を支持したうえでのものであることに注意が必要である。潮見・前掲91頁。
(22)　松岡久和「原状回復法と損害賠償法」ジュリスト1085号86頁（1996年）91頁。潮見教授が，信義則による代替の例として挙げた東京地判平3・4・17判時1406号38頁及び釧路簡判平6・3・16判タ842号89頁につき，具体的な事案における信義則違反の事由の判断の困難を指摘する。

1　前段要件と後段要件の理解と信義則の位置づけ

　消費者法10条は，平成13年の成立当初，無効との効果を導く要件として，「民法，商法その他の法律の公の秩序に関しない規定の適用による場合に比し，消費者の権利を制限し，又は消費者の義務を加重する消費者契約の条項」であること（前段要件）と，「民法第1条第2項に規定する基本原則に反して消費者の利益を一方的に害するもの」（後段要件）であることを挙げていた。平成28年の改正で，前段要件は，「民法商法その他の法律の」にかえ，「消費者の不作為をもって当該消費者が新たな消費者契約の申込み又はその承諾の意思表示をしたものとみなす条項その他の法令中の」と改められている。

　前段と後段の要件の関係の理解をめぐっては，学説の対立がある。

　第1の見解は，前段要件に該当すれば無効が推定され，事業者側から推定を覆す立証がある場合に有効となるとする理解である[23]。任意法規からの逸脱がそのまま無効を基礎づけるわけではなく[24]，不当性の推定としての作用ではあるが，無効に向かう判断要素は任意法違反の要素である。信義則は，事業者側が，信義に反しないことを主張する要素として作用することになる。

　取締法規に顕著なように，法令違反から法律行為や特約が無効であると言い切れる場合，信義則は，その無効ないし無効を前提とした不法原因給付の主張が，信義に反しないかどうかのスクリーニングとして，主張の制限として作用していた（本稿2参照）。この作用は，消費者契約法10条の要件についての上記の理解と同じではない。法令違反が，任意法であり，消費者契約が指導形象機能の発揮が期待される事案類型に属するとはいえ，不当性しいては無効の推定機能しか担い得ないとすると，無効でよいかというスクリーニングも，推定を覆す立証の問題となる。しかし，いずれも，法令に違反する法律行為の無効の判断過程に含まれる反対方向の要素として位置づけられて

---

(23)　松岡久和「消費者契約法10条」潮見佳男編著『消費者契約法・金融商品販売法と金融取引』88頁（経済法令研究会，2001年），山本豊「消費者契約法10条の生成と展開」NBL959号18頁（2011年），後藤巻則「消費者契約法10条の前段要件と後段要件の関係について」小野秀誠他編『民事法の現代的課題』57頁（2012年）59頁。

(24)　道垣内・前掲注(15)377頁。

142

いる点では，類似の制限作用を担っているものといえそうである。

　第2の見解は，後段要件を，前段要件と別個に判断すべき要件として捉える説である。前段要件だけで無効との判断がなされることはなく，後段要件にも該当してはじめて無効となるとする理解である。

　この説は，さらに，前段要件との関係をどう位置づけるかで分かれている。信義則で判断される内容は，任意法規との乖離の程度と，当事者の権利義務の不均衡の二重の意味をもつとみられる[25]。（前者の乖離の程度を強調する場合には第1見解に向かうことになろうが，第2見解では）この2つの基準を対等に扱い，両者の要件をいずれも充たすことを求めていると解する見解がひとつである[26]。もうひとつは，従来信義則で判断されてきた当事者の権利義務の不均衡のもとに，その一例として，任意法との乖離がある場合が包摂されているとみる見解であり，この場合には，任意法との乖離には関係しない不均衡がある場合でも，本条の適用による無効がありうるとする説である。

　信義則の作用からみて，興味深いのは，第2の見解が，いずれも，信義則による無効を認めていることである。後者のように，当事者の権利義務の不均衡を独立で，任意法との乖離の要素を包摂した要件とみる場合には明白である。前者のように，信義則で判断すべき内容を，任意法との乖離の程度に限定する理解でも，無効を導くのは，その内容について合理性を欠く不均衡かどうかの判断であり，それは後段要件の信義則の作用だからである[27]。

　このように，信義則から無効が導かれるのは，従来の信義則には見られない現象である。既述のように，法令違反の無効の判断過程においても，信義則の考慮は行われてきたが，一般的には，法律行為や特約の不当性の判断は，強行法違反じたいや公序良俗にも反するといった要素の作用であり，信義則はそのように判断された無効等の主張が信義に反しないかを検討する要素として作用してきた。また，信義則による権利行使の否定が，法令違反による無効の代替として用いられるという現象も存在したが，そのような代替が行われる趣旨は，法令違反が強行法違反であるのか否か，あるいは，類型

(25)　中田裕康「消費者契約法と信義則論」ジュリスト1200号70頁（2001年）71頁。
(26)　中田・前掲注(25)72頁，道垣内・前掲注(15)377頁以下。
(27)　道垣内・前掲注(15)394頁。

的な分析に向く公序良俗違反であるのか否かの判断を回避し，個別具体的な事案における権利行使・義務の履行のあり方に注目して，当事者の信義の問題として処理することにあったものと思われる。信義則違反から直接無効を導くのは，これらの作用とは異なっている。信義則が，法律行為ないし特約の無効じたいに向けられるという新たな作用を担わされたとみることになる。

　以上のように見ると，これまでに見られた信義則の作用との関係では，第1見解がなじみやすいとも考えられる。しかし，立法および裁判実務は，第2見解の範疇で展開されてきた。

2　信義則違反無効則の論拠

　それでは，信義則違反無効則は，理論的にはどのように説明されるのか。

　学説では，消費者契約法成立前から，理論的にはそのような無効がありうることが説かれていた。

　次のような議論がある。①ドイツ法における約款における不当条項の規制の方法について，判例が，約款使用者による独占的地位の濫用による良俗違反という根拠から，約款設定の際に契約相手方の利益を考慮すべきとする信義則上の義務違反による無効という論拠をとるようになり，約款規制法では契約の無効の準則として信義則が規定されたことや[28]，②EC指令（1993年4月5日付）を介してヨーロッパに浸透しつつあることが積極的に紹介されていた[29]。また，③信義則が，公序良俗に比べて定型性が低く個別性の高い基準に向くことに配慮しつつも，信義則違反による権利行使制限も判例上同じ判断が繰り返される場合には，無効といっているのと実質上変わらないといった分析も示されていた[30]。

　立案担当者の解説ははっきりしない。

---

(28)　河上正二『約款規制の法理』（有斐閣，1988年）339頁以下。

(29)　山本豊『不当条項規制と自己責任・契約正義』（有斐閣，1997年）96頁。また，山本豊「消費者契約法〔3・完〕」法教243号56頁（2000年）62頁も，「信義則に新たな境地を開く規定」としつつ，ドイツ約款規制法9条やEC指令3条の系譜に連なると説明する。

(30)　山本豊・前掲注(29)102頁。

144

　起草過程においては，信義則による法律行為の無効という作用の新規性が意識されていたかどうか，定かではない。不当条項規制の一般規定を復活させて，現在の消費者契約法10条の基礎となったとされる[31]，第17次国民生活審議会消費者政策部会報告では，「その他，正当な理由なく，民法，商法その他の法令中の公の秩序に関しない規定の適用による場合よりも，消費者の権利を制限することによって又は消費者に義務を課することによって，消費者の正当な利益を著しく害する条項」については，「契約締結時のあらゆる事情を考慮して，契約全体を有効としつつ⑨〔上記〕に当たるような個別の条項が民法上の信義則や公序良俗等の一般条項によって無効とされうることは，裁判実務上ほぼ定着している。このことは本法が制定されても変わらない」[32]。この記述は，消費者契約法で規定された条項のみが無効とされるわけではないという意味で，不当条項が民法により無効とされることを確認する趣旨であるとされる[33]。信義則の作用として無効を導く根拠については何も触れられておらず，公序良俗違反則の作用との混同もみられる。

　しかし，立法後の解説では，信義則による法律行為の無効という作用の新規性を意識した説明に改められている。すなわち，「本条に該当し無効とされる条項は，民法のもとにおいても民法第1条第2項の基本原則に反するものとして当該条項に基づく権利の主張が認められないものであり，現在，民法第1条第2項に反しないものは本条によっても無効にならない」と改められ[34]，現在の消費者庁消費者制度課の説明では，次のようにいう。「民法第1条第2項によって個別の条項に基づく権利主張を制限しうることは，裁判実務上も定着しているが，こうした裁判例は，当該条項自体を無効にしているわけではなく，当該条項を用いた権利主張が，当該具体的事情の下においては制限されるということを企図するものと考えられる」。「これに対し，本

---

(31)　山本敬三・前掲14頁以下，山本豊「消費者契約法10条の生成と展開」NBL959号頁（2011年）12頁，後藤・前掲注(23)59頁。
(32)　国民生活審議会消費者政策部会消費者契約法検討委員会報告（平成11年11月30日）「消費者契約法（仮称）の具体的内容について」NBL679号55頁（1999年）59頁。
(33)　山本敬三「消費者契約立法と不当条項規制」NBL686号14頁（2000年）19頁。
(34)　内閣府国民生活局消費者企画課編『逐条解説消費者契約法［新版］』（商事法務，2007年）203頁。

条においては，信義則に違反する権利の行使や義務の履行を設定する条項については，それに基づく事業者の権利の行使を認めないこととするにとどまらず，当該条項を無効とし，当該条項において意図された法的効果を初めからなかったことにしようとするものである」(35)。

　以上の経緯からは，不当性の判断内容は，民法上の信義則と同じことが「確認」されているが，法律行為（不当条項）に及ぼす作用については，権利行使の制限を超えて無効とすることを認めるという理解だということになりそうである。

　なお，平成28年の改正は，最判平23・7・15民集65巻5号2269頁を受けて，前段要件の任意法を，明文規定のあるものに限定せず，不文の任意法や契約に関する一般法理を含める趣旨で「法令中の公の秩序に関しない規定」と改め，予見可能性を高める観点から例示として「消費者の不作為をもって当該消費者が新たな消費者契約の申込み又はその承諾の意思表示をしたものとみなす条項その他」を挙げたとされる(36)。（かつて，起草過程で意識されていた反対解釈論のように，消費者契約法のカバーする領域が信義則よりも狭い余地を前提とした議論とは，対極的に）信義則の，判断内容を拡張する方向性にあるといえるが，信義則から無効を導くという法律行為への作用は，同様である。

　しかし，なぜ信義則が不当条項の無効という作用をもたらすのかについて，明確な説明はない。ただ，消費者契約法1条に明示されているように，同法は，「消費者と事業者との間の情報の質及び量並びに交渉力の格差」を問題意識としており，「消費者に自己責任を求めることが適切でない場合のうち，契約締結過程及び契約条項に関して，消費者が契約の全部又は一部の効力を否定することができるようにする」ものであるとされる(37)。

　判例はどうか。賃貸人と賃借人の間で合意された①「賃借人が社会通念上通常の使用をした場合に生ずる損耗や経年により自然に生ずる損耗（通常損

---

(35)　消費者庁消費者制度課編『逐条解説消費者契約法［第3版］』（商事法務，2018年）（以下，［第3版］として引用する）238頁。
(36)　［第3版］・前掲注(35)234頁。
(37)　［第3版］・前掲注(35)78頁。

耗）については本件敷引により賄い，〔賃貸人〕は原状回復を要しない」とする特約（最判平23・3・24民集65巻2号903頁），②「1か月の賃料の額のほかに，〔賃借人〕が本件保証金100万円を契約締結時に支払う義務を負うこと，そのうち本件敷引金60万円は本件建物の明渡し後も〔賃借人〕に返還されないことが明確に読み取れる条項」（最判平23・7・12判時2128号43頁），③「建物退去後の原状回復費用の一部として12万円の定額補修分担金を支払う旨の条項」および1年毎の賃貸借契約の更新に際して「更新料として賃料の2か月分を支払わなければならない」条項（最判平23・7・15民集65巻5号2269頁）について，消費者契約法10条に基づく無効が争われている。

判旨は，いずれも，前段要件該当性を認めることを前提に，信義則に反して消費者の利益を一方的に害するものであるかという後段要件の判断を行っている。その判断では，合意の明確性と賃貸人の支払い義務が高額にすぎるといえる事情の有無を直接的な判断基準とする。実質的には，「当該条項が信義則に反して消費者の利益を一方的に害するものであるか否かは，消費者契約法の趣旨，目的（同法1条参照）に照らし，当該条項の性質，契約が成立するに至った経緯，消費者と事業者との間に存する情報の質及び量並びに交渉力の格差その他諸般の事情を総合考量して判断されるべきである」（前掲・最判平23・7・15）との枠組みで判断されたものである。

総合的判断であるが，契約締結時の情報格差に鑑みた合意の成立の排除につながる判断であることが伺われよう[38]。自己責任原則が妥当する状況か否かが決め手であり，それゆえに，敷引き特約や更新料といった取引慣行が確立されている場合には，合意の成立を排除するという判断に結び付きにくいものと思われる。

3　強行法違反との関係

それでは，法令違反の法律行為について，強行法違反の判断枠組みに依らず，消費者契約法10条による無効の判断は影響があるのか。

---

(38)　なお，契約締結後の継続的な情報提供義務を前提とした，出口局面における判断を妨げる情報・交渉力の不均衡の問題がありうることにつき，沖野眞已「『消費者契約法（仮称）』の一検討(6)」NBL657号57頁（1999年），道垣内・前掲注(15)397頁。

　消費者契約法10条の要件は，直接には強行法違反とは無関係であるかに見える。前段要件が任意法に反する条項を対象としているからである。

　しかし，信義則による権利行使の制限が，不当な内容の法律行為について，とりわけ不当性が契約締結過程の事情にある場合に，無効判断が躊躇され，代替的な判断方法として利用されるという事案類型の存在は，ここにも妥当しそうである。契約締結過程の情報や交渉力格差を前提とした合意の成立過程の準則に関連する無効の実質的基準となりそうである。

V　おわりに

　以上要するに，法令違反の法律行為を無効とすべき場合，その判断における信義則の作用には，3つのものが確認されうる。

　まず，無効との判断を導く要素は，強行法違反無効則ないし公序良俗違反無効則であり，信義則はその無効判断の妥当性を批判的に検証するスクリーニングとしての作用を果たすに過ぎないという場合である。伝統的には，このような作用の捉え方が一般的であったが，近年では，加えて2つの捉え方が確認されうる。

　ひとつは，強行法違反無効則による無効の認定がためらわれる場合に，信義則による権利制限が，原状回復的損害賠償と並んで，代替的な判断方法となる場合である。強行法違反の判断の回避のために行われるものである。法令の趣旨を強行法と認定することには定型化の要素があることからくる慎重さや，契約締結過程の事情による無効判断の困難が背景にあるものと思われる。

　もうひとつは，上記の契約過程の事情にかかわるが，まさにそのような事案における無効判断の代替としての信義則を，契約締結過程の義務の具体化の観点から契約の不成立に近い無効として構成する場合であり，消費者契約法によって制定法化された考え方はこのようなものによるものと思われる。

7 物権法定主義と強行法

中 山 知 己

I 問題の所在と視角

　民法の規定と異なる合意がどの範囲まで許されるのか，という関心のもとに，物権法定主義（民法175条）を検討するときには，民法その他の法律が定めた物権（以下，法定物権とも称する）とは異なる物権を合意により作り出すことがどの範囲まで許されるのか，という問いに置き換えられるであろう。そしてその許される範囲の検討に際しては，個別の問題ごとにそれがいかなる根拠によるものかを注視する必要がある。本稿では，従来の175条に関する議論，とくに日本法においてみられた議論を立法時およびその後の判例を中心としていくつか取り上げ，強行法としての許容範囲とその根拠から吟味するという立場から多少の整理・検討を行うものである。学説並びに裁判例の網羅的な検討がもとより必要であり，さらにこの視角からは外国法の検討も不可欠ではある[1]が，これらすべては今後の課題にしたい。

---

(1)　扱う素材が強行法全般であり，かつきわめて序論的な考察であるが，中山知己「ドイツ法における任意法・強行法の議論について」椿寿夫編『民法における強行法・任意法』（日本評論社，2015年）333頁以下，同「ドイツ民法における任意法・凶行法の議論序説—ラーバントを手がかりに—」明治大学法科大学院論集17号（2017年）83頁以下，同「ドイツ法学における任意法・強行法の理論的分析」社会科学研究所紀要56巻2号（2018年）31頁以下参照。

II　物権法定主義の意義

1　はじめに

　従来，175条物権法定主義の意義について，とくに「創設することができない」の意義については次のように定義されている。第一に法律の認めない新しい種類の物権を作ることと，第二に法律の認める物権であっても，これに法律の定めているところと異なった内容を与えること，の両方がともに許されないとの趣旨である[2]。この定義では物権を作る主体とその方法が必ずしも明らかでないが，この点を明確にするならば，法定以外の「新しい種類の物権を一人で，または契約で作ることができないこと」[3]，あるいは「当事者は民法やその他の法律が定めていない物権を合意によって作り出すことはできない」し，「当事者は民法やその他の法律が定めている物権の内容を変えることができない」[4]ことになる。より端的な表現は「私的決定の禁止」[5]であり，また物権「限定」主義[6]である。すなわち物権の種類・内容を決定するのは法律であって私人（である当事者）ではない。事例として挙げられるのは，法律の認めない新しい種類として特定の個人に他人の土地への立入を認める人役権，他人の全財産の上の物権的な収益権であり，法定物権に異なる内容を与えるものとして譲渡性のない地上権の設定である[7]。

　以上のように，物権法定主義を規定する民法175条により，当事者の合意を法定物権の種類と内容に制限するのであるから，各物権規定が強行法規で

（2）　舟橋諄一・徳本鎭編『新版注釈民法(6)物権(1)［補訂版］』（有斐閣，2009年）220頁［徳本］。
（3）　星野英一『民法概論II（物権・担保物権）［合本再訂］』（良書普及会，1981年）11頁。
（4）　石田穣『物権法 民法大系(2)』（信山社，2008年）27頁。
（5）　「物権の種類および内容が法律によって一律に定められ，設定当事者の意思によって自由に決定することができない（私的決定の禁止）」（稲本洋之助『民法II（物権）』（青林書院新社，1983年）52頁）。
（6）　於保不二雄『物権法(上)』（有斐閣，1966年）21頁。
（7）　我妻栄著＝有泉亨補訂『新訂物権法（民法講義II）』（岩波書店，1983年）27頁。おそらく前二者が法定物権以外の創設禁止に触れ，後者が法定物権の内容変更に触れるので，いずれも許されないという趣旨と推測されるが，両者を厳密に区別することは難しいと思われる。

あることを物権編の総則において示すものである。ところが，周知のように
物権法定主義の原則は，その後多くの慣習法上の物権の生成という例外をも
たらすことになり，そのつど強行法性の意義・範囲が問い直されることにな
る。後に物権法定主義を採用する根拠が問題となるので，ひとまず起草段階
での議論を確認する必要があろう。

2　物権法定主義と強行法

(1)　起草段階での構想

　物権法定主義に関する起草者の構想について，法典調査会の議論を手がか
りに確認してみたい[8]。

　梅謙次郎は，物権法定主義により物権に制限を設ける趣旨を説明して曰
く，債権に制限を設けることはできないが，債権であればわれわれが恐れる
ような弊害は生じない，物権ならば生ずるとして，「現ニ仏蘭西ニ於テモ前
世紀マテハ種々雑多ナ物権カアッテ」完全な所有権というものは実際におい
てなく，「種々雑多ナ殆ント訳ケノ分ラヌヨウナ物権ガ数多クアッテ夫レガ
附着シテオッタ」ために，「其所有権ハ全ク無イト同様」なものがある，な
るほど登記法ができてくればそういうことは第三者に知らしめてあるから宜
しいではないかということがあるかもしれないが，たとえ知らしめてあって
も弊害があるという。なぜならば，自分の所有物であれば「誰レモ愛スルモ
ノテアル」が，それは所有物が自分に利益のあるときに限るのであって，
「種々雑多ナ物権ガ着イテ居ルト云フト一向利益ヲ生シナイ」，かような有様
であれば「何時マテ持ッテ居ッテモ其物ガ畢竟自分ノ物ニナルト云フノテナ
イカラ」冷淡にして「余リ之ヲ愛セヌ」，従って改良ということはよほど難
しくなる，「夫レヤ是レヤノ理由ヲ以テ此物権ハ何ウシテモ限ラ」れなけれ
ばならない[9]という。ここには，のちに学説のいう，「自由な所有権の確保」

---

(8)　沿革ならびに比較法的な考察として，七戸克彦「物権法定主義─比較法的・沿革的
　　　考察─」慶應義塾大学法学部法律学科開設百周年記念論文集法律学科篇（1990年）
　　　585頁以下に詳細な検討がなされている。
(9)　法典調査会民法総会議事速記録48頁（日本近代立法資料叢書／法務省大臣官房司法
　　　法制調査部監修『民法編纂法律取調委員會書類：民法編纂ニ關スル雑件：民法編纂ニ
　　　關スル意見書：法典調査會民法總會議事速記録』（商事法務研究会，1988年）所収）。

152

という趣旨が現れているが，それと合わせて，所有権を制限するような種々雑多な物権を否定し，制限物権としては法律によって認めたものに限定するという趣旨がみられる(10)。

穂積陳重委員は，物権は「総テノ人ニ対抗スルコトノ出来ル強イ権利」である以上は，「其性質上漫ニ人ノ意思ヲ以テ各種ノ物権ヲ設ケルト云フコトハ公益上許スコト」ができないとし，その趣旨を以下のように説明する。もし「人意」をもって各種の物権を定めることができることになれば，「人ノ知ラナイ権利ト云フモノ」が生じ，したがってその権利が天下万人に対抗できることになれば不都合である。また所有権の中の「必要ノ元素」を一つだけ欠いたような権利ができることになれば，それで「第三者ニ対スルコトノ不都合ナルコトハ敢テ多言ヲ要スル迄モナイ」という(11)。

以上の趣旨説明から，本条（「物権ハ本法其他ノ法律二定ムルモノノ外之ヲ創設スルコトヲ得ス」）の文言の裏において，「人意デ各種ノ物権ヲ創設スルコトハ出来ヌト云フ主義ヲ含ンデ居リマス」と穂積委員はいう。ここにおいて，法律の規定と異なる物権を当事者の意思により新たに作り出すことも，さらには物権の内容を（所有権を例にとり）変更することもできないという規律内容がより明確にされたのであるから，同条が強行法であることを示すものである。

これに続き穂積委員はさらに「第二ニハ物権ナルモノハ慣習ニ依テ生ズルト云フコトヲ本法ハ認メナイト云フ主義ガ含ンテ居ル」という。もとより慣習という以上は，慣習に関わる者の間ではその慣習が何であるかは知っているのではあるが，「物権ノ如キ絶対的ノモノガ其慣習ニ依テ生ジ得ルト云フコトヲ認メマシタナラバ其弊害ト云フモノハ矢張リ人意ヲ以テ創設スルコト」同じものであろうという。「慣習ト云フモノモ即チ多クノ人ノ意思ニ依テ永イ間ノ時ヲ加ヘタ」ものであるから，「慣習ヨリシテ新タナル物権ガ生スルコトハ出来ヌト云フ主義」を採ったという。すなわち，慣習も多くの人の意思に時間を加えたものであって，新たに生じた物権であっても，「人意」

---

(10) ただし，その限定の趣旨については，まさに「限定」列挙なのかどうかの問題がある。その点につき後述する。
(11) 法典調査会民法議事速記録2（法務図書館，1976年）252頁。

をもって創設する場合と同様との判断を示す。

そして，従来各国の法典・学説に種々の疑義が生じてきていたので，その疑義を定める，すなわち質権や賃借権について物権とするのか債権とするのか学者によって見解が異なっていたが，民法では賃借権を債権として規定して，「学者ノ主義ニ依テ其効力ガ変ハルト云フコトハ出来ヌ」という方法にしたという。

このほか，「本法其他ノ法律」とした理由は，民法以外にもこれまですでに物権があり，あるいは物権に等しい効果を持っている権利（著述者の権利や技術者の権利など）があって，法律によって［権利にすることが］できるという主義を採ったという。

比較対照された各国の既成法典も同様の規定を持っていて，規定の仕方が異なるにすぎないが，旧民法財産編第2条は「列記法ノ主義」を採用し，物権の種類を限定していたが，以後法律で［物権を制定することも］できることもあるのだから，「之丈ケト極メルコトハ少シ嫌ヒマシタ」という[12]。それゆえ新たな物権は，人意でも慣習でもなく，新たな法律によって規定されるという趣旨である[13]。

以上をまとめれば，起草段階での議論の中心を次の3点に要約することができよう。

①弊害のある種々雑多な物権を廃止して自由な所有権を確保し，法律によ

---

(12) 同前253頁。

(13) なお質疑において高木豊三委員から，穂積委員のいう趣旨であれば「本法其他ノ法律ニ定ムルモノノ外」の文言よりも「当事者ノ意思ヲ以テ」とか，あるいは「合意ヲ以テ」創設することができないというような書き方がよいのでは，と意見がなされたが，ただそうしてしまうと慣習［によって生ずる物権］が漏れてしまうことになるのは穂積委員の説明の通りとして，結局「法律ノ規定ニ因ルニ非サレバ之ヲ創設スルコトヲ得ス」という修正提案に至る。しかしそれでは物権を限定したという趣旨が違ってくるのではとの反対（土方寧委員）や，立法者に対する命令であるのか（穂積八束委員）なども出て議論となり，穂積委員は，立法者に対して命令することはできないし，「法律ノ精神ニ従ツテ人民ニ対スル命令デアリマス」，「勝手ニ人民ガ作ルコトハ出来ヌ」，「慣習デ出来ルト思フテハ往カナイト云フコトヲ申シタノデス」（前掲注(11)259頁）と説明する。結果，修正案は取り下げられ，原案が賛成されるに至る。この点につき，本来立法者に対して向けられた規範であったはずの（議案の）文言が民法典にそのままの形で移植されるという，物権法定主義を正面から宣言した，比較法的にも極めて異例な規定が成立すると評されている（七戸・前掲注(8)607頁）。

154

り制限物権を限定すること，②物権の絶対性・排他性を考慮して人意で，さらに慣習で創設する可能性を排除することと合わせて，ある権利が物権か債権化の疑義をなくして明確にすること，そして③法定の物権にない新しい物権も作ることができるが，その方法は当事者の意思でも慣習でもなく法律による，ということである。

(2)　物権法定主義の根拠ないし理由・問題点とその法的効果

(a)　根拠・理由

以上のような経緯も踏まえて，従来，物権法定主義をとる根拠ないし理由について一般の理解としては概略次のように説明されている。

第一に，土地に関する権利の単純化のため，土地の上に存した複雑な旧時代の封建制度的な権利を廃して，単純明解な自由な所有権の他には，わずかの制限物権を認めるだけにすることが近世法の理想に適する[14]とされ，あるいは「自由なる所有」を確保して土地取引のための道を開いたにもかかわらず，封建的物権関係の復活を近代的議会制度をうしろだてとして，すなわち法律以外では認められないことにしてできるだけ阻止しようとしたとされる[15]。民法施行法35条が，民法制定まで慣習上認められた物権を入会権を除いて全部整理したのはこの理想の現れである，と。これは上述起草者段階における①に対応したもので，主に沿革的・歴史的理由と称される。さらには財産の保護を国家に集中的に委ね，国家財政の維持（徴税）もそのことを必要としたとされ，物権典型を強制することで，物権を原因関係により多様ならしめることを禁ずると説明する[16]。ここでは，物権法定主義を採用する目的は自由な所有権の確保であり，他面においてその対象を土地としたかつての封建的物権関係の阻止にある。したがって民法施行前に発生した慣習上の物権も，民法施行後は法定物権以外は物権としての効力が否定されることになる（民法施行法35条）。

ところで，前述の通り物権法定主義に反する創設の例として人役権の設定[17]が挙げられている。もともと人役権は，「用益権」，「使用権」，「住居

---

(14)　我妻＝有泉前掲注(7)25頁。
(15)　舟橋諄一『物権法』（有斐閣，1960年）16頁。徳本前掲注(2)217頁も同旨。
(16)　林良平『物権法』（有斐閣，1951年）23頁。

権」として旧民法財産編（44条～114条）に規定されていたのに，現行民法では削除されたものである。梅謙次郎はその理由を西欧各国に存在した人役権は経済上弊害があって減少傾向にあるところ，「我邦ニ於テハ幸ニシテ其慣習アラサルカ故ニ物権トシテ此等ノ権利ヲ認ムルノ要ナシ」[18]と説明している。梅の説明の通りもしも日本に人役権の慣習がなかったのであれば，その復活が認められない封建的物権にそもそも該当しないといえよう。したがって人役権が慣習法上の物権として承認された場合には，そして経済上弊害がない（つまり合理的えあるならば）物権法定主義には反しないといえよう。

　第二に，占有によっても，また登記によっても公示技術からみて当事者の創設するすべての物権について公示することは困難であるから，「予め物権の類型を定めておき，当事者に対してこの類型のいずれかを選択する自由だけを認めることが，公示の原則の実行に最も適する」[19]とされ，「物権公示の機能を最もよく発揮させる」[20]という。この点は，起草者の説明の中にはほとんど言及されていなかった点である[21]が，「今日では近代社会体制が確立されて封建的諸関係の復活するおそれは少ない」[22]から上記第一の点よりもむしろこちらの点により重要な意味があると評されている。

　以上のような根拠に基づく物権法定主義は，債権の自由制[23]を意味することとなり，したがって物権と債権との区別も物権法定主義の内容ないし根拠として理解される。たとえば強行規定（民法91条）と公序良俗（90条）以外にその内容について制限がない債権と異なる重要な点である[24]と指摘される。

　（b）　法的効果　　法定物権と異なる新しい物権，および法定物権の内容を変更する物権が創設された場合，いかなる法的効果が与えられるか。

---

(17)　我妻＝有泉・前掲注(7)27頁。
(18)　梅謙次郎『民法要義巻之二物権編［明治44年版復刻第1刷］』（有斐閣，1984年）264頁。
(19)　我妻＝有泉・前掲注(7)25頁。
(20)　舟橋・前掲注(15)16頁。
(21)　七戸・前掲注(8)587頁も同旨。
(22)　舟橋・前掲注(15)16頁。
(23)　徳本・前掲注(2)217頁。
(24)　星野・前掲注(3)11頁。

　一般にその法律行為は，強行法規違反の法律行為となるので原則として無効となる（91条）[25]。例外として，その場合であっても，一部無効の法理，無効行為の転換の法理により，その限度内で効力を有することは許されるという[26]。

　しかしながら，法定物権と異なる合意が物権上の法律行為としては無効であっても，当事者の間だけで債権的な効力を生じさせることは，格別，妨げないとされる[27]。たとえば，地上権について，譲渡しても譲受人が地上権を取得しないものとすることはできないが，譲渡人に契約違反の責任を負わせることはできるという。物権の創設や内容変更は，第三者に対する関係でも効力を生ずるものとすることであるから，というのが理由である。

　(c)　問題点・課題　　以上のように論じられてきた物権法定主義について，種々の問題点ないし課題の存在が従来から指摘されてきた。その一般的な概略を示せば以下の通りである[28]。

　第一に，経済取引の発展に応じて新しい種類の物権が要請されても，立法が適時になされない限り法律と社会的要求との遊離が避けがたい[29]。この場合，実需を立法以外でどのようにして満たすことができるか，という175条の解釈問題が生じる。当初は慣習法上の物権をまったく否定する見解もあ

(25)　我妻『民法総則（民法講義 I ）』（岩波書店，1965年）262頁。
(26)　徳本・前掲注(2)221頁。
(27)　我妻＝有泉前掲注(7)28頁，末川博『物権法』（日本評論新社，1956年）28頁など。
(28)　物権法定主義に関してすぐれた検討は多くなされてきている。上記文献のほか，中馬義直「民法第百七十五条論」鹿児島大学教育学部教育研究所研究紀要人文社会科学編 9 巻（1957年）40頁以下，甲斐道太郎「慣習法上の物権」『法学教室（第一期）』 7 号（1963年）130頁以下，川島武宜「近代法の体系と旧慣による温泉権」『川島武宜著作集（第 9 巻）』（岩波書店，1986年）302頁，鈴木一郎「民法百七十五条と慣習法」東北学院大学論集経済学41号（1962年）163頁以下，篠塚昭次「numerus clausus（物権法定主義）について」『論争民法学 1 』（成文堂，1970年） 4 頁以下，中尾英俊「物権法定主義」星野英一編『民法講座 2 物権(1)』（有斐閣，1984年） 1 頁以下，多田利隆「『慣習法上の物権』の問題点」『民法と著作権法の諸問題』 3 頁以下（法学書院，1993年） 3 頁以下，能見善久「信託と物権法定主義─信託と民法の交錯」佐藤進・斎藤修編集代表『西原道夫先生古希記念 現代民事法学の理論』（信山社，2001年）29頁以下，鳥谷部茂「現代取引と物権法定主義」『非典型担保の法理』（信山社，2009年）47頁以下，平野裕之「物権法及び担保物権法と契約自由」法律論叢84巻 2 ・ 3 合併号（2012年）401頁以下。
(29)　我妻＝有泉・前掲書注(6)26頁，徳本・前掲注(1)217頁。

ったが，周知のようにこれを承認する学説の理論構成が主張されることになる。第一説は，生きた社会生活の要求に基づいて発生してくる慣習法上の物権を阻止することは不可能・有害であるとして，法適用通則法3条および175条を無視しようとし，第二説は，法適用通則法3条によって法令に規定されていない事項に関する慣習は，「法律と同一の効力を有する」のであるから，そのような慣習法は民法175条の「法律」に含まれるとし，第三説は，物権法定主義の根拠から見て，「自由なる所有」を妨げるものでなく，かつ，ある種の公示方法を有するか，またはその存在がその地方に周知のものとなっている慣習法上の物権は，175条とは無関係にもっぱら法適用通則法3条によってその効力が認められるとする[30]。

　第二に，民法の認める制限物権を四個に限定したことは，土地の耕作関係に古くから存在する極めて複雑な関係からみて甚だしく無理であること，特に貢納徴収権と耕作権が対立していた場合に，一律に原則として前者を所有権と認めたことは民法制定前に犯された誤謬である，さらに慣習上の権利が民法の施行によってその席を奪われるおそれが生じた[31]。たとえば耕地利用，流水利用，温泉利用などの権利関係について，さらに金融担保にかかわる根抵当，譲渡担保，代物弁済予約など各種の非典型担保などについても同様であった[32]。この点に関連して，以下では，前者につき判例に即して概観し，後者につき譲渡担保の初期の判例をとりあげる。物権法定主義が典型的に問われたものとして特に注目されるからである。

　第三に，法的効果に関して，法定物権と異なる合意が物権上の法律行為としては無効であっても，当事者の間だけで債権的な効力を生じさせることは妨げないとされた点である。近時，この点に関連して議論がみられる。物権法定主義の意義・機能は，不合理な物権的権利の排斥と内容不明な物権によ

---

(30)　各学説の詳細は徳本・前掲注(2)220頁参照。

(31)　我妻・前掲注(7)26頁。小作形態としては，徳川時代には，大別して用益権的永小作，土地持永小作，土地分永小作，の三種の永小作慣行と年期小作，普通小作があったとされる（中馬・前掲注(27)44頁）。

(32)　たとえば，二つの方向性で社会の実情は沿いがたいとされる。一つには農村経済であり，二つには資本主義の発展に伴う取引界の需要である。前者に耕作権，水利権などが，後者に各種の担保権の発生が指摘される。林良平『物権法』（有斐閣，1951年）23頁。

って第三者への不測の侵害を避けることにあり，したがって取引上必要で合理的な物的権利であり，第三者に不測の損害を与えないのであれば，そのような物権又は物権的権利の有効性を否定する理由はない（現代社会・現代取引における物権法定主義の営む，新たに生成する物権・物権的権利のスクリーニング機能）が，第三者への対抗の承認は別問題で，その内容と一致する公示方法がなければ対抗できず，公示不十分な担保方法の第三者効に疑問をもつ[33]。さらに，対抗要件主義の下における物権法定主義それ自体の意義を再検討する立場がある[34]。すなわち，第一に所有権を基本形として他物権の設定・法律による制限のみが認められるべきであるが，所有権行使に不作為義務を負わせる債権契約は公序良俗違反でないかぎり有効とする（ただし第三者に対抗できない）[35]。第二に，新たな物権の合意による創設は，公序良俗に違反しない限り有効とするが，用益目的の契約は原則として債権契約として認定すべきである。もっとも第三者対抗要件を満たさないので，対抗できず，取引の安全を害することはない（慣習法上の物権とは異なる）。第三に物権法の規定とは異なる物権の内容についての合意は，公序良俗に違反しない限り有効であるとする。前述の合理的な物的権利か否かのスクリーニングは公序良俗規範に委ねられることになると思われる[36]。

3　課題からの若干の視点

　民法175条により，当事者の意思による法定以外の物権の新設と，法定物権の内容変更を禁じ，そのような場合の物権の効力が否定される。起草者によれば慣習による物権もその効力が否定される。しかしながら民法自身において，このような原則自体をあるいは柔軟化し，あるいは制限する方向性が

---

(33)　鳥谷部・前掲注(28)67，68頁。
(34)　平野・前掲注(28)401頁以下。
(35)　前近代的な封建的物権関係を整理するという物権法定主義の前記根拠に関連して，民法成立後の物権法定主義の根拠を取引安全に求め，法定のメニューのみ登記（公示）を調べることで調査・取引コストを軽減するという（平野・前掲注(28)404頁）。能見・前掲注(28)論文57頁も取引コストを下げる意義を指摘する。
(36)　ここでは，公示なき物権の法的性質の議論がふたたび提起される可能性がある。たとえば於保不二雄「公示なき物権の本質」同『民法著作集Ⅰ財産法』（新青出版，2000年，初出は法学論叢58巻3号，1952年）161頁。

見いだされる。

　第一に，法定物権の規律と異なる合意をした場合を民法自身がすでに想定している場合がある。法定物権の規律を変更する合意がなされることを予定して，個別の条文において特に規定が設けられているからである。その場合，当然ながら特に設けられたその法定規律に従うことになる。例えば，永小作権の存続期間は278条1項により，二十年以上五十年以下と規定するが，設定行為で五十年より長い期間を定めたときであっても，その期間は五十年に短縮される。同様に，不動産質権の存続期間についても360条1項により，十年を超えることができないとし，設定行為で十年より長い期間を定めたときであっても，その期間は十年と短縮される。これらにおいては，民法所定の存続期間よりも長期の期間を当事者が合意する場合を予定しており，その場合制限超過期間の部分のみ無効（一部無効に近い）とするのみであって，全体が強行法規違反無効となるわけでなく，また債権関係としてのみ有効とするわけでもない。

　第二に，物権規定の中には，法定物権の内容を変更する合意を認めるものがある。たとえば281条1項ただし書（地役権の付従性），285条ただし書（用水地役権），346条（質権被担保債権範囲），359条（不動産質権），370条ただし書（抵当権の効力の及ぶ範囲）には「設定行為に別段の定め」を規定し，いずれも合意による物権規定の変更が許される。これは民法規定自身が当事者に合意による変更を認めるので，各規定それ自体の規律とは別に，その規律を合意によって変更できるという別の規律が設けられている，いわば二段構えの規定と解される。後者の規律は法定物権の内容を変更してはならないという物権法定主義原則それ自体を変更するものであって，きわめて異例であるが，変更合意をしてもそれを認める規律が法定されているので，別段の定めをしても，物権法定主義に反しないことになるであろう。ただし，無条件・無限界に変更できるかはなお議論の余地があり，この点の掘り下げた検討がなお必要となろう[37]。

　第三に，慣習上の物権が起草段階では否定されていながら，個々の規定の

(37)　拙稿「除外特約と抵当権の効力の及ぶ範囲」椿寿夫編『強行法・任意法でみる民法』（日本評論社，2013年）120頁以下。

160

中では，むしろ逆にその方針を抑制し，あるいは法規（による規律）自身が慣習に譲歩しているかに見える規定がある。たとえば入会権は「各地方の慣習に従う」（263条・294条）とし，さらには相隣関係関連の諸規定において，「費用の負担について別段の慣習があるときは，その慣習に従う」（217条）とし，「異なる慣習があるときは，その慣習に従う」（219条・228条・236条・269条2項・277条）とし，「別段の慣習がないときは」法規ではなく慣習が優先する（268条）。これらの規定にあっては，慣習によって物権規定を変更することができるのであるから，慣習によっても変更を認めないという物権法定主義の当初の趣旨は貫くことはできず，これら個別の規定ではむしろ慣習に規律を委ねたとみることができよう。

　以上から個々の物権規定の中には，当事者の意思あるいは慣習により物権規定を変更することが前提とされ，あるいは変更する合意ないし慣習を法定規定よりも優先させることが少なからず存在するのであるから，当事者意思であろうと慣習であろうと，物権規定を変更できないとの原則的立場が，上記個別規定の中では制限，修正されているといえる。

　他方，法規自らが当事者の異なる合意や異なる慣習を個別的に認めている以上，それらの合意・慣習を以て物権法定主義違反とまではいえない。このようにして物権法定主義という原則は民法自らが定立した個別規定の制限によって，法定外の合意・慣習を取り込むことで社会の現実に柔軟に対処し，自らを維持することができたともいえよう。後述するように慣習上の物権[38]を物権法定主義にもかかわらず承認する学説や判例の登場も，以上のような民法の規定状況からすれば当然の推移とみることができる[39]。

___

(38)　慣習上物権が成立したとしても，この慣習を慣習法とすることができるかどうかは議論がある。ここでは深入りせず，さしあたり法適用通則法3条により認められることになる物権は，同条のいう慣習を慣習法と呼ぶ用語法により，「慣習法上の物権」とよぶことにする（広中俊雄『物権法［第2版増補］』（青林書院，1987年）34頁に従う）。
(39)　物権法規の「強行性は，物権秩序を維持し取引の安全をはかるものであるから，物権法規に反するものには物権的効力は与えない」が，「法自ら，物権法規に反した場合に，法規の範囲内で一部その効力を認めていることもある」と指摘される（於保・前掲注(6)19頁）。（本文表記の趣旨と合致するが，その意義・射程をなお吟味する必要があろう。

Ⅲ　裁判例にみる慣習法上の物権

　以下では，慣習法上の物権がいかなる根拠で承認されたかについて裁判例を通じて検討する[40]。結論的に慣習法上の物権を認めなかったものと認めたものに大別される。認められるものには物権的権利，あるいはこれに類した権利も含めて紹介する。

1　認めなかった事例

　起草者の意図通りに慣習法上の物権を認めなかった裁判例がある。著名なものとしては，1個の土地につき，「上土権」なる，地表のみの所有権は認められず，建物所有のため他人の土地を使用する権利は民法にいわゆる地上権にほかならないとしたいわゆる「上土権」に関する判決（大判大6・2・10民録23輯138頁以下）がある。

　土地かんがいのため流水を自己の土地内に引水する目的で他人の土地を使用すべき権利は，地役権に基づくことも債権関係に基づくこともあるのであって，地役権が登記なくても第三者に対抗しうるという慣習があるとしても，民法が地役権として認める所と異なる体様の地役権を認める慣習に他ならず，民法175条に照らし慣習法として認めることはできないとしたものがある（大判昭2・3・8新聞2689号10頁）。

2　認めた事例

　他方，法律に規定がない「物権」，「物権的権利」あるいはこれに近い権利が慣習に基づいて認められた裁判例が多くみられる。

　第一に，上述した上土権に類似したものが慣習・慣行として認定された下級審事例が見い出される。①富山地判昭31・12・27下民集7巻12号3888頁は，富山県の一地方には，農地について所有権（たかともいう）とその内容をなす使用収益権（耕作権―上土権またはたんぽともいう）とはそれぞれ独立

して譲渡でき，耕作権（上地権）は所有権（たか）より通常価格が高く，耕作権（上地権）の譲渡または転貸（卸上または一作おろしともいう）には所有権者の承諾を要せず，その転借人は更に譲渡転貸することはできないという慣習があるとされた。ただしその性質を「移転，転貸につき地主の一般的な許諾ある賃借権にあたるので，物権法定主義に反しない」という。ここでは賃借権にあたるとの性質決定がされているので，慣習法上の物権とはいえないであろう。②富山地裁高岡支部判昭33・2・3判タ77号67頁も，富山県西礪波郡戸出町地方には，宅地につき所有権とその内容をなす使用収益権とが分離して別個のものとして取扱われ，前者を地下権，後者は上地権といい，上地権は地下権に比し通常価格が高く（昭和25年ごろ上地権七分，地下権三分），地主に地代を支払えば上地権は自由に売買してもよく，かつ第三者対抗力を有するという慣行地上権の存在を認定した[41]。慣習としての存在は認定しているが，なんらかの公示方法への言及は見られない。

第二に，温泉権・源泉権・温泉専用権に関わる裁判例である。長野県松本地方におけるいわゆる湯口権は，温泉湧出地より引湯使用する一種の物権的権利に属し，通常源泉地の所有権と独立して処分される地方慣習法があるとして，かかる排他的支配権を肯認する以上は，民法第177条の規定を類推し，その権利の変動はこれを明認させるに足る公示方法が必要であるとした（③大判昭15・9・18民集19巻1611頁）。同様の趣旨を判示した④大分地判昭32・2・8下民集8巻2号241頁があるが，その控訴審では，当該温泉利用権が泉源地所有権から独立した物権であるとすれば，その権利の得喪変更を第三者に明認せしめるに足る特殊の公示方法が慣習によって確立されていることが必要であり，そのような慣習の存在について主張立証がなされていないとした（⑤福岡高判昭34・6・20下民集10巻6号1315頁）。

またいわゆる源泉権は一種の慣習法上の物権と認め，その権利の行使を妨害する者に対しては妨害排除を求めることができるから，当該温泉所在の土地所有者といえども，源泉権の成立が認められる以上，これを侵害すること

---

(41)　②判決を紹介するカコミ解説（判タ77号67頁）では，物権法定主義からみて慣習法上の物権を認めるには慎重な考慮が必要で，取引の安全に及ぼす影響からこの判決には相当の問題があると指摘されている。

はできないとした（⑥東京地判昭45・12・19下民集21巻11・12号15頁）。公示方
法は，一般に源泉権者が温泉の採取，利用，管理のための施設によつて現実
に源泉を継続して管理・支配しているという客観的事実が存在する場合，そ
れによつて，その権利が公示されているものと解し第三者にも対抗できると
されている。登記・登録に代替する公示方法は，温泉の採取，利用，管理の
ための施設による，源泉の継続的な管理・支配という客観的事実ということ
になろう。公示方法について，温泉権者がその泉源地に，温泉権を取得した
旨を記した立札を立てた場合には，明認方法として対抗要件相当と認められ
るとした⑦東京高判昭51・8・16判時837号47頁もある。

　山形県上山地方の温泉保養地において，温泉利用権を多額の対価をもつて
設定し源泉権とは別個に取引の対象となし源泉権者あるいは利用権利者のい
ずれに変更があつても，その権利関係を覆滅させないものとする契約のなさ
れる事例があり，このような慣習法上の物権的温泉利用権は，対抗すべき第
三者が新たな権利関係に入つた当時において，その譲受人が現に送湯管の設
備と営業施設等による温泉の現実的支配という事実から温泉を利用している
と認めるに足りる客観的徴証が存在することにより，第三者に対抗すること
ができるとした（⑧山形地判昭43・11・25下民集19巻11・12号73頁，判時43号70
頁）。

　同様に，地盤所有者による，温泉権者の引湯管の除去など妨害排除請求を
求めたケースにおいて，温泉が担保取引の対象となるなどその経済的価値が
高く，また，引湯管を設置し他所で旅館を営むなどその利用態様が外形的に
認識しうるほど明確である場合には，これに対し独立の支配権である慣習上
の物権としての温泉権が成立していると解するのが相当とし，対抗要件につ
いては温泉に古くから竹製の引湯管が設置され，以後も継続して温泉を採
取，利用，管理するための施設が設けられ，現在も温泉権者によりビニール
製の引湯管，コンクリート製の貯水槽の各施設が設置されている場合には，
温泉を継続的に管理支配していることが窺われ，これが明認方法となりうる
ので，温泉権者の温泉権はその対抗要件を具備しているとする（⑨高知地判
昭53・1・26判時888号107頁）。

　以上の傾向をみるとき，温泉権関連の事案においては，慣習法上の物権と

して温泉権・源泉権などが地盤所有権の物権的な負担として認定され，同時に，客観的事実として温泉の継続的な管理・支配のための引湯管・営業施設等の外形的存在が明認方法・対抗要件，したがって公示方法として認定されているといえよう。

第三に，慣習上の水利権・農業水利権・流水使用権が問題とされたケースがある。

⑩高松地判昭37・12・4下刑集4巻11・12号107頁では，慣習による水利権（事案では井水）の発生要件として，その慣習の存在すること，その慣行が井水の所有関係等のいかんにかかわらず社会的に承認され，規範として効力を有することが必要であり，単にその利用を多年にわたつて継続していることだけでは，慣習による水利権があるといえないとした（同事件では水利妨害罪の成立が問われたものであるため，保護法益として水利権の存否が問題となったもの）。

⑪広島地判昭42・7・27判時500号56頁は，河川に井堰を設け，そこから地水を2分し，2つの部落において，右河川の地水をかんがい用のため共同で利用する慣習法上の権利があると認められた事例であるが，慣習法上の物権としての認定がなされているわけではない。⑫熊本地判昭41・10・26訟月12巻12号1662頁も，湧水地の土地所有者との契約によって取得した湧水利用権および送水権は，土地所有者に対し湧水利用・送水を請求することができる対人的権利であって，湧水を直接かつ排他的に支配することができる権利ではないとした。

⑬徳島地判昭52・10・7判時864号38頁は，判決理由中で慣行水利権について踏み込んで説明する。「民法制定の前後を問わず，農業の生産様式に基本的変化がなく，我国において水に対する排他的支配権の承認なくしては農業生産は不可能であって，民法一七五条といえども，水についての慣行的権利をことごとく否認するものとは解しえず，民法施行法三五条も近代的所有権秩序に反する封建的権利を物権として認めないことを規定したにすぎないと解するのが相当」とし，慣行水利権は「一定の水に対する特定人の灌漑用水としての利用の事実が継続され，それが合理的で正当なものであるとして社会的に承認を受けることによって生成した権利であり，一定の水に対する

特定人の排他的・独占的支配権である」とし，（旧）法例2条により水利権・引水権が物権としての効力を有し，その侵害に対し物権的請求権を行使しうるとし，ここでも水利権成立のためには人工的水利施設の設置，維持管理が必要としている。もっとも控訴審（⑭高松高判昭61・11・18訟月33巻12号2871頁）では，慣行水利権は絶対的包括的支配権とはいえないから，水利権の機能・効用が害されない限り，他の者の水路敷使用を争うことはできないとして，市のごみ焼却場建設に対し，付近住民からの差止めを求める仮処分申請が却下されている。

⑮神戸地判昭63・9・30判タ699号209頁は，農業用導水路の下流において溜池の水を利用する田畑の所有・耕作者が，右導水路の流水につき慣行水利権（流水使用権）を有すると認められた事例であるが，過去における堰の改修時の費用負担（大正14年）や水利組合との覚書作成（昭和13年）などから当該導水路周辺の田畑の所有者耕作者に，流水利用の慣行が成立していたと認定する（水利権妨害の差止め請求は否定）。

⑯山形地米沢支判昭63・12・26訟務月報36巻6号991頁においても慣行水利権の成立には，事実的な流水利用が長期にわたつて反復継続され，かつ，その水利用の正当性に対する社会的承認を獲得することが必要という（慣行水利権の成立は否定）。

ゴルフ場建設工事続行により発生する溢水により慣習法上の水利権が侵害されるおそれがあるとして，慣習法上の水利権に基づく妨害予防請求としてゴルフ場建設工事の差止めが認められた事例（⑰奈良地葛城支判平11・3・24判タ1035号190頁）において，慣習法上の水利権の成立要件（事実的な水利用が長期にわたって反復継続されていること及びその水利用の正当性に対する社会的承認が成立していること）が示され，個人としての流水使用につき，慣習法上の水利権が認められたものである。農業用水等の水利用の事実の長期にわたる反復継続と，取水口の設置・維持・管理等が水利用権者の費用・労働負担に基づくことが社会的承認成立のため考慮要素となっていることがうかがわれる。

以上の水利権が問題とされたケースでは，次第に慣行水利権の成立要件，すなわち事実的な水利用の長期の反復継続，その水利用の正当性に対する社

会的承認の成立の二つが明示されるに至っている。もっともすべての裁判例で慣習法上の物権として認められているわけではない。⑬判決は認めたが控訴審の⑭判決で物権性が否定され，あとは⑰判決のみである。妨害排除請求が認められる権利として認定されれば足りるケースであったといえるかもしれない。

　第三に，樹木の伐採に関し，奥能登地方にあるとされた「陰打」は，山間部の耕地が山林の樹木の陰になって，農作物の成長が妨げられることを防ぐために耕地の所有者に対し，一定の範囲にわたって耕地に接続する山林の樹木の刈取を許す慣習であるが，その慣習の存在を認定した⑱金沢地判昭39・6・30下民集15巻6号1690頁がある。そして，この慣行は地役権に類似する一種の慣習法的物権であるからその法的関係については民法280条から同法294条を準用するのが相当とした。慣習法的物権として認めるが，地役権類似なので民法の地役権規定の準用という手法をとり，したがって土地所有権の移転に伴って蔭打ちの権利も移転するという構成となるものである。また，⑲東京高判平4・10・5高検速報（平4）号34頁も，長野県東筑摩郡本城村地方に，農地の耕作者に対し耕作の障害になる隣接山林の立木の伐採を認める「くろ」と呼ばれる慣行の存在を認定している（ただし，当該伐採行為は「くろ」の範囲をはるかに逸脱するものとした）。

　第四に，慣習法上の物権が認定されたものではないが，所有権を制限する権利として対抗力があると認められた権利がある。土地を塩田として使用収益する権利（塩田小作権）は相続の対象となり，土地所有権と別個に相当の対価を得て譲渡され，土地所有権が第三者に移転されても塩田小作人は小作権を新地主に対抗でき，地主は一方的に賃貸借契約を解除し無償で明渡しを求められない等の慣習が坂出地方における慣習として存在し，同地方では一つの法的規範を形成しているものと認定されたものである（⑳高松高判昭31・6・2下民集7巻6号1454頁）。そこでは塩田の賃貸借には農地法，借地借家法のような特別法は存在しないが，かといって民法の賃貸借規定がそのまま適用されないと解されるとして，解約申入れをした土地所有者は塩田小作権者に対し相当の対価を支払うか，他の塩田小作権を提供するかのいずれかによって明渡しを求めることができるとする。

　第五に墓地使用権がある。

　㉑山形地判昭39・2・26下民集15巻2号384頁では，墓地使用権に類似する権利は既に民法施行前から慣習法的に成立してきており，それが物権法定主義の根拠を排斥する性質のものでなく，かつある種の公示方法を有するときに限り，例外的に民法175条の制約を受けずに慣習法による物権の成立が認められるとする。墳墓および墓碑を所有するため特定の土地を墓地として使用する権利を物権に類似した権利とし（㉒岡山地津山支判昭44・2・13判時567号72頁），社会の慣行上認められる対世的支配的権利とした（㉓福岡高判昭59・6・18判タ535号218頁）。江戸時代から設置された墳墓についての墓地使用権が，民法施行以前から継続する固定的，永続的な特殊な使用権であり，慣習法上物権に準ずるものであるとされた（㉔東京地判平2・7・18判タ756号217頁）。

　第六に，なお，慣習法上の物権に該当する権利とはいえないが，公法上の原因により成立する物権類似の権利がある。

　土地区画整理組合が替費地処分により替費地を取得した場合，組合は旧土地所有者に代って右替費地に対する所有権と同様の内容を有する物権類似の支配権（使用収益権）を取得するとして，替費地の譲受人はその使用収益権を取得し，施行者備付の薄書に登録したときは，譲受人はこれを第三者に対抗することができるとした（㉕大阪地判昭42・12・19判タ219号106頁）。特別都市計画法に基づく換地予定地の指定通知が，土地を譲渡した後なお登記簿上の名義人に対してなされても，その後土地譲受人に所有権移転登記がなされれば，右譲受人は換地予定地につき所有権そのものではないが，所有権と同一の使用収益権を取得するとした（㉖最判昭33・9・11民集12巻13号2008頁）。さらに土地区画整理法に基づく換地予定地の指定の通知があった場合につき，その換地予定地の全部または一部について従前の土地に存する権利の内容たる使用収益と同じ使用収益ができるとし，したがって従前の土地の権利が所有権である場合，換地予定地に対する使用収益権は所有権と同一内容を有することになり，その予定地を第三者が権原なく不法に占有する場合，物権的請求権と同様の権利を行使することができるとする（㉗最判昭50・12・25集民116号919頁）。いずれも公法上の原因により成立する土地使用権であ

168

り，慣習法上の物権に加えることは難しい。

　第六にいわゆる非典型担保である。ここではすでに立法化され，物権法定主義違反が問題になりえなくなった担保とまだ立法化されていない担保に分れる。前者については，根抵当権，仮登記担保権が代表例である[42]が，ここでは根抵当権のみ取り上げ[43]，後者については譲渡担保を取り上げることにする。

　もともと根抵当の慣行は民法制定前から存在していたとされ，法典調査会でも議論があった[44]ところ，「その効力を否定する趣旨ではなく」[45]民法典に規定が置かれるに至らなかった。民法施行間もない明治34年の判決で根抵当を無効とした[46]のに対し，大審院はこれを破棄し，根抵当の有効性を確認した（大判明35・1・27民録8輯1巻72頁）。同判決は「後日ニ借リ受ク可キ金銭上ノ債務ノ弁済ヲ担保スル為メ貸借ニ先チテ予メ抵当ヲ差入レ置クコトノ行為ヲ指シテ根抵当ト称ス」というが，本稿の関心，すなわち根抵当の承認が物権法定主義に抵触しない根拠との関連では，「此行為ハ従来銀行若クハ商人間ニ於テ汎ク行ハレ裁判上保護シ来レル慣例ナルカ故ニ現行ノ法規ニシテ之ニ抵触セサル以上法律上此行為ノ有効ナル可キコトハ固ヨリ論ヲ俟タス」とした点が注目され，前年の別の事件についての大判明34・10・25民録7輯9巻137頁と合わせて，以下の点が示されている。すなわち(ア)根抵当が従来から行われており，裁判上保護されてきた慣例であること，(イ)最高額を登記することによって第三者に損害を与えるおそれはないこと，(ウ)根抵当は条件付・期限付債権を担保するもので，そのような将来債権を担保

---

(42)　抵当法関連では各種の財団抵当法，工場抵当法などがあるが，いずれの抵当権も物権法定主義の原則に従い立法化された物権といえよう。

(43)　仮登記担保に関しては，昭和6年に判例に登場し，20年代，30年代に増え，昭和40年代には相当の数に上るとされる（鳥谷部・前掲注(28)62頁）が，代物弁済という法形式が選択されたため，物権法定主義の原則との抵触はひとまず避けられる。このほか，所有権留保，法定相殺，相殺予約，代理受領，リースなどがあるが，一般的には物権的権利として位置づけられてはいないと考えられる（鳥谷部前掲注(28)論文63頁）。

(44)　『法典調査会民法議事速記録第16巻』（日本学術振興会）38頁以下。

(45)　我妻栄編『判例コンメンタールⅢ　担保物権法』（日本評論社，1968年）［清水誠］211頁。

(46)　東京控判明治34・6・28新聞46号6頁。

する抵当権の可能性は民法の諸規定など（129条，619条 2 項，629条 2 項，
（旧）933条，ほかに酒造税則（旧）13条）からもうかがうことができ，一般的
にも肯定できるとする。（ウ）はともかく[47]として，（ア）が慣習法上の物権
として承認されてきたことを示すものであり，（イ）は公示に関して第三者に
影響がないことを示すもので，慣習法上の物権が承認される基本的な根拠と
整合している。ただし，根抵当の承認は同時に付従性の緩和の議論と関連し
ているので，担保物権の特質たる付従性の緩和なくして承認できなかったと
もいえよう[48]。

　譲渡担保に関しては，当事者の譲渡担保の設定合意が物権法定主義に反し
ないか問題となるところ，大判明39・10・5 民録12輯1172頁は以下のように
いう。民法175条により当事者の意思によって法定以外の物権を設定するこ
とができないことは法の明定するところであるが，原審は本件当事者間にお
いて係争の石炭について法定以外の物権を設定したと判示したのではなく，
本件石炭は債務者が債権者より借りた金員の担保として売買名義をもって仮
に債権者にその所有権を移し債権者に貸金の弁済があったときはこれを債務
者に回復するという約定があったものの，債務者が石炭の占有を債権者に移
さないという事実を認めたに過ぎない。そして「債務者ヲシテ債務ノ履行ヲ
確実ナラシムル為メ売買名義ヲ以テ一時担保物ノ所有権ヲ債権者ニ移スカ如
キ契約ハ法ノ禁スル所ニ非サルモノニシテ此法律関係ノ名義ハ売買ナルモ其
実一種ノ担保タルニ過キサルモノニシテ固ヨリ法定ノ質権ニ非サルヤ疑ナ
シ」という。すなわち，本件契約は法定以外の物権を設定する契約ではな
く，その名義は売買契約であるが，一種の担保に過ぎず，法定の質権ではな
いというのであって，物権法定主義に反することもなく，したがって無効に
なるものでもないと理解できよう。

　そして大審院判例の立場からは，その所有権移転に関する法的構成（所有

---

(47)　（ウ）の点は根抵当と将来債権を担保する抵当権との違いが明瞭でないと批判されて
　　いる（清水・前掲注(44)211頁）。
(48)　その後，包括根抵当の承認如何の問題が生起したので，この点も含めて検討する余
　　地があるが，ここでは論ずる余裕がない。我妻編著前掲注(40)212頁は「根抵当の有
　　効性の根拠は，判例法によってこのような意味における付従性の緩和の可能性が確認
　　されたという事実そのものに求められねばならない」とする。

170

権が外部関係では移転するが内部関係では設定者にとどまるとする外部的移転）
が，物権法定主義との関係で，さらには虚偽表示との関係で問題とな
る[49]。すなわち初期の判例は譲渡担保を虚偽表示とするものがあった[50]
が，大判明45・7・8民録18輯691頁は次のようにいう。当事者の意思表示
は売渡抵当，すなわち信託行為の一種で，当事者は所有権を移転する意思を
有し，表示するもので虚偽の意思表示でないとして，売渡抵当は所有権移転
の効果に制限を加え，これによって債権担保の目的を達成しようとするもの
であるがゆえに，所有権の移転はこの目的を遂行するに必要なる範囲内にお
いてその効力を生ずるものとなさざるをえない。そこで所有権について外部
的移転構成をとることになるが，大審院は「法律行為ノ効力ニ付キ人ニ依リ
テ権利関係ヲ異ニスルコト民法ニ其例乏シカラサレハ売渡抵当ニ付キ叙上ノ
解釈ヲ為スモ決シテ不当ニ非サルノミナラス却テ能ク当事者ノ意思ニ合ヒ実
際ノ事情ニ適スルモノト言フヘシ」として正当化した。

　ここでは譲渡担保設定当事者の意思表示を売渡抵当であり信託行為の一種
であると把握し，その外部的移転の構成により，物権法定主義違反の議論を
回避している。外部的移転の構成は，第三者に対する関係ではなお譲渡担保
権者が所有権者として扱われたので，「物権法定主義に反するか否かの問題
を生ずるには至らなかった」[51]と適切に評される。他方，その後の判例の展
開から担保権者と同視される傾向が現れるので，「慣習法上の新しい物権の
生成」が予想され，また学説に担保権構成も登場するに至るが，この場合，
物権法定主義に反しないかの問題が改めて検討されなければならないとの指
摘がなされる[52]。

　以上を通じて，慣習法上の物権が，物権法定主義に反しない「物権」とし
て承認されたかどうかという視点のみでなく，「物権的権利」として，ある

(49)　四宮・前掲注(45)532頁。
(50)　売買名義を仮装して土地を抵当とした場合売買は無効とした大判明治39・10・10民
　　録12輯1232頁，債権担保のために売買により所有名義を移転する場合において，その
　　真意が抵当権の設定にある場合，または債務者の随意処分の防止あるいはその一般債
　　権者の差押の防止にある場合には，売買は虚偽表示として無効であるとした大判大正
　　3・11・20民録20輯967頁。
(51)　我妻・前掲注(45)532頁。
(52)　四宮・前掲注(45)532頁。鳥谷部・前注(28)62頁

いはこれに近い「物権類似の権利」が裁判例では現れていることが理解できる。後者については，与えられる保護が妨害排除請求である場合，そのような保護が与えられるべきかどうかが焦点であって，法定の「物権」がどうかが問題ではないとも思われる[53]。たとえば，河川の沿岸所有者は他人の権利を害しない範囲では，田地にかんがいし，水車に利用する等各自その水流を使用する一種の権利を有することは，「法律ノ明文ナキモ慣習上認メ来リタル所ニ係ル」として，これを侵害されたときは損害の賠償または妨害の排除によつて救済を求めることができるとされた（大判明38・1011民録11集1326頁）が，これは河川の沿岸の所有権のいわば派生的権利としての水利権の問題であって，法定「物権」以外の権利が創設されたか否かの問題とは次元が異なるように思われる。

---

(53)　広中・前掲注(37)18頁以下は，妨害排除請求という効力は「ある権利の保護のため必要と認められる場合に解釈によって与えられるものなのであって，物権に特有のものでは」なく，民法175条との問題に直接かかわることはないとされる。

8 物権法・担保物権法と強行法・任意法

川 地 宏 行

I 物権法規定の強行法性をめぐる通説的見解

1 物権法規定の強行法性と物権法定主義

民法第2編物権に定められた物権法・担保物権法に関する諸規定（以後，「物権法規定」と記す）の強行法性（条文が強行規定の性質を帯びていること）について[1]，近時の民法総則の概説書では，一般に，「民法第2編物権に定められた物権法規定はその多くが強行規定であり，民法第3編債権に定められた債権法規定はその多くが任意規定である」という記述がみられる[2]。そして，従来からの通説的見解は，「物権法規定はその多くが強行規定である」ことの正当性を主として物権法定主義に求めてきた[3]。

---

(1) 物権法規定の強行法性に関する近時の総合的研究として，長谷川貞之「判例・学説にみる物権規定の強行法性」椿寿夫編『民法における強行法・任意法』（日本評論社，2015年）119-129頁。

(2) 幾代通『民法総則［第2版］』（青林書院，1984年）198頁，近江幸治『民法講義I 民法総則［第7版］』（成文堂，2018年）179頁，加藤雅信『新民法大系I民法総則［第2版］』（有斐閣，2005年）216-217頁，河上正二『民法総則講義』（日本評論社，2009年）262頁，佐久間毅『民法の基礎1総則［第4版］』（有斐閣，2018年）184-185頁，中舎寛樹『民法総則［第2版］』（日本評論社，2018年）250頁，山本敬三『民法講義I総則［第3版］』（有斐閣，2011年）256-258頁。

174

2 物権法定主義と私的自治の原則

　通説的見解は，私的自治の原則（契約自由の原則）との関係で，任意規定を「私的自治を補充する規定」，強行規定を「私的自治の限界を画する規定」と解し⁽⁴⁾，さらに，民法91条の文言から任意規定を「公の秩序に関しない規定」，同条の反対解釈として強行規定を「公の秩序に関する規定」と定義付ける⁽⁵⁾。そのうえで，私的自治の原則が債権法（契約法）領域を支配していることを理由に「債権法（契約法）規定の多くは任意規定」であるのに対し⁽⁶⁾，物権法定主義が私的自治の原則と対立する関係にあるという理解の下で⁽⁷⁾，「物権法規定はその多くが強行規定である」とする⁽⁸⁾。そして，物権法定主義と私的自治の原則の対立構造を支えているのが物権債権峻別論であるとされている⁽⁹⁾。

　しかしながら，物権法定主義と私的自治の原則を対立する関係と捉えることに問題はないのか。物権債権峻別論に従い物権法領域と債権法領域の間に

（3）　物権法規定の強行法性と物権法定主義の関係をめぐる詳細は本書所収の中山知己「物権法定主義と強行法」を参照。
（4）　我妻栄『新訂民法総則（民法講義Ⅰ）』（岩波書店，1965年）254-255頁，四宮和夫＝能見善久『民法総則［第9版］』（弘文堂，2018年）302頁，石田穣『民法大系(1)民法総則』（信山社，2014年）542-544頁。
（5）　我妻「総則」・前掲注(4)262頁，幾代・前掲注(2)198頁，四宮＝能見・前掲注(4)301-302頁，近江「総則」・前掲注(2)176頁，河上「総則」・前掲注(2)262頁，石田「総則」・前掲注(4)542-543頁，内田貴『民法Ⅰ総則・物権総論［第4版］』（東京大学出版会，2008年）276頁。
（6）　山本・前掲注(2)258頁，加藤「総則」・前掲注(2)216-217頁，河上「総則」・前掲注(2)262頁，佐久間「総則」・前掲注(2)185頁。
（7）　物権法定主義を私的自治の原則（契約自由の原則）と対立する法理と解する見解として，松岡久和『物権法』（成文堂，2017年）249-250頁，加藤雅信『新民法大系Ⅱ物権法［第2版］』（有斐閣，2005年）21-22頁，内田・前掲注(5)351頁。
（8）　我妻「総則」・前掲注(4)267頁，川井健『民法概論2物権［第2版］』（有斐閣，2007年）2頁，河上正二『物権法講義』（日本評論社，2012年）2-3頁，加藤「物権」・前掲注(7)7-8頁。
（9）　物権と債権の関係をめぐる研究は枚挙にいとまがないが，近時の代表的な総合研究として，2002年の日本私法学会シンポジウム（財産法理論の展開）がある。同シンポの資料は，特集「財産法理論の展開—2002年日本私法学会シンポジウム資料」ジュリ1229号65頁以下に収められている（加藤雅信，樋口範雄，太田勝造，瀬川信久，松本恒雄の各論考）。物権法定主義と私的自治の原則（契約自由の原則）の対立構造ならびに物権債権峻別論との関係については，加藤雅信「物権・債権峻別論の基本構造」ジュリ1229号67-68頁。物権債権峻別論をめぐる歴史的経緯と学説状況についての詳細は，瀬川信久「物権・債権二分論の意義と射程」ジュリ1229号104頁以下。

壁を設け，物権法領域は物権法定主義の支配に服し，債権法領域を支配する私的自治の原則が壁を超えて物権法領域に影響を及ぼすことはないといえるのか。このような疑問を解明するために物権法定主義が民法に採用された理由にまで遡った考察が必要となる。

　物権法定主義は，民法等の法律において定められた物権以外の新しい物権を創設することを禁止する（物権創設の禁止）とともに，民法等の法律に定められた物権の内容を変更することも禁止する（物権内容変更の禁止）という物権法領域に固有の法理であるが，民法175条に物権法定主義が定められたのは，以下に示す二つの理由による。まず，民法施行前に存在していた土地上の複雑な封建的物権関係を整理して土地の権利関係を単純化し，所有権と一定種類の制限物権のみを認めることにより，それ以外の権利によって所有権が制限されることを排除して，「自由なる所有権」を確立するというのが第一の理由である。次に，債権とは異なり物権は絶対権であり排他性があることから公示が要請されるが，当事者の約定により創設された物権，あるいは，法定の内容が変更された物権をすべて公示することは物理的に不可能であることから，物権の種類とその内容を予め法律で定めることにより物権公示の実効性を確保して取引の安全を図るというのが第二の理由である[10]。

　以上のように，物権創設の禁止と物権内容変更の禁止で構成される物権法定主義は，「禁止」という言葉のイメージから「自由」と対立する法理であるかのような印象を受けるが，実際には，自由なる所有権を確立するために所有権に対する制約をできるだけ排除するとともに，物権の公示を実効性あるものにして取引の安全を図ることを目的としている点は多くの論者が認めるところであり[11]，物権法定主義は私的自治の原則と対立関係にあるわけ

---

(10)　物権法定主義に関する詳細は，中尾英俊「物権法定主義」星野英一他編『民法講座第2巻物権(1)』（有斐閣，1984年）1頁以下，舟橋諄一＝徳本鎮編『新版注釈民法(6) 物権(1) ［補訂版］』（有斐閣，2009年）216頁以下（徳本鎮）。

(11)　近江幸治『民法講義II物権法［第3版］』（成文堂，2006年）7頁，佐久間毅『民法の基礎2物権』（有斐閣，2006年）5頁，石田穣『民法大系(2) 物権法』（信山社，2008年）27-28頁，内田・前掲注(5)351頁，川井・前掲注(8) 4頁。なお，鳥谷部茂『非典型担保の法理』（信山社，2009年）66-68頁は，譲渡担保などの非典型担保が物権法定主義に反しないことの根拠として，物権法定主義の意義・機能を，不合理な物権的権利を排除すること，内容の不明確な権利によって第三者への不測の侵害を避け

ではなく，むしろその逆で，物権法領域において自由なる所有権を確立し取引の安全を図ることを通じて私的自治の原則を支える法理であるといえる。それ故，「物権法規定はその多くが強行規定である」という考えの理論的根拠として，「物権法定主義と私的自治の原則の対立構造」を引き合いに出すことには疑問が残る。

　現に，近時の学説の動きをみると，物権法定主義を物権法規定の強行法性を一律に認定する根拠と捉えない見解が登場している。後述する平野説がその代表格であるが[12]，それ以外にも，法律行為論の観点から，当事者間の合意によって第三者を拘束できないことを理由に，第三者保護や第三者の権利義務に関わる物権法規定の強行法性を説明する見解がある。例えば，佐久間毅は，第三者の権利義務にかかわる事項を規律する規定は強行規定であるとし，その代表例として物権法規定を挙げたうえで，「私的自治の原則から，法律行為によって定めうる法律関係は，原則として，当事者間の法律関係にとどまるというべきだから」という理由を挙げている[13]。また，山本敬三も，「契約が拘束力を持つのは，当事者が自分で決めたからである。したがって，当事者が第三者までそれに拘束すると決めても，第三者は，自分でそれを決めたのではない以上，拘束されない。一般に，第三者にかかわる事項を規律する法規—物権法や表見代理の規定等—が強行法規とされるのは，このためである」と述べている[14]。

3　強行法性判断の考慮要素としての物権法定主義

　物権法定主義と私的自治の原則の対立関係が否定されると，「物権法定主義が支配する物権法領域において物権法規定はその多くが強行規定である」という考えはその根拠を喪失する。しかしながら，否定されるべきは「物権法定主義を根拠に物権法規定の強行法性を一律に認定すること」であっ

　　ることにあるとし，取引上必要で合理的な物権的権利であり，第三者に不測の損害を
　　与えないのであれば，そのような物権又は物権的権利の有効性を否定する理由はない
　　とし，物権法定主義を現代における取引社会の要請を実現する法理と捉えている。
(12)　平野裕之「物権法及び担保物権法と契約自由」法論84巻2＝3号401頁以下。
(13)　佐久間「総則」・前掲注(2)184頁。
(14)　山本・前掲注(2)256-257頁。

て[15]，物権法定主義が個々の物権法規定の強行法性を判断する際の考慮要素として機能することまで否定されるわけではない。前述のように，物権法定主義は自由なる所有権の確立ならびに物権公示の実効性を確保して取引の安全を図ることを目的とする法理であることから，所有権に関する規定あるいは取引の安全（第三者保護）に関する規定については，強行法性を否定する他の考慮要素がなければ，物権法定主義に基づきその強行法性が認定されうると思われる。

II 物権法規定に反する合意の効力

1 通説的見解における二つのルール

「物権法規定はその多くが強行規定である」とする通説的見解は，強行規定である物権法規定に反する合意の効力について，「任意規定に反する合意は有効である」ことを定める民法91条の反対解釈により[16]，「強行規定に反する合意は無効である」という定式を導出したうえで[17]，「強行規定の性質を有する物権法規定に反する合意は無効である」としながら，その一方で，物権法規定に反する合意であっても有効となり得る場合があるとしている。我妻によると，物権法定主義を定めた民法175条に違反した法律行為は強行規定違反として無効となるが，「物権を創設するとか，物権の内容を変更す

---

(15)　長谷川・前掲注(1)123，129頁は，物権法規定の内容が多様であることを踏まえ，物権法規定の強行法性やその強行法性の程度，ならびに物権法規定に反する合意の効果について，個々の物権法規定ごとに具体的に検討する必要があると説く。

(16)　我妻「総則」・前掲注(4)262頁，幾代・前掲注(2)198頁，四宮＝能見・前掲注(4)301-302頁。これに対し，民法91条の反対解釈に疑問を呈する見解として森田寛二「反対解釈の力学―民法九一条をめぐる議論に接して―」自治研究61巻8号19頁以下。また，「強行規定違反の合意は無効である」ことを「書かれざる原理規定」と解する見解として椿寿夫「公序良俗違反の諸相」椿寿夫＝伊藤進編『公序良俗違反の研究』（日本評論社，1995年）22-26頁。

(17)　強行規定違反の効力に関しては滝沢昌彦による総合的な研究がある。滝沢昌彦「公序良俗と強行法規」椿寿夫＝伊藤進編『公序良俗違反の研究』（日本評論社，1995年）253頁以下，同「強行法規違反無効」椿寿夫編『法律行為無効の研究』（日本評論社，2001年）321頁以下。

る，というのは，第三者に対する関係でも効力を生ずるものとすることであって，当事者の間だけで債権的な効力を生じさせることは妨げない」とされている[18]。つまり，強行規定である物権法規定に反する合意がすべて無効とされるのではなく，無効となるのは第三者効を伴う物権的合意であり，第三者効を伴わない債権的合意によって物権法規定に反することまで禁止されているわけではない。同様の記述は他の物権法概説書にもみられる[19]。

なお，「物権的合意」「債権的合意」という名称は物権債権峻別論の影響が色濃く反映された概念であるが，物権法規定の強行法性の問題を考える際にこの二つの概念を用いると不要な先入観や誤解を招くおそれがある。そこで，本稿ではこれ以降，いわゆる物権的合意を「第三者効を伴う合意」，いわゆる債権的合意を「当事者間効力のみの合意」と記すことにする[20]。

2　第三者効ルールと当事者間ルールの関係

強行法性のある物権法規定に反する合意の効力に関して，通説的見解をまとめると，「強行規定である物権法規定に反する第三者効を伴う合意は無効」（第三者効ルール）であるが「強行規定である物権法規定に反する当事者間効力のみの合意は有効」（当事者間ルール）となる。しかしながら，矛盾するようにみえる二つのルールが何故に並存しうるのかについて，通説的見解からの明確な説明はなされていない。

Ⅲ　通説的見解に対する批判

1　通説的見解の問題点

以上の考察から，物権法規定の強行法性に関する通説的見解の問題点とし

---

(18)　我妻栄（有泉亨補訂）『新訂物権法（民法講義Ⅱ）』（岩波書店，1983年）28頁。
(19)　物権法定主義に反する合意の効力に関する記述において多くみられる。末川博『物権法』（日本評論新社，1956年）28頁，近江「物権」・前掲注(11) 6頁，徳本・前掲注(10)221頁，松岡「物権」・前掲注(7)250頁。
(20)　なお，平野は前掲注(12)の文献において，対抗力のない物権的合意を債権的合意と同視しながら，物権的合意と債権的合意という概念の使用を維持している。

て以下の二点を指摘できる。まず第一に，物権法定主義と私的自治の原則の対立構造を根拠にして物権法規定の多くが強行規定であると解している点である。そして，第二の問題点として，「強行規定である物権法規定に反する第三者効を伴う合意は無効である」（第三者効ルール）としながら，「強行規定である物権法規定に反する当事者間効力のみの合意は有効である」（当事者間ルール）としているが，二つのルールが並存する理論的根拠が明らかにされていない点が挙げられる。このような問題点を如何にして克服すべきか。その手がかりとして，通説的見解を批判的に捉えた平野裕之の見解を考察する。

2 平野説
(1) 概 要

平野説は物権法定主義を支える物権と債権の厳格な峻別という前提が崩れ，物権と債権の相互接近に伴い，物権法定主義を再検討する必要があるとする[21]。そして，物権法規定を，「物権の内容に関する規定」（物権内容規定）と「物権の制度に関する規定」（物権制度規定）に細分化し，物権法定主義の射程を物権内容規定に限定したうえで[22]，物権変動（民法176条），対抗要件制度（民法177条，178条），混同（民法179条），所有権の取得（民法239条〜248条）は物権制度規定であり，第三者にかかわる問題を勝手に決められないという意味で強行法性を有するが[23]，その一方で，物権内容規定は，それに反する内容の合意がなされても第三者への対抗を制限することによって取引の安全が図られるので，当事者間においては契約の自由が幅広く認められてよく，公序良俗により規律すれば足りるとする[24]。なお，個々の物権内容規定が強行規定か任意規定かは解釈に委ねられ，確定的なものではないとする[25]。

---

(21) 平野・前掲注(12)404-408頁。
(22) これに対して長谷川・前掲注(1)124頁は，物権法定主義は物権の種類や内容のみならず，物権制度や物権法秩序にも深く関わっているとして物権法定主義の射程を物権法規定全般に及ぼす。
(23) 平野・前掲注(12)408-409頁。
(24) 平野・前掲注(12)409頁。

(2)　平野説の意義と疑問点

　平野説が物権法規定の強行法性の問題を「物権法定主義と私的自治の原則の対立構造」から切り離した点は画期的といえる。

　その一方で，平野説が，物権法規定に反する合意の効力が第三者に及ばない理由を物権的合意の「第三者対抗力の欠如」に求める点には疑問がある。対抗という概念は，当事者間では有効とされる合意の効力を第三者に主張できるか否かが問われる場合，あるいは，当事者間での合意が無効であることを第三者に主張できるか否かが問われる場合に用いられる概念である。しかしながら，強行規定である物権法規定に反する合意の効力をめぐる問題では，当該物権法規定が強行規定であるが故に，同規定に反する合意が第三者との関係で無効とされ，それによって取引の安全が図られるにもかかわらず，例外として当事者間に限定して合意の効力が認められるのは何故かが問われているのであり，対抗概念が用いられるべき場合とは状況が異なる。強行規定である物権法規定に反する合意は無効であるという原則（第三者効ルール）に対して例外（当事者間ルール）が認められるのは何故かが問われているのであり，対抗概念を用いる説明では説得力に欠けると思われる。

Ⅳ　強行法性をめぐる個別問題

1　強行法性が問題になり得る物権法規定

　以上の考察から明らかなように，物権法定主義の下で物権法規定を一律に強行規定と認定すべきではなく，個々の物権法規定ごとにその強行法性の有無を判断することが必要となる。

　そこで以下では，強行法性が問題となりうる物権法規定をいくつかピックアップして当該条文に反する合意や特約の効力を検討するとともに，当該条文の強行法性を正当化する根拠を探究することにしたい。具体的には，所有権内容規定（民法206条），添付規定（民法242条～248条），法定地上権規定

---

(25)　平野・前掲注(12)430-431頁。

（民法388条）を採り上げる。

2　所有権内容規定

(1)　所有権内容規定に反する特約

　贈与契約において贈与者と受贈者との間で受贈者が贈与目的物を他者に売却することを禁止する特約が締結された場合，受贈者は目的物を第三者に譲渡することができなくなるので，このような所有権譲渡禁止特約は所有権内容規定に反する特約といえる[26]。

(2)　判　例

　所有権譲渡禁止特約の効力をめぐる最上級審の判例は明治時代の大審院判決にまで遡る。[1]大判明32・3・15民録5巻3号20頁では，土地の贈与契約において「受贈された土地の譲渡を永久に禁止し，受贈者が第三者に土地を譲渡した場合には本件贈与契約は解除される」旨の特約が結ばれていたにもかかわらず，受贈者が土地を第三者に譲渡したことから，贈与者が土地贈与契約の約定解除を請求した事案が問題となった。原判決は，当事者間の特約により贈与された土地を他に売却しないという義務を受贈者に課すことは法律で禁止されておらず，この特約を有効としても第三者すなわち土地の譲受人に対抗できないので第三者は害されないという理由により，所有権譲渡禁止特約を有効とし，解除請求を認容した。これに対して，[1]判決は，受贈者による土地所有権の第三者への譲渡を永久に禁止する旨の特約は，土地の流通を阻害するとともに土地の改善も妨害し，土地の生産力を減少させることから国家の公益を害すること大であるとして，そのような特約は公序良俗違反により無効となるので約定解除請求は認められないとした。

　[1]判決は所有権譲渡を「永久に」禁止する特約を「国益を害する」ことを理由に公序良俗違反により無効としており，公序良俗に違反しない程度の一定期間のみ所有権譲渡を禁止するにすぎない特約の効力についての先例とはいえない。

　ここで注目すべきは原審の判断である。原審は本件特約を「当事者間効力

---

(26)　長坂純「所有物を処分しないという特約」椿寿夫編『強行法・任意法でみる民法』（日本評論社，2013年）93-95頁参照。

のみの合意」と捉え，「第三者に譲渡しない義務」が受贈者に課されるにすぎず，第三者は害されないとして，本件特約を有効とした。通説的見解の当事者間ルールと同様の処理をした点で注目に値する。

次に，[2]大判明45・5・9民録18輯475頁は，受贈者が永久に土地を他に譲渡しないことを負担の内容として土地を贈与した負担付贈与の事案で，[1]判決と同様に，受贈者に土地の譲渡を永久に禁止する約定は，受贈者やその子孫から「絶対に所有者たるの実を失わしむる」とともに，物の改良融通を阻害して社会経済上の利益を害することから公益に反するとして公序良俗違反により無効になるとしながら，負担付贈与における贈与契約と負担契約とは主従の関係にあるものの相互に別個の法律行為であり，負担契約が公序良俗違反により無効であることから当然に贈与契約も無効になるわけではないとした。

[2]判決も[1]判決と同様に，受贈された土地の譲渡を「永久に」禁止する旨の合意の内容が「公益」に反するとして負担付贈与の負担部分を公序良俗違反により無効としたが，受贈者から「絶対に所有者たるの実を失わしむる」という点も理由の一つに挙げていることから，「一定期間だけ」譲渡を禁止する旨の合意がなされた場合でも，所有権の実質を損なう合意であることを理由に譲渡禁止特約が無効とされる余地が残されている。

(3) 学　説

所有権譲渡禁止特約に言及した文献をみると，物権法定主義を定めた民法175条あるいは所有権の内容に関する民法206条との関係で特約の効力が検討されている[27]。民法206条によると，所有権は全面的支配権として所有物を自由に使用，収益，処分することができる権利とされており，所有権譲渡禁止特約は所有物の処分権能を所有者から剥奪し，これにより所有者は所有物を自由に処分できなくなるので，同特約は民法206条に反する合意といえる。そこで，民法206条の強行法性が問題となるが，前述のように民法175条が定める物権法定主義の目的の一つは所有権を制限する他物権を法定したものに限定することによって自由なる所有権を確立することにあるので，民法

---

(27)　加藤「物権」・前掲注(7) 7 頁，佐久間「物権」・前掲注(11) 4 頁，長谷川・前掲注(1)124-125頁，長坂・前掲注(26)94-95頁。

206条は自由なる所有権の確立を具現化した規定としてその強行法性を認定
できると思われる。もっとも，強行規定である民法206条に反する合意とし
ての所有権譲渡禁止特約は第三者との関係では無効であるが，通説的見解の
当事者間ルールに基づき，特約当事者間では効力が認められるので[28]，所
有権譲渡禁止特約に違反した者の契約責任を追及することは可能である[29]。

(4) 判例の再構成

　強行規定である民法206条に反する特約として所有権譲渡禁止特約を捉え
たうえで，前述の[1][2]判決を検討し直すと，同特約により譲渡が禁止され
ることを「絶対に所有者たるの実を失わしむる」とした[2]判決に関して
は，公序良俗違反を持ち出すまでもなく，民法206条を強行規定と解したう
えで，所有権譲渡禁止特約を民法206条に反する合意として無効とすること
で解決を図ることが可能であったと思われる。また，民法206条を強行規定
と解すると，所有権譲渡禁止特約は，通説的見解によれば「強行規定である
民法206条に反する第三者効を伴う合意として無効」となるが，「当事者間効
力のみの合意は有効」となるので，[1]判決の原審が示した「当事者間効力
のみの合意であれば有効」とする見解は，通説の視点からも正当化されると
思われる。

3 添付規定

(1) 添付規定に反する特約[30]

　民法242条から248条までがいわゆる添付に関する規定であり，所有者を異
にする複数の物が付合や混和により結合して，あるいは，所有者以外の者の

---

(28) 加藤「物権」・前掲注(7) 7頁，佐久間「物権」・前掲注(11) 4頁。

(29) なお，平野・前掲注(12)409-410頁は，所有権譲渡禁止特約について，物権的合意
　　　を有効としたうえで第三者には対抗できないという構成も考えられるとしつつ，物権
　　　の完全体ないし基本形である所有権については，他の用益物権や担保物権が成立して
　　　それによる制約を受けること及び法律による規制以外は完全に自由な制約を受けない
　　　物権として定立されるべきであるとし，物権法定主義の効果として所有権譲渡禁止特
　　　約の物権的効果は認められないとしながら，公序良俗に反しない限り，所有権の行使
　　　を制限する債務を負担する債権的合意としてその効力を認めることは否定されないと
　　　する。

(30) 青木則幸「添付規定の強行法規性」椿寿夫編『強行法・任意法でみる民法』（日本
　　　評論社，2013年）102-104頁参照。

加工により，新しく一つの物が生まれること，ならびに，新しく生まれた物の所有権の帰属について定めている。添付規定の強行法性について判例法理が形成されるまでには至っていないが⁽³¹⁾，従来から学説においてとりわけ「付合」の問題を中心に議論がなされてきた。それ故，以下では，付合規定を中心に添付規定の強行法性に関する学説状況を検討する。

添付規定に反する内容の特約としては，添付規定の適用を排除する特約（添付規定排除特約），ならびに，添付によって生み出された新たな物について添付規定が所有者と定めた者とは別の者に所有権を帰属させる旨の特約（所有権帰属特約）が考えられる。両特約の効力は添付規定の強行法性をどのように解するかによって左右される。

(2) 添付の成否に関する部分の強行法性

通説は，民法242条以下の添付規定に関して，付合，混和，加工により生み出された新たな物について原所有者等の請求により結合前の状態への分離復旧を認めることは社会経済的な損失になることから，社会経済上の不利益防止という公益的理由に基づき，「添付の成否に関する部分」は強行規定であると解している⁽³²⁾。

これに対して，通説が「添付の成否に関する部分」を強行規定と解する根拠を社会経済上の不利益防止に求めた点を批判する見解が以前から有力に主張されている。その代表格が川島武宜が唱える取引安全説であり⁽³³⁾，一物一権主義の下，独占的排他的な所有権の客体的範囲を外形的に判断確定することを可能ならしめることによって取引の安全を保障するというのが付合規定の目的であるとする。さらに，取引安全説を支持する高島平蔵は付合制度と取引安全の関係について以下のように述べる⁽³⁴⁾。通説が唱える社会経済

---

(31) 青木・前掲注(30)103頁，長谷川・前掲注(1)125頁。
(32) 我妻＝有泉「物権」・前掲注(18)304頁，末川・前掲注(19)301頁，近江「物権」・前掲注(11)234-235頁，舟橋諄一『物権法』（有斐閣，1960年）364頁。もっとも，近時では強行規定とされる根拠を明示しない見解も少なくない。安永正昭『講義 物権・担保物権法［第2版］』（有斐閣，2014年）148頁，田山輝明『物権法』（成文堂，2012年）200頁，佐久間「物権」・前掲注(11)173-175頁。
(33) 川島武宜『新版 所有権法の理論』（岩波書店，1987年）164-165頁。
(34) 高島平蔵「附合制度の機能について」民研186号7-10頁。なお，通説と取引安全説の対立状況については，新田敏「附合」星野英一他編『民法講座第3巻 物権(2)』

上の不利益防止は結合前の物の所有者間の静的な関係において付合規定の強行法性の正当化を試みる理論であるが，付合規定の強行法性は第三者との動的関係における取引の安全という公的要求にその根拠を求めるべきである。付合規定が強行規定でなければ，結合物の一部について所有者を異にする合意が有効となり，その後に結合物の所有者が結合物全体を所有していると信じた第三者が結合物を購入した場合，第三者は公信の原則で保護されるにすぎないが，付合規定が強行規定であれば結合物の一部について所有者を異にする合意は無効となり，結合物全体が一人の所有権の対象となるので，第三者は安心して当該結合物を購入できる。付合規定は公信の原則と同様に取引の安全を保護する制度であり，しかも第三者の善意悪意を問わず第三者に結合物全体の所有権を取得させることができ，より徹底した取引の安全を実現することが可能となるので，付合規定の強行法性が正当化される。

　通説と取引安全説はいずれも「添付の成否に関する部分」を強行規定と解するが，これに対して，当該部分を任意規定と解すべきとする見解も有力に主張されている。瀬川信久は[35]，付合規定について，私法上の制度である付合法の根拠は私的利益を調整する原理に求められるべきであるとし，権利者といえども自らは利益を得ず他に不利益を与えるだけの場合や他に著しい不利益を与える場合には権利を行使できないという権利濫用の禁止こそが付合法の制度趣旨であるとする。そして，同様の趣旨を添付規定一般に及ぼし[36]，添付規定の「添付の成否に関する部分」を任意規定と解すべきとする[37]。

　　（有斐閣，1984年）10-19頁。

(35)　瀬川信久『不動産附合法の研究』（有斐閣，1981年）326-330頁，川島武宜＝川井健編『新版注釈民法(7)物権(2)』（有斐閣，2007年）394-398頁（五十嵐清＝瀬川信久）。

(36)　五十嵐＝瀬川・前掲注(35)394-395頁。

(37)　通説を批判するその他の見解として，石田「物権」・前掲注(11)345-351頁は，所有者は社会経済上の不利益であるにもかかわらず所有物を破棄する自由が認められているので，それとの均衡から，添付により誕生した一つの物についても分離復旧が認められてよいとし，通説を批判する。なお，鈴木禄弥『物権法講義［五訂版］』（創文社，2007年）29-30頁は，添付についての各規定は「一種の任意規定である」としながら，第三者が添付合成物について権利を取得したり，これを差し押さえたりした場合には，この第三者との関係では取引安全のための強行規定であるとする。また，平田健治「判例附合法」阪法52巻5号131頁は，判例を詳細に分析した結果として，付

186

（3） 所有権の帰属に関する部分の強行法性

前述のように，通説ならびに取引安全説は添付規定のうち「添付の成否に関する部分」を強行規定と解するが，添付によって新たに生まれた物の所有権が誰に帰属するかを定めた「所有権の帰属に関する部分」については，当事者の意思に委ねてよいとし，この部分を任意規定であるとする[38]。また，「添付の成否に関する部分」について任意規定と解する有力説も，当然のことながら，「所有権の帰属に関する部分」を任意規定と解している[39]。

通説ならびに取引安全説によると，添付に関する条文は，一つの物が新たに形成される「添付の成否に関する部分」が強行規定となり，添付により新たに生まれた物の「所有権の帰属に関する部分」は任意規定となる[40]。通説ならびに取引安全説に従うならば，添付規定排除特約は添付規定全体の適用を排除する特約であることから強行規定に反する合意として無効となり，所有権帰属特約は添付規定のうち「所有権の帰属に関する部分」のみに反する特約なので，任意規定に反する合意として有効となる。このように通説と取引安全説は結論を同じくするが，「添付の成否に関する部分」が強行規定とされる理由について立場を異にする。通説は社会経済上の公益的要請を体現した強行規定と解し，取引安全説は第三者保護を目的とした強行規定と解している。

合制度を通説のように社会経済的価値の保存と解することはできないとして，経済的非合理的行為を封ずる大枠という意味で捉える。
(38) 我妻＝有泉「物権」・前掲注(18)304-305頁，末川・前掲注(19)301-302頁，舟橋・前掲注(32)364頁，川井・前掲注(8)166頁，近江「物権」・前掲注(11)235頁，河上「物権」・前掲注(8)280頁，加藤「物権」・前掲注(7)281頁，佐久間「物権」・前掲注(11)173頁。
(39) 五十嵐＝瀬川・前掲注(35)395頁，石田「物権」・前掲注(11)350頁，鈴木・前掲注(37)29頁。
(40) なお，松尾弘「付合の現代的問題」民法の争点121頁は，現代における付合法の機能の拡大と多様化により，付合法の目的・性質を単一化することは困難であるとして，通説と批判説の関係を重層的な関係と捉えることができるとする。また，平野裕之『物権法』（日本評論社，2016年）294頁は添付規定全体を細分化して各項目毎に強行法性を判定している。

4　法定地上権規定

　土地ならびに土地上の建物が同一人の所有に帰属している状態で，土地または建物に抵当権が設定され，抵当権の実行により土地と建物の所有者が別人になった場合に，民法388条により法定地上権が成立するが，法定地上権をめぐる特約としては，民法388条の要件を満たしているにもかかわらず法定地上権の成立を認めない特約（法定地上権排除特約）[41]，ならびに，民法388条の要件を満たしていない（あるいは満たしているか否か争いがある）場合でも抵当権実行後に地上権を成立させる特約（地上権設定特約）が考えられる。

5　法定地上権排除特約

(1)　判　例

　法定地上権排除特約について，[3]大判明41・5・11民録14輯677頁では[42]，土地上に複数の建物があり，土地と一部の建物に抵当権が設定される際に抵当権設定者と抵当権者との間で土地上に法定地上権を成立させない旨の特約が結ばれた事案において，特約によって法定地上権の不成立という利益を享受し得る土地競落人が特約の有効性を主張したが，大審院は，民法388条は建物の存続という国家経済上の公益的理由に基づき地上権の設定を「強制するもの」であるとして，特約によって民法388条の適用は排除されないとした。

(2)　学　説

　次に，法定地上権排除特約に関する学説に目を向けると，[3]判決と同様に建物保護の公益的理由を根拠に民法388条を強行規定と解して特約の効力を否定する見解がある一方で[43]，学説の多くはより詳細な分析を試みるために建物抵当権事案と土地抵当権事案を分けて特約の効力を検討している。建物抵当権にとって法定地上権は利益となり，土地抵当権にとって法定地上

---

(41)　中山知己「法定地上権の成立を排除する特約」椿寿夫編『強行法・任意法でみる民法』（日本評論社，2013年）126-128頁。

(42)　柚木馨＝高木多喜男編『新版注釈民法(9)物権(4)［改訂版］』（有斐閣，2015年）271頁（生熊長幸）。

(43)　鈴木禄弥『借地法上巻［改訂版］』（青林書院新社，1980年）249頁。

権は負担になるので，各事案において特約の意味が異なることによる[44]。

　我妻は，法定地上権制度の存在意義が「地上にある建物の存在を全うさせ
ようとする国民経済上の必要」にあることは疑いないとしながら，同制度の
存在意義はそれに限られず，「土地に建物が建設されると，それによって，
土地所有権の内容は，潜在的な関係において，その建物利用のための法益
と，その他の法益すなわち利用に対して対価を徴収しかつその利用を妨げな
い範囲で利用する法益とに分離される」が，抵当権設定時に潜在的関係であ
ったものを競売により土地と建物の所有者が別人となった際に法律上現実化
させるのが法定地上権であるとし[45]，それ故に，法定地上権の成立は抵当
権設定当事者の特約によって阻止することはできないとする。そして，建物
抵当権の設定当事者が締結した法定地上権排除特約は建物競落人の保護のた
めに無効とすべきであり，また，土地抵当権の設定当事者が締結した特約は
抵当権設定者である建物所有者が自ら取得しうる法定地上権を事前に放棄し
ていることから特約の効力を認めてもよいように思われるが，少なくとも建
物譲受人の保護のために法定地上権の成立を認めざるを得なくなるとする。
そのうえで，「外観的・画一的にとり扱うべき競売についてそうした個別的
な効果の差異を認めることは適当ではない」とし，特約の効力を特約当事者
間の債権的な効果に止めるべきとする[46]。我妻説は建物の存続という国民
経済上（社会経済上）の要請のみならず設定当事者の合理的意思の推測も法
定地上権の制度趣旨であることを確認したうえで，第三者の保護や競売手続
における画一的対応の必要性も重視し，建物抵当権事案と土地抵当権事案の
いずれにおいても特約の効力を否定している。我妻説は結論において[3]判
決と同じく法定地上権排除特約を無効としているが，建物保護という公益的
理由だけではなくそれ以外の多様な要素を考慮に入れて民法388条を強行規
定と解しており，この点で，公益的理由のみを強調した[3]判決と異なる。

　柚木馨は，法定地上権の制度趣旨が，建物を存続させることにより社会経
済上の不利益を防止するという公益的理由，ならびに，抵当権者と設定者の

---

(44)　柚木馨＝高木多喜男『担保物権法［第三版］』（有斐閣，1982年）349頁。
(45)　我妻栄『新訂担保物権法（民法講義Ⅲ）』（岩波書店，1968年）349頁。
(46)　我妻「担保物権」・前掲注(45)366頁。

意思の推測に求められることから，同条は一面において強行法的性質を帯び
るとともに，他面においてその解釈にあたっては公共的見地の許す限り当事
者の意思を尊重してその利益の調和を図るべきとする。そのうえで特約の効
力について，建物抵当権事案では建物競落人を保護するために法定地上権排
除特約の効力は否定されるが，その一方で，土地抵当権事案では建物所有者
である土地抵当権設定者自らが建物について事前に法定地上権の利益を放棄
しても第三者を害しないとし，さらに，建物保護という民法388条の公益的
性質も法定地上権を不要とする者にこれを強いるほど強行的な意味を有する
ものではないとして，特約の効力を認めて法定地上権の成立を否定する（た
だし，この特約は建物の譲受人には対抗できないとする）[47]。柚木説は建物保護
という公益的理由に基づき民法388条を強行規定と解したうえで，特約当事
者の意思に反してまで民法388条の強行法性を貫徹する必要はないとして，
建物抵当権事案では建物所有者である抵当権設定者の利益放棄の意思よりも
建物競落人という第三者の保護を優先して法定地上権排除特約を無効としな
がら，土地抵当権事案では建物所有者である抵当権設定者の利益放棄の意思
を尊重しても第三者が害されないことを理由に特約の効力を認める。しかし
ながら，柚木説は公益的理由に基づく強行規定が当事者の意思に劣後する理
由，ならびに，第三者の利益を害するおそれがあるか否かが強行法性の限界
を画する基準とされている理由が明確に示されていない点で疑問が残る。

　柚木説に対する疑問点の解消に努めたのが以下に示す高木多喜男の見解で
ある。抵当権設定当事者である抵当権者と設定者はいずれも抵当権実行後も
建物が存続することを予測して抵当不動産の担保価値を評価しており，この
ような予測を現実化するのが法定地上権の制度趣旨であり，地上建物の保護
は副次的な制度趣旨にすぎない。法定地上権制度は抵当権設定当事者の予測
ないし予期を抵当権実行時に現実化する制度であるから公益的な強行規定と
解する必要はないが，法定地上権排除特約の効力を第三者に主張し得ないこ
とは契約理論から当然のことであるから，特約の効力として法定地上権の成
立が妨げられることはない。しかしながら，法定地上権の取得者が特約の当

---

(47)　柚木＝高木・前掲注(44)349-350頁。

事者の場合，つまり，土地抵当権事案における建物所有者は特約により法定地上権を放棄したと解し得るが故に法定地上権の成立を否定してよく，また，抵当権設定当事者が競売の買受人になった場合も特約の効力を認めてよい。ただし，建物が譲渡された場合の譲受人は第三者であるから特約の効力が及ばず法定地上権が成立する[48]。

高木説は，柚木説が民法388条を強行規定と解しながら建物保護という公益的要請よりも設定当事者の意思の推測を重視したことからさらに一歩進めて，民法388条は公益的な強行規定ではないとするが，その一方で，特約の効力が第三者に及ばないことを理由に，第三者との関係で特約の効力を否定する。その結果として，特約当事者である抵当権者が競落人になった場合には，特約当事者以外の第三者が登場しないので特約の効力が認められ法定地上権は成立しないが，第三者が競落人になった場合や土地抵当権事案において建物が譲渡された場合には，競落人や建物譲受人という第三者に特約の効力が及ばず法定地上権が成立すると述べる。

さらに，川井健は土地抵当権事案において特約の効力を否定して法定地上権の成立を認めた判例や我妻説を民法388条強行法規説と名付けたうえで，建物を取り壊す予定があり土地を更地なみに高く評価してほしい場合には特約の効力を認める必要があるとして，民法388条の排除は設定者による法定地上権の利益の放棄であり抵当権設定当事者間では特約を有効とすべきとし，民法388条任意法規説を唱えるが，建物の譲受人には特約を対抗しえないとする。しかし，その一方で，建物抵当権事案では388条は強行法規であるとし，特約は効力を有せず建物の買受人を拘束しないとする[49]。川井説は土地抵当権事案と建物抵当権事案における状況の違いを民法388条の強行法性の認定に反映させようとする見解といえるが，これに対しては，同一の条文についてある事案では任意規定，他の事案では強行規定と性質決定することが解釈上許されるのか疑問が残る。

石田穣は，［3］判決を引用したうえで法定地上権排除特約によって法定地上権は原則として排除されないとしながら，例外的に特約の効力が認められ

---

(48)　高木多喜男『担保物権法［第4版］』（有斐閣，2005年）190-191頁。

(49)　川井・前掲注(8)363-364頁。

る場合を土地抵当権事案と建物抵当権事案に分けて検討している[50]。ま
ず，建物抵当権事案では，本来，建物の買受人，後順位抵当権者，差押債権
者は法定地上権の成立により利益を受けることができたのであるから，当事
者の特約によりこれら第三者の利益を奪うことは許されないが，後順位抵当
権者や差押債権者が存在せず，かつ，建物抵当権者自身が建物の買受人にな
った場合は第三者の利益を考慮する必要がなく，特約の効力が認められ法定
地上権は成立しない。また，土地抵当権事案でも，建物抵当権者，建物の差
押債権者，建物の譲受人など法定地上権の成立について利益を有する第三者
がいた場合には，当事者の特約により第三者の利益を奪うことは許されない
が，第三者が存在しない場合であれば特約の効力により法定地上権は不成立
となる。石田説は[3]判決を引用して特約の効力を原則として否定している
ので，[3]判決と同様に公益的理由に基づき民法388条を強行規定と解してい
るようであるが，それにもかかわらず法定地上権の成立について利益を有す
る第三者が存在しない場合に例外的に特約の効力を認めている。しかしなが
ら，例外が許容される理論的根拠が明らかにされていない。民法388条を公
益的な強行規定と解するのであれば，第三者の存否にかかわらず特約の効力
は否定され法定地上権が成立するはずであるが，第三者の存否によって特約
の効力が左右されるのであれば，民法388条は第三者を保護する範囲内で強
行規定と解されるにすぎず，公益的強行規定と解することとの間に矛盾が生
じるように思われる。

　以上のような議論は最近では下火となり，近時の物権法概説書では，法定
地上権の制度趣旨として「建物の保護という公益的理由」のみならず「建物
存続を容認する設定当事者の合理的意思の推測」も挙げたうえで[51]，民法
388条が強行規定か否かの問題については深く立ち入ることなく[52]，法定地
上権排除特約の効力を第三者に及ぼすべきではないことを理由に原則として

---

(50)　石田穣『民法大系(3)担保物権法』（信山社，2010年）390-391頁。

(51)　髙橋眞『担保物権法［第2版］』（成文堂，2010年）144頁，河上正二『担保物権法
　　　講義』（日本評論社，2015年）203頁，松岡久和『担保物権法』（日本評論社，2017年）
　　　133頁。

(52)　生熊・前掲注(42)269頁は民法388条が「一面において強行法的性質を有するといえ
　　　る」と述べるにとどまる。

特約の効力を否定しながら，当事者間において特約が有効になることを前提に，抵当権者が買受人になる場合のように特約によって不利益を被る第三者が登場しない場合には例外として特約を有効と解するのが一般的な傾向といえる[53]。

　その代表として生熊長幸の見解を以下に引用する。「法定地上権制度の根拠を社会経済上の不利益という公益的理由と抵当権設定当事者の意思の推測とに求めるならば」，法定地上権排除特約により「第三者が不利益を被ることは許されないが，特約の当事者がこれにより不利益を受けることまで否定する必要はないといえる（もっとも，土地の上の建物がかなりの価値のあるものである場合に，土地およびその上の建物の所有者が，土地・建物の共同抵当権の設定をするのではなく，土地にのみ抵当権を設定し，建物のために法定地上権が成立しない旨の特約を結んだ場合には，その特約の成立の認定には慎重であるべきであろう）。したがって，建物抵当権設定の場合，かかる特約は建物買受人との関係では無効であるが，土地抵当権設定の場合，土地買受人は抵当権設定者である建物所有者に対し特約の有効性を主張しうる（法定地上権の成立を否定して，建物収去土地明渡しを請求しうる）と考えられる（もっとも，土地の競売前に抵当権設定者である建物所有者から建物を譲り受けた者には，特約の有効性を主張しえない）」[54]。

6　地上権設定特約

（1）　地上権設定特約をめぐる判例学説

　次に地上権設定特約について検討する。更地に抵当権が設定される際に将来建築予定の建物のために抵当権実行後に地上権を設定させる趣旨で結ばれる特約がこれに該当する。地上権設定特約に関する最上級審判例は後述する

---

(53)　道垣内弘人『担保物権法［第4版］』（有斐閣，2017年）226-227頁，近江幸治『民法講義Ⅲ担保物権［第2版補訂］』（成文堂，2007年）184頁，河上「担保物権」・前掲注(51)204頁。平野・前掲注(12)409頁は，法定地上権排除特約について，当事者間では特に窮状に乗じて債権者が合意させたといった事情がある場合に限り公序良俗違反を問題にすればよく，契約の効力を第三者に及ぼし得ないので，特約の効力が競落人に及ばないと考えればよいとする。

(54)　生熊・前掲注(42)271-272頁。

[6]判決のみである。そこで，まず[6]判決が登場するに至るまでの更地抵当権設定後の建物建築事案をめぐる判例の展開を概観したうえで，[6]判決について検討することにしたい。

　更地に抵当権が設定された後に築造された建物について土地競売後に法定地上権が成立するかについて，[4]大判大4・7・1民録21輯1313頁は，更地として担保評価した抵当権者に予期せぬ損失を負わせるべきではないという理由で法定地上権の成立を否定した(55)。また，法定地上権の成立が否定されても土地の抵当権者が民法389条の一括競売の申立をすれば土地と建物が一括して競売されるので建物は存続するが，[5]大判大15・2・5民集5巻82頁は，民法389条の一括競売について土地抵当権者の権利であって義務ではないとした(56)。これにより，更地に抵当権が設定された後に建物が建築された場合に土地抵当権者が一括競売を選択せず，土地の競売のみを申し立てた場合には，法定地上権は成立せず，建物は保護されないことになる。

　それ故，土地抵当権者と設定者間で締結された地上権設定特約により抵当権設定者である建物所有者の保護ならびに建物自体の保護を図ることができるかが問題となるが，[6]大判大7・12・6民録24輯2302頁は，更地上の抵当権設定契約に際して抵当権者と設定者との間で将来土地上に建築される建物について土地競売後に地上権が設定される旨の特約がなされたが土地の競落人が法定地上権の成立を争った事案において，土地の競落人が他人の行為（抵当権者と設定者間の地上権設定特約）により地上権の負担を甘受すべき理由はないとして，土地の競落人に対して特約の効力は及ばないとした(57)。

　学説をみると，近江幸治は，建物の建築が予定されている更地に抵当権を設定する際に締結された地上権設定特約について，私人間の合意によって競売の効力を左右することは許されないという理由により競落人に対抗できないとするが，建物の建築が開始された後に抵当権が設定された場合であれば建物が建設されることが外形上明白であることから法定地上権の成立が容認

(55)　松本恒雄「民法三八八条（法定地上権）」広中俊雄＝星野英一編『民法典の百年II』（有斐閣，1998年）656-657頁，生熊・前掲注(42)275-276頁。
(56)　松本・前掲注(55)672-673頁，生熊・前掲注(42)405頁。
(57)　松本・前掲注(55)657-658頁，生熊・前掲注(42)283頁。

されるとする⁽⁵⁸⁾。

　また，石田穣は以下のように述べる⁽⁵⁹⁾。土地の買受人，後順位抵当権者，差押債権者は，法定地上権が成立しないことにより利益を受けるが，原則として，当事者の合意によってこれら第三者の利益を奪うことは許されない。しかし，第三者がいなければ当事者の特約の効力を認めて差し支えないので，後順位抵当権者や差押債権者がおらず，かつ，抵当権者が買受人になった場合には法定地上権が成立すると解される⁽⁶⁰⁾。

　以上が，地上権設定特約の効力をめぐる学説の状況であるが，この問題に関しては，民法388条の解釈として，更地上に抵当権が設定された後に築造された建物について法定地上権の成立が認められるか否かが重要な鍵を握る。民法388条の解釈としてこの場合にも法定地上権が成立すると解することができるのであれば，地上権設定特約は民法388条の解釈として認められる結論を確認する特約にすぎず，当然に特約の効力が認められることになるからである。

　そこで次に，更地抵当権設定後の建物建築事案における法定地上権の成否に関する[4]判決以降の判例を考察し，法定地上権の成立を否定した[4]判決がその後の判例において踏襲されているかを確認するとともに，法定地上権の成否をめぐる学説の状況を考察することにしたい。

（2）　更地抵当権設定後の建物建築事案をめぐる判例学説

　更地抵当権設定後の建物建築事案に関しては[4]判決以降も多くの最上級審判決が登場している。前掲の[5]判決は，更地に抵当権が設定された後で建築された建物に第三者の抵当権が設定され，建物抵当権の実行後に建物の競落人が法定地上権の成立を主張した事案において，民法388条により法定地上権の成立を認めながら，当該法定地上権は土地抵当権者ならびに土地の競落人には対抗できないとした⁽⁶¹⁾。

---

(58)　近江「担保物権」・前掲注(53)186-187頁。

(59)　石田「担保物権」・前掲注(50)372頁。

(60)　生熊・前掲注(42)283頁も，土地買受人が合意の当事者である土地抵当権者自身であれば地上権の主張が認められるとしながら，第三者が買受人になった場合に地上権の主張を否定する。

(61)　松本・前掲注(55)669-670頁。

　[7]最判昭36・2・10民集15巻2号219頁は，更地上に抵当権が設定された後に建物が建築されたが土地抵当権者が建物の築造を予め承認していた事案において，建物の築造を土地抵当権者が予め承認した事実があっても抵当権者が土地を更地として評価したことが明らかであるという理由により，法定地上権の成立を否定した[62]。しかしながら，[7]判決は土地抵当権者自身が土地を競落した事案であったことから，抵当権者の保護を考慮する必要がなかったのではないかという疑問が提起されている[63]。

　さらに，[8]最判昭47・11・2判時690号42頁は，更地に第一順位の抵当権が設定された後に建物が築造され，その後に土地に第二順位抵当権が設定された事案において，後順位抵当権者の申立による競売であっても先順位抵当権設定当時の状態において競売されるべきであるから法定地上権は成立しないとし，先順位抵当権者が建物の築造を承認したとしても，「そのような当事者の個別的意思によって競売の効果をただちに左右しうるものではなく，土地の競落人に対抗しうる土地利用の権原を建物所有者に取得させることはできない」とし，土地競落人の保護が重視されている[64]。

　以上のように，更地抵当権設定後の建物建築事案の判例では，土地を更地として担保評価した土地抵当権者ならびに土地競落人の期待の保護が重視される一方で，建物保護という公益的要請は尊重されず，法定地上権の成立が否定されている。

　次に学説を検討する。我妻は，設定者が抵当権者から法定地上権の成立を認めるという諒解をとりつけて建物を建設しても，画一的に行われる競売の効力を制限して法定地上権の成立を認めることはできないとしながら，その一方で，抵当権者自身が競落人となった場合には，地上権を設定する義務を負うと解する余地があるとする[65]。我妻説は土地抵当権者が更地として担保評価する利益を放棄して法定地上権の成立を承諾しても，土地競落人を保護する必要があることを理由に法定地上権の成立を否定すべきとし，土地抵

---

(62)　松本・前掲注(55)658頁，生熊・前掲注(42)282頁。
(63)　松本・前掲注(55)658頁。
(64)　松本・前掲注(55)658-659頁。類似の事案における近時の最高裁判決として最判平4・4・7金法1339号36頁がある。
(65)　我妻「担保物権」・前掲注(45)353頁。

当権者が競落人になった場合には，競落人の保護が不要となることから法定地上権が成立する可能性を認める。判例と同様に，更地として担保評価した抵当権者の保護ならびに法定地上権が成立しないと期待した土地競落人の保護が重視されている。

　近時の学説も，更地として担保評価した抵当権者の期待ならびに土地競落人をはじめとする第三者の利益を保護すべきという理由に基づき法定地上権の成立を原則として否定しながらも，例外として法定地上権が成立する余地を認める見解が多い。抵当権者が法定地上権の成立を前提にして担保評価を行い，しかも，法定地上権が成立しないものと期待している第三者が存在しない場合がこれに該当する。具体的には，抵当権設定時にすでに建物の建築が開始されていたり，あるいは，近い将来に建物の建築が予定されていることから抵当権者が法定地上権の成立を前提に土地の担保評価を行い（抵当権者の保護が不要）[66]，かつ，後順位抵当権者が不存在で抵当権者自身が土地を競落した場合（保護すべき第三者が不存在）[67]，あるいは，更地への抵当権設定後に建築された建物にも土地抵当権と同順位の抵当権を付けて共同抵当にした場合[68]などである。また，客観的な基準による画一的な判断の下で迅速に進行されるべき競売手続上の要請を重視して，法定地上権が認められる範囲をできるだけ狭く解すべきとする見解もある[69]。

　以上のように，我妻説を継承する通説的見解は，更地抵当権設定後の建物建築事案において原則として法定地上権の成立を否定する立場であるが，これに対して，同事案において法定地上権の成立を積極的に肯定する見解が以前から有力に主張されている。

---

(66)　近江「担保物権」・前掲注(53)187頁，道垣内・前掲注(53)216頁，石田「担保物権」・前掲注(50)371頁。これに対して，高橋・前掲注(51)147-148頁は，抵当権設定時における抵当権者の予測を重視するとしても388条の要件である「建物の存在」と同様に扱うことができるほどの建物の外形が成立していることが必要であるとする。生熊・前掲注(42)283頁も建物の存在を予測せしめかつ社会経済的観点からその価値の維持を図るべき程度に建築が進んでいれば法定地上権を認めるべきとする。

(67)　道垣内・前掲注(53)216頁，松岡「担保物権」・前掲注(51)136頁，石田「担保物権」・前掲注(50)372頁，松井宏興『担保物権法［補訂第2版］』（成文堂，2011年）75頁。

(68)　河上「担保物権」・前掲注(51)206頁。

(69)　松岡「担保物権」・前掲注(51)135-136頁。

代表的論者である柚木馨は以下のように説く[70]。土地抵当権は土地の使用収益を設定者に委ねるものであり，抵当権設定後に土地上に建物を建築することも設定者の自由であるが，抵当権設定後に建築された建物について法定地上権の成立を認めず競売後に建物を収去させることは，設定者に土地の使用収益を認めたことと矛盾する。設定者が自由に建物を建築できるようにするためには，抵当権設定時に建物が存在していない場合でも，その後に築造される建物のために土地競売後に法定地上権を認めるべきである。これにより，法定地上権の制度趣旨である建物の崩壊を防止する社会経済上の要請にも資する。そして，土地のみを競売した土地抵当権者は法定地上権の成立を甘受すべきであり，これを欲しない土地抵当権者は民法389条が定める一括競売を申し立てることにより不利益を回避できる。

　さらに，柚木説を支持する松本恒雄は[71]，更地上の抵当権設定後の建物建築事案において土地の利用確保を優先すべきとしたうえで，一括競売権という特権を行使することによって法定地上権の負担を回避することができたにもかかわらず，土地抵当権者が一括競売権を行使しない場合には，法定地上権の負担を甘受する意思があるとして，法定地上権の成立を認めてよいとする[72]。

　柚木説ならびに松本説に対しては，更地としての評価額と一括競売における土地の価格が異なる場合に抵当権者が不利益を受けるおそれがあるとの批

---

(70)　柚木＝高木・前掲注(44)364-367頁。その一方で，高木・前掲注(48)205-206頁は柚木説を傾聴すべき見解としながら，更地としての担保評価という現実を前提に置いた解釈論が妥当であるとする。

(71)　松本・前掲注(55)680-683頁。松本説を支持する見解として，生熊・前掲注(42)280-281頁。

(72)　同趣旨の見解として，平野裕之『担保物権法』(日本評論社，2017年)89-90頁は，土地と建物の全体価値考慮の実現は389条の一括競売権によっても可能であり建物保護のために一括競売を間接的な義務と解すべきと説く。山野目章夫『物権法［第5版］』(日本評論社，2012年)311-312頁は388条と389条を互いに有機的に関連付けて運用すべきとし，法定地上権の可能性を広く認めつつそれによる減価を嫌う土地抵当権者に一括競売の途を残す処理を基本に据えるべきとする。加賀山茂『債権担保法講義』(日本評論社，2011年)432-434頁は，柚木説と松本説が提示した根拠に賛同したうえで，2004年の民法現代語化の際に民法388条が実質的に改正され，法定地上権の目的が当事者（特に抵当権者）の意思の推測から建物保護のためへと変更されたとして，法定地上権を積極的に認めるべきと主張する。

判(73)，建物の保護を重視するあまり一括競売により建物所有者が所有権を剥奪されるという不利益を被る点を軽視しているとの批判(74)がなされている。

(3)　建物再築事案をめぐる判例

　続いて，更地抵当権設定後の建物建築事案と状況が類似する土地抵当権設定後の建物再築事案の判例を概観する。

　まず，[9]最判昭10・8・10民集14巻1549頁は(75)，改築前の旧建物を基準に土地を担保評価した抵当権者を保護するために旧建物を基準とした法定地上権を認めるが，[10]最判昭52・10・11民集31巻6号785頁は(76)，抵当権設定の時点で，将来，旧建物が取り壊され新建物が再築されることを抵当権者が了承していた事案において，旧建物を基準とした法定地上権の成立を認めるのは，旧建物を前提に土地を担保評価した抵当権者に不測の損害を被らせないためであるから，抵当権者の利益を害しない特段の事情があれば再築後の新建物を基準とした法定地上権が成立しうるとした。なお，本件では抵当権者が土地を競落しており，第三者である土地競落人の保護を考慮する必要がなかった。それ故，本件を抵当権者と抵当権設定者との間の法定地上権の内容に関する特約の効力の問題として扱うことも可能とされている(77)。

　また，土地と建物に共同抵当権が設定された後に建物が再築された事案において，[11]最判平9・2・14民集51巻2号375頁は(78)，「新建物の所有者が土地の所有者と同一であり，かつ，新建物が建築された時点での土地の抵当権者が新建物について土地の抵当権と同順位の共同抵当権の設定を受けたとき」等の特段の事情がない限り，新建物のための法定地上権の成立を否定したが，その理由として，「抵当権者は土地及び建物全体の担保価値を把握しているから，抵当権の設定された建物が存続する限りは当該建物のために

---

(73)　高島平蔵『叢書民法総合判例研究⑯抵当権と用益権［第2版]』（一粒社，1982年）50-51頁。

(74)　水津太郎「法定地上権と一括競売の関係」名法254号217頁以下。

(75)　生熊・前掲注(42)287-289頁，松本・前掲注(55)660頁。

(76)　生熊・前掲注(42)289頁，松本・前掲注(55)661-662頁。

(77)　松本・前掲注(55)662頁。

(78)　道垣内弘人「判批」民法判例百選Ⅰ［第8版]186頁。土地建物共同抵当の建物再築事案をめぐる判例学説の詳細は，生熊・前掲注(42)291-323頁。

法定地上権が成立することを許容するが，建物が壊されたときは土地につい
て法定地上権の制約のない更地としての担保価値を把握しようとするのが，
抵当権設定当事者の合理的意思であり」，法定地上権の成立を認めると土地
全体の価値（更地としての価値）を把握していた抵当権者に不測の損害を与
えることになり，抵当権設定当事者の合理的意思に反するという点が挙げら
れた。また，同判決は，法定地上権の制度趣旨について，抵当権実行後も土
地を利用する権利を有するとの建物所有者や建物抵当権者の合理的意思の尊
重と建物保護の公益的要請を挙げるが，その一方で，新建物のための法定地
上権を原則として否定すると建物保護の要請に反する結果を招く点について
は，「建物を保護するという公益的要請に反する結果となることもあり得る
が，抵当権設定当事者の合理的意思に反してまでも右公益的要請を重視すべ
きであるとはいえない」とした。建物保護という公益的要請よりも，更地と
して担保評価した抵当権者の期待保護の方を優先させたことになる。

　以上のように，建物再築事案においても抵当権者の担保評価に対する期待
の保護や第三者の利益保護が重視されており，とりわけ，[11]判決では抵当
権者の期待保護が建物保護という公益的要請よりも優先されている。[11]判
決が採用した見解は，建物保護という公益的理由に基づき民法388条を強制
的に法定地上権を成立させる強行規定であると解して法定地上権排除特約を
無効とした[3]判決の考えとの間に，かなりの隔たりがある。

V　おわりに

　物権法規定の強行法性に関する判例学説の考察により，解明された点と今
後検討すべき課題を以下に示す。

1　物権法定主義との関係

　まず第一に，物権法定主義と私的自治の原則は相互に対立する関係にはな
く，それどころか逆に，物権法定主義は物権法領域において私的自治の原則
を支える役割を担っている。それ故，物権法定主義と私的自治の原則との対

立構造を前提にして物権法定主義の下で物権法規定の多くを強行規定と解する通説的見解は再考が求められる。

　第二に，物権法定主義は物権法規定の強行法性を一律に認定する正当化根拠とはなり得ないが，個々の物権法規定の強行法性を判定する際の考慮要素として機能する。物権法定主義は自由なる所有権の確立と物権の公示の実効性を確保することで取引の安全を図ることを目的とする法理であることから，所有権に関する規定や取引の安全（第三者の信頼保護）に関係する規定の強行法性を正当化する根拠になり得ると思われる。例えば，所有権の内容を定めた民法206条は自由なる所有権の確立に不可欠な規定であることから，物権法定主義を根拠に民法206条を強行規定と認定することができると思われる。その結果，所有権譲渡禁止特約は，強行規定である民法206条に反する特約として無効となる。

2　添付規定の分析から得られる示唆

　民法242条以下の添付規定について，「添付の成否に関する部分」の強行法性をめぐり見解が対立しており，通説は添付によって結合された新たな物について結合前の状態への分離復旧を認めることは社会経済的な損失になることから，社会経済上の不利益防止という公益的理由に基づき，添付の成否に関する部分を強行規定と解するが，これに対して，一物一権主義の下で取引の安全を保障するのが「添付の成否に関する部分」の目的であるとする取引安全説が対立している。通説と取引安全説はいずれも添付規定のうち「添付の成否に関する部分」を強行規定と捉えているが，強行法性を肯定する結論が同じであるにもかかわらず，通説と取引安全説が対立しているということは，社会経済上の不利益防止という「公益的理由」を根拠とする強行規定と，取引安全という第三者保護を根拠とする強行規定が，種類を異にしていることの証といえるのではないか。

3　法定地上権規定の分析から得られる示唆

　法定地上権排除特約を無効とする判例は，民法388条を建物保護という公益的理由に基づく強行規定であると解している。学説の大半も民法388条を

強行規定と解しているが，判例とは異なり建物保護という公益的理由はあまり重視されておらず，むしろ，法定地上権が成立すると期待していた第三者の期待や利益の保護という観点からその強行法性が正当化されている。更地抵当権設定後の建物建築事案における法定地上権の成否をめぐる議論においても，判例や通説は建物保護という公益的理由よりも法定地上権が成立しないと期待した第三者保護に重きを置いている。土地建物共同抵当の建物再築事案における近時の判例に至っては，抵当権者保護の要請が建物保護の公益的要請よりも優先されることが明言されている。このように判例通説において建物保護の公益的要請があまり重視されていないにもかかわらず，それでもなお民法388条を強行規定と解するならば，同条は「公益的要請に基づかない強行規定」と位置付けられることになる。添付規定の分析から得られたのと同様の示唆が，法定地上権規定の分析からも得られることになる。

4 「公の秩序に関しない強行規定」としての物権法規定

通説によると，強行規定は「公の秩序に関する規定」であると定義されているが，その一方で，強行規定には私的自治の限界を画する機能が担わされている。しかしながら，このような定義と機能との間にはズレがある。私的自治の限界は公序のみではないからである。公序は外在的制約として私的自治の限界を画するが，これとは別に，当事者間の合意によって第三者の利益を害することはできないという私的自治の内在的制約も存在する。強行規定は，このような二種類の制約を具体化したものと解されることから，いずれの制約を具体化したかによって区別することが必要と思われる。一方は，私的自治の外在的制約である公序つまり公益的要請を具体化した「公の秩序に関する強行規定」であり，他方は「当事者の合意により第三者の利益を害することは許されない」という私的自治の内在的制約を具体化した「公の秩序に関しない強行規定」である。添付規定のうち「添付の成否に関する部分」の強行法性をめぐる通説と取引安全説の対立，ならびに，法定地上権を定めた民法388条の強行法性をめぐる建物保護の公益的要請を重視するかつての判例と，設定当事者の期待保護や第三者の利益保護を重視する近時の判例通説の対立は，公序型強行規定と非公序型強行規定を区別することの必要性を

裏付けているといえる。

5　非公序型強行規定における第三者効ルールと当事者間ルール

前述のように，強行規定には「公の秩序に関する」強行規定（公序型強行規定）と「公の秩序に関しない」強行規定（非公序型強行規定）があり，物権法規定の多くは非公序型強行規定に属すると解される。通説的見解の第三者効ルールと当事者間ルールの並存が正当化されるのは「当事者の合意により第三者の利益を害することは許されない」という私的自治の内在的制約を具体化した非公序型強行規定のみと解されるからである。公序型強行規定であるならば，当事者間ルールは成り立たず，公序型強行規定に反する合意は当事者間でも無効とならざるを得ないであろう。今後は，個々の物権法規定が強行規定と任意規定のいずれであるかを検討するだけではなく，強行規定と認定された物権法規定が公序型強行規定と非公序型強行規定のいずれに該当するかの検討も必要になると思われる。

6　一つの条文内における強行法的部分と任意法的部分の並存

通説によると添付規定は強行規定の部分（添付の成否に関する部分）と任意規定の部分（所有権の帰属に関する部分）からなる複合型の条文となるが，強行規定と任意規定をめぐる従来からの議論は，一つの条文が強行規定と任意規定のいずれに該当するかを論じるものであり，この点で，添付規定の強行法性に関する通説の立場はかなり異質なものといえる。そこで，強行規定の部分と任意規定の部分が一つの条文に並存することを認めてよいのか，一部のみ強行規定という条文は添付規定以外には存在しないのかなど，新たな問題が浮かび上がる。今後，添付規定の強行法性をめぐる議論を参考にしながら，「条文の一部のみの強行法性」の問題についても検討することが必要であろう。

9 対抗要件規定と強行法・任意法

中 舎 寛 樹

I　はじめに

　民法典には，「対抗することができない」ないし「対抗することができる」という規定（以下，「対抗規定」という）が数多く存在する。フランス民法やドイツ民法においても同様の規定は存在するが，わが国の民法典は，その法的性質について一般的な定義を示さないまま，これを随所で多用している点で独特である[1]。2017年改正後の民法典でも，64か条の対抗規定がある。また，対抗という用語を用いていないものの，内容的に対抗規定であることが明らかなものもある（たとえば，民376条2項）。

　筆者は，かつて，無効に関する共同研究の一環として，明文で対抗不可・対抗可という文言を用いている民法上の対抗規定すべてを対象とし，それらが効果の点で無効とどのように異なるのかを明らかにするために，誰に対して効力を主張できないのか（または誰に対して主張できるのか）という観点から，対抗規定を段階的に分類・整理した。その結果，対抗規定は，一定の行

（1）　中舎寛樹「『対抗スルコトヲ得ス』と無効」椿寿夫編『法律行為無効の研究』（日本評論社，2001年）635頁。

為や事実の効力の対人的制限という点で共有性を有しつつ，その人的範囲の違いに応じて，絶対無効に限りなく近いものから，有効であることを特定の者にのみ主張できないものまで7つの段階に分かれていることを明らかにした。そして，わが国の対抗規定は，有効でも無効でもないという独自の効果を有しつつ，無効，取消し以外の法力否定の一態様として機能しており，わが国における効力否定概念の全体が段階的で柔軟性を持つことに寄与していると結論づけた。

　これに対して本稿は，このような結論，すなわち，対抗規定の人的範囲の段階性をふまえた上で，対抗規定に反する特約，合意，承認，一方的な主張の放棄などが有効か否かという観点から，対抗規定の特色，機能を明らかにすることを目的とする。しかし，民法起草者は，「対抗」とい用語を統一的な理解を示さないまま，各所で用いているため，これらをどのように整理するか自体が問題になる。逆に言えば，一定の基準で整理することができれば，その横断的な共通性も自ずと明らかになるという側面もある。従来の研究で，このような観点から対抗規定を整理したものはほとんど見られず[2]，ここで新たな基準を設定するほかない。

　そこで，本稿では，タイトルから明らかなように，対抗規定のうち，対抗要件を規定するもの（以下，「対抗要件規定」という）を検討の対象とする。民法典の対抗規定は，【表1】から明らかなように，大別すると，ある権利ないし法律上の立場を主張することができるか否かに関する規定と，権利や立場ではなく，一定の事由の存否を紛争の相手方に対して主張できるか否かに関する規定とに分かれる。ここでいう対抗要件規定とは，前者であり，

---

(2)　わずかに，七戸克彦『物権法Ⅰ』（新世社，2013年）108頁は，対抗要件主義の効果を民法177条・178条に限定せず一般的に明らかにしている。それによれば，「対抗することができる」とは，一定の法的要素（法的事実・法律行為・権利・法律上の地位ないし法律関係）の存否を当事者あるいは第三者に対して主張できることをいい，「対抗することができない」とは，当該法的要素の存否それ自体については有効に確定しているが，これを当事者・第三者に対して積極的に主張することができないことをいうとする。そして，第三者に対する対抗不能の場合には，当事者間での主張は可能であり，また，当事者に対する対抗不能・第三者に対する対抗不能のいずれに関しても，相手方当事者・第三者の側からこれを承認・援用することは許されるという。これは，対抗規定を横断的に整理する数少ない文献であるが，内容的には，従来の対抗規定の一般的特徴以上のことを明らかにしているものとはいえない。

「権利，行為，事実，法的立場を主張するために，それを主張する者の側に一定の要件を課す規定」である。これに対して，後者の対抗規定（たとえば民法94条2項における無効の対抗不能）は，通常，対抗要件を規定するものとは解されていないことから，本稿の検討からは除外する。また，対象とする対抗要件規定は，条文の文言上，対抗という用語を用いているものに限定している。これは，本稿では，個々の対抗要件規定の解釈問題に深く立ち入ることができないこと，および，実質的に対抗要件規定と解されるものの抽出を目的とするものではないことから，形式的な基準から対象を抽出することにしたためである。

　以上のとおり，本稿では，民法典が規定する対抗要件規定（26か条ある）を対象として，代表的なカテゴリーごとに，対抗要件規定が強行規定か否かについて，それらに反する特約，合意，承認などが有効か否かという観点から，それらに共通する特色，機能，法的性質を明らかにすることにする。

Ⅱ　対抗要件規定の整理

　民法典における対抗要件規定を一覧すれば，【表2】のとおりである。
　①対抗要件の種類
　対抗要件の種類には，不動産についての登記，動産についての引渡し・占有，債権等についての通知・承諾があり，民法の対抗要件制度は，登記，占有移転，通知・承諾の三つを中心に構成されているといえる。
　②対抗の相手方
　対抗の相手方は，第三者とそれ以外の一定の者に二分される。後者の規定は，後述のように，ほとんどの場合，その対象者の保護を目的とするものである。
　③対抗不能・対抗可能
　規定の仕方は，対抗することができないとするタイプの規定が多いが，対抗することができるとするタイプの規定も少なくない。
　④対抗の意義

　最も重要な分類と考えられるのは，当該規定が何のために対抗要件を課しているかによる分類である。これには，民法177条を典型とするように，自己の権利・法律上の立場が対抗の相手方に優先することを主張するためには一定の要件を備えなければならないとする規定（これを「優先権主張型」ということにする）と，民法467条1項を典型とするように，優先権を争うのではない相手方を保護するために，自己の権利・法律上の立場を主張するためには一定の要件を備えなければならないとする規定とがある（これを「相手方保護型」ということにする）。たとえば，民法177条では，不動産の物権変動は登記をしなければ第三者に対抗することができないと規定されているが，これは，登記がなくても物権変動自体は有効であり，権利を行使することができるが，それと競合する第三者との関係の優劣決定は，登記によってなされるということである。これに対して，民法467条1項では，債権譲渡において，債務者に対する通知または承諾がなければ，債権譲受人は，債権者としての権利行使自体をすることができないということである。対抗要件規定26か条のうち，優先権主張型に属する規定が16，相手方保護型に属する規定が8，両方の型の内容を1か条で規定しているものが2ある（民756条および759条の夫婦財産契約の対抗）。

　⑤領域

　対抗要件規定の領域は，その権利，法律上の立場の種類の点から，不動産物権に関する規定，動産物権に関する規定，総財産に関する規定（民336条），債権に関する規定，不動産賃借権に関する規定，約定・処分に関する規定に分かれる。そこで以下では，これらのカテゴリーごとに，対抗要件規定とそれに反する特約等の効力を順に検討する。

Ⅲ　物権に関する対抗要件規定の意義と特約等

1　不動産物権変動

　不動産物権一般に関する対抗要件規定には，不動産物権変動（民177条），登記請求権を保全するための債権者代位権（民423条の7），売買における売

主の義務（民560条），不動産の財産分離（民945条）がある。これらのうち，民法177条以外の規定は，同条の内容を引用するものにすぎない。

　民法177条によれば，不動産物権の得喪変更は，登記をしなければ第三者に対抗することができない。これは対抗要件規定が競合する権利との優劣決定基準として機能する典型的な場合である。この規定が強行規定であることについては学説上異論がない。しかし，以下のとおり，その内容は微妙に多様である。

（1）　事前の合意

　相手方がある物権変動の当事者間で，物権変動の前に，登記不要の特約ないし合意をしたうえで物権変動をしても，第三者に対する効果はないので，まったく意味がない。所有権留保特約は，判例・通説によれば，物権的効力を有するので，結果的に第三者効を有することになるが，対抗要件不要とする特約は，物権変動そのものを制限する特約ではないからである。

　ただし，第三者が特定されている場合（たとえば，特定の第三者への転売が予定されている場合）には，当該第三者が特約・合意の当事者となることがありうるので，このような特約・合意がまったく意味がないとはいえない。これ対抗力という点からすれば，物権変動の効果を第三者が事前に承認していることになる。第三者が物権変動の効果を承認した場合には，登記なくして物権変動の効果を主張できることは一般に肯定されている[3]。しかし，このような特殊な場合を除き，事前に特約・合意をすることができる第三者は，177条の解釈上，同条の第三者とは解されていないことが多いので（たとえば転得者），そもそもそれらの者には登記なくして物権変動を対抗できることが多いであろう。また，当該第三者以外の第三者に特約・合意の効力を主張できないのは当然である。

（3）　原島重義・児玉寛『新版注釈民法(6)』（有斐閣，2000年）438頁によれば，裁判例は，物権変動の事実の単なる承認にすぎない場合と，さらに進んで対抗要件の欠缺を主張する利益の放棄まで意味する場合との二つに分け，「物権変動の効果を承認した」とみるべき場合を後者に限定しているようであるとし，このような場合として，未登記地上権の存続を土地譲渡の際に譲渡人と譲受人間で特約した場合（大判明39・10・10民録12輯1219頁），共有者X・Y間の約定でYが他の共有者Aからその共有持分を買収してXに譲渡するものとされていた場合（大判昭16・6・12判決全集8巻23号4頁）をあげている。

208

（2）　事後の合意

　通説によれば，第三者が登記の伴わない物権変動の効力を認めることは妨げない[4]。これこそが対抗要件主義の特徴であり，異論がない。しかし，これは当該第三者との間で特約・合意ないし承認をするまでもなく，第三者が対抗力の欠缺を主張しなければよいだけである。

　以上のように，民法177条の対抗要件規定は，第三者から事前の承認がありうること，また，事後的には承認をするまでもなく対抗要件欠缺の主張をしなければよいことからして，絶対的な強行規定とはいえない。

2　抵当権

　抵当権に関しては，物権変動の一般的な対抗要件規定以外に，抵当権の処分について特殊な対抗要件規定がある。すなわち，民法377条1項によれば，抵当権の処分は，民法467条に従い，主債務者に通知しまたはその承諾を得なければ，主債務者，保証人，抵当権設定者（物上保証人）に対抗することができない。主債務者とは，原抵当権の被担保債権の債務者である。これは，抵当権の処分による附従性の緩和（独立性の承認）の一限界を示すものであり，わが民法に独特な規定である[5]。

　通説によれば，民法177条と376条2項は，抵当権の単独処分の対抗に関する一般第三者対抗要件であり，民法377条はそれ以外の第三者対抗要件であるとするが[6]，原抵当権の被担保債権の弁済により受益者が取得した優先弁済権が消滅するのを阻止し，原抵当権の被担保債権を拘束するために，抵当権の完全な独立性を認めず，民法376条で規定された付従性の緩和を制限するための規定であり，抵当権の処分自体の対抗要件ではなく，抵当権の単独処分がなされた際にこれに付随して生ずる効果の対抗要件であると解する説もある[7]。最近の有力説をみても，民法376条の第三者には主債務者も含まれると解されている[8]。しかし，いずれの見解によろうとも，民法376条の

（4）　我妻栄『物権法』（岩波書店，1952年）95頁。
（5）　山崎寛・高木多喜男『新版注釈民法(9)[改訂版]』（有斐閣，2015年）188頁。
（6）　我妻栄『新訂担保物権法』（岩波書店，1968年）392頁。
（7）　山崎・高木・前掲注(5)192頁。
（8）　道垣内弘人『担保物権法 [第4版]』（有斐閣，2017年）194頁。

対抗と民法377条の対抗（抵当権の処分より原抵当権の被担保債権についての拘束まで生じさせてよいか否かの問題）が，かなり性質を異にするものであることは確かであろう[9]。

　本稿での関心にしたがえば，本条は，債権譲渡とは直接の関係はないが[10]，債務者をインフォメーション・センターとする点では民法467条1項と同趣旨の規定である[11]。したがってまた，この対抗要件規定の意義は，抵当権の処分と競合する権利に対する処分の優先性を主張するためのものではなく，主債務者および，主債務の附従性に服する者の保護にあり，ここでの通知・承諾は，民法467条2項におけるように債権の帰属関係を決定しようとするものではない。したがって，確定日付ある証書によることは不要である[12]。債務者・保証人等が，民法467条2項でも債務者以外の第三者に当たらないのと同様だからである[13]。

（1）　事前の合意

　この規定の場合には，対抗の相手方が主債務者に特定されているので，対抗要件不要とする事前の特約・合意がありうる。規定の趣旨からしても，これは，主債務者の権利放棄として認めうる。たしかに，これをそのまま認めたのでは，保証人や物上保証人などその他の者の利益が損なわれる可能性があるが（これらの者による被担保債権の弁済などがありうる），これはそもそも主債務者への通知または承諾で，すべての者による弁済を制限することを認めている以上[14]，やむをえない。

（2）　事後の合意

　民法377条は抵当権の処分があった場合に，主債務者への通知またはその承諾を要求するものであるから，事後の合意は，承諾を意味する。したがって当然に有効である。

　以上のように，抵当権の処分に関する民法377条1項の対抗要件規定は，

（9）　道垣内・前掲注(8)194頁。
（10）　山崎寛・高木・前掲注(5)194頁。
（11）　河上正二『担保物権法講義』（日本評論社，2015年）236頁参照。
（12）　我妻・前掲注(6)393頁。
（13）　道垣内・前掲注(8)195頁。
（14）　道垣内・前掲注(8)196頁。

210

事前・事後の特約・合意（承諾）のいずれも有効であると解されるので，同条は，強行規定ではないということができよう。

3　動産物権変動

民法178条によれば，動産物権の譲渡は，引渡しがなければ，第三者に対抗することができない。この趣旨は，不動産物権変動と同様であり，対抗できないことの意味は，民法177条について述べたことが基本的には当てはまるといえる(15)。すなわち，民法178条の対抗要件規定は，第三者から事前の承認がありうること，また，事後的には承認をするまでもなく対抗要件欠缺の主張をしなければよいことからして，絶対的な強行規定とはいえない。

しかし，動産物権変動については，占有改定（民183条）による対抗要件具備が認められていることに異論がない。これを実質的にみるときには，物権変動の当事者間において，現実の引渡しを不要とする合意があった場合と同様であるといえる。したがって，動産物権変動の場合には，不動産物権変動の場合と異なり，事前・事後の特約・合意を占有改定の合意がなされたものと解釈できるのであれば，第三者に対する効力もあると解することができよう。

以上のように，動産物権変動に関する対抗要件規定は，実質的にみれば強行規定であるとはいえない。

4　動産質権

民法352条によれば，動産質権は，質物を継続して占有しなければ，第三者に対抗することができない。質権は，債権者に目的物を引き渡すことによって，その効力を生ずる（民344条）。このことから，通説は，質権設定契約は要物契約であると解している(16)。これに対して，目的物の引渡しは，質権の効力発生要件ではあるが，成立要件ではないと解する見解もあり(17)，

---

(15)　我妻・前掲注(4)114頁。
(16)　我妻・前掲注(6)129頁，河上・前掲注(11)84頁，安永正昭『講義　物権・担保物権法［第2版］』（有斐閣，2014年）など。
(17)　道垣内・前掲注(8)86頁など。

議論が分かれている。また，通説は，占有の継続が効力存続要件であると解しているが[18]，判例（大判大5・12・25民録22輯2509頁）は，目的物を設定者に返還しても対抗要件が消滅するだけだと解しており，これに賛成する見解も少なくない[19]。しかしいずれにせよ，民法344条における引渡しは，占有改定によることはできない（民345条）。これらは，質権の留置的効力を確保する趣旨であると説明されている。ただし，質権の留置的効力は，民法347条ただし書により，質権に優先する債権者には対抗することができない。

　以上の見解に対立にもかかわらず，民法352条が動産質権の対抗要件規定であることには異論がない。ただし，占有継続が効力存続要件であると解する見解によれば，とくにこれと別個の対抗要件が要求されているわけではないことになる[20]。ここでの対抗の意義は，第三者に対する質権設定の優先性を主張することであることに疑いはない。しかし，当事者間における動産質権の設定・存続の効力が第三者に対する対抗力にも影響するので，民法352条に反する特約・合意の効力を考えると以下のようになろう。

（1）　事前の合意

　事前に第三者との間で占有継続を不要とする特約・合意をすることは考えられない。当事者間で事前に引渡し・占有継続を不要とする特約・合意をしても，質権設定契約が要物契約であると解する見解によれば，質権が成立しないことになる（別途，譲渡担保設定契約であると解される可能性があろう）。また，引渡しは成立要件ではないと解する見解によれば，質権自体は成立するが，占有継続が効力存続要件であると解すれば，権利を行使できない。これに対して，引渡しは成立要件ではなく，かつ，占有継続は効力存続要件ではないと解すれば，当事者間でもこのような事前の合意が意義を有することになろうが，そのような組み合わせをする見解は見られないように思われる。したがって，動産質権においては，たとえ当事者間であっても，事前の合意により引渡し・占有継続を不要としてもそのような合意の効力はないと解することができるので，第三者に対する関係を論ずるまでもないことにな

(18)　我妻・前掲注(6) 131頁，道垣内・前掲注(8)87頁など。
(19)　安永・前掲注(16)375頁など。
(20)　道垣内・前掲注(8)90頁。

ろう。

（2）　事後の合意

　事後の合意については，第三者が，引渡し・占有継続がない場合でも質権の効力を承認できるかという問題になる。しかし，そもそも引渡し・占有継続がない質権では，質権が不成立または効力不発生となるので，第三者だけがこれを承認してみても意味がない。

　以上のように，動産質権の対抗要件規定は，そもそも質権の成立・効力の存続に関連し，それが第三者に対する対抗力にも影響を与えており，それを前提にする限り，占有継続が不要であるという事前・事後の特約・合意（承認）には，効力がないと解することができるであろう。

5　一般先取特権

　民法336条本文によれば，一般先取特権は，不動産について登記をしなくても，特別担保を有しない債権者に対抗することができる。これは一般先取特権に特別の対抗要件規定であり，第三者に対する優先的な効力を示すものである。債務者の総財産に属する個々の不動産について登記することができるが，ほとんどなされることはないようである[21]。しかし，この優先的効力は，登記された抵当権等があると優先権を主張できず（民336条ただし書），結局，いかなる場合にも登記なしには登記がある第三者に対抗することができないというものである[22]。これは，一般先取特権が，担保権実行時における債務者の財産を目的とするものであるからであり，実行前に債務者の総財産の一部につき占有が奪われ，損傷されたからといっても，債権者には何らの権利も発生しない[23]。したがって担保物権の競合における第三者に対する優先効という意味はほとんどない。むしろ，当事者間において，担保権実行時の総財産を対象とする権利があることを示すにとどまる。

（1）　事前の合意

　債権者・債務者間で，民法336条に反する特約・合意をしてみても，それ

---

(21)　道垣内・前掲注(8)49頁。
(22)　我妻・前掲注(6)96頁。
(23)　道垣内・前掲注(8)72頁。

は「登記をしなければ一般先取特権を第三者に対抗することはできない」といったものになろう。しかし，そのような特約・合意の存否にかかわらず，個々の不動産について登記すれば他の担保権者に対抗できるだけであり，また，登記をしていなければ第三者に対抗できないだけであるから，そのような特約・合意には意味がない。

(2) 事後の合意

一般先取特権の実行時には，登記をしていなくても劣後する第三者にはその効力を主張できるのであるから，登記がなければ第三者に対抗できないという合意とは，債権者が自ら一般先取特権の効力を主張しないことを意味するだけであり，第三者にとってはその効力を問題にするまでもない。

以上のように，民法336条に反する事前・事後の特約・合意は，たとえそれをしてみても法的には意味がないものであり，そのような意味においては，同条は強行規定といえるであろう。

Ⅳ 債権に関する対抗要件規定の意義と特約等

1 債権の譲渡・債権質

債権に関する対抗要件規定の代表的なものは，債権質（民364条）と債権譲渡（民467条）である。そのほか，債権者の交替による更改について規定がある（民515条2項）。民法364条は，民法467条を引用しており，また，債権者の交替による更改は，新旧の債権者と債務者の三者で契約することができる点で債権譲渡と異なるが（民515条1項），第三者から見れば，実質的には債権譲渡と同様の機能を有するので，民法515条2項は，民法467条2項と同様の内容を規定しているのである。そこで以下では，民法467条について検討する。

民法467条1項によれば，債権の譲渡は，譲渡人が債務者に通知するかその承諾を得なければ，債務者その他の第三者に対抗することができない。1項は，基本的には，債務者を二重弁済の危険から保護するための規定であって，これは対抗要件とはいっても，権利行使要件ともいうべきものであると

214

解されており，相手方保護型の対抗要件であるといえる。また，民法467条
2項によれば，通知・承諾は，確定日付のある証書によってしなければ，債
務者以外の第三者に対抗することができない。2項は，債権譲渡の優先的効
力を主張するための優先権主張型の対抗要件規定である。しかし，これら
は，全体として，債務者の通知・承諾を基準点とした二重の対抗要件を設定
するという特殊な構造になっており，これらの規定が強行規定であるか否か
については，同条の1項と2項の関係をどのように理解するかの違いによ
り，従来から議論がある。

　民法467条2項が強行規定であることには異論がない[24]。しかし同条1項
については見解が分かれる。かつての通説は，債務者に対する対抗要件は債
務者をして新債権者が誰かを知らしめる以上の意義を持つものではなく，も
っぱら債務者を保護する目的のものであるとして，これを任意規定であると
解している[25]。これに対して，判例（大判大10・2・9民録27輯244頁）は，
このような特約を認めると債務者は二重弁済の不利益を負い取引の安全を害
するとしてこれを無効とする。また，最近の有力説は，債務者のもつ公示機
関としての役割に鑑みて，民法467条全体が強行規定であると解してい
る[26]。これは，債務者をインフォメーション・センターとして組み立てら
れている債権譲渡の対抗要件制度全体の理念を重視するものといえよう。基
本的な理念としては，民法467条全体を一つの制度と捉える強行規定説が正
当である。しかし，規定と異なる特約・合意・承諾（承認）の効力を一つ一
つ見てゆくときは，以下のとおり，その具体的な内容は多様である。

（1）　事前の合意

　任意規定説は，「通知・承諾がなくても債権譲渡を債務者に対抗できる」
旨の債権者・債務者間の事前の特約の効力を認める[27]。この見解によれ

---

(24)　我妻栄『新訂債権総論』541頁（岩波書店，1964年），中田裕康『債権総論［第3版]』（岩波書店，2013年）533頁など。
(25)　我妻・前掲注（24）533頁，541頁，奥田昌道『債権総論［増補版]』（悠々社，1992年）438頁。
(26)　池田真朗『債権譲渡の研究［増補二版]』（弘文堂，2002年）98頁，中田・前掲注（24）533頁，潮見佳男『債権総論II［第3版]』（信山社，2005年）621頁，平野裕之『債権総論』（日本評論社，2017年）318頁。
(27)　我妻・前掲注（24）533頁，541頁，奥田・前掲注（25）438頁。

ば，債務者が自ら危険を負担しようとすることは，暴利行為とでもならない限り，無効とする必要はないという。また，譲渡前のあらかじめの承諾も，対抗要件不要の特約が有効である以上，これを無効とすべき理由がないとし，さらには，譲受人を特定しないでする事前の承諾についても，その効力を否定すべき理由はないとする[28]。しかし，事前の通知は，譲渡実行の有無・時期が不明確で，債務者に不利益を与えるとして無効とする[29]。

これに対して，強行規定説によれば，民法467条1項が強行規定か否かは，例外としての方式を，通知・承諾という対抗要件の形態自体の撤廃可能性の承認にまで進められるかどうかの問題であり，債権譲渡の通知・承諾が，債務者に新債権者（譲受人）を知らしめるだけのものではなく，債務者の新債権者についての認識と，外部からのその問い合わせに対する回答とにより，公示の機能を営むものであるから，むしろ当該債権に関係しようとする第三者の保護のために，通知・承諾を省略する特約は許すことができないとする[30]。しかし，強行規定説でも，事前の承諾については，債務者の意思を重視し，債務者があえてそのような承諾をしたのなら効力を認めうるとし[31]，または，債権の最終的帰属を画定する基礎となるものである以上，譲渡債権と譲受人が特定している必要があるが，そのような場合であれば有効であるとする[32]。判例でも，事前の承諾は債務者の利益の放棄になるので，譲渡債権と譲受人が特定されていれば，債務者との関係では有効であるとするものがある（最判昭和28・5・29民集7巻5号608頁）。これに対して，事前の通知は，無効であるとする[33]。

(2)　事後の合意

債権譲渡後に通知・承諾をしても，債権者の権利行使には支障がない。またこれらを不要とする事後の合意は，実際上は承諾があったものと解される

(28)　我妻・前掲注(24)533頁，奥田・前掲注(25)438頁。
(29)　我妻・前掲注(24)531頁。奥田・前掲注(25)437頁は，譲渡前の通知も有効とする余地を残すが，潮見・前掲注(26)624頁によれば，これは信義則による修正がありうるものとの趣旨に理解すべきとする。
(30)　池田・前掲注(26)98頁。
(31)　中田・前掲注(24)535頁。
(32)　潮見・前掲注(26)636頁。
(33)　中田・前掲注(24)535頁，潮見・前掲注(26)624頁。

であろう。したがって，ここでは，とくに事後の合意の効力を問題にする必要はない。

このように，通知・承諾を不要とする特約の効力については，強行規定説と任意規定説にいずれによるかによって結論が異なる。事前の承諾については，いずれの見解によるかにかかわらず有効と解されているが，譲渡される債権と譲受人の特定が必要であるか否かで見解が分かれる（解釈論としては，債務者保護を目的とする対抗要件であることからすれば，未特定のままでの事前の承諾は指名債権の譲渡に対する承諾とは評価できず，特定が必要とする見解が妥当である）。また，事前の通知については，いずれの見解によるかにかかわらず，債務者の危険が大きいとして，無効と解されている。なお，将来債権の譲渡は有効であり（民466条の6第1項），その通知・承諾もまた有効であるが（民467条1項括弧書），これは，譲渡債権と債務者の特定を条件として債権譲渡について事前の通知・承諾を認めるという実質的な側面があることも否めないように思われる。

他方，民法467条2項との関係では，確定日付ある通知・承諾には，公示された時点を固定する機能が託されているので，債権譲渡に先行する事前の通知・承諾は，第三者対抗要件としては認められないと解されている[34]。しかし，将来債権の譲渡通知・承諾が実質的にみれば，通知・承諾についての特約の側面があるとすれば，それが確定日付ある証書によるときは，実質上，事前に第三者対抗要件を備えることになる。

このような状況においては，民法467条1項の強行規定性の有無については，一概に強行規定であるとか任意規定であるとかいえないように思われる。

2　不動産賃借権

不動産賃借権については，民法605条が，登記をしたときは，その不動産について物権を取得した者その他の第三者に対抗することができると規定している。このほかに，抵当権と不動産賃借権との調整に関する諸規定（民

---

(34)　中田・前掲注(24)546頁。

387条1項，民389条2項，民395条1項，民398条の22第1項），買戻特約と不動産賃借権との関係に関する規定（民581条2項），賃貸人の地位の移転に関する規定（民605条の2第1項，同条第3項），賃借権に基づく妨害排除請求の規定（民605条の4）があるが，これらはいずれも，民法605条（ないしは特別法による対抗要件具備）をふまえた規定である。

　民法605条に関しては，周知のとおり，すでに借地借家法，農地法において，登記なくして対抗できる特則が定められている（借地借家10条1項，同31条1項，農地18条1項）。民法177条などとは異なり，賃借権という本来は債務者に対してしか主張できない債権について，第三者である新所有者等に対しても，主張できるようにするという機能を持つが，賃借権の二重譲渡の場面では，優劣決定基準としても用いることができる（最判昭和28・12・18民集7巻12号1515頁）という整理がなされている[35]。しかし，本稿との関係では，借地借家法を含めたこれらの規定が第三者に対する不動産賃借権の優先性を主張するためのものであることは明らかであり，優先権主張型の対抗要件規定である。

（1）　事前の合意

　特定されない第三者との間で登記を不要とする事前合意をすることは考えられない。賃貸人と賃借人間で（登記には応じないが），将来目的物の譲渡があっても登記なくして第三者に対抗できるという特約を結んでも，新所有者となった者がそのような特約を承継するか否かは自由であり，特約には意味がない。

（2）　事後の合意

　賃借権の目的物の譲渡後に新所有者が登記のない賃借権の存在を承認することは一向に差支えない。

　このように，民法605条の対抗要件規定は，特定の第三者から事前の承認がありうること，また，事後的には承認をするまでもなく対抗要件欠缺の主張をしなければよいという意味で，絶対的な強行規定とはいえない。

---

(35)　中田・前掲注(24)445頁。

Ｖ　契約・処分等に関する対抗要件規定の意義と特約等

　民法典には，以上のような物権，債権についての対抗要件規定のほかに，契約そのものや処分等の対抗に関する対抗要件規定がある。

1　外国法人の変更登記

　民法37条2項によれば，外国法人の登記事項に変更を生じたときは，三週間以内に変更の登記をしなければならず，登記前にはその変更を第三者に対抗することができない。民法37条1項は，外国法人が日本で新たに事務所を設けた場合に一定の事項の登記を義務づけており，対抗という用語の使用の有無で違いがあるが，両者は同趣旨の規定である。したがって，同条5項では，1項の登記がなければ法人の成立を否認できるとしていることは，2項の変更登記がなされない場合にも同様にあてはまるであろう。すなわち，民法37条2項は，登記事項の変更による第三者の利益を保護する趣旨であり，相手方保護型の対抗要件規定であって，登記がなされなければ，第三者は変更を否認することができると解することができる。

　民法37条2項の場合には，変更の直接の相手方は存在しないので，同項に反する特約・合意の相手方としては第三者しか考えられないが，相手方が特定されていなければ事前に合意にしようがない。また，事後的に登記のない変更事項を承認することは一向に差し支えない。このように，本条における対抗の意義からすれば，本条は，事前事後に本条に反する特約・合意などをする余地はないが，民法177条と同様の意味において，絶対的な強行規定とはいえない。

2　買戻特約

　民法581条1項によれば，売買契約と同時に買戻しの特約を登記したときは，買戻しを第三者に対抗することができる。買戻特約は，売買契約の解除権留保特約であり，第三者に対する解除の優先的効力を確保する意義がある。また，民法584条ただし書によれば，共有持分の買戻特約がなされてい

る場合には，売主に通知しないでなされた共有物の分割または競売は，売主
に対抗することができない。これは，買戻特約の登記があることを前提に，
売主の優先権を保護した規定である。

　登記しなくても買戻しを第三者に対抗できるという特約・合意は，新たな
買主が特定されているなど，第三者が特定されていればありうる。しかし，
このような特約は，通常，第三者を含めた再売買の予約がなされたものと解
釈されることが多いであろう。第三者が特定されていない場合で，売主・買
主間だけの特約には第三者効はない。他方，第三者が特定されていない場合
でも，新たに買主となった第三者から買戻しを認めることは当然ありうる。
しかしこれもまた，新たな売買契約がなされたと解釈される場合が多いであ
ろう。

　このように考えると，買戻特約の登記を不要とする特約・合意等は，実際
には，民法581条1項に反する特約・合意ではなく，それとは別の売買の合
意であると解することができよう。

3　委任の終了

　民法655条によれば，委任の終了事由は，相手方に通知するか相手方が知
っているときでなければ，相手方に対抗することができない。これは，委任
は終了事由の発生によって当然に終了するが，これを知らない相手方は，そ
のまま委任契約上の義務を履行することがあるので，そのような不利益を被
らないようにしたものであり，まさに相手方保護型の対抗要件規定である。
したがってまた，相手方が委任の終了事由を知らなくても，その後，委任の
終了を認めれば，委任は終了すると解してよい。

　委任者と受任者間で，事前にあらかじめ，それぞれの相手方に対する通知
なくして委任の終了を対抗できるという特約を結んでいた場合でも，委任者
と受任者とは対等な立場にあることが前提であり，このような状況の下であ
れば，相手方が通知の利益を放棄したものとして，そのような特約は有効で
あると解してよいであろう。このように，本条の対抗要件規定は，任意規定
であると解することができよう。

4 組合員の除名

民法680条ただし書によれば，組合員を除名したときは，除名した組合員に通知しなければ除名を対抗することができない。これは，特定の組合員を保護する対抗要件規定である。民法680条本文自体は，任意規定であると解されており[36]，組合契約で除名の要件を軽減することは可能である。しかし，本条ただし書の場合にもそれがあてはまるのか否かは別問題である。本条本文によれば，除名は当該組合員以外の一致によってすることができるが，実際に除名されるのはその決議に加わっていない組合員であり，当該組合員にとっては，組合契約を解除されたのと同様である。このような効果を考慮すると，本条ただし書における通知は，実質上，解除の意思表示を受けることと同様であるといえよう。

このような理解をふまえると，組合契約において，通知を要しないという特約をした場合には，実質的には解除の意思表示をすることなく解除を対抗できるとの特約（失権約款）をしたものと解することができ，不利益処分を受ける相手方にとって一方的に不利な特約として無効と解すべきである。同様に，通知を受けていない組合員が事後的に除名を知ったときでも，除名の実質が上記のようであることを考慮すれば，通知を受けるまではやはり組合員に対抗できないというべきであろう。他方，組合員の側から除名を知ったうえでこれを承認すれば，対抗できるとしてよいことは，通知が効力発生要件ではなく，対抗要件であることの最低限度の効力であろう。

5 夫婦財産契約

民法756条によれば，夫婦財産契約は，婚姻の届出までに登記をしなければ，夫婦の承継人および第三者に対抗することができない。また，民法759条によれば，夫婦財産契約の結果によって，財産の管理者を変更し，または共有財産の分割をしたときは，その登記をしなければ，夫婦の承継人および第三者に対抗することができない。これらは，いずれも夫婦財産契約に関連する規定であり，夫婦の承継人の保護と第三者に対する夫婦財産契約の優先

---

(36) 我妻栄『債権各論中巻二』（岩波書店，1962年）834頁，四ッ谷有喜『論点体系判例民法6［第2版］』（第一法規，2013年）255頁。

性を同時に目的とするものであるといえよう。すなわち，遺言の場合には方式によってその真実性が担保されるのに対して，夫婦財産契約の場合には登記によってその真実性を担保しようとしているものであり[37]，ここでの対抗の対象は契約そのものである。登記がなければ契約の存在すら主張できないのであって，登記を対抗要件とするといっても，民法177条とは連動していない。

　登記がなくても，夫婦間では夫婦財産契約は有効であるから，契約に併せて登記不要との特約を事前にすることはありうる。また，事後的に夫婦の承継人がこれを承認し，契約を承継することもありうる。これらを無効とする必要はないであろう。他方，第三者に対しては，そのような特約は意味を有しない。第三者の側から個別的に夫婦財産の帰属を承認することはありうるが，それは対抗要件の欠缺を主張しないというだけである。このように民法756条に反する特約は，夫婦間では効力があるが，承継人および第三者に対しては，これらの者が契約内容を承認することがあっても，そうではない場合には効力はないといえよう。

VI　対抗要件規定と特約との関係

　以上の民法典における対抗要件とそれに反する特約・合意等の関係に関する検討の結果をまとめると以下のとおりである。

1　事後の承認

　対抗要件規定に共通する事項として，事後的に対抗要件を備えていない行為を承認することは，有効である。これこそが対抗要件規定の特徴であり，このような意味において，対抗要件規定は絶対的な強行規定であるとはいえない。

　ただし，動産質権（民352条）においては，対抗要件（占有継続）が成立要

---

(37)　大村敦志『家族法［第3版］』（有斐閣，2010年）75頁。

222

件ないし効力存続要件であるため，占有継続のない質権を事後的に承認しても効力がない。他方，債権譲渡（民467条）では，事後的な承諾は，対抗要件具備行為そのものとして債務者との関係だけでなく，確定日付を備えれば第三者との関係でも対抗要件を備えたことになる。

2　事前の特約・合意

対抗要件不要とする事前の特約・合意の効力は，各対抗要件規定の趣旨によって異なる。

まず，不動産物権変動（民177条），不動産賃借権（民605条），外国法人の登記事項の変更（民37条2項）では，不特定の第三者に対する効力はない。また，特定の第三者と特約することはありうるが，そのような者は，対抗要件に関しては第三者と解されない者である。

それ以外で，動産質権（民352条）では，占有継続が対抗要件であるとともに，同時に成立要件ないし効力存続要件であり，対抗要件を不要とする事前の合意には効力がない。債権譲渡（民467条）では，任意規定説と強行規定説との対立があり，債務者との関係では，前者の見解によれば特約は有効であるが，後者の見解によれば無効である。しかし第三者との関係では，いずれの見解によっても無効である。組合員の除名（民680条ただし書）については，通知不要とする特約は，組合員に一方的に不利益な特約であり無効と解すべきである。夫婦財産契約（民756条）では，登記不要とする特約は，夫婦の承継人となる者が承諾すればそのような者には効力があると解してよい。

3　事前の承諾

対抗要件不要とすることに対して対抗の相手方が事前に承諾した場合は，債権譲渡（民467条），買戻特約（民581条1項）について問題になりうる。

債権譲渡においては，債務者についてはこのような承諾は有効である。第三者については，将来債権譲渡と解される場合であれば，確定日付のある事前の承諾になりうる。他方，買戻特約では，第三者が特定されている場合にはそのような承諾がありうるが，通常は，再売買の予約がその者となされた

と解されるので，そのような場合を含めて有効と解してよい。

4　結　論

　以上のように，民法典における対抗要件規定に反する事前の特約・合意，事後の承認，事前の承諾の効力は，各対抗要件規定の趣旨に応じて異なっており，一様ではないといえる。このような意味において，対抗要件規定は，（任意規定であると解される民法655条を除き）絶対的な強行規定であるとも，絶対的な任意規定であるともいえず，かつ，その強行性の程度は，規定によって相当異なるといえるように思われる。

表1　民法典における対抗規定

条文	対象	種別	要件	相手方	可・不可	分類
37Ⅱ	外国法人の登記事項の変更	対抗要件	登記	第三者	対抗不可	権利変動
93Ⅱ	心裡留保の無効			善意の第三者	対抗不可	抗弁事由
94Ⅱ	虚偽表示の無効			善意の第三者	対抗不可	抗弁事由
95Ⅳ	錯誤の取消し			善意無過失の第三者	対抗不可	抗弁事由
96Ⅲ	詐欺の取消し			善意無過失の第三者	対抗不可	抗弁事由
98の2	受領能力のない者に対する意思表示			受領能力のない相手方	対抗不可	抗弁事由
113	無権代理の追認・拒絶			相手方	対抗不可	抗弁事由
177	不動産物権変動	対抗要件	登記	第三者	対抗不可	権利変動
178	動産物権の譲渡	対抗要件	引渡し	第三者	対抗不可	権利変動
260Ⅱ	共有物分割への参加			分割参加請求をした者	対抗不可	抗弁事由
336	一般先取特権	対抗要件	不要	特別担保を有しない債権者	対抗可	権利変動
347	質物の留置	対抗要件		優先権を有する債権者	対抗不可	抗弁事由
352	動産質権	対抗要件	占有継続	第三者	対抗不可	権利変動
364	債権質権	対抗要件	通知・承諾	第三債務者	対抗不可	権利変動
364	債権質権	対抗要件	確定日付付通知・承諾	第三者	対抗不可	権利変動
377Ⅰ	抵当権の処分	対抗要件	通知・承諾	債務者・保証人・物上保証人	対抗不可	権利変動
377Ⅱ	抵当権処分後の弁済	対抗要件	承諾	受益者	対抗不可	権利変動
387Ⅰ	抵当権設定前の賃借権	対抗要件	同意の登記	抵当権者	対抗可	権利変動
389Ⅱ	一括競売できない建物	対抗要件	占有権原	抵当権者	対抗可	権利変動
395Ⅰ	抵当権者に対抗できない建物賃借権	対抗要件		抵当権者	対抗可	権利変動
398の22Ⅰ	根抵当権の消滅請求	対抗要件		対抗要件ある賃借権者	対抗可	権利変動
423の4	債権者代位権の相手方の抗弁			債権者	対抗可	抗弁事由
423の7	請求権保全のための債権者代位権	対抗要件	登記・登録	第三者	対抗不可	権利変動
443Ⅰ	連帯債務者の求償の範囲		通知・承諾	他の連帯債務者	対抗可	抗弁事由
457Ⅱ	主債務者の有する抗弁			債権者	対抗可	抗弁事由
460②	主債務者の許与した期限			委託を受けた保証人	対抗不可	抗弁事由
463Ⅰ	保証人の求償			保証人	対抗可	抗弁事由
466Ⅲ	譲渡制限付債権の譲渡			第三者	対抗可	抗弁事由
466の3	譲渡制限付債権の譲渡と破産手続開始			第三者	対抗可	抗弁事由
466の4Ⅱ	譲渡制限付債権の差押え			第三者	対抗可	抗弁事由
466の5Ⅰ	預貯金債権の譲渡			第三者	対抗可	抗弁事由
467Ⅰ	債権譲渡	対抗要件	通知・承諾	債務者	対抗不可	権利変動
467Ⅱ	債権譲渡	対抗要件	確定日付付通知・承諾	第三者	対抗不可	権利変動
468Ⅰ	債務者の有する抗弁			譲受人	対抗可	抗弁事由
468Ⅱ	債務者の有する抗弁	対抗要件		譲受人	対抗不可	権利変動
469Ⅰ	債権譲渡と相殺			譲受人	対抗可	抗弁事由
469Ⅱ	債権譲渡と相殺	対抗要件		譲受人	対抗不可	権利変動
469Ⅲ	債権譲渡と相殺	対抗要件		譲受人	対抗不可	権利変動
471Ⅰ	併存的債務引受			債権者	対抗可	抗弁事由
472の2Ⅰ	免責的債務引受			債権者	対抗可	抗弁事由
505Ⅱ	相殺禁止特約			第三者	対抗可	抗弁事由
509	相殺禁止			債権者	対抗不可	抗弁事由
510	相殺禁止			債権者	対抗不可	抗弁事由
511Ⅰ	差押えと相殺			差押債権者	対抗可	抗弁事由
511Ⅱ	差押えと相殺			差押債権者	対抗可	抗弁事由
515Ⅱ	債権者の交替による更改	対抗要件	確定日付付証書	第三者	対抗不可	権利変動
520の6	指図債権の譲渡			譲受人	対抗可	抗弁事由
520の16	記名式所持人払証券の譲渡			譲受人	対抗不可	抗弁事由
560	売主の義務	対抗要件		買主	対抗可	権利変動
581Ⅰ	買戻特約	対抗要件	登記	第三者	対抗可	権利変動
581Ⅱ	買戻特約登記後の賃借権	対抗要件	登記等	売主	対抗可	権利変動
584	共有持分の買戻特約	対抗要件	通知	売主	対抗可	権利変動
605	賃借権	対抗要件	登記	第三者	対抗可	権利変動
605の2Ⅰ	賃貸人の地位の移転	対抗要件	登記等	第三者	対抗可	権利変動
605の2Ⅲ	賃貸人の地位の移転	対抗要件	登記	第三者	対抗不可	権利変動
605の4	賃借権に基づく妨害排除請求	対抗要件	登記等	第三者	対抗可	権利変動
613Ⅰ	賃借権における賃料前払い			賃貸人	対抗不可	抗弁事由
613Ⅲ	賃貸借の合意解除と転貸借			転借人	対抗不可	抗弁事由
655	委任の終了	対抗要件	通知または悪意	相手方	対抗不可	権利変動
676Ⅰ	組合における持分処分			組合・第三者	対抗不可	抗弁事由
680	組合員の除名	対抗要件	通知	組合員	対抗不可	権利変動
756	夫婦財産契約	対抗要件	登記	承継人・第三者	対抗不可	権利変動
759	財産管理者変更・共有財産の分割	対抗要件	登記	承継人・第三者	対抗不可	権利変動
854	後見人の権限			善意の第三者	対抗不可	抗弁事由
945	不動産の財産分離	対抗要件	登記	第三者	対抗不可	権利変動

表2　民法典における対抗要件規定

対象	権利等	条文	対抗要件	相手方	相手方保護	優先権主張
不動産	不動産	177	登記	第三者		●
	財産分離	945	登記	第三者		●
	抵当権	377 I	通知・承諾	債務者・保証人・物上保証人	●	
動産	動産譲渡	178	引渡し	第三者		●
	質権	347	留置	優先債権者		●
	動産質	352	占有	第三者		●
総財産	一般先取特権	336	なし	第三者		●
債権	債権質	364	通知・承諾	第三債務者	●	
		364	確定日付付通知・承諾	第三者		●
	債権譲渡	467 I	通知・承諾	債務者	●	
		467 II	確定日付付通知・承諾	第三者		●
	更改	515 II	確定日付付通知・承諾	第三者		●
賃借権	賃借権	387 I	同意の登記	抵当権者		●
		389 II	占有権原	抵当権者		●
		395 I	対抗力	抵当権者		●
		398の22 I	対抗力	抵当権者		●
		581 II	対抗力	売主		●
		605	登記	第三者		●
		605の2 III	登記	賃借人	●	
		605の4	対抗力	第三者		●
契約・処分	外国法人	37 II	登記	第三者	●	
	買戻特約	581 I	登記	第三者		●
		584	通知	売主	●	
	委任終了	655	通知または悪意	相手方	●	
	組合員除名	680	通知	組合員	●	
	夫婦財産契約	756	登記	承継人・第三者	●	
		759	登記	承継人・第三者	●	●

10　典型契約・冒頭規定の強行法性

西　島　良　尚

Ⅰ　はじめに

　本稿は，椿寿夫博士主催の共同研究の成果である『民法における強行法・任意法』[1]の椿博士の一連の問題提起や示唆をふまえ，「典型契約・冒頭規定の強行法性」というテーマについて，私なりに考察を深めることを試みるものである。

　なお，長坂純教授が，同一テーマについて同書に寄稿されている[2]。同稿も参考にしつつ，あくまで私なりの，実務的な問題意識と理論的な問題意識も加えて検討する。同書刊行時点の学説の整理は長坂論稿に負うところが大きいことも付言しておきたい。

　以下，本稿のテーマの前提となる若干の事項から順に検討する。

（１）　椿寿夫編・著（日本評論社，2015年）。以下，椿『強行法・任意法』という。
（２）　長坂純「典型契約・冒頭契約の強行法性」椿・前掲注(1)223頁以下。

Ⅱ 「強行法」と「任意法」の意味と問題意識

本テーマの検討にあたって、以下のような認識が前提となると思われる。

椿博士は、前掲書の中において[3]、「特に実用法学の視点から観察される場合には、民法などの条文と異なる合意・特約が法的な許容・否定のいずれになるか」「こういう、"法規と異なる合意・特約は強行法および任意法というフィルターを通してどのように処理されるか"とする問いかけから出発して、順次それ以外の問題の捉え方にも検討の目を及ぼし、最終的にはこの観念がもつ存在理由の大小や有無まで考究しようと思う。」とされる[4]。

そうした問題意識のもとに、椿博士は、今日の代表的教科書を検討され[5]、「われわれに共通する究極の目的は、規定どおりに対応しなければアウトになる強行法と、規定から離隔を許容される任意法規の境界線を引くことにあり、共同作業において重要な点は、どこにどういう基準で、どのような理由づけと中身に基づいて、両者の区別を行うべきか」である旨を述べられ、「強行法と任意法は表裏の形で出発し、現在、両者の中間地帯が表れて来つつあるが、われわれとしては、条文と異なる当事者の意思が立法すなわち国家が押さえつけることとなる強行法の側から観察するのが適切であろうと考える。」とも述べられている[6]。

本稿でも、このことを意識する。すなわち、議論の出発点として、「強行法」とは、契約当事者が、民法を中心とする私法において、その法律の定める規定と異なる内容の「特約」（合意）をしたときにおいて、その特約内容を無効とするか、あるいはその規定の内容が強行的に修正されることを意味することを前提とする。これに対して、契約当事者が当該法規と異なる「特約」をしたときには、その特約の内容が優先することになる法規が「任意法」ということになる。

（3）　椿・前掲注(1)60頁以下。
（4）　椿・前掲注(1)60〜61頁。
（5）　椿・前掲注(1)67頁。
（6）　椿・前掲注(1)34頁。

　ただし，これから明らかになるように，今日，「強行法」と「任意法」との区別は相対化する傾向にあり，それと関連し，各法規と異なる特約（合意）に対する効果も多様でありうることを（その賛否は別としても）意識する必要がある。この点，河上正二教授が約款論との関連で主張される任意法の「半強行法」化の議論[7]や，大村敦志教授が「典型契約」規定のうちに，その合理性を根拠として，特約による離脱が「合理的な離脱に限って認められる任意規定（半＝強行規定）」と「全く自由に離脱できる任意規定」とを区別される議論[8]などをふまえる必要がある。椿博士も，「強行法規と任意法規を単純に切断してしまわず，さりとて個別そのものに埋没しない見解に賛成だが」「同一平面での"類型割り"よりも"段階分け"と表現するほうに惹かれる」とされ[9]，両者の「中間地帯」を意識されている[10]。以下，これらの学説の動向を整理・検討し，現段階の私見を述べる。

III　「典型契約」規定の意義

　ここでいう「典型契約」とは，あらためて言うまでもなく，民法典の「第三編　債権」の「第二章　契約」における13の典型契約をいう。これらの典型契約規定が，ここでの検討対象である[11]。もちろん，ここで，典型契約規定について網羅的に検討することはできない。「典型契約」規定全体の意義と，特にその冒頭規定の意義，さらに当該契約類型の内容の合理性や公正さにかかわる若干の規定について，「強行法性」（前述した広い意味での「強行法性」）という観点から検討するものである。

　その前提として，従来の学説の「典型契約」規定について，伝統的な学説の意義づけと，積極的な意義を見出そうとする最近の学説の動向について，

（7）　河上正二『約款規制の法理』（有斐閣，1988年）316頁注（59）及び本文311頁，同『民法総則講義』（日本評論社，2007年）256～257頁，263頁。
（8）　大村敦志『典型契約と性質決定』（有斐閣，1997年）355頁。
（9）　椿・前掲注(1)37頁。
（10）　椿・前掲注(1)34頁。
（11）　大村・前掲注(8) 3頁。

次に，簡潔に整理しておきたい。

1 伝統的意義づけ

典型契約に関する法規の機能と役割は，伝統的には，契約自由の原則との関係で，通常は「任意法」であると理解されてきた。当事者に明確なそれとは異なる特約が存在すれば，それが公序良俗（民法90条）や強行法規（同法91条）に反しないかぎり，その特約が優先する。実際の当事者の合意内容が不明瞭ないし不完全な場合に，これを補充するための消極的機能を有するものであるとの理解が一般的であった[12]。信義則あるいは契約や意思表示の合理的解釈による制約はあるとしても，明確な「特約」があれば，簡単に任意法規から離脱できることが原則として認められる，との一般的な傾向や意識が強かったといえる。

2 積極的な意義を見出そうとする最近の動向

しかし，最近，そうした典型契約の消極的機能を克服し，それに積極的な意義を見出そうとする学説が有力となっている。

ただしその「積極的な意義」には，大きく分けて二つのレベルの違いがあると思われる。

(1) 契約にかかわる現実の事実（現象）の法的な本質や問題を分析検討するための指標や基準，あるいは思考を練る場を提供する「類型」としての積極的意義を強調するレベル[13]。

---

(12)　山本敬三「契約法の改正と典型契約の役割」『債権法改正の課題と方向』別冊 NBLno.51（1998（平成10）年）4頁。我妻栄『債権各論上巻』（岩波書店，1954年）47頁以下，来栖三郎『契約法』（有斐閣，1974年）737頁。

(13)　山本敬三教授は，近時の典型契約の意味を再評価される動きについては「1つは，新種の契約の性質決定のための積極的機能のレベル，2つめは，広い意味での契約の解釈にあたっての準拠枠としての機能，3つめは典型契約の契約内容規制への活用という3つのレベルに分類される（山本敬三「契約法の改正と典型契約の役割」『債権法改正の課題と方向』別冊 NBLno.51（1998（平成10）年）6頁）。ここでは，典型契約規定の強行法化にかかわる3つめのレベル以外を，上記(1)のレベルの機能としてまとめた。なお，大村教授は，これらのすべてのレベルを含む典型契約の積極的意義を総合的に論じられている特に(1)のレベルの考察が厚いように思われる（大村・前掲注(8)）。

このレベルでの典型契約の機能は，「類型」ないし「型」は，ある事象に対する対応方法としての合理性や思考の効率性を担保するものであり，「型」に該当しない事象との関係ではその該当しないことの意味やひいては該当しない事象の意味さぐる基準の役割を担い，そこから新たな，異なった「型」を生み出す元にもなる。「型」があるからこそ，それに該当する事象の意味づけも，それに該当しない事象の意味づけも可能となり，その意味づけの積み重ねによりさらに新たな「型」も生み出されることになる[14][15]。

(2) 典型契約の規定は合理的な契約内容を体現するものとして，それと異なる不公正な「特約」条項の効力を制限する機能をもたせるレベル。

このレベルの機能は，(1)のレベルとは区別されるが，同時に，(1)のレベルの機能は，(2)のレベルに密接に関連する側面を有することに留意すべきである。典型契約の「強行法性」とは，主としてこの(2)のレベルの問題といえる。

本稿では，その契約内容の公正さを確保するための「強行法性」については，次のVにおいて論じる。ここでは，それは(1)のレベルの問題とも密接にかかわることを，まず指摘しておきたい。

また，契約内容の公正さにかかわる典型契約規定の「強行法性」とは，若干異質の，当事者の特約に左右されない性質をもつという意味での「強行法性」にかかわる問題を含むのが，典型契約の定義規定としての性格をもつ「冒頭規定」ではないかという点を指摘しておきたい。この冒頭規定特有の

---

(14) 各種「類推適用の法理」の展開もこの文脈に位置づけることができると思われる。この現象は，法における「型」の持つ積極的な意味を示していると考えられるのである。

(15) また，このレベルの機能は，そもそも，法が言語によって語られざるを得ない以上，一般言語に内在する本質ともかかわっているように思われる。一般言語はまさに，何も区切りのない連続した外界の事象を，一定の意味を伴う表現である「言語」によってはじめて，ある事象を他の事象と区別しその事象に意味が与えられ，さらにそれとは異なる事象の別の言語による意味づけも可能となる。「言語に先立つ観念はなく，言語が現れる以前は，何一つ明瞭に識別されない。」（ソシュール）（丸山圭三郎『言葉とは何か』（ちくま学芸文庫，2008年）106頁）。契約類型のこのレベルの機能は，言語による事象の意味付与機能（それは事象の「類型」機能を含んでいる）は，人間の思考そのものの本質にかかわるものとも考えられる。ただ，法的言語は，一般言語に比して，その用途から法的言語の厳密性を伴った意味の表現として扱われる特色があるといえよう。

232

「強行法性」については，(1)のレベルの問題と深くかかわるが，それは，同時に，その典型契約の本質を示すものとして，(2)のレベルの当該契約類型の公正さを確保するための「強行法性」にもつながる問題である。

次に，これらの問題点を意識しつつ，冒頭規定の意義について検討する。

IV　典型契約における冒頭規定の意義

1　定義規定としての「強行法性」

典型契約の冒頭規定の意義をいかに考えるか。

冒頭規定は，当該典型契約の定義規定ともいえるものである。それは長年の取引的経験に基づき当該典型契約を法的に定義し，その特定の契約内容（法的効果である当事者の権利・義務の内容）を導く機能をもつ。そうした特定の契約概念を規定する冒頭規定がもつ意味は，個別の当事者の特約では容易に変更しえない要素が含まれている。ここでの私の最初の問題意識は，冒頭規定には，そうした意味での一種の「強行法性」が認められるのではないかということである。

この意味での「冒頭規程」の強行法性は，当該典型契約に該当することを前提としその契約における公正な内容を示す規定の強行法性あるいは半強行法性の問題とは一応区別して検討すべき問題を含んでいると考えられる。言い換えれば，こうした冒頭規定は，まず，上記IIIの2の(1)のレベルの法的な「型」を最初に特定する意味をもつ。このことは，上記(2)のレベルの問題である契約内容の公正さを確保するためという以前の，それとは異なった意味ないし根拠で，当事者の「特約」では変更できない性格のものであることを，まず指摘したいのである(16)。

---

(16)　そして，同時に，冒頭規定には，そのような定義規定の性格ゆえに，当該契約類型の内容の公正さを導く要因も内在していることも指摘しておきたい。もちろん，すべての冒頭規定が，今日，合理的なものといえるとはかぎらない。たとえば現行の民法消費貸借契約の冒頭規定（588条）の要物契約性は，書面でする場合は，新法において否定されている（新法587条の2）。しかし，売買契約，賃貸借契約，請負契約に代表される，今日において重要な契約類型の多くの冒頭規定は，長年の取引的歴史的経

2　冒頭規定の「強行法性」の要素とその特性

その要素は，まず，法的言語による法的定義規定のもつ訴訟による公権的解決のための機能となってあらわれる。当事者と裁判所ともに，攻撃防御の目標としての規範概念およびそれに関する事実の該当性の判断認識について共通認識指標となり，手続的予見可能性の保障の前提であり，裁判所の公的判断が可能な前提でもある。

この点，「要件事実と典型契約」として大村教授が，典型契約の意義について「裁判実務」の考え方を既に検討されていることに関連する[17]。大村教授は，そこでは，「各種典型契約の冒頭規定で定められているのがそれぞれの契約の要件事実である」とするのが「実務家の間では通説的な見解」とされ，それ自体が注目に値するとされる。典型契約規定は補充的な規定としてそれに消極的な意味しか与えない伝統的な通説によれば，個別の合意が重視されるべきであるはずなのに，実務があくまで冒頭規定を基準としその定める契約の本質的要素を満たしているかどうかを重視することの意味をさぐろうとされる[18]。

実務通説とは，裁判所がその判断において前提にする考え方である。その冒頭規定説とは，具体的な意味は以下のとおりである。

たとえば売買契約（民法555条）は，「売買は，当事者の一方がある財産権を相手方に移転することを約し，相手方がこれに対してその代金を支払うことを約することによって，その効力を生じる。」と規定する。

この定義規定の本質的な要素は，「特定の財産権の移転とその対価としての一定の金銭の支払いという（意思）表示の合致（合意）」という事実が存在することである。ここで重要なのは，それが，どのような局面で問題とされているかである。主張・立証責任の分配の問題と密接に関連する。

験を経た契約類型の内容を示す定義規定として，法的に重要な指標として機能する面を否定できない。

(17)　大村・前掲注(8)39頁以下。

(18)　大村・前掲注(8)40頁～42頁。なお実務通説の論稿として，「研究会・証明責任論とその周辺」判タ350号（1977年）の倉田判事の発言，定塚孝司「主張立証責任論の構造に関する一考察」司法研修書論集一九八四–Ⅱ号31～32頁，40頁注，司法研修所編・民事訴訟における要件事実・第一巻（1985年）45～48頁などがあげられている。

234

　たとえば，売主（原告）が，売買契約から生じる代金請求権を主張・立証しようとすると，まず，第一段階として，冒頭規定の示す要件事実について当事者の特定した主張が不可欠となる[19]。その際，裁判官は，客観的に明確なよりどころを必要とする。そうした定義規定に該当する事実があれば，その契約が成立していることになり，その契約の効果が生じる対象が（裁判官にとっては判断の対象が，当事者にとっては攻撃防御の目標が）客観的に明確になる。それは裁判を開始し進行し最終的に既判力等の公の効力が生じる訴訟判断においては，決定的に重要なこととなる。次の段階以降では，買主（被告）側の当該意思表示における民法95条錯誤無効（取消し）等の「権利障害規定」該当事実，あるいは弁済等（新民法473条）の「権利消滅規定」の該当事実，いわゆる「抗弁」の主張が続くことになる。

　いずれにしても，第一段階の「請求原因事実」の明確な特定は決定的に重要となる。その明確性・客観性の担保は，社会的・公的にも不可欠の要請を含んでいると思われる。少なくとも，裁判所ないし裁判官は，このことが多少でも不安定・不明確になることは，その職務上，極力避けようとする。

　もちろん，ここで，裁判所がその事務処理上の効率性のゆえに求める指標の明確性が，直ちに，全面的に社会的・公的にも不可欠かというと，今少し柔軟な対応がなされるべきとの意見もあろう。しかし，当該契約の性質決定を行うためには，一定の明確な基準が必要であることは否定できないのであり，その基準が，個別の当事者の特約により変動することがあっては，その区別化機能が損なわれることは容易に推測できるであろう[20]。

　このことから生じる冒頭規定の公的な意味は重要なものとなる。強行法性との関係では，それには，少なくとも二つの意味をもつように思われる。

　まず，特定の契約から発生する権利に基づき裁判上の請求をしようとす

---

(19)　この場合は「権利根拠規定」に基づく「請求原因事実」としての主張である。これによって審判の対象（訴訟物）が特定の売買契約に基づく代金支払請求権として特定される。

(20)　このことは，前掲注(15)で述べたように，一般言語に内在する本質ともかかわっているように思われる。さらに，法的言語は，一般言語に比して，法的拘束力につながるものであり，その用途からより厳密性を伴った意味の表現として，その意味内容が，個別に変動することは基本的に許容されない，社会的共通性によって支えられていることが強く要請される特色があるといえよう。

るとき，冒頭規定の「型」を特約により排除して，当該契約から発生する権利だけ[21]を主張することはできない。当事者は，一定の典型契約からの請求権であることを主張する以上，その冒頭規定の示す当事者が特約で変更できない要件に該当する事実を主張せざるをえないことになる。

　もう一つは，法的評価を伴う要件事実にかかわる。たとえば，売買契約であれば「これに対して代金を支払う」という定義の意味は，売買にふさわしい「相当な対価」という評価を含んでいる。そうすると目的物の対価として著しくバランスを欠く少額の名目上の「代金」の支払いしかない場合は，その目的物の給付は「贈与」契約によるものであるとの評価が下される場合がある。当事者が，「売買契約」によるものであると「特約」したとして，目的物受領者が給付者に対し担保責任を追及したとすると，裁判所は「贈与」であると認定し，その請求を認めない可能性がある。

　これらのことは，何を意味するか。当事者の特約によって，売買の冒頭規定を排除ないしそれから離脱できない場合，言い換えれば，「売買契約の定義」を当事者が自由に個別に変更できないということを意味する。その意味において，冒頭規定は「強行法性」をもつといえよう。

　ここで誤解のないように確認しておきたいのは，典型契約の冒頭の定義規定自体を当事者の特約により改変できないという意味で「強行法性」があるというとき，冒頭規定の定める当該典型契約の本質的要素に該当しない契約（別の典型契約や非典型契約）が有効性をもたないことまでを意味するものではない。

　その売買契約の「型」に当てはまらない，別の「型」に当たる契約，あるいは新たな「型」の契約の成立は，もちろん認められる。その違う「型」の契約は，売買契約の「型」に該当しない以上，それが予定する主たる「効果」が当然に認められることにはならないが，その合意内容に即して，どのような効果が発生するかが，「売買契約」とは異なる型の契約として，検討されることになる。

---

(21)　どういう財産権に対して一定の代金の支払う合意をしたのかを明らかにしないで，とにかく代金相当額の金銭の支払いが合意されているメモがあるのだから，売買代金としてのその金銭請求についての主張・立証は十分ではないかということなど。

236

　典型契約の定義規定のこのような「強行法性」は，典型契約の意義を消極的に評価する伝統的な通説においても，実は，否定できるものではなかったといえる。具体的な契約が売買契約に該当するか否か，これを区別するための判断基準である冒頭規定自体は，当事者の合意だけで変更できるものではない。少なくともその意味においては「任意規定」ではないといえる。

　この意味での典型契約の冒頭規定の「強行法性」を意識することは重要であると考える。なぜなら，次に述べるように，当該典型契約の定義規定に示されるその本質的要素こそが，当該契約内容の公平性に密接に関わるものであり，その契約内容の合理性の「幅」を規定することになるからである。その本質的要素を当事者の特約では変更できないということの意味は，「契約正義」の出発点になると思われる[22]。

3　冒頭規定が当該契約内容の公平性を考察する出発点となること

　上記のような典型契約の法的な定義を定める冒頭規定は，他の典型契約やその他の契約と区別する基準たりうるものである。そうだとすれば，当該典型契約の本質的要素を含んでいるはずであるということにもなる。そうすると，そうした本質的要素を含んだ契約類型にとってふさわしい一定の契約内容も想定されることになる。その本質的要素に照らして，一定の幅はあるものの，当該契約類型として予定される「型」としての内容が想定されることになる。そして，その「型」の内容においても，長年の取引的歴史的経験に基づいた一定の合理性や公平性をあらわす指標となる規定が存在することも否定できないことになる[23]。

　したがって，冒頭規定で定義された典型契約の本質的要素が，上記のような法的定義の意味での強行法性を有するといえるほかに，その定義による契

---

(22)　なお，山本敬三『民法講義Ⅰ総則［第3版］』（有斐閣，2011年）256〜257頁は，①成立要件に関するルール（申し込み・承諾によって成立するなど），拘束力の範囲に関するルール（当事者間の相対効が基本で第三者効・対世効を認めない原則）を含む契約制度自体を構成するルール，および②国家の基本秩序の維持，弱者保護の要請を含む契約内容に関するルールを強行法規とみるとされている。
(23)　河上・前掲注(7)『約款規制の法理』386頁，なお316頁注(59)および311頁の本文の記述参照。

約の本質的要素が，その契約の内容にかかわる諸規定に対して，次に述べる，強行法性や半強行法性を付与すべき理由として影響することになる。

V　契約内容の公正さの確保へ向けた典型契約規定の「強行法」化

　典型契約規定に積極的意義を見いだす最近の学説における，契約内容の公正性に関わる諸規定の強行法化や半強行法化についての根拠づけは，次のようなアプローチの違いがあるように思われる。主要な学説を概観してみる。

1　主要な学説の概観
(1)　意思主義の復権

　まず，「意思主義の復権」[24]のように，具体的契約時における具体的な「自由な意思」の形成・存在を厳密に問題とし，その不存在は無効とし，それを補充するために補充規定たる「任意法」を活用するという手法があり，結果的に「任意法規」の強行法化を試みるアプローチ[25]といえる。また，河上教授は，約款を規制する法理の探求の過程において，顧客側に「希薄な意思」しか存在しない場合に任意法規を重視し「半強行法化」を認めようとする手法を「洗練」させてこられたが，この手法は，契約締結時の具体的な「自由な意思」の形成・存在を重視することを前提とされる点で，「意思主義の復権」に近い発想ともいえる[26]。しかし，さらに，河上教授は，リース契約を素材に，契約の性質決定の作業の意味の検討を通して，最終的には当事者が債務内容として合意したかを具体的に当事者の意思に即して確定することが重要であるとされるが，その作業の過程で典型契約類型が重要な指標

---

(24)　石田喜久夫『現代の契約法』(日本評論社，1982年)，原島重義「契約の拘束力」法セミ345号 (1983年) 32頁以下。なお原島同稿も所収されている原島『市民法の理論』(創文社，2011年) の「第4部法律行為論・契約論」561頁以下も参照。)

(25)　湯浅道男「混合契約および非典型契約の解釈にあたっては，どういう点に留意すべきか」椿寿夫『講座・現代契約と現代債権の展望第5巻』(日本評論社，1990年) 25〜26頁。

(26)　河上・前掲注(7)『約款規制の法理』391頁以下特に394頁。なお河上正二・加藤雅信・加藤晋太郎「約款論を語る」判タ1189号 (2005年) 14頁，16頁を参照。

となることを指摘される[27]。この点では，次の(2)の典型契約類型の意義を
より積極的に総合的に重視しようとするアプローチに接近されているように
思われる。

(2) 「自由な意思」についての「合理的な枠」の模索

　他方，目指すところは同じであると思われるが，あくまで契約締結時点の
一時的な個別具体的なあるべき精密な「自由な意思」の存在を絶対視しない
で相対化し，一定の「類型的場面」で経験的に形成されている「合理的な意
思」とされている枠の中であくまで「自由な意思」たりうる具体的な「意
思」の存在を考察しようとするアプローチといってよいと思われる立場があ
る[28]。そうした合理的な「意思」の一般的に具現されたものとしての「任
意規定」を尊重し，その「強行法化」ないし「半強行法化」を考察しようと
する手法である。

　そうした中で，そもそも取引における「自由な意思」には「合理的な枠」
があることを想定するアプローチを根拠づけるために，典型契約類型の諸機
能を重視し，それを契約正義の実現のための司法介入のための制度的基礎と
して活用するための様々な思想的基礎づけ行おうとされているのが大村教授
であろう。さらに，典型契約類型の積極的機能を典型契約の歴史的展開過程
から検討しようとするもの[29]もある[30]。

---

(27)　河上「契約の法的性質決定と典型契約—リース契約を手がかりにして」加藤一郎先
　　生古希記念『現代社会と民法学の動向(下巻)』(有斐閣，1992年) 299頁以下，同
　　「混合契約論」についての覚書」法学56巻5号22頁。
(28)　大村・前掲注(8)，山本（敬）前掲注(13)。
(29)　石川博康『「契約の本性」の法理論』(有斐閣，2010年)。石川教授は，「契約の成立
　　に際しては当事者の合意が不可欠の契機となるとしても，そうして形成される契約自
　　体は，単なる個別の合意の束ではなく，一定の契約類型の選択を基礎付ける本質的な
　　合意部分を中核とした，一つの類型的存在として把握されるべきではないか。」と以
　　下，同書の「基本的なモチーフ」を述べられる（石川・同書 i 頁）。それを，歴史的
　　分析から現代にいたる「理論的な連続性」を踏まえ，一定の分析視角を導出する努力
　　をされる（石川同書499〜500頁）。
(30)　このアプローチに関わる研究の中で，大村・前掲注(8)においても取り上げられて
　　いる児玉寛教授の研究が注目される。大村教授の指摘によると，児玉教授は，「『古典
　　的私的自治論』の重層構造の発掘を試み」「私的自治論＝意思至上主義という先入観
　　は払拭されなければならない」「法律行為によって決定されるのは類型としての法制
　　度のもとに立つ法律関係であり，法律行為は核の部分を決定するに過ぎないという見
　　方」「『価値としての私的自治』と『価値実現のための条件整備とを峻別』すべきであ

(3) 「任意法規」の存在意義からのアプローチ

　さらに近時は,「任意法規」の存在意義を問い,その内容はいかにあるべきかをあらためて検討する学説があらわれた[31]。

　従来の民法学は,契約法の規制手法としての任意法規の存在意義の説明として,①その典型的な仮定的当事者意思を定めるにすぎない「特約」に劣後する「自律」重視のもの(自律基底的理論)なのか,②指導形象機能を認める「客観秩序」としての意義をもつもの(客観的秩序(正義)基底的理論)なのか,いずれかを重視した説明を行ってきた。そのどちらが基本原理なのか,どちらも基本原理というのであれば両者の関係いかんが問題となるが,「契約法学は,未だ任意法規という規制手法について一貫した説明を与えることができていない」という問題意識のもとに,新たにその存在意義を問い,「任意性」と「法規性」の整合的説明を試みるものである[32]。英米法のデフォルト・ルールの議論を参照し,法の経済分析からの新たなアプローチによって,③当事者にとって「効率性」(取引費用の削減,対抗情報の実現,当事者の意思の方向付けなど)を確保するための「社会的厚生」を基底的価値とする任意法規理論(厚生基底的任意法規理論)を提唱される[33]。

　この場合の「任意法規の意義」は,「取引費用の削減,対称情報の実現,当事者の意思の方向付けである」とされ,「任意性の根拠」は,「多数派に含まれない当事者による効率的な内容の契約締結を妨害しないためである」とされる。この「社会的厚生」の観点からは,「強行法規による内容規制が正当化されるのは,何らかの理由によって多くの当事者が,多数派にとって効率的な内容であるはずの任意法規とは異なる合意をしてしまうために,少数

り,『条件整備は意思表示方法を囲繞する各層において行われるべきものである。』というのである。」(大村・同書315頁。児玉「古典的私的自治論の法源論的基礎」原島重義編『近代私法学の形成と現代法論』(1988年)から)。

(31)　松田貴文「任意法規の基礎理論的検討―自律・秩序・厚生の観点から」私法第79号(2017年)「研究報告」158頁。同「任意法規をめぐる自律と秩序(一)(二・完)―任意法規の構造理解に向けた序章的考察」民商法雑誌148巻1号34〜71頁,同2号117〜158頁(以上2013年),同「契約法における任意法規の構造―厚生基底的任意法規の構想へ向けた一試論」神戸法学雑誌63巻1号171〜288頁(2013年)。

(32)　松田・前掲注(31)私法158〜159頁および164〜165頁,同注(31)神戸法学雑誌172〜174頁。

(33)　松田・前掲注(31)神戸法学雑誌173頁。

派の当事者による効率的内容の契約締結を妨害してでも，多数当事者の意思
決定を強制的に修正した方が社会的厚生の増加に繋がるような場合に限られ
ることになる」とされる[34]。

　この見解は，「任意法規」であることの社会的機能を数理的に実証化する
ことを試み，その観点から強行法規化する場合の根拠を示しその範囲の限定
を試みる見解ともいえよう。たしかに「契約法学の視界を広げるもの」[35]で
あり，任意法・強行法の射程範囲を考察する一つの考慮要素となりうるとい
えよう。しかし，具体的な契約の拘束力が公正なものと言えるかどうかは，
「効率性」の観点からだけで決められない場合もありうる。そのような実証
性やその前提の限界をも考慮し，その有用性を慎重に検討すべきであろ
う[36][37]。

---

(34)　松田・前掲注(31)私法164頁。「社会的厚生」の基底的価値については，それを達成
　するための3つの下位目的である「取引費用の削減」，「対称情報の実現」「当事者の
　意思決定の方向付け」にそれぞれ対応する「行動経済学」に基づくデフォルト・ルー
　ル論を参考にされる（同『私法』161頁）。ハーバート・A・サイモンの「限定合理
　性」の概念やダニエル・カーネマンの「プロスペクト理論」などをふまえながらも，
　「それらはいずれも，人間行動が偶発的で予測不可能であることを示すのではなく，
　規則性を有しており体系化可能であることを示すものである」との認識を示される。
　そのうえで，従来の「合理的人間像」を基礎として法理論を組み立ててきた「法の経
　済分析」を確認しつつ，行動経済学の知見である「現状維持バイアス」を紹介され，
　これが，デフォルト・ルール論にいかなる影響を与えうるかを検討されたうえで，
　「任意法規」の存在理由やその契約への規制基準を明らかにするために，上記のよう
　な方向性を提案されている（松田・前掲注(31)神戸法学雑誌255〜256頁）。
(35)　松田・前掲注(31)私法165頁。
(36)　そもそも「自律」と「正義」とを対立するものとして捉えてよいのかという疑問が
　ある。
(37)　近代経済学における数学的解析による工学的側面の有用性を否定するものではな
　い。しかし，その理論的前提としている功利主義や厚生主義の概念の偏狭さによる限
　界をも意識し，倫理学的側面を重視すべしとする近代経済学の中における有力な潮流
　（モラル・サイエンスとしての経済学）も意識されてよいように思われる（その最初
　の案内のための文献として佐和隆光『経済学のすすめ』（岩波新書，2016年）などが
　わかりやすい）。代表的なものとして，アマルティア・セン『経済学と倫理学』（徳永
　澄憲ほか訳）（ちくま学芸文庫版・2016年）。原著書は，Amartya Sen On Ethics And
　Economics（1987年，1988年））の思想があげられる。
　　センについては，大村教授が，早くから注目されている（大村・前掲注(8)324頁。
　セン（大庭＝川本訳）『合理的な愚か者—経済学＝倫理学的探究』（1989年）所収の2
　論文「合意的な愚か者」「何の平等か？」によるとされる。）。また，「消費者法・消費
　者契約の特性」との関係について「中間報告」として執筆された論考（大村「消費
　者・消費者契約の特性—中間報告(1)〜(4・完)」NBL475〜478号（1991年）の中で

2　小　括

さて，上記の学説の動向をどのように評価すべきであろうか。

取引の場面において，「契約自由の原則」が妥当し，そこで表明された「当事者の意思」が尊重されなければならないといわれる。しかし，そこでいう「自由」や「当事者の意思」とはいかなるものかが問われなければならない。少なくとも，そこでいう「自由」とは，当事者双方が対等に「自由」でなければならないはずであるが，それを一般的な「理念」として強調するには，現代社会においては現実とのズレがあまりに大きい。

また，「当事者意思」の尊重の根拠として，「個人の自由」や「個人の人格的独立性」の前提であるとか，それとの密接不可分性が強調されることが多いが，その様な説明が真に説得的であろうか。取引の場面での自由は，主として「経済活動の自由」や「営業の自由」であって，個人の「人格的な自由」と関連はあるが，「人格的な自由」そのものではなく，当然に同視できるものではない（この点は，後述する「私的自治の原則」と「契約自由の原則」との関係をどのように考えるかという問題とも関連する）。個人の「自由な意思」は，私的な社会生活のいかなる場面においても一律な態様で発揮されるものではない。特に，取引の場面において発揮・表明される「自由な意思」は，習慣的な条件反射的な側面も強く，また宣伝による誘導や取引時の環境や状況によっても左右されやすい不安定なものである。そこでは，よりどころとなる「指標」なくしてその「自由」はむしろ担保できない側面があることが意識されるべきではないか[38]。

また，上記のような取引の場面で契約の拘束力を正当化するために，どの程度の「意思自由度」や「精密度」が必要であるかについても，取引の種

も，「消費者と企業の非対称性」（同(3)）および「取引と社会・国家」（同(4・完)）において，センなど近代経済学におけるモラル・サイエンスとしての経済学の潮流（そもそも，「スミスの自然価格はある種の公正感を内包していた」ことの指摘もある）を取り上げられている。

[38]　この点，大村教授が紹介されているブルデューの次の言葉が注目される。「まことに逆説的ですが，社会学は，〜中略〜幻想的自由に対する場違いの信仰から解放することによって，人を自由にするものです。自由とは与えられるものではなく，獲得するものであり，それも集団的な獲得物です。」（ブルデュー『構造と実践』（石崎訳，1988年 b）30頁から，大村・前掲注(8)331頁にて引用））

　類・性質の異なる類型によって，さらに，当事者の種類・性質の異なる類型によって，多様で異なりうるのではないか。一般的・抽象的に，契約当事者の「合意」の形式が契約書等で確認できれば，直ちに「契約自由の原則」によって，その拘束力が正当化できるものではない。「約款論」などにおいては，このことは典型的・象徴的に現れるが，このような問題をはらんでいるのは，「約款」の問題にとどまるものではない。

　大企業どうし，あるいは対等な当事者どうしの，その経済的・組織的能力が対等である場合は，自由な競争原理がほぼ妥当する場面もあろう。そこでは，文字通りの「契約自由の原則」もほぼ妥当するといえる。しかし，他方，大企業と中小企業，企業と消費者など，それぞれの関係においては，一律の内容の「契約自由の原則」が妥当するとはいえないであろう。当然，各場面で「自由の尊重」をいうとき，それは誰の「自由」なのか，ということが常に問題となると思われる。そこでは，一方当事者の「契約自由の原則」が，他方当事者の「契約不自由の原則」になりかねない。そうした場面では，むしろ「契約自由の原則の濫用」こそが，警戒されなければならない。

　このような現状に対しては，消費者契約法など特別法による手当が一定程度なされてはいる。しかし，そもそも，既に19世紀の民法ではなく，21世紀現代の一般法・原則法である民法においては，民法そのものに内在されている原理であると考えるべきである[39]。特別法の具体的な手当がない場合においても，また，特別法の規定が不十分ないし不備がある部分についても，そのあるべき規制を導きうると考えるべきであろう。そのための根拠として典型契約規定の存在が意識されるべきである。

　すなわち，上記のような，取引の種類・性質，当事者の種類・性質などの多様性によって，「契約自由」の原則に一律に全面的に委ねることができない状況が少なからずあるという認識をもつのであれば，公平な契約の一定のモデルを重視せざるをえない。「契約自由の原則」の濫用あるいは，少なくとも，同原則の本来の趣旨が十分に妥当しない場合，契約内容のより適切・

---

(39)　その意味で，民法改正新法（521条，522条）において，「契約自由の原則」が明文化されたことの意味は，決して「契約自由の原則」を一般的に一律に礼賛するものではないことを前提に慎重に検討されるべきである。

効果的な規制方法として，一定の具体的・類型的な合理性が示されている典型契約規定について，一定限度の強行法規化，半強行法規化を考察する必要性は否定できない。

　これに対して，典型契約規定が一般的には「任意法」であることを尊重し，「特約」の規制は，基本的には一般的規定である民法90条にゆだねるべきであるという見解[40]もある。典型契約規定は，伝統的な「強行法」概念にはなじまない規定が多いことも事実であり，「強行法」「任意法」という伝統的な概念の混乱を招くよりも，理論的にスッキリさせるのは，このような手法でのぞむほうが妥当といえるかもしれない。

　しかし，典型契約規定を基本的にはすべて「任意規定」（民法91条）とし，特約による変更が自由であることを大前提として，その規制を一般的な「公序良俗」（民法90条）により規制するという手法では，やはり規制は極めて例外的な場合であるという発想に陥りやすいといえよう。合理性を判断するための基準がたとえ十分とはいえなくとも具体的な基準たりうるものが存在するといえるのであれば，その具体的な基準に可能な範囲で一定の力を認めるほうが，より有効な手法であるといえよう。特約の不合理性ないし合理性の欠如を具体的な契約内容の類型的な場面に即して具体的な判断を可能にする方法として，典型契約類型を重視する見解のほうが，現状の「契約自由の原則」の濫用状況においては[41]，必要かつ有効な手法であると考える。

---

(40)　長坂・前掲注(2)231〜232頁。
(41)　ここは，やはり現在の社会現象や状況を，あるいはその深刻さを，どのように認識するかに関わるであろう。「契約自由の原則」の呪縛力が強い現状では，その制約手法は多様で，できるだけ類型的・具体的である必要があると思われる。

VI 「典型契約」規定の「強行法化」の意味とその「効果」
―― 一律・広汎に特約が優先するというこれまでの
「任意法」概念の再構成――

1 一般的な若干の考察

上記のような認識をふまえると，典型契約規定において「任意法」とされる規定が，「特約」に対してどのような「効果」をもつと考えるべきであろうか。

思うに，これまでのように，「任意法」ないし「任意法規」は「特約」が一律・広汎に優先するという規定にすぎないという概念自体の見直しが必要であると考えられる。「任意規定」とは異なる「特約」がなされたとき，それが公序良俗違反であったり，信義則違反である場合，ないし信義則による修正が必要な場合，というあくまで「例外的」な場合でない限り，原則的に強く「特約」が優先するという硬直的な考え方そのものの転換が必要であると考える。その意味では，「任意規定」が「特約」に対する規制の根拠になりうることを意味する。任意規定が「強行法的な効果をもちうる」，「強行法」に近づく，という意味では，「任意規定」の「強行法化」ということができるであろう。

しかし，それは，民法91条の存在からも，文字通り「強行法」とされるわけではい。当事者の「特約」が優先する場合があることを前提に，一定の場合には，「任意法規」が，「特約」に優先する，あるいは修正することがある。その意味での「強行法化」という効果をもちうるということである。むしろ，それは，一律に，「特約」が「任意法規」に優先するという，これまでの「任意法規概念」をあらためる，その再構成といったほうがよいかもしれない。この発想を突き詰めていくと，これまでの「強行法」と「任意法」という二項対立的な概念的区別自体の見直しがはかられるべきことにもなろう。

このような意味で，当該「任意規定」の趣旨や意義の再検討とともに，規制の必要な場面を類型的に区別し，適切な柔軟な効果の類型を考察する必要がある。

「任意規定」の「特約」に対する「効果」の問題について，大村教授は，既に以下のように述べられている。

「任意規定の取り扱いについては合意による離脱が可能であることを正面から否定する議論は存在しないし，民法91条はまさにそのことを定めている。しかし，任意規定・強行規定の双方を含めて，典型契約規定は当該契約類型について合理的な内容を定型的に定めたものであるといえる（カッコ内略）。そうだとするならば，任意規定からの離脱は原則として可能ではあるものの，その内容の合理性に配慮した取り扱いが必要だろう。具体的には，まったく自由に離脱できる任意規定と合理的な離脱に限って認められる任意規定（半＝強行規定）の区別を行うべきではないか。あるいは，そもそも任意規定・強行規定という二分論を疑うべきかもしれない。同様の考慮から，典型契約類型にあてはまらずアド・ホックな処理が要請される個別契約については，その合理性について厳しいチェックが必要となろう」(42)。

このように，具体的事案と問題となる任意法規の趣旨や性質との関係で，柔軟な効果論を類型的に考察することが必要であろう。

「半強行法」という概念も，個別の特約を支える合理的な事情があれば特約を優先させるという柔軟性をもち，それは，個別事情による契約自由を適度に保障するための有効な手法といえよう。争いになった時，その「合理的な事情」の主張・立証の程度をどの程度で良いとするかは，具体的な契約の種類・性質や，特約の内容や性質によって異なると思われる。具体的事案での検証の積み重ねが必要であろう(43)。

---

(42)　大村・前掲注(8)355頁。

(43)　なお，ここで注目すべきは，河上教授が，「任意法の半強行法化」について，以下のように述べられていることである（河上・前掲注(7)『民法総則講義』263頁）。椿博士も，引用されている部分である（椿・前掲注(1)37頁）。

　　　「通常は，個別の具体的利害関係を最もよく判断できるのは当事者にほかならないから，当事者の意思や特約が任意規定に優先する。しかし，一方当事者の認識が及ばないところで契約条件が作成されたり，情報・交渉力に構造的格差が存在するなど，そのような正当性の保障がない状況下では，任意法が半強行法的に作用し，信義則上の正当な理由なく任意法の正義内容を一方的に改変して不当な利益を追求するような契約条項を無効と解すべき場合がある（消費者契約法10条参照）。これを任意法の半強行法化などという（河上・約款規制の法理383頁以下参照）。」（河上・前掲書263頁）。

　　　重要な指摘であるが，「任意法が半強行法的に作用」する場面をもう少し広く考

246

　もちろん，「約款による契約」や「消費者契約」など「実質的交渉による正当性の保障が疑われる場面」[44]では，「任意規定違反」が特に厳しく問われるべきである。このような場合は，そもそも「契約自由の原則」により，とうてい契約の拘束力を正当化できない場合であり，「私的自治」の原則の趣旨にも反する場合であるはずである（「契約自由の原則」と「私的自治の原則」のそれぞれの内容と両者の関係についてはⅦで後述する。）。

　ここで，強調しておきたいのは，一見，比較的に対等な契約であり実質的な交渉過程があったとしても，「任意規定」とは異なる特約が存在する場合に，当該「任意規定」がその典型契約類型の性質に照らして重要な意味をもつものであり，契約当事者の一方がその「特約」の不合理性・意思の不明確さ・勘違いなどを主張するときで，かつ，その特約内容が客観的にも不合理であることが疑われるときなどは，その「特約」の存在自体あるいはその効力の範囲について，合理的なものとして正当化しうるかが積極的に問われるべきことである。なぜなら，対等で用意周到なプロどうしが予測の限りを尽くして契約する場合はともかく，比較的対等な当事者同士の契約であっても，「通常」は，その特約締結に当たって，当事者が契約締結時にどの程度の起こりうる事情を予測して締結したかは，かならずしも明らかではない場合も少なくない。その場合は，当事者の「意思」の事後的評価が問題となりえ，その場合の当事者の具体的な場面を前提とする「合理的意思」を推認するにあたっても，やはり，特に重要な「任意規定」は，特約の効力の範囲の制約を示すものとなりうるのである。その意味でも，「任意規定」は，その重要性にもよるが，「合理的意思」のモデルとして，契約内容やその解釈において，その「指導形像機能」がこれまで以上に重視されるべきである。

　以下の2で，対等な契約においても，重要な「任意規定」との関係では，その「特約」の合理性には慎重であるべき具体例を検討してみる。

　　え，かつ，「任意法が半強行法的に作用」する効果も，その特約が「無効」とされるだけではなく，より柔軟な効果を検討し，より広い場面での，「任意法」の「半強行法的効果」の活用を考えるべきではないかと思料する。
（44）　河上・前掲注(7)『民法総則講義』257頁。

2　具体例での検討

　ここでは，瑕疵について不知の場合の「担保責任を負わない旨の特約」（民法572条）の有効性を，簡単に検証をしてみる。現行法にいう「瑕疵担保責任」について，新法においては，「特定物」ドグマあるいは法定責任説的な考え方が否定された。売主の給付が契約の趣旨に適合的か否かが問題とされ（契約責任説），契約不適合な場合には債務不履行として買主に追完請求を原則として認める（新法562条，563条）。このことをふまえると，その免責特約が契約全体の趣旨に反する疑いがある場合には，なおさら，その検証が問題となりえよう。

　民法572条（担保責任を負わない旨の特約）は，新法も，その内容は改正前（現行法）と変わりがないといわれる。同条は「知りながら告げなかった事実及び自ら第三者のために設定し又は第三者に譲り渡した権利については，その責任を免れることができない。」とする。

　この条文を形式的に読めば，売買契約における目的物の「瑕疵」について売主が不知であった場合には，この免責特約によって常に一律に担保責任の規定を排除（離脱）することができることになるが，はたしてそれで妥当か。

　たとえば，マニアには人気の貴重なクラシックカーの売買の場合を考えてみる。仮にエンジンその他の部分に若干の隠れた「瑕疵」があったとしても，買主が欲しいと思うことは十分合理的であり，「隠れた瑕疵があるかもしれないけれどそれでもいいですか」ということでそのことを確認するためにも，免責特約をするような場合である。ただし，ここでは，その契約は，双方ともに事業者ではなく消費者契約には当たらないとする。また，一般のマニア同士がするもので，業者という意味のプロ同士でもない契約を想定する[45]。

　この場合，仮に，このクラシックカーの売買契約において，少なくとも契約書の文言では「隠れた瑕疵があっても売主は担保責任は負いません」という形式の包括的な免責特約をしたとする。この特約によって，売主が不知であればどんな「隠れた瑕疵」も免責されるかというと，その契約の具体的事

---

[45]　ここで示したいのは，消費者契約法10条の適用のない，そもそも対等な，民法だけの適用がある契約によっても，「契約自由」で単純には正当化できない特約があることとである。

248

情に即した吟味が必要になる。例えば，古い車なのである程度の隠れた「瑕疵」はもし存在したとしてもやむをえないが，しかし，ブレーキ系統に瑕疵があり，たとえば時速50km以上で30分以上走り続けるとブレーキが効きにくくなるなど，「車」としての効用・安全性が著しく不十分であったなら（売主も購入後すぐに手離したので不知であったとしても），やはり担保責任を問えるとすることが合理的な場合がありうると考える。その契約全体の目的や趣旨，クラシックカーの対価（代金）がどの程度であったかなども，重要な判断要素となる。

その免責特約の趣旨が，たとえ通常の「車」の性能を備えていなくても，「とにかく，何が何でもこの車が欲しい」という契約であって，「隠れた瑕疵」については，「たとえ車としての効用が不十分でも免責OK」という場合もあるかもしれない。しかし，そういう場合はやはりマレであり，その旨の意思が契約全体の目的や趣旨あるいは特約の趣旨から明確でないと，安易にそのような「包括的な特約」と認定することは不合理であろう。そのような十分に明確な意思に支えられたものでないかぎり「包括的な免責特約」は，たとえ契約書の文言上は「包括的」なようであっても，その免責特約の制約が問題になりうると考えられる。このことは，当該契約全体の趣旨・目的に照らした「免責特約」の制限的「解釈」の問題といえる。しかし，この制限的解釈を導く重要な根拠の一つは，典型契約である売買契約における，任意規定と言われる精緻な「担保責任」の規定が存在することである。それは，売買契約の有償性の本質に照らした「公平性」を具体化している規定であり，その一般的な「公平性」を排除するほどに十分な，具体的な契約における事情に基づく合理的な「意思」があってこそ，はじめてその「任意規定」からの離脱が許されることになると解されるからである[46]。

そこでは，「契約自由の原則」による「自由競争」の合理性・効率性を強調するとしても，その「自由競争」は，利害関係のない第三者（一般人とい

---

(46) この「担保責任」の規定の存在は，買主を「錯誤」（民法95条）の規定によって救済する場合も，救済すべき「錯誤」の認定へも影響すると考える。新法95条において，任意規定を排除する「特約」の基礎とした事情を「法律行為の目的および取引上の社会通念に照らして」考察することも必要となると解される。

ってもよい）が許容できる「自由」ないし「自由な意思」に基づいて初めて健全なものになるという，アダム・スミスが想定した「自由競争」の思想からも基礎づけられるし，アマルティア・センのいう「倫理」がはたらくべき場面でもあるということができるのではないか[47]。

3　小　括

以上，典型契約における任意規定に反する特約の効果について，以下のようにまとめられる。

それは，①当該「特約」が含まれている具体的な典型契約本体の種類や性質，②「特約」により離脱しようとする当該「任意規定」の種類や重要性の程度を考慮し，③その「特約」についての契約双方当事者の熟慮やその機会の保障がどの程度であったか，④契約の前提となる情報保有のあり方，⑤当該「特約」の当該「任意規定」からの離脱の程度とそれに伴う「特約」内容の不合理性の程度，などによって当該「任意規定」から離脱できる条件のレベルが異なってくると考えるべきであろう。

すなわち，（イ）特約がそれと異なる任意規定に全面的に優先するか，（ロ）その有効な範囲が一部限定解釈されるか，あるいは，当該「特約」に関する「錯誤」などの他の救済規定の解釈適用によって救済の幅を広げるか，（ハ）その特約を無効として全面的に任意規定が適用されるか，などが類型的に，かつ，段階的に判断されるべきであると考えられる[48]。

---

(47)　スミスの『道徳感情論』をめぐる思想の若干の考察については西島良尚「『マンション分譲取引』と『三角取引（多角取引）』に関する覚書」流経法学第16巻1号（2016年9月）1頁以下，特に22〜26頁を参照。センについては，前掲注(37)を参照。

(48)　このように解すると，「任意規定」の種類・性質，当該具体的な「契約」やその「特約」の種類・性質・内容や締結にさいしての具体的状況の違いによって，そのレベルの違う「任意法規違反」の効果についても，違反すれば全部ないし一部が絶対的無効となる強い「強行法規」の手前で，柔軟で合理的な効果を類型的・段階的に考察することができる。そうだとすれば，これまでの「強行法」と「任意法」の区別は，相対的な“段階分け”したものにすぎないことになろう（椿「民法規定と異なる合意・特約の問題性および論点」椿・前掲注(1)37頁）。そうなれば，もはや「強行法」と「任意法」を二者択一の対立概念としてそのいずれかに振り分けることによる硬直的な解決を回避し，「任意規定」であることを理由とした「契約自由の原則」の行き過ぎた活用やその濫用ともいえる「契約手法」を，適正・柔軟に防止・修正するためにも有効な「概念の再構成」ともなると考える。

　このような方向での考察を真に有効かつ実践的なものとするためには，具体的な任意法規に即して，具体的な特約の類型に応じた，個別の具体的考察を積み重ねていく必要がある。これからの課題であり，ここで論じきることは到底できない。ここでは，あくまで現段階での，類型的考察のための区別の指針を示す努力を試みることにとどめる。

　まず，(A)「約款による契約」や「消費者契約」など「実質的交渉による正当性の保障が疑われる場面」(49)では，「任意規定違反」が特に厳しく問われるべきである。この点は，河上教授の「約款論」で既に多くの示唆が得られているが，たとえ「約款」や「消費者契約」に該当しない場合でも，「正当性の保障が疑われる場面」では，当該取引類型に照らして特に合理性がないかぎり，「特約」による「任意規定」からの離脱のための正当な根拠である，「正当な意思」と「それを支える合理的事実」を欠き，その離脱を認めるべきではなく，結果的に「任意規定」が適用されることになる場合である（上記(ハ)の効果を導く類型）。

　次に，(B)ある契約における「特約」についても一応の締結交渉らしきものがあったとしても，構造的に情報の偏在や実質的に熟慮を可能にする前提を欠くような場合には，重要な「任意規定」との関係では，その離脱のための「特約」は，やはり特段の合理性を支える事実が立証されない限り，離脱のための「正当な意思」とそれを支える合理的事実を欠き，結果的に「任意規定」が優先適用されることになる。このことは，消費者契約法10条に典型的にあらわれているが，事業者と消費者との関係だけではなく，事業者間でも経済的力関係や契約締結に必要な情報の偏在がある場合には，その格差と当該「特約」の不合理性の程度に応じて，契約正義に照らして，上記(A)と同様の扱いの可能性や「特約」の限定解釈や「錯誤」などの救済規定の活用が考えられる（上記(ハ)の効果を導く可能性があり，あるいは(ロ)の効果を導く類型）。

　さらに，(C)一応，対等な当事者であって，しかも，情報の偏在も存在しないが，離脱しようとする当該任意規定の重要性に照らして，離脱の範囲・

(49)　河上・前掲注(7)『民法総則講義』257頁。

程度について合理性を欠く場合においては，当該「特約」の合理的な限定解釈，あるいは，「錯誤」などの他の救済規定の柔軟な解釈・適用によって，その「特約」の拘束力の範囲が限定される場合がありうる（上記 2 の具体例のような事例で，（ロ）の効果を導く可能性がある類型）。

　最後に，(D)当該契約本体の種類・性質や，離脱しようとする「任意規定」の種類・性質に照らして，あるいは「特約」の内容の合理性が明白であったり，若干の当該契約の個別事情や特殊な事情から，あるいは合理的な慣習などから，当該「特約」が合理的であることが比較的容易に推測できるときは，直ちに，あるいは，簡単な合理性を支える事実の主張・立証があれば，「任意規定」からの離脱が容易に認められることになろう（上記（イ）の効果を導く類型）。

　とりあえず，以上のような指針のもとに，今後，具体的な事例群の類型的な検証が行われるべきではないかと考えている。

Ⅶ 「私的自治の原則」と「契約自由の原則」
——それぞれの内容と両原則の関係の見直しの必要性——

　典型契約と任意規定の積極的意義をどこまで，どのように認めるかという問題は，現状の社会をどのように認識するかという社会認識の問題に関わる。それとともに，「近代」以来の「契約自由の原則」を，「私的自治の原則」との関係において，どのような内容の原則と認識するかという大きな問題とも関連する。

　「私的自治の原則」とは，一般に，「人は自らの意思に基づいてのみ拘束される」という近代市民社会の思想を背景として，私人の私的生活関係を規律する私法分野における法律関係の形成には「個人の自由な意思が尊重されるべきである」とする原則といわれる[50]。

---

(50)　内田貴『民法Ⅰ［第 4 版］』（東京大学出版会，2008年）14頁・35頁。

　これまで，一般には，「契約自由の原則」は，この「私的自治の原則」の取引の場面でのあらわれとして，両原則はその内容や意義についてほぼ等置され重なるものと理解されてきた。しかし，本当にそうなのか。かつて有力な学説より大きな問題提起と示唆があったが，いまだにこの問題につき正面から十分な議論がなされていないように思われる[51]。

　星野博士は，歴史的思想史的検討をふまえられ，両者を次元の違うものとして把握される。「私的自治の原則」は，自由な個人がなにゆえ人との関係（社会関係）において拘束されるか（義務づけられるか）という問いに対する「自らの意思ゆえ（彼が欲したから）」という「社会契約説」と同様な哲学的原理である。他方，「契約自由の原則」は経済政策的次元の原理であり，「契約の拘束力」とともに，「私的自治の原則」によって全面的に根拠づけられるものではないことを示唆されている[52]。

　その示唆によると，経済政策的次元の問題である「契約自由の原則」の限界や修正は，より高次の哲学的指導原理である「私的自治の原則」そのものの修正・限界の問題ではなく，むしろ「私的自治の原則」からその限界・修正を指導されるべきものであることになる。このような認識によると，「契約自由の原則」の名において一般市民の「自由な意思」が抑圧・形骸化される場面でのその修正は，むしろ一般市民の「私的自治の原則」の回復となる。また，「私的自治の原則」のあるべき内容の探求に照らした「契約的拘束力」の根拠の探求も可能となろう[53]。

---

(51)　この大問題については，星野英一①「現代における契約」民法論集第3巻（1972年）1頁以下（初出・岩波講座『現代法』8「現代法と市民」(1966)所収)，同②「契約思想・契約法の歴史と比較法」同論集第6巻（1986年）201頁以下（初出・岩波講座『基本法学』4「契約」(1983)所収)，同③「意思自治の原則，私的自治の原則」同論集第7巻117頁以下（初出・『民法講座(1)民法総則』(1984年)所収)の各論稿を参照されたい。なお，この議論をふまえた関連論稿として，西島・前掲注(47)1頁以下を参照。

(52)　星野③論文・論集七134頁，およびそこで指摘されている同①論文・論集三巻8頁以下の各箇所を参照。なお星野博士は，ドイツ流の「私的自治」とフランス流の「意思自治」との，わが国における混同の問題も指摘されているが，博士の主張の力点は，現代の「契約に対する規制」にあたって，「私的自治」と「契約自由」との関係を問い直し，両者を明確に区別することにあると思われる。

(53)　以上の趣旨を最近の拙稿においても指摘したところである（西島「マンション管理における訴訟上の権利行使と規約自治の限界」マンション学58号（日本マンション学

　このような示唆を突き詰めていくと,「私的自治の原則」によるすべての
個人の自由な意思の尊重は, すべての個人の人格の独立性と密接不可分なも
のであり, 精神的自由とも結びついたより高次なものである。他方「契約自
由の原則」は, 私的自治の原則と関連性はあるが, もっぱら経済取引の場面
での原則であり, 特に現代では企業の営業の自由と密接に関連する原則であ
り, それにより特定の経済的強者の「契約自由」のみが強調されると, かえ
って多くの個人の「私的自治」を害することにもなりえ, それは経済政策的
にコントロールされるべきものであることになる[54]。

　そして, このような「契約自由の原則」は, アダム・スミスに始まる「自
由主義経済思想」と密接に関連し,「神の見えざる手」による「自由放任」
(レッセフェール) の哲学によるより多くの富を獲得することのできる社会が
目指されたことと結びついているといわれる[55]。しかし, そもそも, アダ
ム・スミスの「自由放任」は世上いわれるほど自由放任ではないし,「神の
見えざる手」が働くための一種の倫理的制約を前提としている。この点につ
いては, スミスの生涯2つの著作のうち,『国富論』ばかりが強調されてき
たが, もう一つの著作『道徳感情論』の存在に注目すべきことを, 星野博士
およびアティアの指摘と, 経済学史家の著作をふまえて若干展開した[56]。
さらに, 大村教授も注目されている経済学者アマルティア・センの思想等も

　　会誌・2017年11月) 43頁以下, 特に51頁注(31)を参照。
(54)　星野博士の重要な指摘として以下の部分は注目すべきである。「『契約に対する種々
　の国家的規制を, 私的自治によってバック・アップし, これを合理的なものにする努
　力』の根拠となること, つまり国家権力が民主的なものであれば契約に対する規制は
　『より大きい意味において私的自治の肯定であること』, 我が国では丸山真男教授のい
　われる『作為』の発想が弱いから, その見地から私的自治の原則の再認識を強調する
　必要がある」と述べられている (星野③論文・論集七135頁)。
　　また, この問題に関連して重要な論稿として注目すべきは, 村上淳一教授の「近代
　ドイツの経済的発展と私的自治—「営業の自由」を中心として—」(加藤一郎編『民
　法学の歴史と課題』(1982年) 351頁) である。紙幅の関係で, ここでは詳しく言及で
　きない。村上教授のこの論稿を受けた星野博士の以下のコメントだけを記載しておき
　たい。「村上教授の指摘されるとおり (カッコ内略), 意思の自由から経済活動の自
　由, 特に営業の自由が必然的に帰結するのかが根本問題であり,『意思の自由』『人間
　の自律』のスローガンが, 経済的自由主義のイデオロギーに堕する恐れのあることを
　十分自覚しておく必要があろう」と述べられている (星野③論文162頁)。
(55)　内田貴『民法Ⅱ [第3版]』(東京大学出版会, 2011年) 18〜19頁。
(56)　西島・前掲注(47) 1頁以下, 特に22〜26頁参照。

含まれる，近代経済学における，「自由放任」や「市場原理」を過剰に強調せず，その限界を意識し常に一種の「倫理」との融合をはかろうとする「モラル・サイエンスとしての経済学」の潮流と，法学との対話が必要だと考えている。これらについては，別稿で検討する。

　また，契約に対する種々の規制を，「私的自治の原則」によってバックアップし，これを合理的なものにする努力をするためには，国家権力が，制度的にも運用においても民主的なものでなくてはならず，それによる規制が「より大きい意味において私的自治の肯定である」ために必要な考察は，公法の観点からの検討も不可欠である。本来の「私的自治」は，まさしく「個人の尊厳」あるいは「個人の人格の独立」の前提となる自由を意味し，それは経済的自由だけではなく精神的自由をも含む「自由」（基本的人権）にほかならないと思われる。そして，この「自由」を守るためにこそ，「国家」が存在すべきものであることが近代国家論の出発点であることが意識される[57]。国家が，そのような自由を守る機構として民主的に構成され，かつ

---

(57)　樋口陽一『憲法Ⅱ』（青林書院，1998年）。木庭顕『現代日本公法の基礎を問う』（勁草書房・2017年）1頁「国家とは？」以下，政治やデモクラシーの概念についての予備知識を説く部分において，特に16頁は樋口文献との接続が意識されている。これを受けて樋口教授の，『抑止力としての憲法』（岩波書店，2017年）ⅷ頁以下の論述がある。

　なお，民法の解釈・適用についても「憲法の大枠がかかっている」ことを，司法権等による「基本権の保護義務」構成によって民法90条を中心に具体的に論じられたのは山本敬三教授である（同『公序良俗論の再構成』（有斐閣，2000年），山本敬三・加藤雅信・加藤新太郎「『公序良俗論の再構成』をめぐって」判タ1177号（2005年）4頁以下，特に17頁山本発言参照）。山本教授は，「契約制度は，憲法13条により保障された私的自治を実現するうえで不可避的に要請される制度である」と述べられる（同書28頁）。そうした「私的自治の原則」の憲法上の位置づけには共感を覚える。ただ，同原則は，精神的自由も含む「個人の全人格的な尊重」と不可分なものである。他方で「契約自由の原則」は，私的自治の前提を確保する手段でもあるが，特に現代の高度な資本主義社会では「営業の自由」と強く結びつくものであり，経済的自由に対する社会政策的制約に服する可能性が高いものであることが意識されなければならない。その意味で両者は同列に論じられるべきではないと考える。「契約自由の原則」において誰の自由を保護しようとするかにもよるが，それを過度に強調しすぎることは，すべての人に保障されるべき「私的自治」の理念を害する場合があることが意識されるべきである（注(54)参照）。特に経済的強者による「契約自由の原則」の濫用を防止し，その適正な制約について，私法の場における指導理念となるのが，「私的自治の原則」であると考える。

現実に運用され機能していることが，真の「私的自治」が実現されるための
前提となることが意識されなければならない[58]。

VIII　結　　語

　現代社会における「契約自由の原則」の濫用現象に対する適正な歯止めと
して，どのような法学的アプローチが効果的かという観点から，その有効な
アプローチの一つとして「典型契約」の見直しがなされているとの認識のも
とに，これをどのように基礎づけ，どこまで活用することが可能か，実験的
な考察を試みた。

　この大きなテーマをどう考えるかについては，各人の社会的経験もふまえ
た現代社会の状況や構造をどう認識するかという「社会認識の問題」にかか
わる部分が大きいように思われる。この社会の現状を，構造的にどのように
認識すべきかという「社会認識の問題」は，当然，法学，とりわけ法解釈学
だけの問題ではなく，歴史学，社会学，経済学（計量経済学的なものだけでは

---

(58)　NHK 受信料契約に関する最大判平29・12・6 裁判所時報1689号3頁は，「国民の知
　　る権利を実質的に充足する」ことを前提とした「放送法64条1項は，日本放送協会の
　　放送を受信することのできる受信設備を設置した者に対しその放送の受信についての
　　契約の締結を強制する旨を定めた規定」であるとする。この判決は，私法の契約法理
　　論の観点からも，憲法の特に表現の自由の観点からも，批判的な検討を深める必要が
　　ある重要な判例である。個人の「知る権利」（どのような情報源を選択して「知る」
　　かも含めた，民主主義の根幹に関わる「表現の自由」に内包される重要な基本的人権
　　である）は，私法上においても「私的自治の原則」に内包される精神的自由の重要な
　　要素であり，同原則から，こうした精神的自由に深く関わる場面では，「契約自由の
　　原則」に対し，その「自由」の原則が強く堅持される要請がはたらく場合であると考
　　える。企業の営業の自由のあり方が制約される場面とは明らかに異なる。現在の放送
　　法や NHK が，すべての受信設備設置者に受信契約を強制することを正当化できるほ
　　どに，民主主義の観点からの「知る権利」を充足するための公正・中立で（これは
　　「あたりさわりがない」という意味とは違う）必要・十分な情報を提供できているか
　　どうか，また，そのような公的機能をチェック・担保する制度的環境が整備され，か
　　つ実際に運用されているといえるかどうか，十分な検討が必要である。そして，こう
　　した問題も，憲法やその他の公法と密接に関連する，私法における「私的自治の原
　　則」と「契約自由の原則」の，それぞれの関係と機能をどのように考えるかというこ
　　とについての，重要な場面の一つであると思われる。

なく，経済学史，経済思想・哲学なども含む広い意味での「経済学」をさす）など広い学問分野の助けが必要であると思われる。もとより，私が，それらすべてをフォローできるはずもないが，今後も，可能な限り，視野を広げて，考察する姿勢だけは示していきたい。

11 債権者取消権制限特約の効力

藤 田 寿 夫

I はじめに

　本稿では，取消債権者 X，債務者 A，受益者 Y として，予め X・A 間において，受益者 Y に対して債権者取消権を行使しない旨を合意していたとすると，X は債権者取消権を行使できなくなるか，を検討する。すでに判例においても，「II債権者取消権制限特約と執行制限特約」において検討する①最判昭50・7・17では，被保全債権を準消費貸借にする際に債権者取消権をも放棄する意思の有無が議論され，「III私的整理契約と債権者取消権」において検討する有名な（弁済を受けた受益者が按分額の支払を拒むことができないとした）⑤最判昭46・11・19においても，受益者は，受益者と債権者団との間に和解契約が成立していることを抗弁している。

　II章において，執行制限特約の効力の検討から債権者取消権制限特約が許されるかを検討し，III章では，私的整理契約が債権者取消権を行使しない趣旨や債権者取消権を放棄（免除）する趣旨を含むことがあるかを検討する。以上の検討を踏まえて，IV章では，改正民法における債権者取消権の要件・効果，および，改正民法においても債権者取消権制限特約が認められるかを検討する。なお，改正民法の債権者取消権は，偏頗行為の取消につき支払不能（又は支払不能30日前）を問題としていることから，判例分析においては

事案を詳しく紹介する。

II 債権者取消権制限特約と執行制限特約

1 債権者取消権

　債務に対して債務者の一般財産（責任財産）が責任を負う。その債務者の責任財産は，個々の債権の履行を担保するだけでなく，総債権者のための共同担保となっている。だから，債務者の責任財産の状態いかんは，直接，債権そのものの価値に影響する。そこで，債権者取消権は特定の債権の強制執行の準備のため債務者のもとから逸脱した責任財産を債務者のもとへ取り戻すことを目的とする。そして，債権者取消権は「債権の共同担保（責任財産）を保全するために債権の効力（債権に与えられた保護手段）として債権者に与えられた実体法上の権利であ」り，「債権と債権者取消権を媒介する契機をなすものは，債権の摑取力である。したがって摑取力を欠く債権には債権者取消権の保護は与えられない」。このように，「強制履行および一般責任財産の保全（債権者代位権・債権者取消権）を統一的に債権の実体的効力として理解すること」ができるとされる[1]。

　さらに，債権者取消権行使の範囲が「債権者の債権額の範囲に限定されることもまた，（強制執行の）準備的機能との関連において理解さるべき」とされ[2]，判例・通説も，金銭債権に基づき債権者取消権を行使して受益者から金銭を受領した場合，取消債権者が受益者から金銭を直接受領し相殺して回収することを認め，また，取消債権者は，受領金を他の債権者に分配する義務を負わないとし[3]，それは，責任財産保全制度の趣旨に反しないとする。

　以上のように，債権者取消権は特定の債権の強制執行の準備のため債務者のもとから逸脱した責任財産を債務者のもとへ取り戻す制度であるから，債

（1）　奥田昌道『債権総論［増補版］』（悠々社，1992年）276頁，於保不二雄『債権総論［新版］』（有斐閣，1978年）76頁77頁159頁以下参照。
（2）　於保・前掲注(1)161頁。
（3）　最判昭37・10・9民集16巻10号2070頁，最判昭46・11・19民集25巻8号1321頁。

権者と債務者間の債権者取消権を行使しない旨の特約は，その結果，債務者
のもとからの責任財産逸出をそのまま承認することとなり，債権者取消権制
限特約（不行使特約）ということができる。債権者取消権を行使しないこと
を債務者だけが債権者に求めることができる場合は，不真正な第三者（受益
者または転得者）のためにする契約[4]であり，第三者である受益者または転
得者も債権者に対し債権者取消権を行使しないことを求めることができる場
合は第三者のためにする契約である[5]。このような債権者・債務者間の契約
も第三者である受益者または転得者の不利とならず利益となるため有効と認
められよう。

2　債務と責任

　一定の財産が債務の引当て（担保）となっていること，つまり，債務が履
行されない場合にその債権の満足を得させるために一定の財産が担保となっ
ていることを責任という。

　実体法体系をとる近代法においては，訴権・執行権の前提として実体法上
債権の強制力・攫取力（訴求力と執行力）とが予定されねばならず，債権の
法的構造は，債務者に対する請求力に対応する「債務」（給付義務）と債務
者財産に対する攫取力に対応する「責任」の両者の結合として把握される。
訴求力・執行力を欠く債務が自然債務であり，執行力を欠く債務が責任なき
債務である。つまり，当事者が合意により執行力を欠く債権を創設したり，

（4）　来栖三郎「第三者のためにする契約」民商39巻（1959年）4・5・6号518頁以
　　下，中馬義直『注民(13)』（有斐閣，1966年）321頁，広中俊雄『債権各論［第5版］』
　　（有斐閣，1979年）314頁以下。
（5）　債権者・債務者間での債務免除契約も有効であり（昭和4・3・26新聞2976号11
　　頁），債権者Ｘ（諾約者）・債務者Ａ（要約者）間においてＸに対し債務を負う第三
　　者Ｙの債務をＸが免除する旨を約する第三者のための免除契約も有効である（大判
　　大5・6・26民録22輯1268頁）。また，債務者Ａの債権者であるＸ・Ｙ間において，
　　債務者ＡのＹに対する債務500円のうち200万円を諾約者Ｙが免除する合意が成立し
　　た場合，第三者Ａのためにする債務免除契約であるという（大判昭16・9・30民集
　　20巻1233頁）。来栖・前掲注(4)519頁520頁，中馬・前掲注(4)330頁，新堂明子『新版
　　注民(13)［補訂版］』（1996年）704頁，我妻栄『新訂債権総論』（岩波書店，1964年）
　　367頁，於保・前掲注(1)431頁，石田喜久夫ほか『債権総論［第3版］』（青林書院，
　　1996年）365頁，奥田・前掲注(1)602頁，潮見佳男『新債権総論Ⅱ』（信山社，2017
　　年）339頁548頁。

または，既存の債権につき，付随的に，債務者財産への強制執行（金銭執行）をしない旨の特約をした場合には強制執行はできず，執行力（攝取力）を欠く債権となる。この特約のある債権が第三者に譲渡された場合，その第三者に対しても不執行の特約の効力が認められると解される[6]。また，債務者は，債務の全額につき全財産でもって責任を負うのが原則であるが，民法922条の相続の限定承認においては，相続債務自体は相続財産の限度に縮小されず，そのままであり，その引当てとなる責任が相続財産の限度に限定され，責任のみの限定である（物的有限責任）と解される[7]。

3　執行制限特約と債権者取消権制限特約

（1）　民事執行の追行に関する債権者・債務者間の合意を執行契約という。民事執行法の規定の適用を排除するなど，債権者の有利に執行の要件を緩和したり，執行の対象や方法を拡大する執行拡張契約は，執行法における債務者の利益の強行的保障に反し許されず，また，民法90条により無効とされる。それに対し，債権者の不利に執行を排除したり，法定の執行内容を制限する執行制限契約がある。執行法においては当事者処分権主義が行われており，債権者が申立をするか否か，いつ執行するか，また如何にしてこれをなすかは債権者に一任しており，執行の時期，執行目的物の選択等について債権者は全く自由であるから，執行制限契約は可能かつ適法とされる[8]。

（2）　執行制限契約には，まず，①特定の債務名義や執行債権につき，執行しない旨を約したり，あるいは，一定の時期までは執行しない旨を約する不執行契約がある。たとえば，債務者が債権者の許した分割払いを遅滞しない限り，もしくは和解契約の不履行がない限り，判決を強制執行のために使用しない旨を合意したり[9]，あるいは，他の担保権者が競売申立をするまでは，自らは抵当権実行のための競売を申し立てない旨を合意する場合であ

（6）　於保・前掲注(1)77頁，奥田・前掲注(1)97頁98頁。
（7）　於保・前掲注(1)77頁，奥田・前掲注(1)97頁98頁，磯村哲『民法演習Ⅲ』（有斐閣，1958年）1頁以下参照。
（8）　齋藤秀夫「執行契約」民事訴訟法講座第4巻（有斐閣，1955年）1043頁以下，中野貞一郎『民事執行法［新訂第4版］』（青林書院，2000年）75頁以下参照。
（9）　大判昭2・3・16民集6巻187頁。

る。②特定の執行方法によって執行する旨の合意である執行方法制限契約が
ある。たとえば，債権者が債務名義に基づき債務者の動産につきただ差押の
みをなしこれを競売しない合意，あるいは，不動産執行につき強制管理のみ
による合意などである。③特定のまたは特定種類の財産（群）に対してのみ
執行する合意や，それに対しては執行をしない合意である責任制限契約があ
る。たとえば，債務者の住所地にある財産に対しては執行せず遠方にある財
産に対し執行する合意，債務者の一定の商品群のみに対し執行をなすべき合
意，特定の不動産に対し執行しない合意，あるいは，単純承認をした相続人
との間で相続債権者が遺産に対してのみ執行すべき旨の合意[10]などであ
る[11]。

　(3)　これらの執行契約の法的性質につき，訴訟契約説と実体契約説があ
るが，通説は，強制執行するか否か，どのように執行するかは全く債権者の
随意であること，および，契約自由の原則から，「債権者に対し執行追行上
の一定の態度を義務づける実体法上の効果を生ずる実体契約」（民法上の債権
契約）と解している[12]。

　(4)　執行契約違反の効果につき，債務者が債権者に対し債務不履行によ
る損害賠償を請求できるほか，債務名義や執行文において責任制限契約に従
い執行対象となる責任財産を限定して給付義務を表示しているにもかかわら
ず，そのような執行正本により債権者がその対象財産以外の財産を差押さえ
た場合には，債務者は，第三者異議の訴えにより強制執行を排除できると解

(10)　吉村徳重「最判昭和49・4・26判批」民商72巻4号（1975年）684頁。
(11)　齋藤・前掲注(8)1043頁以下，中野・前掲注(8)75頁以下参照。ただし，齋藤教授
　　は，執行の目的物の制限に関する執行契約と目的物に関する責任制限契約とを区別さ
　　れる。なお，債権者と債務者が債務につき特定の目的物についてのみ責任を負うと合
　　意した場合，債務者の別の債権者がその目的物に対して執行してくるという問題があ
　　る。責任財産限定特約につき，金融法委員会「責任財産限定特約に関する中間論点整
　　理」金法1625号（2001年）6頁，山田誠一「責任財産限定特約」ジュリ1217号（2002
　　年）47頁，山本和彦『ビジネス法務大系Ⅲ』（日本評論社，2008年）51頁以下。上野
　　久徳「整理契約の意義と内容」金商判679号76頁は，整理契約において，「債務者の有
　　する目録記載の一切の資産を債権者委員会に譲渡し，これをもって委員会に委任した
　　債権及び不参加の一般債権の弁済に充てる」と定めた場合には，債務の免除率につい
　　ては定めず，譲渡資産の範囲で債権者側は満足し，その余は放棄する条項を定めると
　　される。これは，一種の責任制限条項といえよう。
(12)　齋藤・前掲注(8)1043頁以下，中野・前掲注(8)75頁以下参照。

される[13]。

　最判平18・9・11民集60巻7号2622頁も，債権者が債務者に対し強制執行は行わない旨の意思を表明しており，債権者の，強制執行を行う権利の放棄，または，債権者と債務者との強制執行を行わない旨の合意（不執行の合意等）がある場合[14]につき，「不執行の合意等は，債権の効力のうち請求権の内容を強制執行手続で実現できる効力（いわゆる強制執行力）を排除又は制限する法律行為と解されるので，これが存在すれば，その債権を請求債権とする強制執行は実体法上不当なものとなるというべきである。」とする[15]。つまり，当事者の不執行の合意の効力として，執行力のない債権を認めている[16]。この場合，金銭債権であっても摑取力がなく，債務者はその一般財産をもって責任を負わない。

　（5）　以上の執行制限契約に関する議論は，保全執行や担保執行に関しても同様であるとされる[17]。債権者取消権は強制執行の準備のため債務者のもとから逸出した責任財産を債務者のもとへ取り戻す制度であり，債権者取消権制限特約は，逸出財産に対しては執行をしない旨の執行制限特約に類似しており，執行制限契約に関する議論は債権者取消権制限特約（不行使特約）にもあてはまるといえよう。

4　債権者取消権制限特約

　（1）　債権者取消権は破産のように債務者の負担する債務の総清算を目的とするものではなく，特定の債権を保全することを目的とする[18]ところ，大判大9年12月27日民録26輯2096頁では，取消債権者Xは債務者Aに対し売掛代金債権をもっていたが，債務者Aが一人の債権者Yに弁済のため不動産を時価の半額以下で売却し，取消債権者Xは上記不動産売却後に準消

---

(13)　中野貞一郎・下村正明『民事執行法』（青林書院，2016年）69頁。

(14)　西川佳代「本件判批」私法判例リマークス2008年上134頁。

(15)　同最判は，さらに，強制執行を受けた債務者が，その請求債権につき不執行の合意等があったことを主張して裁判所に強制執行の排除を求める場合には，請求異議の訴えによるべきであるとする。

(16)　高橋譲「本件判批」曹時61巻4号1346頁。

(17)　中野・前掲注(8)78頁。

(18)　我妻・前掲注(5)178頁。

費貸借により売掛代金債権を貸金債権に改めていた事案において，準消費貸借によって旧債務は消滅し，同一性のない新債務が成立するから，詐害行為後に発生した新債権を被保全債権として詐害行為取消権を行使できないと判示した。これに対し，学説は，「当事者が全然同一性のない債務を成立させる契約をすることは可能である。然し，準消費貸借をする当事者の普通の意思には，おのずから一定の内容があ」り，「この普通の意思を解釈の規準としなければなら」ず，「詐害行為取消権は，債務者の一般財産の保全を目的とする点で保証と同視してよいから」旧債務成立後で準消費貸借契約前の詐害行為は原則として取り消すことができると述べて大正 9 年大判を批判していた[19]。確かに債権者は，たとえば売掛代金債権を気長に回収しようとして売掛代金債権の消滅時効に対する配慮から準消費貸借契約をしたりする。この学説の批判に従い，判例変更したのが①最判昭50年 7 月17日民集29巻 6 号1119頁である。この①最判は，取消債権者 X と下請負人 Y との間で，債務者である元請負人 A の有する請負代金債権の取りあいになり，債務者 A が不動産ではなく請負代金債権を下請負人 Y に譲渡してしまった後に取消債権者 X と債務者 A との間で請負代金債権を準消費貸借に改めた事案で，「準消費貸借に基づく債務は，当事者の反対の意思が明らかでないかぎり，既存債務と同一性を維持しつつ，単に消費貸借の規定に従うこととされるにすぎないものと推定される」として債権者取消権を行使できると判示して判例変更した。

　この①最判をめぐって，更改や準消費貸借をする際に「債権者取消権をも放棄する意思」の存在が認定されれば債権者取消権を行使できなくなるが，普通，そのような意思があろうとはとうてい考えられない」[20]として債権者取消権を任意規定的に捉えているものがある一方で，「旧債務に付随する権利義務の一切を消滅させるとか，」詐害行為取消権をも消滅させる「合意によって詐害行為取消権を発生させないと定めることはできないと思われる」が，「もっとも，詐害行為取消権は私法上の行為でありこれを放棄することはでき」，それは取消の相手方である受益者もしくは転得者に対してするの

---

(19)　我妻栄『債権各論中巻一』（岩波書店，1957年）367-368頁。
(20)　星野英一「本件判批」法協93巻11号139頁。

でなければならず，「債務者との契約の際これを放棄しても，その効力は生じない」[21]として破産法上の否認権と同じく強行規定的に捉えているものとがある。

　(2)　②東京地判昭43年11月20日金商判154号18頁では，下記のように，他に債権がないことを確認する裁判上の和解が債権者取消権を行使しない趣旨や放棄（免除）する趣旨を含むかが問題となった。

　Ｘ社は訴外Ａに対し，昭和39年11月12日当時貸付債権や訴外ＡがＸ社の取締役在任中その地位を利用してなした背任等不正行為による損害賠償債権など合計金1861万円余りの債権を有し，その当時訴外Ａは上記債務のほかＹに対し金300万円の貸金債務を負担していたが，訴外Ａの資産は当時本件土地，建物（当時の時価合計約1400万円）しかなく，これをＹに処分すれば他の債権者の満足を得らないことを知りながらＹの貸金債務の担保として提供し，代物弁済予約，抵当権設定および賃貸借契約を締結した。Ｙは同年11月23日には代物弁済予約完結の意思表示をし，同土地建物につき所有権移転登記をした。これに対し，Ｘ社が訴外Ａの２件の背任等不正行為に気付いて調査したところ，昭和39年12月２日当時Ｘ社の同２件の損害賠償債権及び貸金債権等の合計金1606万円余りが判明したので，これを訴外Ａに確かめたところ，その債権以外はないというので，この分については告訴しないが，若し他にあったときは告訴するとのことで債務確認書を作成した。しかしその後更にこれらとは別の５件の訴外Ａの背任等不正行為が判明したのでＸ社は訴外Ａに対し同５件の背任等不正行為による255万円余りの損害賠償請求の別訴を提起し，続いてＹに対し詐害行為取消の訴えを提起した。上記損害賠償請求の別訴については，裁判上の和解をして告訴を取下げるよう勧告された。そこでＸ社と訴外Ａは，告訴の対象事実についてのみ和解して告訴を取下げることとして昭和43年４月15日下記内容の裁判上の和解が成立した。

　「(イ)　訴外ＡはＸ社に対し合計金255万655円の債務があることを確認し，内金50万円は当日原告代理人に支払を了し，残金は昭和43年４月から昭

和54年7月までの間毎月金1万5000円（最終回は金1万655円）を支払う。

（ロ）　原告は被告に対して，本和解条項に掲げた以外には何等の請求権のないことを確認した。」

Yは，X社と訴外A間の上記裁判上の和解により確認された以外のXの訴外Aに対する債権は一切消滅し，債権者取消権をも放棄したと主張した。

しかし②判決は，上記和解条項の内容，事件の訴訟物ならびに上記和解までの経緯から，「右裁判上の和解において他に債権のないことを確認した条項は，同時に請求した利息債権等に関する規定であって，訴訟物以外の債権に関してまで合意したものとは認められない。又右和解から，直ちに原告が債権者取消権を放棄したものとみることもできない。」として訴外AがYに対して貸金の担保として設定した抵当権設定契約，代物弁済予約契約及び賃借権設定契約を締結したことにつき詐害行為取消請求を認容した。②判決の金商判コメントは，「債権者取消権は債権者の受益者に対する請求権であるが故に，債務者に対する関係で放棄の対象とはなり得ない」から，他に債権の存しないことを確認する裁判上の和解条項は，債権者取消権を放棄したものと認めることはできないという。しかし，債権者・債務者間において，債権者の有する当該債権につき，受益者（もしくは転得者）に対し債権者取消権を行使しない旨，または債権者取消権を放棄（免除）する旨の受益者（もしくは転得者）である（不真正の）第三者のためにする契約は締結することができるのであって，債権者X社と債務者である訴外Aとの本件裁判上の和解条項は，ただ債権者取消権を行使しない趣旨まで含むものではなかった，もしくは債権者取消権を放棄（免除）する趣旨まで含むものではなかったというべきである。

（3）　③大阪地判昭50年5月22日金商判458号12頁では，下記のように，倒産会社Yとその債権者X・A間でのYの「経営が安定したら支払う」との5年程度の棚上げの約束が問題となった。

繊維関係の卸業者X社は，訴外A社に対し8097万円余の債権を有し，経営不振に陥った（XおよびAの）取引先Y社を再建援助するため，X社，訴外A社，Y社の三者間で昭和45年4月30日下記のとおり合意が成立した。

「（イ）　X社のY社に対する売掛残債権は昭和45年4月30日現在7812万

4429円であり，訴外 A 社の Y 社に対する売掛残債権は同日現在5852万2264円であることを確認する。

（ロ）　X 社並びに訴外 A 社は，Y 社の再建に協力するため X 社の Y 社に対する右債権のうち4147万7736円及び訴外 A 社の Y 社に対する債権との合計１億円の債権を長期棚上げする。

（ハ）　X 社は，訴外 A 社が Y 社に対し棚上げする金額と同額の訴外 A 社に対して有する自己の債権を棚上げする。

（ニ）　Y 社は経営挽回に格段の努力をし，その経営が安定すれば当事者協議の上，右棚上げ債権の支払につき協定するものとする。」

ところが，同年６月には X 社も A 社も不渡手形を出して倒産（任意整理）し，訴外 A 社は Y 社に対する上記債権を行使しないので，昭和47年，X 社は，Y 社に対し4147万7736円の債権の支払，および，債権者代位権により訴外 A 社の Y 社に対する前記債権5852万2264円の支払，合計１億円の支払を求めて訴えを提起した

Y 社は，X 主張の本件１億円の債権は，上記棚上げ合意の際 Y 社振出の総額１億円の約束手形の返還を受けた結果，訴求権・執行権を有しない自然債務となった，そうでないとしても Y 社の X 社に対する債務は，昭和45年４月30日の合意により，X 社から Y 社の経営が安定するまで，その弁済が猶予せられたものであり，未だその弁済期が到来していない，と抗弁した。それに対し，X 社は，本件棚上げ合意後債権者 X 社が倒産し，事情が変更している。すなわち，棚上げの合意は債権者 X 社側の経営が維持できることを前提にしたもので，債権者が倒産し債務者が異常なく存続する場合にまで上記合意の効力は及ばない。従って X 社が手形不渡を出して倒産した時点で棚上げ合意はその効力を失い，X 社の支払催告により本件債権の弁済期が到来したと主張した。

③判決は，「本件合意における長期棚上げとは，５年位を目途として，債権の支払を猶予する趣旨であ」り，「他方本件債務が，Y 社が支払可能な時期が到来したときにその支払方法を協議して支払うという，出世払い債務」，すなわち単に不確定期限付債務と解すべきであり，訴求権及び執行権を有しない自然債務とは異なるとする。そして，本件債務の弁済期につき，

「債権者の側において破産あるいは倒産などの事由により弁済の猶予をなし
えない状態に立至ったときは当事者の意思解釈および契約関係における信義
則に照らし右合意はその基礎の喪失により債権者の側からの解除権の行使が
認められるものと解すべきである。すなわち弁済を猶予する債権者の意思と
しては，右債権の支払を猶予しても何ら支障をきたさないことを当然の前提
にしており，自身が破産等により他人に対する債権を猶予する余裕のなくな
ったときにおいてすら尚債務者の成功を待って弁済を受けねばならない受忍
を強制する拘束力を有しないというべきである。」として，「本件債権の棚上
げの合意はX社の倒産によって，その合意の基礎を失い，」X社の支払催告
により弁済猶予の本件合意は適法に解除され本件債権の弁済期が到来したと
解し，1億円とこれに対する法定遅延損害金の支払いを命じた。

③判決の棚上げ合意につき，米倉教授は，本件では倒産という債権者の内
部における事情変更が生じたにとどまるから，事情変更の原則ではなく，
「本件の合意は債権者みずから立ちいかぬ場合（それが急激に到来しようと否
とを問わず，予見可能性，帰責の有無も問わないといってよいであろう）にまで
拘束力をおよぼす趣旨で締結されたのではなく，債権者みずからが立ちいく
ことを前提にしていた」との当事者の合理的意思解釈から，X社の倒産に
よりXY間の棚上げの合意は解除（撤回）を待つまでもなく当然失効し，同
様に，A社の倒産によりAY間の棚上げの合意も当然に失効したとされ
る。そして，本件棚上げ合意を不確定期限付き債務ではなく，「債権者は訴
求権・執行権を放棄し，支払可能となった時に通常の債務に復し，支払不能
が確定した時は自然債務のまま存続する」と解した場合にも同様であるとさ
れる。さらに，本件のように，もともと弁済をうけたはずであった既存債
権についてではなく，「本件債権が新たに生じたものである場合において
は，あるいはXY間の特殊の事情によりこの債権に限ってはXがいかなる
事態に至っても猶予するとの特約も…ありうる」とされている[22]。

（4）　以上のように，判例においても，債権者と債務者間の債権につき執
行権を有しないとの合意，もしくは，執行権を放棄するとの合意も認められ

(22)　米倉明「本件判批」倒産判例百選・別ジュリ52号217頁。

ている。また，①②判決においては，債権者・債務者間における和解や債権
の消滅時効対策での準消費貸借契約が債権者取消権を放棄（免除）する趣
旨，もしくは，債権者取消権を行使しない趣旨を含むかが争われていた。以
下では，私的整理契約が債権者取消権を放棄（免除）する趣旨，もしくは債
権者取消権を行使しない趣旨を含むかを検討する。

Ⅲ　私的整理契約と債権者取消権

1　整理契約の法的性質

（1）　私的整理（任意整理）とは，倒産会社の整理を裁判手続によらない
で，債務者と債権者側との間で，話し合いにより債権債務を整理することで
ある。私的整理においては，債権者側と債務者との間で債権額の減額，弁済
の時期・方法，弁済の担保方法，資産の換価処分など整理に関する契約が結
ばれたりする。この整理契約の内容は，私的整理手続を選択する旨の合意，
債務弁済等実体面の合意，実行手続に関する合意という3個の合意に分ける
ことができる。整理契約の法的性質につき，通説は，倒産企業側の包括的債
務不履行に対する対策として裁判手続によらないで，私的整理の方法で紛議
を解決するのであるから民法上の和解契約としている[23]。

---

(23)　上野久徳『倒産整理と担保法』（同文館出版，1983年）381頁以下，羽田忠義「私的
　　整理の意義・概念」金商判679号40頁参照。なお，岐阜地大垣支判昭57・10・13判時
　　1065号185頁は，私的整理中に債権者委員会が行った配当が，後に開始された破産手
　　続において否認の対象となるか争われ，当該配当が全債権者に対して平等に実施され
　　るなど，債権者間の公平を害することがない特段の事情が認められるときには，否認
　　することはできないと判示した。また，東京地判平10・10・29判時1686号59頁は，債
　　務者から任意整理の委任を受けたY弁護士が配当財源を確保する目的で債務者から
　　信託的債権譲渡を受けた場合に，その信託的債権譲渡に対する他の債権者Xの詐害
　　行為取消権の行使は，Y弁護士が裁判所に代わる準公的業務の遂行のために債権譲渡
　　を受けたものであること等から権利の濫用に該当し許されないと判示した。これらに
　　対し，東京地判昭61・11・18判タ650号185頁は，優先権ある租税債権を無視して倒産
　　会社が任意整理の配当原資を確保するために弁護士に対して主要財産である売掛債権
　　を信託的譲渡した場合に租税債権者である国の詐害行為取消権の行使を認めている。
　　伊藤眞『破産法・民事再生法［第2版］』（有斐閣，2011年）38頁以下，森田修『債権
　　回収法講義［第2版］』（有斐閣，2011年）72頁以下参照。伊藤教授は，私的整理手続

　(2)　私的整理においては，債権者と債務者が個別に話し合い解決するほか，通常は，債権者委員会が債権者の委任のもとに債権者会議の承諾を得て，債務者と整理契約を結び実行する。この後者の契約は，委任した債権者全体の代理人たる資格において，債権者委員会（委員長）が一方の当事者となり一個の契約の形をなしている。この場合，原則として委任した債権者は整理契約の拘束を受ける。しかし，債権者と債務者間の個々の契約を統一的内容によっただけで，個別的契約の集合と解される[24]。そして，私的整理における満足をもって債権全部の満足とし，残債務の免除を求められ，債権者が残債務免除（放棄）に賛同しもしくは承諾すると，その同意・承諾は「債務者に対する免責であると同時に，債権者相互間において配当以外の弁済を求めない旨の協定でもある」として債権者相互間の協定的側面も認められる[25]。したがって，この残債務免除の同意・承諾は，（個別執行等しない趣旨のほか）債権者取消権を行使しない趣旨，もしくは債権者取消権を放棄（免除）する趣旨を含むことがあろう。同意・承諾した債権者以外の者には原則として整理契約の効力は及ばない[26]。

の検討から，債務者が清算手続を委託する委託者であり，債権者委員長などがその受託者，清算手続によって利益を受ける債権者が受益者となるとして信託法理を利用しようとされる。

[24]　上野久徳「私的整理の法的性質」金商判679号45頁46頁，河﨑祐子・倒産判例百選第4版別ジュリ184号（2006年）206頁参照。

[25]　松田安正「私的整理と不同意債権者」金商判679号（1983年）130頁。

[26]　整理決議に賛同した債権者が後からその同意の錯誤無効（取消）を主張した下記㋑㋺事件がある。㋑福岡地判昭47・2・28判時668号69頁では，Y社が倒産し，第1回債権者会議でY社は各債権者平等に債権額50％の棚上げを提案した。しかし，第2回債権者集会では議長D社より提案されて，配布の財産目録・付属明細書の内容を正確なものと確認する議決がなされるとともに，各債権者平等の比率72％の割合で債権を放棄する件が討議された。その際，Y社側より，上記財産目録等に記載の在庫商品価額は債権者B社が実際に調査した結果による正確なものであり，また従業員の横領金額が多額に上ることが判明し，資産負債の計算関係上債権額50％の棚上げでは第二会社による営業の継続が不可能であり，72％の債権放棄がなされれば，残28％の債権額については，第2回債権者集会終了後直ちに支払いが履行される旨の説明がなされた。そこで，債権者Xは第2回債権者会議において債権額の72％放棄，28％配当という決議に賛成していた。ところが，第2回債権者会議後に，同決議の基礎をなす倒産会社Yの資産が大口債権者B社・C織物および債務者Y社によって不当に低く評価されていたこと，B社はY社の倒産前および上記債権者会議のすぐ後，秘密裡にY社の代表者Aの所有不動産に抵当権を設定していたこと，C織物がY社から事

270

(3)　判決例も④東京地判昭49年 5 月31日判タ312号233頁は，次の場合に
債権者会議・債権者委員会・（債権者委員会により権限を委任された）常任委
員会の私的整理案に関する決定は，それに同意した債権者を拘束することに
より，債務者とその債権者との個別的な私法上の一種の和解契約の成立とし
ての性質を有するとする。

　　Y 社倒産後，金融機関の担保権者を除く一般債権者80名中75名の出席し
た第 1 回債権者会議において，出席者の全員一致により，各債権者の債権の

業譲渡を受けることなどが判明した場合に，④判決は，「X が前記債権一部放棄の意
思表示をなすに至ったのは，それが，前記第 2 回債権者集会で報告された Y の積極
財産（特に在庫商品）の価額が正当の評価額によるものであること及び右債権者集会
に出席し全員一致の議決に参加した債権者の全部が平等に同じ28％の割合でのみ各自
の債権の満足を得て残余債権を放棄するものであって債権者相互間に不平等のないこ
とを前提とするものであり，X は右前提の存在を信じて意思表示をなしたものである
が，実際は，右報告に係る Y の積極財産の価額は，ことさらに著しく過少に評価さ
れたものであるのみならず，参加債権者のうちの一部の者（B 社）のみが秘密裏に別
途余分に債権の満足を得る方策が講ぜられ，これら一部債権者（なお，D 社及び E
社も B 社と同腹で利益の配分に与かるものと推測される。）及び資産譲受人として利
益を受ける C 織物と X を含む他の債権者との間に不平等が存する事情にあったの
に，X はこれを知らなかったものであるから，これらの点につき X に錯誤が存した
ものと認めることができる。そして，右錯誤は前記債権一部放棄の意思表示をなすに
ついての動機に存する錯誤であるが，右動機は，…決定的に重大なものであり，か
つ，債権者集会の席上で意思表示をなすに当り同時に表示された動機ということがで
きるから，」X の基礎錯誤により債権一部放棄の意思表示は無効であるとして，Y 社
に放棄債権額相当の支払いを命じた。④判決は，整理案の残債務免除の同意には，債
権者相互間の協定的側面も認められ，債務者 Y の積極財産の価額を確認し債権者相
互間に不平等のないことを前提として X は残債務免除（放棄）の同意をしたことか
ら基礎錯誤（基礎錯誤につき，高松高判平11・11・18判時1721号85頁，拙著『表示責
任と債権法改正─表示責任論研究序説』（成文堂，2018年）162頁以下参照。）による
無効を認める。ただし，整理案に同意した他の債権者には，有効な和解契約として存
続する。⊡東京高判平 7・10・18判時1585号119頁では，倒産会社 Y₁ に依頼された弁
護士が中心となって任意整理が行われ，弁護士は，残余の一般債権を放棄することを
条件に一般債権額の 6 ％に当たる金員を最終配当することとし，大口債権者 X に対
し，確認書に必要事項を記載して返送されたい旨を通知した。同確認書には，「当社
の倒産会社 Y₁ に対する債権は，下記の和解金を受け取ることによって残債権を放棄
し，これ以外には当社は倒産会社 Y₁ に対して何らの債権債務の存在しないことを確
認します。また，和解金は下記銀行口座に送金するよう指定致します。」と記載さ
れ，大口債権者 X は記名押印した確認書を返送した。⊡判決は，大口債権者 X は，
確認書の「送付により，倒産会社 Y₁ に対する債権が放棄され，また，これにより保
証債権も（その担保権も）放棄されることになるという点に考えが及ばなかった」と
して残債務免除の意思表示の錯誤無効を認めた。

清算とそのための弁済資金の分配方法を決するため，債権者 X を含む債権者委員会を発足させ，これに債務者 Y 社と各債権者間の債権債務の整理に必要な一切の行為をなすことを委任した。債権者委員会は，Y 社の資産を調査し，在庫品を処分換価し，第 2 回債権者総会を開催し，金融機関の担保権者を除く全債権者の過半数が出席し，その出席者（X を含む）の全員一致で次のとおり債権者委員会の整理案をそのまま承諾した。

「（イ）　Y 社の資産ならびに代表者提供の私財を処分することにより総債権の57．4％が回収可能であること。（ロ）　この回収金の内から銀行等の金融機関の担保権者には，全額を弁済する。（ハ）　その余の債権者には，各債権額の42％を支払う。（ニ）　42％の支払いを受けた前記債権者は，その時点で残債権を免除すること。」。

④判決は，債権者 X の出席する債権者委員会・常任委員会において X の有する（Y 社振出の約束）手形債権の処理が話し合われ，X が債権者委員会・常任委員会の決定に従う旨の意向を示したため，手形債権の同行相殺は，清算金についての配当とみなすことにし，同行相殺した金額が債権額の42％を超えてもそれ以上追求しない旨を委員会決定した場合に債権者 X の私的整理への同意を認定し，私的整理の配当を受領した X は私的整理の決議による残債務免除の拘束を受けるとして，X の残債権の請求および同額の Y 社役員に対する損害賠償請求を棄却した[27]。整理契約におけるこのような残債務免除の同意が，債権者取消権を行使しない趣旨または放棄する趣旨を含むかどうかが問題となるが，④判決は，X の残債権の請求および同額の Y 社役員に対する損害賠償請求（商法266条ノ 3・280条）を棄却していることから，本件残債務免除の同意は債権者取消権を行使しない趣旨または放棄する趣旨を含むと解していると思われる。

2　整理契約と債権者取消権の制限

以下では，整理契約による債権者取消権の制限に関する判決例を検討する。

（1）　X が金銭の支払を求める詐害行為取消訴訟手続において被告である

---

(27)　松田・前掲注(25)127頁。

272

受益者Yは自己の債権額に対応する按分額の支払を拒むことができないと判示した⑤最判昭46・11・19民集25巻8号1321頁では，下記のように，受益者Yは，第1審2審において，Yと債権者団との間に和解契約が成立しているからXがYの弁済受領を詐害行為として取消すことは信義則上許されない，と反論していた⁽²⁸⁾。この和解契約に関する⑤最判の判断は，下記⑥東京地判昭63・8・30に影響を与えている。

　繊維製品の卸売商Y社は，スーパーA社の扱う衣料品の大部分を供給し，A社の最大の取引先であり，大口の債権者であった。A社はその経営が次第に苦しくなり，昭和39年11月頃には倒産必至の情勢となった。そこで，A社の代表者は同月12日Y社の代表者Bと善後策について協議した。当時，Y社のA社に対する商品売掛代金債権は約2000万円に達していたところ，BはA社代表者に対しA社の在庫商品をY社に引渡して上記債権を決済するように要求し，もしその要求に応ずれば，上記債権のうち500万円を免除（放棄）すると申し出た。そして，はじめはY社とA社との間において，A社はY社に対し，在庫品を低廉に代金400万円と，（現実に在庫商品や帳簿を調べることなく）好い加減に定めて，これを代物弁済としてY社に譲渡する旨の話合いが進められた。ところで，Bは，スーパーC社の代表者も兼ねていたので，前記代物弁済の話合を変更してC社が前記在庫商品を買受けることとし，同日深夜に至りA社，Y社，C社の三者間に，A社は前記在庫商品を前記代金でC社に売渡し，その売渡代金をもってY社に対する債務の弁済にあてるが，C社よりA社，A社よりY社に対する現金の授受を省略し，同売買契約の成立により前記代金額の限度においてY社のA社に対する債権を弁済により消滅せしめることとする旨の契約が成立し，C社は直ちにA社より前記在庫商品の引渡を受けた。同時に，Y社は真夜中に自動車を用意して，A社から衣料品全部を持ち帰った。その衣料品は主としてY社が供給したものであったが，その中にはX社その他の取引先がA社に売渡した商品も一部含まれていた。A社は翌13日手形の不渡りを出して倒産し，A社に対する約100名の無担保の一般債権者は，ほとん

(28)　杉田洋一「本件判批」曹時24巻3号617頁注1，星野英一「本件判批」法協91巻1号180頁は本件和解契約に注目する。

どその債権を回収しうる見込みのない状態であった。

　A社の倒産後，Y社以外のA社に対する一般債権者約100名は，債権者団を作り，約13名の委員を選び，その中から委員長を選任し，同委員等は一般債権者から委任状を徴した上，Y社と交渉を重ねた結果，昭和39年12月頃Y社とX社を含むA社の債権者団との間に下記和解が成立し，Y社は同和解約定に従って昭和42年1月24日同根抵当権を抹消した。

　「①債権者団は前記売買及び弁済契約を承認する。②Y社はA社所有の不動産（宅地7筆，建物7筆）に対する極度額2000万円の根抵当権を抹消する。③債権者団は前記不動産の処分により弁済を受ける。」

　衣料品の卸売をするX社は，A社に対し78万円余の売掛残代金債権を有しており，A社のY社に対する買掛債務の弁済は詐害行為であると主張して，Y社に対し，同弁済の取消と78万円余の支払とを求めて詐害行為取消訴訟を提起した。原審である広島高判昭45・3・5判時597号111頁は，Y社の上記反論につき，X社が債権者団の「委員であつたこと或は右債権者団の委員等にY社との交渉を委任した事実を認めうる証拠は存在しないから，X社が右和解契約により拘束されるものということはできない。……昭和43年4月頃X社が前記債権者団から金9万5000円（の）仮払金を受領したという事実だけで，X社が前記和解契約を追認したものと認めることはでき」ないとして，X社は，Y社と債権者団との和解契約に拘束されないとする。

　しかし，Y社がA社所有の不動産に対する根抵当権を抹消する代わりに，債権者団は前記売買及び弁済契約を承認する旨の本件和解契約は，受益者Y社と債権者団間の和解契約であるので債権者団の委員に委任した債権者については債権者取消権を行使しない趣旨または放棄（免除）する趣旨を含むことがあるというべきであろう。

　(2)　⑥東京地判昭63・8・30金商判816号3頁は，①最判のように債権者XY間において倒産した債務者A社の第三債務者に対する請負代金債権の取り合いになり，A社が有する請負代金債権を債権者であるY金融公庫に担保として譲渡する「本件債権譲渡契約を正当と認め，以後これにつき（詐害行為の主張を含め）何ら異議を述べない」旨の債権者会議の決議への取

消債権者Ｘ社の同意が問題となった事件である。⑥事件の債権者会議が受益者であるＹ金融公庫に交付した誓約書は，下記のように，⑤最判における和解契約と類似している。

　Ｘ社は，住宅整備機器・厨房設備機器の製造・販売等を営む会社であり，倒産会社Ａ社は，住宅機器の販売，住宅内装工事の請負等を営む会社である。Ｙ金融公庫は，Ａ社に対し，昭和60年10月末と同年12月に各1000万円（合計2000万円）を貸し付け，いずれについても，Ａ社の代表者ＢほかＦが連帯保証人となったうえ，同年10月29日，Ｂ所有の本件土地建物（担保価値1000万円程度）に対し，Ａ社を債務者，Ｙ金融公庫を根抵当権者とする極度額2600万円の根抵当権が設定され，同設定登記がなされた。

　Ｘ社は，東急建設の紹介により，Ａ社に対し，昭和61年２月から同年５月７日まで，Ｘ社製造にかかるガスレンジ，電子レンジ等の厨房設備機器を，毎月末日締切翌々月10日支払の約束で継続的に売り渡したが，同年５月ころ，東急建設から「Ａ社からの集金を終わったか」との話があり，不審に思い，Ａ社に打診したところ，「まだ倒産という形にはなっておらず，そのような傾向にある」との回答であったので，改めてＡ社と契約書を取り交わす交渉をしていたが，その途中でＡ社は手形の不渡りを出し，結局Ａ社からは全く売掛代金948万円余の支払を受けられなかった。

　Ａ社代表者Ｂ及びＡ社の代理人Ｄ弁護士は，１回目の手形不渡りが出ることが確実となった昭和61年６月５日，Ｙ金融公庫を訪れ，「焦げつき債権が発生したので，資金繰りがつかず，近く１回目の手形の不渡りを出すおそれがある。そこで，Ａ社を整理することになるが，Ｙ金融公庫からの借入金の連帯保証人になっているＦには迷惑をかけられないので，Ａ社の東急に対する債権（Ｘ社から買い受けて東急建設に転売した厨房設備機器の売買代金および工事代金である1740万円の本件譲渡債権）の譲渡を受けてもらいたい。」との申し出がなされた。同申し出の時点までＡ社からＹ金融公庫に対する貸付の弁済は，遅滞なくなされており，Ｂの申し出は，前記貸付の残元金1680万円を，本件譲渡債権をＹ金融公庫に譲渡することにより期限前弁済し，Ａ社のＹ金融公庫に対する債務を全て消滅させたいとの趣旨であった。Ａ社は，同月７日，「貸付の期限前弁済の担保として」本件債権をＹ金

融公庫に譲渡（本件債権譲渡契約）し，同日東急建設にその旨通知した。また，Ｂは，妻Ｃと協議離婚し，本件土地建物につき，昭和61年６月４日財産分与を原因として，同月５日（上記申し出の当日），Ｃに所有権移転登記をなした。Ａ社は，同月10日に１回目の，同年７月10日に２回目の手形の不渡りを出して倒産した。

　④Ｘ社は，売掛代金について全く支払を受けないうちにＡ社が倒産してしまったので，同年７月24日，Ａ社の財産のうちで最も回収可能性が高いと判断した本件譲渡債権につき債権仮差押決定を得たが，第三債務者である東急建設からは同年８月５日付で本件譲渡債権は存在せず，弁済の意思もないという陳述書が提出された。

　回同年７月末ころ，Ｘ社はＡ社を被告として売掛代金請求の本訴を提起したが，Ａ社は，Ｘ社からＡ社に対する厨房設備機器等の売渡しの日時及び残代金額を争ったため，証人尋問が実施され，同年11月13日にＸ社全部勝訴の判決が言い渡された。

　⊘同年８月中旬ころ，Ａ社の１回目の債権者集会が開かれＸ社も出席したが，その際Ａ社から提出された債権者一覧表には，Ｙ金融公庫の名前はなく，Ｘ社が最も多額の無担保債権者として記載されていた。同債権者集会は，Ａ社の経営状態及び今後の整理方針についてのＤ弁護士からの説明で終始し，整理についての具体的な決定はなされなかった[29]。（そして，この時点でＡ社には不動産はなく，売掛金債権や貸付金債権などの債権にしても，回収可能なものはあまり残ってはいなかった。）

　Ｘ社は，本件債権譲渡がなされたことが記載された同年９月９日付のＡ社作成の「一般債権整理貸借対照表」と題する書面を取得した。

　本件譲渡債権の弁済期は，昭和61年７月６日であったが，Ｙ金融公庫

---

[29]　Ｄ弁護士は債権者集会の代理人として行動しているとＹ金融公庫は主張している。ところで，東京地判昭57・４・27判時1064号79頁は，「私的整理の終結に至るまでの個々の場面における債権者委員会ないしは債権者委員会委員長の行為の一つ一つについて，それが……債権者ないしは債権者団を代弁もしくは代理する立場のものであるのか，あるいは債権者を代弁もしくは代理する立場のものであるのか……も，具体的な事実関係によらないで，一義的にこれを決するのは相当でない」として債務者の代理人として行動したものとする余地があるとする。

は，D弁護士から債権者の動向を聞きながら，本件譲渡債権額のうち，一般債権者に対する配当原資に回す金額を検討し，債権者委員長と称するEとも交渉し，結局X社を含むA社の全債権者が，本件債権譲渡契約に対して詐害行為の主張も含めて，異議を述べないとの前提のもとに内金600万円を配当原資に回すことに承諾し，同年11月4日，D弁護士の事務所において，東急建設から1140万円の支払を受けた。同日付で，債権者委員長と称するEからY金融公庫に対し，「本件債権譲渡契約を正当と認め，以後これにつき何ら異議を述べない」旨記載した誓約書が交付された。

上記600万円は一般債権者に対する配当原資とされ，A社は，同年12月ころ，一般債権者に対して20％の配当を実施した。

㊁X社は，1回目以外のA社の債権者集会には出席せず，A社に対する前記訴訟を追行していたが，前記訴訟でX社が勝訴判決を得た後の同年12月ころ，同判決の認容額（元本）である948万1900円の20％が配当金としてA社の債権者委員会からX社の振込口座に振り込まれた。

㊥X社は，20％の配当で了承する旨の意思を表明したこともなく，同振込口座を債権者委員会に知らせたこともなかったが，債権者委員会は，X社がA社に対して発行していた請求書に記載されていたX社の振込口座に上記配当金を振り込んだ。

X社は，A社，Y金融公庫間の本件債権譲渡契約が詐害行為にあたるとして，Y金融公庫に対してX社の債権額758万円余を限度として取消し，同額の支払を請求した。

これに対し，Y金融公庫は，詐害行為の当時債権者を害することを知らなかった，また，X社は，第1回の債権者集会に出席して以後，特別の反対の意思を表明することは全くなく，債権者集会からの配当金も受領しているのであるから，X社の詐害行為取消権の行使は信義則上許されず，X社は本件債権譲渡契約について，他の債権者と同じく異議を放棄したものとして処理されるべきである，などと反論した。

⑥判決は，「Y金融公庫は，Y金融公庫のA社に対する債権については，その弁済が遅滞なくなされており，人的，物的担保も設定されていたにもかかわらず，3日後には1回目の手形の不渡りを出し，倒産することが確実で

あった A 社から，期限前弁済の譲渡担保として本件債権譲渡を受けてさらに優先弁済権を取得し，一般債権者の共同担保を減少せしめたものであり，また，A 社の代表取締役である B は，本件債権譲渡によって一般債権者に対する共同担保が減少し，一般債権者が僅かな弁済しか受けられなくなることを十分に知りながら，自らの連帯保証債務や本件土地建物に対する Y 金融公庫の根抵当権の負担を免れるために本件債権譲渡契約を締結したものと認められるから，」本件債権譲渡契約は詐害行為となるとしたうえで，Y 金融公庫は，詐害行為の当時債権者を害することを知らなかった旨主張するが，「B の Y 金融公庫に対する申し出は，A 社が倒産することを明言しながら，弁済の遅滞もなく，人的，物的担保も設定されている Y 金融公庫に対する貸金債務を，本件譲渡債権で期限前弁済するという異常なものであり，そのため，Y 金融公庫も，本件譲渡債権の弁済期にその回収に着手せず，債権者集会の推移を見ていたものであるから，Y 金融公庫が本件債権譲渡が他の債権者を害する結果になることを…十分に知りながら債権の早期の確実な回収を図って本件債権譲渡を受けたものと推認され」るとする。

　そして，⑥判決は，A 社の債権者集会で本件債権譲渡契約が正当と認められたうえで決定された配当金を受領した債権者 X 社が本件債権譲渡について詐害行為取消権を行使したとしても，X 社が E を債権者委員長を選出したり，債権者委員長と称する E や D 弁護士に本件債権譲渡についての処理を委任したりしたことも本件債権譲渡について異議を放棄したこともなく，また⑦⑨⑧⑨⑤の事実のように受領した配当金で了承する旨の意思を表明したこともないなどの事情のもとにおいては，詐害行為取消権の行使が信義則に反するものということはできないと判示した。

　⑥判決は，任意整理に際し債権者の一人である Y 金融公庫に対して債務者 A のした債権譲渡につき債権者委員長により正当とされ，詐害行為の主張を含めて異議を述べない旨の誓約書が交付された場合に，債権者会議に 1 度だけ出席しただけの別の債権者 X 社は詐害行為の主張を含めて異議を放棄したことはなく債権者取消権を行使しても信義則に反しないと判示して合意の効力を問題としており，債権者取消権を任意規定的に捉えている。したがって，もし別の事案・状況の下で「本件債権譲渡契約を正当と認め，以後

これにつき何ら異議を述べない」旨の債権者側と債務者間の整理契約が成立し，債権者取消権を含めて異議を述べないことを当該債権者が了承していた場合には，債権者取消権を行使しない趣旨，または，債権者取消権を放棄（免除）する趣旨を含むことがあろう。

　　(3)　以上の判例はすべて詐害行為後の整理契約やXA間の合意等の効力が問題となったものであるが，債務者の特定の財産には執行しない旨の執行制限特約は有効であり，債権者取消権制限特約も（債権の強制執行に備えて責任財産保全のため）逸出財産を回復できるのに回復しないこととなるだけであるから，債権者・債務者の管理権制限[30]前に予め債権者取消権を行使しない特約や放棄（免除）する特約は有効と言えないであろうか。

Ⅳ　改正民法における債権者取消権制限特約の効力

　改正民法では，倒産法との平仄に配慮しつつ，債権者取消権について基本的に判例の立場を維持し，形成訴訟としての性格と給付訴訟としての性格を併有するとの折衷説（424条第1項，および424条の6の定める現物返還または価額償還），債権者が自己の債権を保全するためであるので[31]被保全債権額の限度での取消請求（424条の8），「事実上の優先弁済」（424条の9）[32]などを明文化したうえで，その不備を補う。すなわち，424条の一般規定のほか

---

(30)　東京高判平12・2・17金商判1090号14頁は，無資力である債務者Aは，Aの有する詐害行為取消権の放棄をもって債権者Xに対し対抗できないとして，Xに詐害行為取消権の代位行使を認める。新423条の3，423条の5につき赫高規『Before/After民法改正』（弘文堂，2017年）165頁，石井教文『詳説改正債権法』92頁。

(31)　潮見佳男『新債権総論Ⅰ』（信山社，2017年）822頁。

(32)　なお，潮見・前掲注(31)825頁，大阪弁護士会民法改正問題特別研究会編『民法改正』（民事法研究会，2017年）136頁，高尾慎一郎『Before/After民法改正』189頁は，債務者の受益者等に対する請求権（取消判決確定を条件とする請求権）を債務者の一般債権者が差し押さえた場合などには「事実上の優先弁済」は困難という。取消債権者自身が受益者等に対し取得する請求権構成につき『一問一答・民法（債権関係）改正』（商事法務，2018年）108頁，沖野眞巳『講義債権法改正』（商事法務，2017年）143頁参照。改正債権者取消権の手続法上の問題点につき，伊藤眞「改正民法下における債権者代位訴訟と詐害行為取消訴訟の手続法的考察」金法2088号（2018年）36頁以下。

に，特則として，隠匿等の処分をする意思での相当価格による処分行為の取消（424条の2），支払不能における偏頗行為の取消（424条の3第1項），支払不能前30日以内の非義務偏頗行為の取消（424条の3第2項），消滅した債務の額を超える過大な代物弁済等の部分の取消（424条の4）という規定を設けた。取消認容判決の効果は，訴訟当事者のほかに債務者に及ぶ（425条）が，その手続保証への考慮から訴訟告知が要求されるにとどまる（427条の7）。したがって，転得者のみを相手として債権者取消訴訟が提起された場合には，受益者には取消認容判決の効力は及ばない[33]。そして，改正民法の債権者取消権は折衷説を維持していることから，取消認容判決の本来的効果は債権の摑取力の回復にあるとされる[34]。

　以上のように，現行法と同じく，改正民法における債権者取消権も，債権の強制執行の準備のため責任財産から逸出した財産を債務者のもとへ回復する制度である[35]とされているので，改正民法の下においても，債権者と債務者との間において債権者取消権を行使しない旨の債権者取消権制限特約（不行使特約）をすることができよう。

---

(33)　沖野・前掲注(32)142頁。

(34)　高須順一「詐害行為取消権の法的性質とその効力」法学志林114号4号（2017年）130頁，潮見・前掲注(31)739頁。

(35)　沖野・前掲注(32)125頁以下，潮見・前掲注(31)733頁以下，中井康之ほか『詳説改正債権法』（きんざい，2017年）105頁以下，和田勝行「詐害行為取消権」法セミ739号（2016年）20頁以下。なお，否認権は行使されえないが債権者取消権は成立する場合につき中田裕康『債権総論［第3版］』（有斐閣，2014年）256頁参照。

12 保証規定と強行法性

大 澤 慎太郎

I はじめに

法律上のある規定につき，当事者の合意で排除できるものを「任意規定（任意法規)」，排除できないものを「強行規定（強行法規)」といい[1]，民法はその91条および92条で「任意規定」が内在していることを自ら認めている。一目瞭然とも思えるこの「強行（任意)」と「法」との関係は，現在では，「任意法規の強行法規化[2]」といった視点，さらには「半強行法[3]」概念の登場も相まって，複雑な研究領域を形成している[4]。仮に，冒頭で示した意味での「強行」と「任意」という軸のみで「法」の分析を試みるだけでも，これがいかに困難な作業であることかは直ちに気づく。それというの

---

(1) 高橋和之ほか編『法律学小辞典［第5版]』（有斐閣，2016年）224-225頁参照。
(2) 我妻榮『新訂 民法総則（民法講義I)』（岩波書店，1965年）255頁参照。
(3) 河上正二『約款規制の法理』（有斐閣，1988年）316頁脚注（59）およびその本文（「指導形象機能」につき383頁以下も）参照。
(4) 学説の展開を概観できるものとして，近江幸治『民法講義I民法総則［第7版]』（成文堂，2018年）180-182頁参照。また，任意法規の存在理由を，当事者の自律支援または客観秩序のいずれにおくべきかといった視点から検討し，かような議論の再構築を試みる，松田貴文「任意法規をめぐる自律と秩序―任意法規の構造理解に向けた序章的考察―(1)(2・完)」民商148巻1号34頁，同2号117頁（2013年）は大いに参考となる。

も，特に強行規定であることが明示されている場合[5]でもない限り，何をもって「強行（任意）」とするのかという基準が不明確である[6]ことはいうまでもなく，そもそも，検討の対象すら判然としないからである。例えば，法典上の具体的な「規定（法規）」だけを問題とすれば足りるのか，または，慣習的なものやいわゆる「ソフト・ロー」なども含めた「法」までをも問題としなければならないのか，といった視点だけ観ても検討の範囲は大幅に変わる。仮に前者としても，特別法まで含めるのか否かが問題となるし，後者の立場を採ったときには，そもそも"法とは何か"という問いにすら接続することにもなりうる。さらには，ある規定（法規）ないし法が，契約自由の原則[7]の名の下に排除されうるとしても，契約自由の原則自体が法制度の中でしか正当化できない以上，法制度の本質部分までをも排除することは認められないという事実[8]に鑑みるとき，「強行（任意）」に係る検討は，ある法制度の本質[9]とは何か，その前提として，法性決定[10]とはどうあるべきかという問題にすら及ぶことにならざるを得ない。それゆえ，本稿に割り当てられたテーマ「保証規定と強行法性」を検討するだけでも，範囲の取り方次第では，まさに宇宙的所業とならざるを得ないのであり，しかし，そのような紙幅も，また，能力も時間も当然あるわけがない。したがって，一定の基準に従い予め検討範囲を制限し，これを明確にする必要が生じる。

　この視点からすると，本稿が採用すべき検討範囲を確定する基準は，"民法典上の保証に関する規定につき当事者の合意で排除することができるか否か"とするのが便宜といえる。それというのも，以上に示した問題点のいず

（5）　やや古いが，一覧できるものとして，山本敬三『民法講義Ⅰ総則［第3版］』（有斐閣，2011年）255-256頁参照。

（6）　問題意識として，椿寿夫「強行法と任意法─民法学余滴」同編著『民法における強行法・任意法』（日本評論社，2015年）16頁以下参照。

（7）　強行法（任意法）と契約自由の原則との関係につき，椿寿夫「民法の規定と異なる合意・特約の効力序説」椿編著・前掲注(6)3頁以下参照。

（8）　ヴァンサン・ウゼ（大澤慎太郎訳）「担保と保険」慶應法学30号234-235頁（2014年）参照。本書所収の，馬場圭太「フランス法における強行法・任意法（補充法）論」は，この点をフランス法の視点から論じるものでもあり，大いに参考となる。

（9）　問題提起とその手法につき，石川博康『「契約の本性」の法理論』（有斐閣，2010年）参照。

（10）　大村敦志『典型契約と性質決定』（有斐閣，1997年）参照。

れを扱うにしても，私法の一般法たる民法典上の具体的規定に係る排除の可
否は，最も基本的な考察の軸となるからである[11]。したがって，ここで検
討の対象となるのは，法というよりは規定（法規）であり，消費者契約法や
貸金業法といった特別法のほか，法の本質等の問題は必要に応じて触れるに
止まる。具体的には，条文の配列に沿って，まず，保証制度に共通する総則
的な規定（民法446ないし465条）について（Ⅱ），次に，「個人根保証契約」と
いった特殊な保証に係る規定（同法465条の2ないし465条の10）について
（Ⅲ），それぞれ検討し，最後に，その内容をまとめる（Ⅳ）ということにす
る。

　なお，以下では，特に断りが無い限り次のルールに従い記述する。まず，
検討対象となる規定は平成29年法律第44号（以下，「平成29年改正」という）
による改正後の民法のものとし，条文は番号のみで示す。改正の前後で規定
の内容に変化が無いものについても条文番号のみで示し，内容に変更がある
規定について改正前のものを示す必要がある場合には条文番号に「旧」と付
加することとする。また，「規定」と「法規」は区別無く「規定」と表記す
る。

Ⅱ　保証の総則的規定とその強行法性

1　任意規定の原則と保証の例外性

　契約自由の原則の上に成り立つ民法において，債権法の規定は「任意（法
性）」が原則とされる[12]。この例外を形成する「強行（法性）」は何によって
正当化されるのかという問いについては既に多くの見解が存在している[13]

---

(11)　椿編著・前掲注(6)の各論考に通底する研究手法がこれにあたる。

(12)　我妻榮『新訂 債権総論（民法講義Ⅳ）』（岩波書店，1964年）12頁参照。

(13)　各種見解を一覧できるものとして，伊藤進「強行法規の役割，機能—『法律行為』
　　　以外の私法的生活関係の規律を中心に」椿編著・前掲注(6)85頁参照。また，新たな
　　　正当化根拠を探るものとして，松田・前掲注(4)のほか，任意法規を，経済分析の視
　　　点から再構成する試みとして，同「契約法における任意法規の構造—厚生基底的任意
　　　法規の構想へ向けた一試論—」神戸63巻1号171頁（2013年）がある。

ところ，その１つに，いわゆる「弱者保護」がある[14]。これは，冒頭に指摘した「任意法規の半強行法規化」を支える根拠となるものでもあり，保証はまさにこの対象となるべき特有の領域となる[15]。すなわち，"弱者たる"保証人の経済的破綻の防止ないし救済を模索する，いわゆる「保証人保護論」は，学説において古くから展開されている[16]ところ，時に判例による局所的な解決[17]も観つつ，ついに立法による解決へと至ることになる。つまり，平成16年法律第147号（以下，「平成16年改正」という）による，446条２項（３項）所定の"書面要件"および旧465条の２以下所定の「貸金等根保証契約」に係る規定群と，平成29年改正による，458条の２ほか所定の主たる債務の履行状況等に関する情報提供義務，465条の２以下所定の「個人根保証契約」，および，465条の６以下所定の「事業に係る債務についての保証契約（以下，「事業用貸金債務等保証契約」という）の特則」に係る規定群の導入である。特に，平成29年改正は，平成16年改正の際に，衆参両議院の各法務委員会が保証人保護のための方策を継続的に検討すべき旨の附帯決議[18]を行ったことを踏まえ，その目的を達するために上記のような複数の規定を新設したという事実[19]は強調されて良い。それゆえ，これらの諸規定は，"弱者保護"が目的となっている以上，強行法的な色彩を帯びることになる。私法の一般法たる民法において，自らの規定の効力を自ら制限する"弱者保護"の規定群が存在しているのは保証の領域くらいであり，規定の解釈や消費者契約法等の特別法を経由することなく，任意法の「半強行法規化」が具現化している特異な場[20]ともいえる。以下ではまず，保証の総則

---

(14)　山本・前掲注(5)257頁参照。
(15)　椿久美子「半強行法概念の生成とその機能」椿編著・前掲注(6)93頁参照。
(16)　西村信雄『継続的保証の研究』（有斐閣，1952年）による主張が代表的なものとなる。
(17)　平野裕之『保証人保護の判例総合解説［第２版］』（信山社，2005年）が詳しい。
(18)　吉田徹＝筒井健夫『改正民法の解説［保証制度・現代語化］』（商事法務，2005年）6-9頁参照。
(19)　「民法（債権関係）部会資料8-2」44頁以下参照。以下，部会資料は資料番号を【 】で括る形で引用する。
(20)　このことは，民法典のあり方自体を問うことにも繋がる。この点は，2006年にフランスにおいてなされた担保法の改正において，特別法上に散在する保証人保護に係る諸規定を民法典に移管することが試みられ，失敗に終わったという事実が対比される

的規定につき，その強行法性が問われる可能性があるものを中心に観察する。

2　保証契約の成立をめぐる規律

(1)　保証契約の要式性

(a)　要式の内容　　平成16年改正により導入された446条 2 項（および 3 項[21]）は，自然人（個人）または法人といった保証人の属性や主たる債務の内容等を問わず，すべての保証契約につき書面の作成を求めている。これは，保証人となる者に自己が負うことになる責任の内容を理解させ，軽率な保証契約の締結を防ぐために設けられたものとされている[22]。諾成主義を原則とする日本民法（典）[23]において，贈与のように“書面によらない”ことが一定の法的効果を生じさせる場合がある（550条参照）としても，要式行為として書面を求める債権法の規定は異質なもの[24]といえる。もっとも，本条項については，保証契約は通常書面でなされるという事実に加え，具体的に書面の内容や方式が定められているわけではないということを考慮すると，結局は保証人の保証意思が書面に表れているか否かを探求する必要がある[25]ため，その実効性については立法当時より疑問が呈されている[26]。

(b)　要式が充足されない場合の効果　　保証契約が「書面」によらずなされた（「書面」の要件を充足しないとされた）場合につき，446条 2 項は，「その効力を生じない」と規定している。要式契約において，その要式が充

べきである。概要として，平野裕之「改正経緯及び不動産担保以外の主要改正事項」ジュリ1335号39頁（2007年）参照。なお，近時のフランス法の動向につき，後掲注(127)参照。

(21)　平成29年改正の影響は，446条 3 項から電磁的記録の定義が削除されたに止まる。これは，同改正で，先行する151条 4 項にその定義が追加されたことに伴う形式的な措置である。

(22)　吉田＝筒井・前掲注(18)13頁参照。

(23)　中田裕康『契約法』（有斐閣，2017年）71頁参照。

(24)　野村豊弘ほか「座談会 保証制度の改正」ジュリ1283号54頁〔野村発言〕参照（2005年）。

(25)　中田裕康『債権総論［第 3 版］』（岩波書店，2013年）483-484頁参照。

(26)　野村ほか・前掲注(24)55頁〔平野発言〕参照。これに対して，貸金業法では少なくとも書面交付義務は定められている（同法17条）ことは強調されて良い。

足されない場合の法的効果はどのようになるのかという問題がある[27]ところ，本条項についてはどうか。まず，訴訟のレベルで観た場合，保証契約が書面でなされていることについては，保証債務の履行を求める側に立証責任があると解されている[28]ため，書面がない（その存在を立証できない）場合には請求が棄却されることになる。次に，これを実定法（権利の存否）のレベルで観た場合，この要式（行為）を，「成立要件」と捉えれば書面の不存在は保証契約の「不成立」を，「有効（効力）要件」とすれば「無効」を導出することになる。要式行為は契約の成立要件のレベルで論じられており[29]，これに従えば，書面なき保証契約は「不成立」ということになる[30]ものと解されるところ，立案担当官の解説によると「無効」になる[31]ようである。

　もっとも，仮に書面なき保証契約について保証債務の履行がなされた場合に，当該契約の効果はどうなるのかということまで考慮すると，問題はさらに複雑化する。同じく立案担当官によると，要式性の欠如は治癒されることはなく，保証人はなお契約の「無効」を主張することができる[32]とされ，この場合，保証人の給付は債権者の不当利得を構成する[33]ことになる。しかし，446条2項が先の通り保証人保護のための規定であるとすると，保証債務の履行（弁済）を有効とした上で，主たる債務者に対する求償権の発生を認め，債権者に対する弁済による代位を認めた方が良い場合もあるとの指摘[34]がある。この指摘は，委託の有無を問わず，主たる債務者は，「信義則

---

(27)　伊藤進「要式行為規定の強行法規性」椿寿夫編著『強行法・任意法でみる民法』（日本評論社，2013年）18頁参照。なお，山本宣之「ドイツ法における保証の書面性と民法446条2項」産大45巻2号63頁（2011年）は，ドイツ法の分析において保証の書面性と強行法性を論じており，参考となる。

(28)　有効（効力）要件（後述のように，本条項については有効〔効力〕要件なのか否か自体が問題となるが）については，その効力を否定する側の不存在の抗弁を構成することになるところ，書面性については公平の見地から債権者側の立証責任に回るとされる（岡口基一『要件事実マニュアル　総論・民法1［第5版］』〔ぎょうせい，2016年〕621-622頁参照）。

(29)　例えば，四宮和夫＝能見善久『民法総則［第9版］』（弘文堂，2018年）295頁参照。

(30)　伊藤・前掲注(27)18-19も同旨と解される。

(31)　吉田＝筒井・前掲注(18)14頁参照。

(32)　吉田＝筒井・前掲注(18)14頁参照。

(33)　中田・前掲注(25)484頁参照（この場合には705条は制限的に解されるべきとする）。

上，保証契約の無効を主張できない[35]」という結論を導出する。そうであるとすれば，本条項は，書面という要式行為が充足されないとき，一方で，保証人保護を根拠として保証契約の効力を否定するという明らかな規定と見えつつも，他方で，同じく保証人保護のためにその効力を肯定するように解釈しなければならない場合があるものということになる。また，仮にこの指摘に従うとすれば，少なくとも主たる債務者の側から保証契約の効力は否定できない（信義則により制限される）という構成にする必要があるため，本条項の要式性が充足されない場合の効果は，「不成立」というより「無効」とした方が望ましいことになる。

　（c）　**効果から観た強行法性**　　以上を踏まえて，446条2項を本稿における「強行（任意）」の基準からみれば，少なくとも当事者の合意（特約）で排除できないという点では，強行規定ということになる。しかし，先の通り，要式が充足されない場合の効果につき「有効」とすべき場合がある旨の指摘を考慮すると，本条項は「任意」とまではいえなくとも「強行」と言えるのかという疑問は残る。もっとも，この効力も，保証人保護のために「信義則」によって，「無効」が「有効」に"制限（転換）"されるに過ぎないという点に着目すれば，これは「強行（任意）」の視点から論じるものではなく，一般条項によるコントロールの問題として扱うべきものということになろう。

（2）　保証の本質と強行法性

　保証の基本的性質の1つに附従性があり，契約の成立段階を問題とする場合には，特に「成立における附従性」と呼ばれることがある。すなわち，保証は主たる債務を担保するものである以上，その主たる債務の存在を前提としている。それゆえ，主たる債務が，不成立，無効，取消し，または，解除等により存在しない場合には，保証債務も成立しないことになるのが原則である。このことは，制限行為能力を理由に取り消される可能性がある主たる債務を保証した場合に，例外的に（独立の）債務を存立させる旨の特別規定（449条）があることからも反射的に理解される。保証が他の類似する法制度

---

(34)　中田・前掲注(25)485頁参照。
(35)　中田・前掲注(25)485頁参照。

288

と区別されるための要素の1つが「附従性」であり，これを失うと，保証は，損害担保契約や独立担保といった他の法制度に性質決定される可能性がある(36)。その意味で附従性は，保証であるためには排除できない要素であり，ある種の強行法的色彩を帯びている"規律"とも考えられないだろうか。

　しかし，この（成立における）附従性も時に当事者の合意により排除する（弱める）ことが許される。その代表とも言えるのが，不特定な債務を主たる債務とする，根保証（継続的保証）である。また，主たる債務の発生原因たる契約が，解除された場合の原状回復義務や，無効となった場合の不当利得返還債務についても，附従性の帰結からすれば保証は及ばないということになるところ，判例(37)は当事者の意思解釈にこれを委ねている。したがって，保証のコアとも言える附従性も，当事者の合意（特約）により排除される(38)という意味で，「任意」の性質しかないということになる。

(3) 保証人の資格

　保証人となる者について，民法は特に要件を定めてはおらず，誰でもなることができる。例えば，制限行為能力者等も，後に保証契約が取り消される可能性はあるとしても，保証人となること自体が制限されるわけではない(39)。この例外となるのが，法律の規定等（例えば，29条1項など）により「債務者が保証人を立てる義務を負う場合」（450条1項柱書）であり，この際には，保証人は「行為能力者」であり（同条項1号），かつ，「弁済をする資力」を有している者（同2号）で「なければならない」（同柱書）。ただし，保証人が立てられた後に，450条1項各号の要件を欠いた場合，新たに要件を充足する保証人を求めるか否かは債権者に委ねられる（同条2項）ほか，債権者自身が保証人を指名した場合には同条1項および2項ともに排除され

(36)　ウゼ・前掲注(8)234-235頁参照。
(37)　例えば，法定解除と原状回復義務につき，最大判昭40・6・30民集19巻4号1143頁，無効と不当利得返還債務につき，最3小判昭41・4・26民集20巻4号849頁（結論としては保証の効力を否定しているものの，単に事実認定のレベルでそのような合意がなかったと評価されているに過ぎないものと解される）がある。
(38)　中田・前掲注(25)486頁はこの現象を，附従性の問題ではなく，保証債務の範囲の問題と捉えるべきであるとして，その限度では附従性は「後退する」と表現する。
(39)　中田・前掲注(25)485頁参照。

る（同条3項）。

　これらの規定のうち，450条1項柱書の「なければならない」との文言[40]からすれば，少なくとも同条項は強行規定との印象を受ける。しかし，実際には，債権者は同条項所定の債務者の立保証義務を免除することができるとされており[41]，同条2項および3項の内容と相まって，債権者の意思に委ねる旨の性質を帯びた任意規定と解することになろう。このことは，債務者が同条1項各号所定の要件を充足しない保証人を立てた場合には，債権者は保証契約の締結を拒否できるほか，債権者が要件の不充足を知った上で保証人として受け入れるのであれば，有効な保証契約として成立するという本条違反の効果[42]からしても，正当化される。

3　保証債務の内容をめぐる規律

　保証債務の範囲や内容については当事者の合意（特約）で定めることができる[43]。ここでは，2(2)で示したように，主たる債務の発生原因たる契約が無効や解除によって覆滅するような場合であっても，その後に生じる不当利得返還債務等に保証が及ぶか否かも当事者の意思に委ねうることが想起されて良い。したがって，まず保証債務の範囲について規律する447条は，かような合意（特約）がなかった場合の当事者の意思解釈の指針を示す任意規定ということになる[44]。

　もっとも，ここでも保証の基本的性質たる附従性の排除の可否が問われて

---

(40)　「（し）なければならない」という文言が必ず強行法性を示すことになるのか否かはさらに検討が求められるところ，ドイツ法における文言による強行法性の判断の基準についても論じる，中山知己「ドイツ法における任意法・強行法の議論について」椿編著・前掲注(6)335頁が示すように，「（し）なければならない」との文言が強行法性を持つのは当然のことのようにも解される。なお，条文上に散見される「できる」と「できない」という文言の面から強行法性を論じるものとして，川地宏行「『できる』『できない』という文言と任意法・強行法」椿編著・前掲注(27)13頁以下がある。同書は強行法性を検討するに当たり，少なくとも判例上は，かような区別は意味を持たない旨を指摘する。

(41)　西村信雄編『注釈民法(11)』（有斐閣，1965年）240頁〔中井美雄〕参照。

(42)　西村・前掲注(41)241頁〔中井美雄〕参照。

(43)　西村・前掲注(41)224頁〔中井美雄〕参照。

(44)　西村・前掲注(41)224頁〔中井美雄〕参照。

良い。すなわち，規定としては448条所定の，保証人の負担は主たる債務の内容より重くなることがないという，「内容における附従性」の問題である。2(2)で述べたように，「成立における附従性」は当事者の合意（特約）で排除する（弱める）ことは可能である。しかし，保証は主たる債務者が債務を履行しない場合に保証人がその（保証）債務を履行するという，いわゆる「人的担保」の一種なのであって，担保たる保証の債務が主たる債務より重くなるとすれば，これは保証の性質を逸するというべきである。それゆえ，当事者間で，主たる債務よりも重い内容の保証債務について合意することは可能であっても，その場合に成立するのは，もはや保証ではなく，損害担保契約等のいわゆる「附従性なき（人的）担保」ということになろう[45]。したがって，この意味において，448条は強行規定と解すべきことになる。

4 債権者の保証人に対する情報提供義務

(1) 主たる債務の履行状況に関する情報提供義務

(a) 規律の概要　　上記1で指摘したように，平成29年改正は，保証人保護のための複数の規定を新設している。そのうちの1つが，主たる債務の元本や利息その他を含めた全ての債務の残額やその履行状況等につき，債権者が受託保証人に対して情報提供義務を負う旨を定めた458条の2である。本条については，主たる債務の残額や，時に遅延損害金を増加させることになる主たる債務者の不履行といった，保証人にとっての最終的な負担を決定する重要な要素たる情報につき，保証人のイニシアチブ（請求）に基づいて債権者に提供を義務づけるための法律上の根拠を与えることが，立法の目的となっている[46]。もっとも，この条文は，主たる債務の履行状況といった

---

(45)　西村・前掲注(41)231-233頁〔中井美雄〕参照。なお，平成29年改正は，保証契約締結後に主たる債務が加重された場合も保証債務には影響しない旨の一般的な理解【67A】23頁参照）を2項に明文化したところ，これは，附従性というよりも「契約の効力は第三者には及ばないという一般原則」から正当化される（中田・前掲注〔25〕492頁参照）。これとは別の特約を締結することは可能であったとしても，1項に係る理解と同じく，保証とは別の人的担保契約が締結されたと解するか，加重された際に新たな保証契約をその都度締結する（または保証契約を変更する）必要がある（平井宜雄『債権総論［第2版部分補正］』〔弘文堂，1996年〕310頁参照）ということになろう。

情報の提供は，債権者（金融機関）の守秘義務との調整が問題となるため，情報提供義務の“債権者（保証人）”をその利益を享受するに値する受託保証人に限定していること，また，情報提供義務を負う債権者（金融機関）がいかなる範囲の情報を守秘義務違反を問われることなく提供できるかを法定化するという目的も含んでおり[47]，これらの点では，債権者（金融機関）の保護にも資する内容となっている。しかも，「保証人保護」に係る規定は，“生活の破綻”の防止という色彩があるため，通常，自然人（個人）たる保証人を保護の対象とするのが一般的である[48]ところ，本条は，その趣旨からして自然人と法人を区別する必要は無いとのことから，法人たる保証人をも対象としている[49]という点が興味深い。

（b）**強行規定とした場合の問題点**　保証人保護を目的とした上記の立法の経緯からして，本条は強行規定であることに疑いはない。問題は，このように一方に対してのみ義務（債務）を課す強行規定につき，これがいわゆる「片面的強行規定（法規）[50]」の性質を有するか否かは別として，利益（保護）を与えられる「義務（債務）の債権者」の意思によってこれを排除できるか（権利を放棄できるか）否か[51]ということである。この点については，本条と類似の内容を定めるフランス消費法典 L.333-2条[52]をめぐる議論

---

(46)　筒井健夫＝村松秀樹『一問一答　民法（債権関係）改正』（商事法務，2018年）132頁参照。
(47)　筒井＝村松・前掲注(46)132頁参照。
(48)　吉田＝筒井・前掲注(18)27-28頁参照。
(49)　筒井＝村松・前掲注(46)132頁参照。
(50)　近江・前掲注(4)177頁参照。なお，保険法上にも，ある当事者の保護を目的として，当該当事者の利益となる合意は許されても，不利な合意は無効となるという趣旨の規定（保険法7条など）があり，片面的強行規定というと，一般的にはこれを指すというような趣旨ともとれる記述もある（高橋ほか・前掲注[1]1181頁参照）。いずれにしても，本条との関係ではこの趣旨での“片面的強行性”が問われるものと解される。
(51)　フランスの保証規定をめぐる同様の問題意識と基本的考察につき，大澤慎太郎「フランスにおける保証人の保護に関する法律の生成と展開（2・完）」比較法学42巻3号63頁（2009年）参照。
(52)　【消費法典 L.333-2】「事業者たる債権者は，被担保債務の名目で，毎年遅くとも3月31日までに，前年12月31日時点で存在する，主たる債務，利息，手数料，費用，および附従する債務の総額，ならびに当該保証契約の期間を，自然人たる保証人に対して通知しなければならない。当該保証契約が期間の定めのないものである場合には，

が興味深い。すなわち，同条については，通知（情報提供）の費用は保証人の負担とする旨の合意が多くなされるため，この費用負担を避けるべく，むしろ保証人の側から債権者の義務を免除したい旨の申し出をすることがあるものの，破毀院は保証人によるこのような権利の放棄を認めていないとされる[53]。保証人側の意思によって排除できるとする場合，債権者側の圧力によりなされる可能性があることをも考慮すれば，規律の空洞化を避けるためにも，これを認めることはできないと解すべきであろう。ただし，一方では，L.333-2条は法人が保証人である場合には適用がないことを踏まえると，458条の2についても保証人が法人である場合にまで強行法性を維持して良いのかという疑問があり，他方では，そうとはいえども，自然人と法人をあえて区別していないことを考慮すれば，その強行法性についても区別するのは妥当ではないともいえる。

　もっとも，かかる情報提供（義務）が無意味な場合においてまで，この強行法性を維持すべきかどうかは問題となる。特に想定されるのは，主たる債務者たる会社の経営者が保証人となる，いわゆる経営者保証の場合である。なぜならば，経営者たる保証人が，主たる債務者たる会社の債務について債権者に情報提供を求めることなど，まさに"債権的混同"ともいえる状況だからである。この問題について，先に示したフランス民法典 L.333-2条は，経営者保証の場合であっても情報提供義務は免除されない[54]と解されており，形式を維持することでその強行法性を守っているといえる。この点，

何時にても，解約する権利があること，およびその行使の条件を通知しなければならない」（サンクションにつき，【同法343-6条】「債権者が L.333-2条所定の義務を遵守しない場合，保証人は，前回の通知から新たになされる通知の日までに発生した遅延賠償金または遅延利息を支払う義務を負わない」）。なお，本条の立法趣旨については，本条の原型となる1984年3月1日の法律第148号48条の立法当時，一般的に，保証契約の書面が保証人に交付されていなかったことを前提に，保証契約を締結したこと自体を保証人が失念しないようにすることに力点があったことにつき，大澤慎太郎「フランスにおける保証人の保護に関する法律の生成と展開(1)」比較法学42巻2号67-68頁（2009）参照。

(53)　消費法典 L.333-2条の直接の原型たる旧 L.341-6条等の解釈につき，大澤・前掲注(51)63頁参照。

(54)　大澤・前掲注(51)63頁参照。もっとも，その背景には経営者の相続人の存在が意識されているという事情もある。

458条の２は，あくまで，保証人が債権者に対して情報の提供に係る「請求」
があることを債権者の義務の前提としているため，この問題にある種の合理
性をもって一定の解答を与えている。その意味では，あえて「義務の排除
（権利の放棄）」を論じる必要が無いともいえる。つまり，「任意」の性質を
持った「強行規定」ということになろう。この「任意」的色彩の理解につい
ては，本条に違反した場合の効果については条文自体に規定がなく，一般債
務不履行（損害賠償）の問題として処理される[55]ということ，債務不履行に
基づく（損害賠償）責任については，当事者の合意が（広く）働く領域であ
る[56]という事実が説得力を与えることになる。

（2）　主たる債務者が期限の利益を喪失した場合に関する情報提供義務

（a）　規律の概要　　平成29年改正より新設された458条の３は，458条の
２と同じく債権者の情報提供義務の観点から保証人保護を目指す規定となっ
ている。すなわち，458条の３は，まず１項で，主たる債務者が期限の利益
を喪失した場合に，債権者は保証人に対して，その喪失を知ったときから２
箇月以内に通知をしなければならない旨を定め，次に２項で，これが遵守さ
れない場合には，期限の利益を喪失した時から通知がなされるまでに生じた
遅延損害金につき，保証債務の履行を求めることができないとしている。こ
れは，期限の利益の喪失による遅延損害金の増加と附従する形で，保証人の
責任が拡大するのを防ぐことを企図するものである[57]。先の458条の２が，
保証の対象となる“すべての債務”の“現況自体”の情報を，保証人自身の
イニシアチブ（請求）により保証人に確知する機会を与えるものであるのに
対して，458条の３は，遅延損害金の発生に係る情報提供を違反へのサンク
ションを伴って債権者に積極的に義務づけることにより，保証人の責任拡大
を防止するというものであって，両者には同じ保証人保護の目的がありなが
らも異なる色彩がある。特に，458条の２には，先の通り，債権者の保護と
いう役割もあることは強調されて良い。

---

(55)　筒井＝村松・前掲注(46)132頁参照。なお，本情報提供義務は保証契約の付随義務
　　と解されるため，その違反により解除権まで導出するものではないと考えられる。
(56)　賠償額の予定に係る規定（420条）が想起される。
(57)　筒井＝村松・前掲注(46)133頁参照。

(b) 強行規定とした場合の問題点　458条の３も立法の経緯からして強行規定であることに疑いはないところ，458条の２と同様に，義務の"債権者"となる保証人の意思によりこれを排除できるか否かが問われることになる。特に，458条の３は458条の２と異なり，保証人のイニシアチブ（請求）を前提としていないだけ，問題の重要性は高い。この点についても，あるいは，同様の規定（消費法典 L.333-1条[58]など）を有するフランス法における情報提供義務をめぐる議論[59]を参考とすれば，あるいは，まさに立法趣旨からすれば，できないと解することになろう。もっとも，458条の２においても問題として指摘したように，保証人が債権者からの提供を待たずして情報を取得できる経営者保証のような場合においては，458条の３の義務は免除されることが立法の前提にあるように見受けられる[60]。この意味では，保証の領域によっては，458条の２と同様の任意的色彩をもつことになる。

5　その他──「任意規定」の原則
(1)　保証人の各種抗弁権・主たる債務者に生じた事由をめぐる規律

以上に示した規定以外は原則として任意規定の色彩を帯びる。例えば，「保証の補充性（446条１項）」を示す規定として理解される「催告の抗弁（452条）」および「検索の抗弁（453条）」は，「連帯」の合意により排除できることを民法自身が明文（454条）で示しており，「分別の利益（456条）」も

---

(58)　【消費法典 L.333-1条】「特段の規定がない限り，保証人となったすべての自然人は，主たる債務の弁済を請求することができる月において，弁済されない第１回目の債務不履行があれば直ちに，主たる債務者の不履行について事業者たる債権者から情報の提供を受けなければならない」（サンクションにつき，【同法 L.343-5条】「債権者がL.333-1条所定の義務を遵守しない場合，保証人は最初の債務不履行の日から保証人が債務不履行についての情報を通知される日までの期間に発生した遅延賠償金または遅延利息を支払う義務を負わない」）。なお，本条の立法趣旨は，458条の３のものと同様である（消費法典 L.333-1条の原型である1989年12月31日の法律第1010号19条６項および同22条５項の立法理由につき，大澤・前掲注[52]82-83頁参照）。

(59)　直接に対応するわけではないものの，458条の２をめぐって先に指摘した議論が参考となる（前掲注・[53]および[54]とその本文を参照）。

(60)　【70A】15頁以下，および，潮見佳男『新　債権総論Ⅱ』（信山社，2018年）673頁参照。

「連帯」の合意または特約等で排除できる[61]。また，主たる債務者に生じた事由の保証人への影響関係を定める457条1項のほか，主たる債務者が債権者に主張しうる諸権利につき保証人は債権者に対して対抗等ができる旨を定める同条2項および3項も，保証人に与えられる一種の抗弁権となる以上，当事者の合意により排除することができる[62]。連帯保証人の場合には，連帯債務における当事者間の影響関係に係る諸規定が準用される（458条）ところ，平成29年改正では連帯債務につきいわゆる「絶対的効力事由」が削減される一方で，当事者の意思によりこれを変更することもできる旨が新設された[63]（441条但書参照）ことは，「任意」を考える上で想起されて良い。

(2) 求償関係をめぐる規律

　求償権についても，その権利自体が放棄可能[64]であることも相まって，原則的に当事者の合意に委ねられる。まず，受託保証人の場合には，求償権の内容は主たる債務者と保証人との間で締結される保証委託契約によりコントロールされ，その成否や内容につき特約（求償特約）があれば，それに従うことになる[65]。それゆえ，受託保証人の求償権の範囲を定める459条はいうまでもなく，平成29年改正により新設された，保証人が主たる債務の弁済期前に債務の消滅行為をした場合における求償権の行使制限等について定める459条の2のほか，事前求償権につき，行使条件を定める460条[66]や主たる債務者の担保提供請求権等を定める461条[67]も任意規定ということになる。また，受託保証人の主たる債務者に対する保証債務弁済前の通知義務，および，主たる債務者の受託保証人に対する主たる債務弁済後の通知義務に係る規定（463条）についても，保証委託契約により排除することができ

---

(61)　西村・前掲注(41)261頁〔中川淳〕参照。
(62)　平成29年改正前の理解ながら，西村・前掲注(41)263-264頁〔中川淳〕の記述は，ここでも妥当する。
(63)　経緯につき，筒井＝村松・前掲注(46)122-123頁参照。
(64)　相続税基本通達8-3参照。実務上，求償権や弁済による代位をめぐっては多くの特約が締結されることになる。例えば，信用保証協会との関係で，遠藤俊英ほか監修『金融機関の法務対策5000講III巻』（金融財政事情研究会，2018年）649-654頁を参照。
(65)　潮見・前掲注(60)698頁参照。
(66)　事前求償権をめぐっては，信用保証協会等が，約定により460条以外の発生事由を定めておくことが通常である。この点につき，潮見・前掲注(60)717頁参照。
(67)　潮見・前掲注(60)722頁参照。

る[68]。

　無委託の保証人の場合には，そもそも，当事者間に保証委託契約等による求償権に関する合意（特約）がないということになるため，民法の規定により処理がなされることになる（462条参照）。しかし，少なくとも，保証人の求償権が発生した後に，主たる債務者と保証人との間で，この権利の処遇に関する合意をすることは可能と解され，その意味では，無委託の保証人をめぐる求償権に係る規定も任意規定ということになろう。

（3）　担保保存義務

（a）　担保保存義務の保証制度における位置づけ

504条1項は，債権者が故意または過失により担保を喪失や減少させた場合に，法定代位権者は，これによって償還を受けることができなくなった限度において，一部または全部の免責を受けることができる旨を定めている。法定代位権者の免責というサンクションを通じて，反射的に債権者が負うことになる義務（間接義務）を，一般的に「担保保存義務[69]」という。本条は，条文の配列からしても明らかなように，保証人のみならず法定代位権者一般の代位に係る期待を保護するものである。しかし，504条の母法の1つたるフランス法[70]においては，「検索の抗弁（検索の利益：bénéfice de discussion）」や「分別の利益（bénéfice de division）」と並んで，保証人（のみ[71]）に与えられる利益（抗弁）の1つ（「代位のない利益：bénéfice de non subrogation」などと呼ばれる）と解されている[72]ことや，わが国における保証人保護論の端緒は本条にも

---

(68)　潮見・前掲注(60)687頁，707頁参照。なお，弁済による代位をめぐる規律群の評価も問題となるところ，本稿の検討範囲からは外れるため，ここでは扱わない。詳細は，椿久美子「求償規定・代位割合規定と特約」椿編著・前掲注(27)165頁を参照されたい。

(69)　担保保存義務をめぐる学説の展開等につき，大澤慎太郎「フランス担保保存義務の法的構造(1)-（3・完）」法研論集123号73頁，同124号27頁，同125号1頁（2007年-2008年）参照。

(70)　フランス法における議論につき，大澤・前掲注(69)の各文献を参照。

(71)　保証人（caution），連帯保証人（caution solidaire），物上保証人（caution réelle）など，とにかく"保証人"でありさえすれば，この利益を享受できるとされている。換言すれば，連帯債務者など，保証人でないものは含まれないという点で，わが国とは大きく異なる。詳細は，大澤・前掲注(69)「(1)」79頁参照。

(72)　大澤・前掲注(69)の各文献ほか，大澤慎太郎「フランス法における保証債務の履行と保証人の保護」早法91巻3号236-238頁（2016年）参照。なお，452条所定の「催告

あるというべきこと[73]をも考慮すると，担保保存義務については保証をめ
ぐる規律としてこそ扱うべきものと評価できる。

(b)　担保保存義務の法的性質とその任意法性　　フランス法において，
担保保存義務の重要性はわが国の比ではない。それというのも，担保保存義
務は，フランス法における債権者の保証人に対する民事責任法理を展開させ
るきっかけを提供した[74]ことに加え，原初規定としては，わが国同様に特
約で排除される慣行に服していたところ，1984年3月1日の法律第148号
（49条）により強行法化された[75]からである。すなわち，フランス民法典
2314条[76]は「債権者の行為によって，当該債権者の権利，抵当権および先
取特権に対する代位がもはや保証人のためになしえないときは，保証人は免
責される。（1984年3月1日の法律第148号）《これに反するあらゆる条項は記
載のないものとみなされる》」として，わが国で言うところの「担保保存義
務免除特約」の効力を一律に否定し，その強行法性を条文上で明らかにして
いる。

　これに対して，わが国では，金融実務において債権者（金融機関）による

の抗弁」は諸外国では例のないものであり，保証人に付与されたわが国独特の抗弁権
であることにつき，西村・前掲注(41)242-243頁〔明石三郎〕参照。

(73)　西村・前掲注(16)221頁以下では，担保保存義務を債権者の（間接義務ではなく）
一般的注意義務と構成することを通じて，保証人保護が検討されていたことは強調さ
れて良い。

(74)　大澤慎太郎「フランスにおける金融機関の融資取引に関する義務と責任(1)（2・
完）」早法85巻4号29頁，同86巻1号63頁（2010年）参照。

(75)　その経緯と内容につき，大澤・前掲注(69)「(2)」28-32頁，また，1984年法におけ
るその位置づけにつき，同・前掲注(51)62-71頁参照。また，1984年法による強行法
化について詳細に論じるものとして，山野目章夫「フランス民法典二〇三七条の一九
八四年における変容」比較法雑誌29巻2号117頁（1995年）参照。

(76)　本稿におけるフランス民法典等の訳出については，既出の各文献のほか，神戸大学
外国法研究会編『現代外国法典叢書・佛蘭西民法（I）-（V）』（有斐閣，復刊版，1956
年），法務省大臣官房司法法制調査部編『フランス民法典—家族・相続関係—』（法曹
会，1978年），同編『フランス民法典—物権・債権関係—』（法曹会，1982年），後藤
巻則ほか「《特集》フランスの消費者信用法制」クレジット研究28号3頁（2002年），
平野裕之＝片山直也訳「フランス担保法改正オルドナンス（担保に関する2006年3月
23日のオルドナンス2006-346号）による民法典等の改正及びその報告書」慶應法学8
号163頁（2007年），および，荻野奈緒ほか訳『フランス債務法オルドナンス（二〇一
六年二月一〇日のオルドナンス第一三一号）による民法典の改正』同法69巻1号279
頁（2017年）に依拠，または，これらを参考としている。

担保の解放や差替え等が一般的に行われていることを前提に，担保保存義務に対する不合理性のみが継続的に強調されてきた[77]といえる。このため，従前より担保保存義務免除特約が有効とされてきた[78]ことはいうまでもなく，平成29年改正では，ついに，「取引上の社会通念に照らして合理的な理由があると認められるときは」，債権者が担保を喪失ないし減少させても，法定代位権者の免責を導出しない，すなわち，担保保存"義務"が"免除"される旨の規定（504条2項）が新設されることになった。これは，担保保存義務免除特約は常に有効となるわけではなく，「保証等の契約及び特約が締結された時の事情，その後の債権者と債務者との取引の経緯，債権者が担保を喪失し，又は減少させる行為をした時の状況等を総合して，債権者の右行為が，金融取引上の通念から見て合理性を有し，保証人等が特約の文言にかかわらず正当に有し，又は有し得べき代位の期待を奪うものとはいえないときは，他に特段の事情がない限り，債権者が右特約の効力を主張することは，信義則に反するものではなく，また，権利の濫用に当たるものでもないというべきである」とした判例[79]の趣旨を立法化したものとされている[80]。確かに，信義則や権利濫用法理を通じて，特約が常に有効とはならない旨を立法化したという点を捉えると，本条の改正は担保保存義務規定の「半強行法化」と評価することもできる[81]。しかし，この規定は，まず，"特約がなくとも"債権者は担保保存"義務"を"免除"される可能性がある（むしろ，免除されるのが原則ともいえる）旨を正当化するもの[82]と解されること，さらには，504条全体につき，その法的性質の前提を「間接義務」

---

(77)　このことは，平成29年改正における504条をめぐる議論を観ても明らかと言える。例えば，立案担当官の解説として，筒井＝村松・前掲注(46)198頁参照。

(78)　判例として，大判昭12・5・15新聞4133号16頁がある。

(79)　最2小判平7・6・23民集49巻6号1737頁参照。

(80)　筒井＝村松・前掲注(46)198頁参照。

(81)　平成29年改正前の評価として，椿久美子「判例・学説にみる債権総則の強行法性」椿編著・前掲注(6)142頁参照。

(82)　潮見・前掲注(60)190頁およびその脚注228によると，この規定の理解の仕方としては，一方で，特約がある場合には504条2項と選択的に主張が許されるという考え方と，他方で，特約がある場合には同条項によりその効力が制限されるという考え方の2つがありうる。しかし，立案担当官による解説となる，筒井＝村松・前掲注(46)198-199頁によれば，本条項は前者の立場を採ったものと理解される。

においていることまでをも考慮すると，むしろ，任意規定の色彩が強まった
と評価することもできる。特に，「間接義務」が立案段階において強調され
たことの意義は，強行法性を考える上で無視できない[83]ものといえる。す
なわち，次のとおりである。平成29年改正前において，担保保存義務の法的
性質は，違反すれば債務不履行責任や不法行為責任を発生させるものとして
の一般的注意義務と解する余地があり，そうであれば，かような全ての責任
を特約によって排除することは叶わず[84]，その性質にある種の強行法的な
色彩を持たせることも可能であった。しかし，平成29年改正では，担保保存
義務の法的性質につき，間接義務と理解することを前提に条文において "義
務" との表現をあえて避けたという事実[85]があることからしても明らかな
ように，もはや一般的注意義務と解する余地が否定されたといえる。そうで
あるとすれば，504条2項の新設も相まって，全体で，むしろ任意規定の色
彩が強まったのではないか，というわけである。

（c）　担保保存義務と弁済による代位および求償に係る特約との関係

　もっとも，そもそも担保保存義務を問う以前に，その保護対象である代位
権（"代位する権利" ないし "代位の対象となる権利"）や求償権は，それ自体
が特約（「代位権不行使特約」や「求償権放棄特約」など）により排除できる[86]
ことを考慮すると，殊更に担保保存義務の強行法性を論じること自体，無益
なのかもしれない。しかし，このように考えると，違和感が生じなくもな
い。それというのも，担保保存義務については，免除特約の制限等も含めて
様々に議論がなされている一方で，担保保存義務が前提としている権利（代
位権ないし求償権）の不行使ないし放棄に係る特約については，学説上，あ
まり大きな議論が展開されているとはいえないように見受けられるからであ
る。もちろん，信義則等の一般法理や消費者契約法による一定の制限がかけ
られる可能性[87]はあるものの，かような議論の濃淡が存在している現状に

---

(83)　経緯と評価につき，小賀野晶一＝松嶋隆弘編著『民法（債権法）改正の概要と要件
　　　事実』（三協法規出版，2017年）324-325頁〔大澤慎太郎〕参照。
(84)　問題意識として，大澤・前掲注(69)「(1)」73-75頁参照。
(85)　【84-3】11頁参照。
(86)　求償権につき，相続税基本通達8-3を，代位権につき，磯村哲編『注釈民法(12)』
　　　（有斐閣，1970年）344-345頁〔石田喜久夫〕をそれぞれ参照。

は，いわば，保護利益の評価の逆転ともいうべき問題が生じていることを認めざるを得ないのではないだろうか⁽⁸⁸⁾。

Ⅲ　民法典上の「特殊な保証」の規定とその強行法性

1　はじめに

　先に述べたように，平成16年および同29年の改正を通じて，民法典における保証の領域は「任意法規の半強行法規化」が具現化した場ともいえる状況にあり，以下に観る規定群はその具体例となる。それゆえ，原則的にすべてが強行法性を帯びることになるとは解されるものの，貸金等根保証契約に係る規定すらこの点を明確に述べる判例等がないため，その評価は立法趣旨に多くを委ねることにならざるをえない。

---

(87)　やや古いが，磯村・前掲注(86)345頁参照。求償権放棄については，他の法制度の関係で論じられることが多い。例えば，近時のものとしては，企業再生との関係で，髙橋洋行「事業再生実務における信用保証制度の課題 求償権放棄を容易にする制度整備を」金融財政事情67巻46号21頁（2016年）が，税務との関係で，花嶋実「保証債務の履行と求償権の放棄」税理54巻11号27頁（2011年），中村雅紀「求償権放棄時の『特殊事情』の立証」税理51巻 7 号154頁（2008年）がある。また，代位権不行使特約につき正面から論じる近時の文献として，野澤正充「代位権不行使特約」銀法583号63頁（2000年）を，平成29年改正により代位権不行使特約の有効性が担保された旨を指摘するものとして，佐々木宏之「既存の貸出先への対応に与える影響」銀法800号25頁（2016年）をそれぞれ参照。

(88)　結局のところ，担保保存義務とこのような特約との関係をどのように捉えるのかという問題が不明確な状況にあると評価できる。例えば，代位権の不行使ないし放棄，または，求償権放棄の特約がある場合，そもそも，担保保存義務が保護の対象とする権利自体が放棄されているわけであるから，同義務自体が意味をなさない状況とも評価でき，そうであれば，債権者は制限なく自由に担保を処分することができるのではないかとも解される（換言すれば，求償権放棄や代位権不行使の特約等がある場合に，担保保存義務違反を問えるのかということである）。もっとも，この点は，本稿の目的とは離れる問題であり，検討は他日を期したい。これらの義務の関係を早くから論じた文献として，椿寿夫「債権者の担保保存義務―保証人を中心として―」金法512号15頁（1968年），石田喜久夫「保証人の代位権放棄―担保保存義務と関連して」法時41巻 7 号10頁（1969年）を参照。なお，本問題は，信義則よる権利行使の制限とその限界という問題に接続することとなり，この点については，山城一真「契約の履行段階における行為規制とその限界―信義則による契約規制論の再考のために―」松久三四彦ほか編『社会の変容と民法の課題（上巻）―瀬川信久先生・吉田克己先生古稀記念論文集―』（成文堂，2018年）571頁が，まさに論じるところとなる。

2　「個人根保証契約」をめぐる規律とその強行法性

(1)　「貸金等根保証契約」から「個人根保証契約」へ

　平成16年改正は，民法典上の保証につき「貸金等根保証契約」という新たな規定群を導入した。旧465条の2以下がそれである。これらは，特に経営者保証（ないし情義的保証）において用いられていたいわゆる「包括根保証契約」をめぐり，保証人の経済的破綻が深刻化する中，保証人を保護すべく，かかる包括根保証契約を制限することに主眼が置かれていた[89]。具体的な制限の方法は，根抵当における規律を参考に，保証債務の上限に関して，「極度額」（旧465条の2），「元本確定期日（保証期間）」（465条の3），および，「元本確定事由」（465条の4）の概念を用いて，包括根保証を"根保証"に押さえるというものである。

　もっとも，貸金等根保証契約に係る規定は，その名の通り，主たる債務が"貸金"である場合に限定して適用され，この"限定"の背景には，多様な金融取引のすべてについて制限をかけることへの弊害，ないし，その検討時間の不足等に対する配慮があった[90]。それゆえ，貸金等根保証契約に係る規定群の導入は，保証人保護のための"さしあたり"の措置であって，衆参両議院の法務委員会における附帯決議がさらなる規律の検討を求めていたことについては先に指摘したとおりである。これを踏まえて，平成29年改正は，「貸金等根保証契約」における主たる債務の制限をはずし，広く（包括）根保証契約を制限すべく「個人根保証契約」へと規定群の転換を図ったわけである。具体的な影響としては，賃貸借契約より生じる債務の保証（賃貸借保証），継続的売買契約より生じる債務の保証，あるいは，老人ホーム等への入居時に求められるいわゆる「身元保証（サービス[91]）」などが，あらたな規律の対象となる[92]ことを指摘できる。しかし，適用範囲を除けば，規定自体の内容は「貸金等根保証契約」の際のものと大差はない。

(89)　吉田＝筒井・前掲注(18)3-5頁参照。
(90)　吉田＝筒井・前掲注(18)22-23頁参照。
(91)　その「保証」としての性質をめぐる検討として，大澤慎太郎「身元保証サービスと消費者保護」現代消費者法37号13頁（2017年）参照。
(92)　筒井＝村松・前掲注(46)136頁参照。

(2)　各規定の強行法性

(a)　極度額および元本確定期日をめぐる規律　　　以上の経緯からして，「個人根保証契約」に係る規定の強行法性については，「貸金等根保証契約」をめぐる検討[93]がそのまま妥当すると言ってよい。すなわち，まず，極度額に係る465条の2第2項，および，元本確定期日に係る465条の3第1項ないし3項は強行規定となる[94]。465条の2第2項所定の極度額は債権極度額を指し，その内容は同条1項で子細に定められていることからして，強行性の強度が高い。

同じく，465条の3についても，要するに，約定による保証期間の上限を5年（同条1項）としつつ，約定がない場合は3年に制限する（同条2項）というコントロールをするものであり，その規定内容は確かに明確ではある。しかし，本条をめぐっては，いわゆる自動更新特約の締結が可能かという問題が旧465条の3の立法時から論じられており，その扱い次第では，事実上，本条が無力化される（任意規定化する）恐れもある。特に，更新期間の上限である5年（同条3項）に満たない期間，例えば，1年単位といった自動更新特約の扱いが問題となるところ，旧465条の3につき，立案担当官は，更新期間の上限である5年以内であったとしても無効となるのではないかとの解説[95]をしており，その理解が確実なものであれば，本条は465条の2と同じく高い強行法性をもつものとなる。もっとも，465条の3については，特に賃貸借保証をめぐって，主たる債務を生じさせる賃貸借契約の期間と保証期間の"ずれ"を避けるためなどの考慮から，適用範囲が引き続き「貸金等根保証契約（正確には，「個人根保証契約」概念の新設を受けて，「個人貸金等根保証契約」となる）」に限定されていること[96]はここで留意されてよい。

465条の2第2項の規定に違反した場合の効果については，446条2項において検討した内容がここでも当てはまることになる。すなわち，成立要件と

---

(93)　椿久美子「根保証規定と包括特約」椿編著・前掲注(27)162頁参照。

(94)　「貸金等根保証契約」につき，吉田＝筒井・前掲注(18)10-11頁参照。

(95)　吉田＝筒井・前掲注(18)40-41頁参照。

(96)　筒井＝村松・前掲注(46)137頁参照。

みるか，有効（効力）要件とみるかによって，不成立か無効かというやや色彩の異なる結果がもたらされる。立案担当官は「無効⁽⁹⁷⁾」としていることから観て，有効（効力）要件ということになろう。また，465条の2および465条の3は，いずれも内容を書面で定めることを求めており（465条の2第3項，465条の3第4項による446条2項および3項の準用），この点で，先に観た446条2項の書面要件を「個人（貸金等）根保証契約」につき具体化するものとしても位置づけることができる。したがって，446条2項の検討結果はこの意味でも，当てはまることになる。

（b）　**元本確定事由をめぐる規律**　　根保証において保証債務の額を確定させることになる元本確定事由は，保証人にとって利益となるものである。それゆえ，これを定める旧465条の4をめぐっては，同条に列挙されている事由以外の事項を定めること，ないし，列挙されている事由以外の事態が生じた場合においていわゆる「特別解約権」を行使することは，それぞれ可能と解すべき⁽⁹⁸⁾とされており，この理解は改正後においても妥当することになる。すなわち，本条は片面的強行規定の色彩をもっているということになる。このことは，465条の3と同じく，特に賃貸借保証における主たる債務と保証債務に係る期間の“ずれ”を避けるために，「個人根保証契約」における元本確定事由（465条の4第1項各号）と，「個人貸金等根保証契約」のそれ（同各号および同条2項各号）を区別している⁽⁹⁹⁾点に，1つの積極的意義をもつことになろう。つまり，個人根保証契約における元本確定事由を，特約により個人貸金等根保証契約のそれと一致させることも可能ということである。

（c）　**法人保証人の求償権に係る保証をめぐる規律**　　465条の5は，旧規定から引き続き，保証人が法人である場合の根保証契約から生じる求償権を，個人が“通常”保証（根保証の場合には，当然「個人根保証契約」となり，その規定群の適用を受ける）する場合にも，極度額および元本確定期日に係る規定群（の一部）が機能する旨を定めている。これは，個人根保証契約

---

(97)　吉田＝筒井・前掲注(18)29頁および41頁参照。
(98)　旧465条の4につき，吉田＝筒井・前掲注(18)53頁参照。
(99)　筒井＝村松・前掲注(46)138頁参照。

の規定群の適用を受けない法人を保証人とした根保証契約につき，そこから生じる法人保証人の求償権を個人が保証した場合にも，このような規定群の適用がないのでは，事実上の脱法状態を許すことになってしまうため，これを避けるための規定[100]であり，その趣旨からして強行規定となる。

3　「事業に係る債務についての保証契約」をめぐる規律とその強行法性
(1)　平成29年改正による規律の導入

　平成29年改正により導入された事業用貸金債務等保証契約をめぐる規定群は，「個人根保証契約」のそれとは異なり，完全に新規のものとなる。先のように，個人保証人については，446条2項所定の書面要件や，458条の2および同3の情報提供義務，さらに，個人根保証契約の規定群により多重的な保護が付与されている。しかし，書面要件は具体的内容を含むものではなく，個人根保証契約の規定群も，"包括"根保証契約を制限することに主眼が置かれているのであって，極度額が高額な根保証契約はいうまでもなく，高額な主たる債務を保証する単純保証契約を制限する力はない。また，458条の2および3の情報提供義務は，保証契約が締結された後を規律するものであり，同じく保証契約の締結そのものを規制するものではない。したがって，これらの規定群は，結局のところ，保証人の責任が過大となるような保証契約の締結そのものを制限する[101]ことはできないのである[102]。そこで，とりわけ保証債務が過大となりがちな事業上の貸金に係る債務の保証に

(100)　筒井＝村松・前掲注(46)139頁，および，旧465条の5につき，吉田＝筒井・前掲注(18)55-61頁参照。
(101)　平成29年改正では，立法過程において，経営者保証以外の個人保証を無効とすることや，保証人の資力と不均衡な保証債務を内容とする保証契約を禁ずる（いわゆる「比例原則」）等，より積極的な保証人保護措置が検討されていた（【36】73頁以下参照）が，いずれも実現には至っていない。なお，比例原則については，フランス法における立法過程とその内容につき，大澤・前掲注(52)83頁以下，同・前掲注(51)64頁以下を，その評価と現在における位置づけにつき，同「フランス法における過剰な保証に関する規律の交差―比例原則と警告義務との関係を中心に」田井義信編『民法学の現在と近未来』（法律文化社，2012年）154頁，同「保証人の保護に関する一考察―フランス法におけるその規律の構造を素材として」私法79号103頁（2017年）を参照。
(102)　これは，平成16年改正の時点でも指摘されていたことである。この点につき，野村ほか・前掲注(24)60-61頁〔平野発言〕参照。

つき，リスクの明確化を通じた契約内容の適正化を図り，もって保証人を保護するために導入されたのが，事業用貸金債務等保証契約に係る規定群である[103]。

(2)　保証契約締結前の公正証書の作成をめぐる規律

(a)　**規律の概要**　465条の6（および同7）は，事業上の貸金債務（を含む債務）を主たる債務とする自然人（個人）による保証契約（根保証契約に限らない）につき，その契約締結に先立ち，公正証書の作成を求めている。465条の6は，公正証書上に確認すべき保証契約および根保証契約に係る保証意思の内容を具体的に列挙し（同条2項1号イおよびロ参照），その作業を公証人の手に委ねることで，リスクの明確化と契約内容の適正化を図っている[104]。注意すべきなのは，この公正証書は，保証契約に先立ち保証人の保証意思の確認のために作成されるものであり，保証契約そのものは別に締結しなければならないということである。それゆえ，446条2項の書面要件を具体化するものではないほか，本公正証書は契約そのものを表すものではないため，執行認諾文言を付すこともできないということになる[105]。この特殊な公正証書は「保証意思宣明公正証書」と呼ばれている[106]。法人たる保証人の求償権に係る個人保証をめぐる規定（465条の5）と同様の理由から，かような求償保証にも適用が拡張されている[107]（465条の8参照）。

(b)　**効果から観た強行法性**　465条の6についても，その趣旨からして，強行規定と解することになり，その解釈も厳格になされるべきである[108]。立案担当官によると，規定の不遵守は契約無効をもたらす[109]とのことであるから，446条2項の検討において示した内容を踏まえると，この保証意思宣明公正証書の作成は事業用賃金債務等保証契約の有効（効力）要件と解することになろう。保証意思宣明公正証書によって確認すべき保証人

(103)　筒井＝村松・前掲注(46)140頁参照。
(104)　筒井＝村松・前掲注(46)140頁参照。
(105)　筒井＝村松・前掲注(46)144頁参照。
(106)　筒井＝村松・前掲注(46)142頁参照。
(107)　筒井＝村松・前掲注(46)150頁参照。
(108)　大村敦志＝道垣内弘人編『解説 民法（債権法）改正のポイント』（有斐閣，2017年）270頁〔大澤彩〕参照。
(109)　筒井＝村松・前掲注(46)140頁参照。

の意思の具体的内容は，465条の6第2項1号イおよびロに子細に定められており，しかも，仮に形式的にその要件が充足されていたとしても，保証人に保証意思がない場合には，465条の6第1項にいう保証意思宣明公正証書とは認められず，これに基づき締結された保証契約は無効になるとされている[110]。すなわち，理論的には，この場合に作成された保証意思宣明公正証書は465条の6第1項所定の要件を充足しないために，同条項違反の効果として，これに基づく保証契約が無効の扱いを受けるということになる[111]。もっとも，保証意思宣明公正証書はあくまで保証意思の確認を目的としているに過ぎず，保証契約の締結自体を意味するものではないということを踏まえると，事業用貸金債務等保証契約においては，保証意思宣明公正証書とは別に446条2項所定の書面が必要ということになり，保証意思がないというのであれば，446条2項所定の書面要件を充足しないとして，かかる保証契約が無効になるという処理も許されよう。この結果，仮に形式的に465条の6第1項所定の保証意思宣明公正証書が作成されてしまったとしても，保証人は446条2項の書面要件で争うことも可能となるため，事業用貸金債務等保証契約における「書面」は，形式的にも実質的にも多重的に規律される（いわば2段階で保証意思が確認される）ことになり，465条の6自体は高い強行法性を帯びることになる。

（c）　適用除外から観た強行法性　　465条の6の趣旨からして，保証債務のリスクや主たる債務者の経済状況等につき熟知している者にまで，かかる公正証書の作成を求める必要性は高くない。それゆえ，これに当てはまりうる者，すなわち，法人の理事，取締役，総株主の議決権の過半数を有する者，（個人）事業主と共同で事業を営むその配偶者などは，本条の適用から除外される[112]（465条の9参照）。一見して合理的なこの適用除外規定は，必

---

(110)　その反対に，保証意思があることが認定可能でも，形式が充足されないのであれば，同じく，465条の6第1項にいう保証意思宣明公正証書と認めるべきではない。この点につき，保証契約の趣旨で金銭消費貸借契約に係る公正証書が作成された場合の書面の解釈との関係で，大澤慎太郎「判批（最2判平成29年3月13日）」ジュリ1518号（平成29年度重判）76頁（2018年）参照。

(111)　筒井＝村松・前掲注(46)146頁参照。あるいは，そもそも，保証意思がない場合は，公証人法26条に基づき，公証人は465条の6所定の公正証書の作成を拒絶しなければならないという。

ずしも妥当な結果をもたらすとは限らない。すなわち，形式的に理事や取締
役という肩書きをもっていたとしても，単に家族経営の会社における“家
族”のように，これが必然的に取引等に熟知していることまでをも意味する
ことになるとは限らないのであり，また，起業したばかりの経営者なども同
様といえる(113)。ここでは，保証契約の締結時に厳格な要式を伴った手書き
の書面の作成を求めるフランス法が，一見して不合理でありながらも，個人
の保証人にかような区別を認めてないことが想起されてよい(114)。それゆ
え，465条の9は，仮にその要件（列挙されている者）を厳格に評価したとし
ても，465条の6の実質を奪い，強行法性を弱める結果をもたらす恐れもあ
る。

(3)　契約締結時の情報提供義務

(a)　規律の概要　　465条の10は，事業に係る債務（貸金に限らない）
の，委託のある保証契約の締結に際し，主たる債務者は受託保証人（法人が
保証人である場合を除く／同条3項）に対して，主たる債務者の資力（同条1
項1号）や負債（同条項2号）の状況，および，当該保証人以外に提供され
ている担保の有無（同条項3号）等に関する情報を提供しなければならない
旨を定めている。これらの事項につき，情報の提供がないために，または，
事実と異なる情報が提供されたために，保証人が，当該各事項について誤認
し，その誤認に基づいて保証契約を締結したという場合には，債権者が，情
報提供がないこと，または，事実と異なる情報が提供されたことを認識して

---

(112)　筒井＝村松・前掲注(46)151-152頁参照。

(113)　問題意識として，大澤慎太郎「保証人保護の問題」法時84巻8号20頁（2012年）
　　　　参照。

(114)　例えば，消費法典L.331-1条は「事業者たる債権者に対して，私署証書により保
　　　　証人として契約した自然人は，以下に掲げる，かつ唯一この方式でなければならない
　　　　手書きの記載をした上で，自己の署名をしなければならない。
　　　　　“私は，主たる債務，利息，および万一の場合には，……期間に発生する遅延賠償
　　　　金または遅延利息の支払を含む，総額……の範囲においてX……の保証人となること
　　　　により，X……が自ら債務の履行をしない場合は，私の収入および財産に基づいて，
　　　　支払うべき金額を貸主に対して返済することを約束します”と規定している（サン
　　　　クションとして，同L.343-1条は「L.331-1条所定の様式がない場合は無効となる」と
　　　　する）。直接の原型となる旧L.341-2条の立法理由や解釈につき，大澤・前掲注(51)46
　　　　頁以下参照。

いたか，あるいは，認識し得たことを条件に，保証人は当該保証契約を取り消すことができる（同条2項）。保証契約の当事者ではない「主たる債務者」に保証契約の締結に係る情報提供義務を負わせるというのはやや異色の措置といえる。例えば，平成29年改正にあたり，保証人保護の方策をめぐって大いに参照された[115]保証人保護に手厚いとされるフランス法においては，債権者は，保証契約の締結に当たって，主たる債務者や保証人の資力等を調査し，そのリスク等を警告する義務，すなわち，「危険防止義務[116]（警告義務《devoir de mise en garde》）」を一般法および特別法[117]によって課せられており，契約当事者といった視点からすれば，債権者にかかる義務を課すのが論理的な帰結ということになる。しかし，そもそも，主たる債務者の資力等に関する情報につき，債権者に提供の義務を負わせることには合理性がない[118]とのことから，本条のような規定ぶりとなった。

(115) 【8-2】69頁以下，法務省民事局参事官室（参与室）編『民法（債権関係）改正に関する比較法資料（別冊 NBL146号）』（商事法務，2014年）79頁以下，野澤正充ほか『諸外国における保証法制及び実務運用についての調査研究業務報告書』（商事法務，2012年）25頁以下などを参照。

(116) 詳細は，大澤・前掲注(74)の各文献，および，同・前掲注(101)「一考察」を参照。

(117) 例えば，以下のようなものがある。
　【消費法典 L.312-14条（抜粋）】「貸主または融資仲介業者（l'interméditaire de crédit）は，借主に対して，特にL.312-12条所定のファイル（筆者注：自身の義務の範囲等を理解させるための情報などが含まれたもの）に含まれる情報に基づき，提案された融資契約が借主の必要性およびその財政状態に適合するか否かを決めることを可能にする説明（lcs explications）を与えなければならない。貸主または融資仲介業者は，提案された融資の基本的特性（les caractéristiques essentielles），および，支払の不履行の場合をも含めた，当該融資が借主の財政状態に対してもたらしうる結果について借主の注意を促さなければならない。これらの情報は，場合によっては，借主により示された選択（préférences）に基づき与えられなければならない（1項）……」。
　【消費法典 L.312-16条（抜粋）】「融資契約の締結前に，貸主は，貸主の要求により借主から提供された情報を含む，十分な情報に基づき，借主の弁済能力を検証しなければならない……」。
　なお，以上の規定は，保証人にも適用される（消費法典 L.312-1条）。

(118) 【70A】13頁参照。これは，フランス法においても，同様に問題となる。例えば，比例原則との関係で，大澤・前掲注(52)85-86頁参照。なお，受託保証の場合には，保証委託契約の存在を主たる債務者の保証人に対する義務の発生根拠とすることは考えられる。この点，保証委託契約を1つの考慮要素としつつ論者独自の「契約締結補助者理論」から債権者（ないし主たる債務者）の保証人に対する義務を定立する試みとして，金山直樹「保証契約締結前の義務と契約締結補助者の理論」曹時70巻4号1

　（b）　**規律の意義と強行法性**　　465条の10第1項各号に列挙されている事項は，終局的に保証人が保証債務の履行を求められることになるか否かといったリスクに係る重要な情報であるところ，保証契約は債権者と保証人との間で締結されるものであるが故に，その誤認はいわゆる「動機の錯誤（95条1項2号）」ないし「第三者詐欺（96条2項）」を構成する可能性があるに過ぎず，これが認められるためのハードルが高いことは周知の通りである[119]。そこで本条は，かかる事項に関する情報提供義務を主たる債務者に課すことで，保証人のリスクに係る認識を高め[120]，かつ，当該事項につき誤認等がある場合には債権者の主観的態様に応じて保証契約の取消しを認めることで，要は，第三者詐欺の特別規定を創出したものと評価できる[121]。問題は，この情報提供義務を（合理的な範囲で）排除できるか否かということである。例えば，保証人の属性という点に着目すれば，本条は，（保証委託を受けた）自然人（個人）でありさえすれば他に条件を求めていないため，経営者たる保証人についても適用されることになる。この場合に，経営者たる保証人が，自身の経営する主たる債務者たる会社から情報提供を受けるというのは無意味な行為といえるため，特約による本条所定の情報提供義務の排除が認められても保証人を害することにはならない。しかし，このような保証の場合には，保証人による主たる債務者に係る事実の誤認ということが観念できないため，義務の有無にかかわらず，そもそも465条の10第2項所定の取消権が認められることはありえない[122]。それゆえ，保証人一般の保護のために，一律に強行規定と解しておくのが便宜となる。このような理解と事実は，事業用貸金債務等保証契約において求められる保証意思宣明公正証書（465条の6参照）において，公証人が保証人に対して確認すべき内容に，465条の10所定の情報提供の有無が含まれていると解されている[123]

　　頁（2018年），保証委託契約を含めた保証契約の構造転換を志向する代表的研究の総括として，中舎寛樹「保証取引の多角的構造と錯誤無効の意義」明治大学法科大学院論集17号99頁（2016年）参照。

（119）　問題意識として，大澤慎太郎「保証の成立における法的諸問題（特集 基礎からおさえる保証の論点）」法セ713号20頁（2014年）参照。

（120）　筒井＝村松・前掲注(46)157-158頁参照。

（121）　【70A】12頁以下，および，潮見・前掲注(60)781-783頁参照。

（122）　潮見・前掲注(60)782頁参照。

一方で，経営者のような保証人についてはかような公正証書の作成が求められていない（465条の9参照）ということとも整合的である。もっとも，本条は，主たる債務者の情報提供義務を前提に，情報提供がないこと，または，誤情報が提供されたことにより，保証人が事実を誤認し，その上で，保証契約に係る意思表示をしたという，いわゆる「二重の因果関係」の充足を取消権の発動に求めており[124]，これは，総則規定としての詐欺（96条）と変わらない。それゆえ，"特別規定"として強行法性を語るメリットはまさに情報提供の部分に限られることになろう[125]。この点は，本条により，総則規定としての錯誤（95条）や詐欺（96条），または，消費者契約法4条等の規定が排除されるわけではない[126]ことを考慮すると，一層，説得力をもつことになる。

Ⅳ　おわりに

　保証は，保証人が一般財産をもって責任を負うことが当然の前提となっており，これを換言すれば，保証人が経済的破綻に陥ってもやむを得ないということすら予定されているともいえる。しかし，保証人の経済的破綻という社会問題の現実と保証人保護論はこれを否定し，近時の立法活動は「保護」の思想を強く反映したものとなっている。それゆえ，「保護」という色彩が前面に出ることになる現行（改正）民法における保証制度においては，他の領域とは異なり，強行法性をもった規定が多数出現する結果となるのは当然といえる。注目すべきは，これらがすべて，私法の一般法たる民法典の中に置かれているということである。保証人保護が手厚いと評価され，先の通り，平成16年および同29年の改正においても大いに参照されたフランス法で

---

(123)　筒井＝村松・前掲注(46)145-146頁参照。
(124)　潮見・前掲注(60)782頁参照。
(125)　そもそも，二段目の因果関係は，些細な誤認等による取消権の安易な発動を防ぐ目的から追加された（【76A】10頁参照）ものであり，このことからしても制限的な保証人保護規定であることが理解できる。
(126)　潮見・前掲注(60)782-783頁参照。

さえ，その規定の大部分は特別法たる「消費法典」に置かれている[127]。そ
れゆえ，とりわけ，平成29年改正後のわが国の民法典は，保証人保護に係る
いわば"特別法"を内在している点で，特異な存在であり，また，ある意味
先進的な法典とも評価しうる。これは，法典のあり方[128]にも接続される問
題であり，今後，かような規定群をなお民法典に存続させておくべきなのか
否かも含めて，強行規定と法典との関係が問われることになる。

【付記】本稿は，科研費（若手研究〔B〕課題番号：15K16952）の助成を受けた
成果の一部である。

---

(127)　もっとも，現在進められているフランスにおける担保法の改正（に係る議論）で
は，先に指摘したような情報提供義務等を，民法典の内部に導入しようという動きも
あることには注意を要する。この点については，条文案として，http://henricapi-
tant.org/storage/app/media/pdfs/travaux/avant-projet-de-reforme-du-droit-des-
suretes.pdf（2018年5月16日最終閲覧）を参照。
(128)　問題意識として，金山直樹『法典という近代 装置としての法』（勁草書房，2011
年）参照。

13 新民法と強行法・任意法
——請負・委任における契約不適合責任，解除を中心に——

長谷川　貞之

I　問題の所在

　今日，我々の日常生活の中では，いろいろな財貨を対象に取引が行われているが，取引対象が「物から役務・サービスへ」と推移していく傾向が顕著になっている[1]。従来，取引の対象となる物は主に有体物であり（民法85条），不動産・動産・その他の物に分類されて，これらが給付の対象とされてきた。こうした物の給付は，義務の観点からみると，「与える債務」を中心とした取引である。ところが，現代社会では，このような物中心の取引から，目に見えない役務・サービスを対象とした取引に重点が移行し，人の行為を媒介として行われる「為す債務」の給付が契約の主たる内容となってきている。

　役務・サービスとは，一般的にいえば，提供者により供与される労務や便

（1）　詳細は，中田裕康「現代における役務提供契約の特徴（上）」NBL578号（1995年）21頁以下，長谷川貞之「委任などの労務供給契約」椿寿夫＝新美育文編『解説 関連でみる民法』（日本評論社，2007年）158頁以下，長坂純「役務提供契約の性質決定と提供者責任」NBL917号（2009年）10頁以下など。

益をいい，これら役務・サービスの提供が債務の内容の全部または一部をなす契約が役務提供契約といわれるものである[2]。これら取引の全体を指して，サービス取引という言葉が用いられることもある。役務提供契約の中には，特定商取引法において規律される役務（エスティック・サロン，外国語会話教室，学習塾・学習指導，家庭教師，パソコン教室，結婚相手紹介サービス）もあるが（特定商取引法41条以下），役務の内容が多様であるように，役務提供契約が対象とする取引はこれらに限られるものではない。役務・サービスを給付の対象とする契約が拡大するようになると，当然，このような役務提供契約をどのような形で規律して行くのかということが非常に重要な問題となる[3]。

　民法が定める役務提供に関する既存の典型契約（雇傭・請負・委任・寄託）は，多様な役務の一部を抽象的概念でもって規律するものであり，不完全な役務・サービスに対する提供者責任の根拠の一端を提示するにとどまっている。これに対し，実際，問題となる役務提供契約の多くは，法律行為の委託（委任）でもなければ，仕事の完成を目的とするもの（請負）でもなく，また，支配従属の関係（雇用）にあるわけでない。まして，単なる物の保管（寄託）というものではない。あえていうならば，役務提供契約は法律行為以外の事務の委託である準委任（民法656条）に含めて考えるか，あるいは，新種の契約として位置づけられるものである。しかし，これらの契約から生ずる役務・サービスの欠陥・瑕疵や債務不履行の内容に関して，共通の理解がえられているわけではなく，その責任の判断は容易ではない。

　ところで，民法の債権に関する規定は，その多くが任意規定といわれ[4]，

（2）　中田裕康「現代における役務提供契約の特徴(中)」NBL579号（1995年）32頁以下，33頁。ただし，役務提供契約に確固たる定義があるわけではない。役務提供契約が，いわゆる「なす債務」に近親性を有し，同時に，「手段債務」とも深い関わりをもつことはしばしば指摘されるところであるが，役務提供契約という概念の有用性については争いがある。長坂・前掲注(1)11頁以下，沖野眞已「契約類型としての『役務提供契約』概念(上)」NBL538号（1995年）6頁以下，河上正二「商品のサービス化と役務の欠陥・瑕疵(下)」NBL595号（1996年）16頁以下。

（3）　武川丈士ほか「〈企業取引実態から見た民法（債権法）改正の論点〉各種の契約」NBL928号（2010年）30頁以下，35-36頁，長坂・前掲注(1)12頁，松本恒雄「サービス契約」別冊NBL51号（1998年）63頁など。

契約当事者の合意形成に委ねられる結果，債権法の規律は契約当事者の合意・特約が支配する領域と考えられてきた。これは，役務提供契約についても同様である。しかし，そのすべてが契約当事者の合意・特約によって規律されるわけではなく，合意・特約がない場合には民法の規定が補充的に適用される。また，債権に関する規定の中には，強行法規とされる規定もいくつか存在する。例えば，土地工作物の瑕疵を理由とする解除制限を定めた民法635条ただし書[5]，委任者の死亡による委任の終了を定めた民法653条 1 号[6]などは，判例により古くから強行規定と解され，契約当事者間の合意・特約によって排除できないと考えられてきた。

　昨年，債権法改正に関する法律案が第193回通常国会で可決成立し，平成29年 6 月 2 日に公布された（施行日は平成32年（2020年） 4 月 1 日を予定）[7]。改正前の民法における財産法が制定されたのは明治29年であるので，今回の改正は約120年ぶりの抜本的改正となっている。この間，債権法改正に関する審議は，平成21年11月から 5 年以上にわたって開催された法制審議会民法（債権関係）部会を中心に行われ，改正項目も200を超える大規模なものとなっている[8]。議論の俎上に上げられた論点の中には，すでに判例法理として存在しているものも多く，実務上，重要な意義をもつものが少なくない。前述の民法651条ただし書のように，判例により強行法規とされたものであっても，今回の債権法改正においてその不当性が批判され，本文とともに削除されたものもある（改正民法635条）。また，今回の債権法改正により契約自由を定める一般原則（改正民法521条・522条）が明文化され，債権法規定の任意法規化が一層促進されることになった。しかし，そうであれば，契約当

（ 4 ）　椿寿夫「民法の規定と異なる合意・特約の効力序説」同編著『民法における強行法・任意法』（日本評論社，2015年） 3 頁以下，10-11頁，椿久美子「判例・学説にみる債権総則の強行法規性」同書130頁以下。
（ 5 ）　芦野訓和「民法635条ただし書の強行法規性」椿（寿）・前掲注(4)254頁以下。
（ 6 ）　藤原正則「本人の死後事務の委任徒民法653条 1 号の強行法性」椿（寿）・前掲注(4)265頁以下。
（ 7 ）　民法改正の背景と文法経緯につき，筒井健夫・松村秀樹『一問一答・民法（債権関係）改正』（商事法務，2018年） 1 頁以下，筒井健夫「債権法改正の経緯と概要」ジュリ1511号（2017年）16頁以下。
（ 8 ）　論点の変遷につき，小澤吉徳「改正のポイントと実務への影響（総論）～くらしの中の法律家『司法書士』の役割～」月報司法書士552号（2018年） 4 頁以下。

316

事者の合意・特約をどのような根拠・理由で規律して行くのか，逆に，契約自由に対する制約原理の探求が重要な問題となる[9]。条文を制限的なものとし過ぎると，却って判例法理よりも厳格な規律となる恐れがあるのみならず，条文化が将来の判例による法創造を妨げる危惧も否定できない。また，条文化された判例法理が契約内容の基準となり，当事者を拘束して強行法規化することも考えられる。今回の債権法改正は，こうした問題に対する理解を深化させたという点では大きな意味をもち，今後の解釈論の展開や判例法理の形成に重要な影響を及ぼすものといえる。

　本稿は，法規と異なる合意・特約が強行法・任意法というフィルターを通してどのように処理されるかとする問いかけから出発して，この観念がもつ存在理由の大小や有無を考察するものである。本稿では新たに制定公布された改正民法を対象に，現代社会において重要な役割を担っている役務提供契約のうち，その中心をなす請負・委任を取り上げ，その契約不適合責任や解除などの問題を強行法・任意法の観点から検討を加えることにしたい[10]。

II　役務提供契約に関する検討課題と2つの視点

1　債権法改正に至る経緯

　今回の債権法改正の作業は，平成21年10月28日，法務大臣が法制審議会に対してなされた諮問（第188号）から始まる[11]。諮問は，「民事基本法典である民法のうち債権関係の規定について，同法制定以来の社会・経済の変化の対応を図り，国民一般に分かりやすいものとする等の観点から，国民の日常

---

(9)　中田裕康「民法（債権法）改正と契約自由」法の支配156号（2010年）15頁以下，山田希「契約自由の原則とその制約法理をめぐる改正議論の帰趨」立命館法学363＝364号（2015年）935頁以下。
(10)　役務提供契約の再編と債権法改正における論点，改正法の概要については，石川博康「役務提供契約」大村敦志・道垣内弘人（編著）『解説・民法（債権法）改正のポイント』（有斐閣，2017年）433頁以下，山口幹雄「役務提供契約の法的規律に関する一考察」加賀山茂先生還暦記念『市民法の新たな挑戦』（信山社，2013年）461頁以下，板垣修司ほか「役務提供契約」ジュリ1441号（2012年）70頁以下など。
(11)　筒井・松村・前掲注(7)5頁，筒井・前掲注(7)17頁。

生活や経済活動に関わりの深い契約に関する規定を中心に見直しを行う必要があると思われるので，その要綱を示されたい。」というものであった。この諮問を受けて，法制審議会は，平成21年11月，新たな専門部会として「民法（債権関係）部会」を設置することを決定した。

　法制審議会民法部会では，平成27年２月，法制審議会総会において要綱が採択され，審議を終了するまでの間，99回の部会および18回の分科会が開催された。民法部会における審議は，法務省の関係者も参加して組織された共同研究グループである「民法（債権法）改正検討委員会」の立法提案（基本方針）(12)を参考資料の１つとしながら行われ，５年以上の長期にわたったが，審議の過程で実に多くの論点項目について改正が見送られている。最初の取りまとめである「中間論点整理」の段階の論点項目と比較すれば，今回の債権法改正において改正に結実したのは，半数以下にとどまる。中間論点整理に盛り込まれた論点項目は，大項目が63，小項目が551であったが，第２回目の取りまとめである「中間試案」の段階において，大項目が46，小項目が260に絞られた。最終的な「要綱」においては，大項目が40，小項目が250となった(13)。

　内閣の閣議決定を経て国会に提出された債権法改正にかかる法律案は，国会での審議を経て制定公布されたが(14)，その内容はきわめて多岐にわたる。改正が見送られた論点項目の中には，暴利行為の明文化，惹起型動機の錯誤の規律，契約の解釈，事情変更の原則，役務提供契約についての新たな規律など，重要な論点項目がいくつか含まれている。

2　役務提供契約に関する検討事項と２つの観点

　法制審議会民法部会における役務提供契約に関する審議は，平成22年10月19日開催の第16回会議より始まる(15)。この会議において，鎌田薫部会長の

(12)　民法（債権法）改正検討委員会編『債権法改正の基本方針』別冊 NBL126号（2009年）。これ以外にも，「民法改正研究会」などいくつかの研究者クループによる改正提案がなされている。その概要につき，中田・前掲注(9)26-27頁。

(13)　小澤・前掲注(8)９頁。

(14)　国会での審議経過につき，筒井・前掲注(7)８頁以下，筒井・前掲注(8)18-19頁。

(15)　約５年にわたる法制審議会民法部会での役務提供契約の審議状況については，長谷

司会のもとに，法務省の笠井朋明関係官より部会資料に基づき説明が行われ，役務提供契約に関する問題点の指摘と検討課題が示された[16]。

　配布された部会資料によると，現代社会においては，サービスの給付を目的とする契約が量的に増大するとともに，新しいサービスを目的とする契約が現れるなど，役務の給付を目的とする契約の重要性が高まっているが，これら今日見られる新しい役務提供型契約には民法が想定していないものも多く，民法はこれらの契約に対して必ずしも適切な規律を提示することができていない[17]。また，役務提供型に属する既存の典型契約についても，例えば，請負のうち仕事が物と結びついていない類型のものについては，請負から切り離して委任または準委任と統合すべきであるなど，これらの契約相互間の機能分担を見直す必要があると指摘された[18]。これに続き，法制審議会民法部会に対し，新しい役務・サービスの給付を目的とする契約への対応の必要性と役務提供に関する既存の典型契約の機能分担の見直しという観点から，役務提供型に属する典型契約のあり方についてどのように考えるか，また，どのような点に留意して検討すべきか，という検討課題が示された[19]。

　この問題提起と検討課題を出発点として，役務提供に関する債権法改正の審議が始まった。しかし，後述するように，この後の法制審議会民法部会における審議では，役務提供契約に共通する総論規定の創設が断念されるなど，いくつかの紆余曲折があり，当初の検討課題で示された「新しい役務・

川貞之「役務提供契約—請負・委任を中心に」明治大学法科大学院寄付講座『民法（債権法）改正の動向講義録2015年度〜2011年度』（2016年〜2012年，明治大学法科大学院）参照。

(16)　法制審議会民法部会第16回会議議事録27頁以下。「これは，現代社会における新しいサービス契約への対応と役務提供型に属する既存の典型契約相互の機能分担の見直しの観点から，雇用，請負，委任及び寄託からなる役務提供型の典型契約全体の在り方について御審議いただくものです。なお，役務提供型の典型契約の規定の編成等については，具体的な規定の内容を議論した後，資料17-1末尾の後注・関連論点で審議していただきたいと思います。」

(17)　【部会資料17-2】1頁，民事法研究会編集部編『民法（債権関係）の改正に関する検討事項—法制審議会民法（債権関係）部会資料（詳細版）—』（民事法研究会，2011年）602頁。

(18)　【部会資料17-2】1頁，民事法研究会編集部編・前掲注(17)602頁。

(19)　法制審議会民法部会第16回会議議事録27頁以下。

サービスの給付を目的とする契約への対応」と「役務提供に関する既存の典型契約の機能分担の見直し」という観点からの改正は，かなり後退したものとなっている。

3　役務提供契約の改正点

役務提供契約に関する改正項目は，可決成立した改正民法の内容からみると，契約不適合責任や解除など，主要なものにとどまった。新たな役務提供契約に関する典型契約の導入，準委任に関する規定の充実，既存の典型契約の順序の見直しなども検討されたが，最終的には改正は見送られた。役務提供契約に関する改正内容は，次の 3 点に集約することができる[20]。

第 1 に，法文中の「瑕疵」という文言が民法典（売買・請負）から消え，瑕疵担保責任が「契約不適合責任」あるいは「担保責任」という文言に変わった。

第 2 に，請負の瑕疵担保責任に関する規定は改正前民法536条を除いてすべて削除され，売買における契約不適合責任・担保責任の規定（改正民法562条以下）が包括準用されることになった（同559条）。

第 3 に，請負以外の役務提供契約においても，相応の改正が行われた。その中でも，委任における任意解除権の規定が判例法理に沿う形で条文化されたこと，寄託における要物契約を諾成契約と改め，寄託者・受寄者につき事前の解除権を認めたことが重要である。

Ⅲ　債権法改正における強行法・任意法の議論と契約自由の制約原理

1　法制審議会民法部会における議論

前述の民法改正検討委員会の基本方針は，法制審議会民法部会の審議に大きな影響を与えたとされるが[21]，公表されている資料から窺い知る限り，

---

(20)　岡正晶「〈特集〉いよいよ決まった『民法（債権関係）改正』：重要項目解説その 4　契約各論」自由と正義66巻 5 号（2015年）32頁。

法規の性質を強行法・任意法の観点から散発的に取り上げるにすぎず，委員会としてのまとまった議論はみられない[22]。これに対し，法制審議会民法部会では，債権法に関する民法の規定について網羅的な検討が行われたことから，配布資料の記述や審議における意見等で法規の性質についてまとまった議論がいくつかみられる[23]。

法制審議会民法部会の第1ステージ，すなわち，前述の法務大臣の諮問から専門部会である民法部会の立ち上げ，問題提起と検討事項の提示を経てまとめられた「中間的論点整理」では，まず，民法総則の見直しにあたり，強行規定と任意規定を区別することの可否やその程度，区別の基準のあり方，区別する場合における個々の規定の表現などを含め，「検討してはどうか」と提案された[24]。また，契約各則の規定についても，総則規定の議論との整合性に留意しつつ，「どの規定が強行規定であり，どの規定が任意規定であるかを条文上明らかにすることが望ましいとの考え方」について，同様に「検討してはどうか」との提案がなされた[25]。

法制審議会民法部会の第9回会議では，契約自由の原則とこれに対する制約原理について，制約原理を明示することをめぐり意見が対立した[26]。明示することに積極的な立場からは，契約自由の原則だけを明文化すれば，それが独り歩きして行き過ぎになるとの意見（鹿野幹事）や，相手方がその自由を勝手に使い却って本人が不利益を被るといった意見（岡田委員）が挙げられた。また，制約原理を挙げるとすると，公序良俗や信義則よりもう少し何か強いものが想定されるとの意見（岡委員）もあった[27]。これに対し，明示することに消極的な立場からは，すでに公序良俗（民法90条）や強行法規

(21) 中田・前掲注(9)39頁。
(22) 芦野訓和「債権法改正議論における法規の強行法性・概観」椿（寿）・前掲注(4)44-45頁。
(23) 芦野・前掲注(22)46-55頁。本文の以下の説明は，これに従った。
(24) 商事法務編『民法（債権関係）の改正に関する中間的な論点整理の補足説明』（商事法務，2011年）87頁。
(25) 商事法務編・前掲注(24)117頁。審議の際の部会資料では，「更に検討してはどうか」という表現であった（【部会資料12-2】11頁）。
(26) 詳細は，山田希「契約自由の原則とその制約法理をめぐる改正論議の帰趨」立命館法学363＝364号（2015年）935頁以下。
(27) 第9回会議議事録。

（同91条）といった一般条項があり，これとの関係でパンデクテン体系との整合性(28)に問題が生じることへの疑義も示された(29)。

　法制審議会民法部会のいわゆる第2ラウンドでは，中間的論点整理に対するパブリック・コメントに寄せられた意見等を踏まえて，実質的な審議が行われた。強行法・任意法に関する検討は，まず，第30回会議での「法律行為に関する通則」の審議においてみられる(30)。審議の席上，民法部会の事務当局より，「強行規定か任意規定かが明確で，解釈の余地を残しておく必要がないか，残すべきでないと考えられる規定については，できる限りその区別を条文上明記することとしてはどうか」という提案がなされた(31)。この点につき，内田委員は，強行法規とは何かということについて，これをまったく言葉の問題であるとしたうえで，「現行民法の用語法としては，強行規定のことを公の秩序に関する規定と呼んでいますので，現行民法は公序良俗の中の公序に関するものが強行規定であるという理解だと思います。……現行法はおおよそ公序にかかわらず良俗にのみ関わる強行規定などないという前提で公の秩序に関する規定として強行規定を表現しているように思えます。」と述べている(32)。

　このほか，他の委員の発言・意見等もあったが(33)，これらを踏まえて，鎌田部会長は，強行規定と任意規定の区別につき，「できるだけその区別を条文上明記しようという方向性自体には異論がない。ただし，実際どこまでそれができるのかというのはなかなか困難ではないかということで，仮にそれが十分できなかったときにどういう形で対処すればいいかというのは，その段階で改めて考えさせて頂くことになろうかと思います」，と議論を集約している(34)。

---

(28)　民法体系上の論点につき，吉田克己「民法改正と民法の基本原理―民法（債権法）改正検討委員会『債権法改正の基本方針』をめぐって」法時82巻10号（2010年）12頁。
(29)　第9回会議議事録。
(30)　芦野・前掲注(22)49頁。
(31)　法制審議会民法部会第30回会議議事録36頁。本提案については，「強行規定には善良の風俗を具体化したものもある」との指摘を踏まえ，公の秩序・善良の風俗に関するという文言で強行規定性を表現したとの説明がある。なお，【部会資料27】10頁参照。
(32)　第30回会議議事録38頁。
(33)　他の委員の発言・意見等につき，芦野・前掲注(22)49-50頁。

　また，契約各則についての議論が始まる第48回会議では，契約自由の制約原理として内容決定の自由は公序良俗の規定および強行法規によって制約されることを併せて規定するかについて，活発な議論がなされた[35]。経済界出身の委員より否定的な意見として収拾がつかなくなることへ懸念（佐成委員）が示されたほか，学者出身の幹事や委員からも，実質的な制約根拠，原理，要件に当たるものを別に定めるのはむしろ問題が大きくなる可能性があるとの指摘（山本（敬）幹事）や，信義則は公序良俗とは違う意味での制約であるとの理由で，これを除外すべきであるとの意見（能見委員）が述べられた[36]。しかし，出席した委員・幹事の強行規定に対する認識は必ずしも一致しておらず，公序良俗との関係やその効力の強弱について一致した結論をえることはできなかった。

　中間試案の公表以降，法制審議会民法部会は，中間試案に対して寄せられた各界からの意見等を踏まえて第3ステージの審議に入り，引き続き改正案の策定に向けて議論を重ねた。しかし，強行法・任意法に関しては，中間試案以降，個別的な制約法理をめぐる議論はあるものの，まとまった大きな議論はなされていない[37]。

　中間試案の段階では，付随義務・保護義務（第26-3），契約交渉の不当破棄（第27-1），交渉締結過程における情報提供義務（第27-2），事情変更の原則（第32）などが検討項目に挙げられ，検討項目のそれぞれにおいて，「契約の趣旨」，「正当な理由」，「当該契約によって得ようとした利益」，「取引上の社会通念」，「当事者間の衡平」，「予見」，「帰責事由」，「当事者の有する情報量」，「内容の専門性」，「当事者の属性」などが，議論の俎上に挙げられた[38]。また，暴利行為を無効にする旨の規律についても部会資料で示された甲・乙の2つの提案をめぐり，当事者の「著しく過大な利益・不利益」が「相手方の困窮や経験・知識の不足」などの事情による「不当な利用」によって生じたのか（甲案），公序良俗の判断にあたり，「法律行為の内容」，「当

(34)　第30回会議議事録45頁。
(35)　芦野・前掲注(22)50頁，山田・前掲注(9)939頁。
(36)　第48回会議議事録56頁以下。
(37)　詳細は，山田・前掲注(9)941頁以下。
(38)　山田・前掲注(9)941-952頁。

事者の属性」,「財産の事情」,「法律行為に至る経緯」などの考慮要素を書き込むのか（乙案）が議論された[39]。しかし,いずれの制約原理についても,明文化がすべて見送りとなった。明文化を断念する理由として繰り返し語られたのは,適用範囲が過度に広がることや濫用に対する危惧であり,他方,要件が限定的で運用が硬直的になることに対する懸念であった[40]。

　可決成立した改正民法は,契約自由の原則を定める一般原則を明文化したが（改正民法521条,522条）,その制約原理として個別的な概念・制度を置かず,「法令に特別の制限がある場合を除き」（改正民法521条1項,522条）,「法令の制限内において」（同521条2項）の文言を採用するにとどまった。このままの形では,いかなる原理によって契約自由を制約しうるのか,この文言の解釈に委ねられることになる。

2　契約自由の制約原理としての強行法規

　制約原理としては,公序良俗（民法90条）や信義則（民法1条2項）,公共の福祉（同2項）,強行法規（民法91条）などのほか,契約正義,実体的な公正さと手続的保障,などが考えられる。公序良俗については,人倫に反するということから,次第に暴利行為を含む経済的価値の等価性までを含んで理解されつつある。裁判例は,信義則を用いることにより,当事者間の契約の自由を制限することを認めている。信義則は,債権の行使や債務の履行に誠実な行動を求めるという規定の文言を超えて,契約関係にある当事者間の新たな義務の発生根拠とされることも多い。将来,信義則がどのような価値や利益を保護または保護しうるのかは,時代の変遷とともに,その都度,議論を深めて行く必要があろう。これらを根拠に契約の効力が否定される場合,当該規定は任意規定の否定となり,強行規定としての性質を帯びることになる。契約自由に対する制約原理としては,従来,公序良俗や信義則が考

---

(39)　【部会資料73B】。
(40)　山田・前掲注(9)957頁。この点について,大村敦志「裁判の内容と裁判官：日本側報告〈小特集・日仏民法セミナー　契約と裁判官：契約自由の比較考察〉」法時87巻7号（2015年）64頁は,結果だけをみると,日本の裁判所は自由主義的な態度を採っているようにみえるが,決してそうではなく,「自らの裁量判断が縛られることを恐れているだけで,契約内容への介入につき消極的なわけではない」と指摘する。

えられてきたが，これだけで十分というわけではない。

　可決成立した改正民法は，法制審議会民法部会の審議の最終段階で，消費者保護の見地から，約款の規律に関する規定を置いた（改正民法548条の2～548条の4）。ここには，合意したものと擬制することが適切でない条項に拘束される事態の発生を防止するため，相手方の権利を制限しまたは相手方の義務を加重する条項であって，信義則に反して相手方の利益を一方的に害すると認められる条項については，合意しなかったものとみなすとし（改正民法548条の2第2項），信義則違反の判断にあたって，定型取引の態様やその実情，取引上の社会通念を考慮すべきものとしている(41)。これは，取引の公正という視点から契約正義を追求するものということができる。取引の公正という観点から当該条項の有効・無効が判断されるのであれば，取引の公正も契約自由に対する制約原理となり，強行規定の根拠としての意味を有するものといえる(42)。

3　契約自由・私的自治と国家意思

　契約自由の原則とこれに対する制約原理を考えるうえでは，国家と経済社会との関係をどのように把握するかという問題も，あらためて考えてみるべき問題といえる。契約自由の原則とは，当事者は自由に契約を締結することができ，契約がなされると国家はそれが実現されるようにするという原則である(43)。契約自由の原則がフランス革命後の近代社会で支持され，資本主義経済を支えるものとなったこと，経済学的には，アダム・スミス以来の経済的自由主義の考え方，すなわち，私人間の取引には国家が介入せず，自由競争を基礎とする市場経済に委ねておけば「見えざる手」が働いてうまく行くという考え方に合致していたことは，よく知られている(44)。しかし，こ

---

(41)　詳細は，「〈特集〉改正民法における『定型約款』と消費者法」消費者法研究3号（2017年）1頁以下に収録の各論考を参照。
(42)　島川勝「債権法改正における法規の性質」椿（寿）・前掲注(4)58頁。これまでのわが国における約款論の議論の変遷につき，安井宏「約款と異なる個別合意の効力」高森八四郎・小賀野晶一編集代表『民事法学の基礎的課題〈植木哲先生古稀記念論文集〉』（勁草書房，2017年）17頁以下参照。
(43)　星野英一「現代における契約」〈岩波講座〉『現代法8―現代法と市民』（岩波書店，1966年）1頁以下（同『民法論集第3巻』（有斐閣，1972年）所収）。

の原則は，19世紀から20世紀後半にかけて，社会的・経済的弱者保護や社会的利益の観点から様々な制定法により規制がなされたこともあって，近代法の基本原理として広く承認されているが，その制約のあり方については，制度的にも，また思想的にも，安定した一致点が見出されているわけではない[44]。

　わが国の民法学の領域では，契約自由について，一方で，憲法13条に根拠をもつ自己決定権に基づく憲法上の自由であり，強く保護されるべきであると主張される[46]。他方で，当事者の意思のみを基盤とする契約観に危惧し，契約的正義が語られたり[47]，当事者の関係や共同体の規範をも考慮した関係的契約法が語られたりもする[48]。また，近年の立法にみられる平等主義ないし反差別法の観点からの制約が指摘されることもある[49]。さらに，契約の個別性を操作する合意と第三者に影響を及ぼす契約という視点から，局面に応じた調和のある規範内容の探求を志向するものもいる[50]。

　契約自由の原則は，近代法が標榜する基本原則の１つであるが，国家の介入の根拠を自己決定権の尊重に求めるか，それとも社会的弱者の救済に求めるかによって，この原則に対する法規制のあり方や法解釈には大きな違いが生じる。経済的事由をより原理的に求める思想や経済的な効率性・効用といった結果を重んじる功利主義的な発想に答えを求めるのではなく，より広い範囲での議論を喚起して行くこと必要であるように思われる。

　以下では，冒頭に述べたように，現代社会において重要な役割を担ってい

---

(44)　詳細は，大村須賀男「契約自由の再構成について(1)〜(4・完)」民商88巻２号１頁以下，３号１頁以下，４号１頁以下，５号26頁以下（いずれも1983年）。

(45)　中田・前掲注(9)28頁。契約自由・私的自治と強行法の衝突につき，椿寿夫「民法の規定と異なる合意・特約の効力序論」椿（寿）・前掲注(4)３頁以下，13-14頁，同「民法規定と異なる合意・特約の問題性および論点」椿（寿）・前掲注(4)30頁以下，38-40頁。

(46)　山本敬三「現代社会におけるリベラリズムと私的自治(1)(2・完)」法学論叢133巻４号１頁以下，５号１頁以下（ともに1993年）。

(47)　星野英一「契約思想・契約法の歴史と比較法」〈岩波講座〉『基本法学４—契約』（岩波書店，1983年）３頁以下（同『民法論集第６巻』（有斐閣，1986年）所収）。

(48)　内田貴『契約の時代：日本社会と契約法』（2000年，岩波書店）。

(49)　小野秀誠「契約の時代と当事者の地位」一橋法学７巻１号（2008年）１頁以下。

(50)　中田・前掲注(9)33頁以下。

る役務提供契約のうち，その中心をなす請負・委任を取り上げて，その契約不適合責任や法定解除などの問題を強行法・任意法の観点から検討を加えることにする。

Ⅳ　請負における契約不適合責任・解除と強行法規性

1　改正民法における担保責任としての契約不適合責任

　請負は，仕事の完成に対して報酬を支払う契約である。この請負に関し，昨年の国会において可決成立した改正民法は，請負の規律のあり方を特徴づける中心的な概念を仕事の完成前と完成後という観点から区別し，これに相応する規律を整備した。仕事の完成前においては，請負人は仕事の完成という重い債務を負い，かかる債務が成果物に集中する関係にあり，仕事完成義務が請負にとっての重要な固有の規律であるとした。これに対し，仕事の完成後においては，仕事の成果物とその対価とを交換する関係が請負の中核であり，基本的に売買とパラレルに考えることができる。この局面では，ある契約が売買・請負・制作物供給のいずれに性質決定されてもその帰結が異ならないことから，請負規定の主要な部分をなす担保責任を売買における担保責任の規律とどのように平仄を合わせるかが重要な課題とされた。

　このような考え方に基づき，改正民法は，請負人の担保責任に関する諸規定（改正前民法634条・635条・638条〜640条）を削除し，売主の契約不適合責任関する諸規定を有償契約に包括的に準用することとした（改正民法559条，562条以下）。

2　請負における契約不適合責任への規定の一元化

　改正前の民法が定めた請負人の担保責任は，今回の債権法改正によって，「請負人が種類又は品質に関して契約の内容に適合しない仕事の目的物を注文者に引渡したとき」，および，「その引渡しを要しない場合にあっては，仕事が終了したとき」という一定の場面における債務不履行責任の特則と位置づけられ，売買の担保責任に関する規定（改正民法562条以下）が包括的に準

用されることになった（改正民法559条）。改正民法は，この包括準用の規定により，請負人の契約不適合責任として，修補請求権（同562条），報酬減額請求権（同563条），損害賠償請求権（同564条），および解除権（同564条，541条・542条）が注文者に付与されるものとした。

　この準用規定の解釈のあり方を考えるとき，これまでなかった多くの論点が現われ，改正民法下で整理すべき理論的な課題は，むしろ複雑になったように思われる[51]。また，これと同時に，従前の請負における瑕疵担保責任の規定（改正前民法634条〜640条）について整備されていた判例・学説の法理が準用規定の解釈を通じてなお存続するのか，修正を受けるのか，あるいは，今回の債権法改正に伴って消滅するのかについて見極める必要が生じている。これを明らかにする作業は，一元化された規定の準用における「請負の性質」を踏まえて検討しなければならないものである。

3　強行法・任意法の観点からみた契約不適合責任の内容
（1）　修補請求権（改正民法562条）

　修補請求について，改正民法は，改正前の民法634条1項ただし書が設けていたような制限（瑕疵が重要でないこと，過分の費用を要すること）を設けず，履行請求権の限界に関する一般規定（改正民法412条の2）に基づいて，その限界を画するものとした（改正民法562条）。その結果，修補請求は，義務の履行が不能かどうかで，その限界が判断されることになる。この判断において，改正前民法における上記の2要件が改正民法の下でも重要な評価要素となるとすると，修補請求は隠れた規範の拘束を受ける可能性があり，その限りで従前の要件が強行法規化する可能性も否定できない。請負人は，注文者に不相当な負担を課すものでないときは，請求された方法と異なる方法での履行の追完が可能である（改正民法562条1項ただし書）。

（2）　報酬減額請求権（改正民法563条）

　報酬減額請求は，改正民法の下で新たに認められることになった注文者の

---

(51)　笠井修「契約不適合責任システム─請負契約を中心に」ジュリ1511号（2017年）40頁。

権利である（改正民法563条）。報酬減額請求権を行使する場合，注文者は催告を原則として必要とするが，追完が不能であるなど一定の事情があれば，直ちに請求することも可能である。

(3) 損害賠償請求権（改正民法564条）

契約不適合に基づく損害賠償請求は，債務不履行に基づく損害賠償の一般的な規律（改正民法564条，415条）によって処理される。改正民法415条は，改正前の民法415条後段の「債務者の責に帰すべき事由」という文言を一般的免責事由と位置づけたうえで，契約上の債務についてその基本的な判断基準を「契約その他の債務の発生原因」および「取引上の通念」に求めるものとした。同条は，契約内容の確定を通して，債務不履行の有無および免責事由の存否を判断するという考え方を採用しており，債務者が不履行責任を負う理由は契約により約束した債務を履行しないという「契約の拘束力」に求められることになる。注文者が契約不適合箇所の修理に代えてまたはそれと同時に直ちに損害賠償の請求を行うことができるかどうかは，改正民法415条2項の履行に代わる損害賠償（免責の可能性を伴う）の問題として判断される。改正民法415条2項には，相手方が明確に履行を拒絶したとき，契約の解除権が発生したときなど，履行に代わる損害賠償の要件が限定列挙されている。そのような制限により，損害賠償請求権は従来よりも行使しにくくなることが予想される。

(4) 解除権（改正民法564条，541条・542条）

契約不適合を理由とする解除は，契約解除に関する通則規定の規律に委ねられる（改正民法564条，541条・542条）。わが国の伝統的立場は，解除を，債務不履行をした債務者に対する責任追及の手段と位置づけ，契約の解除が認められるためには債務者に帰責事由が存在することを要求していた。改正前の民法543条は履行不能についてこのことを明記していたが，通説的見解は債務不履行一般にもこの理を及ぼしていた（改正前民法541条）[52]。改正民法はこれと異なり，解除を不履行によって契約を維持する利益が失われた債権

---

(52) 我妻栄『債権各論上巻』（岩波書店，1954年）156頁以下，171頁，173-174頁，川井健『民法概論（債権各論）〔補訂版〕』（有斐閣，2010年）72頁以下，80頁，82-83頁など。

者を契約の拘束力から解放する制度と捉え，解除の要件としては債務者に帰責事由を不要とする立場を採用した（改正民法541条本文）[53]。しかし，その一方で，改正民法541条ただし書は，「その期間を経過した時における債務の不履行がその契約及び取引上の社会通念に照らして軽微であるときは，この限りでない。」と定め，催告期間が経過した時点における債務の不履行が「軽微」である場合，催告解除は認められないとした。不履行の軽微性は，その契約・取引上の社会通念に照らし，不履行の態様や義務の内容から個別具体的に判断されることになるが，その契約に拘束される債権者が契約から離脱することが正当化されるかという観点から判断される[54]。

　ちなみに，この改正民法541条ただし書に相当する部分は，中間試案の段階では，「その期間が経過した時の不履行が契約をした目的の達成を妨げるときは，この限りではないものとする。」とされていた[55]。ところが，中間試案の公表後，パブリック・コメントを経て，要綱仮案の取りまとめに入った段階で，契約目的達成不能の判断基準に加えて，不履行が軽微でないことという判断基準が付加された[56]。これは，催告解除の考え方が民法部会の審議を通じて変容したことを物語るものであるが，契約目的の不達成との関係には不透明さが残る[57]。

---

(53)　解除に債務者の帰責事由を不要とする立場は，解除権の成立要件に関して，これまでの伝統的立場を180度転換するものであり，明らかに国際的モデル準則の考え方と同じ立場を採用したものである。ユニドロワ国際商事契約原一則（UNIDROIT Principle）7.3.1条；ウィーン売買条約（CISG）25条，49条，64条，72条；ヨーロッパ契約法原則（PECL）第8：103条，第9：301条。詳細は，潮見佳男「解除要件の現代化―日本民法（債権関係）法の改正と国際的モデル準則の比較研究」川角由和ほか編『ヨーロッパ私法の展望と日本民法典の現代化』（日本評論社，2016年）171頁以下。国際的な契約法規範の潮流につき，中田邦博「契約法の国際化と日本法」ジュリ1414号（2011年）114頁以下，長谷川貞之「民法学の立場からみたウィーン売買条約」法学紀要51巻（2010年）243頁以下など参照。

(54)　潮見・前掲注(53)173頁，野澤正充「契約責任法の新たな展開―瑕疵担保責任から契約不適合責任へ」NBL1107号（2017年）4頁以下，7頁。

(55)　【部会資料11-1(11)】。

(56)　【部会資料79-3】。

(57)　改正民法541条は軽微な債務不履行には催告解除を認めないという判例法理（最判昭和36・11・21民集15巻10号2507頁）を条文化したものといわれるが（筒井・松村・前掲注(7)232-239頁），これを疑問視する見解もある。横山美夏「契約の解除」法時86巻12号（2014年）30頁以下，33頁，福本忍「危険負担と契約の解除―霧に霞む解除

　また，改正民法は，契約目的が不達成と評価される場合に，改正前民法
542条と同543条を再編・統合し，改正民法542条 1 項各号〈全 5 号〉におい
て無催告解除を認めたが[58]，改正民法541条ただし書が設けた不履行の軽微
性の判断基準との関係は不明確であり，催告解除と無催告解除の関係は複雑
化したといえる。

　請負における解除に関しては，前述したように，建物その他の土地の工作
物に関して解除を制限した改正前民法635条ただし書との関係も重要であ
る。同条ただし書は，従前，判例により強行法規と解されてきたが[59]，そ
の妥当性が否定されて，本文とともに削除された（改正民法635条）。その結
果，解除に関する一般規定に従って，建築請負等における注文者も契約の不
適合を理由に解除することが可能となった。ただ，相当な催告期間経過時に
おける債務の不履行がその契約および取引上の社会通念に照らして軽微であ
るときは，解除が否定されることになる（改正民法541条ただし書）。請負の
解除に関する規律が修正されることにより，これまでの理論の前提が崩れた
現在，契約不適合を理由とする解除については，従来の考え方の意義，解釈
論としての妥当性を勘案しながら，逆に，任意法規の観点から，軽微性の判
断など，あらためて見直しが必要となるように思われる。

V　委任の任意解除権をめぐる判例法理の条文化とその射程

1　改正民法651条の意義

　昨年の国会で可決成立した改正民法651条は，後述する従来の判例法理を
踏まえ，中間試案の提示した考え方に沿いながらこれを成文化し，現行民法

　　　と危険負担の地平？」法セミ739号（2016年）31頁以下。
(58)　改正民法542条 1 項 1 号は，債務の全部の履行が不能となった場合に契約全部の無
　　催告解除を認める。同 2 号は，明確な履行拒絶に基づく無催告解除を認める。同 3 号
　　は，債務の一部の履行が不能になった場合または債務の一部の履行拒絶により契約の
　　目的達成が不能と評価されることを理由に契約全部の無催告解除を認める。同 4 号
　　は，契約目的の不達成のみが要件となる無催告解除を認める。同 5 号は，催告を課す
　　こと自体が不適切な場合に無催告解除を認める。
(59)　詳細は，芦野・前掲注(5)254頁以下。

651条を修正した。すなわち，委任契約の各当事者は理由の如何を問わず何時でも自由に委任を解除できるとし（1項），委任者に任意解除権を認めるが，①当事者の一方が相手方に不利な時期に委任を解除したとき，または，②委任者が受任者の利益（専ら報酬を得ることによるものを除く）をも目的とする委任を解除したときは，「やむを得ない事由」がない限り，損害賠償をしなければならない（2項）と定めた[60]。改正前民法651条との違いは，同条2項に②を付加した点にある。しかしながら，その一方で，今回の債権法改正では，契約自由を定める一般原則が明文化され（改正民法521条，522条），債権法規定の任意法規化が一層促進されることになった。

　そうなると，改正民法651条が定める任意解除権について，契約当事者の合意・特約をどのような根拠・理由で規律して行くのか，条文化された判例法理の規定はこれを当事者の合意・特約で修正ないし排除ができるのか，判例法理として強行法規化することはないのかなど，逆に，契約自由に対する制約原理の探求が重要な問題となる。今回の民法改正は，こうした問題に対する理解を深化させたという点では大きな意味をもち，今後の解釈論の展開や判例法理の形成に重要な影響を及ぼすものといえる。

2　委任における任意解除権の規範構造

　今日，委任などの継続的契約は，取引上，重要な地位を占めている。いまだ確固たる定義というものはないが，継続的契約とは，その給付の範囲が重量や寸法，個数といった量的指数を用いるのではなく，時間というカテゴリーのみで確定できる契約であるといわれる[61]。継続的契約においては，時間という要素のほかに，人的要素の比重が高いこと，および，より明確に打ち出された将来への志向が強いという点に特徴がある[62]。継続的債権関係

---

(60)　改正民法561条の成立に至るまでの立法経緯につき，長谷川貞之「役務提供契約—請負・委任」明治大学大学院寄付講座『2015年年度講義録～法律案要綱・法律案を踏まえて～』（明治大学法科大学院，2016年）268頁以下。

(61)　Hartmut Oetker, Das Dauerschuldverhältnis und seine Beendigung, 1994 J.C.B. Mohr, S.20 ff.,115 f.,143. なお，中田裕康「継続的契約関係の解消」内田貴・大村敦志『民法の争点』ジュリスト増刊（有斐閣，2007年）230頁参照。

(62)　マーク・フィリップ・ヴェラー「継続的契約の解約告知における継続の利益—日本の一般条項とドイツの解約告知の制限」川角由和ほか編『ヨーロッパ私法の展望と日

という概念について特別な規律の必要性を説いたオットー・フォン・ギールケによれば，継続的契約では，給付義務が連続して新しく発生することから，当事者は特定の義務を履行するだけでは契約全体から離脱することはできない。現実的履行が契約を終了させることにならない以上，継続的契約はそれ自体への時間的な制約なしに継続することになる。そのため，継続的契約の場合には，継続的債権関係について一方的な解消の自由が必要とされるという[63]。

　ただ，継続的契約の規範構造から契約解除の自由が導かれるとしても，その解除の自由は，契約の拘束力という点からみると，相手方の契約存続の利益と抵触し，当事者間に緊張関係に生じさせる。そのため，一方的な契約関係の解消は，いかなる要件や制限からも自由というわけではない。継続的契約における解除は，結局のところ契約解消に至る最終手段であるから，解除者にとって契約の存続が期待できないものとなっていなければならない。契約の存続が期待できないかどうかは，義務違反の重大さ（例えば，契約に適合しない（瑕疵ある）給付の履行，支払遅延など），進行中の契約関係の残余期間，契約の目的，契約類型の特殊性などを考慮要素として判断される。また，継続的契約では，時間という要素のほかに，人的要素の比重が高いことが特徴として挙げられることから，信頼関係の破壊が解除事由となる場合には，契約の方法や目的，人的関係の程度，忠誠心の深さなども考慮されることになる[64]。継続的契約においては，その契約関係を期待し難い重大な事由があるときは，それがいずれかの当事者の責に帰すべき事由に基づくと否とを問わず，従って，債務不履行の有無を問うことなくして，契約を解除すべき権利が与えられるというべきである。

　委任の任意解除権を定めた民法651条，とりわけその第1項は，元来，委任が無償を前提とし，もっぱら委任者の利益のために締結されたという事情

　　本民法典の現代化』（日本評論社，2016年）319頁以下，327頁。
(63)　Otto von Gierke, Dauernde Schuldverhältnisse, in: JherJb, Bd. 64 (1914), S. 355, 388 ff. わが国における継続的契約に関する議論と解除（解約告知）の関係につき，長谷川貞之「委任における任意解除権の規範的性質」日本法学80巻3号（2015年）39頁，43頁以下，ヴェラー・前掲注(62)325頁。
(64)　ヴェラー・前掲注(62)332-342頁，355-356頁。

から，当該契約関係から離脱する場合について，旧民法が規定していた委任者からの「廃罷」（財産取得編251条1号），受任者による「抛棄」（同編251条2号）を，法典調査会における起草の段階で「解除」という用語に統一し，規定し直したものである[65]。

　わが国の民法典編纂において，当時，ドイツ民法第一草案は，継続的債務関係の消滅原因としての解約告知を「将来に向かっての解除」（Rücktritt für die Zukunft）と称していた[66]。後に，この「将来に向かっての解除」という表現が，ドイツ民法第二草案において「解約告知」（Kündigung）と表現し直された[67]。このドイツ民法第二草案は，当時のわが民法典の起草者にもある程度参照されていたようである[68]。起草者は，委任における任意権解除を定めた民法651条の趣旨説明（担当者・富井政章）おいて，同条の「解除」はドイツ民法第一草案（397条，398条）が委任者には「撤回」（Widerruf），受任者には「解約告知」（Kündigung）と定めていたのを，「其民法上ノ性質ハ，何レモ契約ノ解除ニ外ナラザルヲ以テ……特別ナル用語ヲ用ヒザルコト」であるとの理由で，用語の統一を図ったと説明している[69]。

　委任の解除は，委任者の側よりいえば，受任者を解任することであり，受任者の側よりみれば，自ら辞任することを意味する。委任者による委任の解除は，委任の本質に基づくものと考えられており，諸外国の法制がほぼ一致して認めるところである[70]。旧民法においても「代理ノ廃罷」として，委

---

(65)　詳細は，長谷川・前掲注(63)41頁以下。

(66)　石坂音四郎「解約申込ノ性質」同『民法研究3巻』（有斐閣書房，1917年）350頁以下。

(67)　飯島紀昭「継続的供給契約の『解除』の性質—継続的債権関係との関係において—」東京都立大学法学会雑誌15巻1号（1974年）101頁以下，131-132頁。もっとも，飯島は，第二草案の段階でも解除と解約告知が明確に区別されていたかは問題であるとして，第二草案議事録（Protokolle）の中に「解除ないし解約告知の権利」（Recht zum Rücktritt bz. Zur Kündigung）というあいまいな表現が用いられていることを指摘する（同180頁注(97)）。

(68)　法務大臣官房司法法制調査部監修『〈日本近代立法資料叢書4〉法典調査会民法議事速記録四』（商事法務研究会，1984年）444頁。

(69)　広中俊雄編著『民法修正案（前三編）の理由書』（有斐閣，1987年）562頁［650条条関係］。併せて，森孝三「一時的債権関係と継続的債権関係」〈松坂佐一ほか先生還暦記念〉『契約法大系I（契約総論）』（有斐閣，1962年）101頁注(2)参照。

(70)　フランス民法2003条，2004条，ドイツ民法671条，スイス債務法404条1項（当

任者による委任の解除が認められていた（旧民法財産取得編251条，252条）。
これに対し，受任者による委任の解除については，委任の本質に基づくもの
というよりも，実際上の必要に応ずるために認められたにすぎない。受任者
により委任の解除が行われた場合，受任者は委任者に生じた損害を賠償する
義務があり，「正当又ハ已ムコトヲ得サル原因」がない限り，賠償責任を免
れることはできないと考えられた。

　ところが，このような考え方に対して，民法651条を起草した担当者（富
井政章）は，当事者双方の平等主義という見地から，委任者による委任の解
除の場合であっても，受任者に生ずる損害の賠償を認める表現に修正し
た[71]。その際，「相手方ノ不利ナル時期」という要件（民法651条2項本文）
が付加されたという経緯がある。

　また，委任の任意解除権を定めた民法651条は，起草担当者（富井政章）
の説明では，強行法規ではなく，従って，当事者間で解除権放棄の特約をし
ても公益に反するものではない。この点につき，当時のドイツ民法第一草案
は，委任の解除に関する規定を公益規定と解し，解除権放棄に関する特約を
無効としていたが[72]，その後の審議を経て可決成立したドイツ民法には，
解除権放棄特約に関する規定はどこにも置かれなかった。この点は，2002年
の債務法改正においても立場に変化はなかった。このため，わが国と同様，
ドイツ民法施行後のドイツの学説では，解除権放棄特約の効力をめぐって争
われ，肯定・否定の両説が対立している[73]。

　　　時）。長谷川・前掲注(63)75-76頁参照。
(71)　長谷川・前掲注(63)79頁。
(72)　ドイツ民法第一草案597条2項につき，Die zweite Lesung des Entwurfs eines
　　　Bürgerlichen Gesetzbuchs für das Deutsche Reich unter Gegenüberstellung der
　　　ersten Lesung. Im Austrage des Vorstandes des Deutschen Anwaltvereins darg-
　　　estellt und aus den Protokollen der zweiten Lesung erläutert von Dr. Reatz; Bd. 1,
　　　1894. S. 309.
(73)　当時のドイツの学説については，吾孫子勝『委任契約論』（巌松堂，1931年）103頁
　　　以下に詳しい。

3　条文化された判例法理とその射程

(1)　判例法理の条文化の内容

　委任の任意解除権に関して裁判上争いが多いのは，債権取り立てのための委任として解除権放棄特約が付される場合である[74]。すなわち，債権者が自己の債権を担保するために，債務者の第三者に対する債権の取り立てを自己に委任させるとともに，委任者たる債務者をして委任の任意解除権を放棄することを特約させた場合に，それでも債務者は委任の解除をなしうるかどうかである。

　初期の判例は，債務者が債務弁済のために恩給証書を債権者に預け，後に返還を求めたところ，債権者が拒んだため，解除の意思表示をした事案で，「民法上委任ノ規定ハ公ノ秩序ニ関スルモノト認ムヘカラサルヲ以テ委任契約ニ付テハ民法ノ規定ニ異ナリタル特約ヲ為スコトヲ得ルモ或期間内委任ヲ解除セスト云フカ如キ約定ハ委任者ニ於テ解除ノ意思表示ヲ為シタル以上受任者ヨリ其特約ヲ強要スルコトヲ得ス」として，委任の解除を認めた[75]。また，これに続いて，判例は，債務者が弁済方法として自己の有する金鶏勲章年金証書を債権者に預けて年金の受け取り方を委任し，債務の弁済終了まで委任契約を解除しない特約を結んだところ，後になって債務者が委任契約を解除して年金証書の返還を求めた事案で，「解除権ノ抛棄カ不当ニ委任者ノ権利ヲ制限シ受任者ヲシテ法律上享有シ得ヘカラサル利益ヲ獲得セシムルヲ以テ目的トスルトキハ其抛棄ハ委任者ヲ羈束セサルヲ以テ委任者ノ解除権ハ是レカ為メ毫モ妨ケラルルコトナシ」と述べたうえで，本件においては，「取立委任ノ目的タル債権カ養料ノ債権恩給金扶助料ノ債権ノ如キ債務者ニ

(74)　判例の分析・整理として，石堂典秀「委任契約における『受任者の利益』概念について(1)」Chukyo lawyer 18巻（2013年）17頁以下，中田裕康「民法651条による委任の解除」法教129号（1991年）37頁以下，大島俊之「性質上解約できない委任契約—判例による民法651条 1 項の制限」大阪府立大学経済研究27巻 1 号（1981年）69頁以下，同「《解除できない委任》とは，どういうものか」椿寿夫編『講座・現代契約と現代債権法の展望　第 5 巻（契約の一般的課題）』（日本評論社，1990年）253頁，263頁以下，鳥谷部茂「ドイツにおける撤回できない代理—権利担保論の一環として」筑波 4 号（1981年）75頁以下，柳勝司「委任者による委任契約の解除」名城法学44巻 3 号（1995年）24頁以下など。
(75)　大判明36・1・23民録 9 輯53頁。

専属シ他人ノ権利ノ目的タリ得ヘカラサルモノナルトキハ債権者カ債務者ヲシテ解除権ヲ抛棄セシムルニ因リテ之カ取立ヲ為スハ公ノ秩序ニ反スル」として，解除権の放棄特約を無効とした[76]。

　一方，判例は，債権者が債務者に対して債権の取立てを委任し，その一割を報酬として債権に充当するという事案において，委任が委任者のためのみならず受任者の利益をも目的とするときは，委任者は民法561条による解除ができないとした[77]。しかし，この事案は債務者受任者型の事案であり，前述の債権者受任者型の事案とは利益状況が異なる。債権者受任型の類型の事案では，債権者は自己の債権の満足を得るために債務者の財産の処分・管理の事務を行うわけであるから，委任者である債務者からの一方的な解除は受任者である債権者の利益のために制限されることになる。これに対し，債務者受任者型の事案では，債務者が受任者として債権者の債権を取り立て，その報酬を自己の債務の弁済にあてたとしても，それは単に報酬を意味するにすぎず，これをもって受任者の利益ということはできない。事案の相違を無視して受益者の利益概念を安易に拡大することは，解除に不当な制限を加えることになりかねない。

　これ以降，判例においては，受任者の利益概念を安易に拡張しすぎた反省があったのか，通用範囲を制限する方向に向かったとの指摘がある[78]。戦後の判例は，民法651条の解除に関して一定の制限がることを認めるが，その制約原理とされたのが前述の大審院判例が説いた「受益者の利益」である。判例は，そのような考え方を基本的に認めたうえで，受任者に利益がある場合であっても，受任者が著しく不誠実な行動に出たなど「やむを得ない事由」があるときは，委任者は委任契約を解除することができるとした[79]。また，最高裁は，「委任者が委任契約の解除権自体を放棄したものとは解されない事情」があるときは，やむを得ない事由がなくとも，委任を解除することができるとした[80]。

---

(76)　大判大4・5・12民録21輯687頁。
(77)　大判大9・4・24民録26輯562頁。
(78)　星野英一「有償委任の解除が認められる場合」法教14号（1981年）99頁。
(79)　最判昭40・12・17集民81号561頁，最判昭43・9・20判時536号51頁。
(80)　最判昭56・1・19民集35巻1号1頁。このほか，判例には，別荘地の分譲業者が購

　しかし，判例が解除権行使の要件とする「やむを得ない事由」というのは，民法の規定によれば，解除権を行使した場合に生じる損害賠償の免責事由にすぎない（民法651条2項ただし書）。委任の本旨に従うならば，受任者の利益をも目的とする委任であっても，委任者の利益のためという目的がある限り，任意解除権を認める必要がある。それによって受任者が被る不利益については，損害の賠償によりてん補が可能であり，「やむを得ざる事由」の存否を考慮しながら，これにより当事者間の利害の調整を図ることができる。判例が説くような用法は，任意解除権を無理由解除として認める本来の趣旨とは異なるものである。受任者の著しい不誠実な行動などによる委任の解除というのであれば，それはむしろ債務不履行を理由とする解除の問題として捉えられる事案であるともいえる。

　また，判例は，「委任者が委任契約の解除権自体を放棄したものとは解されない事情」がある場合，なお契約の解除が可能であるとするが，この事情が何を指すかということについても明瞭さを欠く。学説には，無用の条件を付したことになるとの批判もみられるが[81]，この事情を解明しようとする試みもみられる[82]。事情という言葉が，委任者の意思よりもむしろ，委任者の利益，委任契約の本旨を意味するとすれば，委任者の利益に対する受任者の利益の比重がまず重視すべき事実ということになる[83]。

　受益者の利益概念と委任の解除との関係について，学説には定説といったものはなく，学説の見解は様々に分かれる[84]。ただ，学説が共通して説くところは，受任者が受け取る報酬は委任事務の処理の対価として得られるものであるから，報酬の定めがあり有償であるからといって受任者に利益があるとはいえないということである。改正民法651条2項は，任意解除権の行使にあたっての考慮要素を法文に書き込むことによって，当該規定に当事者

　　入者に対し別荘地の土地管理契約解約を申し入れた事案で，受任者による解約には委
　　任者に「信頼関係を破壊するような特段の事情を要する」と判示したものがある（最
　　判昭和56・2・5判時996号63頁）。
(81)　明石三郎「批判」民商85巻4号（1982年）663頁以下，666頁。
(82)　大塚直「批判」法協99巻12号（1982年）1909頁以下。
(83)　淺生重機「批判」最高裁判所判例解説昭和56年度民事篇（1984年）17頁。
(84)　学説の整理につき，石堂・前掲注(74)23-28頁。

の利益を保護する機能を担わせようとする意図と思われるが，判例法理をそのまま条文化したものではなく，両者の間には乖離がある。改正前の規定に比べると，規範の内容が明確になったという期待がある一方，法文を制限的なものとし過ぎると，却って判例法理よりも厳格なルールとなる恐れもある。また，明文化が判例による法創造を妨げることはないのかとか，条文化された判例法理が契約内容の基準となり，当事者を拘束して強行法規化することはないのかなど，問題は依然として残るといわざるをえない。

(2)　条文化された判例法理の射程

　改正民法651条は，委任契約の当事者に理由の如何を問わず，自由に契約の解除を認めており，債務不履行を理由とする解除を含む広範な表現となっている。実務では，委任契約の当事者間において，多様な契約遵守事項を設け，その1つでも違反すれば解除することができるという特約が定められることが少なくない。このような場合，契約自由の観点からは，公序良俗に反する解除特約でない限り，かかる特約も有効であるといった考え方が導かれやすい。

　しかしながら，債務不履行を理由とする解除については，委任における任意解除権（改正民法651条）ではなく，契約解除に関する通則規定（改正民法541条以下）が強行法的に作用するという考え方もありうる。従来の通説的見解は，改正前の民法541条以下の規定が契約解除の通則を定めたものであり，民法が解約告知と解除を明確に区別していないこと，継続的契約の解除（解約告知）に関する諸規定が必ずしも解除の通則規定を排除しうるほど網羅的でないことなどを理由に，委任においても契約当事者の一方に債務不履行がある場合には，改正前民法541条以下の規定が補充的に適用されると解してきた[85]。このような見解に従えば，債務不履行を理由とする委任の解除については，改正民法651条1項によるのではなく，契約解除の通則を定めた改正民法541条が補充的に適用されるとする考え方もありえよう。た

---

(85)　鳩山秀夫『増訂日本債権法各論（上巻）』（岩波書店，1932年）204頁以下，我妻栄『債権各論上巻（民法講義Ⅴ1）』（岩波書店，1954年）451頁，末弘厳太郎『債権各論［第5版］』（有斐閣，1920年）273頁以下，末川博『契約法上（総論）』（岩波書店，1958年）138頁，山中康雄「解除の効果」総合判例研究叢書民法(10)（一粒社，1984年）4頁以下など。詳細は，長谷川・前掲注(63)89-91頁。

だ，契約解除に関する通則規定については，今回の債権法改正において抜本的な改正が行われ，契約の解除は債務者の帰責事由を不要とし，不履行にある契約当事者を契約の拘束力から解放することにあると制度設計されたことから，あらためて改正民法541条の補充的適用の意義が問われなければならない。

　委任の任意解除権を定めた改正民法651条による場合には，委任が委任者・受任者の信頼関係を基礎とする法律関係であることに鑑みれば，個々の契約に内在する信頼の程度に応じて，その適用の可否を検討することになる[86]。これに対し，契約解除の通則を定めた改正民法541条以下による場合には，催告による解除を原則としつつ（改正民法541条本文），債務者が相当な催告期間を経過してもなお債務の履行をしなかった場合に，債務の不履行が契約および取引上の社会通念に照らして「軽微」でないときに限り，契約の解除が認められる（同条ただし書）。この軽微性は，前述したように，その契約・取引上の社会通念に照らし，不履行の態様や義務の内容から個別具体的に判断されることになる。その判断にあたっては，債務不履行があっても当該契約を維持することについて債権者に利益があるか否か，契約を締結したことによってその契約に拘束される債権者が契約から離脱することが正当化されるかといった点が重要なポイントとなる。また，継続的契約では，時間という要素のほかに，人的要素の比重が高いことが特徴であるから，委任者と受任者の信頼関係を基礎とする委任においては，契約の方法や目的，人的関係の程度，忠誠心の深さなども考慮される。債務者の債務不履行を理由とする委任の解除においては，債権者は債務者に催告をし，催告期間の経過を待たなければならないが，これにより解約告知が本来もっている契約の終了原因としての告知の機能や期間が付与され，契約の正義が実現されることになる。契約の解除は，相手方の契約存続の利益と抵触し，当事者間に緊張関係を生じさせるから，いかなる要件や制限からも自由というわけではない[87]。

　このほか，改正民法651条が定める任意解除権については，これをいつま

---

(86)　谷口知平編『注釈民法(13)』（有斐閣，1966年）369頁［遠田新一］。
(87)　ヴェラー・前掲注(62)331頁。

でに行使しなければならないとか，意思表示不要の特約は有効であるかとか，あるいは，特約により期限や条件を付すことができるのかといった点につき，規定上，とくに明記されてはいない。この点，委任契約の当事者間で解除権の発生要件を厳格にする特約などを定めた場合，かかる特約の有効性が問題となる。とりわけ委任は事業者対消費者の契約が多いことから，当該特約が消費者契約法などによって無効とされないかどうか，この点についても別途検討する必要があるといえよう[88]。

Ⅵ　受け皿としての準委任と契約相互間の振分け・利害調整

1　中間試案と準委任の規律

今回の債権法改正において，第2ステージの審議に入った法制審議会民法部会は，新種の契約を含む役務提供型契約に共通する総論規定の創設を断念し，また，準委任に代わる役務提供契約の新たな受け皿規定の定立を見送ったが，その一方で，前述の中間試案の中で，準委任の規定を維持しつつ準委任に役務提供契約の解除に関する規律を新たに設け，既存の典型契約相互の振分けと受け皿規定としての役割を担わせる考え方を示した[89]。

中間試案によれば，準委任は，①ブランケット条項の形を採りながら，[受任者の選択に当たって，知識，経験，技能その他の当該受任者の属性が主要な考慮要素になっていると認められるもの]と，②それ以外のものに区別され，①の解除については委任の規定（民法651条による各当事者の任意解除権を認める）を準用するが，②で有償の準委任の終了については雇用と同じ規律（各当事者とも期間の定めのない場合は解約の申入れから2週間の経過により契約が終了し，やむを得ない事由がある場合には即時解除ができる。雇用に関する改正前民法627条1項，628条参照）を適用するものとした[90]。また，無

---

(88)　井上聡・松尾博憲編『practical 金融法務 債権法改正』（金融財政事情研究会，2017年）337頁。

(89)　詳細は，長谷川・前掲注(60)291頁以下。

(90)　【部会資料41-6(2)ア・イ】。

償の準委任については，受任者に対する契約の拘束力を緩和し，受任者はいつでも契約を解除することができるとする特則を設けるものとした[91]。

　中間試案における準委任の規律の仕方は，準委任のうち委任の規定を全面的に準用するのが適当でないと考えられる類型を抽出し，委任の規定のうちの一部の準用を否定するというものである。このような考え方に対し，中間試案に対するパブリック・コメントに寄せられた各界の意見等では，中間試案のような考え方に賛成する意見は少なく，反対する意見が多数を占めた[92]。その理由とするところの多くは，中間試案のブランケットのような限定を加えることは概念の不明確さを招く結果となること，多種多様な準委任契約について信頼関係に基づくか否かの区別は価値判断を伴い非常に困難なこと，信頼関係を有するか否かといった契約類型ごとに分類することは今後増加して行くであろう役務提供型の受け皿の役割を担い続けざるをえない準委任に紛争類型別処理を持ち込むことになり，厄介な問題を抱え込むことになること，などの点にある。

　これ以降，法制審議会民法部会の審議では，パブリック・コメントに寄せられた各界の意見等に配慮したのか，準委任に既存の典型契約相互の振分けや調整機能の役割を担わせる考え方は論点として取り上げられることなかった。その後まとめられた要綱仮案においては準委任について改正前民法の規定をそのまま維持するものとし（第36の3），これが改正民法の立場にも受け継がれることになった。

2　多様化する事務処理契約と準委任
(1)　伝統的な考え方

　準委任は，その規定振りをみると，法律行為の委任を除く事務処理の委託として，広範かつ多様な性質の役務提供契約に適用される規定となっている[93]。民法典制定時の法典調査会における起草委員（穂積陳重）の説明によ

---

(91)　【部会資料41-6(2)ウ】。
(92)　【部会資料71-6】154-157頁。
(93)　民法656条にいう準委任の対象となる「事務の委託」について，これを取り上げて意識的に論じたものは少ない。同条は，委任の目的を法律行為に限ることを狭しとして，これを拡張する精神に出たものであるが（幾代通＝広中俊雄編集『新版注釈民法

ると，雇用は労力自身を目的とし，請負はその労力の結果を目的として区分するものとし，委任は他人のために事務を処理するが，雇用との区別を明確にする必要から法律行為の委任を原則として，雇用・請負・委任の３つがそれぞれ独自の典型契約とされた[94]。民法典施行後の学説も，これら３つが独自の典型契約とされていることから，それらの分類を示すことに主たる努力が注がれてきた[95]。わが国の学説は，無償委任を原則としながらも，有償委任を排除しないので（民法648条），行為の無償性は委任を請負や雇用その他の役務提供契約から区別する基準とはならないとし，役務提供契約の区別を行為の無償性に求めるのではなく，提供される役務の性質により区別するものとしてきた。

(2) 有力学説の見解

事務処理の委託である準委任を含む委任と解除との関係について，改正前の民法下の学説には，民法651条の解除が通用されない委任があるとの前提の下に，これらの委任については，請負型委任については民法641条，雇用型委任については民法626条ないし628条（注意される類似規定として商法50条１項・２項）が適用され，また，不動産に関する委任事務の処理と受任者の当該不動産の利用とが対価的に結びついているものについては賃貸借の解除に関する判例の準則を用い，信頼関係の破壊が認められるときにのみ民法651条の任意解除権が認められるとする見解があった[96]。これは，継続的契約では，契約の解除に関する通則規定（民法541条以下）は完全に排除され，

---

(16)』（有斐閣，1997年）302-303頁［中川高男］），法律行為でない事務の委託といっても，単純な事実上の行為も含まれるのか，財産に影響を及ぼす事実上の行為であることを要するのか，また，前者であるとしても，すべての事実上の行為なのか，ある種類のものに限定されるのか，議論がある。ドイツ民法における学説の議論を紹介しながらこの問題に言及するものとして，岩田新「委任及ヒ準委任ノ観念ヲ論ス(1)〜(6・完)」法協35巻２号156頁以下，５号152頁以下，６号180頁以下，７号145頁以下，９号134頁以下，10号94頁以下（いずれも1917年）。

(94) 坂本武憲「役務提供契約」法時81号10号（2009年）62頁以下，幾代通＝広中俊雄編集『新版注釈民法(6)』（有斐閣，1997年）302-303頁［中川高男］。

(95) 我妻栄『債権各論中巻２』（岩波書店，1962年）532頁以下，来栖三郎『契約法』（有斐閣，1974年）505頁以下など。

(96) 広中俊雄「委任契約の『解除』」民商48巻１号（1963年）37頁以下，45-46頁，同『債権各論講義［第６版］』（有斐閣，1994年）290頁。

継続的契約に関する民法628条，663条２項，678条２項などの趣旨を類推し，個々の契約に内在する信頼の程度に応じて解除が認められると考えるものである(97)。また，学説の中には，委任などの継続的契約を，組合型の団体契約，委任型の純粋に相信関係に基づく契約，および，賃貸借・雇用型の物・賃料ないし労働力の保全関係に基づく契約の３種に分類し，それぞれの契約類型に即して解約原因を求めることを提唱する見解も有力であった(98)。

　これら学説が説く類型的処理は卓越した見解ではあるが，事案の中には上記の学説が掲げる類型のいずれにも属さないものも考えられる。準委任が対象とする事務処理は，広範かつ多様な性質を有するから，これをもってすべての事案を処理することには無理があるとの批判もありえよう。前述の中間試案が提示した類型に対して加えられた批判は，この場合にも当てはまる。

（3）　最近の裁判例と実務

　前述したように，役務・サービスの性質による区別は，実際上必ずしも容易ではない。最近の取引実務においては，委任と請負との区別は漸次相対化しており，役務提供契約といっても，委託する業務の具体的内容や委託方法などによって，両者の振り分けが難しい場合も出てきている(99)。裁判例の中には，契約書で債務不履行による合理的な解除事由が定められていた場合であっても，民法651条の解除権が排除されるわけでないとし，委任者が委任契約の解除権自体を放棄したものと解されない事情があるときは，委任者は同条の解除権の行使することができるとしたものがある(100)。ただし，これは改正前の民法下で判示された裁判例であることに留意する必要がある。

---

(97)　広中・前掲注(96)［債権各論講義］293頁，346-347頁。なお，広中俊雄「賃貸借における『信頼関係』の破壊と『解除』」同『契約法の研究』（有斐閣，1958年）123頁以下参照。

(98)　戒能通孝『債権各論』（巌松堂書店，1946年）33頁以下。

(99)　出澤秀二＝丸野登紀子「裁判例に見る業務委託において生じやすい紛争類型と対策」ビジネス・ロー・ジャーナル４巻11号（2011年）50頁以下，池田毅＝松田知丈「消費者向けビジネスにおける継続的契約の解消」ビジネス・ロー・ジャーナル９巻７号（2016年）44頁以下。

(100)　東京地判平21・12・21判時2074号81頁［化粧品の製造・販売等を目的として委託先との間で委託契約を締結した発注者が，委託先のずさんな研究を理由に契約を解除し，すでに支払った研究費等の返還を求めたという事案］。なお，最判昭56・1・19民集35巻1号1頁参照。

改正法の下では，前述したように，契約解除に関する通則規定（改正民法541条以下）を検討する余地は残されているというべきである。

　最近の裁判例は，これを分析してみると，委託された業務の内容を契約書の記載や委託までの経緯などから具体的に確定し，これが仕事の完成といえれば請負，そうでなければ（準）委任と判断され，それに則した効果を導き出している傾向が窺える。

3　準委任の規定による当事者間の利害調整

　事務処理の委託は，民法上の準委任に限らず，商取引の発達に伴って商法の領域に取り込まれ，仲立営業（商法502条11号・543号），問屋営業（商法551条）などの制度として発達を遂げている。とりわけ流通段階に関する業界の仲立・取次・総代理店などの関係は複雑であり[101]，準委任の適用範囲を検討するうえでは，これらの事務処理契約との対比も重要である[102]。

　役務提供の主体，客体，提供する役務の内容などは多様であり，役務提供型も様々であるから，こうした契約の共通則を抽出し，これを契約の指針として一律に規律することは，極めて困難を伴う作業となる。立法により役務提供型契約のすべてに適用される最大公約数的な規定を設けようとすれば，いずれかの典型契約に関する規律の混合か，または，いずれの典型契約の規定にもみられない独自の規律となり，却って多様な役務提供契約の実態にそぐわない場面が出てくることが予想される。現状のままでは，ある役務・サービスの給付を目的とする契約がどの規定に該当するかという「契約類型への当てはめ」という作業を回避することはできない。しかし，そうであるからといって，単純な事務の処理や事務処理を目的とする雇用や請負などの他

---

(101)　落合誠一「商事代理・取次ぎ・仲立ち(1)」法教297号（2005年）42頁，江頭憲治郎『商取引法［第7版］』（弘文堂，2013年）217頁以下。

(102)　民法改正検討委員会の基本方針は，媒介（委任者が媒介者に対して第三者との法律関係が成立するように尽力することの委任）や取次（自己の名で委任者のために法律行為をなすことの委任）などの規定を新設する旨の提案を行っている（【3.2.10.19】～【3.2.1021】）。民法との親和性の高いこれらの契約や新種の契約を民法典の中に取り込むことについては，民法（債権法）改正検討委員会編『詳解 債権法改正の基本方針Ⅳ 各種の契約(1)』（商事法務，2010年）3頁以下，同『詳解 債権法改正の基本方針Ⅴ 各種の契約(2)』（商事法務，2010年）486頁以下。

の役務提供契約をすべて準委任に放り込み，無造作に委任の規定を準用すること，とりわけ任意解除権に関する改正法651条の規定の準用は，契約の公序に反し，無効となることも考えられよう(103)。そうであれば，さしあたり，準委任に関する民法656条の規定に「その性質に反しない限り」などの文言を解釈にあたり読み込むなどの方法で，準委任に受け皿としての役割を担わせながら，他の役務典型契約への振り分け，あるいは，当事者間の利害の調整を図ることが求められる。

Ⅶ　結　　び

　債権法に関する規定は，その多くが任意規定であるといわれる。そのような理解を前提に，債権法の規律は契約当事者の合意形成に委ねられ，その合意・特約が支配する領域と考えられてきた。今回の債権法改正により，契約自由を定める一般原則（改正民法521条・522条）が明文化され，債権法規定の任意法規化が一層促進されることになった。しかし，そうであれば，債権法領域における契約当事者の合意・特約をどのような根拠・理由で規律して行くのか，逆に，契約自由に対する制約原理の探求が重要な問題となる。当事者の合意・特約といえども，いかなる要件や制約から自由というわけではない。本稿は，債権法改正における強行法・任意法の議論を一瞥したうえで，契約の自由とこれに対する制約原理を整理し，これを検討するとともに，現代社会において取引上重要な地位を占めている請負・委任における契

---

(103)　ドイツ民法（BGB）は，受任者は委任を承諾することによって，委任者から委託された事務を委任者のために無償で処理する義務を負うと規定し（662条），無償である点で雇用および請負と区別されるとするが，事務処理を目的とする雇用・請負については，委任との類似性に鑑み，委任における主要な規定が準用されるとする（675条1項前段）。しかし，その場合であっても，委任者からの撤回（Widerruf）および受任者による告知（Kündigung）を定めた規定（671条）については，原則としてその準用を認めていない。類似の規定が当該契約には存在するからである（620条以下，634条3号，643条，649条，650条1項）。ただし，受任者が告知期間の定めに関わらず告知する権利を有するときは，委任者の利益を考慮して，告知権を制限する671条2項の規定が準用されるとする（675条1項後段）。MüKoBGB/Heermann§675（2017）& Rn. 25.

約不適合責任や解除の問題を取り上げ，そこに現われる考慮要素を検討した。

今回の債権法改正の議論の中では，付随義務・保護義務，契約交渉の不当破棄，交渉締結過程における情報提供義務，事情変更の原則などの検討項目において，「契約の趣旨」，「正当な理由」，「当該契約によって得ようとした利益」，「取引上の社会通念」，「当事者間の衡平」，「予見」，「帰責事由」，「当事者の有する情報量」，「内容の専門性」，「当事者の属性」，「当事者の著しく過大な利益・不利益」と「相手方の困窮や経験・知識の不足」などの事情が，契約自由に対する制約原理の考慮要素として議論の俎上に挙げられた。しかし，これらの考慮要素については，一方で，適用範囲が過度に広がることや濫用に対する危惧があり，他方で，要件が限定的で運用が硬直的になることに対する懸念が示された。検討の結果，契約自由に対する制約原理としては，「法令等の制限」という文言が採用されたが，この法令等の中には何が含まれるのか，これは例示にすぎないのか，極めて漠然としたものとなった。

改正民法が施行されても，現状のままでは，契約自由に対する制約原理としては，従来と同様，公序良俗や信義則，規定の強行法性，取引の公正などの概念に頼らざるをえないが，ある規定が抽象的に強行法・任意法といっただけでは，何も解決したことにはならない。なぜその規定が強行法とされるのか，その根拠・理由は何かを明らかにする必要があるといえよう。

本稿で検討した請負・委任などの役務提供契約においては，役務提供の主体，客体，提供する役務・サービスの内容などは多様であり，従って，役務提供型に属する契約もまた様々である。今回の債権法改正において，請負の契約不適合責任・解除，委任の任意解除権に関する規定が改正されたが，これを当事者の合意・特約によってどこまで排除・修正することができるかは，一見したところ分かりにくい。しかも，請負と委任の区別は漸次相対化してきており，ある役務・サービスの給付を目的とする契約がどの規定に該当するのか，その契約はどのような制約原理に服するのかという「契約類型への当てはめ」の作業を回避することはできず，これが法律関係を一層複雑にしている。単純な事務処理の委託や既存の役務提供に関する典型契約のい

ずれにも当てはまらない契約をすべて準委任に放り込み，無造作に委任の規定を準用することは，取引の公正を害する恐れがあり，契約の公序に反する結果となることもありえよう。改正法の下において準委任の規定を準用するにあたっては，「契約の性質に反しない限り」などの文言を読み込むなどの方法で，準委任に受け皿としての役割を担わせながら，他の役務典型契約への振り分け，あるいは，契約相互間の規定の調整を通じて，契約自由の原則とそれに対する制約原理を明らかにすることが求められるように思われる。

14　相殺規定と強行法・任意法

深川　裕佳

I　はじめに

　本稿は，相殺の一連の規定（民法505条から512条）とは異なる合意（相殺契約及び相殺予約）の有効性を検討することを通じて，これらの規定の強行法規性・任意法規性を明らかにすることを目的とする。以下において，本稿では，『法律学小辞典［第5版］』（有斐閣）に沿って，「強行法規」を「当事者がそれと異なる特約をしても，特約が無効となるような規定」，「任意規定」を「特約が優先し排除されてしまう規定」と措定して検討していくことにする。

　相殺契約とは，「対立する債権を対当額ないしは対等の評価額で消滅させることを目的とする」[(1)]合意である。特に将来において相殺することを予定するものは，「相殺予約」と呼ばれることもある[(2)]。相殺契約は，契約自由の原則に基づいて有効と考えられてきた[(3)]。さらには，「契約自由の原則を持ち出すまでもない」[(4)]と述べるものもある。

（1）　我妻栄『新訂・債権総論』（岩波書店，1964年）353頁。
（2）　同上。
（3）　鳩山秀夫『日本債権法（総論）［増訂改版］』（岩波書店，1925年）446頁，林良平「担保的機能からみた相殺」林良平＝中務俊昌『担保的機能からみた相殺と仮処分——法の理論と実践』（有信堂，1961年）63頁，我妻・前掲注(1)353頁。

　相殺契約・相殺予約の有効性がこのように広く認められるにしても，学説
では，民法505条以下にある相殺の一連の規定のうちの「どの規定が強行規
定であり，あるいは任意規定であるのかが明らかでない」[5]として，その問
題点が指摘されている。たとえば，相殺充当に関する民法現[6]512条は，「当
事者が別段の合意をしなかったとき」に適用されるものであり，任意規定と
考えられる。これは，新512条及び新512条の2においても同様である。それ
というのも，相殺においてはいずれもが債務者であるために，弁済の充当に
関する民法488条から491条までを準用する現512条をどのように解釈するか
ということが問題であったところ，最高裁[7]は，相殺の意思表示において
「相殺に供される自働債権と相殺の目的となる受働債権との個別的な指定が
されておらず，また，相手方たる上告人もそのような指定をしていない」場
合に，元本債権相互間では相殺適状になる時期の順に従って相殺され，その
時期を同じくする元本債権相互間及び元本債権とこれについての利息・費用
債権との間では民法現489条及び現491条を準用して相殺充当を行うものと述
べており，民法新512条及び新512条の2は，この最高裁判決に沿ったものだ
からである[8]。立法化に向けて考慮されたのは，「当事者の期待」及び「衡
平の理念」[9]であり，当事者の充当に関する合意があれば，このような立法
趣旨を損なうことがないために，条文の定めとは異なる充当が認められてよ
い。そこで，民法新512条2項の文言に明らかにされるように，「当事者が別
段の合意をしなかったとき」に適用される相殺充当の規定は，任意規定とい
える。これに対して，学説では，民法現511条は強行法規と解されてきた
し，現505条2項ただし書が強行規定かどうか，及び，510条が「弱い（半・
部分的）強行規定」かどうかを検討する余地があることも指摘されている[10]。

（4）　近江幸治『民法講義Ⅳ・債権総論［第3版補訂版］』（成文堂，2009年）351頁。
（5）　椿久美子「法定相殺規定と相殺契約」椿寿夫編『強行法・任意法でみる民法』（日
　　本評論社，2013年）180頁。
（6）　以下，2017年の債権法改正（法律第44号）により改正のあった条文の改正前のもの
　　には「現」を，改正後のものには「新」を付す。
（7）　最判昭56・7・2民集35巻5号881頁。
（8）　「民法（債権関係）部会資料69A」〈http://www.moj.go.jp/content/000119882.pdf〉
　　32頁［2018年4月6日確認］。
（9）　民法（債権関係）部会資料・前掲注(8)31-32頁。

　そこで，本稿では，以下において，近年（2016年），民法典が改正されて
「合意上の相殺」に関する規定が設けられたフランスにおける議論を参考に
しながら（後述Ⅱ），日本民法505条以下の相殺に関する諸規定について，そ
れとは異なる内容を定める相殺契約及び相殺予約の有効性を検討することに
よって，各規定の強行法規性を考察することにする（後述Ⅲ）。

Ⅱ　フランスにおける当事者の合意による相殺

1　2016年フランス民法典の改正前の議論

　フランス民法典のオルドナンス[11]による2016年改正[12]以前には，フラン
ス民法典に「合意上の相殺（compensation conventionnelle）」に関する規定は
存在しなかったのではあるが，その有効性は，判例及び学説によって，契約
自由の原則（principe de la liberté contractuelle）に基づいて認められてき
た[13]。合意上の相殺は，債務の相互性に起因する相互的な代物弁済（dation
en paiement réciproque）と形容することができる[14]とか，当事者は，相互
に免責されること（de se libérer mutuellement）を定めることができる[15]と
かいうように説明される。

2　「合意上の相殺」規定の創設（2016年フランス民法典の改正）
(1)　日本の相殺契約に相当する「合意上の相殺」（フ民新1348-2条）

　2016年改正によって，フランス民法典は，法定相殺について「援用される
ことを条件として」効果が生じるものと規定し（フ民新1347条2項），当事者

---

(10)　椿（久）・前掲注(5)182頁。

(11)　L'ordonnance n° 2016-131 du 10 février 2016. Loi n° 2018-287 du 20 avril 2018.

(12)　以下，「2016年改正」という。これにより改正された条文について，改正前のもの
　　　には「旧」を，改正後のものには「新」を付す。

(13)　Jacques GHESTIN *et al., Traité de droit civil: le régime des créances et des dettes*,
　　　LGDJ, 2005. n° 1036; Yvaine BUFFELAN-LANORE et Virginie, LARRIBAU-TER-
　　　NEYRE, *Droit civil: les obligations*, 15ᵉ éd., Sirey, 2016, n° 698.

(14)　Gabriel MARTY *et al., Les obligations*, tome 2, 2ᵉ éd., 1989, n° 262.

(15)　François TERRÉ *et al., Droit civil: les obligations*, 11ᵉ éd., Dalloz, 2013, n° 1409.

の意思にかかわらず当然に効果が生じる自動相殺主義（フ民旧1290条）から，当事者の意思にその効果をかからしめる援用相殺主義へと転換するとともに，相殺の「特則」として，「合意上の相殺」に関する次のような規定を設けた。

> **フランス民法典新1348-2条**　当事者は，現在または将来の相互的なすべての債務を相殺によって消滅させることを自由に合意することができる。これは，その合意の日において，又は，将来債務が問題となる場合にはその共存（coexistence）の日において，効果を生じる。

　この条文を説明して，フランス共和国公式機関紙に掲載されたレポート[16]は，「契約自由の原則にしたがって，当事者は，その債務の相殺を自由に決めることができる」ものと述べる。

(2)　合意上の相殺の限界

(a)　公序（ordre publique）違反

フランス民法典新1348-2条が前掲のように「自由に合意することができる」と定めていても，これによって放縦な合意が認められるというのではなく，当事者は，契約の一般原則に服するものと考えられている。学説が言及するその限界は，「公序（ordre publique）」である[17]。

　フランス民法典6条は，「個別の合意（conventions particulières）によって，公序良俗（l'ordre public et les bonnes mœurs）に関する法律から逸脱する（déroger）ことは許されない。」と定め[18]，また，新1102条2項は，「契

---

(16)　JORF n° 0035 du 11 février 2016.

(17)　GHESTIN *et al.*, *supra* note (13), n° 1037; Gaël CHANTEPIE et Mathias LATINA, *La réforme du droit des obligations*, Dalloz, 2016, n° 1031; Olivier DESHAYES *et al.*, *Réforme du droit des contrats, du régime général et de la preuve des obligations: commentaire article par article*, LexisNexis, 2016, p. 785-786; Bertrand FAGES, *Droit des obligations*, LGDJ, 2017, n° 513; Jérôme FRANÇOIS, *Traité de Droit Civil: les obligations*, tome 4, 4ᵉ éd., Economica, 2017, n° 112.

(18)　学説は，このような法律を「強行法（lois impératives）」と呼ぶ（Alain BÉNABENT, *Droit des obligations*, 15ᵉ éd., LGDJ, 2016, n° 172.）。代表的な法律用語辞典（«Impératif, ive» in Cornu, *Vocabulaire juridique*, 12ᵉ éd., PUF, 2018.）は，「強行性をもつ（impératif）という語は，常に公序という表現によって置き換えられることがで

約自由によって，公序（ordre publique）に関する規定（règle）に抵触することは許されない。」と定める。そして，「契約の成立」の節に設けられた「契約の有効性」の款において，適法である（licite）ことが契約の有効性の要件とされ（新1128条 3 号），これに対応して，「契約は，その目的（but）がすべての当事者に認識されていたかどうかにかかわらず，その約束（stipulation）によっても，その目的（but）によっても，公序に反することができない。」（新1162条）と定められている。

　公序による制限の例として学説が挙げるのは，①当事者の一方が集団的手続（procédure collective）に服する場合における，その手続開始後に生じた債務の弁済の禁止（フランス商法典 L. 622-7条。ただし，牽連した債務の相殺による弁済（paiement par compensation de créances connexes）を除く。），②注意期間（période suspecte）における履行期にない債務の弁済の禁止（フランス商法典 L.632-1条 3 °），③雇用者が被用者に対して有する支給品（fourniture）等の金額を埋め合わせる（compenser）ために給与から天引きすることの制限（フランス労働法典 L.3251-1条）である[19]。

　(b)　第三者の保護（第三者への対抗力の欠如）　　これらの例のうち，民法の体系書には，前掲の例③については，給与生活者（salarié）の保護として公序の問題と整理しつつも，前掲の例①及び②については，「第三者の保護」として，公序とは別項目を立てて説明するものもある[20]。すなわち，法定相殺に必要な要件を欠いているので，合意上の相殺は，当事者において

きるが，逆は真ならずである」と述べる。これに対して，公序と強行法を区別して，強行法に反するものであっても契約の無効をもたらさないものもあると指摘する学説もある（Philippe MALAURIE *et al.*, *Droit des obligations*, 9ᵉ éd., LGDJ, 2017, n°648.）。

(19)　DESHAYES *et al.*, *supra* note (17), p. 785-786; CHANTEPIE et LATINA, *supra* note (17), nᵒˢ 1012 et 1031. 改正前の条文について同様に述べるものがある（GHESTIN *et al.*, *supra* note (13), n° 1037）。なお，フランスにおける強行法・任意法の概念と公序の関係については，後藤巻則「フランス法における公序良俗論とわが国への示唆」椿寿夫＝伊藤進編著『公序良俗違反の研究——民法における総合的検討』（日本評論社，1995年）153-156頁，難波譲治「フランスの判例における公序良俗」椿寿夫＝伊藤進編『公序良俗違反の研究——民法における総合的検討』（日本評論社，1995年）165-175頁，吉井啓子「フランス法における強行法と任意法」椿寿夫編著『民法における強行法・任意法』（日本評論社，2015年）342-351頁を参照。

(20)　GHESTIN *et al.*, *supra* note (13), n° 1038.

のみ効力が生じるのであって，第三者に対して対抗力（effet opposable）を有しないというのである[21]。

(c) 法律上の相殺要件（相殺適状）の欠如　　法律上の相殺（compensation légale）の要件（相殺適状）として，フランス民法典新1347条1項が「二人の間での相互的な債務（obligations réciproques）」の相殺を規定し，また，新1347-1条が「代替可能（fongibles）で，特定され（certaines），数額が確定し（liquides），請求可能な（exigibles）二つの債務」の存在を要求する。債権の代替可能性がないとか，その数額が確定していないとか，その存在がいまだ確実でないとか，それが請求可能でないとかいう場合にも，合意上の相殺は，有効であるとされる[22]。しかし，以下のように，合意上の相殺が許されない場合があることも指摘される。

第一に，前述の法律上の相殺要件に，債務が自由に利用できる（disponibles）ものであることを加えて，合意上の相殺は，相手方に履行を請求するのに等しいことを考慮するとその債権の処分能力・権限（la capacité et le pouvoir de disposer）を有して処分行為（acte de disposition）をすることができる必要があるとして，この要件を欠く場合には，合意上の相殺は許されないという[23]。例えば，フランス民法（改正前）1293条に規定されていた扶養債権及び給与債権を受働債権とする相殺の禁止を含む「差押禁止債権（créances insaisissable）」（新1347-2条），並びに，当事者の一方について裁判上の民事再生又は裁判上の清算の開始決定がある場合及び注意期間にある場合である。多数説が，前述(a)のように，公序の問題としてこれらを挙げるのに対して，この学説は，相殺要件の問題としてこれらの例を説明する。

第二に，フランス民法典新1348-2条が「相互的な」すべての債務と定めることから，法律上の相殺のうち，債務の相互性（réciprocité）については当

---

(21)　*Ibid.*

(22)　GHESTIN *et al.*, *supra* note (13), n° 1036; BÉNABENT, *supra* note (18), n° 782; CHANTEPIE et LATINA, *supra* note (17), n° 1031; Thibault DOUVILLE [sous la direction de], *La réforme du droit des contrats*, Gualino, 2016, p. 380 (THIBERGE); FRANÇOIS, *supra* note (17), n° 108.

(23)　Jean-Luc AUBERT *et al.*, *Droit civil: Les obligations, le rapport d'obligation*, tome 3, 9ᵉ éd., Sirey, 2015, nᵒˢ 476, 479 et 483; BÉNABENT, *supra* note (18), nᵒˢ 779 et 783.

事者の合意によって緩和することができるかどうかが問題になる。学説は，対立しているようである。一方で，債務の相互性は論理必然的なものであることから合意によって緩和することができないとする立場がある[24]。これに対して，多数当事者相殺（compensation multipartite）によって，債務の相互性要件から逸脱する（déroger）ことができる[25]と述べたり，民法典によって除外されているように見えるものの，当事者は，多数当事者間相殺（compensation multilatérale）を予定して，債務の相互性要件から逸脱する（déroger）ことができる[26]と述べたりする債務法の教科書もある。

　第三に，確かにフランス民法典1348-2条が代替可能性（fongibilité）要件を欠く合意の有効性を暗示しているにしても，二つの弁済としての相殺には，代替可能性要件を欠くことができないのではないかという疑問を呈するものもある[27]。このような立場からは，代替可能性を除いて考えると，数額の確定性及び請求可能性のみが当事者の処分に委ねられているだけであるから，合意上の相殺は，「法定要件の外で作用するというよりも，法律によって必要とされた性質をその債務に植え付けるために当事者の予めの介入を必要とする相殺と分析できる」と指摘される[28]。

(3)　日本の相殺予約に相当する「相殺の合意（convention de compensation）」

　ここまでにおいて紹介した合意上の相殺が契約と同時に直ちに効果を生じさせるものと考えられているのに対して，学説は，これと区別して，将来の相殺のために締結される「相殺の合意（convention de compensation）」又は「将来における合意上の相殺（compensation conventionnelle *in futurum*）」があることを指摘する[29]。フランス民法典新1348-2条は，前述のように，将

---

(24)　GHESTIN *et al.*, *supra* note (13), n° 1036; TERRÉ *et al.*, *supra* note (15), n° 1409; BUFFELAN-LANORE et LARRIBAU-TERNEYRE, *supra* note (13), n° 699; DOUVILLE, *supra* note (22), p. 380 (THIBERGE); FRANÇOIS, *supra* note (17), n° 113.
(25)　BÉNABENT, *supra* note (18), n° 782.
(26)　FAGES, *supra* note (17), n° 513.
(27)　FRANÇOIS, *supra* note (17), n° 108.
(28)　*Ibid.*
(29)　GHESTIN *et al.*, *supra* note (13), n°ˢ 1036 et 1062; Frédéric DANOS, La connexité en matière de compensation, *D.* n° 29, 2015, p. 1657 (note 17); AUBERT *et al.*, *supra*

来に効果の生じる相殺の合意を定める（その効果は，同条第 2 文に規定されている）。

　相殺の合意は，学説によって，交互計算を連想させるものであると指摘される[30]。そして，交互計算を想起するならば，債務の特定性，数額の確定性及び代替可能性は満たされていることが想定され，請求可能性のみが相殺の合意によって満たされるものと指摘し，「相殺の合意は，相殺の法律上の要件から逸脱する（déroger）ことを主な目的とするのではなく，債務の消滅の方法として相殺を選ぶことを主な目的にするものである」と述べる学説もある[31]。

　また，相殺の合意は，関係のある債務（obligations concernées）を将来の相殺のために結び付け，これらの債務間に「人工的な牽連性（connexité artificielle）」をつくり出す目的を有するとも指摘される[32]。これに対して，人工的な牽連性，すなわち，約定牽連性（connexité conventionnelle）をつくり出す相殺を，合意上の相殺からも相殺の合意からも区別して位置付けて，フランス民法典1348-2条には，約定牽連性をつくり出す合意は規定されていないと考えるものもある[33]。

III　日本民法における相殺禁止規定の強行法規性に関する検討

1　合意による相殺（相殺契約及び相殺予約）の有効性
（1）　旧民法における「合意上の相殺」
（a）　「任意上の相殺」に規定された「合意上の相殺」の要件と効果

　ここまでにおいて紹介したように，フランス民法典には，2016年改正によって，合意上の相殺（及び相殺の合意）が規定された。これに対して，日本

---

　　　note（23）n° 483; CHANTEPIE et LATINA, *supra* note（17）, n° 1032; DESHAYES *et al.*, *supra* note（17）, p. 786; FRANÇOIS, *supra* note（17）, n° 112.
(30)　FRANÇOIS, *supra* note（17）, n°s 108 et 112.
(31)　DESHAYES *et al.*, *supra* note（17）, p. 787.
(32)　FRANÇOIS, *supra* note（17）, n°s 108 et 112.
(33)　DESHAYES *et al.*, *supra* note（17）, p. 785.

民法は，以下に述べるように，旧民法に規定されていた合意上の相殺を不要として削除してその規定を持たない。

旧民法の「合意上の相殺（compensation conventionnelle）」は，「任意上の相殺（compensation facultative）」の一種として規定されており，同法財産編531条（任意上の相殺）1項後段は，「総ての場合に於て各利害関係人の承諾あるときは相殺は之を合意上のものとす」とし，同2項は，この相殺が「既往にさかのぼるの効を有せず」と規定する。

合意上の相殺は，「総ての場合」（旧民法財産編531条1項後段）に可能であり，これによって，法律上の相殺要件（同編520条）──2個の債務が①「主たるもの」，②「互に代替するを得べきもの」（代替可能性），③「明確なるもの」，④「要求するを得べきもの」（要求（請求）可能性）──が欠如する場合にも，可能であるという[34]（⑤法律の規定又は当事者の意思によって相殺を禁じていないことも，法律上の相殺要件とされているものの，これについては，当事者に相殺の意思がある合意上の相殺においては言及されていない）。なお，債務の相互性については，相殺の冒頭の条文に，「二人互に債権者たり債務者たるとき……任意上……の相殺成立す」（旧民法財産編519条）と規定されるものの，これについても，合意上の相殺においては言及されていない。

（b）「合意上の相殺」の限界──任意の弁済の禁止及び「合意は，第三者を害することがない」原則　　ボワソナードは，相殺を「見せかけのまたは省略された双方の弁済（un double payement）」[35]と考えており，「合意上の相殺は，任意の弁済が禁止される場合には，当然に，許されない」[36]と述べ，その例として，債権譲渡（旧民法財産編347条）や債権差押（同編527条以下）を挙げる[37]。ボワソナードは，「差押え＝差止め（saisie-arrêt）は，弁済の有効性に二重の無能力に似た障害を引き起こす」と述べて，その無能力に

---

(34)　Gustave BOISSONADE, *Projet de code civil pour l'empire du japon*, nouvelle édition, accompagne d'un commentaire, tome 2, 1891, p. 777-778.

(35)　*Id.*, p. 755.

(36)　*Id.*, p. 778.

(37)　ボワソナードがこのように差押え（差押え＝差止め）と債権譲渡とを並べて挙げるのは，両者を「その目的及び方法において，多くの類似点を有する」と考えているからであろう（*Id.*, p. 774.）。

は，「支払人である債務者の側のものと，受取人である債権者の側のもの」⁽³⁸⁾があると説明しており，相殺の場合にはこのような説明がなされていないとしても，ボワソナードが相殺を弁済と比肩するものと考えることからすれば，一方の債務の差押え＝差止めによってその弁済能力が失われ（前述④の要求（請求）可能性要件の欠如），任意の弁済に類似した合意上の相殺も行うことができないと考えるものであろう。

また，これらに加えて，旧民法のプロジェの解説は，破産者に対する未履行債務を負担する破産債権者についても，「他の者を害してこの債務者を有利にする」⁽³⁹⁾ことになってしまうことを避けるために，相殺が制限されると述べる。同書が「私法の最も重要な規定の一つ」⁽⁴⁰⁾と説明する旧民法財産編345条〔第三者に対する合意の効力〕は，「合意は当事者及び其承継人の間に非ざれば効力を有せずと雖も法律に定めたる場合に於てし且其条件に従ふときは第三者に対して効力を生ず」と定めており，合意の問題について，「常に援用され，念頭に置かれなければならない」⁽⁴¹⁾原則として「当事者間の合意は，第三者を害することも益することもない」⁽⁴²⁾ことに基づくものと説明されている。合意上の相殺に関する旧民法のプロジェの解説において，この条文や原則に関する直接の言及は見当たらないものの，合意上の相殺は，第三者を害することがないと考えられているものと思われる。そこで，債務の弁済能力の欠如に加えて，合意上の相殺を制限するもう一つの根拠として，合意上の相殺によって第三者を害することができないことを挙げることができよう。

(2) 相殺契約と相殺予約

(a) 契約自由の原則に基づく「相殺契約」の有効性　現行民法では，旧民法における合意上の相殺について，「当事者の自由の範囲に属する……ものにして，特に明文を要せざるもの」とされた⁽⁴³⁾。起草者の一人による体系書は，「当事者が任意の契約を以て相殺を為すは固より其随意にして為

---

(38)　*Id.*, p. 661.
(39)　*Id.*, p. 778.
(40)　*Id.*, p. 437.
(41)　*Idem.*
(42)　*Id.*, p. 438.

めに第三者の権利を害せざることを要するのみ」であり，「此一条件を以て
契約上の相殺は自由に之を為すことを得るが故に特に法文に規定する所な
し」と説明する[44]。

　そこで，問題になるのは，どの範囲において相殺契約の自由が認められる
かということである。相殺契約の法的性質について，学説には，有因的な相
互免除契約と考えるもの[45]がある一方で，このような考え方は免除の性質
に反するとして，独立した種類の契約とするものもある[46]。債務消滅原因
としての相殺は，前述のフランスの学説やボワソナードの述べるように弁済
（代物弁済）に類似した側面もあり[47]，相殺契約・相殺予約を，弁済に引き
寄せて考えることも，免除に引き寄せて考えることもできそうである。

　(b)　将来における相殺に関する「相殺予約」と第三者への対抗力　　債
権総論の教科書・体系書において，このような相殺契約とは，別項目におい
て説明されるのが「相殺予約」である[48]。これは「将来の一定の時期また
は一定の事由を生じたときは相殺する」[49]合意である。相殺予約が相殺契約
と別項目で扱われるのは，担保権設定と変わらない実質を備えながら，公示
されないもの[50]だからである。

　相殺予約と称されるものの中には，①予約形式による相殺予約（民法559
条の準用による556条）や，②期限の利益喪失特約，③相殺の意思表示を不要
とする停止条件付相殺契約[51]があるものとされる。これらは，相殺契約と
同様に，当事者の間では契約自由の原則に基づいて，有効と考えられてい

---

(43)　廣中俊雄編『民法修正案（前三編）の理由書』（有斐閣，1987年）477（417）頁。

(44)　梅謙次郎『民法要義巻之3［補訂増補30版］』（有斐閣，1910年）319頁。

(45)　我妻・前掲注(1)353頁，磯村哲編『注釈民法(12)債権(3)』（有斐閣，1970年）379
　　　頁〔乾昭三〕。

(46)　石坂音四郎『日本民法・第3編・債権総論・下巻』（有斐閣，1924年）1630頁。

(47)　この考え方への批判について，磯村・前掲注(45)375-376頁〔乾〕を参照。

(48)　磯村・前掲注(45)460頁〔乾〕。ただし，相殺契約と相殺予約の関係の説明は，一様
　　　でないとの指摘もある（中田裕康『債権総論［第3版］』（岩波書店，2013年）392頁）。

(49)　我妻・前掲注(1)353頁及び356頁。

(50)　林・前掲注(3)66頁。

(51)　我妻・前掲注(1)344-345頁及び357-358頁，磯村・前掲注(45)460頁〔中井〕，林良
　　　平「相殺の機能と効力」加藤一郎＝林良平編『担保法大系第5巻』（金融財政事情研
　　　究会，1984年）555-556頁。

る[52]。問題とされるのは，その第三者への対抗力である[53]（後述Ⅲ.3(2)）。

2 相殺適状（民法505条）の強行法規性に関する検討

(1) 合意による相殺要件の緩和

今日の通説的な見解によれば，「相殺契約には，単独行為による相殺に必要な要件（相殺適状）は必要でない。契約の一般原則に従ってその要件を定めるべきである」[54]とされる。これによって，相殺適状（民505条）──①同一当事者間に債権の対立があること，②対立する両債権が同種の目的を有すること，③両債権が共に弁済期にあること，④債権の性質が相殺を許さないものでないこと[55]──のいずれの要件を満たさない場合も，契約によって相殺することができると考えられている[56]。そうであっても，前述の①及び③要件については，近年の最高裁判決において，これと異なる合意の効力が問題とされているために，以下において検討することにする。

(2) 同一当事者間での債務の対立

日本の学説は，従来，同一当事者間において債権が対立していなくても，当事者の合意によって相殺をすることができるものと考えてきたのであり[57]，「乙の甲に対する債権で甲の丙に対する債権と相殺することも，甲乙間の契約ですることができ」[58]，また，「多数の当事者の間の循環的に対立する債権を全員の間の契約で消滅させることもできる」[59]と述べてきた[60]。

そうであっても，相殺を説明するのに，「相互に」とか，「2当事者間において」とかいう語が用いられたり[61]，相殺契約及び相殺予約の定義において「対立する債権」という語が用いられたりする[62]。

---

(52) 我妻・前掲注(1)353頁。
(53) 林・前掲注(3)81頁，我妻・前掲注(1)357頁及び358頁，潮見佳男『新債権総論Ⅱ』（信山社，2017年）260頁。
(54) 我妻・前掲注(1)353頁。
(55) 我妻・前掲注(1)321頁。
(56) 我妻・前掲注(1)353-354頁，磯村・前掲書注(45)378-381頁〔乾〕。
(57) 我妻・前掲注(1)353頁。
(58) 同上。ただし，民法現474条2項が類推されるという（我妻・前掲注(1)354頁）。
(59) 我妻・前掲注(1)354頁。
(60) 磯村・前掲注(45)379-380頁〔乾〕。
(61) 磯村・前掲注(45)371頁〔乾〕。

　確かに，当事者間においては異なる内容の合意が有効であるために，「2人が互いに……債務を負担する場合」（民法505条）という要件は，強行法規ではないと考えることができよう。しかし，たとえ当事者間において有効な合意であっても，第三者（たとえば，差押債権者，再生債権者）との関係においては，他人の債務を①自働債権としたり，②受働債権としたりする相殺契約（相殺予約）の効力が認められないことがある。前者①の場合として，最高裁[63]は，甲の乙に対する債権と乙の丙に対する債権との相殺予約に関する甲乙間の合意について，差押債権者との関係において，「実質的には，……債権譲渡といえることをも考慮すると，……差押え後にした右相殺の意思表示をもって……対抗することができない」と述べて，「右二者間の相殺予約に差押債権者に対抗できる効力を認めると……差押債権者の利益を害することになる」とする原審の判断を支持する。後者②の場合として，最高裁[64]は，民事再生法92条1項に関する判断であるが，民法505条1項本文に言及して，「2人が互いに債務を負担するとの相殺の要件を，再生債権者がする相殺においても採用しているものと解される」ものとして，この要件を欠く相殺は，「互いに債務を負担する関係にない者の間における相殺を許すものにほかならず，民事再生法92条1項の上記文言に反し，再生債権者間の公平，平等な扱いという上記の基本原則を没却するものというべきであり，相当ではない」ために，「相殺は，これをすることができる旨の合意があらかじめされていた場合であっても，民事再生法92条1項によりすることができる相殺に該当しないものと解するのが相当である」という。このように第三者への対抗力が否定されるのは，前述においてボワソナードの述べる「当事者間の合意は，第三者を害することも益することもない」という原則に基づくものと整理することができるものと思われる。

　フランスの多数説は，同一当事者の間の債務の対立を相殺の本質的要件と位置付けている。しかし，ここまでにおいて述べたように，日本では，債権

---

(62)　我妻・前掲注(1)353頁。磯村・前掲注(45)460頁〔乾〕，奥田昌道『債権総論［増補版］』（悠々社，1992年）572頁も同様に述べる。

(63)　最判平7・7・18金法1457号37頁。

(64)　最判平28・7・8民集70巻6号1611頁。

362

の対立が存しない状態でも相殺契約が認められるのであり，相殺という性質決定には，たとえ債務が対立していないとしても，対当額における債務の消滅に関する合意があればよいものと思われる。学説[65]は，相殺「契約の目的とされた両債権は対当額で消滅する」ものとして，「相殺と呼ばれる意味はここにある」という。

(3) 両債権の弁済期の到来

つぎに，「双方の債務が弁済期にある」という要件の強行法規性を検討していくことにする。

大審院判決[66]には，受働債権について期限の利益を放棄できるのであれば，相殺適状にあると判断するものがあった。これに対して，近年，民法508条に関する判断ではあるものの，最高裁[67]は，「相殺適状にあるというためには，受働債権につき，……期限の利益の放棄又は喪失等により，その弁済期が現実に到来していることを要する」と述べて，相殺適状には，両債権の弁済期が現実に到来していることが含まれると解している。

相殺契約について，学説は，「弁済期についても，期限の利益の喪失や放棄をとくに問題とする必要はない」と指摘する[68]。このように考えれば，「双方の債務が弁済期にあるとき」（民法505条）という要件は，強行法規ではない。

また，将来の相殺に備えて締結される相殺予約のうち，期限の利益喪失特約は，弁済期にない債務を契約に基づいて相殺するものとも考えられそうであるが，学説では，弁済期を到来させて相殺適状を緩和する特約であって[69]，相殺要件を充足させて法定相殺を行うための合意（準法定相殺）[70]と考えられている。このように考えるならば，期限の利益喪失特約は，民法505条の要件を満たすものであるから，同条の強行法規性・任意法規性の検討にはかかわりのないものということになりそうである。

---

(65) 我妻・前掲注(1)355頁。
(66) 大判昭8・5・30民集12巻1381頁。
(67) 最判平25・2・28民集67巻2号343頁。
(68) 我妻・前掲注(1)354頁。磯村・前掲注(45)380-381頁〔乾〕も同旨を述べる。
(69) 我妻・前掲注(1)358頁。
(70) 林・前掲注(3)65頁及び86頁，林・前掲注(51)556頁，潮見・前掲注(53)319-320頁。

しかし，いずれの契約も，相殺の効力発生時に関して，その第三者に対する対抗力が問題になる。後にⅢ.3(2)において述べる。

3　相殺の方法及び効果に関する規定（民法506条1項）の強行法規性

(1)　民法506条1項とは異なる方法による相殺の有効性

(a)　相殺の意思表示を不要とする特約の有効性（民法506条1項は強行法規か）　停止条件付相殺契約は，相殺の意思表示を省略することを予定する特約であるとされる[71]。このように相殺の意思表示を不要とする特約の有効性について，学説の見解は分かれている[72]。一方で，原則としては相殺の意思表示を必要とする趣旨と考えつつ，当事者の意思が明らかに意思表示を必要としない趣旨でも有効と述べるもの[73]と，他方で，相殺通知は必要であると述べるもの[74]とがある。

フランス民法典が自動相殺主義から援用相殺主義へと転換したことを想起すれば（前述Ⅱ.2(1)），たとえ意思表示を要しない特約が有効であっても，訴訟になれば，相殺契約が締結されたことを主張する必要があるのであり，その問題は，実質的には，その効果（第三者に対する対抗力）に関するものになりそうである（後述Ⅲ.3(2)）。

(b)　条件又は期限付き意思表示の有効性（民法506条1項後段は強行法規か）

相殺の意思表示には，条件又は期限を付することができないとされている（民法506条1項後段）。単独行為に条件を付して相手方を害することは許されないと一般的に考えられており，民法506条1項後段は，その例の一つとして挙げられる[75]。停止条件付相殺契約の有効性は，この条文の強行法規性とも関わる。

起草者は，この条文について，「殆んど言ふを俟たぬこと」であり，なぜ

---

(71)　加藤雅信『新民法大系・民法総則［第2版］』（有斐閣，2005年）420頁。

(72)　磯村・前掲注(45)461頁〔中井〕。

(73)　我妻・前掲注(1)344頁。ただし，同書は，法律関係が紛糾しないように，要件となる事実の特定及び目的とされる債権またはその発生原因たる法律関係の特定が必要とされるという。

(74)　磯村・前掲注(45)470頁〔中井〕。

(75)　我妻栄『新訂・民法総則』（岩波書店，1965年）410頁。

ならば，双方が弁済期にある時に，条件を付けてその成就によって一方から通知をして効力があるとすると「他の方から其実際見ない履行を求めることも出来ぬ」からであり，他方で，期限を付けると本来の弁済期を延期させるのに等しいので制限する必要があるし，その効果は相殺適状において生じることになるからである[76]と説明する。今日でも，学説は，類似の説明を行う。すなわち，相殺の意思表示が条件付きであれば，法律関係を紛糾させて相手方に不当な不利益を与える恐れがある[77]，又は，相手方の地位を不安定にする[78]とか，期限をつけたとしても，相殺適状に遡って効力を生じれば無意味である[79]とかいう。

　条件又は期限を付した相殺の意思表示は，無効であると指摘する学説がある[80]。このような無効については民法に規定がなく，起草者もそのように述べていないのであるが，ドイツ民法388条2項第2文において「条件または期限を付した意思表示は無効（unwirksam）とする。」と規定されていることを参考にした解釈論であろうと思われる[81]。このような無効の効果に鑑みれば，民法506条1項後段は，強行法規とも考えられそうである。

　そうであっても，単独行為について，一般に，「相手方の同意があるか，または条件の内容がそのために相手方をとくに不利におとし入れるものでないときは，条件を附することが許される」[82]とされており，また，相殺の合意には条件又は期限を付すことができる[83]のと対比すると，相殺の意思表示に条件又は期限を付すことができないとされる理由は明確でないと指摘される[84]。法定相殺の場合には，相手方は，単に債務（自働債権）を免れる

---

(76)　『法典調査会民法議事速記録(3)』（商事法務研究会，1983年）573頁〔穂積発言〕。

(77)　我妻・前掲注(1)344頁。

(78)　於保不二雄『債権総論［新版］』（有斐閣，1972年）413頁，潮見・前掲注(53)247頁。

(79)　我妻・前掲注(1)344頁，於保・前掲注(78)413頁，潮見・前掲注(53)247頁。

(80)　平井宜雄『債権総論［第2版］』（弘文堂，1994年）221頁。条件・期限の部分のみが無効となるのではなく，相殺自体が無効であると明言するものとして，磯村・前掲書注(46)416頁〔乾〕及び潮見・前掲注(53)247頁を参照。

(81)　石坂・前掲注(46)1600頁（註3）は，このようなドイツにおける考え方を批判して，相殺の意思表示に条件又は期限を付すことを絶対的に禁止する必要はないと指摘する。

(82)　我妻・前掲注(75)410頁。

(83)　石坂・前掲注(46)1633頁。

（免除の意思表示には条件を付すことができる。）だけでなく，その債権（受働債権）を対当額において失うことになるのであり，起草者は，前述の通り，相殺適状における相殺の意思表示に条件を付せば，相手方の債権（受働債権）の行使に対する不当な制限になる虞があることを指摘する。しかし，相手方の同意がある場合には，このような不当性は認められない。そこで，民法506条1項後段は，任意規定と考えられる。

　停止条件付相殺契約については，「一定の事実が生じることを停止条件として債権・債務を消滅させる契約」であるとして，「相殺の意思表示に付款として条件がつけられているのでない」ものと述べて[85]，停止条件付相殺契約が民法506条1項後段に規定された条件又は期限付き意思表示の禁止には抵触しないと整理するものもある。

（2）　相殺適状時とは異なる時点において効果を生じさせる合意の有効性

　相殺契約が効力を生じると，債権は，当事者の契約に沿って，対当額において消滅する[86]。当事者の合意によって，相殺適状時よりも将来の時点において効力を生じさせることも可能であると考えられており[87]，相殺の遡及効を定める民法506条2項は任意規定といえる。

　これに対して，問題とされるのが相殺契約の遡及効である[88]。学説には，一方で，原則として遡及効を与える趣旨と解する説[89]と，他方で，当事者間では一定の時期に遡って差し引き計算すること（遡及効を与えること）は可能であるが，学説では，相殺予約とは異なって，相殺契約については，「とくに過去の一定時期を指示しない限り，遡及効がない趣旨と解するのが当事者の意思に合する」とする説[90]とが対立している。ただし，遡及効を原則とするか否かにかかわらず，学説では，当事者間において遡及効が有効となる場合にも，これを第三者には対抗することができないと考えられてい

(84)　平井・前掲注(80)221頁。
(85)　潮見・前掲注(53)259頁。
(86)　我妻・前掲注(1)355頁。
(87)　中田・前掲注(48)392頁，潮見・前掲書注(53)248頁。
(88)　我妻・前掲注(1)356頁。
(89)　磯村・前掲注(45)383頁〔乾〕，中田・前掲注(48)392頁，潮見・前掲注(53)260頁。
(90)　我妻・前掲注(1)356頁。

る⁽⁹¹⁾。なぜならば，契約によって第三者の権利を害することはできないからである⁽⁹²⁾。フランス民法典は，前述（Ⅱ.2）のとおり，合意上の相殺について将来効を採用している。

期限の利益喪失特約も，相殺適状を早めて相殺を前倒しに行うものであれば，前述の遡及効のある相殺契約に類似する。しかし，最高裁判決⁽⁹³⁾は，「契約自由の原則上有効であることは論をまたないから，本件各債権は，遅くとも，差押の時に全部相殺適状が生じたものといわなければならない」として，国税債務の滞納処分に基づく差押えを行った債権者（国）に相殺を対抗することを認める。学説にも，「約款に定められたことを前提とする相殺適状の時における遡及的消滅を，第三者に対しても，主張することができる」⁽⁹⁴⁾と述べるものがある。これに対して，定型的な銀行取引約定に記載された条項が「公知の事実」であることに言及する最高裁判決⁽⁹⁵⁾もあり，学説にも，公示性のない担保権について，「公知性」をもって第三者効を認めるものもある⁽⁹⁶⁾。債務の弁済期に関する特約とはいえ，対抗要件を具備しない相殺予約に第三者への対抗力を認めてその権利を害することは，契約の相対効に反するように思われる。

いずれにしても，本来の相殺適状と異なる時点において相殺の効果を生じさせる相殺契約及び相殺予約は，第三者の介入する前に締結されて直ちにその時点から効果を生じさせる相殺契約とは異なって，第三者に対する対抗力が否定される可能性がある。

4 受働債権とすることができない債権を対象とする相殺禁止（民法509条・510条・511条）の強行法規性

受働債権とすることができないものも，相殺禁止の趣旨が「単に債権者の意思によらずに相殺によって消滅させることを禁ずるもの」である場合に

---

(91)　我妻・前掲注(1)354頁及び356頁，磯村・前掲注(45)383頁〔乾〕。
(92)　同上。
(93)　最大判昭45・6・24民集24巻6号587頁。
(94)　我妻・前掲注(1)358頁。
(95)　最判昭51・11・25民集30巻10号939頁。
(96)　近江・前掲注(4)367頁。

は，相殺契約の対象にすることができるし[97]，差押禁止債権も，同様に，契約によって相殺することができると述べられる[98]。以下において，順に検討することにする。

(1)　不法行為上の債権を受働債権とする相殺の禁止（民法509条）は強行法規か

不法行為上の損害賠償債権を受働債権とする相殺（民現509条）の趣旨は，「不法行為の被害者をして現実の弁済により損害の填補をうけしめるとともに，不法行為の誘発を防止することを目的とするもの」[99]とされている。

通説は，受働債権の債権者（被害者）の意思によらずに相殺によって消滅させることを禁止するにすぎないから，不法行為から生じた債権も，契約によって相殺できると考えてきた[100]。これに対して，通説のように一律に相殺合意を有効と考えるのではなく，本条を「不法行為の被害者の保護をめざす社会正義に関する規定」として強行法規と解した上で，既発生の不法行為による損害賠償債権については，債権者と債務者が相殺契約を結ぶことは差し支えないにしても，「将来発生するかもしれない不法行為に基づく損害賠償債務」については，相殺契約や相殺予約を予めすることは許されないとする見解も示されている[101]。

民法新509条は，①生命・身体の損害については，現実の賠償を得させることを目的（「治療代は現金で」）に相殺を禁止し（同条2号），②それ以外の損害については，悪意の不法行為を防止または制裁するために相殺を禁止する（同条1号）。前者①は，生命・身体に関する利益を保護することを目的にする公序良俗に関する規定であり，条文に反する合意は無効と考えることができるし，また，後者②についても，異なる事前合意を有効とすれば不法行為の抑止又は制裁という条文の趣旨を損なう結果になるので，立法趣旨を尊重すれば，条文に反する事前の合意を無効とすることも考えることができ

---

(97)　我妻・前掲注(1)354-355頁。
(98)　我妻・前掲注(1)355頁。
(99)　最判昭42・11・30民集21巻9号2477頁。
(100)　我妻・前掲注(1)354頁，磯村・前掲注(45)381頁〔乾〕，中田・前掲注(48)392頁及び405頁。
(101)　磯村・前掲注(45)434-435頁〔乾〕。

る。そうであっても，①及び②の趣旨に基づいて法定相殺が禁止されるの
は，損害賠償債権を受働債権とする場合のみであって，その債権者がこれを
自働債権として法定相殺の意思表示をすることは可能であり，また，民法新
509条ただし書が債権者によるその債権の処分（譲渡）を想定していること
を考慮すれば，損害賠償債権の債権者による相殺までも全面的に禁止するも
のと解する必要はないように思われる。そこで，立法趣旨を尊重すれば，未
発生債権については債権者の保護を実現する範囲において当該相殺予約を無
効と考えるべきであろうが，既発生債権を対象とする相殺契約は有効と考え
てよさそうである。ただし，これらの場合にも，相手方である債務者は，信
義誠実にその義務を履行しなければない（民法1条）という原則から，民法
509条と異なる相殺契約・相殺予約を対抗してその債務の履行を免れること
ができないと説明することもできそうである。このように説明できるなら
ば，強行法又は公序良俗違反という概念を持ち出す必要がなくなる可能性が
ある。

（2） 差押禁止債権を受働債権とする相殺の禁止（民法510条）は強行法規か

差押禁止債権[102]は，差押禁止によって債権者を保護する目的を徹底する
ために[103]，受働債権として相殺することが禁止される（民法510条）。しか
し，差押禁止債権であっても，その債権者の意思によって，契約に基づいて
相殺することはできると考えられている[104]。そこで，民法510条は，任意
規定と考えられそうである。

そうであっても，相殺契約は公序良俗に違反する場合に無効と考えられて
いるのであり[105]，たとえば，「差押禁止の趣旨を潜脱するような場合に
は，民法90条により無効とされることがある」[106]と指摘される。その例と
して，賃金を前借金によって相殺することを使用者に禁じる労基法17条を挙

---

(102) 民執152条。特別法として，自賠法18条・74条，生活保護法58条，国年法24条，厚
  年法41条，厚年法41条，健康保険法61条，国民健康保険法67条，労基83条2項などが
  ある。
(103) 我妻・前掲注(1)331頁。
(104) 我妻・前掲注(1)355頁，奥田・前掲注(62)572頁，中田・前掲注(48)392頁。
(105) 中田・前掲注(48)392頁。
(106) 奥田・前掲注(62)572頁。

げるものもある[107]。

　差押禁止債権には，種々のものが含まれており，民法510条によって保護されるべき権利は，個別の検討を要するものといわざるをえない。たとえば，最高裁判決[108]は，賃金の全額払いの原則を定める労基法24条1項が「労働者に賃金の全額を確実に受領させ，労働者の経済生活を脅かすことのないようにしてその保護を図ろうとする趣旨に立つ」として，同条に基づいて，賃金債権を受働債権として損害賠償債権をもって相殺することも許されないものとしつつ[109]，例外的に，「労働者がその自由な意思に基づき右相殺に同意した場合においては，右同意が労働者の自由な意思に基づいてされたものであると認めるに足りる合理的な理由が客観的に存在するときは，右同意を得てした相殺は右規定に違反するものとはいえない」と述べる[110]。ただし，同判決では，「右同意が労働者の自由な意思に基づくものであるとの認定判断は，厳格かつ慎重に行われなければならない」とされている。

　このような考えを参考にすれば，強行法規と考えられているものであっても，当事者の合意によって条文からの逸脱が許される場合があることになる。しかし，本判決の評釈[111]では，労働法の強行法的性質からは，理論的説明が困難であるとして，この最高裁判決の問題が指摘されている。このような学説は，フランスの多数説が前述（Ⅱ.2(2)(a)）のように，給与労働者の保護を公序の問題と位置付けるのと類似する。これに対して，フランスの一部の学説には，賃金債権を受働債権とする相殺の禁止を，公序ではなく，相殺要件（すなわち，債権の処分能力・権限）の欠如として説明するものもあり（前述Ⅱ.2(2)(c)），この考えからは，強行法規または公序良俗違反に言及する必要はなくなる。強行法規の定義に反するようにもみえるものの，条件

(107)　潮見・前掲注(53)259頁（注42）。
(108)　最判平2・11・26民集44巻8号1085頁。
(109)　なお，債務不履行に基づく債権について，最判昭31・11・2民集10巻11号1413頁，不法行為上の債権について，最判昭36・5・31民集15巻5号1482頁が労基法24条1項に基づく相殺の禁止を述べる。
(110)　本判決の引用する最判昭48・1・19民集27巻1号27頁も同旨である。
(111)　水町勇一郎「判批（最判平2・11・26）」山口浩一郎ほか編『労働判例百選［第6版］』（有斐閣，1995年）85頁，橋本陽子「判批（最判平2・11・26）」村中孝史＝荒木尚志編『労働判例百選［第8版］』（有斐閣，2009年）73頁。

370

によっては当事者の合意による逸脱を許す強行法規があることを認めるのか，強行法規の定義を維持したままで相殺の要件の問題として考えるべきかについては，さらに検討が必要になるものと思われる。

(3) 差押えを受けた債権を受働債権とする相殺の禁止（民法511条）は強行法規か

差し押さえられた債権は，質権の設定された債権及び債権譲渡の対抗要件が備えられた債権と同様に，相殺契約によっても消滅させることのできないものと考えられている[112]。その理由は，「契約は第三者の権利を害しえないから」[113]であるという[114]。学説では，民法505条以下のうち，民法511条が強行法規であることに異論がないようである[115]。

最高裁[116]も，相殺予約（停止条件付相殺特約）の有効性を「契約自由の原則」に基づいて認めるものの，差押債権者との関係においては，「私人間の特約のみによって差押の効力を排除する」ことになるために，そのような特約は「511条の反対解釈」の範囲に限られるものとする。その後に出された最高裁判決[117]は，同様の特約を「契約自由の原則上有効であることは論をまたない」ものとしつつも，債権が差し押さえられた場合には，差押えの効力として，第三債務者も「債務者との間に……相殺契約……をすることが許されなくなる」ものとしている。

差押えの効果は，公序に関するものであり，民法511条と異なる当事者間の合意は無効になる。このように当事者の合意による逸脱を許さないことから，民法511条は強行法規といえる。ただし，当事者の合意が無効であることについて，これとは異なる説明も考えうる。差押えの効力によって相殺契約が制限されるという前掲の最高裁[118]の説明によれば，フランスの少数説のように（前述Ⅱ.2(2)(c)），相殺契約・相殺予約の要件（債権の処分能力・

---

(112) 我妻・前掲注(1)355頁。
(113) 同上。
(114) 椿（久）・前掲注(5)182頁。
(115) 潮見・前掲注(53)260頁。
(116) 最大判昭39・12・23民集18巻10号2217頁。
(117) 前掲・最大判昭45・6・24。
(118) 同上。

権限）を満たさない場合と位置付けることもできそうであるし，また，「契約は第三者の権利を害しえない」原則に言及すれば[119]，フランスの少数説のように（前述 II. 2 (2)(b)），第三者の保護の問題（第三者への対抗力の欠如）とも説明できそうである。これらのいずれかの説明に立てば，強行法規又は公序良俗違反に言及する必要がなくなる可能性がある。

Ⅳ　おわりに──相殺規定と強行法・任意法──

　ここまでの検討を，相殺規定と強行法・任意法という観点からまとめると，以下の通りである。

　本稿では，日本民法505条以下に規定された相殺の一連の規定が，当事者の一方または第三者の権利を不当に害することのない範囲で認められる，相殺契約・相殺予約の自由を前提につくられたものであることを確認した（ただし，当事者の契約を「相殺契約・相殺予約」として性質決定するためには，少なくとも，複数の債権を対当額で消滅させる合意が必要であることを述べた）。

　相殺契約・相殺予約の自由には，本稿の検討をまとめれば，①一方で，当事者の合意（相殺契約・相殺予約）によって民法の定める相殺制度（法定相殺という基本的モデル）からの逸脱（要件や遡及効，行使方法の変更）を認める根拠となる側面（民法新521条2項）と，②他方で，そのような合意に参加・同意していない者にはその拘束力が及ばない側面（相殺契約の相対効）がある。

　まず，前者の側面①に関わって，当事者は，相殺契約を自由に締結できるのが原則であり，民法505条以下の相殺規定のほとんどが任意規定である。しかし，民法509条及び510条については，条文とは異なる合意の効力を否定すべき場合がある。これらの規定は，当事者の一方を保護して債権の現実の支払いを受けることを保障しようとするものであり，条文と異なる合意が有効かどうかは，相殺契約によって現実の支払いを省略することがその立法趣旨に反しないかどうかを場面ごとに検討して判断する必要がある。たとえ

---

(119)　我妻・前掲注(1)355頁。

ば，民法現・新509条について，不法行為等により生じる未発生債権を対象
とする相殺予約は，人損の回復及び不法行為の抑止・制裁という条文の目的
を達成するためには，無効とすべきものと考えられるのに対して，既発生の
損害賠償債権を対象とする相殺契約は，有効と考えてよいものと思われる
（前述Ⅲ.4(1)）。また，民法510条に関連する問題として，最高裁判決[120]
は，強行法と考えられている労基法24条1項に基づく相殺の禁止と，当事者
の合意によるその緩和の可能性を示す（前述Ⅲ.4(2)）。

　つぎに，相殺契約の相対効に関する後者②に関して，第三者の介入に際し
て，当事者の有効な合意をその第三者に対抗できないことがある。すなわ
ち，民法505条1項の要件は任意規定と考えられるものの，同一当事者間で
の債務の対立という法定相殺の要件については，これと異なる合意は，たと
え当事者間で有効であっても，「契約によって第三者の権利を害することが
できない」原則に基づいて，それを第三者（差押債権者，再生債権者）に対抗
することができないことがある（前述Ⅲ.2(1)）。また，民法506条1項の規定
する相殺適状への遡及効とは異なる過去の時点に遡及して相殺の効果を生じ
させる合意も，当事者間で有効であっても，第三者には対抗することができ
ないことがある（前述Ⅲ.3(2)）。当事者の合意による条文からの逸脱が許さ
れるという意味では，これらは任意法規といえそうであるが，第三者との関
係においては，条文と異なる当事者の合意を対抗することができずに，民法
の定める相殺の基本的モデルに引き戻される場合ということができる。

　民法現・新511条も，「契約は，第三者を害することがない」という原則に
基づいて，これと異なる合意を排除する（前述Ⅲ.4(3)）。同条は，「差押債権
者と第三債務者の間の利益の調節を図った」[121]規定であり，当事者の合意
による変更が許されないものだからである。同様に，第三者との関係を調整
するその他の規定（本稿では紙幅の関係から検討しなかったが，民法505条2項
ただし書及び新469条）も，ここに位置付けることができるものと思われる。

　本稿は，「はじめに」において，『法律学小辞典』の定義に従って，強行法
規を「当事者がそれと異なる特約をしても，特約が無効となるような規定」

---

(120)　前掲・最判昭31・11・2。
(121)　前掲・最判昭45・6・24。

と措定して検討を行った。このように，当事者の合意による逸脱を許さない
ものを強行法規と呼べば，法定相殺の規定のうち，(1)民法現・新509条及び
510条，並びに，(2)現・新511条，新505条2項ただし書及び新469条は，強
行法規といえる。ただし，この(1)及び(2)には，次のような違いがある。前
者(1)の各規定は，その目的を達するためには合意による条文からの逸脱を
許さないものであるが，条件によっては，合意による逸脱が許されることが
ある。そこで，強行規定と任意規定についての「段階的発想」[122]になじみ
やすいであろう。すなわち，これらの規定は，弱い片面的強行法規といえそ
うである。これに対して，後者(2)の規定は，契約の相対効を明文化して第
三者の権利を保護するものであり，当事者の合意によって変更することがで
きないものであるために，これらに反する当事者の合意は無効である。そこ
で，これらの相殺権と第三者の権利を調整する規定は，(狭義の) 強行法規
と分類することができる。

　ただし，契約が無効になるのは，本稿に検討したように，公序良俗違反の
場合だけでなく，信義則違反の場合もありうるのであり[123]，さらには，契
約の相対効に基づく場合 (対抗不能または相対的無効) もありうるのであっ
て，本稿のように異なる内容の特約を排除する規定を強行法規と呼んでも，
学説[124]に指摘されるように，これをどのように体系的に位置づけてその無
効の根拠を説明するかという問題をさらに検討する必要があるものといえ
る。

---

(122)　椿寿夫「[付録] 強行法と任意法——民法学余滴 (初出，「書斎の窓」607号・612
　　　号)」椿寿夫編『民法における強行法・任意法』(日本評論社，2015年) 25頁。
(123)　本稿の検討対象ではないものの，消費者契約法10条によって，「公の秩序に関しな
　　　い規定」と異なる契約条項が信義則に反して無効となる場合の「半強行法」(河上正
　　　二『民法総則講義』(日本評論社，2007年) 256-257頁及び263頁もある。
(124)　椿寿夫「公序良俗違反の諸相——問題点の一スケッチ」椿寿夫＝伊藤進編『公序
　　　良俗違反の研究——民法における総合的検討』(日本評論社，1995年) 22-26頁。

15　不法行為法と強行法・任意法

山口　斉昭

Ⅰ　はじめに

1　従来の議論

　不法行為法と強行法・任意法との関係については，従来，ほとんど議論がなかった。

　実際，本書の統一課題である，強行法と任意法のテーマは，2013年の『強行法・任意法で見る民法』[1]，2015年の『民法における強行法・任意法』[2]と受け継がれ，本書に至るが，法定債権と強行法・任意法との関係については，扱いが難しかったと見られ，この部分を担当した織田博子の研究においても，不法行為を含む法定債権について，「通常，当事者の意思が介在していないのであるから，任意法・強行法という概念にはなじまないと考えられる」[3]とし，代表的教科書や判例などを整理する中でも，法定債権が，任意法規か強行法規かについて，直接述べるものはほとんどないことを示している[4]。これは対象を不法行為に絞ったとしても同様であり，そもそも学説

---

(1)　椿寿夫編『強行法・任意法で見る民法』(日本評論社，2013年)。
(2)　椿寿夫編『民法における強行法・任意法』(日本評論社，2015年)。
(3)　織田博子「判例・学説にみる法定債権規定の強行法性」前掲注(2)155頁。
(4)　織田・前掲注(3)155頁，織田「〔第Ⅴ編〔1〕〕概説」前掲注(1)240頁。

が，不法行為の規定が強行法か任意法かを，意識的に議論することは，（上記織田の研究を除き）ほとんどなかったといってよい。

　もっとも，織田による同研究でも示されているように，あえてどちらかということをいうならば，一般的には，少なくとも不法行為法は任意法ではなく，このため，強行法に属すると見る考え方が有力であると思われる[5]。これは，不法行為法が，当事者の意思に関わらず，一定の事実に基づいて，法律により責任を負わせるところから導かれているものと思われる。

2　不法行為法が任意法とみられる可能性について

　しかし，一方で，不法行為責任の，当事者による免責等の可能性については，これまでも不法行為法が強行法か任意法かという問題とは別に，議論がなされてきた。そして，これについては，事前の免責合意により，不法行為による責任をも免除できるかという問題と，不法行為後の和解や示談において，責任を免除できるかという問題とがあるが，いずれにおいても，一定の場合においては免責が認められるということには，異論がない。

　このことから，不法行為規範は任意法であると見る余地が生じてくるように思われる。現に織田も，「不法行為規定については，基本的に，当事者の合意による法律規定の排除を肯定してもよいのではないか」とし，不法行為も含めた法定債権関係につき，「現在のところでは，結論は留保しておく」としながらも，「強行規定であるという従来のイメージと異なり，任意規定であると考える余地が大きくなるのではないかと考えられる」としている[6]。

　これは，上記のことから，事前，事後を含め，一定の場合に，不法行為による責任を当事者の合意が排除していると捉え，当事者の合意が，不法行為規範による効果としての権利義務を発生させない，あるいは不法行為規範とは別の効果を発生させていると考えれば，その通りであるように思われる。

（5）　我妻栄『新訂債権総論』（岩波書店，1972年）13頁，川井健『民法概論3債権総論［第2版］』（有斐閣，2005年）4頁。

（6）　織田・前掲注(3)164頁。

3　不法行為法と強行法・任意法の関係

　しかし，上記の通り，事前の当事者の合意によって，一定の場合に免責が認められることはその通りであるとしても，すべての免責が認められるわけではなく，その場合には不法行為規範が適用されることになる。これはむしろ強行法としての性質に近いともいえよう。そして，当事者の意思に関わらず，責任を課す規定であるはずの不法行為規範を，当事者の意思により排除することが矛盾ではないかという点も，検討が必要であろう。さらに，その際，そもそも不法行為法が，被害者の同意など，当事者の意思的要素をも事実の中に取り込んで責任を判断しているという点も，考慮されなければならない。

　また，示談等における事後の免責についても，損害賠償債務の内容を当事者の合意により変更していることは確かであるとしても，不法行為規範における要件の具備によって当事者が負う責任内容自体をも変更できるとしているかどうかは，検討の必要がある。むしろ，不法行為規範によって責任自体は生じているが，それにより生じている損害賠償債務を，合意により処分しているに過ぎないとも考えられるからである。

　以上のことからすると，不法行為規範を任意法とするのは困難な側面があると思われるが，一方で，従来の議論の一部にあったように，不法行為を強行法として位置づけることにも問題があると思われる。

　それは，以下のとおりである。すなわち，強行法については，その位置づけに明確なコンセンサスがあるわけではないが，それに反した意思や合意が無効とされる，または，当事者の具体的な意思にかかわらず，法の認める効力が強行される規範群であって，基本的には，合意の効力との関係でその位置づけを行うものであると考えられる。このため，そこに適用される強行法が存在する場合において，当事者が合意をする場合は，強行法の要件や効果に合致する必要があり，当事者もそれを遵守することが求められる。しかし一方で，その効果を求めなければ，規律に全く服さない自由も認められるのが原則と思われる。

　これに対し，不法行為法は，故意・過失や法益侵害等の要件が備われば，その意思に関わらず規律に服し，責任を負うのがその本質である。したがっ

て，当事者がその効果を引き受ける意思は不要であるばかりか，意思が前提とされていない以上，不法行為による責任規範を当事者が尊重し，遵守することを前提とした規範でもない。これは不法行為による損害賠償債務が，不法行為成立時に遅滞に陥り，遅延損害金を発生させるとされており⁽⁷⁾，履行期の存在を前提としていないことからも裏付けられるであろう。

4　不法行為法が強行法か任意法かという問いについて

このことからすると，強行法・任意法と，責任規範である不法行為法は，その存立の基盤，レベルが異なり，不法行為規範が強行法であるか任意法であるかという問い自体が，ナンセンスであるとも思われる。すなわち，任意法・強行法と不法行為法との関係は，実体的な権利義務の設定のレベルにおいて強行法，任意法が問題とされ，そこで確定された権利義務を前提に，義務違反による権利・利益侵害があった場合に，不法行為法が機能するという関係であるに過ぎず，不法行為法は，強行法でもなければ任意法でもないからである。また，仮に，当事者の意思に関わらず適用されるものを強行法，当事者の意思によってその内容を変更できるものを任意法と定義するならば，不法行為法は強行法でもあり任意法でもあるというるが，いずれにせよ，不法行為法を強行法か任意法のどちらかに分類しうるということはない。

このようなことからすると，これまで学説は不法行為規範が強行法規か任意法規かという議論をしてこなかったものの，このことに非はなく，不法行為法と，強行法・任意法はこのような関係に立つということが指摘できるに過ぎない。

5　不法行為法と強行法・任意法との関係に関する論点

このように，不法行為法が強行法か任意法かという問いは，必ずしも十分な意義を持たない。しかし，不法行為法と強行法規との関係や，不法行為法と免責合意の関係等はこれまでも論じられてきたものであり，この際，これ

（7）　最判昭37・9・4民集16巻9号1834頁。

らについて整理しておくことは有用であろう。そこで，これまで問題とされてきた論点としては，次の３つが挙げられる

　①　強行法規に反する合意がなされ，これが実際に行われた際に，合意が無効となるだけでなく，合意に基づく行為が不法行為となるか。

　②　不法行為規範により責任を追及しうる者と，責任を負う者との間で，責任を負わない，あるいは，それを制限する合意をすることができるか（事後的な免責合意の効力について）。

　③　不法行為規範により責任を追及する可能性がある者と，責任を負う可能性がある者との間で，あらかじめ不法行為責任を負わないとする合意や，その範囲を制限する合意をすることができるか（事前の免責合意の効力について）。

　このうち，①は，責任規範としての不法行為法と強行法規との関係ではなく，責任を課すことにより不法行為規範が保護している権利義務や法秩序と，強行法規との関係に関する問題である。このため，これは，不法行為の要件論の中で，強行法規がどのような役割を果たしているかという問題に過ぎないことに注意されたい。

　一方，②，③は，織田による先行研究でも，不法行為規範が強行法か任意法かという観点から重点的に検討された部分であり，責任規範としての不法行為法に，免責合意がどのような影響をもたらしうるかという問題である。このため，いわゆる強行法規や任意法規と合意との関係に類似するが，同一でないことは先に述べた通りである。ただし，なぜそのように言いうるかについては，具体的な検討の中でも論ずることにする。

　そこで，以下，順に検討する。

Ⅱ　不法行為法における強行法規

1　問題の所在

　最初に問題となるのが，強行法規に反する合意がなされた場合に，合意が無効となるだけでなく，合意に基づく行為が不法行為となるかという点であ

る。これにつき，強行法規に反する合意がなされても，その合意は無効であるため，無効のまま履行がなされず，また，合意形成過程における財産上の出捐等もなされなければ，当事者間に損害が発生しないため，原則として，不法行為も成立することはない。

　しかし，問題は，無効な合意に基づき実際に履行がなされ，または具体的な出捐や役務の提供が行われた場合である。この場合，合意が無効とされることによって，当然に不当利得が問題となるが，それだけでなく，不法行為も問題となる可能性がある。現実にも，契約の無効を主張せずに不法行為による損害賠償の請求を行うことはありえ（もとより，契約を無効としたうえでさらに損害があれば，加えて不法行為による責任が追及されることもあり得る），また，特に役務提供型の契約等で，強行法規違反の契約により役務に従事したというような場合は，むしろ不法行為による損害賠償を請求するほうが自然であろう。

2　強行法規違反と不法行為における違法性

　この点，強行法規違反の合意がなされていることから，被害者にも不法性がないかという民法708条の類推適用の問題が関わる可能性はあろう。しかし，そのことはさておき，強行法規違反という違法な行為が，不法行為の成立要件としての違法性を基礎づける可能性があり，これによって損害が生じていれば，不法行為が成立する可能性も考えられる。しかし，問題は，当該強行法規がどのような内容，目的のものであって，不法行為の成立要件たる違法性と一致するかという点である。

　これに関しては，強行法規が，それに反した合意がなされた場合に合意の効力を生じさせないことや，強行法規自体を貫徹させてその趣旨を実現することが目的とされているため，強行法規の目的と，不法行為が前提とする，法益侵害や損害の回避という目的とは一致しないことが多いと思われる。もとより，両者の目的が一致し，強行法規違反がそのまま不法行為の成立要件たる違法性を基礎づける場合には，不法行為が成立するが，一般的には強行法規違反があったからと言って，不法行為としての違法性を基礎づけるとは限らず，ましてや行為者の故意過失が認められるわけでもない。したがっ

て，強行法規違反は，不法行為の成立要件とは基本的に別問題であり，場合によって不法行為の成立要件における故意過失や違法性の判断の際に，間接的な事実として考慮要素となるに過ぎないものといえよう。

3　従来の裁判例等

この点を意識的に判断した裁判例は少ない。わずかに，初期の大審院判例[8]が，いわゆる709条の不法行為についての判断ではなく，強行法規違反の行為が708条の不法原因給付に該当するかの判断において，「債権担保ノ目的ヲ以テ恩給証書ヲ交付シタルカ如キハ脱法行為トシテ無効ナルハ論ヲ俟タスト雖モ其行為自体公ノ秩序又ハ善良ノ風俗ニ背反スル事項ニ因由スル不法行為ト謂フヘキモノニ非サルヲ以テ」として「不法行為」という用語を用い，強行法規に違反していても「不法行為」とはならない場合があることを示しているのが見られる程度であった。しかし，同じ年の大審院判例[9]も，強行法規たる（旧）商法176条違反の行為の相手方の行為の違法性が問題とされ，結論としてその違法性を認めているが，上記商法上の義務と不法行為上の義務とが異なることを明確に認めており，当初より，強行法違反の違法性と，不法行為の成立要件の違法性は別物であることが意識されていたといえよう。

その後の裁判においては，労働事件などで，原告側が被告の不法行為を主張するために，被告の行為が，労働法規に関する強行法規違反であること等を指摘することが多く見られるが，裁判所としては，特に強行法規違反であるということを殊更強調して不法行為の成立を認めるわけではないようである。

4　弁護士法違反による不法行為

しかし，最近の裁判例[10]は，この点について，興味深い判断を下してい

（8）　大判大7・4・12民録24輯666頁。
（9）　大判大7・7・12民録24輯1448頁。
（10）　第1審和歌山地判平28・1・15判時2330号39頁，第2審大阪高判平28・10・4判時2330号33頁。

る。すなわち，同事件は，弁護士でない不動産業者が，弁護士法72条に反して法律事務を取り扱い，コンサルティング料名目等で金銭の交付を受けた事案であるが，判決は，第1審，第2審とも，法形式上は取締り法規である弁護士法72条を強行法規としたうえで，本件コンサルティング契約を公序良俗に反して無効であるとするのみならず，不法行為法上も違法であるとして，同業者の不法行為責任を認めた。

　本件では，原告は，本件コンサルティング契約の無効を主張して原状回復を求めるのではなく，あくまでも不法行為による責任を追及している。これには，全体の契約を無効とすることは原告の利益にもならないということと同時に，推測であるが，弁護士法72条が，法形式としては取締り法規であるという点が影響しているようにも思われる。そして，興味深いのが，その法形式上取締り法規である，弁護士法72条の位置づけであり，第1審および第2審とも，弁護士法72条を「強行法規」としながらも，そこからコンサルティング契約の無効を導くのではなく，契約の無効は公序良俗違反を理由としている。そして，第1審は強行法である弁護士法72条違反等を理由として，公序良俗違反を導いているのに対し，第2審は被告の具体的行為全般を観察して（弁護士法72条違反もその一事情として捉える）公序良俗違反を認定し，弁護士法72条が強行法規であるとの認定は，原告がコンサルティング料の負担を了承していた点との関係で，これを用いている。すなわち，第1審は，本件コンサルティング契約が，強行法規である，弁護士法72条と宅地建物取引業法46条2項に違反することを認定し，「したがって，本件コンサルティング契約は公序良俗に違反するものとして無効というべきである」とするのに対し，2審は「原告は，…被告からコンサルティング料の説明を受けた際に異議を述べていないが，そもそも弁護士法72条は単に委任者の利益保護のみならず公益の見地からもいわゆる非弁活動を禁止する強行法規であると解されることからすると，原告がコンサルティング料の負担を了承したからといって不法行為該当性が否定されるものではない。」としているのである。

　これは，弁護士法72条が，法形式上取締り法規であることへの考慮に加え，原告がコンサルティング料の負担を了承していたことにより，違法性が阻却される可能性への対応が考えられたものと思われる。このように，不法

ﾒ

行為の成立場面においては，被害者の了解（同意・承諾）が問題とされることがあり，これはこの後の免責合意の問題ともかかわる点である。

Ⅲ 事後の免責合意

1 従来の議論

　次に，不法行為がなされた後，不法行為法により責任を追及しうる者と，責任を負う者との間で，責任を負わないとする，あるいはそれを制限する合意をすることができるかという点が問題となる。すなわち，事後的な免責合意が認められるかという点である。

　これは，和解や示談の有効性の問題ということになる。このため，詳論するまでもなく，合意により責任を免除したり，責任を制限したりすることは可能であるということになろう。ただ，その和解や示談契約が，著しく妥当性を書き，公序良俗に反するなどの場合には無効となるというだけの問題である。

　もっとも，これまで実際にも問題とされてきたのは，一定の金額による賠償金が支払われるなどの内容による和解や示談が締結され，それとともに，それ以上の一切の請求権を放棄するなどの免責合意がなされたが，その後，不測の再手術行われたり後遺症が発生したりするなど，予期しなかった拡大損害が明らかになった場合において，免責合意を無効としうるかという点であった。

　この点については，筆者も別稿[11]で従来の議論を整理しているが，学説・判例とも一定の場合には，拡大損害の請求を認めてきた。そして，その理論構成としては，例文解釈説（東京高判昭45・9・17判時607号47頁等），錯誤無効説（東京地判昭40・1・27判時396号10頁等），解除条件説（大阪高判昭39・12・21判時400号16頁等）などがあったものの，最高裁は，「一般に，不法行為による損害賠償の示談において，被害者が一定額の支払をうけることで

（11）　拙稿「示談後の損害の拡大」飯村敏明編『現代裁判法大系6交通事故』（新日本法規出版，1998年）431頁。
(11)　拙稿「示談後の損害の拡大」飯村敏明編『現代裁判法大系6交通事故』（新日本法規出版，1998年）431頁。

満足し，その余の賠償請求権を放棄したときは，被害者は，示談当時にそれ以上の損害が存在したとしても，あるいは，それ以上の損害が事後に生じたとしても，示談額を上廻る損害については，事後に請求しえない趣旨と解するのが相当である。」としながらも，「このように，全損害を正確に把握し難い状況のもとにおいて，早急に小額の賠償金をもって満足する旨の示談がされた場合においては，示談によって被害者が放棄した損害賠償請求権は，示談当時予想していた損害についてのもののみと解すべきであって，その当時予想できなかつた不測の再手術や後遺症がその後発生した場合その損害についてまで，賠償請求権を放棄した趣旨と解するのは，当事者の合理的意思に合致するものとはいえない。」として(12)，いわゆる別損害説を採用した。そして，今日に至るまで，この考え方が通説および判例の立場となっている。

2　任意法・強行法との関係

そこで，この点について，不法行為法が強行法か任意法かという議論に引き付けて検討すると，次のとおりとなるであろう。

まず，和解や示談による当事者の合意は，それにより不法行為による責任を免除し，または制限することができる。そして，その場合は，示談当時，あるいは事後にそれ以上の損害が生じたとしても，追加請求はできない。和解や示談のいわゆる確定効によるものであり，これを見る限り，当事者の合意が不法行為法の効果を制限しているように見える。もっとも，全損害を正確に把握し難い状況のもとにおいて，早急に小額の賠償金をもって満足する旨の示談がされた場合には追加請求ができるのであるが，それは「当時予想できなかつた不測の再手術や後遺症がその後発生した場合その損害についてまで，賠償請求権を放棄した趣旨と解するのは，当事者の合理的意思に合致するものとはいえない」というものであり，ここでも当事者の合理的意思が尊重されている。このため，当事者の合意が不法行為規範に優先しているように思われ，これらの点を捉えると，不法行為法を任意法と見ても不自然ではない。

---

(12)　最判昭43・3・15民集22巻3号587頁。

　しかし，そもそも任意法は，当事者がそれによる意思を有していると認められるときに適用される規範群であって，結局のところ，その効果の淵源は，当事者の意思に帰着する。それゆえに任意法の場合は当事者がそれと異なる意思を有する場合は，それと異なる効果をもたらすことができるのであるが，不法行為法において，示談等がなされない場合に不法行為規範が効果を持つのは，当事者がそれによる意思を有しているからではない。また，任意法においては，そもそも当事者が何らの基本合意もせず，それによる意思すらない場合には，効果を発生することはないが，不法行為法は，当事者に何らの基本合意がなくとも，要件事実が備われば，既にその時点で，効果は発生している。

　和解や示談によってその内容を変更できるというのは，あくまでも既に発生した（その発生に争いがある場合を含む）責任の内容を処分・変更できるというに過ぎないのであって，そもそも不法行為規範による責任発生の可能性すらなく，争いも生じない場面では，不法行為の責任内容を，当事者が和解や示談により設定することはできない。和解や示談により，当事者が不法行為規範と異なった内容の合意を締結できているように見えるのは，このような，責任の処分や変更の側面を捉えているに過ぎず，不法行為において責任発生の原因は事実によるのである。

　また，事後的であれ，当事者がその内容を変更できることからして，不法行為法が強行法であると見ることができないことも明らかであろう。仮に不法行為規範が強行法であったとすれば，和解や示談による責任の一部免除は，強行法に反することになり，不可能なはずだからである。

　ただし，強行法規によって生じる効果としての権利義務が遵守されなかった場合，そこでは，責任規範としての不法行為法が機能することになる。これは，当事者がそれによる意思を有すると認められた任意法であっても同じである。つまり，任意法であれ強行法であれ，それが効果を有することになった場合，当事者は，それにより生じる権利義務を尊重，遵守する義務を有する。そして，その権利が侵害されたり，義務が履行されなかったりした場合に，責任規範としての不法行為法が機能する。不法行為法と任意法・強行法はこのような関係に立つのである。

Ⅳ　事前の免責合意

1　学説の状況

さらに，不法行為規範により責任を追及する可能性がある者と，責任を負う可能性がある者との間で，あらかじめ不法行為責任を負わないとする合意や，その範囲を制限する合意をすることができるかが問題となる。すなわち，事前の免責合意の有効性の問題である。

この点も，従来の議論はそれほど多くないが，本書の前身たる2冊の書籍においては，先に触れた織田の研究や牛尾洋也がこの部分を担当して[13]，下記窪田の議論をも参照しながら，この論点を重点的に論じている。そして，基本書としては，窪田充見が，免責約款の有効性というテーマで，この部分を論じており[14]，これが，基本書の中ではおそらく最も詳しい。

そこで，これらの議論を，主に窪田の記述によりながら整理すると，次のとおりとなる。

まず，前提として，契約当事者間においては，契約責任に関する免責約款はもとより，不法行為責任の免責約款も有効である。なぜなら，契約当事者間でも不法行為責任は生じるものであるから，契約責任について免責しても，不法行為責任が成立するのであるなら，合意の実質的な意味がないからである。

しかし，すべての免責約款が無制限に有効ということではなく，有効性が認められない場合がある。これには主に二種類があり，一つは，故意・重過失までをも免責するような場合，もう一つは，生命や身体の侵害にかかわるような免責が定められる場合である。そして，これらが無効とされる理屈としては，公序良俗違反や当事者の意思解釈がある。

なお，生命や身体の侵害にかかわる免責約款が認められないとする点につ

---

(13)　織田・前掲注(3)161頁，牛尾洋也「運送契約上の限度額を超える賠償請求についての特約」前掲注(1)248頁，牛尾「不法行為責任の免責条項」前掲注(1)251頁。その他にも，牛尾「不法行為責任の免責条項」法セ684号（2012年）30頁参照。
(14)　窪田充見『不法行為法』（有斐閣，2007年）251頁。

いては，これが被害者の事前の同意が，生命や身体の侵害については不法行為責任を排除しないという従来の議論に対応するものであるとするが，窪田自身は，そのような場合も含めて被害者の同意が成立する可能性は排除していない。しかし，その場合でも，同意や承諾の完全性，真摯性が要求され，免責約款をそのような同意と同視することはできないことから，結論的に，生命や身体にかかわる免責約款を無効とする考え方は，窪田も支持している。

2 判 例

　この点の判例としては，先行研究における紹介の繰り返しとなるが，最判平15・2・28判時1829号151頁がある。ここではホテルの宿泊約款が，宿泊客がホテルに持ち込んだ貴重品でフロントに預けなかったものについての賠償を定めるが，あらかじめ種類及び価額の明告がない場合には，15万円を限度として損害を賠償するとしていたため，この賠償の制限が，ホテル側に重過失がある場合にも適用されるかが問題となった。

　本件で，1審は，故意または過失によって生じた損害に係る部分は公序良俗に反するとして無効としたのに対し，2審は重過失に対しても本件責任制限約款は適用されるとした。しかし，最高裁は，「本件特則は，宿泊客が，本件ホテルに持ち込みフロントに預けなかった物品，現金及び貴重品について，ホテル側にその種類及び価額の明告をしなかった場合には，ホテル側が物品等の種類及び価額に応じた注意を払うことを期待するのが酷であり，かつ，時として損害賠償額が巨額に上ることがあり得ることなどを考慮して設けられたものと解される」とし，「このような本件特則の趣旨にかんがみても，ホテル側に故意又は重大な過失がある場合に，本件特則により，被上告人の損害賠償義務の範囲が制限されるとすることは，著しく衡平を害するものであって，当事者の通常の意思に合致しないというべきである。」として，「本件特則は，ホテル側に故意又は重大な過失がある場合には適用されないと解するのが相当である」とした。このように，1審の公序良俗違反による無効という構成と違い，最高裁は「当事者の通常の意思」から，故意・重過失の場合に責任制限約款が適用されないとしている。

388

3　任意法・強行法との関係

　さて，この議論も，当事者の合意により，不法行為を成立させない，あるいは制限するなどして，不法行為規範を当事者の意思により変更しているように見えるため，不法行為法を任意法として捉える理由となるようにも思われる。特に，事後的な和解や示談とも違い，事前の合意において免責や責任制限を当事者が決定し，そのとおりの効果を発生させているように見えるため，より通常の特約と任意法との関係に近く，あたかも，不法行為成立の要件事実の具備を停止条件とした契約が結ばれて効果を持ち，これが不法行為規範を排除しているかのようでもある。

　しかし，この点についても，不法行為規範は任意法とは異なる側面を有している。それは，当事者が不法行為規範と異なる意思を有していても，それを貫徹することができず，むしろ不法行為規範が貫徹されることになる規範群が存在していることである。これは，特約や合意があれば当事者の意思が優先され，当事者の意思が明確でない，決定がなされていないときにのみそれに従うとされる特約・合意と任意法との関係とは，本質的・決定的に異なる点である。

　もっとも，この点については，合意・特約と任意法との関係においても，合意や特約が公序良俗等に反して無効となり，その結果，任意法が適用されるという場合があり得るため，この場合と同様に考えてよいという指摘も考えられるであろう。しかし，その場合も，任意法が適用されるのは，特約が無効とされ，特約がないとされた場合においては，任意法によるという当事者の意思が認められるからである。このため，繰り返しになるが，その場合においては，当事者は任意法を引き受けたものとして尊重し，遵守・履行しなければならない。しかし，不法行為規範による責任は，当事者の具体的意思や推定的意思に関わらず課され，遵守・履行が想定されていないこと，そのことは，不法行為がその成立時より遅滞に陥り，遅延損害金を発生させることなどからも裏付けられることも，既に述べた通りである[15]。

---

(15)　なお，その場合において，当事者の意思に関わらず不法行為法が貫徹されることを捉えて，不法行為法が強行法規であるとはいえないことも，同様の理由から裏付けられる。

4 当事者が異なる意思を有していても不法行為法が優先される部分

そこで，具体的に当事者が不法行為規範と異なる意思を有していても，それを貫徹できない部分としては以下があげられよう。

まずは，特約の効力が及ばない第三者との関係である。すなわち，いくら責任を負わない意思を示していても，相手方と契約関係になければ，それは意味がなく，不法行為規範が貫徹される。これは意思の表明があっても，合意がなされていないから当然の帰結でもあり，通常の特約と，任意法との関係でも契約関係がない第三者に特約の効力が及ばないのは同様である。しかし，任意法の場合は，契約関係がない者に対して，任意法も適用されないのに対し，不法行為規範は契約関係がなくとも適用されるため，任意法と不法行為法は明らかに異なる。

これは，やはり窪田が設例として挙げている，「不法行為があっても，私は責任を負わない」とする看板が無意味とする例(16)などでは明らかである。しかし，免責合意に関する紛争事例でも実際に問題となり，免責合意は合意の当事者にしか効果が及ばないから，契約当事者でない者に対する免責を意識的に定めていたとしても，それは意味がなく，不法行為責任の追及を免れることはできない。例えば，宿泊約款における盗難，毀損等に関する責任制限条項があった場合における，宿泊者の持ち込んだ賃借物についての所有者からの賠償請求や，病院が無輸血手術を行う際に，免責合意が患者との間で結ばれていたが，近親者とは結ばれていなかった場合における，近親者からの固有の慰謝料請求などである。

次に，契約関係のある当事者間で，免責や責任制限を定めても，それが適用されず，不法行為規範が貫徹される場合である。これが，これまで学説が「免責条項の有効性」として議論してきた部分であって，免責約款に関していえば，故意重過失の場合にも免責を認める約款，生命や身体にかかわる免責を認める約款が認められないとしてきたことは，既にみた通りである。

このため，これらについては通常の不法行為規範が適用され，それはそのような場合を意識して免責を定めていた場合でも同様である。この場合に

---

(16) 窪田・前掲注(14)256頁。

390

は，不法行為規範が当事者の意思に関わらず適用され，それゆえ，不法行為法は任意法ではないということになるが，それは責任として課されるものであるから，強行法でもない。

5 免責が認められる場面について

もっとも，重過失でない過失についての免責や，生命・身体に関わらない，財産のみにかかわる免責等が免責約款でも認められるとしてきたように，一定の場合において，不法行為責任の免除が，当事者の合意により認められることは，判例や学説も当然に認めてきたことであった。このため，その限りにおいては，当事者の合意によって，不法行為規範を適用させないとすることができるように見られ，当事者の免責合意が認められる範囲では，不法行為法が任意法となっているようにも見られる。

しかし，この部分についても，免責合意が不法行為法の適用を排除しているのではなく，不法行為法が機能している中で，免責合意が事前の同意等の機能を果たし，不法行為法における違法性阻却等の事由として評価されていると考える方が自然であろう。実際，事実を要件として法律により効果が発生する，不法行為法においても，その「事実」の中で，当事者の意思や意思的要素を評価しないわけではない。被害者の事前の同意によって，違法性が阻却されることがあり得ることはもとより，過失の基礎となる注意義務の基準も，一律客観的なものではなく，当事者の意思や意思的要素によって変化することは当然にあり得る(17)。このため，従来学説が，無重過失についての免責や，生命・身体に関わらない免責等を免責約款でも認めてきたというのは，不法行為法上，その範囲での注意義務の軽減や，被害者の同意は，約款による合意でも可能であるということを論じてきただけであり(18)，不法

---

(17) たとえば，医療事故における過失の基準となる医療水準についても，当事者の期待や関心などの意思的要素により，基準が変化したり，それを超える注意義務を生ずる余地は存在する（最新平4・6・8判時1450号70頁，最判平7・6・9民集49巻6号1499頁，最判平13・11・27民集55巻6号1154頁等参照）。

(18) 窪田，前掲注(14)254頁も，生命や身体にかかわる免責約款が認められないとするのは，「事前の被害者の同意が，生命や身体の侵害については不法行為責任を排除しないという従来の議論に対応するものであろう」としている。

行為の成立要件に関する議論を，その中でしていたに過ぎない。

　いいかえれば，そのような形で，当事者の免責等に関する合意は，常に不法行為規範の評価を受けなければならず，いかなる形の合意をしても，不法行為規範の評価を免れることはできないのである。

6　エホバの証人の患者による免責証書の有効性と不法行為

　この点と関連する裁判例として，エホバの証人の患者から免責証書が交付されたにもかかわらず，不法行為責任が問題とされた事案[19]を見ておくこととしたい。本件は，エホバの証人の患者が，心房粗動に対する治療を目的として行われたカテーテルアブレーション治療手術を受ける際，患者が「私は，輸血以外の十分な治療が施されたにもかかわらず，私が血を拒んだことによって生じるかもしれない死亡その他のいかなる損害に対しても，医師，病院当局，並びに病院職員の方々の責任を問うことはありません。」との証書を交付していたが[20]，手術中に心タンポナーデとなったために，無輸血での開胸手術による穿孔部の縫合が行われ，しかし，その間の大量出血により死亡した事案において，遺族が，被告の死亡を含め，生じた損害の賠償を求めた事件である。

　本件で，被告は，被告担当医の説得にもかかわらず，輸血拒否の態度を貫いた原告らが，事前に本件証書によって明確に免責を認めているのに，本件のような損害賠償請求を行うのは背信的であるとして，患者及び原告らは，被告に対する損害賠償請求権を放棄したというべきと主張した。しかし，判決は「本件証書は，本件患者が，被告担当医によって実際に行われた本件治療の必要性，有効性及び安全性に関する不十分な説明に基づいて，本件治療を選択することを決意し，これを受ける前提として被告担当医に対して差入れたものと解される。」とし，カテーテルアブレーション以外の治療法を含め，十分な説明をしなかった説明義務違反を認めた上で，「本件証書によっ

---

(19)　大阪地判平17・1・28判タ1209号218頁。
(20)　被告主張によれば「（本件証書）の指示は遺族らに対しても拘束力を有することを確認し，遺族である原告も，長男とともに署名捺印している」とされている（裁判所はこの部分の認定は特に行っていない）。

て，本件患者が本件過失（説明義務違反）に基づく損害賠償請求権までも放棄したものとみることはできない」とした[21]。

本件で，判決は，無輸血による手術によって死亡した部分についての責任ではなく，説明義務違反について責任を認めているため，理論的には，確かに「血を拒んだことによって生じるかもしれない死亡その他のいかなる損害」に関する免責を謳った本件免責証書と矛盾するわけではない。しかし，輸血が行われていれば患者は死亡しなかった可能性が高いため[22]，その場合，遺族が死亡を理由とした損害賠償請求の訴訟を起こすことはできなかったはずであり，それゆえ，結局輸血を行わなかったために患者が死亡した本件で，遺族らが損害賠償を請求するのは信義に反するのではないかとの指摘が，学説からなされている[23]。

本判決に関する評価は，本稿の目的から外れるため，ここでは行わないが，いずれにせよ，本件から示唆されることは，いかに免責の合意をなしていたとしても，不法行為上の規範は適用されて，その評価を受けることは免れ得ず，免責等の合意はその文脈の中で判断されることになるということである。これは，不法行為規範が意思ではなく，事実により効果が発生する責任規範であることからやむを得ない。このため，仮に，「公序良俗に反しない範囲におけるすべての不法行為責任を排除する」旨の免責合意が当事者で締結され，それが有効となったとしても，そのこと自体や，その合意を前提として行われた行為等のすべてが，不法行為規範の評価の対象とされる（むろん，結果として不法行為責任が発生するとは限らないが）ことは免れず，結局，不法行為規範の適用自体を当事者の意思によって排除することはできないであろう。これは一般的な特約・合意と任意法・強行法との関係とは，根本的に異なる点である。

---

(21) なお，本判決は，説明義務違反と死亡との因果関係は認めず，説明義務違反により人格的利益が侵害されたとして700万円の慰謝料を認容している。
(22) 判決も「本件患者が輸血を受け入れていたならば，死亡を免れることができた可能性は極めて高いことが認められる」としており，その上で，この事情を慰謝料算定において考慮している。
(23) 塚本泰司「判批」医事法22号（2007年）128頁。

V　おわりに

　以上，不法行為法について，これを強行法か任意法かというカテゴリーに含めることはできず，不法行為法が強行法であるか任意法であるかという問いは，意味がないことを示してきた。実際，一定の範囲で，不法行為責任を負わない旨の免責合意を，当事者間で結ぶことは可能であり，その意味で，不法行為法は強行法ではないが，そのような免責合意が結ばれても，そのことをも含めて不法行為規範が適用されることを排除することは不可能であり，その意味で，不法行為法は任意法でもない。筆者は，強行法と任意法に関する本研究グループの以前からの研究活動に参加してきたわけではないため，強行法と任意法に関する本研究の全体像を把握してはいないが，仮に本研究が，任意法か強行法かという枠組みだけで民法全体を捉えようとする試みであるとするなら，やや乱暴な側面があり，たとえば任意法や強行法とは別のレベルに存在する責任規範のような，どちらにも属さない枠組みもあり得ることを意識しながら，全体を検討することも必要であるようにも思われる。

　もっとも，民法の不法行為規定と異なる合意が不法行為法の中でどのような役割を果たすか，また，強行法や取締規定等が，不法行為法のなかでどのような役割を果たすかという点は，不法行為法の枠組みの中でも，特に近時問題とされつつある重要な論点であり，今後も引き続き検討して行く必要があろう[24]。

---

(24)　本稿で取り扱う余裕はなかったが，自動車損害賠償法第16条の3第1項が，自賠法による責任保険の支払いを行う際には法定の支払基準によらなければならないとしている点も，不法行為法と強行法との関係においては重要な論点となり得る。この点については，さしあたり，最判平18・3・30民集60巻3号1242頁とその判批である拙稿（交通事故判例百選［第5版］196頁），および，最判平24・10・11判時2169号3頁を参照。

16　特別法の強行法性

川 地　宏 行

I　本稿の射程と構成

　本稿では，私人間の権利義務関係を規律する民法の基本原理あるいは個別規定を修正した民事特別法上の民事規定，ならびに，行政機関と業者との関係を規律し主として取締規定で構成されている業法に含まれた民事規定を検討対象とする。民事特別法として身元保証法，借地借家法，消費者契約法（消契法）を，民事規定を含む業法として特定商取引法（特商法）と割賦販売法（割販法）を採り上げる。なお，消契法，特商法，割販法はいわゆる消費者法に属することから，この三法はまとめて扱う。

　本稿の目的は民事特別法上の民事規定ならびに業法上の民事規定（以後，両者を合わせて「特別法上の民事規定」と記す）の強行法性をめぐる問題を解明することにある。特別法上の民事規定における最大の特徴として，条文に反する合意（特約）のうち弱者にとって不利な内容のものだけを無効とする片面的強行規定の存在が挙げられる[1]。身元保証法のようにすべての条文が

---

[1]　本稿では検討の対象外とするが，保険法にも多くの片面的強行規定が含まれている。村田敏一「絶対的強行規定・片面的強行規定・任意規定」保険学雑誌602号129頁以下，宮根宏一「片面的強行規定の『趣旨』との抵触に関する判断と脱法行為論」保険学雑誌614号1頁以下，柴田健「保険法第36条の片面的強行規定適用除外の考え方」損害保険研究73巻1号35頁，榊素寛「保険法における任意規定と強行規定」江頭憲治

片面的強行規定と明示されているタイプ（第一類型），借地借家法や特商法・割販法のように特定の条文のみが片面的強行規定と明示されているタイプ（第二類型），消契法のようにどの条文が片面的強行規定かが全く明示されていないタイプ（第三類型）に分けられるが，このうち，第二類型と第三類型では片面的強行規定であると明示されていない条文（強行法性不明規定）について全面的強行規定と任意規定のいずれの性質を有するかが問われる。

　以下では，身元保証法（Ⅱ），借地借家法（Ⅲ），消費者法（Ⅳ）の順に特別法上の民事規定における強行法性の問題を検討する。

Ⅱ　身元保証法

　雇用関係にある被用者の行為によって使用者が被った損害につき被用者が使用者に対して負う損害賠償債務を保証する身元保証契約は，長期間にわたり広範な責任を身元保証人に負わせる危険性がある。そこで，身元保証人を保護するために制定されたのが身元保証法であり，期間の定めのない身元保証契約の存続期間を3年（商工業見習者の身元保証は5年）とし（1条），身元保証契約期間の約定の上限を5年とする（2条）ことによって，身元保証人が長期にわたり拘束されることを防止するとともに，身元保証人の責任が生じるような事態あるいはその責任を加重するような事態が生じるおそれがある場合は使用者に身元保証人への通知義務を課し（3条），使用者からの通知を受けた身元保証人に将来に向けての契約解除権を与え（4条），かつ，裁判所が身元保証人の責任の有無ならびに責任額を定めるにあたって斟酌すべき事情を列挙した規定も設けている（5条）[2]。

　そして，身元保証法6条は，同法に定められた規定に反する特約で身元保証人にとって不利益な内容のものはすべて無効となる旨を定めているので，身元保証法に定められた条文はすべて片面的強行規定となる。例えば，「御社の都合により本人の職務又は任地を変更させられても身元保証人において

郎先生古稀記念『企業法の進路』（有斐閣，2017年）607頁以下。
（2）　西村信雄編『注釈民法(11)　債権(2)』（有斐閣，1965年）295-329頁（西村信雄）。

異議ないこと」という内容の特約は同法4条に定める身元保証人の解除権を事前に放棄させる内容といえるので無効となるが，4条に明記されていない解除事由を新たに付加する特約（身元保証人側の事情変更を理由とした解除を認める特約等）であれば身元保証人にとって有利な特約であることから有効となる[3]。

Ⅲ　借地借家法

1　片面的強行規定

借地借家法はその前身である借地法，借家法の時代から，それに反する特約で借地人あるいは借家人にとって不利な内容のもののみを無効とする片面的強行規定を多数含んでおり，借地借家法には第2節以降，各節毎にどの条文が片面的強行規定であるかを明示した規定が節末に置かれている（9条，16条，21条，30条，37条）[4]。

具体的には以下の条文が片面的強行規定とされている。借地契約については，借地権の存続期間（3条），更新後の期間（4条），借地契約の更新請求等（5条），借地契約の更新拒絶の要件（6条），建物の再築による借地権の期間の延長（7条），借地契約の更新後の建物の滅失による解約等（8条），借地権の対抗力（10条），建物買取請求権（13条），第三者の建物買取請求権（14条），借地条件の変更及び増改築の許可（17条），借地契約の更新後の建物の再築の許可（18条），土地の賃借権の譲渡又は転貸の許可（19条）。

借家契約（建物賃貸借契約）については，建物賃貸借契約の更新等（26条），解約による建物賃貸借の終了（27条），建物賃貸借契約の更新拒絶等の

（3）　西村・前掲注(2)329-330頁。
（4）　広中俊雄編『新版注釈民法(15)別冊―注釈借地借家法』（有斐閣，1993年）845-846頁（内田勝一），882-883頁（生熊長幸），900-901頁（生熊），942頁（広中俊雄＝佐藤岩夫），976-977頁（原田純孝），山﨑敏彦「借地契約における特約の効力」稲葉威雄他編『新借地借家法講座第1巻』（日本評論社，1998年）379頁以下，木崎安和「借家契約における特約の効力」稲葉威雄他編『新借地借家法講座第3巻』（日本評論社，1999年）171頁以下。

要件（28条），建物賃貸借の期間（29条），建物賃貸借の対抗力（31条），建物賃貸借終了の場合における転借人の保護（34条），借地上の建物の賃借人の保護（35条）。

　片面的強行規定とされた条文では，それに反する特約で借地人や借家人にとって不利な内容のものだけが無効となるが，借地人や借家人にとって不利か否かをどのように判定するのかをめぐり意見が対立している[5]。戦前の判例は，特約（契約条件）それ自体について不利か否かを判断すべきとしていたが（分離判断法，大判大14・7・1新聞2424号6頁），戦後になって最判昭31・6・19民集10巻6号665頁は，特約それ自体を基準にするのではなく，賃貸借契約のその他の条件なども斟酌し総合的に判断した結果として賃借人にとって不利か否かを判断すべきとした（総合判断説）。戦後の新判例についてはこれを支持する見解がある一方で[6]，批判もある[7]。

2　対抗要件規定の強行法性

　借地権と借家権の対抗要件規定である10条と31条が片面的強行規定とされている点について，対抗要件を定める両条は第三者の利益に直接関わる規定であるから，借地人あるいは借家人にとって不利にならない範囲で合意による変更を可能とすることの意義について疑問が提起されている[8]。

　借地借家法10条と31条は民法605条の特別法であるが，民法605条は民法177条や467条と同様に対抗要件規定であり，対抗要件規定が強行規定であることは多くの論者が指摘するところである[9]。

（5）　判例学説についての詳細は，幾代通＝広中俊雄編『新版注釈民法(15) 債権(6)』（有斐閣，1989年）613-614頁（森泉章），田山輝明＝澤野順彦＝野澤正充編『新基本法コンメンタール借地借家法』（日本評論社，2014年）54-55頁（田山輝明）。

（6）　星野英一『借地・借家法』（有斐閣，1969年）215頁。

（7）　川島武宜「判批」法協74巻4号511頁，森泉・前掲注(5)613-614頁。

（8）　稲本洋之助＝澤野順彦編『コンメンタール借地借家法［第3版］』（日本評論社，2010年）8頁（稲本洋之助＝藤井俊二）。

（9）　四宮和夫＝能見善久『民法総則［第9版］』（弘文堂，2018年）302頁，平野裕之「物権法及び担保物権法と契約自由」法論84巻2=3号408-409頁，長谷川貞之「判例・学説にみる物権規定の強行法性」椿寿夫編『民法における強行法・任意法』（日本評論社，2015年）124頁，伊藤進「対抗要件の強行法規性」椿寿夫編『強行法・任意法でみる民法』（日本評論社，2013年）89-92頁，三林宏「不動産賃借権の対抗要件

　借地借家法10条と31条も対抗要件に関する規定である以上，借地人や借家
人にとって有利な特約であっても，それによって第三者に不測の損害を生じ
させる危険性があることから，対抗要件の内容の変更を認めるべきではな
い。例えば，「借地上に登記された建物が存在しなくても借地権の対抗要件
を具備したものとする」旨の特約は，借地借家法10条に反する特約である
が，借地人にとって有利な内容であることを理由に当該特約の効力が認めら
れると，建物の登記から借地権の存在を推認することができなくなるので，
第三者が害されるおそれがあり，このような特約の効力を認めるべきではな
い。対抗要件規定は第三者保護の観点から当事者間の特約による変更が認め
られない「全面的強行規定」と解すべきであり[10]，借地借家法10条と31条
が片面的強行規定とされていることには疑問が残る。

3　強行法性不明規定

　すべての条文が片面的強行規定とされている身元保証法とは異なり，借地
借家法ではいくつかの条文が片面的強行規定として列挙されているにすぎな
いので，片面的強行規定と明示されていない条文（強行法性不明規定）が多
数存在する。

　借地契約については，地代等増減額請求権（11条），借地権設定者の先取
特権（12条），自己借地権（15条），建物競売等の場合における土地の賃借権
の譲渡の許可（20条），定期借地権（22条），事業用定期借地権等（23条），建
物譲渡特約付借地権（24条），一時使用目的の借地権（25条）。

　借家契約については，借賃増減額請求権（32条），造作買取請求権（33
条），居住用建物の賃貸借の承継（36条），定期建物賃貸借（38条），取壊し予
定の建物の賃貸借（39条），一時使用目的の建物の賃貸借（40条）。

　強行法性不明規定が全面的強行規定と任意規定のいずれに該当するかの判
定は解釈に委ねられるが，これについて稲本洋之助＝藤井俊二は以下のよう
に述べる[11]。「本法の実体規定（3条から40条まで）のうち，9条，16条，21

　の不要・変更特約」椿寿夫編『強行法・任意法でみる民法』（日本評論社，2013年）
　　224-226頁。
(10)　稲本＝澤野編「コンメンタール」・前掲注(8)116-117頁（山本豊）。

条，30条，37条によって片面的強行規定とされているもの以外の規定すなわち11条，13条，15条，20条，32条，33条，36条は任意規定である（ただし，地代等増減請求権に関する11条および借賃増減請求権に関する32条については，判例は，実質的に強行法規であるとしている）。それらは，当事者の間にそれと異なる特約がない場合に民法の規定に優先して適用される補充規定である」。「なお，定期借地権等および定期建物賃貸借等に関する規定は，一時使用目的の借地権および建物賃貸借の規定も含めて，強行法規の適用除外を特別の要件の下に許容する規定であり，それに従った特約でなければ強行法規の適用を免れえないという意味で強行性を帯びている」。

　稲本＝藤井説によると，片面的強行規定と明示されていない条文は，原則として，任意規定と解されているが，後述のように判例が強行規定と解している地代等増減額請求規定（11条）と借賃増減額請求規定（32条）のみならず，定期借地権規定と定期借家（定期建物賃貸借）規定も例外として強行法性を帯びるとされていることから，実質的に，任意規定とされる条文は造作買取請求権規定（33条）の他，数か条にとどまる。

　なお，借家契約における造作買取請求権規定は，借家法5条が片面的強行規定と明示されていたのに対し，同条を継承した借地借家法33条が片面的強行規定と明示されていないことからも，後者が任意規定であることは明らかである[12]。

　そうすると，稲本＝藤井説が提唱する「強行法性不明規定は任意規定である」という定式は原則と呼べるほどのものではなく，実際には，強行法性不明規定は各規定毎に強行規定と任意規定のいずれに該当するかを判定することが必要となる。以下において，定期借地規定と定期借家規定の強行法性，ならびに，賃料増減額請求権を定める借地借家法11条ならびに32条の強行法性の問題を考察することにしたい。

---

(11)　稲本＝澤野編「コンメンタール」・前掲注(8)7-8頁（稲本洋之助＝藤井俊二）。

(12)　原田・前掲注(4)946-948頁，稲本＝澤野編「コンメンタール」・前掲注(8)263-264頁（山本豊），山川一陽「借家に関する修繕・造作と費用負担」稲葉威雄他編『新借地借家法講座第3巻』（日本評論社，1999年）111-112頁，本田純一「造作買取請求権の任意規定化」ジュリ1006号97頁。

4　定期借地・定期借家規定

　片面的強行規定であることが明示されていない強行法性不明規定の代表例として，定期借地規定（定期借地権，事業用定期借地権等，建物譲渡特約付借地権を定める各規定）（22条〜24条）ならびに定期借家規定（38条）が挙げられる。定期借地・定期借家規定は，通常の借地契約や借家契約において片面的強行規定に反するが故に無効とされる特約を，例外的に有効とすることによって定期借地契約と定期借家契約の締結を認めている。「強行規定違反の特約を例外的に有効とする」定期借地・定期借家規定を任意規定と解すると，他の強行規定に反する特約を当事者が自由に締結できることになり，他の強行規定の存在意義が損なわれることから，前述した稲本＝藤井説が指摘しているように，定期借地・定期借家規定についてはこれを強行規定（全面的強行規定）と解すべきと思われる。

　定期借地制度と定期借家制度をめぐっては両制度が導入された当初から様々な問題点が指摘され，最近でも諸課題が議論の対象となっている(13)。中でもとりわけ深刻なのは定期借地権をめぐるいわゆる2042年問題である。これは，1992年から設定が可能となった存続期間が50年以上の定期借地権について2042年以降に契約期間が満了となるが，その際に借地人が建物の収去や土地の明渡を拒絶することによって生じうるトラブルならびにそれに伴う社会問題を指す。

　この問題について秋山靖浩は以下のように述べる。定期借地権者に対する存続保障による保護を否定するためには，借地契約を締結する際に借地人が自らの意思で定期借地権を選択する（存続保障を排除する）決定をしたことが必要であるが，このような意思決定の基盤ないし環境が整備されていなければ借地人を自らの意思決定に拘束させることは許されない。居住用借地に

---

(13)　定期借地・定期借家制度の諸課題を扱った近時の文献として，松尾弘＝山野目章夫編『不動産賃貸借の課題と展望』（商事法務，2012年）に収められた周藤利一「定期借地権制度の課題」，吉田修平「定期建物賃貸借制度の課題」，座談会「定期借地権をめぐる諸課題」等の諸論考が挙げられる。さらに，秋山靖浩「定期借地権における2042年問題」浦川道太郎先生＝内田勝一先生＝鎌田薫先生古稀記念論集『早稲田民法学の現在』（成文堂，2017年）249頁以下，藤井俊二「定期借家制度と人間」浦川道太郎先生＝内田勝一先生＝鎌田薫先生古稀記念論集『早稲田民法学の現在』（成文堂，2017年）211頁以下も参考になる。

おける存続保障の意味は，借地上の建物に居住することを通じて居住移転の自由を享受し社会関係や人格の形成を継続発展させることにあり，存続保障の排除により借地権者は自分の生活空間を主体的に形成する自由を放棄することになるので，借地権者による存続保障の排除が認められるためには，借地権者が定期借地権を選択する時点で，存続期間満了時以降は存続保障の制度によって自己の生活空間を主体的に形成する自由が保護されないことを十分に理解したうえで，それでもなお定期借地権を選択する旨を意思決定したことが必要である[14]。そして，借地借家法22条が定める書面要件ならびに宅建業法35条が定める宅建業者の重要事項説明義務は，そうした基盤整備のために十分な法制度といえるが[15]，実態面において適切な情報提供がなされていなかった可能性が否定できないので[16]，定期借地権選択の意思決定の基盤ないし環境のより良い整備が十分に実現されていない状況下で意思決定がなされたのであれば，存続保障をフルスケールで適用するかたちでの法的介入が正当化されないとしても，限定的な存続保障，例えば，居住・生活を新たな場所で確立するために必要な範囲内で存続期間の延長を認めるという解決策もありうる[17]。

　秋山説は大変示唆に富む見解であるが，本来，私的自治の原則の下では適正かつ十分な情報に基づき自由に判断できる状況下でなされた自己決定によって自己責任（契約の拘束力）が生じるはずであるのに，何故に，定期借地権選択の意思決定の場合のみプラスアルファの要件として，通常の借地権であれば存続保障制度によって保護されるはずの自己の生活空間を主体的に形成する自由が定期借地権では保護されなくなることを十分に理解させるための基盤整備が求められるのか，その点について説得力のある根拠が提示されていないように思われる。説得力ある正当化根拠を提示するためには，通常の借地権では許されない特約が何故に定期借地権の場合には許されるのかという点に着目することが必要であろう。

---

(14)　秋山・前掲注(13)253-256頁。
(15)　秋山・前掲注(13)257-264頁。
(16)　秋山・前掲注(13)264-270頁。
(17)　秋山・前掲注(13)271-272頁。

　定期借地権規定は「通常の借地権の場合には強行規定違反により無効となるはずの特約を定期借地権の場合には例外的に有効とする」という方式を採用している。強行規定は当事者の合意によって排除できずそれに反する特約は無効になるはずであるが，それを有効とするのが定期借地権規定であり，借地権者は本来無効となるはずの特約を有効とする契約を締結するのであるから，ゼロベースからプラスを生じさせる通常の借地権における意思決定とは異なり，定期借地権の選択はマイナスのもの（強行規定違反により無効となるはずの特約）をプラスに転じさせる（無効となるはずの特約を有効にする）ための意思決定を行うことになる。それ故，適正かつ十分な情報に基づき自由に判断できる状況下で意思決定がなされるだけでは足りず，秋山説の唱えるような意思決定のための加重された基盤整備が必要になると思われる。強行規定は私的自治の限界を画する規定であるが，そのような強行規定に反する特約を有効とすることにより定期借地権が設定されるのであるから，私的自治の枠外から枠内に戻るための意思決定に拘束力をもたせるためには当該意思決定を支える基盤により強固なものが求められて然るべきである。このように，定期借地権は通常の借地権の場合には強行規定違反により無効となる特約を例外的に有効とする意思決定によって設定されるものであるという点を踏まえて，借地権者を定期借地契約に拘束するために必要な意思決定の基盤の強化を正当化すべきである。そして，同様のことは定期借家契約にも当てはまると思われる。

5　地代等増減額請求規定の強行法性に関する判例

　借地法12条を継承した借地借家法11条1項は，借地契約において，地代等を一定期間増額しない旨の特約（不増額特約）がある場合を除き，土地に対する公租公課の増減，地価の上昇や低下その他の経済事情の変化によって，あるいは，近隣の類似した土地の地代と比較して，地代等が不相当な額になった場合には，「契約の条件にかかわらず」，契約当事者は将来に向かって地代等の額の増減を請求できると定めている。

　借地借家法11条1項は但書において不増額特約が有効であることを明示しているが，それ以外の特約の効力が認められるか否かは，本条が強行規定の

性質を有するか否かによって左右される。

　①最判平15・6・12民集57巻6号595頁は[18]，大規模小売店舗用建物を建設する目的でバブル経済期に締結された借地契約において地価が高騰し続けることを前提に地代等を自動的に一定割合で増額させる地代等自動改定特約が付されたが，バブル経済の崩壊後，地価が大幅に下落する一方で地代のみが高騰し続けるという事態が生じたことから，借地人が地代等自動改定特約があるにもかかわらず借地借家法11条に基づき地代の減額を請求した事案が問題となった。①判決は，借地法12条をめぐる従来の判例（最判昭31・5・15民集10巻5号496頁，最判昭56・4・20民集35巻3号656頁）を踏襲し，借地借家法11条についても「地代等不増額の特約がある場合を除き，契約の条件にかかわらず，地代等増減請求権を行使できるとしているのであるから，強行法規としての実質を持つものである」とした。そして，地代等自動改定特約について以下のように判示した。「地代等の額の決定は，本来当事者の自由な合意にゆだねられているのであるから，当事者は，将来の地代等の額をあらかじめ定める内容の特約を締結することもできるというべきである。そして，地代等改定をめぐる協議の煩わしさを避けて紛争の発生を未然に防止するため，一定の基準に基づいて将来の地代等を自動的に決定していくという地代等自動改定特約についても，基本的には同様に考えることができる」とし，「その地代等改定基準が借地借家法11条1項の規定する経済事情の変動等を示す指標に基づく相当なものである場合には，その効力を認めることができる」が，「当初は効力が認められるべきであった地代等自動改定特約であっても，その地代等改定基準を定めるに当たって基礎となっていた事情が失われることにより，同特約によって地代等の額を定めることが借地借家法11条1項の規定の趣旨に照らして不相当なものとなった場合には，同特約の適用を争う当事者はもはや同特約に拘束されず，これを適用して地代等改定

---

(18)　杉原則彦「判解」最判解民事篇平成15年度329頁，原田純孝「判批」平成15年度重判78頁，平田健治「判批」判評543号169頁，升田純「判批」リマ29号42頁，和田安夫「判批」民商130巻1号114頁，吉田克己「判批」セレクト2003年号19頁，長久保尚善「判批」判タ1154号64頁，清水俊彦「賃料自動改定特約と借地借家法（上）（中）（下）」判タ1149号55頁，1152号91頁，1155号99頁，関沢正彦「地代等自動改定特約と地代減額請求」金法1692号4頁。

の効果が生ずるとすることはできない。また，このような事情の下においては，当事者は，同項に基づく地代等増減請求権の行使を同特約によって妨げられるものではない」とした。

①判決は，地代等自動改定特約の効力について，同特約の改定基準が借地借家法11条1項に定められた指標に基づき相当なものとされる場合は有効であるが，改定基準を定める基礎となった事情が喪失するなどして，当該改定基準が借地借家法11条1項の趣旨に照らして不相当なものとなった場合には，同特約の効力が否定され，地代等増減額請求権の行使が認められるとしている。地代等自動改定特約が強行規定である借地借家法11条1項に反するが故に同特約を無効とするのではなく，同法11条1項の趣旨に照らして改定基準が不相当と判断される場合のみ同特約が無効になるとされている。強行規定に反するか否かではなく，強行規定に反する内容が不相当なものか否かによって特約の効力が左右される点に特徴がある。①判決が借地借家法11条1項について「強行法規としての実質を持つ」という微妙な表現を用いたのは，同規定に反する特約がすべて無効となるわけではないことを表しているとみることもできる。

6　サブリース判決
(1)　サブリース契約における賃料減額請求の可否

借家契約における借賃増減額請求権を定めた借地借家法32条1項は，前述の借地借家法11条1項とほぼ同様の内容を定めているが，借地借家法32条1項の強行法性に関しては，いわゆるサブリース事案をめぐる一連の最高裁判決によって判例法理が形成された。

サブリースとは，土地所有者（オーナー）が土地上に建築した建物（ビル）を不動産業者が一括で借り受けたうえで当該ビルの各室をテナント等に転貸しする取引形態である。法形式上は，オーナーと不動産業者との間に建物の賃貸借契約が，不動産業者とテナント等との間に転貸借契約がそれぞれ締結される。オーナーと不動産業者間の契約には，一定額の賃料を保証する特約，あるいは，賃料を自動的に増額する特約等が締結される。不動産業者にとっては転借人から得られる転貸料とオーナーに支払う賃料との差額が利益

となり，オーナーは不動産の運用をプロである不動産業者に委ねて安定した賃料収入を取得できるというビジネスモデルである。しかしながら，このビジネスモデルは賃貸された建物の各室が転借人で埋まる場合にはうまく機能するものの，転借人が計画通りに集まらず空室が拡大すると，当初予定していた転貸料が得られなくなり，不動産業者にとってオーナーに支払う賃料が重い負担となる[19]。

　そこで，困窮した不動産業者がオーナーに対して借地借家法32条に基づき賃料の減額を求める訴訟が提起されるようになり[20]，この問題について最高裁としてはじめて判断を示したのが②最判平15・10・21民集57巻9号1213頁である[21]。本件のサブリース契約では賃料自動増額特約が締結されてい

---

(19)　サブリース契約をめぐる法律問題の概要については，松岡久和「サブリース」内田貴＝大村敦志編『民法の争点』（有斐閣，2007年）240頁以下，岡内真哉「サブリースの現代的課題」ジュリ1512号80頁以下。

(20)　吉田克己『市場・人格と民法学』（北海道大学出版会，2012年）249-279頁，金山直樹『現代における契約と給付』（有斐閣，2013年）57-114頁，近江幸治「サブリース契約の現状と問題点」早法76巻2号57頁以下，澤野順彦「サブリースと賃料増減請求」NBL554号36頁以下，加藤雅信「不動産の事業受託（サブリース）と借賃減額請求権（上）（下）」NBL568号19頁以下，569号26頁以下，道垣内弘人「不動産の一括賃貸と借賃の減額請求」NBL580号27頁以下，内田勝一「サブリース契約における賃料保証・賃料自動改定特約の効力」ジュリ1150号52頁以下，鈴木禄彌「いわゆるサブリースの法的性質と賃料減額請求の可否」ジュリ1151号90頁以下，下森定「サブリース契約の法的性質と借地借家法三二条適用の可否(1)～(3・完)」金法1563号6頁以下，1564号46頁以下，1565号57頁以下。

(21)　松並重雄「判解」最判解民事篇平成15年度535頁，近江幸治「判批」リマ30号38頁，内田貴「判批」法協121巻12号2145頁（平成15年度重判80頁，民法判例百選Ⅱ（第8版）136頁も参照），小野秀誠「判批」金判1182号59頁，金山直樹「判批」判タ1144号74頁，松岡久和「最高裁サブリース判決の方向性（上）（下）」金法1722号49頁，1723号29頁，吉田克己「サブリース契約と衡平の原則」銀法629号4頁，瀬川信久「借地借家法32条は強行法規か？」金判1202号1頁，古積健三郎「判批」法セ590号119頁，北山修悟「判批」セレクト2004年号18頁，亀井洋一「判批」銀法629号10頁，升田純「サブリースに関する最高裁判決の意義」金法1693号63頁，升永英俊「法の支配（上）（下）―サブリース・センチュリータワー最判平15・10・21の規範―」金法1696号39頁，1697号27頁，同「保証賃料に対する減額請求の当否，相当賃料額の判断基準たる衡平の意味」銀法626号4頁。その他に，「サブリース最高裁判決を受けて」金法1691号8頁以下（浅田隆，近江幸治，岡内真哉，小野兵太郎，長久保隆英，野村豊弘，升永英俊の各論考を所収），西口元＝近江幸治＝下森定＝奈良輝久＝升永英俊＝岡内真哉＝金山直樹「特別座談会　サブリース最高裁判決の意義と今後の実務展開」金判1186号148頁以下，飯窪光雄＝堂園昇平＝升田純＝山本豊「座談会　サブリース最高裁判決と実務対応（上）（下）」金法1697号8頁以下，1698号46頁以下。

たが，②判決は，まず，サブリース契約に借地借家法32条が適用されるかについて，サブリース契約は「建物の賃貸借契約であることが明らかであるから，……借地借家法が適用され，同法32条の規定も適用される」とし，そのうえで，借地借家法32条の前身に当たる借家法7条に関する判例（最判昭31・5・15民集10巻5号496頁，最判昭56・4・20民集35巻3号656頁）を踏襲して，「本件契約には本件賃料自動増額特約が存するが，借地借家法32条1項の規定は，強行法規であって，本件賃料自動増額特約によってもその適用を排除することができないものであるから，本件契約の当事者は，本件賃料自動増額特約が存するとしても，そのことにより直ちに上記規定に基づく賃料増減額請求権の行使が妨げられるものではない」とした。そして，「本件契約における賃料額及び本件賃料自動増額特約等に係る約定は，……本件契約における重要な要素であったということができる」ので，「衡平の見地に照らし，借地借家法32条1項の規定に基づく賃料減額請求の当否（同項所定の賃料増減額請求権行使の要件充足の有無）及び相当賃料額を判断する場合に，重要な事情として十分に考慮されるべきである」と判示した。

　②判決以外のサブリース事案においても最高裁は同趣旨の判決を繰り返している（③最判平15・10・21判時1844号50頁，④最判平15・10・23判時1844号54頁）[22]。

(2)　サブリース判決とその前後の最高裁判決の関係

　②③④判決によりサブリース事案に関して形成された判例法理は，その

---

(22)　サブリースをめぐる判例法理の総合的分析として，吉田・前掲注(20)281-308頁，金山・前掲注(20)115-136頁，松岡久和「建物サブリース契約と借地借家法32条の適用」論叢154巻4＝5＝6号131頁以下，下森定「サブリース訴訟最高裁判決の先例的意義と今後の理論的展望(上)(下)」金判1191号4頁以下，1192号2頁以下，清水俊彦「転貸目的の事業用建物賃貸借と借地借家法32条(上)(下)」NBL775号36頁以下，777号49頁以下，近江幸治『「サブリース問題」再論』早法80巻3号21頁以下，同「サブリース最高裁判決について」金判1205号2頁以下，小山泰史「サブリース契約をめぐる判例法理の意義」立命293号1頁以下，和田安夫「サブリース契約訴訟の最高裁判決」姫路39＝40号95頁以下，安福幸江「サブリース契約をめぐる裁判例と問題点」判タ1152号50頁以下，田山輝明「『不動産サブリース契約』の多様性と借地借家法32条の適用」稲本洋之助先生古稀記念『都市と土地利用』（日本評論社，2006年）123頁以下，澤野順彦「サブリース再論」立教73号131頁，金丸和弘「サブリース判決と企業間提携契約」判タ1314号48頁以下。

後，サブリース以外の借家契約事案（オーダーメイド賃貸借事案）にも踏襲され（⑤最判平17・3・10判時1894号14頁）[23]，借家契約における借地借家法32条1項に関する判例法理として確立した。

　また，借家契約における借地借家法32条1項に関する判例法理は，借地契約の事案にもその射程を拡大させている。⑥最判平16・6・29判時1868号52頁は[24]，消費者物価指数等に応じて賃料が改定され，かつ，消費者物価指数が下落しても賃料を減額しない旨の特約が付いた借地契約において借地人が賃料の減額を請求した事案について，①判決を踏襲して借地借家法11条1項は強行規定であり本件特約によってその適用を排除することはできないとしたうえで，②判決を引用して，「本件各賃貸借契約の当事者は，本件特約が存することにより上記規定に基づく賃料増減額請求権の行使を妨げられるものではない」とし，さらに，「本件特約の存在は，本件各賃貸借契約の当事者が，契約締結当初の賃料額を決定する際の重要な要素となった事情であると解されるから，衡平の見地に照らし，借地借家法11条1項の規定に基づく賃料増減額請求の当否（同項所定の賃料増減額請求権行使の要件充足の有無）及び相当賃料額を判断する場合における重要な事情として十分に考慮されるべき」と判示した。

　以上のように，地代や借賃などの賃料の増減額請求権を定めた借地借家法11条1項と32条1項（以後，両規定の総称として「賃料増減額請求規定」と記す）の強行法性ならびに賃料増減額請求規定に反する内容の賃料自動増額特約や賃料保証特約（以下，「賃料特約」と総称する）の効力をめぐり[25]，前述の①〜⑥の最高裁判決が相次いで登場しているが，このうち，①判決を他の②〜⑥判決と区別することが必要である。なぜなら，①判決では賃料増減額請求規定に反する賃料特約が無効とされたうえで同規定が適用されているの

---

(23)　吉政知広「判批」民商133巻1号198頁，中村肇「判批」金判1226号2頁，塩崎勤「判批」判タ1215号56頁，野口恵三「判批」NBL815号99頁。

(24)　北山修悟「判批」民商131巻6号915頁，中山知己「判批」判評556号185頁，牛尾洋也「判批」リマ31号42頁，吉田克己「判批」判タ1173号109頁，中村肇「判批」NBL804号63頁，角田美穂子「判批」法セ599号120頁，塩崎勤「判批」民事法情報220号68頁。

(25)　賃料特約の意義と種類については，升田純「賃料自動改定特約の利用価値(上)(下)」判時1475号3頁以下，1477号3頁以下参照。

で，同規定が本来の強行規定としての役割を果たしているのに対して，②〜
⑥判決は賃料特約の効力を否定することなく賃料増減額請求規定を優先的に
適用する見解を採用しているからである⁽²⁶⁾。

7　賃料増減額請求規定の強行法性をめぐる統一的判例法理

　②〜⑥判決によって形成された賃料増減額請求規定（借地借家法11条と32
条）の強行法性と賃料特約の効力をめぐる借地契約と借家契約に共通する統
一的判例法理は以下のような内容である⁽²⁷⁾。

　(a)賃料増減額請求規定は強行規定であり，(b)賃料自動増額特約や賃料
保証特約などの賃料特約によって賃料増減額請求権の行使は妨げられない
が，(c)賃料特約の効力が否定されるわけではなく，(d)賃料増減額請求の
当否ならびに相当賃料額を判断するにあたり，衡平の見地に照らして様々な
事情が考慮されるが，賃料特約の存在ならびに賃料特約が締結された事情等
も考慮すべき事情に含まれる。

　ここで問題となるのが，判例法理(a)(b)と(c)(d)の間に矛盾がないのか
という点である。民法等に定められた強行規定は，公序に関する規定であ
り，かつ，私的自治の限界を画する規定と位置付けられ，それに反する当事
者間の合意や特約は無効になると解されている。それ故，賃料増減額請求規
定が強行規定であるならば，①判決のように，同規定に反する内容の賃料特
約の効力は否定されることになると思われる。

　ところが，②〜⑥判決により形成された判例法理は，(a)賃料増減額請求
規定を強行規定と解し，(b)賃料特約が結ばれたことを以て賃料増減額請求
規定の適用が排除されるわけではないとしながら，その一方で，(c)賃料特
約の効力を否定することなく，それどころか，(d)賃借人からの賃料減額請
求の当否ならびに相当賃料額を判断する際の考慮すべき事情として賃料特約
の存在と同特約が結ばれた事情を挙げている。

---

(26)　吉田・前掲注(20)288-292頁。
(27)　判例法理の概要と問題点については，山本敬三「借地借家法による賃料増減規制の
　　意味と判断構造―『強行法規』の意味と契約規制としての特質」同『契約法の現代化
　　Ⅰ―契約規制の現代化』（有斐閣，2016年）379-388頁。

　判例が賃料増減額請求規定に反する賃料特約を無効としなかった理由として，学説からは，賃料減額請求の当否ならびに相当賃料額を判断する際の考慮事由として賃料特約の存在が挙げられたことから，考慮事由としての賃料特約を無効とすることは論理矛盾になるのでそれを避けた[28]，あるいは，事情変更の原則の具体化である賃料増減額請求規定に反する特約を無効とすると事情変更の原則に基づき合意を無効とした先例になるのでそれを回避する必要があった[29]，などの見解が唱えられている。

　賃料増減額請求規定を強行規定と解することと賃料特約の効力を否定しないこととの間，ならびに，賃料特約の効力を否定しないことと賃借人の賃料減額請求権を認めることとの間にそれぞれ矛盾はないのであろうか。また，賃料特約の存在や同特約が結ばれた事情等を考慮した結果として賃料減額請求が否定された場合，賃料増減額請求規定を強行規定と解した意味が喪失し，賃料特約が有効とされたのと同様の結果になるが，それでよいのか[30]。

　もし，(a)(b)と(c)(d)の間に矛盾がないのであれば，賃料増減額請求規定は，民法等における一般的な強行規定とは異なる特殊な強行規定ということになるが，最高裁はこの点について明確な説明をしていない。

8　賃料増減額請求規定の強行法性をめぐる学説状況
(1)　賃料増減額請求規定の強行法性

　賃料増減額請求規定と賃料特約の関係をめぐって，近時ではサブリース契約の法性決定問題ならびに同契約への賃料増減額請求規定の適用の可否の問題を中心に学説において活発な議論がなされ，多くの論考が公表されている。しかしながら，本稿の目的は特別法上の民事規定における強行法性の問題の解明にあることから，以下では，賃料増減額請求規定をめぐる一連の最高裁判決により判例法理が確立した後に公表された論考のうち，賃料増減額請求規定の強行法性の問題について分析を試みたものに限定して，学説状況を考察することにしたい[31]。

---

(28)　松岡・前掲注(22)198頁，吉田・前掲注(20)315頁。
(29)　内田・前掲注(21)2165-2166頁。
(30)　同様の指摘として，山本・前掲注(27)385-386頁。

　賃料増減額請求規定（借地借家法11条と32条）は「契約条件にかかわらず」当事者による賃料増減額請求を認めており，特約によって賃料増減額請求権を排除できないことが条文の文言からも読み取れることから，判例が同規定を強行規定と解した点は学説において一般に支持されている。しかしながら，単に賃料増減額請求規定の強行法性を肯定するだけでは不十分であり，同規定を強行規定と解しながら賃料特約の効力を否定しない判例法理を如何にして正当化できるか，また，判例法理を矛盾なく説明することが不可能であるならば，賃料特約の効力と賃料増減額請求規定の関係をどのように捉えればよいのかという問題を解明することが求められる。そのためには，賃料増減額請求規定の制度趣旨，ならびに，同規定の強行法性を正当化する実質的根拠にまで踏み込んだ分析を行う必要がある。

　以下では，この問題に言及した代表的な学説として，窪田充見，瀬川信久，吉田克己，松岡久和，山本敬三，金山直樹，内田貴，大村敦志の各見解を採り上げる[32]。

（2）　事情変更の原則の具体化と強行法性

　賃料増減額請求規定が事情変更の原則の具体化であるならば，そのことを以て同規定の強行法性を正当化できるのであろうか。この問いを否定する瀬川信久は以下のように述べる。賃料増減額請求規定が事情変更の原則の考えに基づくのであれば，事情変更の原則は当事者が事情の変化を予測して合意していた場合には働かない法理であるから，賃料増減額請求規定は任意規定でなければならない。同規定は借家人を追い出すような高額の賃料特約を法定更新制度の脱法行為として無効とする点でのみ強行規定と解すべきである。また，サブリース問題の実質は事情変更の原則などを含む契約の創設的解釈・補充的解釈の問題であり，これを強行規定の解釈問題と捉えることは問題の核心を不明確にし，強行規定概念を歪める危険性がある[33]。

　窪田充見は瀬川説と基本的な立場を同じくしながら，賃料増減額請求規定

---

(31)　学説の整理については山本・前掲注(27)388-402頁参照。

(32)　それ以外にも，和田安夫「賃貸借における賃料決定規範」姫路41＝42号55頁以下，松田佳久「サブリース法理の射程拡大の歴史と一般化」創法47巻1号33頁以下が参考になる。

(33)　瀬川・前掲注(21)1頁。

の強行法性を肯定している。窪田説の概要は以下の通り。長期にわたる事情
の変化に対応して賃料額を修正するのが当事者の合理的意思に適うとして
も，そのような合理的意思によって正当化されるのは任意規定としての性質
にすぎず，それにもかかわらず，賃料増減額請求規定が強行規定であると解
するならば，長期の契約に対して十分に合理的な判断をする材料がなく，ま
た，そのリスクを負担するだけの能力を有さない賃貸借契約の当事者（賃貸
人・賃借人の双方を含む）を前提としたパターナリスティックな保護が賃料
増減額請求規定の強行法性の正当化根拠となるが，そのようなパターナリス
ティックな法の介入は限定的なものにならざるをえない。そして，サブリー
ス事案では事業者である賃借人に対してパターナリスティックな保護が不要
となることから，当事者が合意した賃料特約に法が介入すべきではない[34]。

　瀬川説と窪田説は，事情変更の原則の具体化というだけでは賃料増減額請
求規定の強行法性を正当化できないという点では立場を同じくするが，瀬川
説はそれ故に同規定を任意規定であると解するのに対して，窪田説はパター
ナリスティックな保護の要請から同規定の強行法性を根拠付ける。

(3)　賃料増減額請求規定における契約補完機能と契約修正機能

　前述の瀬川説と窪田説は，事情変更の原則の具体化というだけでは賃料増
減額請求規定の強行法性を正当化できないと主張するが，これに対して，賃
料増減額請求規定が事情変更の原則の具体化として果たす機能に着目して，
同規定の強行法性の論証を試みたのが吉田克己の見解である。吉田説の概要
は以下の通り。借地契約や借家契約における対価の市場的決定は契約締結時
のみならず更新の際にも可能であるが，期間保障により借地借家関係が長期
化すると，対価の市場的決定が長期にわたり排除される。そこで，司法的介
入により市場的決定を代替し補完するのが賃料増減額請求規定が担う「市場
補完機能（契約補完機能）」である。しかし，裁判所が定める相当賃料が市場
賃料と一致するとは限らず，バルブ経済期の地価急騰時には地価上昇の賃料
への反映を緩和する努力がなされるなど，現実の裁判例では独自の法的判断
に基づいて相当賃料が決定されていることから，賃料増減額請求規定は市場

---

(34)　窪田充見「賃貸借に関する民法の規律と不動産賃貸借」松尾弘＝山野目章夫編『不
　　動産賃貸借の課題と展望』（商事法務，2012年）45-49頁。

補完機能を超えて「市場修正機能（契約修正機能）」も果たす。このような司法による介入を正当化する根拠として，社会的弱者である「賃借人の保護の要請」，ならびに，投機的地価高騰の全部を賃貸人に帰属させることの不公平性を解消するための「当事者間の公平確保」が挙げられる[35]。そのうえで，賃料増減額請求規定の強行法性について，同規定の契約補完機能の面に関しては当事者が将来の賃料について明確な決定をしていた場合には法の介入は不要となるので同規定は強行法的性格を有しないが，同規定の契約修正機能の面に関しては強行法的性格を有する[36]。さらに，吉田説は，強行規定である賃料増減額請求規定に不相当に反したことを理由に賃料特約の効力を否定した①判決と，賃料特約の効力を否定することなく賃料増減額請求規定の適用を優先させた②判決以降の判例法理の関係について，この両者を二元的に理解すべきとし，賃借人が経済変動リスクを引き受けたといえる事案では②判決以降の判例法理に依拠し，賃借人が同リスクを引き受けたといえない事案では①判決の立場に依拠すべきとする[37]。

　松岡久和も吉田説と同様に賃料増減額請求規定が果たす機能に着目して同規定の強行法性について以下のように論じる。賃料増減額請求規定は，不動産賃貸借の長期存続保障の見返りとして当事者の合理的意思と公平の観念に基づき当事者に賃料改訂の機会を与えるために導入された事情変更原則の現れであり，本来，賃料増減額請求規定は当事者の合意の欠缺を補う市民法的な契約補完機能を担い，当事者の協議が整わない場合に裁判所の決定により賃料を定めることから，この点が同規定の強行法性を正当化する第一の根拠となる。その一方で，当事者間に賃料特約が結ばれた場合には合意の欠缺が存在しないので，同規定の契約補完機能は働かず，賃料特約によって賃料増減額請求権は排除されるはずであるが，社会的弱者である賃借人の保護が必要であることから，同規定は賃借人を保護するために公権的・後見的に介入する社会法的な契約修正機能も担い，これが同規定の強行法性を正当化する第二の根拠となる。これにより同規定が賃料不増額特約のみを有効としてい

(35)　吉田・前掲注(20)263-267頁。
(36)　吉田・前掲注(20)319-321頁。
(37)　吉田・前掲注(20)312-319頁。

ることの説明がつく。以上のように，賃料増減額請求規定の強行法性を正当
化する根拠は同規定が有する契約補完機能と契約修正機能に求められること
から，契約修正機能を発動する必要がなく，かつ，契約補完機能の発動の前
提が欠けている場合，すなわち，賃借人を保護する必要がなく，当事者間で
賃料相場変動リスクを考慮した特約が締結されている場合には，賃料増減額
請求規定は強行規定として契約に介入する根拠を失う[38]。判例は賃料増減
額請求規定を強行規定と解しながら賃料特約の効力を否定しないが，賃料増
減額請求規定における「契約の条件にかかわらず」という文言を根拠に同規
定の強行法性を正当化する立場からは，同規定によって効力を否定される賃
料特約を考慮するという論理矛盾を来すことから判例の見解を適切に説明で
きない。同規定は賃料額と将来の賃料改定方法に関する私的自治的決定を賃
借人保護の要請に反しない限りで尊重する構造になっていると解することが
必要となる[39]。

（4）　賃借人の自己決定と存立確保の保護

　山本敬三は，吉田説と松岡説を参照しながらその一部を修正し，以下の見
解を唱える[40]。事情変更の原則の具体化である賃料増減額請求規定には契
約補完型規制としての側面と決定侵害型規制としての側面があり，契約補完
型規制としては将来の賃料の変動に関する当事者間の合意がない場合におい
て同規定は契約内容を補完する機能を果たすが，それに反する当事者間の合
意があれば合意が優先される。しかし，同規定に反する当事者間の合意が賃
借人の自由で明確な意思決定によるものでない場合には賃借人の決定自由が
侵害されていることを理由に[41]，また，賃借人の自由で明確な意思決定に
よる合意であってもその合意にそのまま拘束力を認めれば賃借人の存立が脅
かされるほどの過酷な結果が生じる場合には賃借人の存立確保を理由

---

(38)　松岡・前掲注(22)151-157頁。

(39)　松岡・前掲注(22)197-198頁。

(40)　山本・前掲注(27)402-419頁。

(41)　山本・前掲注(27)403-407頁は1999年に導入された定期借家制度により賃借人の意
　　思で賃料増減額請求規定の適用の排除が可能になったことから弱者保護の要請により
　　同規定の強行法性を正当化することが困難になったとして，賃借人の自由で明確な意
　　思決定が侵害される状況で結ばれた合意を規制する決定侵害型規制（自律尊重型規
　　制）として同規定の強行法性を正当化している。

に⁽⁴²⁾，賃料増減額請求規定が強行規定として当事者の合意に介入して，合意の効力が否定され，賃料増減額請求権が認められる。そして，サブリース事案において賃料増減額請求規定が強行規定として機能するのは，賃料特約の効力を排除することが賃借人である不動産業者の存立確保のために必要な場合に限られる。

(5)　片面的強行規定との対比

金山直樹は，不動産の長期利用確保とのトレードオフとして，かつ，事情変更の原則の明文化として，賃料増減額請求規定が合理性を有する強行規定であることを認めながら，私人には賃料額につき不動産市場と連動しないかたちで別の合理性を追及する余地があるとし⁽⁴³⁾，続けて以下のように述べる。判例によると，賃貸借契約と法性決定された契約では賃料に関する如何なる合意も，類レベルでは，賃料増減額請求規定の適用を排除できないが，個別レベルでは個々のケースにおける契約の意味や賃料の意味を考慮して，同規定の適用結果を補正・修正することができる。換言すれば，個別の契約内容の合理性，つまり，契約で想定し目指した給付の均衡状態如何によっては，個々のケースで同規定の強行法性から結果的に自由になれる。そして，このような自由が認められるのは，借地借家法16条や37条において片面的強行規定と明示されていない賃料増減額請求規定（11条，32条）が，「契約の条件にかかわらず」という文言を根拠に強行規定と解されているにすぎず，強行性のレベルにおいて片面的強行規定よりも一段低いという点にその正当化根拠を見出しうる。片面的強行規定に反する特約は無効となるが，片面的強行規定よりもワンランク低い強行法性を有するにすぎない賃料増減額請求規定に反する特約については，有効か無効かを決するのではなく，約定から離脱することを権利者の裁量に委ね，賃料減額請求権の行使が信義に反し権利の濫用に当たる場合のみそれを規制すれば足りると解すべきである⁽⁴⁴⁾。

(6)　賃料増減額請求規定の要件不備

内田貴は賃料特約の存在により賃料増減額請求規定の要件が満たされなく

---

(42)　山本・前掲注(27)409-410頁。

(43)　金山・前掲注(20)115-116頁。

(44)　金山・前掲注(20)128-129頁。

なるとして以下のように述べる。事情変更の原則を具体化した賃料増減額請求規定は当事者が明示的に定めた賃料を増減させることができるという点で強行規定的な機能を有するが，事情変更の原則はあくまでも当事者が契約に織り込むことが困難であった事情変更について機能するものであり，当事者がリスクとして織り込んでいた事情については適用されない。それは，リスクを読み込んだ当事者の合意が賃料増減額請求規定の適用を排除するからではなく，単に，合意の存在により同規定が前提とする法原理の適用条件が欠けるからである。具体的には，当事者が賃料特約を締結することにより賃料の変動をもたらす事情の変更を織り込み済みの場合は，賃料増減額請求規定における「不相当となったとき」要件を満たさないと解すべきである(45)。判例は賃料特約の効力を否定することなく賃料増減額請求規定の適用を認めているが，賃料特約は当事者が将来の事情の変化を予測し，将来の増減額請求を事前に契約に織り込んだものであり，賃料増減額請求規定の趣旨を合意に取り込むことを目的としているので，賃料特約を有効としながら賃料増減額請求規定を適用することは整合的とはいえない。判例に従うと特約を有効として算定された賃料額が賃料増減額請求規定に照らして不相当であると評価して賃料増減額請求を認めることになるが，仮にその賃料額が不相当であるなら，賃料特約が合理性を失っているのであるから，まず特約の効力を否定すべきである(46)。

(7) 強行規定の半任意規定化

　大村敦志は，従来の一般的な任意規定・強行規定の二分法では，賃料増減額請求規定の強行法性を説明できないとして以下のように説く(47)。従来，任意規定・強行規定という区別は，クリアな二分法に基づくものであると考えられてきた。そして，任意規定であれば合意によって自由にその内容を変更することができるが，強行規定であれば合意による変更は不可能とされてきた。ところが，判例は賃料増減額請求規定を強行規定としながら，当事者の意思や契約内容を勘案して強行規定の適用を調整する途を探ろうとしてい

---

(45)　内田・前掲注(21)2166-2167頁。

(46)　内田・前掲注(21)2164-2165頁。

(47)　大村敦志『もうひとつの基本民法Ⅱ』（有斐閣，2007年）97-99頁。

る。法的不安定を招くとの批判があるものの巧みな解釈論といえる。しかし，任意規定と強行規定の境界は曖昧であり，任意規定の半強行規定化論によると，特約によって任意規定から逸脱することは可能であるが，その内容があまりにも不合理な場合には，特約の効力は否定される。こうした考えは，民法572条や消費者契約法10条で具体化されている。また，これとは逆に，強行規定からの離脱も，特に合理的な理由がある場合には可能であるという考え方もありうる（例として旧信託法22条）。このように考えるならば，任意規定か強行規定かは原則の違いにすぎないことになる。同じ発想は賃料増減額請求規定をめぐる判例にもみられる。判例は賃料増減額請求規定を強行規定としながら，特約が有効とされる余地を認めているからである。同規定の趣旨を損なわないような特約ならば有効であるが，特約が有効なのはその限度とされている。これは，特約に100％の効力を付与するのではなく，特約の存在を判断要素の一つにする，換言すれば，当事者のリスク判断を100％尊重するのではなく，一定限度で尊重しつつ裁判官が事後的な評価を加えるものといえる。しかし，特約は有効であるが，特約にあたって織り込まれた事情を超えた事情が生じた場合にまで当該特約の効力は及ばないと解する余地もあったと思われる。

9　賃料増減額請求規定をめぐる判例学説から得られる示唆

（1）　判例から得られる示唆

　民法における強行規定に関する従来からの一般的な考えによると，強行規定は，公序に関する規定であり，かつ，私的自治の限界を画する規定として，それに反する特約の効力が否定されることが当然視されてきたが，借地借家法上の賃料増減額請求規定（11条，32条）の強行法性に関する判例は，賃料増減額請求規定に反する賃料特約の効力を否定することなく賃借人による賃料減額請求を認めることに同規定の強行法性の意義を見出しており，強行規定に反した特約の効力を否定しない点で従来の一般的な考えとは異なっている。特約によってその適用が妨げられないことが強行規定の本質であり，それに反する内容の特約の効力を否定することは強行規定違反の効果として必然的なものではないとした点で注目に値する。強行規定違反の効果論

をめぐる議論に一石を投じるものといえよう。

(2) 学説から得られる示唆

　賃料増減額請求規定の強行法性をめぐる学説における議論も示唆に富む。吉田説や松岡説が導出した賃料増減額請求規定が果たす契約補完機能と契約修正機能は，後者が同規定の強行法的側面と，前者が同規定の任意法的側面とそれぞれ結び付くのであれば，賃料増減額請求規定の強行法性を肯定しながらそれに反する賃料特約の効力を否定しない判例法理は，契約補完機能と契約修正機能の中間に位置する機能も賃料増減額請求規定に担わせているといえるのではないか。また，強行規定の半任意規定化を唱える大村説，ならびに，賃料増減額請求規定を片面的強行規定よりもワンランク下の強行規定と解する金山説は，いずれも強行規定の機能の多様化を認めることにより，従来型の強行規定任意規定二分論に対して再考を促す見解といえる。さらに，山本説が強行法性の正当化根拠の一つである弱者保護の要請の再構成を試みている点も注目される。

Ⅳ　消費者法[48]

1　無効規定

　事業者と消費者との間で締結された消費者契約に適用される消契法は，8条以下において不当な内容の契約条項（不当条項）を無効とする規定を置いている。消契法8条は事業者の損害賠償責任を免除あるいは制限する条項を，8条の2は消費者の解除権を放棄させる条項を，9条は消費者が支払う損害賠償額や違約金等を定める条項を，それぞれ一定の要件の下で無効としている。そして，前三か条には該当しないものの消費者の利益を一方的に害する不当条項を無効とする受け皿的な一般規定が10条に置かれている。しかしながら，消契法はこれらの条文の強行法性について何ら明記していない。

---

(48)　消費者法の表題の下で消契法，特商法，割販法の三法を扱うが，後藤巻則＝齋藤雅弘＝池本誠司『条解消費者三法』（弘文堂，2015年）は，各法に収められた諸規定を横断的に考察するのに適している。

2　契約解消規定

（1）　クーリングオフ規定

特商法は，訪問販売（キャッチセールス・アポイントメントセールスも含む）（9条），電話勧誘販売（24条），連鎖販売取引（40条），特定継続的役務提供（48条），業務提供誘引販売取引（58条），訪問購入（58条の14）において，理由の如何を問わず，かつ，経済的負担を負うことなく契約を解消できる権利（クーリングオフ）を消費者に認めている。そして，クーリングオフ規定は，これに反する特約で消費者に不利なものが無効とされ，片面的強行規定の性質を有することが明文で定められている（9条8項，24条8項，40条4項，48条8項，58条4項，58条の14第6項）。

（2）　中途解約規定

特商法は，連鎖販売取引（40条の2）と特定継続的役務提供（49条）において契約期間が満了する前に解約をする中途解約権を消費者に与えている。そして，中途解約権を定めた規定は，これに反する特約で消費者に不利なものが無効とされ，片面的強行規定とされている（40条の2第6項，49条7項）。

（3）　過量販売契約解除規定

2008年の特商法改正により設けられた9条の2では，訪問販売によって日常生活において通常必要とされる分量を著しく超える商品の売買契約や役務の提供契約が締結された場合に，消費者に過量販売解除権が与えられている。また，2016年の特商法改正により電話勧誘販売の場合でも過量販売解除権が認められるようになった（24条の2）。

過量販売解除権を定めた規定も，クーリングオフ規定を準用するかたちで，片面的強行規定とされている（9条の2第3項，24条の2第3項）。

（4）　取消規定

消契法には，制定当初から，不実告知（4条1項1号），断定的判断の提供（4条1項2号），故意による不利益事実の不告知（4条2項），不退去（4条3項1号），退去妨害（4条3項2号）などの不当勧誘によって締結された契約につき消費者に取消権を与える規定が置かれているが，2016年の改正により，さらに過量消費者契約取消規定が新設された（4条4項）。しかしながら，これらの取消規定の強行法性について消契法には何ら明文規定が置かれ

ていないので，消契法上の取消規定が強行規定と任意規定のいずれに該当するかが問題となる。

また，従来から消契法上の取消規定において取消可能な範囲が限定されていたことを受けて，2004年に特商法が改正され，訪問販売などの特定商取引において，消契法上の取消権よりも緩やかな要件の下で不実告知取消権と不利益事実の不告知取消権を認める規定が設けられている（9条の3，24条の2，40条の3，49条の2，58条の2）。消契法では取消ができないとされた事案においても取消を可能とする点に特商法上の取消規定の意義がある。以上のように，現在では消契法上の取消権に加えて特商法上の取消権も認められている。しかしながら，特商法では，クーリングオフ規定，中途解約規定，過量販売解除規定がいずれも片面的強行規定であることが明文で定められているのに対して，取消規定のみが片面的強行規定に指定されていないことから，特商法上の取消規定が全面的強行規定と任意規定のいずれに当たるのかが問題となる。

3 第三者与信取引
(1) 抗弁の接続

消費者と販売業者の間に与信業者が介在して消費者に代金相当額を信用供与する第三者与信取引の代表格が割販法で定められている信用購入あっせんであるが，信用購入あっせんにおいて消費者が販売業者に対して主張しうる抗弁を与信業者にも主張しうるとするのが抗弁の接続（抗弁の対抗）であり，個別信用購入あっせんについては割販法35条の3の19第1項が，包括信用購入あっせんについては割販法30条の4第1項がそれぞれ抗弁の接続を認めている。そして，抗弁の接続を定めた規定は片面的強行規定とされている（35条の3の19第2項，30条の4第2項）。

抗弁接続規定の性質について，判例（最判平23・10・25民集65巻7号3114頁）によると[49]，個別信用購入あっせんを構成する売買契約と与信契約（立替払契約）は経済的，実質的に密接な関係にあるものの，法的には別個の契約であることから（別契約論），本来は，売買契約上の抗弁を与信業者に対して主張することはできないが，購入者保護の観点から，抗弁接続規定が制

定されたことによりはじめて抗弁の接続が認められるようになった（創設的
規定説）とされている。判例が依拠する別契約論＋創設的規定説によると，
抗弁接続規定である割販法35条の３の19ならびに30条の４が適用されない事
案には原則として抗弁の接続は認められない（もっとも判例は例外として信義
則上の抗弁の接続が認められる余地を残している）。しかしながら，両条は片面
的強行規定であり，特約によって抗弁の接続が認められる範囲を拡大するこ
とは，消費者（購入者）にとって有利な内容といえるので，当該特約は有効
となる。信義則上の抗弁の接続を判例がどこまで許容するか不透明であるこ
とから，抗弁の接続が認められる範囲を拡大する特約を結ぶことによって，
より確実な消費者保護が実現できることになる。

(2) 与信業者に対する既払金返還請求権

　割販法では，売買契約と与信契約で構成された個別信用購入あっせん取引
において，売買契約と与信契約がいずれもクーリングオフ，過量販売解除，
特商法上の取消によって消滅した場合に，その効果として，与信業者に対す
る既払金返還請求権が消費者に認められている[50]。

　まず，与信契約の消滅原因として，①特定商取引（訪問販売，電話勧誘販
売，連鎖販売取引，特定継続的役務提供，業務提供誘引販売取引）における個別
信用購入あっせんにおいて，消費者には与信契約についてのクーリングオフ
権が付与される（割販法35条の３の10，35条の３の11）。②訪問販売あるいは
電話勧誘販売における個別信用購入あっせんにおいて，売買契約が日常生活
において通常必要とされる分量を著しく超える商品を販売する過量販売契約
に該当する場合，消費者には与信契約についての解除権が与えられる（35条
の３の12）。③特定商取引において与信契約の締結を媒介した販売業者が与
信契約に関する重要事項，あるいは，与信契約の動機部分に当たる売買契約
の重要事項について不実告知をした場合や故意に不利益事実を告知しなかった
場合，消費者に与信契約の取消権が与えられる（35条の３の13〜35条の３の
16）。このうち，クーリングオフ規定と過量販売解除規定については片面的

---

(49)　山本豊「判批」民法判例百選Ⅱ［第７版］114頁，拙稿「判批」リマ45号22頁。
(50)　拙稿「第三者与信取引と多角的法律関係」椿寿夫編『三角・多角取引と民法法理の
　　　深化』（別冊 NBL161号）88頁以下。

強行規定であることが明示されているが（35条の3の10第15項，35条の3の11第15項，35条の3の12第8項），取消規定は片面的強行規定とされていない。

次に，消費者が売買契約と与信契約についてクーリングオフ，過量販売解除，不実告知等取消をして，売買契約と与信契約がいずれも消滅した場合の与信業者，販売業者，消費者の三当事者間における清算については以下のように定められている。与信業者は販売業者に交付済みの貸金（立替金）について消費者に返還を請求することが禁止され（割販法35条の3の10第7項，35条の3の12第4項，35条の3の13第2項），販売業者は与信業者から受領した貸金を与信業者に返還する義務を負い（35条の3の10第8項，35条の3の12第5項，35条の3の13第3項），消費者は与信業者に対して既払金の返還を請求できる（35条の3の10第9項，35条の3の12第6項，35条の3の13第4項）。

そして，売買契約と与信契約がいずれもクーリングオフされた場合の清算規定と過量販売解除された場合の清算規定はともに片面的強行規定とされている（割販法35条3の10第15項，35条の3の11第15項，35条の3の12第8項）が，売買契約と与信契約がいずれも取り消された場合の清算規定（35条の3の13〜35条の3の16）については片面的強行規定とされていない。特商法上の取消規定と同様，割販法上の取消規定も，片面的強行規定の指定において，クーリングオフ規定や過量販売解除規定とは異なる扱いがなされている。

4　強行法性不明規定

（1）　消費者法における強行法性不明規定

消費者法においても，借地借家法と同様に，強行法性が明示されていない強行法性不明規定が多数存在する。消契法ではすべての条文が強行法性不明規定であるが，一部の条文について片面的強行規定であることが明示されている特商法と割販法においても，「取消規定」が強行法性不明規定となっている。それ故，消契法における「無効規定」と「取消規定」，ならびに，特商法と割販法における「取消規定」については，全面的強行規定と任意規定のいずれであるかを解釈によって判定する必要がある。

(2)　民法総則における議論

特定の条文が強行規定と任意規定のいずれであるかを判定するための基準については，従来から民法総則の領域において議論がなされてきた。民法総則の概説書をみると，多様な判定基準が提示されているが，多くの論者によって強行規定であると解されているのが，私的自治による法律関係形成のための前提あるいは枠組（法律行為の成立要件，有効要件，能力制度等）に関する規定（私的自治前提枠組規定）[51]，ならびに，弱者保護の要請に基づく規定（弱者保護規定）である[52]。

(3)　無効規定の強行法性

消契法8条から10条までの不当条項規制においては，当事者間で約定した契約条項であっても各条が定める要件に該当する場合には不当条項としてその効力が否定されるが，これらの条文の強行法性について何ら明示されていないので，消契法8条，8条の2，9条，10条が強行規定と任意規定のいずれに該当するかが問題となる。これについては，「当事者間の合意の効力を否定する条文」の適用を当事者間の合意により排除することを許せば，当該条文はその存在意義を喪失することから，必然的に，当事者間の合意を無効とする条文は強行規定と解すべきと思われる[53]。また，法律行為の有効要件に関する規定は多くの論者によって私的自治前提枠組規定として強行規定と解されており，加えて，消契法は1条の制定目的から明らかなように，情報力や交渉力の点で事業者に劣る消費者を保護する法律であり，消契法全体が弱者保護規定として強行規定の性質を帯びると解される。以上により，消契法8条から10条までの不当条項規制に関する条文はいずれも全面的強行規

---

(51)　四宮＝能見・前掲注(9)302頁，川島武宜＝平井宜雄編『新版注釈民法(3)総則(3)』（有斐閣，2003年）223頁（森田修），内田貴『民法Ⅰ総則・物権総論［第4版］』（東京大学出版会，2008年）276-277頁，佐久間毅『民法の基礎1総則［第4版］』（有斐閣，2018年）184頁，山本敬三『民法講義Ⅰ総則［第3版］』（有斐閣，2011年）256頁，三林宏「判例・学説にみる民法総則規定の強行法性」椿寿夫編『民法における強行法・任意法』（日本評論社，2015年）113-116頁。
(52)　我妻栄『新訂民法総則（民法講義Ⅰ）』（岩波書店，1965年）255頁，幾代通『民法総則［第2版］』（青林書院，1984年）198-199頁，四宮＝能見・前掲注(9)302頁，森田・前掲注(51)223頁，佐久間・前掲注(51)184-185頁，山本・前掲注(51)257-258頁。
(53)　山本・前掲注(51)255頁は消契法8条と9条について同旨を説く。

定と解すべきである。

（4）　取消規定の強行法性

　前述のように，消契法は片面的強行規定に関する明文規定を置いていないので，消契法上の取消規定が強行規定か否かは明らかにされていない。また，特商法では，クーリングオフ規定，中途解約規定，過量販売解除規定について片面的強行規定であることが明示されているが，取消規定については，片面的強行規定とされていない。割販法上の取消規定も同じ状況にある。

　それ故，消契法上，特商法上，割販法上の各取消規定の強行法性が問題となるが，前述した無効規定と同様の理由に基づき，取消規定の強行法性を認定できるものと思われる。

　具体的には，無効規定と同様，取消規定も「当事者間の合意の効力を否定する条文」であるが，その適用の排除を当事者間の合意により可能とすれば，取消規定はその存在意義を喪失するおそれがある。また，民法総則での通説的見解では，法律行為の有効要件に関する規定を含む私的自治前提枠組規定，ならびに，弱者保護規定はいずれも強行規定と解されているが，消契法上，特商法上，割販法上の各取消規定は，そのいずれにも該当する。以上の理由により，取消規定は全面的強行規定と解すべきである。

17　民法・商法の交錯と強行法・任意法

稲　田　和　也

I　問題意識と研究対象

　これまで強行法・任意法に関しては，民法分野と商法分野でそれぞれ独立して議論がなされてきた。しかしながら，両分野には相互に関連あるいは類似する法制度が存在しており，これら法制度における強行法・任意法の問題探求においては，それぞれの分野の研究成果の相互利用は有益なものとなる可能性を有している。そこで本稿では，以下のような問題意識の下，民法と商法（特に会社法）が交錯する局面での強行法・任意法の議論の現状を確認し，研究成果の利用のための架橋を構築したい。

　問題意識の1つめとして，会社法における強行法・任意法の議論は定款自治との関連で論じられることが多かったところ，自治法としての定款は会社法独自のものではなく，民法の研究領域とされることのある一般社団法人でも予定されており（一般法人10条以下），会社法での議論が一般社団法人における強行法・任意法の議論にも資するのではないかという点である。

　問題意識の2つめとして，会社法では，会社の事業およびそれを支配，実施するための諸制度を契約目的あるいは対象とする契約――具体的には，発行済み株式の譲渡や新株引受けに関する契約，事業譲渡や組織再編に関する

契約，会社と取締役等会社の機関に就任した自然人との委任契約（会社330条参照）など——が想定されているところ，これらの契約も当事者の合意によって法令の規定と異なる（あるいは抵触のおそれのある）特約が締結されることがあり，その効力については会社法の立場からの分析・検討が行われている。一方，民法の規定と異なる特約については民法上も議論が深化しており[1]，それぞれの理解を深めることは両分野にとって有益となる可能性がある。

　本稿では，上記の課題について次のような順序で検討したい。すなわち，①最初に会社法の条項の強行法性に関連する定款自治の議論を敷衍した上で，定款自治に関する規定について一般社団法人法との対照を行い（Ⅱ），②会社法関連の契約を典型的なものとして，株主間契約と組織再編等の契約をとりあげて，これらの契約中で強行法に関連する議論の状況を確認し，民・商法の交錯分野における架橋の可能性を検討したい（Ⅲ～Ⅳ）。

Ⅱ　定款自治をめぐる強行法議論の敷衍と　一般社団法人法への架橋

1　定款自治に関する会社法におけるこれまでの議論
（1）　会社法の強行法性

　かつては会社法の規定は原則として強行法規であり，明文の規定で許容されていないかぎり，会社法の規定と異なる定款の定めの効力は認められないとされてきた[2]。しかし，アメリカ・シカゴ学派による議論の影響を受けて，1990年代から日本の学会においても定款自治に関する議論が活発化して

---

[1]　椿寿夫編著『民法における強行法・任意法』（日本評論社，2015年）所収の関連論文参照。
[2]　江頭憲治郎『会社法［第7版］』（有斐閣，2017年）57頁，龍田節＝前田雅弘『会社法大要［第2版］』（有斐閣，2017年）39頁，近藤光男『最新株式会社法［第8版］』（中央経済，2015年）3頁，青竹正一『新会社法［第4版］』（信山社，2015年）45頁など。なお，神田秀樹『会社法［第20版］』（弘文堂，2018年）28頁，田中亘『会社法』（東京大学出版会，2016年）23頁，吉本健一『会社法［第2版］』（中央経済，2015年）7頁も参照。

いた[3]ところ，2005年（平成17年）に制定された会社法では，定款自治の範囲の拡大と定款自治の範囲の明確化を図るものとされた[4]。すなわち，会社法の規定は原則として強行法であるとしつつ，当事者間の合意によって処分可能な規律に関しては広く定款自治を認めるという考え方を大幅に取り入れ（範囲の拡大），また利用者に分かりやすいものとするため定款自治が認められる規定については明文を置くことにより明らかにした（範囲の明確化），と。ただし，範囲の明確化については，本当にこのような区分が可能なのか，もれなく規定し尽くすことができるのかという疑問が提示されているなど[5]，否定的な学説が多い。さらに仮に定款自治の範囲を明確にしても，どこまでの規定を書くことができるかは解釈作業が必要であるとの指摘もある[6]。

(2)　定款自治の内容と機能

　定款自治の内容については，会社法における「当事者自治」の一部であって，内部関係に関するものとされたり[7]，強行法規に反しない限り，様々なルールを柔軟に設定できるという会社の自主性と説明されたり[8]，法律で一律に拘束しないで，各会社が自主的に定款に定めれば効力を有するとするも

（3）　川島いずみ「有限会社と定款」斎藤武ほか編『有限会社法の判例と理論』（晃洋書房，1994年）116頁，神田秀樹「株式会社の強行法規性」法教148号（1993年）86頁，前田雅弘「会社の運営管理と株主の自治」龍田節＝森本滋『商法・経済法の諸問題』（商事法務研究会，1994年）139頁，黒沼悦郎「会社法の強行法規性」法教194号（1996年）10頁，宍戸善一ほか「定款自治の範囲に関する一考察」商事法務1675号（2003年）54頁，近藤光男ほか「定款自治による株主の救済［上］」商事法務1698号（2004年）9頁などを参照。

（4）　相澤哲＝郡谷大輔「会社法制の現代化に伴う実質改正の概要と基本的な考え方」商事法務1737号（2005年）11頁。

（5）　宍戸善一「定款自治の範囲の拡大と明確化―株主の選択」商事法務1775号（2006年）17頁。

（6）　立法担当官であった郡谷大輔弁護士も解釈の余地があることを肯定している（稲葉威雄＝郡谷大輔「〈対談〉会社法の主要論点をめぐって」企業会計58巻6号（2006年）145頁参照）。なお，宍戸・前掲注(5)17頁は，新会社法により範囲が拡大された定款自治は，定款にどこまで書き込めるか（広義の定款自治）と構成員が自らどこまで選択できるのか（狭義の定款自治）のうち，前者に関するものであり，後者については いまだ解釈の余地があるとする。

（7）　酒巻俊雄＝龍田節編集代表『逐条解説会社法第1巻 総則・設立』（中央経済，2008年）20頁［江頭憲治郎］。

（8）　松岡啓祐『最新会社法講義［第3版］』（中央経済，2016年）16頁。

のとされたりする[9]。あるいは経営自由の原則と関連づけた説明[10]や資金調達における株主間の利益調整の点からする説明[11]などもある。

　ところで，ある法律の規定と異なる定款の定めの効力や如何という観点——すなわち，強行法の観点——から見た場合，定款自治はどのようにとらえられるのであろうか。この点に関し，筆者はかつて以下のように分類した[12]。すなわち，①定款自治・立法論（定款に別段の定めをおくことができる旨を明文で規定するか否か），②定款自治・解釈論Ⅰ（上記明文規定はないものの，別段の定めをおくことができるか否か），③定款自治・解釈論Ⅱ（明文上・解釈上別段の定めをおけるとして，どこまで定款に定めることができるのか）である。

　上記①の定款自治・立法論の観点から明文により定款自治が認められる規定としては，実際どのようなものがあるのか。まず，「定款で別段の定めをすることを妨げない」などの明文の規定がおかれたものがあり，別表1「『別段の定め』を定款ですることが明文上許容されている条文」の会社法の欄に記載の条項のほか，株式・新株予約権に関する諸規定（会社118条2項，139条1項，140条5項，168条1項，169条2項，179条3項，186条3項，204条2項，205条2項，243条2項，244条3項，265条1項，273条1項，274条2項，278条3項）や累積投票制度に関する諸規定（会社89条1項，342条1項）がある。次に，議決等の定数要件等に関して明文の規定がおかれたものがあり，別表2「定款の定めによって法定数や法定期間の変更できるとされる条項」の会社法の欄に記載の条項のほか，株式・新株予約権に関する諸規定（会社145条，179条1項，206条の2第4項・5項，244条の2第5項・6項，266条）や機関に関する諸規定（会社68条1項，373条，392条，399条の9第1項，401条2項，411条1項，412条1項，376条の2）などがある。定款自治・解釈論Ⅰに該当する条文は決して多くはないが，後述の代表取締役の株主総会による選任に関する条項（会社295条1項・2項，362条3項）が例示できる。また，定

（9）　関俊彦『会社法概論［全訂2版］』（商事法務，2009年）407頁。

（10）　弥永真生『リーガルマインド会社法［第14版］』（有斐閣，2015年）20頁。

（11）　酒巻＝龍田・前掲注(7)283頁［酒井太郎］。

（12）　稲田和也「定款自治と強行法性」椿・前掲注(1)299頁。

款自治・解釈論Ⅱは具体的な選択肢や範囲が限定された条項以外では上記の
すべての条項で問題となる。

　このように明文の規定で法律の条項と異なる定款の定めをおくことができ
るものについては，株式・新株予約権など株主の権利に関する事項と会社内
部の機関の運営に関するものが多く，定款自治が会社および株主の自律的活
動の範囲を広くとることを意図したものとなっている。

2　定款自治の会社法から一般社団法人法への架橋

　会社法における定款自治の議論は，会社と同様に社団であって[13]，か
つ，自治規範としての定款制度（一般法人10条以下）を有する一般社団法人
等への展開・応用も考えることができる。この点は，一般社団法人も社員多
数決を原則とされている（一般法人49条）ことによっても支持されよう。

　この点，定款自治に関する条文を比較しても，いずれも，相対的・任意的
記載事項の記載が許容されていること（会社29条，一般法人12条），また，機
関設計の選択（会社326条2項，一般法人60条2項），役員の員数（会社329条3
項，346条1項，351条1項，一般法人63条2項，75条1項参照），取締役会・理
事会の招集権者（会社366条1項，一般法人93条1項），取締役会・理事会決議
の省略（会社370条，一般法人96条），公告の方法（会社939条1項，一般法人331
条2項）など[14]は各会社・各社団法人が定款に定めることが想定されてい
る[15]。また，定款に別段の定めをすることができ，その定めが法律の定め
に優先することが明示された規定がいずれの法律でも存在する。それぞれを
比較対照したもの[16]を別表1および別表2にあげておく。同表1からは，

(13)　丸山秀平「社団法人としての一般社団法人と会社の異同について」布井千博ほか編
　　『会社法・金融法の新展開』川村正幸退職（中央経済，2009年）447頁は，設立時から
　　の一人会社に注目し，社団の意義について会社と一般社団法人では異なると指摘する。
(14)　実務上利用頻度は少ないと推測されるが，定款による役員報酬の定め（会社366条
　　1項387条1項，一般法人89条，105条），存続期間・解散事由（会社471条，一般法人
　　148条），清算人の定め（会社478条1項2号，一般法人209条1項2号）などがある。
(15)　機関設計，取締役会・理事会の決議の省略，公告方法の定めは法律上定款の定めに
　　ついて法文に選択肢が限定されており，それと異なる定めができるのかは問題となる。
(16)　比較対照できる制度がないものにも別段の定めを認める規定が存在する。たとえ
　　ば，別表2に関連して一般財団法人に関する諸規定（一般法人180条2項2号，182条
　　1項，184条，185条，186条1項・2項，189条1項・2項，197，199条）がある。ま

持分会社との対応関係が目につく。その他，法律の規定と異なる定款の定め
をおくことができる旨の明記のないものの，取締役会設置会社において代表
取締役を株主総会で選任することができるかに関し，会社法295条1項・2
項，362条3項と同様の規定が，理事会設置一般社団法人の代表理事の選任
について一般法人法35条1項・2項，90条3項としておかれており，会社法
をめぐる議論[17]が一般法人法の規定の解釈にも参考になるものと考えられ
る。

III　株主間契約における特約

1　株主間契約の意義

　株式会社では，その運営や組織，出資，あるいは株式の取り扱い等に関
し，当該株式会社の株主（その会社の株主になろうとする者を含む）間で契約
が締結されることがあり，このような契約は一般に株主間契約（Sharehold-
ers Agreement）と呼ばれている[18]。株主間契約の典型的な締結局面として
は，当事者が株式をそれぞれ保有する株式会社を利用して合弁事業（ジョイ
ントベンチャー）を行う場合，ベンチャーキャピタルによる株式出資や事業
会社間の資本提携の場合などがある[19]。また，従業員持株会の規約も株主
間契約の一種とされる[20]。

　株主間契約の内容は，それぞれの契約目的によって異なるとされる[21]。

　　た，異なる制度を利用することによって目的を果たしているものとして，残余財産の
　　処分について，株式会社では種類株式で異なる取り扱い（この内容は定款に記載され
　　る）が可能であり（会社108条2項）のに対し，一般社団法人では定款への記載に
　　よっている（一般法人239条1項）。
(17)　たとえば，最決平29・2・21金商1519号8頁。これまでの会社法の議論について
　　は，川島いづみ「判批」金商1531号2頁を参照。
(18)　杉本泰治『株主間契約』（成文堂，1991年）356頁は，合弁契約を念頭に，民法的定
　　義（＝組合契約）と商法的定義に分ける。
(19)　江頭・前掲注(2)61頁，森田果「株主間契約(1)」法協118巻3号（2001年）54頁，
　　56頁。
(20)　森田・前掲注(16)71頁。青竹・前掲注(2)411頁などによると，従業員持株会に関す
　　る契約は会社または持株会との契約である場合も多いとされる。

たとえば，従来から典型例として議論の対象とされることが多かった合弁契約では，それぞれの出資比率，機関設計，それぞれが推すことのできる役員等の構成，代表取締役の割り当て，株式の第三者への譲渡の制限，配当（剰余金の処分）の方針，少数となる株主側を保護する方法などが指摘されている[22]。

　このような株主間契約は，現行社会法制定前から既に利用されてきており，定款で定めることができない事項（会社法を原則的に強行法と理解する中で，定款の定めが有効か否か明確でなかった事項を含む）や定款に定めるコストなどから，定款に定めるのではなく，株主間の合意による処理がなされてきた。現行会社法では，前述の定款自治の範囲の拡大，拒否権付き株式や役員選任権付株式のような種類株式（会社108条1項8号，9号参照）の利用，あるいは合同会社（会社622条参照）の利用が可能となったため，株主間契約を利用しないと対処できない問題は減少している。ただし，定款自治が拡大したといっても，定款の定めの設定・変更には株主総会の特別決議を必要とし（会社466条，309条2項11号），これらのコストを回避するためや秘密保持などには有効な方法であることにかわりがなく，現行法下でもその有用性は失われていないとされる。

2　株主間契約の条項をめぐるこれまでの議論

　株主間契約で規定されるさまざまな条項[23]のうち，基本書でもしばしば言及される条項について，これまでの議論の状況を確認しておきたい。

(1)　議決権拘束条項

　株主間契約の典型的な条項とされているものとして，株主総会における議

---

(21)　森田・前掲注(19)では，会社のクラスとして大規模会社と中小規模の会社で利用される株主間契約の内容も異なるとし，それぞれの分析が必要であるとする。
(22)　杉本・前掲注(18)358頁，稲庭恒一「判例に見る株主間契約」明治大学法学部創立百三十周年記念論文集（2011年）61頁，江頭憲治郎編『会社法コンメンタール18』（商事法務）246頁〔武井一浩〕など参照。また，実務に関するものとして，香取武志「事業統合前に詰めるべき主要論点」経理情報1429号（2015年）14頁なども参照
(23)　田邉真敏『株主間契約と定款自治の法理』（九州大学出版会，2010年）251頁以下では，ベンチャーキャピタルにおける出資契約を念頭におきながら，さまざまな条項を検討している。

432

決権を一定の方向に行使することを他の株主と約束するものがある。約束の
内容としては，①全株主の同意がない限り賛成決議をしない，②ある株主か
ら申し入れがあった場合に限り全当事者が拘束される，③特定の第三者の決
定に従い議決権を行使するなどさまざまなものがあるとされている[24]。具
体的には，当事者が指名した候補者を役員に選任する決議[25]（会社329条１
項），特定の役員を解任する決議（会社339条１項），後述の剰余金の処分の決
議（会社454条１項），あるいは株式交換[26]などの組織再編に関する決議（会
社783条１項など）に関する条項があるとされる。

　ところで，株主総会における議決権の行使は株主の共益権として最も基本
的な権利である（会社105条１項３号）が，会社は定款の定めによって議決権
を有しない種類株式を発行することもできる（会社108条１項３号）一方で，
拒否権付種類株式（会社108条１項８号）や種類株主総会で役員を選任できる
株式（会社108条１項９号）も発行できる。株主の基本的権利であり，かつ，
どのように行使するかは株主の自由と解されている議決権に関し，これを拘
束するような契約条項の有効性についてはかつて問題視されたこともあった
ものの，現在では定款自治と同じ目的が達成されるものである[27]とか，株
主は自由に議決権を処分できる[28]ところ，自らの意思で予め他の株主と合
意することは可能である[29]などの理由により，原則として[30]有効であると

---

(24)　江頭・前掲注(2)339頁。
(25)　このような合意の有効性が争いになった事案として，東京地判昭56・６・12判時
　　1023号116頁と東京高判平12・５・30判時1750号169頁がある。両判決とも契約締結後
　　長時間経過していたことなどからその効力を否定している。
(26)　名古屋地決平19・11・12金商1319号50頁は，株主間契約に「株式の譲渡」を禁止す
　　る規定があったところ，株式交換の決議がこの条項に違反するとして，一方当事者か
　　ら議決権行使の差し止め請求された事案である（請求棄却）。
(27)　田中亘「議決権拘束契約についての一考察」岩原伸作ほか編集代表『会社・金融・
　　法〔上巻〕』（商事法務，2013年）220頁。前田庸『会社法入門』（有斐閣，2009年）
　　110以下では，拒否権付種類株式などを利用すれば，議決権拘束条項と同じ効果をも
　　たらすとされる。
(28)　青竹・前掲注(2)222頁。
(29)　田中・前掲注(2)177頁。
(30)　青竹・前掲注(2)222頁は，会社または株主以外の者による間接的な議決権行使を認
　　めることとなる場合は，株主以外の者による会社支配に悪用されるおそれがあり，株
　　主間契約の効力は認められないとする。なお，田中・前掲注(2)179頁も参照。

する見解が多数である。なお，ここで有効とは，契約当事者間では法的な拘
束力を有するものの，株主間契約に違反して議決権を行使した結果の株主総
会決議は会社法上有効に可決したものとするのが多数説である[31]。ただ
し，株主間契約が株主全員の合意による場合は，この合意に違反した株主総
会決議がなされても，決議取消事由（会社831条1項2号）にあたるとする見
解もある[32]。

(2)　株式の処分に関する制約

株主間契約では当事者が保有する株式の処分を制約する条項が定められる
ことがあるとされる。具体的には，合弁契約における株式先買権などの譲渡
制限条項[33]や強制売渡条項[34]があげられる。ところで，出資の払い戻しが
認められていない株式会社の株主にとって，その投下資本の回収の途を確保
するため，株式を譲渡できる必要があり，会社法も株式は原則譲渡性がある
としつつ（会社127条），定款で定めた場合には，譲渡にあたって会社の承諾
が必要となる制約の付された株式（会社107条1項1号，108条1項4号）や会
社の取得条項のついた種類株式（会社108条1項6号）が発行できるとする。

株式の処分に関する制約を定める株主間契約は，投下資本回収の機会を奪
わない限り，会社法127条に反するものではなく，有効であるとされる一
方，会社の同意を要するとか会社が契約の当事者に加わる場合や会社法上の
譲渡制限を超える制約は，同条の脱法行為として無効とする見解が多
い[35]。また，株主間契約における株式の処分に関する制約の有効な合意に
違反した処分の効力も会社法上は有効であり，処分の効力が認められるとさ
れる[36]。

---

(31)　江頭・前掲注(2)340頁，龍田＝前田・前掲注(2)174頁，吉本・前掲注(2)161頁。
(32)　江頭・前掲注(2)340頁，田邉・前掲注(23)264頁は，定款違反と同視できることを取
　　消の原因とする。
(33)　江頭・前掲注(2)243頁，長島・大野・常松法律事務所編『アドバンス会社法』（商
　　事法務，2016年）166頁。
(34)　江頭・前掲注(2)244頁。
(35)　近藤・前掲注(2)81頁，吉本・前掲注(2)85頁，青竹・前掲注(2)142頁，田中・前掲
　　注(2)104頁，柴田和史『会社法詳解［第2版］』（商事法務，2015年）90頁など。
(36)　龍田＝前田・前掲注(2)267頁。

(3) 取締役会の権限の制約

　株主間契約で取締役会の権限の制約がなされる場合には，取締役会における取締役の議決権の拘束（たとえば，特定の取締役を代表取締役に選任させる）や重要な経営事項の決定について契約当事者である株主（あるいは運営委員会などの合議体）の同意を要求するものがある[37]。ところで，会社法は会社法362条2項で取締役会の権限を定め，業務執行の決定のうち重要なものは代表取締役や常務会等への委任が禁止され，取締役会自身が決定しなければならないとされる（会社362条4項）ほか，会社の業務執行につき広範な決定権を付与している。

　株主間契約のうち取締役会における取締役の議決権を拘束する特約については，取締役がその意思決定に際して尽くすべき善管注意義務（会社330条，民法644条）および忠実義務（会社355条）に反する定めであって，無効とする見解がある[38]。一方，経営事項の決定に対する株主の同意には，株主の利益保護に欠けない場合[39]——たとえば，株主全員が同意している場合——や取引の相手方の保護が法により手当てされている場合[40]には有効とする見解がある。

3　株主間契約と強行法

　株主間契約は定款自治と密接な関連を有し，補完的な役割を果たすものではあるが，強行法に反するとして定款に記載できないあるいは記載しても無意味な事項であっても，株主間契約に定めることができるものがあるとされている[41]。そうすると，定款自治を基準とした強行法・任意法の区別と株主間契約による法規と異なるなる特約の効力を認めるか否かを基準とする強行法・任意法の区別は必ずしも一致しないおそれがある。たとえば，株主の追加出資義務については，株主有限責任の原則（会社104条）から定款の規定

---

(37)　江頭・前掲注(2)405頁。
(38)　青竹・前掲注(2)266頁。
(39)　江頭・前掲注(2)415頁，森田果「株主間契約（6完）」法協121巻1号（2004年）1頁29頁。
(40)　田邉・前掲注(23)290頁。
(41)　青竹・前掲注(2)46頁。

としては無効だが，株主間契約としては有効であるとされる[42]。一方で，上記2(2)の条項で見たように，会社法制度の脱法行為となるような株主間契約の特約は認められないとされることもある。その意味では現行会社法の定款自治の範囲の明確化とは異なる視点から，あるいは会社法典外にある株主間契約の視点から個々の条項や制度ごとに強行法か否かの検証作業が必要となる。

　この検証作業にあたって考慮すべき点として，全株主が契約当事者であるか，または契約当事者とならない（少数）株主が存在するかである。上記2(1)や2(3)の条項[43]でも言及したように全株主が契約当事者になっていれば，有効となる特約や一定の効果を認めるとする見解が存在する。このような視点は，契約の相対効を前提とする民法学説での強行法議論ではあまり問題とならない事由である。全株主が契約当事者となっている株主間契約の特約の効力を広く認めていくことが会社法のプラグマティズム的な性質を顕著に表しているとも考えられる。

　なお，株主間契約の効力に関係して，合意内容の履行強制が認められるのかも議論となってきた。その理由は，債権には原則として強制力が認められる（民法414条）一方，株主間契約は当事者間には有効（債権的効力）であるが，その違反は原則として会社法上主張できないという説明がなされることがあったからである。たとえば，議決権拘束契約を締結している株主の一部が契約内容に反して議決権を行使しようした場合の差止めや逆に行使しない場合の意思表示の擬制が考えられる。下級審裁判例[44]の傍論ではあるが，差止請求について被保全権利があった場合でも，「原則として，本件議決権行使の差止請求は認められないが，①株主全員が当事者である議決権拘束契約であること，②契約内容が明確に本件議決権を行使しないことを求めるものといえることの二つの要件を充たす場合には例外的に差止請求が認められる余地がある」とするものがある。この判決と同様に会社法学の有力説[45]

(42)　江頭・前掲注(2)36頁。稲庭・前掲注(22)83頁も参照。
(43)　本文であげた条項以外については，田邉・前掲(23)251頁以下の各条項を参照。
(44)　名古屋地決・前掲注(26)。
(45)　江頭・前掲注(2)340頁，森田・前掲注(39)14頁。

も全株主が契約当事者である場合には強制履行を認めている。

4　株主間契約の議論の民法との架橋

(1)　一般社団法人への架橋

　一般社団法人では，株主の立場に対応するものとして，社員が存在する。一般社団法人でも定款に定めることなく，「社員間契約」を利用することができるはずである。一般社団法人の自律的運営のため，定款自治を補完する必要性から，この契約をできる限り有効と認めるべきであろうし，特約の有効性については対応する制度に関する株主間契約の議論が参考になると考えられる。もちろん，会社と一般社団法人との違い——特に株主と社員との違い——を踏えて検討することが必要となる。

(2)　契約法との架橋

　株主間契約は会社実務の必要性から生み出されたものであり，会社法の法文上にその根拠を有するものではない。契約という法形態からは，民法における債権および契約の総則規定の適用も考えられるので，これらの規定の強行法性の議論(46)を株主間契約の議論に付加されるべきであろう。

Ⅳ　吸収合併契約における特約

1　組織再編契約における特約

　会社の組織再編に関する契約としては，吸収合併契約（会社法748条），新設合併契約（会社法753条），吸収分割契約（会社法757条），株式交換契約（会社法767条）があげられる(47)。これらの契約の特徴としては，①効力の発生について原則として株主総会（持分会社が当事者となる場合は社員総会）の決

---

(46)　椿久美子「判例・学説にみる債権総則の強行法性」椿・前掲注(1)130頁，芦野訓和「判例・学説にみる契約法の規定と強行法性」椿・前掲注(1)145頁参照。

(47)　組織再編には合併，会社分割，株式交換，株式移転が含まれるとされているところ，「契約」と規定されるものは本文にある3つの契約類型である。その他，新設分割と株式移転では条文上「計画」が作成されるところ（会社763条，765条，772条），複数の会社によるこれら行為も認められており，合意の存在は前提となる。

議が要求されている[48]こと（会社法783条1項，795条1項），②その効力は債権的効力にとどまらず，第三者にも及ぶことである[49]。

　また，これらの契約に定めなければならない事項が法定されており（法定記載事項。吸収合併に関し会社法749条または751条，新設合併に関し会社法753条または755条，吸収分割に関し758条または760条，株式交換に関し会社法768条または770条），上記株主総会等の決議もこれらの規定が対象となる[50]。法定記載事項以外にも組織再編実務上必要な条項については，吸収合併契約やこれに付属する契約で定められることとなる[51]。

　以下本章では，組織再編契約として実務上も多く，また，一般社団法人でも制度のある吸収合併契約をとりあげて，そこで定められる特約と強行法・任意法との関わりを検討してゆきたい。

2　吸収合併契約における特約に関するこれまでの議論

　吸収合併契約等に関し，「法定事項である合併条件および存続会社・新設会社の組織・体制については，強行規定により規制される点が多く，その点で会社法のいう『合併契約』は組織法的契約の色彩が強い」[52]と分析されることがある。その一方で，合併の本質および強行法規に反しない限り，契約自由の原則が妥当する双務契約的な性質を認められるとされてきた[53]。それでは，吸収合併契約（またはこれに関連・付帯する契約を含む）における具体的な特約内容と法規との関係ではこれまでどのような議論が行われたのか

---

(48)　株主総会等が不要とされている略式手続（会社法784条1項，796条1項），簡易手続（会社法784条2項，796条2項）では，株主総会等の決議なしに当事者間だけでなく，対世的にも効力が生じるが，本稿では割愛する。

(49)　その他，代表取締役や代表執行役が契約締結をしなければならない点も特徴としてあげられる。

(50)　江頭・前掲注(2)863頁。

(51)　江頭・前掲注(2)863頁，青竹・前掲注(2)566頁，柴田・前掲注(35)412頁，長島・前掲注(33)787頁。実務書に掲載されている書式では法定事項以外の定め以外には，解除や会社財産の管理を書式に乗せているものが多い。たとえば，阿部＝井窪＝片山法律事務所編『会社法書式集』（商事法務，2017年）341頁以下，シューワ法律事務所編『コンパクト解説会社法5 組織再編』（商事法務，2016年）57頁以下，などを参照。

(52)　江頭・前掲注(2)863頁。

(53)　田村諄之輔「合併手続の構造と法理」（有斐閣，1995年）34頁。田村はその帰結として，吸収合併契約を手続的な義務を定めたものであり，履行の請求も可能とする。

を以下では確認したい。

（1） 法定記載事項を欠いた吸収合併契約

　会社法では株主等の保護のため会社法749条に法定記載事項が定められているところ，この規定に反し，同条の法定記載事項を欠く吸収合併契約は，一般的に吸収合併契約自体が無効と解されている[54]。なお，旧法下の古い時代の判例にも，吸収合併契約の要式性に反するものとして，無効とするものがある[55]。

（2） 権利義務の一部を承継しないとの合意

　吸収合併契約については，民法の典型契約のような冒頭規定は存在しないものの，吸収合併の定義（会社2条27号）および効力規定（会社750条1項）によって，契約の外枠が定められている。このうち定義規定では，合併は吸収合併消滅会社の「権利義務の全部」を吸収合併存続会社が承継するとされており，吸収合併消滅会社の権利義務の一部を承継しないとの当事者間の特約を無効とすることに争いはない。ただし，権利義務の一部の不承継のような特約において，合併の前提条件として，効力発生日までに吸収合併消滅会社が当該権利義務を消滅等の処理をしておくべき義務を負うとの解釈が成り立てば，そのような特約を有効とする余地があると考えることができるとされる[56]。

　この点，古い時代の判例には，吸収合併消滅会社の債務を承継しない旨の株主総会決議を無効としたものがある[57]。この判決では，商法旧82条[58]（現会社750条1項）に関し，義務を承継する規定は合併により消滅する会社の債権者を保護するために設けられた公益規定であって，一般に義務を承継しない旨の決議をしても無効であるとしている。ただし，この判例のように債権者保護を強調することは，権利の一部を承継しない旨の決議が有効なのかの

---

(54)　江頭・前掲注(2)863頁。黒沼悦郎『会社法』（商事法務，2017年）320頁，田中・前掲注(2)620頁，近藤・前掲注(2)497頁などは合併無効の原因としてとらえている。

(55)　大判昭19・8・25民集23巻524頁参照。龍田＝前田・前掲注(2)485頁も要式性が欠けることによる無効とする。

(56)　境一郎「判批・注(57)判決」会社判例百選4版（1983年）168頁。

(57)　大判大6・9・26民録23巻1498頁。なお，大判昭14・2・10法学8号789頁も参照。

(58)　商法旧82条「合併後存続スル会社又ハ合併ニ因リテ設立シタル会社ハ合併ニ因リテ消滅シタル会社ノ権利義務ヲ承継ス」（原文カタカナ交じり文）。

問題を提起し妥当ではなく，合併の本質に反して無効であると考えるべきとの批判もある[59]。

(3)　合併対価等

吸収合併契約の法定記載事項として，吸収合併消滅会社の株主がその株式と引き換えに吸収存続会社から交付される対価の種類，総数もしくは総額，またはその算出方法，ならびに対価の割当てに関する事項を定めなければならない（会社749条1項2号，3号。なお，持分会社が存続会社である場合，会社751条1項2項，3項）。また，対価が吸収合併存続会社の株式であった場合には，資本金および準備金に関する事項も定めなければならない（会社749条1項2号イ）。ただし，これらの事項は，対価の割当が吸収合併消滅会社の株主の有する株式の数に応じた金銭等の支払を内容とするものでなければならない（会社749条3項）とされるほかは，実質的な内容を直接定める規定は存在しないものの，その内容は公正であること[60]が求められている。特に吸収合併消滅会社の株主の利害には重要な影響をあたえることもあり，手続的保障[61]として合併対価の相当性に関する事項を記載した書面の事前開示も義務付けられている（会社782条，794条，会社規則182条，191条）。

まず，会社法749条3項と異なる特約についても，同項が株式平等原則（会社109条1項）のあらわれであり[62]，同原則は強行法規であることの理論的帰結として強行法と考えられるためか，議論はなされていないようである。また，会社法で定める事前開示を欠いた場合は，後述の合併無効原因となる。そのためか，事前開示に関する規定と異なる吸収合併契約の特約の効力については論じられていないようである（当事者間では有効であるか否かと

---

(59)　境・前掲注(56)169頁。大隅健一郎「批判・注(57)判決」会社判例百選（1964年）209頁参照。

(60)　この点に関して，不公正な割り当ての合意がなされた場合，合併無効原因にあたるかどうかに争いがある。多数説は，それ自体が法令違反にあたらず，無効原因とならないとする。直接に規定された条文がないため，本項ではこの点の議論を割愛した。

(61)　江頭・前掲注(2)864頁。また，事前開示は，債権者異議手続を行うかどうかを決める資料ともなるため，債権者保護にも関係する。龍田=前田・前掲注(2)492頁参照。

(62)　森本滋『会社法・商行為法手形法講義［第4版］』（成文堂，2014年）281頁，奥島孝康ほか編『基本法コンメンタール会社法3［第2版］』（日本評論，2015年）234頁[中東正文]。

440

の議論は実質的に無意味ということであろうか）。最後に，資本金および準備金
の額については，株式会社をめぐる関係者の利害を調整し，あるいは利益の
保護のために会計情報は重要であることから，会社の計算に関する規定は強
行法であるとされており(63)，会社法および会社計算規則35条以下の規定と
異なる特約は強行法に反することとなる。ところで，会社法431条および会
社計算規則３条は，一般に公正妥当と認められる会計慣行(64)に従わなけれ
ばならないと定めるところ，会計慣行として企業基準があげられることがあ
り，資本金等に関しても，企業会計基準委員会の会計基準（平成17・12・27
企業解決基準適用指針第10号「企業結合会計基準及び事業分離等会計基準に関す
る適用指針」など）が存在する。この基準以外の基準に従うべしとする特約
が有効なのかについて議論はなされていない(65)。

（4） 吸収合併後の吸収合併存続会社の役員の定め

　吸収合併存続会社の役員についての取り決めは，法定記載事項ではないも
のの，実務では，吸収合併契約（またはこれに関連・付帯する契約）において
しばしばなされる取り決めである。この点新たな会社を設立することとなっ
て，役員に関する取り決めが必要であって，かつ，新設会社での株主総会決
議が要件とされていない新設合併の場合（会社753条１項）と異なり，吸収合
併後の吸収合併存続会社における取締役等の役員の選任は会社法329条に基
づく同社の株主総会の決議事項であり，役員の定めを置くことと同条との関
係が問題になるとも思える。しかし，このような特約は，別途株主総会にて
決議されることを前提の理解とし，吸収合併契約の締結および株主総会にお
ける契約の承認決議があっても，役員就任の効果は生じない(66)として，会
社法329条に反するものとはされていないようである。もっとも吸収合併契

---

(63)　近藤・前掲注(2)372頁。

(64)　青竹・前掲注(2)490頁は，何が公正妥当な会計慣行なのかが一義的に決まらず，最
　　終的に裁判所の判断を仰がなければ決まらないともいう。

(65)　青竹・前掲注(2)491頁，企業会計原則等の会計基準は規模の大きい有価証券報告書
　　提出会社を対象としており，中小企業向けには日本税理士連合会による中小企業の会
　　計指針があるとする。なお，加美和照『新訂会社法［第10版］』（勁草書房，2011年）
　　577頁も参照。

(66)　柴田・前掲注(35)413頁は，役員に関する事項を吸収合併契約に記載し，合併承認
　　総会の決議に含ませることができるとする。

約の効力の観点からは，吸収合併存続会社における株主総会議案の提案権
（会社298条1項2号，4項など）と抵触する特約とも考えることができるが，
このようなとらえ方は筆者の見た限りではみあたらない。

（5）　従業員の取り扱いに関する定め

　これも法定事項ではないものの，吸収合併契約（またはこれに関連・付帯す
る契約）では，吸収合併消滅会社の従業員の処遇についての定めをおくこと
がある[67]。この条項は，従業員の雇用契約が吸収合併存続会社に承継され
ることを前提として，確認的に定めたものであることが多く，そうであれば
会社法の規定に反するものでもなく，少なくとも実務上は，疑問なく受け入
れられているようである。

3　合併無効の制度と強行法違反の効果

（1）　吸収合併無効の訴え

　吸収合併の効力が発生すれば，それを基礎として吸収合併存続会社の事業
が行われ，新たな法律関係が形成されている。そのため，合併手続に何らか
の瑕疵があり，合併を無効とすべき場合にも，これらの法律関係の保護や法
律関係の画一的処理のため，無効の一般原則（民法119条参照）に委ねるので
はなく，吸収合併無効の訴え（会社828条7号参照）により無効を主張しなけ
ればならない。吸収合併無効の訴えは，合併の効力が生じた日から6か月以
内に訴えを提起しなければならず（会社828条1項7号），また訴訟当事者も
法定されている（原告につき会社828条2項7号，被告につき会社843条7号）。
一方，無効原因については法定されていないものの，合併手続の瑕疵（法令
違反）や合併内容の法令違反[68]がこれにあたると解されている。たとえば，

---

(67)　たとえば，シューワ法律事務所・前掲注58頁記載の雛形（甲：吸収合併存続会社，
　　乙：吸収合併消滅会社）では，「甲は，効力発生日において，乙の従業員を甲の従業
　　員として雇用する。」「勤続年数は，乙の計算方式による年数を通算するものとし，そ
　　の他の細目については甲乙協議して決定する。」との文例が紹介されている。同様な
　　文例を紹介するものとして，会社法実務研究会編『会社実務マニュアル［2版］株式
　　会社の運営と書式』（ぎょうせい，2017年）8頁の雛形を参照。
(68)　江頭・前掲注(2)894頁は，現行会社法制定により導入された吸収合併の差止請求
　　（会社784条の2，796条の2）の差止原因のうち法令違反（同上1号）に大部分が重
　　複するとする。

442

①合併契約の内容の違法，②事前開示手続の不実施，③事前開示書類の不実記載，④合併承認決議の瑕疵，⑤株式（新株予約権）買取請求の手続の不履行，⑥債権者異議申立手続の不履行などがあるとされる[69]。

合併無効の認容判決が確定すると，第三者に対しても（会社838条），かつ，将来に向かって（会社839条），吸収合併により割り当てられた株式は無効となり，吸収合併存続会社は事実上分割され，消滅会社が復活する。また，吸収合併存続会社の有する権利義務は，合併後に取得されたならば，会社法843条に従って処理され，また，合併によって承継されたものは，もとの会社に復帰する[70]ことになる。

(2) 合併無効の訴えと強行法違反との関係

吸収合併契約の特約が強行法に反し，無効とされる場合，合併無効の訴えとの関係をどのようにとらえるのかが問題となる。この点，法定記載事項とそれ以外の条項で分け，前者の無効は合併無効の訴えにおける無効事由に該当し，合併手続全体が無効となる一方で，法定記載事項以外の無効は合併承認株主総会の承認対象外であることから，その特約のみの無効を認めるべきか，それともこの特約が吸収合併契約の内容を合併の本質に反するものとして場合には合併手続全体を無効とすべきだろうか[71]。また，無効原因が存しながら，合併無効の訴えが提訴期間中に提起されず，以後無効の主張が認められない場合も問題となる。

いずれの場合でも，法的安定性の保護などからこの吸収合併は有効なものとして扱われる以上，吸収合併契約の全体および一部の条項の効力を否定することは，合併無効の訴えの制度を没却するものであり，認められない。そうすると，仮にある特約が強行法違反で無効とされた場合については，合併そのものは有効であるとの前提でその特約に代わる何らかの規律の適用が必要とされることもあり得る。吸収合併契約における特約に関しては，単に強行法違反＝無効との効果にとどまらないと解すべきであろう。

---

(69) 江頭・前掲注(2)894頁，龍田＝前田・前掲注(2)501頁，田中・前掲注(2)652頁，吉本・前掲注(2)409頁，黒沼・前掲注(50)320頁など参照。
(70) 江頭・前掲注(2)896頁，田中・前掲注(2)843頁。
(71) 境・前掲注(56)169頁参照。

4 吸収合併契約の議論の民法との架橋

(1) 一般社団法人への架橋

既に述べたように一般法人法上も合併制度が存在し，合併には吸収合併と新設合併がある（一般法人2条5号，6号）。吸収合併では吸収合併契約を締結しなければならず（一般法人242条），法定の記載事項も定められており（一般法人244条），社員総会の承認も必要となる（一般法人247条，251条1項）。また，その無効の主張は無効の訴えによらなければならないと定められている（一般法人264条1項2号）。確かに，一般社団法人の合併には会社法の規定が準用されていないものの，一般社団法人の自律的な法人活動を尊重する観点から，民法の法人の旧規定と異なり，営利法人と同様に一般社団法人に合併制度を認めたもの[72]とされており，一般社団法人における吸収合併契約では会社法における議論が適用可能な分野である。そして，強行法の議論の観点からは，どの規定が強行法なのかという前提の問題のほか，強行法と異なる条項の効力およびこのような条項を含む吸収合併契約の効力に関する問題が会社法とパラレルに考えられるであろう。

(2) 契約法との架橋

吸収合併契約は双務契約性をもつとされることから，上記3(2)で述べた強行法違反の効果の問題のほか，合併が無効となった場合の契約当事者の契約処理が問題となる。この場合，履行不能となり，催告によらない解除（改正民法542条1項1号参照）を行う必要があるのか否か，損害賠償（民法415条参照）が観念できるのか否かなどが問題となるであろう。

また，吸収合併契約では，法定記載事項として吸収合併消滅会社の株式の対価と割当を定めなければならず，法定記載事項以外のものとして合併後の従業員の引継ぎなどが定められることがあるのはこれまで見てきたとおりである。契約当事者がそれぞれの会社であるとすると，上記条項は株主や従業員の契約上の位置づけが問題となる。特に，吸収合併消滅会社の株主は受益

---

(72) 小町谷育子ほか『Q&A 一般法人法・公益法人法解説』（三省堂，2008年）90頁。もちろん一般法人には株式がないことから，対価に関する事項が一般社団法人の吸収合併契約の法定記載事項になっていないなどの違いはある（熊谷則一『逐条一般社団・財団法人法』（全国公益法人協会，2016年）707頁参照）。

444

者となり，吸収合併契約が第三者のためにする契約に該当すると評価することができるかもしれない。そうであれば，民法537条2項の強行法性——すなわち，第三者（吸収合併消滅会社の従業員）の承諾の要否——も議論[73]の対象になると思われる。

V　まとめにかえて
——会社関係契約による特約と民法との架橋——

　本稿では，定款自治のほか，主として会社関係契約として株主間契約と吸収合併契約をとりあげ，法律の規定とそれと異なる特約との関係をみてきた。それによると，会社制度の根幹にかかわるものや株主・債権者のような会社法が想定する利害関係人を保護するための規定については，特約が認められない——強行法の可能性あり——が，その場合でも株主全員による契約などでは特約の効力が認められる場合もあった。民法の特別法である消費者法のように契約当事者の属性により強行法性が影響を受けることがあり，この点については民法ではどうかの議論が必要になるかもしれない。また，民法分野であるとされる一般社団法人でも会社関係契約と同様の契約形態がありえるところ，会社法の議論をどのように取り込んでゆくのかが今後の問題となる。

　それ以上に，会社関係契約での強行法違反の効力が問題となる。民法91条の反対解釈としてしばしば指摘される強行法違反の効果は無効であるという結論に対して問題が提起されている。これを組織法的契約あるいは会社法に関する契約のみを理由とすることで足るのか再検討が必要であろう。

---

(73)　長谷川貞之「第三者のためにする契約の意義と民法537条2項の強行法性」椿・前掲注(1)212頁参照。

別表1 「別段の定め」を定款ですることが明文上許容されている条文

符号A：「定款で別段の定めをすることを妨げない」とされるもの
符号B：「定款に別段の定めがある場合は、この限りでない」とされているもの
符号C：「定款に別段の定めのある場合を除き」「定款に別段の定めがあるときを除き」とされているもの

会　社　法	一般法人法
－（40条，87条参照）	A：17条2項（設立時役員等選任の際の議決権の数）
－（308条参照）	A：48条1項（社員総会の議決権の数）
C：309条1項（株主総会の普通決議）	C：49条1項（社員総会の普通決議）
C：324条1項（種類株主総会の普通決議）	
C：348条1項・2項（取締役の業務の執行）	C：76条1項・2項（理事の業務の執行）
C：590条1項・2項（持分会社の業務の執行）	
C：591条1項（持分会社の業務執行社員を定款で定めた場合）	
C：482条2項（清算人の業務の執行）	C：213条2項（清算人の業務の執行）
A：591条2項・6項（持分会社の業務執行社員を定款で定めた場合の当該社員の辞任・解任）	－
A：592条2項（持分会社の業務および財産状況に関する社員の調査）	－
A：593条5項（持分会社と業務執行社員との関係）	－（64条参照）
B：594条1項（持分会社の業務執行社員の競業禁止）	－（84条参照）
B：595条1項（持分会社の業務執行社員の利益相反取引の制限）	
A：606条2項（持分会社の社員の任意退社）	A：28条1項（任意退社）
A：618条2項（持分会社の計算書類の閲覧等）	－（121条参照）
B：813条1項（持分会社の新設合併等についての総社員の同意）	－（257条参照）

446

別表2　定款の定めによって法定数や法定期間の変更できるとされる条項

会　社　法	一般法人法
297条1項・4項4号（株主による株主総会招集の請求）	37条1項・2項2号（社員による社員総会招集の請求）
299条1項（株主総会の招集通知）	39条1項（社員総会の招集通知）
303条2項・3項（株主提案権）	43条1項・2項（社員提案権）
304条（同上－議案提案権）	44条（同上－議案提案権）
305条1項・4項（同上－議案要領の通知）	45条1項・2項（同上－議案要領の通知）
306条1項（株主総会の招集手続に関する検査役の選任）	46条1項（社員総会の招集手続に関する検査役の選任）
309条2項・3項・4項（株主総会の特別決議）324条2項・3項（種類株主総会の特別決議）	49条2項（社員総会の特別決議）
323条1項・2項（取締役の任期）	66条（理事の任期）
336条2項（監査役の任期）	67条（監事の任期）
341条（役員の選任・解任の株主総会の決議の特則）	－
358条1項（業務の執行に関する検査役の選任）	86条1項（業務の執行に関する検査役の選任）
360条1項（株主による取締役の行為の差止め）	－（88条参照）
－（363条参照）	91条2項（理事会設置一般社団法人の理事の報告）
368条1項（取締役会の招集手続）	94条1項（理事会の招集手続）
369条1項（取締役会の決議）	95条1項（理事会の決議）
422条（株主による執行役の行為の差止め）	－（88条参照）
426条7項（取締役等による免除に関する定款の定めへの異議）	114条4項（理事等による免除に関する定款の定めへの異議）
433条1項（株式会社の会計帳簿閲覧等の請求）	121条1項（一般社団法人の会計帳簿閲覧等の請求）
467条1項（事業譲渡等の承認）	－（147条参照）
479条2項（清算人の解任）	－（210条参照）
－（496条6項参照）	220条9項（清算会への業務の報告）
796条2項（吸収合併契約等の承認を存続会社等で要しない場合）	－（251条参照）
833条1項（会社の解散の訴え）	268条（一般社団法人等の解散の訴え）
847条1項（株主による責任追及の訴え）	－（278条参照）
847条の3第1項・4項（旧株主による責任追及の訴え）	
854条1項（株式会社の役員の解任の訴え）	284条1号（一般社団法人等の役員等の解任の訴え）

18　法人法規定にみる強行法性と任意法性

後 藤 元 伸

I　法人法規定の強行法性・任意法性に関する総論

1　法人法規定の一般論としての強行法性

　民法学における伝統的な見解によれば，法人に関する諸規定（以下，「法人法規定」という）は[1]，その多くが強行規定であるとされてきた[2]。一般論としては，法人法規定の強行法性が承認されてきたといえるであろう。

　法人法規定の強行法性については，それが，①私的自治の前提ないし枠組みに関する規定であること，および，②当事者以外の第三者の権利関係にも関連する規定であることなどから説明されてきたものと考えることができる[3]。

（1）　本稿で主として念頭に置いている法人法規定は，民法の法人規定，および，非営利法人の基本的法律である「一般社団法人及び一般財団法人に関する法律」（以下では，「一般法人法」という）である。法人形式としては，とくに一般社団法人を念頭に置いているが，そこでの議論は非営利法人一般あるいは法人一般に推及しうるものと考えている。

（2）　法人法規定の強行性に関する伝統的学説の整理・評価については，三林宏「判例・学説に見る民法総則規定の強行法性」椿寿夫編『民法における強行法・任意法』（日本評論社，2015年）110-111頁，115頁，織田博子「法人法規定の強行法性」同183-184頁参照。

（3）　川島武宜『民法総則』（有斐閣，1965年）224頁，星野英一『民法概論I（序論・総則）』（良書普及会，1976年）183頁，幾代通『民法総則［第2版］』（有斐閣，1984年）198頁，四宮和夫＝能見善久『民法総則［第9版］』（弘文堂，2018年）302頁。

448

2 法人法規定の強行法性の特色

このような法人法規定の強行法性に関する議論については，つぎのような注目すべき注釈が付加されていることに留意しなければならない。

(1) 法人内部の組織規範に関する規定の任意法性

上記②の議論との関連ではその前段において，債権法の規定の大部分のような当事者間の関係だけに関する規定が，一般に任意規定であることが論じられている[4]。

これを敷衍するならば，法人内部の組織規範に関する規定の中には，第三者の権利関係に直接関連しないものが考えられるのであるから，そのような法人法規定は，原則として任意規定であるということになろう。

(2) 強行規定である法人法規定の強行法性の意義

また，上記①の議論との関連では，公益法人といった一定の制度を定めた規定が，法律行為そのものではないから，厳密な意味では強行規定とは異なるとする指摘がなされている[5]。これは，強行法・任意法を論じるにあたっては，特約による「法律行為に関する諸規定」の排除の問題と「法律行為以外の諸規定」の排除の問題が区別されるとする議論[6]に通じるものである。法人法規定についていえば，その中には「法律行為以外の諸規定」にあたるものもあるであろう。

このような議論からは，強行規定である法人法規定につき，民法91条にいう当事者の意思表示による規定の適用排除に相当することが問題になる規定と，そのようなことがそもそも問題とならないような規定に区別することの可能性が示唆される。

従前の議論においては，公益法人や会社に関する規定には，構成員の利益や第三者の利益を確保することを目的とする規定があり，それらの多くは強行規定であることも指摘されている[7]。このうち，構成員の利益を確保するための法人法規定は，当事者の意思表示による規定の適用排除に相当するこ

（4） 川島・前掲注(3)223頁，幾代・前掲注(3)198頁。
（5） 星野・前掲注(3)183頁。
（6） 三林・前掲注(2)108頁，113-114頁。
（7） 川島・前掲注(3)224頁。

とが問題になる規定であるのに対し，第三者の利益を確保するための法人法
規定は，そのようなことが問題にならない規定であるといえよう。

3　法人法規定の強行法性と任意法性

以上ことを踏まえるならば，法人法規定の強行法性と任意法性について
は，それに関する議論をつぎのように分節化・具体化して，個別の規定に関
連づけて論じることができるのではないだろうか[8]。

①　法人法規定のうち，法人内部の組織規範に関する規定は，私的自治
　　（団体自治）の原則から，原則として任意規定である。
②　法人内部の組織規範に関する規定であっても，社員の権利・義務にか
　　かわる規定は，基本的に強行法性を有する。
③　第三者の権利関係に直接関連する規定は，強行規定である。
④　法人の制度的基礎ないし枠組みにかかわる規定は，強行規定である。

(1)　法人の内部の組織規範に関する法人法規定の任意法性

法人内部の組織規範に関する規定は，私的自治（団体自治）の原則から，
原則として任意規定と解すべきである（→後述Ⅱ1(1)(d)）。いわゆる「定款
の自治」は，これと関連する議論ということができるであろう（→後述Ⅱ1
(1)(c)）。

もっとも，法人内部の組織規範は，団体自治にもとづいて自由に設定でき
るのが原則であるが，それは法律の定めと異なるものであってはならない
（民法33条）。法人内部の組織規範に関する強行規定が多ければ，そのような
法人形式においては，団体の自治といっても，法律上の選択肢からの選択の
自由にすぎない（→後述Ⅱ1(1)(a)(b)）。

(2)　社員の権利・義務に関連する法人法規定の強行法性

法人内部の組織規範に関する規定であっても，社員の権利・義務にかかわ
る規定は基本的に強行法性を有する（→後述Ⅱ1(2)）。この強行法性は，民
法91条のような，当事者の意思表示に対する強行規定の優位という図式に合
致するものである。

（8）　個別の規定ごとに論じるべき必要性はすでに指摘されているところである。三林・
　　前掲注(2)115頁，織田・前掲注(2)188-189頁。

(3) 第三者の権利関係に直接関連する法人法規定の強行法性の意義

民法91条と同様の思考様式にもとづいて，当事者の意思表示によって法律上の規定の適用を排除しうるかどうかの観点から見ると，第三者の権利関係に関連する法人法規定についていえば，当該規定の適用を排除する法人と第三者との合意を想定することは，なかなかに難しい。

たとえば，法人法規定のうち，法人における代表権の制限は善意の第三者に対抗することができないとする規定（一般法人77条5項，会社349条5項など）や，役員等の第三者に対する損害賠償責任に関する規定（一般法人117条，会社429条1項など）などが[9]，これにあたるであろう。もちろん，第三者との合意が考えられなくもないが，いずれにしても，当事者の意思表示による規定の適用排除という民法91条のような視点からは，説明しがたいものである。

法人内部で組織規範を設定することは，団体自治にもとづき，原則として自由であり，それに関する法人法規定があったとしても，原則として任意規定であるが，法人内部の組織規範の対第三者効がとくに法定されていることがある。これが，第三者の権利関係に直接関連する法人法規定である。対外関係を含む場合であっても，原則的としては，法人における内部的合意自体は自由であり，強行規定によって，それを対外的に貫徹できないだけであって，ここに法人法規定の強行法性の特色の1つを見ることができよう（→後述Ⅱ2）。

(4) 法人の制度的基礎ないし枠組みにかかわる規定の強行法性

法人法規定の強行法性の意義は，以上のような団体自治とその第三者関連性の中に見出すことができるが，それとともに，伝統的な見解が示してきたように，強行規定たる法人法規定の強行法性は，私的自治の前提ないし枠組みにかかわるものであることからも，導かれうる。このことを敷衍すれば，法人の制度的基礎ないし枠組みにかかわる法人法規定も強行法性を有するということになろう（→後述Ⅱ3）。このような強行法性は，法人法の体系性，法人制度の信用維持，および，第三者の利益を一般的に図ることによるものと

---

(9)　これらの法人法規定の通則性を論じるものとして，佐久間毅「法人通則——非営利法人法制の変化を受けて」NBL1104号（2017年）47-52頁。

考えられる。

　法人の制度的基礎にかかわることから生じる強行法性は，さらに，他の強行法性と同時に語ることができる場合がある（→後述Ⅱ3(1)）。このとき，法人法規定の強行法性は重層的に構成されているのであって，法人の制度的基礎ないし枠組みから生じる強行法性は，法人法の通奏低音とでもいうべきものである。

Ⅱ　法人法規定の強行法性・任意法性に関する各論

1　法人内部の組織規範に関する規定の任意法性・強行法性

(1)　団体の自治とその制約

(a)　法人内部の組織規範に関する法人法定主義　　法人においても，契約内容の自由（521条2項）と同様の私的自治の原則が，団体自治の原則として妥当する。そこは民法91条の射程内にあるともいえるから，団体自治は，契約内容の自由と同じく，強行規定に反することができない。したがって，法人の「内容」（内部の組織規範）は，私的自治（団体自治）にもとづいて設定することができるが，それは法律の定めと異なるものであってはならない。

　団体の自治に対する法律上の制約は，法人法定主義というにふさわしいものであって，民法33条1項の宣言するところである。法人法定主義には，法人の設立に関するものとならんで（→後述Ⅱ3(2)），法人の内容（組織・運営・管理）に関するものがある。この点につき，民法33条2項は，法人の「設立，組織，運営及び管理については，この法律その他の法律の定めるところによる」と規定している。

　このように，法人内部の組織規範の設定においては，団体の自治が妥当し，それに関する法人法規定には，原則として任意法性が認められるが，法人法定主義から，法人における団体自治の原則は，特定の法人形式に対して用意された強行規定に反しない限りにおいてのものであるにすぎない。したがって，特定の法人形式における内部規範設定に関する強行規定が多くなればなるほど，そこでの団体の自治は，法律によって与えられた選択肢からの

単なる選択の自由となる[10]。

(b) **機関設計の自由とその制約**　法人内部の組織規範の設定のうちの重要なものの１つが，法人の機関設計にかかわるものである。法人の機関設計についても，原則として，団体の自治が妥当するものと考えられるが，その自由の範囲ないしその制約の多寡は，個別の法人形式ごとに異なっている。

たとえば，持分会社においては，社員たる地位と各機関は未分化の状態であり，機関の分化を含めて自由な組織設計が可能である[11]。これに対して，一般社団法人・一般財団法人や株式会社においては，一定の機関の設置が義務づけられ，あるいは，特定の機関の組合せが強制されるなど，機関設計に関する自由は法律によって大幅に制限されている。それは，団体の自治というよりも，法律上の選択肢からの選択に自由にすぎない。機関構成の選択の自由と強制の問題である[12]。

たとえば，一般社団法人おいては，理事会，監事または会計監査人を設置するかどうかの自由はあるが（一般法人60条２項），理事会設置または会計監査人設置のときは監事が必置であり（同61条），また，大規模一般社団法人は会計監査人が必置である（同62条）。そこには，一定の機関の設置・組合せの強制が見られる[13]。さらに，一般財団法人においては，評議員，評議員会，理事，理事会および監事の設置が義務づけられているから（一般法人170条１項），機関構成の自由の幅はきわめて小さいものとなっている。

このような機関設計の自由の制約を定める法人法規定の強行法性は，法人におけるガバナンス（とくに，適切な権限分配）にかかわるものであるから，法人の制度的基礎ないし枠組みにかかわるものとして，説明することが可能である。また，一定の場合には，社員や法人事業の受益者の利益を一般的に保護するものとしても，強行法性が正当化されうる。

(c) **定款の自治**　伝統的な会社法学説によれば，会社法規定の多くは，外部関係に関する規定も，内部関係に関する規定も，強行規定であると

---

(10)　後藤元伸「団体設立の自由とその制約」ジュリスト1126号（1998年）62頁。

(11)　神作裕之「会社の機関──選択の自由と強制」商事法務1775号（2006年）43頁。

(12)　神作・前掲注(11)39-41頁。

(13)　内田千秋「会社法としての一般社団〔財団〕法人法」藤岡康弘編『民法理論と企業法制』（日本評論社，2009年）61-62頁参照。

されてきた[14]。2006年に成立した会社法について，その立案担当者は，すべての規定を基本的に強行規定であるとした上で，当事者間の合意で処分可能な規律については定款自治を認め，任意規定としてそれが認められるべき規律については，利用者の便宜を考慮して，その旨が明らかになるような手当てを講じているとしている[15]。

　しかしながら，強行規定か否かについて解釈の余地を認めない主張については強い批判があり[16]，会社法学においては今日，機関設計における選択の自由と強制の問題を含んで，より一般的に，会社法規定の強行法性・任意法性が，定款自治の範囲に関する問題として論じられているところである[17]。非営利法人規定の強行法性・任意法性を検討するにあたっても，定款自治の範囲に関する会社法上の議論は，参考となるものが多いとされている[18]。また，定款の自治といっても，法人の法形式・種類により多様であり，その範囲や内容が異なるので，法人ごとの個別的な検討が必要であるとされている[19]。

　(d)　法人内部の組織規範に関する規定の原則的な任意法性　　伝統的な会社法学説が会社法規定の強行法性をいい，また，一般法人法が会社法の規定を範として制定されていることからは，法人法規定一般につき，強行法性から出発し，任意法性を有する個別規定を措定するというのが筋かもしれない。しかしながら，私的自治・団体自治の原則から，数の上では少なくても，法人内部の組織機関に関する法人法規定は原則として任意規定であると

---

(14)　鈴木竹雄＝竹内昭夫『会社法〔第3版〕』（有斐閣，1994年）34頁など。

(15)　相澤哲編著『立案担当者による新・会社法の解説〔別冊商事法務295号〕』（商事法務，2006年）6頁〔相澤哲・郡谷大輔〕。

(16)　江頭憲治郎・門口正人編集代表『会社法大系(1)』（青林書院，2008年）12-14頁〔江頭憲治郎〕。

(17)　川村正幸「会社法の強行法規性と定款自治」浜田道代＝岩原紳作編『会社法の争点』（有斐閣，2009年）16-17頁，江頭憲治郎編『会社法コンメンタール1──総則・設立(1)』（商事法務，2008年）336-339頁〔森淳二朗〕，神田秀樹編『会社法コンメンタール14──持分会社(1)』（商事法務，2014年）46-49頁〔大杉謙一〕，織田・前掲注(2)179-183頁，稲田和夫「定款自治と強行法性」椿寿夫編『民法における強行法・任意法』（日本評論社，2015年）299-303頁，江頭憲治郎『株式会社法〔第7版〕』（有斐閣，2017年）56-58頁，黒沼悦郎『会社法』（商事法務，2017年）21-23頁など参照。

(18)　織田・前掲注(2)185-186頁。

(19)　稲田・前掲注(17)308頁。

し，これに対して，法人法規定のうち，社員の権利・義務にかかわる規定，第三者の権利関係に直接関連する規定，あるいは，法人の制度的基礎ないし枠組みにかかわる規定などが，強行法性を有するものとすべきではなかろうか。

(2)　社員の権利・義務にかかわる法人法規定

(a)　社員の権利・義務にかかわる法人法規定の基本的な強行法性　法人内部の組織規範に関する規定が任意法性を有するのが原則であるとしても，構成員の利益，つまり，社員の権利・義務にかかわる規定は，強行法性を有するものと解さなければならない。また，その多くは，法人の制度的基礎（とくに，ガバナンス）とも関連しているので，強行法性が多層的に裏付けられている（たとえば，社員の監督是正権や少数社員権など〔一般法人86条，88条，284条1号，278条など〕）。

以下に見るように，明文で任意規定とされている場合であっても，その任意法性の範囲は，規定の趣旨から，合理的な範囲にとどまらざるをえず，この意味では，強行法性が同居しているともいえる。

(b)　経費の負担（一般法人法27条）　一般法人法27条によれば，定款の定めにより，社員は経費支払義務を負う。同条は社員有限責任の原則と関連するものであって，明文の規定はないが，社員の責任を有限責任とする規律が，経費の負担のかぎりにおいて，任意法性を有することを示すものである。

社員の有限責任（法人債権者に対する責任ないこと，追加出資義務のないこと，および，損失塡補義務ないこと）は，社員となった時に予測できないリスクから社員を解放し，安心して社員となることができるようにするためのものであるから[20]，定款の定めによる経費の負担はそのような範囲の合理的なものでなければならない。

(c)　任意退社（一般法人法28条）　一般法人法28条1項本文は，社員の退社の自由を定めているが，同条1項ただし書が，定款による別段の定めを許容しているから，同条1項本文は任意法性を有することが規定されている。しかし，同条2項が，定款の定めがある場合であっても，やむを得ない

---

(20)　後藤元伸「判批」阪法42巻4号（1993年）193-194頁。

事由があるときの任意退社を規定しているので，そのかぎりにおいて，同条1項本文は強行法性を有する[21]。

　このような退社の自由の保障は，少数の反対社員が，多数決による意思決定による拘束から離脱する自由を確保するためのものである[22]。一般法人法28条1項ただし書による定款の定めは，この趣旨に反するものであってはならない[23]。したがって，定款の定めによる任意退社の制限は，事業年度末での退社や6箇月前までの予告など（会社606条1項参照），法人の側の予測・計算可能性を高めることを目的とするなどの合理的なものでなければならないであろう。

　退社する社員が増えると，法人の側も，存続基盤が脅かされるので，多数決のみに寄りかかった運営はできず，それを避けることになるから，この意味では，退社の自由に関する規定は，ガバナンスに関する規定，あるいは，法人の制度的基礎にかかわる規定としての強行法性を有する（→後述II 3 (4)）。

　(d)　議決権（一般法人法48条）　　一般法人法48条1項本文によれば，社員は総会において各1個の議決権を有するが，同条1項ただし書は，定款の別段の定めを認めている。したがって，同条1項本文は任意規定である。もっとも，同条2項は，決議事項の全部につき議決権を有しない定款の定めは無効であるとしている。なぜなら，議決権は非営利法人における社員の基本的権利であるからである。この趣旨からは，定款による議決権の制限は，基本的権利としての意義を失わせるようなものであってはならず，合理的なものだけが許されることになる[24]。

---

(21)　最判平11・2・23民集53巻2号193頁は，民法上の組合における組合員の任意脱退を規定する民法678条が，「組合員は，やむを得ない事由がある場合には，組合の存続期間の定めの有無にかかわらず，常に組合から任意に脱退することができる旨を規定」するとし，「同条のうち右の旨を規定する部分は，強行法規であり，これに反する組合契約における約定は効力を有しない」とする。

(22)　新公益法人制度研究会『一問一答 公益法人関連三法』（商事法務，2006年）380頁。

(23)　四宮＝能見・前掲注(3)121頁は，不合理な制限は無効と解すべきであろうとする。

(24)　新公益法人制度研究会・前掲注(22)47頁，四宮＝能見・前掲注(3)121，126頁。

2　第三者の権利関係に直接関連する規定の強行法性

(1)　第三者の権利関係に直接関連する規定における強行法性の特色

　たとえば，代表権の制限に関する規定（一般法人77条5項，会社349条5項など）や，役員等の対第三者責任に関する規定（一般法人117条，会社429条1項など）のように，第三者の権利関係に直接関連する法人法規定においては，当事者間の意思表示による法律上の規定の排除如何が問題なのではなく，法人内部の合意の第三者への効力ないし影響が法定されているものと見ることができる。法人内部で設定された組織規範，そして，それの第三者への効力ないし影響の問題である。このような場合においては，法人内部で組織規範を設定することは，団体自治にもとづき，原則として自由であるが，その対第三者効が法定されて，強行規定となっている。

(2)　代表権の制限と善意の第三者（一般法人法77条5項）

　一般法人法77条4項（会社349条4項参照）は，法人における代表権は，法人の業務に関する一切の裁判上または裁判外の権限に及ぶことを規定し，同条5項は（会社349条5項参照），かかる代表権に加えた制限は，善意の第三者に対抗することができないことを規定する。

　一般法人法77条5項は，第三者の権利関係に直接関連する規定として，強行規定である。それは，民法91条に見るような当事者の意思表示に優越する強行法性を問題とするものではない。一般法人法77条5項につき，それと異なる法人の側と第三者と間との合意は，論理的に意味をなさない。これらの法人法規定は，法人内部における代表権についての，いわば合意の効力が善意の第三者に及ばないことをいうものだからである。

　一般法人法77条5項は，法人内部では代表権の制限が，可能であることを前提に（この意味では一般法人法77条4項は任意規定である），善意の第三者に対抗不可であるとして（善意でない第三者には対抗可能である），この点に強行法性を付与している。ここでは，法人内部における意思決定が自由であることを当然の前提としつつも，善意の第三者の利益を考慮して，その者との関係では，法人内における意思決定の効力が制限され，内部的効力を有する

---

(25)　佐久間毅『民法の基礎1　総則［第4版］』（有斐閣，2018年）184頁。

にすぎないものとして扱われるている。

　ところで，近時の民法の体系書において，第三者の権利関係に関連する規定が強行規定であることの説明として，法律行為によって定めうる法律関係は，原則として，当事者間のそれにとどまり[25]，「契約は当事者のみを拘束する」こと[26]が指摘されている[27]。表見代理規定もこのような強行規定であるとされている。

　もっとも，契約は当事者のみを拘束するが，その結果である法律関係の変動（たとえば，代理権の発生）を前提として，第三者も法律関係に入ってくる。

　法人においても，その当事者は構成員であるが，だからといって，法人の外にいる者が自らを第三者であるとして，法人の存在を否定することはできない。法人と代表者の関係についても，両者の関係は委任契約にもとづくものであり，それ自体は第三者を拘束しない。しかし，そこから生じる代表権は，委任契約とともに生じるものであると同時に，法定の法人制度の下にある法人の機関としての代表権である。法人における代表権の範囲は法定され，その制限は善意の第三者に対抗することができないものとされている[28]。そこには，代表権を有する者（代表者）に対する内部的コントロールの要請があり，そのための内部的制約に関する組織規範の設定は，団体自治の原則から，自由であるが，それが，善意の第三者との関係で効力が限定されているのである。

(3) 役員等の対第三者責任（一般法人法117条）

　一般法人法117条（会社429条参照）は，職務を行うについて悪意・重過失のあった役員等の第三者に対する損害賠償責任を定める。ここでもまた，民法91条におけるような当事者の意思表示に優越する強行法性という図式が問

---

(26)　山本敬三『民法講義1総則［第3版］』（有斐閣，2011年）256-257頁。
(27)　これに注目するものとして，三林・前掲注(2)111頁。
(28)　なお，第三者が善意であることの証明責任は，判例上，第三者にあるとされているが（最判昭60・11・29民集39巻7号1760頁），第三者の信頼は，いかなる事項についても権限を有するという代表権の包括性だけでなく，代表理事・代表取締役ならば代表権を有しているという代表権の存在にも向けられているから，代表権の包括性を定める規定（一般法人77条4項，会社349条4項など）により，第三者の善意は法律上の推定されているものと解すべきである。第三者は，法人側の行為者が法人を代表する者（理事・代表理事，取締役・代表取締役など）であることを証明すればよい。

458

題となっているのではない。そもそも，一般法人法117条と異なる役員等と
第三者との間の合意として，何を想定すればよいのかよくわからない。着目
すべきなのは，判例(29)の見解に依拠すれば，役員等の義務違反が，法人と
の間の委任関係，いわば内部的な合意にもとづく義務の違反であって，それ
が責任根拠として第三者にも及んでいる点である。

3　法人の制度的基礎ないし枠組みにかかわる規定
(1)　法人の制度的基礎ないし枠組みにかかわる規定の強行法性

　法人の制度的基礎ないし枠組みにかかわる法人法規定は，私的自治の前提
ないし枠組みにかかわる規定（その典型は，権利能力に関する民法34条が）と
ともに，その性質上，強行規定となる。

　たとえば，法人の設立に関する法人法定主義に関する規定規定（民33条1
項）がこれにあたる。また，一般社団法人における剰余金分配の禁止に関す
る規定（一般法人11条2項・35条3項），あるいは，株式会社における剰余金
配当請求権に関する規定（会社105条1項1号）なども挙げられる（ここで
は，民法91条おけるような強行規定の当事者の意思表示に対する優位を見出すこ
とができる）。法人におけるガバナンス（たとえば，適切な権限分配）に関する
規定も，法人の制度的枠組みにかかわるものといえよう。

　法人の制度的基礎ないし枠組みにかかわることから生じる強行法性は，さ
らに，他の強行法性と同時に語ることができる場合がある。たとえば，先に
触れた代表権の制限に関する規定（一般法人77条5項）や，役員等の対第三
者責任に関する規定（一般法人117条）は，法人の内部規範の第三者に対する
影響という観点から，強行法性を論じることができると同時に，法人制度の
信用維持など，法人の制度的基礎にかかわるものとして，その強行法性を裏
付けることが可能である。このように，法人法規定の任意法性・強行法性の
問題は，以上のような団体自治とその第三者関連性の中に見出すこともでき
るが，それともに，強行規定たる法人法規定の強行法性については，法人制
度の前提ないし枠組みにかかわるものであることからも，導くことができる

---

(29)　2005年改正前商法266ノ3第1項（現429条1項）に関する最判昭44・11・26民集23
　　　巻11号2150。

のである。

(2)　法人の設立に関する法人法定主義

　民法33条1項は，法人の設立に関する法定性を規定する（法人法定主義）。それは，法律に定めのない新しい種類の法人を設立することはできないことを意味する。このような法人法定主義は，法人格取得の可能性を制限するものにすぎず，団体の設立自体は自由である[30]。団体が法人格を取得するときには，法定の法人形式の中から1つを選択することになるのであって，法人設立の自由は，法人形式選択の自由ということができる。この法人形式選択の自由には，団体目的による制限のある場合があるがある。たとえば，一般社団法人・一般財団法人を設立するには，非営利目的でなければならない[31]。

　このように，法人の設立に関する法人法定主義は強行法性を有するが，権利能力なき社団・財団に関する判例・学説を考慮すると，実質上は限りなく任意規定に近くなっているとの指摘がなされている[32]。

　別の手立てとして他の法的構成によって同様の法的結果を招来することは，形式的には強行規定違反ではない。権利能力なき社団という法的構成は，団体設立の自由にもとづき，法定の民法上の組合と異なる団体類型に属する社団型団体を創設したものと見ることもできる。もっとも，権利能力なき社団の法理によって法人格を取得したのとほぼ同様の結果を得ることができるのであるから，強行規定を脱法するものともいえる。したがって，権利能力なき社団論に対する評価こそが問題となる。

　従前は，中間目的の団体を権利能力なき社団として取り扱うことに合理性があったが[33]，今日では，一般社団・財団法人法によって法人となることが容易であるから，権利能力なき社団論の現在的価値は理論的には乏しく，強行規定たる民法33条1項に反するものともいえるであろう。

---

(30)　雨宮孝子「非営利法人の立法論」NBL767号（2003年）34頁，山本・前掲注(26)457頁。

(31)　後藤・前掲注(10)62頁。

(32)　織田・前掲注(2)186頁。

(3) 剰余金分配の禁止 (一般法人法12条2項・35条3項)

一般社団法人においては, 一般法人法12条2項により, 社員に剰余金分配請求権を与える旨の定款の定めは無効であり (剰余金分配の代わりとなりうる残余財産分配請求権を与える旨の定めも無効), また, 同法35条3項により, 社員に剰余金を分配する旨の総会決議をすることができない (剰余金分配の禁止)。

剰余金分配の禁止に関する規定は, 構成員の権利にかかわる規定として, 法人内部の組織規範に関する規範のようでもあるが, そうとはいえない。それは, 非営利法人・営利法人という法人法の体系性にかかわるものである。この意味で, 法人制度の制度枠組みに関連し, 営利法人 (会社) とすみ分けがはかられ, そのようなものとして当該の法人が制度設計されている。剰余金の分配を可能としたければ, 会社形式を選択するほかない。民法33条1項の規定する法人法定主義の一内容でもある (→前述Ⅱ3(2))。

また同時に, 剰余金分配の禁止に関する規定は, 非営利法人制度の信用維持にかかわるものであるとともに, 法人を行う事業の受益者や法人に対する債権者などの第三者の利益を一般的に図るものである[34]。しかし, 第三者の権利関係に直接関連するものではない。また, 規定を排除する第三者との個別的な合意を想定することが困難である。

(4) ガバナンスに関する規定の強行法性

法人における内部規範の設定は自由であるが, 法人のガバナンス (適切な権限分配, 情報開示, 会計原則) に関する規定は, 当該法人の制度的基礎ないし枠組みに関するものであるから, 強行法性を有する[35]。前述の (→Ⅱ1(1)(b)) 機関設計における自由と強制の問題は, 法人のガバナンス (とくに, 適切な権限分配) にかかわるものでもある。

---

(33) 織田博子「権利能力なき社団・財団」椿寿夫＝中舎寛樹編著『解説 新・条文にない民法』(日本評論社, 2010年) 17-18頁, 藤岡康宏『民法講義Ⅰ 民法総論』(信山社, 2015年) 202-203頁参照。

(34) これに対して, 営利法人における剰余金配当請求権に関する規定 (会社105条1項1号, 621条1項) は, 営利法人としての会社制度の根幹にかかわるものであると同時に, 剰余金配当規制に関する規定と結びついて, 会社債権者など, 第三者の利益を一般的に保護し, よって, 営利法人たる会社制度の信用維持をはかるものとなっている。

(35) 黒沼悦郎「会社法の強行法規性」法教194号 (1996年) 13頁参照。

19　いわゆる業法と強行法・任意法

髙 井 章 光

I　はじめに

　業法は，特定の業種の営業に関して規制を目的とした行政法であり，取締法規に分類されるべき法規である。取締法規の私法上の効果については，行政法及び民法の各分野の研究者によって研究が重ねられてきた分野であるが，消費者関連法に関する議論[1]を除いては，業法そのものについて殊更に取り上げた議論はあまりないようである。しかしながら，業法は，特定の業種の営業に関しての規制を目的としていることから，当該事業の公益性に起因する規制規定のほか，当該事業の専門性に着目し適正な事業運営を図り，または取引関係者の利益保護を目的とした規定も少なくなく，単なる行政法としての要素に限らず，直接に私法上の効果をも予定している面もあり，その法規の強行法規性や任意法規性を検討する意義は少なくない。

---

(1)　大村敦志『契約法から消費者法へ』（東京大学出版会，1999年）163頁以下，山口康夫「取締規定に違反する契約の効力―消費者取引との関連を中心として」札幌法学1巻1号（1990年）33頁など。

　本稿においては，取締法規としての業法が私法上の契約（取引）に対しど
のように影響を与えているのかにつき，業法の個別の規定内容を検討するこ
とによって，業法規定が契約（取引）に対して強行法として作用する場合の
ほか，任意法としての効果を有する場合を整理し，業法と私法上の契約（取
引）の関係に関する一考察としたい。

II　業　　法

1　業法の位置づけ

　業法は特定の業種の営業に関して規制を目的とした行政法であり，取締法
規に分類されるべき法規と考えられるが，一部の規定においては私人間の取
引に直接的に効力が及ぶものもある。

　通常，業法は，特定の業種の営業を行う者に対して，監督官庁へ届出，許
可，認可等[2]を行うことを義務づけ，それらの業者が営業を行う上での業務
体制に関する規制，業務内容の特定と規制，当該業種の営業に関する適正性
確保のための規制，取引の安全に関する規制，監督官庁による監督内容，規
制違反行為に対する行政措置，刑事罰などが規定されている。

　不動産取引においてしばしば登場する宅地建物取引業法（以下，宅建業法
という。）を例にとってみると，第一章「総則」，第二章「免許」，第三章
「宅地建物取引士」，第四章「営業証拠金」，第五章「業務」，第五章の二「宅
地建物取引業保証協会」，第六章「監督」，第七章「雑則」，第八章「罰則」
となっており，基本的には事業を行う際の監督官庁からの規制内容によって
構成されている。

　さらに，宅建業法の具体的規定をみると，例えば宅建業法12条１項は，
「第三条第一項の免許を受けない者は，宅地建物取引業を営んではならな
い。」として，無免許事業を禁止する一方で，免許を受けた宅地建物取引業
者（以下，宅建業者という。）に対しては誇大広告を禁じ（宅建業32条），宅

（2）　そのほか，承認，免許，認定，認証，登録などがある。

地・建物の売買等の媒介契約を締結した場合に必要事項を記載した書類を依頼者に交付する義務を課す（宅建業34条の2）などによって，適正な業務遂行が図られることを目的としている。そして，これらの規制内容に違反した場合には，国土交通大臣や都道府県知事は是正措置を命ずる指示を出し，指示に従わなかった場合には業務停止命令が出され（宅建業65条），さらに免許取消し（宅建業66条）等の制裁を受けるほか，刑事罰の対象とされる（宅建業79条以下）。

　以上から，業として宅地もしくは建物の売買や媒介等を行おうとする者は，免許を受けた上で，宅建業者に課されている各規制を遵守し，もって，取引の相手方には安全な取引が確保されることになる。

2　業法の規制による効果

　このように，業法によって特定の業種の営業に規制がなされ，それによって，取引の相手方に対し安全な取引が確保されることになる場合には，取引の相手方はこれらの規制法による反射的な利益を得ていることになる。

　さらに，例えば宅建業者が，契約の相手方の権利を保護する目的の宅建業法規に違反した場合には，行政上の制裁を受けるだけでなく，当該契約（取引）を無効とするなど是正措置が図られるべき場合があり，公序良俗（民90条）違反等を理由として私法上の契約（取引）を無効とするほか，時には当該業法規定違反の効果として無効等の効力が認められることもある。最判昭45・2・26民集24巻2号104頁は，旧宅建業法17条1項，2項について，「宅地建物取引の仲介報酬契約のうち告示所定の額を超える部分の実体的効力を否定し，右契約の実体上の効力を所定最高額の範囲に限定し，これによって一般大衆を保護する趣旨をも含んでいると解すべきであるから，同条項は強行法規で，所定最高額を超える契約部分は無効である」と判示している。

　他方，宅建業者が宅建業法に違反した場合に，当該契約（取引）が無効となることを明文で規定した条項もいくつか存在する。例えば，宅建業法40条1項（なお，2017年民法改正に伴う整備法による改正後のもの）は「宅地建物取引業者は，自ら売主となる宅地又は建物の売買契約において，その目的物が種類又は品質に関して契約の内容に適合しない場合におけるその不適合を担

保すべき責任に関し，民法第五百六十六条に規定する期間についてその目的物の引渡しの日から二年以上となる特約をする場合を除き，同条に規定するものより買主に不利となる特約をしてはならない。」と規定し，同条2項は「前項の規定に反する特約は，無効とする。」とする。

　このように業法における強行法を検討する場合には，①業法規定違反の私法上の効果が明文で規定されている条項における問題のほか，②私法上の効果が明文で規定されていない条項に違反した契約（取引）の私法上の効果（そして，この場合，当該業法規定を直接的な根拠とする場合と公序良俗（民90条）違反等を根拠とする場合がある）が問題となる。

Ⅲ　取締規定の私法上の効果についての学説の状況

1　行政法における学説

　業法違反における私法上の効果が明文で規定されていない場合の問題は，いわゆる「取締規定の私法上の効果」の問題であり，民法学者及び行政法学者において伝統的に研究されてきたテーマである。

　この点，行政法の学説においては，かつては，公法と私法は別個のシステムであって，相互の影響は生じないとする考え方である，公法・私法二元論が主流であったが（田中二郎『行政法総論』（有斐閣，1957年）等），その後，民法における学説とも関連し，様々な見解が生じている[3]。最近の議論にお

---

(3)　塩野宏『行政法Ⅰ行政法総論［第六版］』（有斐閣，2015年）56頁は，公法・私法二元論の有用性に疑問を呈した上で，その後の見解について，「従来の公法・私法の問題性については共通の理解があるにせよ，では行政法（学）とは何かということになると，甚だ統一性を欠く状態にある。」とし，公法と私法との関係について，①公法・私法二元論を維持しながら問題状況に応えようとする立場（市原昌三郎『行政法講義［改訂第二版］』（法学書院，1996年）等），②公法領域と私法領域のそれぞれ基幹部分における基本的な特徴が存在し，この見地から新たな視角から公法概念を捉えなおすことが大きな課題とする見解（櫻井敬子・橋本博之『行政法［第5版］』（弘文堂，2016年）8頁），公法の下で形成された制度乃至モデルと私法の下で形成されたモデルの機能，区分法を明らかにすることが必要であるとする見解（大橋洋一「制度的理解としての『公法と私法』」『行政法学の未来に向けて—阿部泰隆先生古稀記念』（有斐閣，2012年）1頁），ドイツ法に由来する公法と私法の二元論が，我が国の実定

いては，後述する民法における学説に影響を受けながら[4]，公法と私法は相互参照可能な関係とする考え方が生じ，さらに現在の有力な考え方は，公法と私法との補完作用を重視した考え方であり，消費者法や環境法の分野において特に研究されている[5]。

2　民法における学説

(1)　第一段階の学説

　民法の分野においては，末弘巌太郎博士がこの問題を初めて取り上げたとされる（末弘巌太郎「民法雑考」（「法令違反行為の法律的効力」）法協47巻1号（1929年）68頁など）。いわゆる第一段階の学説である。末弘巌太郎博士は，鉱業法違反の斤先堀契約に基づいて採掘された石炭を悪意の第三者に譲渡した事案で，当該譲渡契約を公序良俗違反とした大判大14・2・3民集4巻51頁等の判例について，①法令違反行為の効力は，当該法令が法律であるか命令であるかで区別し，法律であれば違反は無効であり，命令であれば違反は有効が原則である，②但し，命令違反であっても公序良俗違反ならば民法90条によって無効となり，また法律違反の場合にも同時に公序良俗違反という説明が加えられていることが多い，③そして禁止法規が強行法規か否かの判断基準は明示されておらず，④無効とした場合の当事者の利害関係の調整については特別な配慮は示されていない，との整理を行った上で，当該法令が法律行為を無効とするか否かを決するには，(あ)法律違反行為を無効とする

法制度や判例の状況に鑑みると適切であるとする見解（髙木光『行政法講義案』（有斐閣，2013年）14頁）などは，いずれも公法・私法の相対化現象を承認した上で，公法と私法のそれぞれの中核部分に着目してあるべき公法を構想するとしている，③民事法の体系とは異質の行政法独自の体系を構築することを試みる見解（岡田雅夫『行政法学と公権力の観念』（弘文堂，2007年）269頁，仲野武志『公権力の行使概念の研究』（有斐閣，2007年）8頁），④公法・私法にこだわらず，行政と私人の間に生ずる法現象を考察し，そこに行政に関する特有の法理を探求する見解（今村成和『行政法入門［初版］』（有斐閣，1996年），前掲塩野宏『行政法Ｉ行政法総論［第六版］』）等の見解があることを紹介している。

(4)　山本敬三・大橋洋一「行政法規違反行為の民事上の効力」宇賀克也・大橋洋一・高橋滋編『対話で学ぶ行政法』（有斐閣，2003年）1頁では，取締規定の私法上の効果について，行政法の立場と民法の立場から検討がなされている。

(5)　大橋洋一『行政法Ｉ現代行政過程論［第3版］』（有斐閣，2016年）92頁以下。

ことが禁止法規の目的達成のために必要か否か，もしくは少なくとも妥当か否か，（い）違反行為が公序良俗に反するか否か，（う）違反行為を無効とすることによって当事者相互間に不公正が生じないかどうか，を考慮すべきとする。特に（う）の要素によって公益的見地から法律違反行為が無効とされてしまう場合に，当事者の利益保護をはかる効果を得ている。

（2） 第二段階の学説

末弘論文以降の第二段階の学説として，取締法規と強行法規（効力規定）を区別し，取締法規は一定の行為が現実に行われることを禁止ないし防止することを直接の目的とするのに対し，強行法規は当事者が達成しようとする私法上の効力の実現について，国家が助力しないことを直接の目的とするとし，公法・私法二分論に通ずる見解が通説的地位を占めるようになった（我妻榮『新訂民法総則（民法講義Ｉ）』（岩波書店，1965年）263頁）。

そして，取締法規違反の法律行為の私法上の効力が否定されるか否かの判断（すなわち効力規定か否かの判断）は，各規定の解釈の問題であり個別に検討されるとした上で，その違反行為を無効とすることが，①取締法規の目的や，②違反行為に対する社会の倫理的非難の程度から要請される場合があり，他方，違反行為を無効とすると③取引の安全や，④当事者間の信義・公平を害するおそれもあることから，違反行為の効力は，①から④の要素を総合的に考慮して判断するとされる（星野英一『民法概論Ｉ（序論・総則）』（良書普及会，1971年）185頁）。判例もこの総合考慮判断に従っているものと考えられている。

（3） 第三段階の学説

その後，1960年代に川井健教授が，1980年代に磯村保教授が，履行段階によって評価を試みる第三段階の学説が生じる。履行段階説は，取締法規によって禁止・制限された行為が履行されていない段階と，すでに履行された段階に区別して評価を行うものであり，川井教授は，公法と私法との分離を認めた上で，違反行為がまだ履行されていない段階においては，契約当事者の請求が取締法規の趣旨によって制限されていないかを判断し，違反行為の履行請求を否定すべきかどうかを決めることとなり，他方，違法行為がすでに履行された後においては，取締法規の目的からは違法行為を無効とすること

までは要請されないことになり，むしろ当事者間の信義・公平の観点からは有効としてもよい（やむを得ない）とする（川井健「物資統制法規違反契約と民法上の無効—取締法規と強行法規との分類への疑問」『無効の研究』（一粒社，1979年）62頁）。

　これに対し磯村教授は，未履行の段階については取引の安全性を害する虞は少なく，また，法秩序における価値矛盾の回避の要請から，一律に違法行為を無効とする（磯村保「取締規定に違反する私法上の契約の効力」『民商法雑誌創刊五〇周年記念論集Ⅰ・判例における法理論の展開』（有斐閣，1986年）13頁）。

(4)　第四段階の学説

　そして，1990年代には第四段階の学説として，大村敦志教授と山本敬三教授の公法・私法相互依存論が現れる。大村教授は，警察法令は取引とは直接には関係しない価値を実現するための法令であり，法令違反であっても原則として違反行為の効果は否定されることまでは要請されないが，経済法令は取引と密接な関連を有する法令であり，法令の目的が取引の効力と密接な関係が生じることから，法令が私法上の公序を判定するための重要な要素となり，さらに経済法令の中で，個々の取引において当事者の利益を保護することを目的とする取引利益保護法令については，その違反行為の効果を否定することが当事者間の信義・公平に資するものとし，他方，取引の環境となる市場秩序の維持を目的とする取引秩序維持法令については，違反行為を無効とすると当事者間の信義・公平をかえって害するおそれがあり，無効とまでする要請は低いとする（前掲注1大村敦志「取引と公序」『契約法から消費者法へ』191頁）。

　これに対し，山本教授は，憲法と私法との関係から一体的に考え，公法と私法は異質なものではなく，基本権の保護と支援という共通の目的に役立つ手段として位置づけた上で，取締法規であったとしても国家が市民の基本権を保護するための規定であり，この市民の基本権の保護のため違法行為の効力を否定する必要がある場合には，裁判所はその方向で法形成を行うことが要請されるとする（山本敬三『公序良俗の再構成』（有斐閣，2000年）246頁，292頁）。

Ⅳ　裁判例の推移

1　取締法規の私法上の効力に関する裁判例

　これまでの裁判例においては，取締法規に違反したとしても，その違反行為の違法性が強く認められる場合や，法規において違反行為が私法上の行為を無効とすることを明確にしているかまたはその趣旨が明確な場合でない限り，私法上の契約（取引）を無効とはしない傾向にある。

　例えば，最判昭35・3・18民集14巻4号483頁は，「本件売買契約が食品衛生法による取締の対象に含まれるかどうかはともかくとして同法は単なる取締法規にすぎないものと解するのが相当であるから，上告人が食肉販売業の許可を受けていないとしても，右法律により本件取引の効力が否定される理由はない。」と判示する[6]。

　他方，経済統制法規違反においては，物資統制規定違反では私法上の効力を認めてこれに反する取引を無効とし（最判昭30・9・30民集9巻10号1498頁，最判昭40・12・21民集19巻9号2187頁など），価格統制規定違反では違反部分のみを一部無効とする判例（大判昭20・11・12民集24巻3号115頁，最判昭31・5・18民集10巻5号532頁，最判昭45・2・26民集24巻2号104頁など）が多い。

　経済統制法規以外の法令違反の行為について私法上の効力を否定する判例は多くはないが，弁護士法72条違反の委任契約について，同法に抵触することを理由に民法90条に照らして効力を生じないとした判例（最判昭38・6・13民集17巻5号744頁），アラレ菓子の製造販売業者が有毒性物質であることを知ってこれを混入して製造・販売した食品衛生法違反行為について，民法90条により無効とした判例（最判昭39・1・23民集18巻1号37頁），証券取引法違反行為について民法90条違反とした判例（最判平9・9・4民集51巻8号

（6）　後記業法に関する判例（「3　業法の私法上の効力に関する判例」記載の判例参照）のほか，文化財保護法違反の取引を有効とした判例（最判昭50・3・6民集29巻3号220頁）や独占禁止法19条違反の取引を有効とした判例（最判昭52・6・20民集31巻4号449頁）など。

3619頁），不正競争防止法・商標法違反行為について民法90条違反として無効とした判例（最判平13・6・11判時1757号62頁），建築基準法等の法令の規定に適合しない建物の建築を目的とする請負契約が公序良俗に反し無効とした判例（最判平23・12・16集民238号297頁）などがある。

　なお，取締法規違反の行為について，私法上の効力を否定した場合であっても取引の相手方を保護するために不法原因給付には該当しないと判断し，また，私法上の効力は有効としながらも，注意義務違反等を理由として損害賠償請求を認めることなどで私法上の取引における権利関係の調整を行う裁判例は多い。

2　業法の私法上の効力に関する判例の傾向

　業法の規制に反する取引の効力について，大審院判例・最高裁判例を概観する。大審院判例時代においては，取引所法や商品・証券取引法に関する判例が大多数を占め，そのほか鉱業法に違反する取引に関する判例があるが，そのほとんどは私法上の取引も無効とする判断がなされている。

　最高裁判例においては，その違反の内容によって規制に抵触する取引を無効とするか有効とするか判断が分かれる傾向にある。特に大審院判例ではほとんど無効としていた取引法関連では，非公認市場での先物取引の委託を無効とした判例（最判昭61・5・29判時1196号102頁）と損失保証契約を無効とした判例（前掲最判平9・9・4）以外は基本的に取引を有効と判断する傾向にある。これは，当該取引相手たる消費者が不利益を被ることを回避する要請によるものと考えられるが，前掲最判平9・9・4に関しては，損失保証が社会問題となって法改正により刑事罰が課されることになる等の社会情勢の変化を受けて，私法上の取引についても消費者保護の要請から無効とするに至ったものと考えられる。すなわち，業法違反の取引については，取引の相手（特に消費者）保護の観点から無効とするか有効とするかを重要な判断要素としているように思われる。

　以上から，当該契約（取引）が，業法規定違反もしくはその結果としての公序良俗（民90条）違反を理由として無効とされるか否かの判断は，当該業法法規の性質等から，当該取引がどの程度において公序良俗に反するか否か

という判断基準だけでは判断されてはおらず（なお，当該違法行為の公序良俗に反する程度をもって判断した例として，最判昭39・1・23民集18巻1号37頁等がある），当該契約・取引の相手方の利益保護をも考慮事由として判断されている。

3　業法の私法上の効力に関する判例
(1)　取引所法・商品先物取引法・証券取引法・金融商品取引法に関する判例

　取引法違反の取引（契約）の私法上の効力を無効とした大審院判例は多くあるが（但し，旧取引所法11条ノ4違反営業者を経由した委託の効力については無効としていない），他方，最高裁判例においては，私法上の効力を無効としない判例が多く（なお，前掲最判平9・9・4は社会的非難を反映して損失保証契約を無効としており，社会的非難の内容が業法違反の私法上の効果に影響を及ぼしうることを示す判例として注目に値する），業法による取り締まりの姿勢が，戦後より戦前の方がより厳しい状況にあったことが，私法上の効果の違いにも現れている。

　(a)　取引所法による仲買人の資格を備えない者が，他の仲買人の名義を借りて取引所でなした取引等を無効（違法）としたもの
　　①　大判明31・10・22民録4輯3巻48頁
　　②　大判明32・5・27民録5輯5巻121頁
　　③　大判大8・6・14民録25輯1031頁
　　④　大判大10・9・20民録27輯1583頁
　　⑤　大判大15・4・21民集5巻271頁
　　⑥　大判昭7・4・5法学1巻下445頁
　　⑦　大判昭7・4・15法学1巻下445頁
　　⑧　大判昭7・4・23法学1巻下446頁
　　⑨　大判昭10・7・9法学5巻341頁
　　⑩　大判昭14・7・27法律学説判例評論全集28巻商法447頁
　　⑪　大判昭16・8・27法学11巻417頁

⑫　大判昭16・9・6法律新聞4726号7頁

⑬　大判昭17・5・25法律新聞4778号10頁

⑭　大判昭17・5・27民集21巻604頁

⑮　大判昭18・5・27法律新聞4850号4頁

⑯　大判昭18・12・22法律新聞4890号3頁

（b）　定期取引に類似する取引を法律上無効としたもの

①　大判大7・10・23民録24輯2053頁

②　大判大9・3・10民録26輯301頁

（c）　旧取引所法11条ノ4違反営業者を経由した委託の効力までは否定しないとしたもの

①　大判昭7・8・20法学2巻718頁

②　大判昭9・3・28民集13巻318頁

③　大判昭14・4・5法学8巻1070頁

④　大判昭14・12・27法律学説判例評論全集29巻諸法78頁

（d）　違法な株式短期清算取引が無効となった場合の不当利得返還債務を保証する契約を無効としたもの

①　大判昭18・7・16民集22巻837頁

（e）　上場株式について証券会社が直接顧客と売買契約を締結する旧東京証券取引所業務規程88条違反行為の私法上の効力まで否定しないとしたもの

①　最判昭35・5・24民集14巻7号1169頁

（f）　旧商品取引所法96条に基づく受託契約準則に準拠しない受託契約を有効としたもの

①　最判昭41・10・6集民79号39頁

（g）　旧商品取引員が商品取引法97条の委託証拠金を徴することなしに取引をしたとしても契約の効力には影響しないとしたもの

①　最判昭42・9・29集民88号623頁

②　最判昭57・10・26判タ483号66頁

（h）　商品取引員が旧商品取引所法91条1項に違反して営業所以外の場所で取引の委託を受けても契約の効力には影響しないとしたもの

① 最判昭49・7・19集民112号249頁

② 最判昭57・11・16集民137号453頁

（i） 非公認市場における先物取引の委託について無効としたもの

① 最判昭61・5・29判時1196号102頁

（j） 損失保証契約を無効としたもの

① 最判平9・9・4最判民集51巻8号3619頁

（2） 鉱業法に関する判例

すべて大審院判例であるが，鉱業業者が第三者に採掘の権利を授与して鉱業を管理させる契約等を無効とした。

① 大判大2・4・2民録19輯193頁

② 大判大8・5・31民録25輯951頁

③ 大判大8・9・15民録25輯1633頁

④ 大判大14・2・3民集4巻51頁

⑤ 大判昭19・10・24民集23巻608号

（3） 保険業法に関する判例

（a） 保険外交員が保険契約者の募集勧誘に際して保険募集取締規則の禁止する行為をしてもその行為は当然無効とはならないとしたもの

① 大判昭13・10・13法律新聞4335号16頁

（b） 保険約款中の免責約款を一方的に変更し主務大臣の認可を受けない約款にて締結した契約を有効としたもの

① 最判昭45・12・24民集24巻13号2187頁

（4） 待合業に関する判例

無免許で待合業を営んでいても私法上無効とはならないとしたもの

① 大判大8・9・25民録25輯1715頁

（5） 無尽業法に関する判例

（a） 営業区域外における無尽業務について無効ではないとしたもの

① 大判昭4・12・21民集8巻961頁

（b） 主務大臣の認可を受けた約款に反する特約を無効としたもの

① 大判昭13・8・22民集17巻1653頁

（c） 無尽業法10条に許された資金運用でないが無効ではないとしたもの

　①　最判38・10・3民集17巻9号1133頁

(6)　食品衛生法に関する判例

(a)　食品衛生法21条による営業許可を受けない者のした食肉の買入契約は無効ではないとしたもの

　①　最判昭35・3・18民集14巻4号483頁

(b)　有毒性物質が混入した食品の販売のみでは民法90条違反ではなく，これを知り，かつその販売が食品衛生法により禁止されることを知りながらあえて製造販売する行為は民法90条違反としたもの

　①　最判昭39・1・23民集18巻1号37頁

(7)　弁護士法に関する判例

(a)　弁護士法28条違反の権利譲受行為の私法上の効力を否定したもの

　①　最判昭35・3・22民集14巻4号525頁

　②　最判平21・8・12民集63巻6号1406頁

(b)　弁護士法72条本文前段に抵触する委任契約を民法90条に照らし無効としたもの

　①　最判昭38・6・13民集17巻5号744頁

(c)　弁護士法72条本文前段に抵触する認定司法書士との委任契約を民法90条に照らし無効とした上で，当該司法書士が代理して行った裁判外の和解契約は有効としたもの

　①　最判平29・7・24金商1523号8頁

(8)　道路運送業に関する判例

無免許の自動車運送事業者が運送事業に供するために自動車を購入した際に，売主の履行遅滞によって運送事業によって得べかりし利益を得られなかったため，売主に対して請求した損害賠償を認容したもの

　①　最判昭39・10・29民集18巻8号1823頁

(9)　宅建業法に関する判例[7]

宅地建物取引の仲介報酬契約の所定最高額を超える部分を無効としたもの

　①　最判昭45・2・26民集24巻2号104頁

（7）　なお，宅建業法に関する判例・裁判例の詳細については，「Ⅵ　宅建業法規定が私法上の契約（取引）に与える影響」記載の宅建業法の各条項に関する説明箇所を参照。

(10) 司法書士法に関する判例

司法書士法9条の禁止違反たる業務の範囲を超えて相手と和解契約を締結した行為について無効とはしないもの

① 最判昭46・4・20民集25巻3号290頁

(11) 預金等に係る不当契約の取締に関する法律に関する判例

導入預金であっても私法上の効力があるとしたもの

① 最判昭49・3・1民集28巻2号135頁

(12) 職業安定法に関する判例

スカウト行為が職業安定法5条1項の職業紹介にあたる場合にその手数料が最高額を超える部分は無効としたもの

① 最判平6・4・22民集49巻6号1737頁

(13) 廃棄物の処理及び清掃に関する法律に関する判例

産業廃棄物処理業者が将来処理施設を廃止する旨を公害防止協定に基づき約束した場合，許可の効力がある期間に施設廃止をしたとしても同法に抵触せず，期限条項は無効とならないとしたもの

① 最判平21・7・10集民231号273頁

(14) 労働者派遣事業の適正な運営の確保及び派遣労働者の就業条件の整備等に関する法律に関する判例

偽装請負であっても派遣労働者と派遣元との雇用契約が無効となることはないとしたもの

① 最判平21・12・18集民63巻10号2754頁

V 業法と私法上の契約との関係

1 強行法としての業法規定の効力

業法規定が強行法として，私法上の契約（取引）へ効力を有するか否かを判断する場面では，当該業法規定の趣旨（特定の業種について規制することによって，社会秩序や取引の安全を図る）から，①当該契約（取引）全体が無効となるのか，②規定に抵触する特約のみが無効となるのか，という二種類の

問題が生じうる。

　業法における規制の種類は，当該業者の行為を禁止・制限する禁止法規・制限法規と公法上の目的を遂行するため私人の権利を制限する法規が存在する。これらの条項において，私法上の取引との関係で問題となる事項は概ね以下のような事項である。

　①無許可取引（名板貸し取引を含む），②広告・宣伝規制違反，③営業場所・時間規制違反，④料金（報酬額）規制違反，⑤担当者の技能等の規制違反，⑥取引の際の書面の交付・説明義務（調査義務）違反，⑦行為制限（禁止）規定違反など。

　このような規制に違反した場合に，当該契約（取引）を無効とするか否かの判断においては，当該業法規定が強行法であることがその明文から明らかであれば兎も角，多くの規定が明確ではなく，また同じ条項であったとしても，適用場面の違いによって強行法としての効力が認められ，または認められないという結論の違いが生じうるものと思われる（前述のとおり，取締規定の私法上の効力に関する通説的考えにおいて，強行法規となるか否かについては諸要素を総合的に判断するとしていることからも，同一条項の適用条件によって私法上の効力に差が生ずることもあり得る）。

　諸要素を総合的に判断するにおいて，具体的場面における判断過程（順番）は以下のように考えられる。

1．当該業法規定が強い禁止規定であるか否か
　　当該業法規定における規定の仕方，趣旨等から軽微な違反行為であっても厳格に取り締まることを予定しているのか否か。
2．当該業者の違反の程度が悪質であるか否か
　　当該業法規定の趣旨との相関関係において，当該業者の違反の程度が取り締まる対象となるものか否か。
3．取引の相手方等，業者以外の第三者を保護する要請の内容や要請の強さ
　　業法違反として当該取引を無効とした場合に，取引の相手方やその他の第三者が被る被害の大きさやその許容性に鑑み，被害が大きい場合や

相手方を保護する要請が強い場合は当該取引を無効とすることには消極的になるが，被害がそれほど大きくなく，また相手方も違反行為と知って取引を行っていたなど保護の要請が低い場合には当該取引を無効とすることに積極的な判断を行う方向になる。

2 業法規定による契約内容の補充作用（任意法としての効力）

契約において権利義務関係が必ずしも明確でない場合，業法の規定において当該業者の業務内容が明記され，または事業者に対して課している注意義務の内容やその及ぶ範囲から事業者の業務内容（責任範囲）が明確になることから，しばしば，契約内容の解釈において，業法規定が解釈規定となることがある。

この業法規定の効果は，契約条項の解釈指針となり，また契約内容を補充する効果であり，私法上の任意法と同様の役割を担う場合がある。なお，私法上の契約条項に関する内容を直接的かつ明確に規定した条項のほか，必ずしも直接的かつ明確に規定していない条項であったとしても，当該条項が行政法規として規制する趣旨・目的等によって，契約条項の解釈指針や補充効果が生ずる場合があると考える。

筆者の経験において，海外製品の輸入を企画した事業者が，その通関業務を通関業者に委託したところ，当該事業者は当該製品を輸入するために必要な検査結果を得ておらず輸入ができなかった事案において，輸入業者が通関業者に対し，適切なアドバイスをしなかったことを理由として損害賠償を求めた裁判があった。この裁判では，輸入時に当該製品の品質検査結果が必要であることを，通関業者が輸入業者に対してアドバイスすることが契約の内容となっていたのか否かが問題となり，通関業法における通関業者の業務内容等が問題となった。すでに裁判例があり，東京地判昭59・12・24判時1166号99頁は，「通関業法二条によれば，通関業務とは，税関に対する輸入等の申告または承認の申請からそれぞれの許可または承認を得るまでの手続および税関等に対して提出する右手続にかかる申告書等の書類の作成等について，その依頼をした者（輸入業者など）の代理または代行をする事務であると定義されているところ，原告と被告らとの間の通関委託契約は，本件商品

の輸入申告に伴う通関業務を委託するものであって，その料金は，輸入品の価格や数量にかかわりなく，一律に，輸入申告の件数を単位として定められ，（中略）原告と被告らとの間には，一般の通関業務の範囲を超えて，関税について助言をし，あるいは節税の相談に応じるなど特別の業務を委託する契約はなかったこと（中略）原告主張のような高度の注意義務を被告らに課することは，元来が申告書等の書類の作成を中心とする事務手続を低廉な料金で委託された被告ら通関業者にとって，酷にすぎるというべきである。」と判示して輸入業者の請求を認めていない。

　業法において規制の対象となる専門業者は，その業種における業務において専門性を有することが認められ，そのため一般的には高度の注意義務が課されており，業法規定においてその注意義務を具体化する規定が置かれている。この専門業者としての注意義務にかかる義務内容については，必ずしも契約締結時に詳細に当事者間においては合意しておらず，具体的な認識すらない場合もあるが，当該業者の注意義務の範囲については業法規定が道しるべとなり，業法規定の適用ないしはその趣旨によって権利義務内容を明確にすることになる。注意義務の内容を確定する場合，通常はその取引類型（委任契約か請負契約か雇用契約等）に従い分類され，その典型契約に応じた義務内容が決められる訳であるが，一般的な注意義務を超える高度な注意義務を負う根拠については，典型契約の義務内容から導くことでは不十分であり，業法の各規定がその規範となっているものと考えられる。このように業法規定が当該業者の高度の注意義務の内容を規定していることから，当該業者の契約上の義務内容は，当事者間の契約で明確に決めていなかった場面には業法規定を頼りに定まることになる。この意味においても，業法規定は任意法としての規範を有しているものと考える。

　以上から，行政法規としての業法の私法上の契約（取引）への効力を検討するにおいては，強行法か否かという点のみならず，私法上の任意法としての規範を有するかという点も検討してみたい。従前の学説においては，先に述べたとおり，行政法規を私法上の効力を有する強行法規（効力規定）とそうでない取締法規に分けているが，基本的に業法における禁止規定や義務規定は，私法上の任意法としての規範を有し得るものと考えられ，強行法規で

478

はない取締法規と分類される条項であっても，契約内容確定・解釈の補充的
作用を認めることができる任意法が存在すると考える。

3　業法が強制する約款による契約に対する直接的効力

　業法はしばしば約款に関する規制規定を置いている。これは，業者が不特
定多数の相手に対して一定の定型性のある取引を多数行っているという特性
があることから，適正な取引を確保し，取引の相手方を含む関係者の利益を
適正に保護する目的のため，全ての取引に約款を適用させることを前提とし
て，約款の内容を規制するものである。行政法が直接かつ積極的に私法上の
契約（取引）に関与する手法となるものであり，他の行政法規と比べると異
色の性質を有する。

4　その他の強行法的効力

　業法規定違反を理由として特約や取引が無効となる訳ではないが，その規
定やその趣旨をもって取引の相手方に損害賠償請求を認め，または第三者に
対して不法行為に基づく損害賠償請求を認める場合がある。これは当該業法
規定が，明らかに契約関係に対し，または契約外の第三者との私法上の関係
に対して影響を及ぼしているものであり，また損害賠償義務など強い効果を
生じせしめることから，強行法的効力ということができる。

VI　宅建業法規定が私法上の契約（取引）に与える影響

1　宅建業法規定

　宅建業法は昭和27年に制定されて以降，不動産取引を巡る社会情勢に応じ
てたびたび改正され，昭和42年改正以降は消費者保護の目的のため，取引・
契約に関し直接的に規制する条項が盛り込まれた。このように，宅建業法
は，宅建業者が関与した私人間の不動産取引において頻繁に適用される業法
であることから，業法が私法上の契約に与える影響を検討するにおいて格好
の題材と思われる。以下においては，宅建業法における各規定が不動産取引

に関する契約に対しどのような効力を有するか検討する。

2　宅建業法 1 条

　宅建業法 1 条は，この法律は，宅地建物取引業（以下，宅建業という。）を営む者について免許制度を実施し，その事業に対し必要な規制を行うことにより，その業務の適正な運営（①ア）と宅地及び建物の取引の公正（①イ）とを確保するとともに，宅建業の健全な発達を促進し（①ウ），もって購入者等の利益の保護（②）と宅地及び建物の流通の円滑化（③）を図ることを目的とする，と規定している。すなわち，①（ア〜ウ）は②と③を達成するための手段という位置づけにあることから，宅建業法の各条項は①ないし③のいずれかの趣旨によって規定されているはずであり，すべての条項は究極的には②と③を目的としているはずである。

　このうち特に②「購入者等の利益の保護」の目的については，取引相手方の保護を含むものであり，②の趣旨に繋がる条項については，私法上の契約（取引）に対して，直接的（強行法として）に，または間接的（公序良俗違反・信義則違反等を理由として）に効力を及ぼし得るものと考えられる。

3　宅地建物取引業（宅建業 2 条）

　宅建業法は，宅地・建物の売買，交換，代理，媒介を業として行うことを宅建業と定義し，免許を受けて宅建業を行う者を宅建業者と定義して，同法の規制の対象としている。賃貸借は代理や媒介の場合以外は宅建業に含まれず規制の対象外となっているが，この理由について宅建業法改正時の立法担当者は，賃貸借に対する規制は借地借家法等でなされていることを挙げている（昭和46年 5 月13日参議院建設委員会議録第13号11頁，12頁参照）。したがって，借地借家法と宅建業法とは規制のアプローチに異なる点があるものの，私人間取引における取引の相手方を保護する点においては同様の効果を有していること（すくなくとも予定されていること）になる。

　さらに，宅建業者は取引において信義誠実に業務を行わなければならず（31条），守秘義務を負う（45条）ほか，宅地建物取引士[8]を設置し（31条の 3 ），数多くの禁止事項が法定されている（32条以下）。これらの規制に違反

480

した場合には，国土交通大臣または都道府県知事から必要な指示，業務停止命令（65条），免許取消し（66条）を受けるほか，刑事罰（79条以下第8章）の対象となる。なお，宅建業者は取引先保護のため営業保証金を主たる事業所の最寄りの供託所に供託しなければならず（25条），取引の相手方は供託された営業保証金から弁済を受ける権利を有する（27条）。

4　免許制（宅建業3条以下第2章）

(1)　免許制の趣旨

　宅建業者は，国土交通大臣または都道府県知事の免許を受ける必要がある。免許制によって不適格者が排除され（5条），また免許の際に国土交通大臣または都道府県知事は条件を付することができ（3条の2），その条件違反は免許取消事由となる（66条2項）。さらに無免許での宅建業を営むことや名義貸は禁止され（12条，13条），これらに違反した場合は監督官庁からの指示，業務停止命令（65条），免許の取り消し（66条1項9号），刑事罰の対象となる（79条1号）。この場合の「免許」とは講学上の許可の性質（法令の一定の行為の一般的禁止を公の機関が特定の場合に解除すること）とされており，宅建業についてこのような厳しい免許制をとっている趣旨は，まさに宅建業法1条の各目的を達成することにある。

(2)　無免許業者との取引の私法上の効力

　無免許業者と取引をした場合の土地売買契約の効力について，横浜地判昭61・7・9判タ621号115頁は，宅建業法の趣旨は，「主として行政取締の必要上免許を得ないでかかる行為を営業としてなすことを規制し，刑罰によってこれを防止しようとしたに止まるのであって，何人も非営業としてこれをなすことまで同法は禁止していないし，また，営業としてこれをなした場合でもその行為自体の私法上の効力まで失わしめるものではないと解するのが相当である。」と判示した。さらに，無免許業者が取引の媒介を行って売買契約が成立したような場合においてもその媒介契約自体は有効とし，しかし

---

(8)　宅地建物取引士は，都道府県知事が実施する資格試験に合格した宅地・建物取引の専門家であり（宅建業15条），宅建業者は事務所ごとに一定数の宅地建物取引士を設置しなければならない（31条の3）。

ながら報酬請求の裁判上の効力について否定する裁判例が多い[9]。例えば東京地判平5・12・27判時1505号88頁は，無免許者の行った仲介契約は実体法上有効であり無免許者も報酬請求権を有するが，裁判上の行使については「いわゆるクリーンハンドの原則に反し相当でないから，無免許業者が，その報酬請求権につき，裁判外において報酬を授受する場合は格別，裁判上行使することは許されない」とする（横浜地判昭50・3・25判タ326号253頁も同旨であるが，当該報酬額が宅建業法の規定する上限額を超える部分については無効となる（最判昭45・2・26民集24巻2号104頁参照）とする）。

これは，報酬請求権の裁判上の行使を否定しても購入者等の利益保護（②）になることはあっても害することにはならず，むしろ宅建業務の適正な運営，宅建業の健全な発達の促進（以上①）及び宅地・建物の流通の円滑化（③）からすれば，無免許業者を取り締まる要請が強く働き，実質的にその報酬契約の効力を失わしめる必要が認められるものと考えられる。

5 信義誠実な業務処理の原則（宅建業31条）

宅建業者は，取引の関係者に対して，信義誠実に業務を行わなければならないとされる（31条1項）。民法1条2項の信義誠実の原則と同趣旨とされ，宅建業者の個々の取引に適用される原則であり，契約関係にない「取引関係者」に対しても及ぶ。同条については，行政上の訓示規定とする見解が多数である[10]。しかしながら，同条項を直接の理由としてはいないが，宅

(9) 名古屋地判昭38・11・11判時355号60頁，東京地判昭47・9・12判時694号72頁，横浜地判昭62・7・15判タ650号188頁，横浜地判昭63・6・20判時1304号104頁，大阪地判平成元年12月22日判時1357号102頁，東京地判平成5・7・27判時1495号109頁，東京地判平10・7・16判タ1009号245頁など。なお，名古屋高判平23・1・23裁判所ウェブサイト掲載は，法律が禁じている名板貸契約に基づく分配金の請求を裁判上行使することは認められないとした。他方，神戸地判昭30・2・22下民集6巻2号308頁は，無登録業者が行った仲介契約が無効であることを前提として，無資格となる前の仲介行為による報酬を認め，鹿児島地判昭40・1・27下民集16巻1号128頁は，報酬の約束がない仲介行為の一方を無登録業者が行っている以上，共同して仲介行為を行った他方の登録業者も報酬請求はできないとしている。
(10) 池田浩一「不動産取引判例百選〈第1版〉」（有斐閣，1977年）214頁，明石三郎『不動産仲介契約の研究［第3版］』（一粒社，1987年）202頁，倉田卓次「最高裁判所判例解説民事篇昭和36年度」（1973年）207頁ほか。

建業者に対して，信義誠実に反することを理由として損害賠償義務を認めた裁判例は多い[11]。また，最判昭36・5・26民集15巻5号1440頁は，不動産仲介業者は，直接の委託関係はなくても，業者の介入に信頼して取引をなすに至った第三者一般に対しても信義誠実をむねとし，業務上の一般的注意義務を負っているとして，第三者に対する不法行為に基づく損害賠償請求を認容している[12]。他方，委託を受けていない第三者に対する仲介業者の報酬請求権について商法512条の適用や商法550条2項の類推適用により認める裁判例[13]がある。

6 強行法であることの明文がない禁止・制限規定

誇大広告の禁止（宅建業32条），広告の開始時期制限（33条），広告における取引態様の明示（34条1項），自己の所有に属しない宅地・建物の売買契約締結の制限（33条の2），取引態様の明示（34条2項），契約締結等の時期制限（36条），契約書面等の交付義務（37条），手付け等の保全（41条・41条の2），所有権留保の禁止（43条），不当な履行遅延の禁止（44条），守秘義務（45条），取引一任代理にかかる特例（50条の2，50条の2の2，50条の2の3，50条の2の4）は，宅建業者の行動を規制するが，特にこれらの規定に反する特約が無効となる旨の明文は置かれていない。これらの規定に違反した取引では，相手方の意思の欠缺があったか否か，また信義則に反する行為であったか否かが問われることになり，相手方に被害が生じた場合には，売

---

(11)　浦和地判昭58・9・30判タ520号166頁は，仲介業者が依頼者の犠牲の下で利得を得ようとする行為について，信義に反し権利濫用として許されないほか，宅建業法46条の趣旨が没却されることになり同法条を潜脱するもので許されないとしている。東京地判平元・3・29判タ716号148頁も仲介契約が顧客の利益のために行われたものではないケースにおいて，仲介手数料を仲介業者が顧客に請求することは当事者間の信義に反する権利の濫用として認められないとした。

(12)　そのほか，最判平17・9・16判時1912号8頁（売主から委託を受けた宅建業者である不動産仲介業者は，買主に対し，信義則上，販売会社と同様の説明義務がありこれに違反したとして損害賠償義務を認めた），最判昭55・6・5判時978号43頁（売主から委託を受けた仲介業者たる宅建業者に対して，買主に対する調査義務違反を理由とする不法行為責任を認めた）など。

(13)　最判昭50・12・26民集29巻11号1890頁，東京地判昭36・10・20下民集12巻10号2490頁，京都地判昭42・9・5判時504号79頁など。

主の債務不履行に基づく損害賠償請求，契約解除が問題となる。なお，危険な取引を防止する趣旨から，自己の所有に属しない宅地・建物の売買契約締結制限（33条），契約締結等の時期制限（36条）違反，手付け等の保全（41条・41条の2）[14]，所有権留保の禁止（43条）を理由とする契約無効主張も許される余地もあるのではないかと思われる。

7　明文にて強行法であることが定められている規定

　媒介・代理契約における義務（宅建業34条の2及び3），事務所等以外の場所においてした買受け申込みの撤回等（37条の2），損害賠償額の予定等の制限（38条）・手付け額の制限（39条）・担保責任についての特約の制限（40条），宅地・建物割賦販売契約の解除等の制限（42条）は，明文にてこれに反する特約は無効としており強行法である。

　例えば，宅建業法34条の2第3項は，媒介契約の有効期間は3ヶ月を超えることができないとし，これより長い契約を決めたときはその期間は3ヶ月とすると規定しているが，これに反する特約は無効となることが同条第10項により明文で規定されており強行法である。同様に，宅建業法37条の2はいわゆるクーリングオフ条項を規定しているが，当該クーリングオフ条項に反する特約で申込者等に不利なものは無効とされ（37条の2第4項），さらに，宅建業者が自ら売主となる売買取引において，債務不履行を理由とする解除に伴う損害賠償額の予定や違約金について，売買代金の10分の2を超える定めをしてはならないとして，これに反する特約は無効とされる（38条2項）。そのほか，代金額の10分の2を超える手付けを受領することは禁じられ（39条），担保責任について，その目的物の引渡日から2年以上となる特約を除き，民法566条の規定より買主に不利な特約は禁じられ（40条），宅地・建物割賦販売契約の解除等が制限されており（42条），これらに反する特約は明文にて無効とされる。但し，契約自体が無効となる訳ではな

---

(14)　関口洋・大河内正久編著『改正宅地建物取引業法の解説』（住宅新報社，1972年）118頁は，保全措置が講じられていない場合には，契約において手付金支払義務が買主にあったとしても，手付金を支払わなくても債務不履行責任には問われないこととした規定であるとする。但し，保全措置が講じられていないまま手付金を支払ってしまった場合にはその返還を請求することはできないと解するとしている。

い⁽¹⁵⁾。なお，宅建業者が相手の場合には適用されない（78条2項）。

8　重要事項の説明（宅建業35条）

　宅建業者は取引の対象である不動産の内容について，宅地建物取引士をして，重要事項を記載した書面を交付させ，説明させなければならない。取引の相手方が例え宅建業者であってもこの義務は免除されないことから（78条2項参照），購入者等の利益の保護（②）ほか，宅地・建物取引の公正の確保（①）と宅建等の流通の円滑化（③）をも図る趣旨と考えられる。

　同条について，東京高判昭57・4・28判タ476号98頁は，「宅地建物取引業者は，その媒介に係る売買により不動産物件を取得しようとする者に対して，その売買の契約が成立するまでの間に，取引主任者をして，的確に説明させなければならない注意義務がある（宅地建物取引業法35条参照）。宅地及び建物の取引における購入者の利益の保護を図ることを，その目的事項の一つとして掲げる宅地建物取引業法（略）の法意に照らして，右注意義務はたんなる規制法上のものにとどまらず，十分に規範的意味を有するものと解すべきである。」と判示し不動産仲介業者に過失を認め不法行為に基づく損害賠償を認めた⁽¹⁶⁾。但し，宅建業法35条違反を直接の根拠として債務不履行責任等を認めるのか，それともあくまで重要事項説明義務違反は，信義則（民法1条2項）ないし信義誠実義務（宅建業31条）の一要素とするのか見解は分かれうる。

　同条違反を理由とする契約解除については議論があり，これを認める裁判例も多いが⁽¹⁷⁾，同条違反を理由とする契約の無効主張については議論が無

(15)　岡本正治・宇仁美咲『逐条解説　宅地建物取引業法［改訂版］』（大成出版社，2012年）350頁，593頁。

(16)　そのほか大阪高判昭58・7・19判時1099号59頁は宅建業法35条違反による不法行為責任を認め，東京高判昭52・3・31判時858号69頁は宅建業法35条の義務は契約成立前の付随義務であるとし，同義務違反に基づく解除を認め，東京地八王子支判昭54・7・26判時947号74頁は宅建業法35条の重要事項説明義務を契約上の義務として債務不履行責任を認めている。

(17)　東京高判平2・1・25金法845号19頁，東京地判平9・1・28判時1619号93頁など。また，前掲16東京高判昭52・3・31は，取締法規（宅建業法）に違反するからといって直ちに私法上の契約の効力に消長を来すものではないとした上で，重要事項の説明義務は売買契約における付随的義務であり，この付随的義務違反を理由とする契

いようであり，さらに，特約によって重要事項の説明や書面交付を免除することが許されるかという点についても議論が無いようである。しかしながら，取引当事者間において生じる説明義務については，明文の規定がなくても信義則を理由として認められる場合があることからすれば，宅建業法35条が説明義務を定めている以上，同条違反を理由として信義則違反の場合と同様に，契約の無効や宅建業者からの権利主張の制限も許容されるものと考える。また，特約による重要事項の説明や書面交付の免除については，不動産取引に不慣れな当事者の場合には，その免除の判断自体が適正に行うことが困難な場合があることからすれば，当該特約は無効と解されるべきと考える。

9　報酬（宅建業46条）

宅建業者は国土交通大臣が決める報酬額を超えて報酬を受け取ってはならないとされており，当該規定上限額を超える報酬額の特約について，最判昭45・2・26民集24巻2号104頁は，同条は一般大衆を保護する趣旨をも含んでいると解すべきであるから強行法規であるとし，同条の適用によって所定上限額を超える報酬契約部分は無効とした。

10　業務に関する禁止事項（宅建業47条・47条の2）

宅建業法47条及び47条の2は，宅建業者に対して，①重要な事実の故意による不告知・不実告知の禁止，②不当に高額の報酬要求の禁止，③手付貸付等信用供与による契約締結誘引行為の禁止，④断定的判断の提供の禁止，⑤威迫行為の禁止，⑥そのほか相手方保護に欠ける行為の禁止等の様々な禁止事項を定めている。取引の相手方を保護するとともに，不動産取引の公正の確保を趣旨とする。この規定に違反した場合，私法上の効力が問題となるが，直ちに私法上の契約が無効となるとはされていない。ただし，その行為

約解除を認めている。なお，東京高判平6・7・18判時1518号19頁は，用途地域の種別と建築制限の程度について知りながら告げなかった事案において，これらは契約の重要な内容となり，この点の錯誤は要素の錯誤であるとして，売買契約の錯誤無効を認めている。

486

の内容が公序良俗に反するものであったり，信義則に反する場合には，民法の適用によって無効となる場合があり，さらに消費者契約法4条による取消しの対象[18]となる。

11　まとめ
(1)　宅建業法規定の私法上の効力
　宅建業法1条は宅建業法の目的の一つとして「購入者等の利益の保護」を図ることを掲げており，厳しい罰則規定を伴う免許制を中心とする宅建業法による規制は，すなわち取引の相手方の権利保護に結びつくものである。さらに，規制対象たる宅建業者は信義誠実に行動することを求められ（31条），取引相手ばかりか取引関係者に対しても善管注意義務が及ぶものとされていることからすれば（前掲最判昭36・5・26ほか），宅建業法の各条項において私法上の取引契約に直接にかかわる内容のものは，直接的に私法上の効力を認める余地が備わっているものと考えられる。特に信義誠実行動義務（31条）や重要事項説明義務（35条）は，宅建業者の取引行為に対して一般条項的に効力を及ぼす余地を有しており，そのような裁判例も多く存在する。

(2)　強行法としての効力
(a)　条文から明確な強行法　　宅建業法違反の場合に，私法上の契約（取引）に直接的に効力を有する強行法としては，34条の2及び3（媒介・代理契約における義務）などが明文にてこれに反する特約は無効としており，これに該当する。
　また，43条（所有権留保等の禁止），46条2項（規定額を超える報酬の禁止）などもその規定の仕方からすれば私法上の取引契約においても効力が及ぶ強行法となりうる条項である。実際に，前掲最判昭45・2・26は宅建業法46条2項を適用して報酬契約の一部を無効としている。これらは契約全体を無効とするものではなく，禁止される事項に関する特約をのみを無効とするものである。
(b)　公序良俗や信義則によって私法上の効果を無効とする場合　　その

---

(18)　東京地判平18・8・30判例集未搭載。

ほか条文からは明らかではないが，宅建業務の適正な運用を図り，または取引の相手方を保護するため，当該規定に反する行為の私法上の効力を公序良俗や信義則等を理由として制限するものがある。信義則を理由として，無免許業者の報酬請求権の裁判上の権利行使を認めないとした裁判例として，前掲東京地判平5・12・27や脚注11掲載の各下級審判例などがある。なお，他の業法や行政法規と比べ，宅建業法規定に関連しては，公序良俗を直接的に理由として私法上の効果を無効とする裁判例がほとんど見当たらない。これは宅建業法が適用される場面のほとんどは取引の相手方が存在し，その保護を図る必要が高い局面となっているからと思われる。他方，脚注9掲載の各下級審判例は，無免許業者の報酬請求権について裁判上行使ができないとしているが，公序良俗を理由として当該報酬特約を無効とした上で，不法原因給付として報酬を支払っている場合には返還は認めないとしているとも評価することができる。

　（c）　業法規定やその趣旨に基づき，契約の解除や損害賠償請求が認められる場合（強行法的効力）　　その条項に違反する特約を無効とするものが強行法であるが，特約を無効とまではしないが，当該規定やその趣旨に基づき，またはその規定の趣旨を反映した内容として信義則等を理由として，取引の相手方を保護するために損害賠償請求を認め，または契約解除事由とする解決が図られる場合がある。業法規定は行政法規であることから，当該規定を原因として直接的に契約そのものを無効とするのではなく，当該契約は有効としながら，契約当事者間において（場合によっては契約外の関係者との間においても）利害調整を行うものである。説明義務（35条等）違反の場合に契約の解除や損害賠償を認めた裁判例（契約の解除等について脚注17掲載の裁判例，損害賠償について前掲最判昭36・5・26，東京高判昭57・4・28や脚注12及び同16掲載の裁判例）がこれに該当する。

　（d）　宅建業法における強行法の目的　　これらの規定の内容は，宅建業法1条の目的事項とも関連し，①取引の相手方や関係者の利益を保護する趣旨のもの（37条の2以降の明文にて強行法であることが明らかな条項，重要事項説明義務（35条）など），②宅建業務の適正な運営と取引の適正・円滑化を図るもの（免許制を規定した3条以下など）に整理することができる。

（3） 任意法としての効力

　宅建業法においては，強行法として，その条項違反の効果が私法上の契約（取引）を無効とするほど強い効力は有していないものの，当該条項違反の行為を制限する趣旨において，私法上の契約解釈に作用するものがある。すなわち，業法規定のうち禁止規定や義務規定などは，当事者間の契約解釈を補充する私法上の任意法としての効果を有する。

　例えば，41条（手付金の保全）について，条文からは私法上の効力が及ぶかは明文がなく必ずしも明らかではないものの，造成工事前の宅地に関しての取引について，何らかの金銭のやりとりがなされており，その金銭が手付金の趣旨か否かが争われたような場合において，契約で明確にはなされていなくとも，41条では，宅建業者は相手方が宅建業者ではない限り造成工事前の宅地については原則として手付金を受領してはならないとされていることからすれば，当該契約においても手付金授受は特段の事情がない限り認められず，当該金銭授受について手付金の性質のものではないことになる。そのほか，禁止規定である47条や47条の2の各条項についても，各禁止規定に反する取引は，法は制限する趣旨にあり，当事者間において明確な特約がない限り許されない。明確な合意がない場合に，当事者間の協議において，業法違反となる契約解釈を避けようとするのが通常の行動（遵法行動）であり，また裁判において，当事者間の合意がないにもかからず業法違反となる結果となる解釈が採用されることも考えられない。

　このように業法規定は，「（明確な合意がない限り）禁止規定や義務規定に違反する取引とはならない」という規範によって契約内容を補充する機能を有しており，この限りにおいて私法上の任意法と同様の作用を認めることができるものと考える[19]。このことは，宅建業者は専門家としての高度の注意義務を負っており，契約当事者間においてもその前提で契約を締結していることからすれば，当該注意義務を具体化した内容である宅建業法の各禁止規定や義務規定が，私法上の契約（取引）において宅建業者が注意義務を果

---

[19]　裁判において我々弁護士はしばしば公法上の権利義務を規定する条項をもって，契約解釈を主張することがあるが，これは当該公法上の規定に対して契約解釈の補充効果があることを前提とした行動である。

たすべき規範内容となっていることからも説明することが可能である。

Ⅶ　その他の業法における条項[20]

1　取引の相手方の保護を目的とする条項

　宅建業法においては，宅建業法 1 条の目的事項とも関連し，①取引の相手方や関係者の利益を保護する趣旨の条項，②宅建業務の適正な運営と取引の適正・円滑化を図る条項が私法上の効力を有する条項が規定されていたが，他の業法においても同様に，取引の相手方や関係者の利益を保護する趣旨の条項や，当該業者の業務の適正な運営と取引の適正を図る条項が多く存在する。特に取引の相手方等の利益を保護する趣旨の条項においては，宅建業法37条の 2 等と同様に，明文にて当該条項に反する特約は無効であることが規定されていることも多い（不動産特定共同事業法26条 4 項，電通事業26条の 3 第 5 項，金融商取37条の 6 第 5 項，放送法150条の 3 第 6 項など）。

2　公益を私人の権利に優先させる条項

　宅建業法は行政上の目的を達成するために主に宅建業者の行為を制約し，

---

(20)　本稿は業法の個別条項の効力に限り整理したものであるが，公序良俗論において，その制約理由に着目して公序良俗を類型整理する見解が多数存在する（山本敬三「民法における公序良俗論の現況と課題」『契約法の現代化Ⅰ—契約規制の現代化』（商事法務，2016年）96頁以下によれば，例えば，川井健『民法概論Ⅰ（民法総則）［第 3 版］』（有斐閣，2005年）138頁以下は，①財産秩序を乱す行為，②人倫秩序・性道徳を乱す行為，③自由・人権を害する行為に分類し，内田貴『民法Ⅰ［第 3 版］』（東京大学出版会，2005年）276頁は，①社会規範への抵触（反社会性）に着目する類型，②一方当事者に生ずる被害や権利侵害を問題とする類型に分類し，川島武宜・平井宜雄『新版注釈民法(3)』（森田修）（有斐閣，2003年）132頁は，①国家秩序，②市場秩序，③社会秩序とする類型に分類し，四宮和夫・能見善久『民法総則［第 7 版］』（弘文堂，2005年）237頁は，①人倫に反する行為，②経済・取引秩序に反する行為（経済的公序），③憲法的価値・公法的政策に違反する行為に分類する）。業法の強行法規性を検討するにおいては，公序良俗に関する条項のほか，契約当事者間の権利義務を保護する趣旨（特に取引の相手方を保護する趣旨）の条項も多く存在し，そのような場合は公序良俗の問題ではなく，信義則が問題とされることが多いため，公序良俗論の分類に加えて信義則が問題となる類型が加わることになるものと考える。

義務を課しているが，業法規定によっては，公益を優先するために業者の取引の相手方の権利に対し一定の制約を課す場合がある。

　例えば，電気通信事業法128条は，その事業の用に供する線路及び空中線または建物内にいる者の用に供するため当該構内等に設置する線路及び空中線ならびに附属設備を設置するため，総務大臣の認可を受けて他人の土地及び建物や工作物を利用する権利の設定に関する協議を求めることができるとされ，さらに，133条は他人の土地等の利用が必要でありやむを得ない場合には一時使用することができることを規定し，134条は同様に他人の土地への立入り，135条は通行，136条は植物の伐採や移植を認めている（137条はそのために損失を被った者への損失保証を規定している。）。

　そのほか，電気事業法58条も，事業に必要な場合には経済産業大臣の許可を得て他人の土地や建物等を一時使用することが認められ，他人の土地への立入り（59条），通行（60条），植物の伐採や移植（61条）を認めている。

　業者と相手方との間で当該条項に抵触する特約を締結していたとしても，公益を優先させる事情が生じた場合には，当該特約の存在にかかわらず，当該条項が優先し，相手方の権利に対して一定の制約を課すことが許されることになるものと考えられる。強行法と言える。

3　警察・司法・人倫・性風俗・経済統制等に関する条項

　行政法規たる業法の多くは，警察，司法，人倫，性風俗取締，経済統制等に関する条項を多く有しており，これらの条項の効果は契約当事者間の合意によって排除できるものではない。よって，公序良俗に関する規定として私法上においても効力を有する。

　たとえば，風営22条3号は，禁止行為として18歳未満の者を接客させることを禁じているが，当事者全員の合意があったとしても許容されるものではなく，そのような内容を規定した合意書は公序良俗に反して無効とされるべきである。また，23条は遊技場営業者の禁止行為として，現金又は有価証券を賞品として提供し，客に提供した賞品を買い取ることを禁じている。これらの禁止規定に反する当事者間の合意は公序良俗に反して無効とされるべきである。

　さらに，探偵業の業務の適正化に関する法律９条は，当該探偵業務に係る調査の結果が犯罪行為，違法な差別的取扱いその他の違法な行為のために用いられることを知った場合，探偵業者は当該探偵業務を行ってはならない旨を規定し，古物営業法14条は古物商に対して古物商以外の者から古物を受け取ることや古物市場においては古物商間以外での古物の売買等を禁止しているが，違法行為を助長する行為を禁ずるものであり，このような内容の契約は公序良俗に反して無効である。

　そのほか，たばこ事業法９条はたばこの最高販売価格を超える価格での販売を禁止し，鉄道事業法16条も旅客運賃の上限については国土交通大臣の認可を受けねばならないとして価格統制を行い，労働派遣27条は「労働者派遣の役務の提供を受ける者は，派遣労働者の国籍，信条，性別，社会的身分，派遣労働者が労働組合の正当な行為をしたこと等を理由として，労働者派遣契約を解除してはならない。」とし，労働者派遣契約の契約当事者間の合意による解除につき，派遣労働者の権利擁護のために制限しており，これらの規定に反する特約は無効とされるべきである。

4　当該業務の適正な運営と円滑かつ安定的な事業を確保するための条項

　宅建業法においても同様の条項が存在したが，多くの業法においては，業者の適正な業務運営を図り，円滑かつ安定的な事業活動を確保するための条項が多く存在する。これらの規定は強行法として私法上の効力を有するものもあるが，任意法としての効力を有するものも多い。

　たとえば，質屋営業法第19条は流質期限を経過した時に質屋が質物の所有権を取得する旨を規定し，質屋業務の標準的な取引内容を定めることにより，当事者間の合意が明確でなかった場合の紛争を避けようとするものである。同様に20条は質物が滅失した場合の措置について詳細に規定している。これらの条項に反する合意が明確になされていれば合意が優先するが，そうでない場合には同条が適用されることになり任意法としての効果を有する。さらに，電気通信事業法128条は事業に必要なために他人の土地を使用する場合の使用権の内容（契約内容）について，第３項で使用権存続期間が原則15年とし，但しこれより短い期間を協議により定めた場合はその期間となる

ことを規定していることから，当事者間にて15年を超える期間を定めた場合は無効となる強行法であり，かつ，期間を定めていない場合には15年とする任意法でもある。

　また，卸売市場法35条は卸売の方法を詳細に制限し，37条は中央卸売市場での卸売業務において，仲卸業者及び売買参加者以外の者への卸売を原則禁止し，道路運送法10条は事業者が旅客に対して運賃等の割戻すことを禁じ，14条にて，事業者は正当な理由がない限り運送の申込みを受けた順序で旅客の運送をしなければならないと規定するなど業務の適正な運営等の目的のために取引の内容を規制していることからすれば，契約全体を無効とするものではないが，これに反する特約は無効となるものと考えられる。

　そのほか，郵便法30条は汚染・毀損した郵便切手や郵便葉書などは無効とする旨を規定し，さらに31条は事業者が差出人に対して，郵便物の内容について説明を求めることを認め，公衆浴場法4条は営業者に伝染病の疾患にかかっている者の入浴を拒む義務を課し，5条は入浴者に対して浴槽内を著しく不潔にし，その他公衆衛生に害を及ぼす畏れのある行為を禁ずるなど，業務の適正な運営や円滑かつ安定的な事業を確保するために，取引の相手方に対して義務を課し権利行使を制限していることから，これらに反する特約は無効となるものと考えられる。

5　事業の公共性から契約締結の自由を制約する条項

　その公共事業性から，業者において契約締結を拒むことが原則としてできないとされている場合がある。

　例えば，電気通信事業法25条は，基礎的電気通信役務を提供する電気通信業者は，正当な理由がなければその業務区域における基礎的電気通信役務の提供を拒んではならないとされ，放送法148条は，有料放送事業者に対し，正当な理由がなければ国内に設置する受信設備によりその有料放送を受信しようとする者に対して役務の提供を拒んではならないと規定している。水道法15条（給水義務），ガス事業法47条（託送供給義務），民間事業者による信書の送達に関する法律16条2項（料金において特定の者に対する差別的取扱の禁止），同法19条（一般信書便役務の提供義務）なども同様の規定を置いている。

　公共事業を利用する利益を等しく享受する機会を確保する目的によってこれらの条項が設置されていることからすれば，例え当事者間においてこれに反する特約を締結したとしても，その特約は当該条項違反もしくは公序良俗違反を理由として無効となるものと考えられる。

6　約款規制に関する条項

(1)　約款規制と私法上の効力

　一定の業種においては，不特定多数と定型的な取引を安全に行うことを目的として，監督官庁による届出や認可を受けた約款による取引が義務づけられている。

　電気通信事業法19条1項は，基礎的電気通信役務を提供する電気通信事業者に対し，その提供役務に関する料金その他の提供条件を契約約款に定め，実施前に総務大臣に届け出なければならないとされている。そして，総務大臣は，約款に記載されている条件が適正・明確でなかったり，使用態様を不当に制限したり，不当な差別的取扱いがなされるなど相当でないと認める場合には，当該電気通信事業者に対して，約款を変更することを命ずることができるとされている（同条2項）。そのほか，民間事業者による信書の送達に関する法律17条は，一般信書便事業者は，信書便の役務に関する提供条件について信書便約款を定め，総務大臣の認可を受けなければならないとし，郵便法68条も同様に郵便約款について総務大臣の認可を，ガス事業法48条も託送供給約款について経済産業大臣の認可を，海上運送業9条も運送約款について国土交通大臣の認可をそれぞれ必要としている。

　約款の効力については，契約当事者が特に当該約款によらない意思を表示しないで契約した場合には，特段の事情がない限り（反証のない限り），その約款による意思で契約したものと推定[21]される（大判大4・12・24民録21輯

---

(21)　なお，学説においては，約款のこの効力について，法規範を認める説（田中耕太郎『改正商法総則概論』（有斐閣，1948年）193頁，西原寛一『商行為法（法律学全集）[第3版]』（有斐閣，1973年）52頁。なお，福岡高判昭38・1・11判時355号67頁も同様）があるが，約款に基づくことの商慣習法ないし商慣習とする説（大隅健一郎『商法総則（法律学全集）[新版]』（有斐閣，1978年）81頁，大森忠夫『保険法［補訂版]』（有斐閣，1985年）54頁，石井照久・鴻常夫『商行為法（商法Ⅴ）』（勁草書房，

2182号，最判昭46・6・10民集25巻4号492頁ほか[22]）。約款そのものについては契約当事者間の合意を推定させるに過ぎず，後述のとおり抵触する私法上の任意法によって修正がなされ得るものであるため，私法上の任意法とはまったく異なる性質であるものの，業法の規定に従って監督官庁の審査を受けた約款の内容が私法上の契約内容として推定されるのであれば，約款規制を定めた当該業法規定は，当該約款を通じて行政が私法上の取引に直接に影響を及ぼすことを目的とする任意法的効力を有するものと位置づけることができる[23]。

　さらに，届出や認可を受けていない約款に基づく取引の有効性も問題となりうるが，最判昭45・12・24民集24巻13号2187頁は，保険業法の定める主務大臣の認可を受けていない保険約款[24]にて保険契約が締結されてきた案件につき約款に従った契約を有効とした。

（2）　約款と異なる特約の効力

　約款による取引規制がなされている場合には，約款と異なる特約の効力が問題となるが，約款規制は業者の取引を監督する手法に過ぎず私法上の特約を無効とするものではないから，約款と異なる特約は有効である。

（3）　約款規定の修正

　約款は業者が不特定多数の相手方と取引を行うために利用するものであるため，具体的場面においてはその規定の解釈が問題となり，または修正が必要となる場合がある。この点について，熊本地決昭50・5・12判タ327号250頁は，認可のあった約款は一応の適法性ないし合理性が推定されるが，この認可は「行政的監督であって補充的なものにすぎず」，約款が契約当事者の

1978年）33頁。なお，東京地判昭48・12・25判タ307号244頁も同様）が有力である。
(22)　ただし，当事者が約款条項を認識していなかった場合に当該条項が契約内容となることを否定する裁判例もある（札幌地判昭54・3・30判時941号111頁，山口地判昭62・5・21判時1256号86頁など）。
(23)　神崎克郎『商行為法Ⅰ―商事売買の機能的考察』（有斐閣，1973年）124頁は，「法律によって，その種の事業を行う者に対して約款の利用が強制されていることから，法律によって約款が個別的な契約の中にとりいれられるものと解される」とする。
(24)　なお，保険業法では，普通保険約款は4条2項3号において，事業者が保険業を行うにおいて内閣総理大臣から免許を受ける際の提出書類とされ，その免除審査において約款の内容審査がなされるが，他の業法規定（例えば，電気通信事業法19条1項等）と異なり，約款独自で認可等を受ける制度とはなっていない。

利益保護から不合理である場合には司法的判断によって合理的に解釈し，不合理な部分の拘束力を否定すべきとし，最判昭62・2・20民集41巻1号159頁も，自動車保険普通保険約款における事故通知義務を課す約款の規定について，限定的な解釈を行っている（そのほか，最判平9・3・25民集51巻3号1565頁など[25]）。約款を個別契約において検討する場合においては，当該条項の個別的・具体的な契約における強行法違反の有無，公序良俗違反の有無，任意法の趣旨，信義則違反の有無，顕著な不合理性の存否の検討によって，個別具体的に行われるべきとされている[26]。特に任意法がその重要な判断基準となっているとする考え方が有力であり[27]，前掲最判昭62・2・20は任意法たる商法658条の趣旨によって約款条項の解釈がなされ，前掲最判平9・3・25は任意法たる民法412条の趣旨によって解釈がなされている。

Ⅷ　業法と強行法・任意法

1　業法の私法上の契約（取引）に対する強行法としての効力

　業法はその様々な目的のために特定の業種における業者の行為を規制し，場合によっては取引の相手方の権利を制限する場合もある。そのため，一定の目的のために取引を行うことを意図して締結された契約に対しても一定の効力が生じうる。そのような業法が私法上の契約（取引）に対して及ぼす効力としては，①当該業法規定に反する特約を無効とする強行法としての効力のほか，②その禁止規定の趣旨をもって公序良俗違反として無効とされる場合（但し，給付後にその給付の返還を認めるか否かについては，不法原因給付に該当し認めないケースと返還を認めるケースがある），③さらに取引の相手方等を保護する目的の業法規定に違反する場合には，信義則を理由として私法上の契約は修正を迫られることがある。④また，当該業法規定によって契約を

---

(25)　盛岡地判昭45・2・13下民集21巻1・2号314頁は，信義則や衡平の原則から約款条項を無効と判断している（任意法たる商法650条2項の趣旨によっている）。
(26)　前掲23神崎克郎『商行為法Ⅰ―商事売買の機能的考察』131頁，塩田親文「普通契約約款の濫用」『権利の濫用(中)』（有斐閣，1962年）235頁など。
(27)　河上正二『約款規制の法理』（有斐閣，1988年）383頁など。

無効とすることはないが，当該業法規定やその趣旨によって一定の規範が生じ，その規範に反することが契約解除事由となり，または損害賠償請求の根拠となる場合がある。

　このうち，②【公序良俗違反】は，取締法規（業法）が直接に私法上の効力を生ずることに抵抗があることから民法の一般原則をもってこれに反する特約を無効とするものと考えられることから，①【強行法】と同視することができる。他方，③【信義則違反】は，信義則を理由として特約を無効とする場合は①や②と同視できるものであるが，後述のように，さらに契約当事者間の権利調整を柔軟に行うことまでもその内容に求める場合がある。

　これらに対し，④【損害賠償請求等の根拠規範】は，当該契約そのものに直接的に変化を生じさせるものではないが，当該取締規定（業法）の趣旨をもって取引の相手方や関係者の利益を守る根拠規範とする効力である。専ら契約の相手方や関係者の利益保護の場面において生ずる効力と言える。

2　業法の私法上の契約（取引）に対する任意法としての効力

　他方，⑤業法における多くの禁止規定・義務規定は，強行法としての強い効果は生じないが，私法上の取引において特約がない場合に，当該契約の解釈における補充効果を有する任意法「（明確な合意がない限り）禁止規定や義務規定に違反する取引とはならない」として作用する。さらに，専門業者の高度な注意義務を確定する場合にも業法規定が道しるべとなり，任意法として作用する。

　また，⑥約款規制法規は，約款を通じて私法上の取引を規制しようとするものであり，任意法的効力を有する。

3　業法に抵触した場合の契約内部における修正

　取引及びその前提となっている契約は，契約当事者間の権利義務関係を規律するものであり，契約当事者間において締結した契約の個別条項のほか，当事者間における信義則，さらには契約当事者間が共にその前提を認めるところの業界慣習・慣行の効力が及んでいる。他方，業法は外部からの規制として作用し，その結果，契約（取引）が，①まったく影響が生じない，②影

響により変容される（契約・取引は存続する），③または維持できず壊れてしまう，という３通りの結果が生ずることになる。

　業法規定に違反し，当該取引や契約自体がそのままでは許容されないとして，当該契約に変容を強制し，または無効とする調整を「契約外部の要請（事情）との調整」の問題とした場合，契約当事者間の契約関係を補充し，当事者間の公平や，契約目的をより達成させるための調整を「契約関係の内部調整」の問題として，問題の場面を大きく２つに分けることができる。「契約関係の内部調整」はもっぱら当事者間の問題であり，契約目的に対する意思解釈や業界慣習・慣行を含めた信義則（民法１条２項）に従って対処することが求められるべきであり，外部からの要請（業法規定）によって契約条項が無効とされたとしても，その空白の穴を埋めるため，信義則を理由として修正する解決（作業）が可能である。

　そうであるとすれば，業法の規制に抵触する契約・特約においても，その業法そのものを理由とし，または民法90条を理由として無効とするだけではなく，信義則を理由として修正が実施されることによって契約（取引）を維持することができる解決が可能となる。業法規制によって契約が変容されることになる。

　業法違反の契約に対する大審院判例，最高裁判例は前記のとおり，当該契約を有効とするか無効とするかの二社選択の結論を基本とし，但し，一部無効との結論をもって調整を行うことによって問題解決が図られる場合にはそのような対応も時々行われている。さらに，取引の相手方の保護のため，取引の相手方が業者に対して行う請求について，不法原因給付（民法708条）には該当しないとする裁判例も少なくない。これら裁判例は，公法・私法二元論に始まるこれまでの傾向から，取締規定はなるべく私法上の契約（取引）には影響させるべきではないとし，私法上の契約（取引）を無効とした場合には取引の相手方へ与える影響が大きいことを畏れているのではないかと思われる。

　しかしながら，業法において当該業種における適正な取引を図り，また取引の相手方の利益を保護する趣旨による規制の場合には，もっと積極的に直接に私法上の契約（取引）に対して修正を要請すべき場面も存在するものと

思われる。業法が当事者間の契約（取引）を規制し，そのままの形で取引を実行することを禁じたとしても，契約を一部変容させた上で前に進めることができれば，適正な取引を促進させることになり業法規制の目的に叶うことになる。そのような場面においては，業法違反の私法上の契約（取引）に対して変容を求めながら，但し，その効果においてはこれまでのように無効もしくは一部無効のみならず，信義則を用いた解決を行うことになる。このような業法規制の効果として，当該契約関係の修復が迫られる場合においては，当該業法規制との関係で適法となるように修復されるべきであるから，当該業法規制の趣旨（取締法規の趣旨）を取り込んだ形にて修復がなされることになるため，当事者間における信義則の適用においても，当該業法規制の趣旨が大きく影響されることになるはずである。

20　ソフトローに違反する法律行為
——ガイドライン違反を素材として——

青 木 則 幸

I　はじめに

1　問題設定

　法令違反の契約や特約といった法律行為が，不当と判断され，無効等として処遇される場合があるように、いわゆるソフトローに違反する法律行為が、裁判上で無効とされる場合はあるのか。あるとすれば、その判断における役割はどのようなものであろうか。本稿は、ガイドライン違反の法律行為を素材に、この点を検討するものである。

　ソフトロー[1]とは、「裁判所等の国家機関によるエンフォースが保証され

---

(1)　用語の沿革は，国際取引法にあるようである。主として，国家の法律とは別次元の法秩序（自然法・レークス・メルカトーリア）の承認と導入の議論だとみてよい。すなわち，国家によって（その国の政策を受けて）制定された法が存在しなくても，例えば商人であれば国を超えて当然に抱くであろう普遍的取引秩序に基づく規範（意識）の存在を前提としている。位田隆一「『ソフトロー』とは何か(1)(2)完」法学論叢117巻 5 号 1 頁，6 号 1 頁（1985年），村瀬伸也「現代国際法における法源論の動揺」立教法学25号（1985年）81頁等。国家による法律に基づかないルールを法規範に準じて扱うことを前提とした分析視点であるといえる。民法関連分野への展開にも，初期に，EU 指令が独仏の消費者法に与えた影響が見られ，国家より大きいサイズの共同体で共有されうる規範の持ち込みという要素が観察される。大村敦「ヨーロッパ共同体と消費者法政策（3・完）」NBL540号（1994年）28頁，吉川吉樹「履行期前の

500

ていないにもかかわらず、企業や私人の行動を事実上拘束している規範」をいうとされ⁽²⁾、その裁判規範性は問題とならないようにも見える。

しかし、裁判例には，そうではない現状もみられる。なお，ソフトローの存在態様には幅があり⁽³⁾、民法によって規律される国内の取引でも、当該取引に関与するある種の共同体で共有される規範が、とりわけ、行政の指導のもとに、ガイドラインや自主規制ないしモデル約款などの形で明文化される場合がある⁽⁴⁾。本稿では、民法との関係で主に想定されているソフトローはこのようなものであるとみて、そのうちガイドラインを素材とする。

II　賃貸借契約の原状回復とガイドライン

民法上の制度との関係で，近時最も頻繁に参照されるガイドラインは，「賃貸住宅の原状回復をめぐるトラブル事例とガイドライン」（以下，IIで単にガイドラインと呼ぶのはこれである）であり，中心的な条項は，賃貸住宅の通常損耗の原状回復費用の負担部分を，税法に範をとった減価償却の考え方により賃貸人と賃借人に振り分ける算定方法の規定である⁽⁵⁾。

履行拒絶に関する一考察」法協125巻2号（2007年）318頁等。
（2）　中山信弘編『ソフトローの基礎理論』（有斐閣，2008年）2頁以下及び227頁〔藤田友敬〕。
（3）　特に，ガイドラインには，一定の業界の行為規範として策定されたものも多い。例えば，中小企業庁による「経営者保証に関するガイドライン」や「下請適正取引等推進のためのガイドライン」等々である。しかし，このようなガイドラインでは，違反する法律行為を争うという裁判例につながりにくい。
（4）　大村・前掲注(1)28頁，川島武宜他編『新版注釈民法(3)』（有斐閣，2003年）244頁〔森田修〕等。
（5）　不動産適正取引推進機構編著『賃貸住宅の原状回復をめぐるトラブル事例とガイドライン［再改訂版］』（大成出版社，2011年）10頁以下。なお，2004年公表の改訂版及び2011年公表の再改訂版には，「賃借人に特別の負担を課す特約の要件」として「①特約の必要性があり，かつ，暴利的でないなどの客観性，合理的理由が存在すること，②賃借人が特約によって通常の原状回復義務を超えた修繕等の義務を負うことについて認識していること，③賃借人が特約による義務負担の意思表示をしていること」との条項が加えられている。再改訂版8頁には，後掲〔9〕平成17年最判（改訂版の公表よりは後）および消費者契約法9条ないし10条の趣旨による旨の説明がある。ただ，裁判例はこの条項を参照しているわけではない。

1　ガイドライン公表前の議論状況

(1)　民法上の原状回復義務

　現行民法のもとで，原状回復については条文がないが，使用貸借契約における借主の付属物の収去権の前提として原状回復を求める規定があること（598条，616条で賃貸借契約に準用）から，賃借人には原状回復義務があるとされてきた。

　ここでいう原状とは，賃貸借契約締結時の状態というわけではなく，通常損耗による劣化ないし減価がある状態のことであるとされ，「社会通念上通常の方法により使用収益をしていればそうなるであろう状態ならば，そのままで返還すればよいはずである」[6]と説かれてきた。

　一方で，賃借人は，その通常のレベルを超えた使用収益による特別損耗について，修繕費用等の支払義務を負う。しかし，これは，賃借人の債務不履行による損害賠償義務だと解されてきた[7]。

　以上のように，賃貸借契約の終了に際して，賃借人は原状回復義務を負うが，この義務には，通常損耗の修繕費等の支払義務は含まれない。このような理解が，早くから定着していたものといえる。

　なお，先般の債権法改正では，「賃借人は，賃借物を受け取った後にこれに生じた損傷（通常の使用及び収益によって生じた賃借物の損耗並びに賃借物の経年変化を除く。以下この条において同じ。）がある場合において，賃貸借が終了したときは，その損傷を原状に復する義務を負う。ただし，その損傷が賃借人の責めに帰することができない事由によるものであるときは，この限りでない。」旨を明示している（新621条）。

(2)　通常損耗についての賃借人負担特約

　しかし，ガイドラインが策定されるまでには，賃貸人側が，特約によって，通常損耗の原状回復費用を賃借人側に負わせる事案が増加していた。

　といっても，裁判例に表れた事件をみると，通常損耗の修繕を賃借人負担とする旨の特約が登場するのは，そう古いことではない。〔1〕**名古屋地判**

（6）　星野英一『借地・借家法』（有斐閣，1969年）200頁。
（7）　下級審には，賃貸借契約に基づく目的物の保管義務違反による損害賠償を認めたものがある。東京高判昭31・8・31下民7巻8号2318頁。

2・10・19判時1375号117頁が最初のようである[8]。本件での特約は「一定範囲の小修繕を賃借人の負担において行う」旨の修理特約であり，判旨は「建物賃貸借契約における右趣旨の特約は，一般に民法606条による賃貸人の修繕義務を免除することを定めたものと解すべきであり，積極的に賃借人に修繕義務を課したものと解するには，更に特別の事情が存在することを要すると解すべきである」として，上記(a)（賃貸人負担原則）のルールを排除する特約とは認めなかった。また，〔2〕東京地判平6・7・1は[9]，「契約終了と同時に本件建物を原状に回復して，明け渡さなければならない」旨の特約を，上記(a)（賃貸人負担原則）の意味での原状回復（通常損耗賃貸人負担）だと説示している（ようである）。

その後，通常損耗について賃貸人負担原則を意識しつつ，それを覆す特約の効力を認める裁判例が登場しはじめる。嚆矢というべきは，〔3〕東京地判平6・8・22判時1521号86頁である。本件での特約は，契約終了時に賃借人が自己の費用をもって原状回復をし明け渡す旨であったが，原状回復をするべき具体的項目が契約書にリストアップされており，その中に通常損耗に該当する項目が含まれていた。本件では，賃貸人が原状回復工事を行いその費用を請求したものであるが，判旨は，上記リストについて通常損耗にあたるものを含め，賃借人に支払いを命じている（ただし，項目にあるものでもクリーニングで足りるものを取り換えた費用など原状回復に必要な範囲を超える金額を控除）。

これ以降，この方式の特約について，通常損耗の賃借人負担を認める裁判例が散見されるようになったのである。

2 ガイドラインの内容

原状回復ガイドラインは，当初，建設省（その後，国土交通省）が平成8～9年度に「賃貸住宅リフォームの促進方策」の検討について(財)不動産適正取引機構に委託し，平成10年3月に公表された。その後，平成14年および平成22年に改訂が行われている。

（8） 未公刊裁判例のようである。前掲注(5)「ガイドライン［再改定版］」75頁参照。
（9） 前掲注(5)「ガイドライン［再改訂版］」76頁。

その趣旨は次のように説明されている。「民間賃貸住宅の賃貸借契約については，契約自由の原則により，民法，借地借家法等の法令の強行法規に抵触しない限り有効であって，その内容について行政が規制することは適当でない。」「本ガイドラインは，近時の裁判例や取引等の実務を考慮のうえ，原状回復の費用負担のあり方等について，トラブルの未然防止の観点からあくまで現時点において妥当と考えられる一般的な基準をガイドラインとしてとりまとめたものである。」「実務上トラブルになりやすいと考えられる事例について，判断基準をブレークダウンすることにより，賃貸人と賃借人との間の負担割合等を考慮するうえで参考となるようにした。」[10]。

具体的には，建物の損耗等を，建物価値の減少と位置づけ，〔ルール①A〕「建物・設備等の自然的な劣化・損耗等（経年変化）」，〔ルール① B〕「賃借人の通常の使用により生ずる損耗等（通常損耗）」，〔ルール②〕「賃借人の故意・過失，善管注意義務違反，その他通常の使用を超えるような使用による損耗等」にわける。経年変化・通常損耗は賃料でカバーされており，賃借人が負担すべき原状回復費用は特別損耗であるとの考え方に立脚するのは，のちに新621条に反映される通説と同様である。そのうえで，特に，経年変化について詳細な規定を定める。すなわち，法人税法，同施行令における減価償却資産の考え方に範をとり，（平成19年の税法改革の後は）耐用年数の経過により残存価値を１円とする直線的な減価を計算する基準を採用している。経過年数は契約当事者や管理者にとって自明である入居年数を原則とし，契約時の協議や個々の損耗を勘案して，減価の出発点を（耐用年数を100とするものより）引き下げるとする。また，具体的な部分ごとに，経年変化との関係がリストアップされている。(ⅰ)クロス（６年），家具（８年），洗面台（15年）など，各耐用年数について経年変化を勘案した通常損耗が妥当であるものと，(ⅱ)フローリングなど，経年変化になじまず建物の耐用年数について残存価値を１円とする直線的な減価を算定すべきものと，(ⅲ)畳表のように，減価償却になじまない消耗品とみて，経年変化年数を考慮しないものにわける。

---

(10) 「賃貸住宅の原状回復をめぐるトラブル事例とガイドライン［改訂版］」（大成出版，2004年）15頁

3　ガイドライン成立後平成17年最判までの裁判例の展開

(1)　俯　瞰

　ガイドライン成立から後掲〔9〕平成17年最判に至る時期，「特定優良賃貸住宅の供給の促進に関する法律」（平成5年7月30日施行）（以下，特優賃法と呼ぶ）に基づくいわゆる特優賃法住宅を中心に，ガイドラインが参照される事案が目立つ。同法は，中堅所得者層に対して，家賃負担を軽減した優良な賃貸住宅を供給する目的で，行政から建設費の一部の補助や，家賃の減額に要する費用の補助を認めている。適用がある場合には，賃借人の不当な負担となることを賃貸の条件としてはならない旨の規則（特定優良賃貸住宅の供給の促進に関する法律施行規則13条）もあり，通常損耗の原状回復費用の負担を賃借人に課する特約の不当性が争われやすい物件であった。

(2)　裁判例の類型

(a)　合意を認め，特約内容を有効とする判決　　ガイドラインが出た後も，所定項目につき賃借人負担による原状回復を行う旨の特約の成立を認め，その効力を認めた裁判例も少なくない[11]。

　ガイドラインに直接言及し，法的拘束力がない旨を説示するものもある。高裁レベルの例では，〔4〕**大阪高判平16・5・27判時1877号73頁**（最判平17・12・16の原審）が，家賃11万7980円の特優賃住宅の入居約3年半後の明渡しにつき，修繕費等として30万2547円の敷引きが行われた事案について，特約の効力を認めたが，「標準契約書や特優賃法に関する運用通達や住宅金融公庫の指導において推奨されている契約書は，紛争を未然に防止する目的で作成されたもので，契約当事者にその使用を強制するものではなく，それと異なる内容の契約がすべて直ちに賃借人に不当に不利益なものであるとか公序良俗に反するものと解されるわけではない。また，ガイドラインも，賃貸住宅の原状回復にかかる契約関係や費用負担のルールのあり方を明確にし

---

(11)　裁判所の判断として，ガイドラインに直接の言及がない事案としては，東京地判平12・12・18判時1758号66頁（特優賃法の適用なし。ガイドラインの参照もない。公序良俗に反しないとして特約の効力を承認），神戸地判平14・10・15判時1853号109頁（特優賃法住宅。法令に反しない限り契約自由の原則が妥当するとし，契約内容の明確化を図る行政指導に反しても，私的効力を奪われるほどの強度の不法性はないとする。），大津地判平16・2・24前掲注(5)「ガイドライン［再改訂版］」105頁など。

て契約内容の適正化とトラブル防止を図るために，作成時点で適正妥当と思われる一般的な基準をとりまとめたものであり，やはり，その使用が強制されたり法的拘束力を有したりするものではなく，そこでは「原状回復の内容，方法等については，最終的には契約内容，物件の使用の状況等によって，個別に判断，決定されるべきものである」とされている。」「これらの事情を考慮すれば，本件特約の内容が控訴人指摘の標準契約書や通達，ガイドライン等で推奨されている契約内容と異なることをもって，直ちに本件特約が賃借人に不当に不利益な負担であるとか公序良俗に反するものと認めることはできない。」とする。

　　(b)　特約内容を公序良俗違反とする判示　　この類型の裁判例で注目されるのは，ガイドラインに規範的意味を持たせているものがみられることである。

　　〔5〕大阪地判平15・6・30LEX/DB28092212は，家賃14万9000円共益費9000円の特優賃貸住宅の入居4年1か月後の明渡しにつき，賃貸人が「退去後原状回復負担基準」という特約（具体的内容に通常損耗の原状回復を借主負担とする記載あり）に基づき，修繕工事費用の賃借人負担部分として46万2063円を計上し，敷金で足りない1万5063円を支払わせたのち，賃借人が返還を請求したという事案で，「公共性の強い特優賃法及び公庫法の規定や趣旨に反し，賃借人の過大な負担と不意打ちにおいて，賃貸人側に特優賃法上の補助や優遇措置とのいわば二重取りとなる結果を容認することにもなることなどから，公序良俗に反するものとして，民法90条により無効」と判示している。同旨の資料としてガイドラインについてふれ，「公庫融資を受けた賃貸人に交付される原状回復義務に関するガイドラインにおいても，通常損耗分は減価償却費として家賃に含まれるという考え方を前提にして，賃借人の原状回復義務に通常損耗分が含まれないことが指導されている。」と述べる。ただし，結論としては，特約の無効を認めたうえで，原状回復費用の1/2を賃借人負担としている。算出の基準としては，ガイドラインに拠っておらず，「公平上ないし信義則上」相当であると説明する。

　　〔6〕大阪高判平16・7・30判時1877号81頁は，特優賃法上の建物の賃貸借につき，通常損耗の範囲内かどうかにかかわらず，退去者が修繕費用を負

担する旨の特約に基づき，入居 6 年 7 か月後の明渡しに際し，補修費用34万2378円を敷引きした事案である。

　判旨は，特優法 3 条による同規則13条は，「「優良な賃貸住宅の供給を図り，もって国民生活の安定と福祉の増進に寄与する」目的で，認定事業者に対して各種の助成を行い，その反面として，罰則を含む公的規制を行うものであって，社会政策的立法といえる」とし，「賃貸借契約終了による原状回復義務の範囲に関する民法の解釈を前提に，特優賃貸法の枠組み，特優賃貸法制定前後の国会審議の状況，住宅金融公庫法における規制内容及びその解釈の実情等を総合考慮すると，通常損耗分の原状回復義務を賃借人に負わせることは，同条の禁止する「不当な負担」に当たると解するのが相当である」と説示する。そのうえで，「特優賃貸法の規制を著しく逸脱し，社会通念上も容認し難い状態になっていたと認めるのが相当であるから，その限度で本件負担特約は公序良俗に違反し無効になるというべきである」とした。

　結論としては，個別具体的な損耗について判断をしたうえで，21万4880円を通常損耗として認定した。ガイドラインに拠る場合と結論は類似するが，説明は異なる。例えばクロスの損耗について，ガイドラインでは償却年数（6 年経過後は賃借人 1 円）による負担割合という説明になるはずであるが，判旨は「経過年数からすると通常使用による汚れを超えない」かどうかを判断基準としている。

　(c)　特約内容を消契10条に該当し無効とする判示　〔7〕大阪高判平16・12・17判時1894号19頁は，家賃55000円の賃貸借の入居 4 年後の明渡しについて，「自然損耗等についての賃借人の原状回復義務を約し，賃借人がこの義務を履行しないときは賃借人の費用負担で賃貸人が原状回復できるとしている」という特約に基づき，原状回復工事（室内リフォーム）の代金として20万円を敷引きしたという事案である。

　原審は消費者契約法10条に基づき無効との判断のみをしていた[12]。本判決も，「原状回復すべき内容を冷暖房，乾燥機，給油機等の点検，畳表替え，ふすま張り替えなどと具体的に掲げ，賃貸人が原状回復した場合の賃借

---

(12)　原審である京都地判平16・3・16消費者法ニュース59号90頁も特約を消費者契約法10条により無効と判示している。

人の費用負担額の基礎となる費用単価を明示し，さらに，敷金と原状回復費用とを差引計算して返還するものであるところ，敷金を返還できるケースが少なく，逆に多額となる場合もあることが指摘されているが，本件原状回復契約による自然損耗等についての原状回復義務負担の合意及び賃料に原状回復費用を含まないとの合意に関し，5万5000円という賃料額が従前の賃借人の負担した自然損耗等についての原状回復費用を含めたものか否か（控除したか否か）とか，これを含めたもの（控除しないもの）とすると考えられる本件の場合，事後的に退去時に発生する原状回復費用をどのように賃料に含ませない（控除する）こととするのか，原状回復の内容をどのように想定し，費用をどのように見積もったのか，とりわけ，自然損耗等についての原状回復の内容をどのように想定し，費用をどのように見積もったのか等については，賃借人に適切な情報が提供されたとはいえない。」「このような状況でされた本件原状回復特約による自然損耗等についての原状回復義務負担の合意は，賃借人に必要な情報が与えられず，自己に不利益であることが認識できないままされたものであって，賃借人に一方的に不利益であり，信義則にも反する。」「したがって，本件原状回復特約は信義則に反して賃借人の利益を一方的に害するといえる。」という。結論的には，賃借人に過失のある損耗のみ賃借人負担であるが，そうでないものと「区分・特定することができないから，結局，（賃借人）が負担すべき原状回復費用を認めることができない」として，敷金全額の返還を命じた。

　興味深いのは，前提として，「本件原状回復特約は民法90条により無効か」という点について判断し，①契約内容に，賃借人の犠牲のもとに賃貸人を不当に利する不合理さがあること，②住宅金融公庫法35条，③京都市消費者保護条例9条の趣旨，④財団法人日本賃貸住宅管理協会京都支部の発行した文書，⑤京都市市民生活センターのパンフレット，など共に⑥ガイドラインを資料にして，「自然損耗等についての原状回復費用を賃借人の負担とすることは不当である」とするが，「公の秩序を形成しているとまでは断定できず…無効であるとまではいえない」と説示している点である。

　(d)　合意を否定する判示　　合意の成立を否定する判例も，下級審で蓄積されていた[13]。

508

ガイドラインに直接言及するものもある。〔8〕**大阪高判平15・11・21判時1853号99頁**（最判平16・6・10（不受理））は，家賃12万2800円の特優賃貸住宅の1年1か月後の明渡しにつき，特約に基づき，住宅復旧費として21万2468円の敷引きを行った事案である。

判断の前提として，「契約（特約）の効力を検討するに当たっては，借地借家法に抵触するかどうか，本件のような特優賃法や公庫法の適用がある場合はそれらとの関係，及び公序良俗に反する法律行為を無効とする民法90条に該当するかどうかを検討しなければならない。」という問題を提起し，その判断に関連して「賃借人の原状回復義務に関する所管行政庁等の認識」を分析する。①賃貸住宅標準契約書，②特優賃法に関する運用通達，③住宅金融公庫の指導，とならび，④ガイドラインが取り上げられている。「ガイドラインは，建物の損耗等を建物価値の減少と位置づけ，経年変化及び通常損耗による建物価値の減少と賃借人の故意・過失等による通常の使用を超えた使用による損耗とを区別し，前者を賃貸人の負担，後者を賃借人の負担として，上記標準契約書と同様の考え方を採用している。」「ガイドラインは，一般的な基準をとりまとめたもので，その使用を強制するものではないとされているが，建設省住宅局も，実務と参考として積極的に用いられることを期待するとしている。」と述べている。（借地借家法，特優賃法等（行政法令），90条のいずれについてこのような分析をしたのかは，明示されておらず，結論との関係で，90条に該当するか否かも判断されていない。）

ただし，結論としては，合意の成立を否定し，賃借人の過失による網戸の修繕費3020円を控除した20万9448円の返還を認めた。

このような合意の成立を否定する理論は，最高裁のとるところとなる。

〔9〕**最判平17・12・16判時1921号61頁**は，前掲の事案について「賃借建物の通常の使用に伴い生ずる損耗について賃借人が原状回復義務を負うためには，賃借人が補修費用を負担することになる上記損耗の範囲につき，賃

---

(13) ガイドラインへの直接の言及がない裁判例としては，次のものがある。東京簡裁決定平11・3・15「ガイドライン［再改訂版］」90頁参照，仙台簡裁判平12・3・2「ガイドライン［再改訂版］」91頁，大阪高判平12・8・22判タ1067号209頁，名古屋簡裁判平14・12・17WLJPCA12179005。

貸借契約書自体に具体的に明記されているか，賃貸人が口頭により説明し，賃借人がその旨を明確に認識して，それを合意の内容としたものと認められるなど，その旨の特約が明確に合意されていることが必要である。」と判示し，合意のレベルで厳格に解する立場にたった。なお，ガイドラインへの言及はない。

（3）　検　討

平成17年最判までのガイドラインの位置づけは次のように整理できよう。

ガイドラインを特約無効の判断基準に最大限に取り込んでいた裁判例は，特約の内容を公序良俗違反とする判断の要素としてガイドラインを参照している。

しかし，これらの裁判例では，ガイドラインの影響は限定的であると言わざるを得ない。

まず，これらの裁判例で公序良俗則の内容を判断するに当たって，ガイドラインは，特優賃法の趣旨や，管轄官庁の通達，関連団体のパンフレットなど，取引慣行を示す多様な資料のひとつとして言及されているにすぎない。

また，ガイドラインの他の資料との差異は，原状回復費用の負担について，項目別に具体的な算定基準を示しているところにあるが，平成17年最判に至る過程の裁判例では，ガイドラインを参照しているものでも，結論としては，ガイドライン所定の負担割合の算定は行っていない。具体的にいうと，判決〔5〕は，公平ないし信義の観点から負担部分を折半とし，判決〔6〕は，ガイドラインと異なる基準で個別具体的に通常損耗の範囲を算定している。

さらに，90条該当性の判断要素のひとつとしてガイドラインを参照して，不当性を認定しつつ，「公序を形成しているとまではいえない」とする説示さえみられる。

このように見ると，ガイドライン違反の内容を含む特約（通常損耗の原状回復を賃借人に負担させる旨の特約）が，公序良俗則の判断基準として，他の要素を差し置いて重要な機能を担っているとはいいにくい。

むしろ，平成17年最判までの裁判例の展開の到達点は，「原状」（616条，598条）が通常損耗によって劣化した状態であるとの理解を前提とした，賃

貸借契約終了後の原状回復義務について，①特約がない場合の賃貸借契約に含まれる原状回復義務の内容を固定するとともに，②特約を，それがない場合の上記①基準に比して過剰とならない合理的な場合に限定し（典型的には，義務の荷重が賃料の減額に釣り合っている等），③契約当事者の情報の偏在を前提に，賃貸人側が適切な説明をしていない場合に，特約の成立を否定したことであったというべきである。そうであれば，このような展開を導いたのは，公序良俗則でもガイドラインでもなく，消費者契約法10条で採用された考え方に依拠した，信義則による無効の準則であろう。

　興味深いのは，学説に，平成17年最判に至る裁判例の展開を，「通常損耗は減価償却として賃料に含まれるという部分が強行法規化することを意味する」と評しているものがみられることである[14]。具体的な明文規定があるわけでなく，特約を完全に排除するわけでもないが，消費者法10条を介した実質的な強行法化がみられると説明しうる現象である。

　ガイドラインについて，注目すべきは，最高裁判例によって，上記のような実質的な強行法化が生じたあとに展開された裁判例で，ガイドラインが，（減価償却を基礎とした算定基準に関する）実質的な規範として利用され始めることである。

4　平成17年最判後の裁判例の展開
（1）　俯　瞰

　前掲〔9〕平成17年最判の後の下級審判例は，主として[15]，2系統に分類できる。①平成17年最判で排除されていない，通常損耗賃借人負担特約の成立を争うものと，②（契約時の条項にかかわらず）特約がないものとして，通常損耗ないし特別損耗について，具体的な算定基準を争うものである。

---

(14)　内田勝一「平成17年判決判批」ジュリスト1313号86頁（2006年）87頁。

(15)　なお，他にも，平成17年判決の論旨を，特に営業用建物でも同様に解すべきことを確認するもの（大阪高判平18・5・23LEX/DB28111949（営業用建物賃貸借で，通常損耗賃借人負担特約の合意を否定。），東京簡裁平21・4・10LEX/DB25441360（オフィスビル賃貸借で，通常損耗賃借人負担特約の合意を否定。））や，合意の不存在ではないが，消費者契約法10条により信義則上許されない一方的に消費者を不利にする条項であるとするルールを，定額補修分担金に適用した事案もみられる（京都地判平21・9・30判時2068号134頁）。

(2)　特約の効力が争われたもの

　平成17年最判の後，原状回復に関する特約の成立が争われた事案として
は，通常損耗の回復費用の敷引き特約に関する〔10〕**最判平23・3・24民集
65巻2号903頁**が有名であるが，この事件では，原原審，原審とも，ガイド
ラインに関する言及は見られない。特約の効力が争われた事案でガイドライ
ンが参照されたものとしては，次の3件がみられる。これらの事案では，特
約自体がガイドラインを意識したものとなっている点が特徴である。具体的
には，判決〔11〕は大型事業用物件での特約としての利用が主張されたもの，
判決〔12〕～〔15〕は，一部条項にガイドラインに反するものが含まれておりそ
の効力が争われた事案である。

　以下，順にみていこう。

　〔11〕東京地判平24・10・31判タ1409号377頁では，高層ホテル用建物
1棟の賃貸借契約において，15億円を超える敷金の差し入れにおいて，原状
回復費用について，ガイドラインに基づいて算出される額と，見積額の低い
ほうを基準とする旨の明示の合意が存在し，ガイドラインに基づく原状回復
費用が認められている。

　〔12〕東京地判平25・8・9 LEX/DB25514640では，事業用とみられる建
物賃貸借について，「負担割合表」をつけた原状回復要領という特約が存在
した。内容は，通常清掃費用を賃借人負担とする旨のほか，概ねガイドライ
ンに沿った内容であったが，経年劣化する部材について耐用年数を6年とし
て負担割合を決めるとの条項があり，そこに，クロスやカーペット（→ガイ
ドラインと同じ償却期間の合意にあたる）と並んでフローリング（→ガイドライ
ンよりも短い償却期間の合意にあたる）を列挙していた。約2年6か月後の明
渡しに際し，賃貸人が賃借人が負担すべき原状回復費用として937万4400円
であるとして敷金480万円の返還を拒んだため，賃借人が返還を訴求した事
案である。

　判旨は，通常清掃費用の特約は認めたが，特に主張が対立したフローリン
グの原状回復については上記特約を理由に，ガイドラインの基準により，賃
借人の費用負担を10％とし，賃借人の負担部分の合計を88万円余とした。

　〔13〕東京地判平27・3・19LEX/DB25525440では，共住用建物（アパ

ート）の賃貸借で，原状回復費用の負担につき「賃借人は，賃貸借物件解約
の際入居中の畳，襖その他損傷部分の補修費充当金又は損料としてその居住
期間にかかわらず，賃貸人に対し賃料の1か月分相当金額を支払うものとす
る。ただし，補修費において不足額を生じたときは，その不足相当額を追加
して賃貸人に支払うものとする。」という特約が存在した。5年後，賃借人
の死亡により，相続人が明渡しをした際に，喫煙・日常の掃除の懈怠による
損耗といった特別損耗の負担が争われた。判旨は，賃借人のガイドラインに
よる（償却期間を考慮した）負担割合の主張に対し，「ガイドラインは当然に
拘束力をもつものではない」として，上記特約による3万円の負担を認定し
た。なお，補修費用にも争いがあり，「本件汚損の補修費用は必ずしも3万
円を下回ることが明らかとはいえないから，特約……により3万円と解する
のが相当である」と説示する。

　〔14〕東京地判平27・11・4LEX/DB25532252では，マンション及び駐
車場の賃貸借において，原状回復に関する特約はあったが，クロスの取り換
え等について工事単価を示していなかった。2年6か月後の明渡しに際し，
賃借人がガイドラインを引き合いに，ガイドラインの求める賃貸借契約時点
で工事単価の約定がない以上，張り替え費用の負担部分はない旨を主張。判
旨は，ガイドラインは公示単価を目安として示すことを推奨しているものに
過ぎないとして，実際の工事単価に，ガイドラインに依拠した償却期間を考
慮した割合を負担部分とした。タバコによって汚損したクロスについて，特
別損耗であると認めながらも，賃借人数を入居後年数に応じた56％とする。

　〔15〕東京地判平28・8・19LEX/DB25536915では，マンションの賃貸
借契約において，原状回復につき「通常損耗以外は全て原状回復する」旨の
明示の合意があった。賃貸借契約から13年8か月後，賃借人のタバコの火の
不始末で目的物が著しく損傷したという事案。賃借人がガイドラインに依拠
し償却期間を考慮に入れた負担分を主張した。判旨は，「火災前の劣悪な使
用方法及び本件火災により，通常使用により生じる程度を超えて……設備を
汚損又は破損した」と認定のうえ，「ガイドラインの考え方が本件に及ぶか
否かにかかわらず，被告Dは，通常使用していれば賃貸物件の設備等とし
て価値があったものを汚損又は破損したのであるから，×××号室の設備等

が本来機能していた状態に戻す工事を行う義務があるというべきである。」
と説示する。

　以上，みてきたように，判決〔11〕〔14〕は，当事者がガイドラインを利用す
ることを特約内容としており，その場合には，適用事案の違い（〔11〕）や形
式的瑕疵（〔14〕）があっても，それを認める内容となっている。

　判決〔12〕は通常損耗，判決〔13〕〔15〕は，特別損耗の負担についての特約で
ある。判決〔12〕は賃借人の負担減，〔15〕は負担増，〔13〕は同等と推測される
場合であり，総てのケースで特約の効力を認めている。賃借人の負担が特約
がないときに比べて重くなる〔15〕については，特別損耗であり，賃借人の過
失が大きい場合であることが影響を与えているものと見られる。

(3)　特約がない場合のガイドラインの算定基準の利用

　特約に拠らない争いでもガイドラインの利用が一般的になっている。

　〔16〕大阪高判平21・6・12判時2055号72頁では，特優賃法上の建物に
つき，7年4か月後の明渡しに際し，28万3368円の敷引きを行った。本件で
は，（通常損耗賃貸人負担を前提としつつ）通常損耗の範囲，特に，特別損耗
を除去する場合の相当補修を実施したときに，通常損耗も除去されたという
場合の基準が争われた。判旨は，〔6〕判決を引き，「通常損耗部分の修復費に
ついて賃貸人が利得することになり，相当ではないから，経年劣化を考慮し
て，賃借人が負担すべき原状回復費の範囲を制限するのが相当である。」と
し，範囲について，ガイドラインの基準を採用している。

　〔17〕東京地判平25・3・28LEX/DB25511742では，営業用とみられる
鉄筋3階建て建物の賃貸借契約で，8年6か月後の明渡しに際し，原告が修
繕費用相当額として706万2130円を請求したという事案である。判旨は，民
間賃貸住宅でない本件賃貸借にも，「原状回復の内容として「借主の特別な
使用方法に伴う変更・毀損・故障・損耗を修復し，貸室を原状に回復」する
旨定めている」本件には適用があるとしたうえで，ガイドラインの算定基準
に従って，通常損耗を算出し，請求額から控除している。

　〔18〕東京地判平25・7・17LEX/DB25514164では，建物賃貸借につい
て，9年2か月後の明渡しに際し，賃貸人が特別損耗により1176万円の損害
を被ったとして，敷金204万円の充当を通知したのに対し，賃借人が通常損

514

耗の範囲を争い差額の返還を訴求した事案である。判旨は，ガイドラインを引き，その基準によって通常損耗を算出する。また，特別損耗に該当するような事情（ペットの糞尿による汚損）が認められるカーペットについては，張り替え費用について全額賃借人負担とし，結果的に賃借人は17万円余の原状回復の負担を負うに過ぎないと判示している。

〔19〕東京地判平25・11・8LEX/DB255516123では，共同住宅（賃料75000円）の賃貸借につき，約12年4か月後の明渡しに際し，原状回復費用として80万4870円を主張し，敷金15万円を上回る65万円余の金額を訴求した事案。判旨は，原状回復に関する特約がなかった旨を認定し，通常損耗の範囲について，ガイドラインに依拠した基準で，賃借人負担部分を算出している。もっとも，特別損耗と認定されたものが多く（フローリング（30%）・ユニットバス（全額）・玄関框（50%）・居室石膏ボード（50%）・物入（25%）・玄関シリンダ（全額））賃借人負担額を94万円余としている。

〔20〕東京地判平26・6・27LEX/DB2550357では，住宅用建物の賃貸借につき，8年6か月後に，賃借人の債務不履行による明渡訴訟が提起されたが，その時点で，特にタバコによるクロスの傷みが激しかったという事案。賃貸人がその負担を求めた。判旨は，ガイドラインを引き，6年で耐用年数が経過している以上，特別の汚損の有無に拘らず，張替費用は賃貸人の負担であるとした。

（4） 検　討

判決〔16〕，〔17〕，〔19〕は，通常損耗に関する争いで，裁判例は，いずれもガイドラインに依拠した判断をしている。

一方，判決〔18〕，〔20〕は，特別損耗に関する争いであり，ここでは，立場が分かれている。〔18〕では，償却期間にかかわらず，全額を賃借人の負担とし，〔20〕では償却期間を考慮している。

特約がない場合，通常損耗については原則賃貸人負担となるのに対し，特別損耗については，賃借人負担である。先に検討した消費者法10条による信義則を介した実質的な強行法化が指摘されうるのは，通常損耗についての準則である。このことが，特別損耗における，ガイドラインの利用の立場の不統一につながっているとも考えられよう。

6　小　括

　以上検討したように，ガイドラインは，少なくとも平成17年最判後の下級
審判例で，通常損耗を扱う事案については，例外なく参照され，減価償却を
基礎とするガイドライン所定の算定方法が採用されているといえる。

　このような規範性は，平成17年最判以前には，まったく見られなかった現
象である。同最判が，消費者法10条に採用された信義則による無効の考え方
を背景に，民法上蓄積された通常損耗＝賃貸人負担という原則を，賃借人に
不利に破ることを許さないとするある種の強行法を出現させたゆえに，事
後，同旨の考え方を背景とする行政主導の基準が，賃借人のみならず賃貸人
の側からも主張されるようになり，上記のような裁判例の展開につながった
とみられる。

　この意味では，交渉上の優位者にとって厳しい強行法に下支えされ，はじ
めて機能するのがガイドラインであると考えてよい。

Ⅲ　商品先物取引の適合性原則違反とガイドライン

　裁判例で数多く取り上げられるガイドラインとして，商品先物取引に関す
る「商品先物取引の委託者の保護に関するガイドライン」における適合性原
則に関する条項を見ておこう。なお，この類型は裁判例の数が多い。紙幅の
制約上，高裁レベル以上の裁判例のみを紹介する。

1　ガイドライン登場前の議論状況

　投資勧誘一般の適合性原則に関しては，ガイドライン公表前から，判例学
説が蓄積されつつあったといってよい。もっとも，いくつかの投資商品に共
通にあてはまる議論としてであり，具体的なルールについては，商品の特性
や顧客の属性その他の事情によって異なるものとされてきた。

　わが国の適合性原則の嚆矢は，（商品先物取引への適用例に限定せずに一般的
にみると）昭和49年の大蔵省証券局長通達「投資者本位の営業姿勢の徹底に
ついて」で示された「投資者に対する投資勧誘に際しては，投資者の意向，

投資経験および資力等に最も適合した投資が行われるよう十分配慮すること」というルールに基づく自主規制であるといわれる。その後，証券取引法の平成4年改正において，「大蔵大臣は，証券会社の業務の状況が次の各号のいずれかに該当する場合において，公益又は投資者保護のため必要かつ適当であると認めるときは，その必要の限度において，業務の方法の変更を命じ，3月以内の期間を定めて業務の全部又は一部の停止を命じ，その他監督上必要な事項を命ずることができる」とした上で（54条1項），「有価証券の買付け若しくは売付け又はその委託について，顧客の知識，経験及び財産の状況に照らして不適当と認められる勧誘を行って投資者の保護に欠けることとなっており，又は欠けることとなるおそれがある場合」（同1号）とする条文がおかれた。当初は，保全命令の対象であったが，平成10年の改正で，金商法上の禁止行為として規定され，現行法に引き継がれている[16]。

　学説は，この適合性原則を，自己責任の前提を欠くような属性（能力）の人に対して勧誘をすること自体を禁止するルールと説明する。自己決定の前提を欠くのだから，違反した法律行為は無効といえそうである。特にこのルールが，健全な市場の形成を目的とする取締法規として規律されていることに注目する場合には，違反する法律行為を市場から排除する趣旨で無効とすべきだと説かれてきた。もっとも，証券取引法上の適合性原則に関する裁判例でも多くは適合性原則違反の勧誘があった場合には，顧客に対する不法行為が成立すると解されており，契約そのものの効力の否定という効果を導くものとは区別した議論が展開されてきた[17]。

　判例では，〔21〕最判平17・7・14民集59巻6号1323頁が，日経平均株価オプション取引で2億7000万円余の損失を被った顧客が証券会社（承継後Y）の担当者の行為につき適合性原則違反，説明義務違反等による不法行為に基づく損害賠償を訴求した事案で，最高裁は，「適合性の原則から著しく逸脱した証券取引の勧誘をしてこれを行わせたときは，当該行為は不法行為上も違法となる」とし，「不法行為の成否に関し，顧客の適合性を判断するに当たっては，単に……取引類型における一般的抽象的なリスクのみを考慮

---

(16)　川口恭弘・金融商品取引法研究会研究記録54号3頁。
(17)　潮見佳男『契約法理の現代化』（有斐閣，2004年）49頁，80頁，119頁及び419頁。

するのではなく……具体的な商品特性を踏まえて，これとの相関関係において，顧客の投資経験，証券取引の知識，投資意向，財産状態などの諸要素を総合的に考慮する必要がある」とする。業法（取締法規）上の適合性原則違反が私法上当然に違法となるものではないが，態様いかんでは私法上（不法行為法上）の違法となるという二元的理解を採用しているが，この点は多数説および下級審の裁判実務に従う趣旨である[18]。逸脱行為の有無の判断基準について総合考慮説に立つ点も，多数説といってよい。その具体的判断基準は，主に顧客の属性である。考慮すべき要素（要検討項目）も，多数見解と一致することから，判断枠組みとしては，多様な投資勧誘の事案に共通する多数説・下級審裁判例の趣旨を採用することの確認の意味が大きいものと思われる。ただし，これらの項目についていかなる基準によって判断すべきかは，具体的な商品特性との相関関係に委ねられている。

　商品先物取引について，ガイドライン公表前の判例としては，〔22〕最判平7・7・4 LEX/DB28010068があり，「不適格者の勧誘」を原因の一つとする不法行為責任の追及を求める。事案は，業者が，商品先物取引の経験のない37歳の高校教師に対して，輸入大豆の先物取引を勧誘し（無差別電話勧誘・具体的な取引内容の説明なし・儲かる旨の断定），その後も継続取引の勧誘を続け，10回以上にわたり864万5000円の委託証拠金を預託させ，顧客が不法行為に基づく損害賠償を訴求した事件である。第1審[19]が，「給料生活者であるから……不適格者に該当しないことは明らかである」とした（同判決は，上記の事案にも拘らず，不法行為を認めなかった）のに対し，第2審[20]は「商品先物取引業者としては，商品先物取引に関する知識や経験がなく，ほぼ全面的に業者の提供する情報，判断に依存せざるをえない一般投資家を勧誘する際は，この仕組や危険性を理解する能力と，生活に支障を来さないだけの余裕資金を有する者のみを対象とし，その上で更に右の点について十分な説明をし，また，具体的な取引をするにあたっては，顧客が経験を積むまでの少なくとも最初の数ケ月間（対象商品に穀物が多く，これが気象変動によ

---

(18)　調査官解説381頁，潮見・リマークス33号68頁。
(19)　秋田地判平1・3・22判タ716号169頁。
(20)　仙台高裁秋田支部判平2・11・26判時1379号96頁。

り大きな影響を受けることからすると，一年程度ということも考えられる。な
お，保護育成期間の三ヶ月というのは取引数量についてのみの制限であり，単に
時間的に三ヶ月を経過したことと，経験の積重ねとは必ずしも一致するものでは
ない。）は，前記諸要因に関する十分な情報と分析結果を提供し，その自主
的な意思決定を俟って，且つ，当該顧客にとって無理のない金額の範囲内
で，取引申込みに応ずべきであり，後記限度を超えて急き立てたり押し付け
たりすることがあってはならない」と判示し，適合性原則に近づくかのよう
な説示がみられる。しかし，最高裁は，原審の次の判断が妥当とのみ判示す
る。「(1)上告人らは，商品先物取引の経験が全くない被上告人を電話により
勧誘し，商品先物取引の仕組みや危険性について十分な説明をしないまま取
引を始めさせた，(2)本件において，多くの取引が，実質的には委託の際の
指示事項の全部又は一部について被上告人の指示を受けない一任売買の形態
でされ，短期間に多数回の反復売買が繰り返されたり，両建が安易に行われ
ている，(3)上告人らは，被上告人の自主的な意思決定をまたずに，実質的
にはその意向に反して取引を継続させ，被上告人の指示どおりの取引をせ
ず，その資金能力を超えた範囲まで取引を拡大させた，など本件取引に関す
る上告人らの一連の行為を不法行為に当たる」と。最高裁の説示は，属性を
説明義務との関係でとらえているに過ぎず，適合性原則違反の判断について
は，原審から後退しているようにみえる。

　同判決以降も，新潟地判平8・3・27や東京高裁平9・12・10などの時期
から，顧客側が先物業者の適合性原則違反を理由とした不法行為に基づく損
害賠償を求める事案が出始めていた。当時は，商品先物取引の分野に適合性
違反に関する業法が存在せず，他の商品に関する投資勧誘についての裁判例
の動向を顧客側が主張したものとみられる。すでに，顧客の取引経験・学
歴・年齢・職業・資産という項目について判断をするという枠組みでの判断
がみられるが，結論としては，顧客の属性から，適合性原則違反として不法
行為の成立を認めた裁判例はなく，業者の勧誘の態様（取引額が過大になら
ないよう配慮する注意義務違反，説明義務違反，断定的判断の提供など）を実質
的な判断基準としているものが大方であった。

　以上のように，裁判例の中には，適合性原則を採用していると思われるも

のもみられたし，学説にも「証券取引の分野で確認されている「適合性の原則」は，商品取引の分野においていっそう強調されるべきである」と説くもの[21]もあったが，判例といえるかどうかははっきりしなかった。

2 ガイドラインの内容

「商品先物取引の委託者の保護に関するガイドライン」は，平成17年5月1日に商品先物取引の主務官庁である農林水産省の委託により，日本商品先物取引協会よって策定され，経済産業省もそれを準用している。「商品取引所法における商品取引員（現・商品先物取引業者）の勧誘行為に係る規制についての解釈指針を示す」ものとされ，業法である商品先物取引法（策定当時は，商品取引所法との名称）所定の適合性原則に関する条文の解釈指針として公表されている。

商品先物取引について，明文規定がおかれたのは，商品取引所法の平成16年改正である。「商品取引員は，顧客の知識，経験，財産の状況に照らして不適当と認められる勧誘を行つて委託者等の保護に欠け，又は欠けることとなるおそれがないように，商品取引受託業務を行わなければならない。」という規定であった。その後，改正を経て，現在では商品先物取引法215条「商品先物取引業者は，顧客の知識，経験，財産の状況及び商品取引契約を締結する目的に照らして不適当と認められる勧誘を行つて委託者等の保護に欠け，又は欠けることとなるおそれがないように，商品先物取引業を行わなければならない。」となっている。

「商品先物取引の委託者の保護に関するガイドライン」は，商品取引所法の平成16年改正（平成16年5月12日法律第43号）により規定された，同法の適合性原則に関する条文について，解釈指針として出されたものである。

ガイドラインは，「1．定義」として，「勧誘」とは「商品取引員が顧客に対して，商品先物取引の委託契約締結又は契約締結後の個々の取引の委託の意思形成に影響を与える程度に商品先物取引を勧める行為をいう」と定義したうえで，「初めて勧誘する顧客」に対する場合だけでなく，「既に取引を行

---

(21)　滝沢聿代・ジュリ964号122頁。

っている顧客に「取引枚数を増やしてみませんか。」などと勧める場合も含まれ」、また、「直接取引を勧める場合」に限らず、「客観的にみて顧客の取引の委託の意思決定に影響を与える程度に商品先物取引のメリットを強調する場合」を含むとする。

次に、「2．勧誘に当たっての前提となる顧客の属性の把握」として、「適合性の原則に照らして不適当と認められる勧誘…に該当するかどうかの判断を行うために、商品取引員は、顧客に適合性の原則の趣旨を説明した上で、顧客の知識、経験及び財産の状況に関する情報の提供を求め、顧客の属性の把握に努めることが求められる。」「このため、商品取引員は、取引を勧誘する顧客について、その申告に基づき、①氏名、②住所、③生年月日、④職業、⑤収入、⑥資産の状況、⑦投資可能資金額、⑧商品先物取引その他の投資経験の有無及びその程度等について、情報収集を行う必要がある。」とする。

さらに、「3．適合性の原則に照らして不適当と認められる勧誘」として、「常に、不適当と認められる勧誘」（未成年者や破産者など顧客の行為能力に係るものと商品先物取引をするための借入れの勧誘をここに位置付ける）と「原則として、不適当と認められる勧誘」すなわち、別途列挙する「不適当と認められない例外の要件」を充足しそれを別途記載する「社内審査手続」により厳格に審査した場合には「直ちに適合性の原則に照らし不適当と認められる勧誘にはならない」類型に分ける。

注目すべきは、投資勧誘の判例で、商品の特性に鑑み相対的に判断すべきとされてきた（前掲〔21〕最判参照）、顧客の属性にかかわる（諸項目についての）具体的判断基準について、「原則として不適当と認められる勧誘の類型」として、具体的な数値を挙げて定めていることである。

収入・資産等、および、年齢については、次のように記載する。

①給与所得等の定期的所得以外の所得である年金、恩給、退職金、保険金等（以下「年金等」という。）により生計をたてている（注）者に対する勧誘
（注）「生計をたてている」とは、年金等の収入が収入全体の過半を占めている場合をいう。

② 一定以上の収入（注）を有しない者に対する勧誘

　（注）「一定以上の収入」は，年間500万円以上を目安とする。

③投資可能資金額を超える取引証拠金等を必要とする取引に係る勧誘

　（注）取引を継続するために追証拠金等を預託することにより取引証拠金等
　　　　の金額が投資可能資金額を超えることとなる場合，顧客に対し追証拠
　　　　金等を支払って取引を継続するよう勧める行為は，上記の適合性原則
　　　　に照らして原則として不適当と認められる勧誘に該当する。

④一定の高齢者（注1）に対する勧誘

　（注1）「一定の高齢者」は，年齢75歳以上を目安とする。

　（注2）75歳未満の高齢者についても，損失を被っても生活に支障のない範
　　　　　囲で投資可能資金額が設定されているか，説明を受けた商品先物取引
　　　　　の仕組み・リスク等を十分に理解しているか等について，特に厳格に
　　　　　審査して判断する必要がある（4.【社内審査体制】と同様の審査体制が
　　　　　求められる。）。さらに，厳格な審査を経て取引の開始に至った場合であ
　　　　　っても，商品取引員は，当該顧客の損益状況等の取引状況を常時確認
　　　　　することにより，予期せぬ大きな損失を被ることにより，老後の生活
　　　　　の備えとして蓄えた資産まで投資する取引を勧誘することのないよう
　　　　　に注意することが必要である。

　また，顧客の経験については，「未経験者の保護措置」として次のような
基準を設けている。未経験者の新規取引について，一律の上限を設けている
ことから，「新規取引保護」という枠組みで主張されることが多い。

5. 商品先物取引未経験者の保護措置

　過去一定期間以上（注1）にわたり商品先物取引の経験がない者に対し，受
託契約締結後の一定の期間（注2）において商品先物取引の経験がない者にふ
さわしい一定取引量（注3）を超える取引の勧誘を行う場合には，適合性原則
に照らして，原則として不適当と認められる勧誘となると考えられる。

　（注1）「過去一定期間以上」とは，直近の3年以内に延べ90日間以上を目
　　　　　安とする。

　（注2）「一定の期間」とは，最初の取引を行う日から最低3ヶ月を経過す
　　　　　る日までの期間を目安とする。

（注3）「商品先物取引の経験がない者にふさわしい一定取引量」は，建玉
時に預託する取引証拠金等の額が顧客が申告した投資可能資金額の
1/3となる水準を目安とする。

さらに，当該期間において，上記の商品先物取引の経験がない顧客に対
し投資可能資金額の引上げを勧めることも，適合性原則に照らして不適当
と認められる勧誘となると考えられる。

ただし，顧客本人が上記の一定取引量を超える取引を希望する場合にあ
って，商品先物取引に習熟していると認められる場合に限り，当該期間に
おける当該一定取引量を超える取引に係る勧誘は，直ちに適合性原則に照
らして不適当と認められる勧誘にはならないと考えられる。

この場合，商品取引員は，当該顧客から，商品先物取引の経験がない者
を保護するために取引量を制限する措置が設けられていること及び上記の
例外の要件を理解しているとともに，当該要件を自らが満たすことについ
て確認している旨の自書による書面での申告を得るとともに，当該顧客が
商品先物取引に習熟していることを客観的に確認しなければならないもの
とする。これらの審査にあたっては，上記4．に記述した社内審査手続と
同様の手続きをとる必要がある。

3　ガイドライン登場後の裁判例

ガイドライン登場後の裁判例は，基本的に，業法違反の行為による不法行
為に基づく損害賠償を求める訴訟類型である。商品先物取引委託契約の内容
について，ガイドラインのルールに違反することが，私法上の制限に服する
かという命題には妥当するが，私法上の効果は，無効ではなく，不法行為で
ある。実務では，契約を解消せずに，契約を不当な方法で締結させたことを
不法行為として損害賠償を請求するという傾向が強いとされるが，学説に
は，この問題を，本来契約締結過程の問題であり，少なくとも法律行為の正
当性の判断を中心とする点で，法律行為ないし特約の成否ないし瑕疵と共通
の問題とする見方も有力である[22]。ここでは，裁判例の不法行為の認定を

---

(22)　潮見佳男「規範競合の視点から見た損害論の現状と課題（2・完）」ジュリスト1080
号86頁（1995年）91頁以下，平野裕之「消費者取引と公序」椿寿夫＝伊藤進編『公序
良俗違反の研究』（日本評論社，1995年）308頁，319頁。

介して，裁判例による，ガイドラインに反する契約の正当性の承認の程度を
検討する。

（1）　適合性原則

〔23〕東京高判平19・1・30LEX/DB28130586（年金収入・75歳未満であ
るが高齢者で記憶力低下がある）は，顧客の「Ｘの年齢・能力・知識・経験に
照らすと，Ｙの説明で複雑な商品先物取引の仕組みを十分に理解できたと
は認めがたい」とし，これを，Ｙは説明によって理解させる前提として属
性を十分調査すべきであったことから「適正な調査を十分に尽くさないで
Ｘを適格者と判断した」と認定する。同判決は，このようなＸに対する勧
誘を，適合性違反だと結論付けた。

〔24〕広島高判平22・5・14LEXDB25463719は，実質上無職の自営業者
（無収入で，資産は自称約2000万円）について，業者の従業員が事実を知りな
がら，業者の審査を通させるべく「しっかりした身元が望ましい」とか「資
産2000万円では足りない」などの助言をして，「年収・500万円」，「有限会社
の経営」，「流動資産5000万円」，「投資可能額4500万円」などと記載させ，ま
た，審査の際の電話応答の手ほどきをし，結果的に資産の2000万円中1740万
円を委託証拠金として預託させたという事案で，業者の管理規定違反，商取
法215条違反とともに「ガイドライン…に違反するもの」として，不法行為
を認定した。

〔25〕東京高判平25・3・28LEXDB25497931は，適合性原則違反を認め
た原審を維持したうえで，過失相殺の割合のみ変更した事案であるが，原審
では，顧客（70歳・うつ病・年金受給者）の流動資産・投資可能金額がガイド
ラインを超えているとする業者の主張を斥け，顧客の年収がガイドラインの
基準をしたまわる年金であることを理由に適合性原則違反による不法行為を
認定している。

以上のように，ガイドラインの所定の適合性原則違反の具体的判断基準で
ある，①収入の種類（年金等でないこと）・②年収（500万円以上），③投資可
能金額（合理的な申告額を超えないこと），④年齢（75歳未満）という基準は，
裁判例においても，定着した基準となっていることがうかがえる。

もっとも，ガイドラインの基準は，（ガイドラインの叙述からもうかがわれ

るように）機械的に判断できる数値基準というわけではない。下回る要素があっても，適合性違反にあたらないとしたケースもある。〔26〕広島高（岡山支部）判平21・9・24LEXDB25470302は，ダンス教室を経営する主婦が，年収「せいぜい200万円」であるところ，取引口座開設申込書に，「年収・400万円」，「流動資産（現金・預貯金）・500万円」と記載していることや，証拠金（最大746万円程度）を「実質的な自己資産でまかなっている」（家族名義に振り分けられた預金担保貸付など）点を考慮し，「先物取引の不適格者とまではいえない」とした（→そのうえで新規委託者保護義務違反を認定）。また，〔27〕東京高判平27・9・9LEXDB25544691も，年収が500万円を下回っているが，通常400万円以上の年収（建設会社の給料）があり，資産2000万円という例で，直ちに適合性を欠くとはいえないとしている（→新規委託者保護義務違反を認定）。以上の様な総合的な判断が行われているといえる。

(2) 新規委託者保護義務

　〔28〕大阪高判平20・12・18LEXDB25450341は，適合性原則違反，情報提供義務違反をともに否定するが，過大取引を認め，不法行為を認定した。継続取引中の課題取引も認めていたが，取引当初については，ガイドラインを引き「新規委託者保護義務違反」があったとした。

　新規委託者保護義務は，適合性原則の一種である。すなわち，顧客の属性に係る他の基準を充足していても，経験の点で基準（3か月）を充足しない場合には，機械的に，取引額の制限を設けるものである。この保護義務違反は，裁判例で定着しており，判旨においてガイドラインが直接根拠とされることが多い。

　もっとも，この基準も機械的に適用されるというわけではない。むしろ，この基準は，趣旨から，顧客に有利なように解釈されている傾向にある。たとえば，〔29〕東京高判平26・7・17LEXDB25504918は，48歳の無職の寡婦が，資産の1/3にあたる6000万円を預託したというケースで，適合性違反は認めなかったものの，「（顧客）が（当該業者の）宣伝を見るなどして安易な考えで金の先物取引を始めようとしていることは，容易に理解しえた」といえる場合に「（顧客）が金の先物取引について関心を示し，取引を開始し

たいとの態度を示したとはいえ，極めて危険性の高い金の先物取引を取り扱う取引業者の営業態度としては，顧客保護の観点に照らして，大いに問題のある姿勢といわねばならない。」と釘をさす。そのうえで，（経験に関する適合性違反といえる）新規委託者保護義務について，「必ずしも……ガイドライン等が定める取引の一定量……を超えているかどうかを形式的に見れば足りるというものではなく，そのような制限を設けた趣旨を踏まえて，委託者の能力，適性や，これに対する勧誘の状況，取引の経過等を総合的に検討して判断すべき」とし，保護義務違反による不法行為を認定している。

（3）　利乗せ満玉ケース

〔30〕名古屋高判平24・5・29LEXDB25483084では，確定利益を投資可能金額に計上して投資可能金額の増額を行う「利乗せ満玉」という取引において，顧客がガイドラインを引き，「すでに商品先物取引で損失が発生している場合には，顧客が当初届け出た投資可能額から当該損失額等を控除した額を，当該顧客の投資可能額とする」べきであるとし，継続取引のうち，これを超える金額を投資可能金額に計上する部分について，適合性原則違反であると主張した。判旨は，（裁判所の判断としてはガイドラインに言及していないものの）上記主張を容れている。すなわち，「本件取引委託契約締結時」の申告額（年収1000万円・流動資産3500万円・投資可能金額1000万円）に鑑みて，投資可能金額の増額が過大であるとし，これを適合性原則違反だと認定している。〔31〕名古屋高判平25・3・15判時2189号129頁も，継続取引部分について，同様の判断をしている。

これらの裁判例は，適合性原則を，（先の決済で収入があれば，投資可能額がふくらむという取引構造をもつ）取引継続局面について，適合性原則を徹底するものといえ，裁判例で定着がみられる。

4　検　討

商品先物取引に関する「商品先物取引の委託者の保護に関するガイドライン」では，（とりわけ判例が確立しているとはいいがたい）適合性原則やそのバリエーションの一つといえる新規委託者保護義務について，ガイドラインを判断基準とする裁判例がみられる。

　これらは，商品先物取引法215条を前提としている。同規定は，業法であり取締法規であるが，効力規定として処遇されうるものであり，その場合に，ガイドラインが規範として作用しうるものといえよう。

　もっとも，2つの点で，限界があることについては留意する必要があろう。第1に，ガイドラインを遵守する取引が行われていてもなお，不法行為が認められた事案も多い。「指玉向い」という，業者と顧客の間に特に利益相反関係が生じやすい取引類型も認められており，この取引について，高度の説明義務が争われるケースである[(23)]。

　また，同法には，説明義務に関する条文もあり，その義務内容についても，同ガイドライン中に規定がある。しかし，説明義務に関するガイドラインは，必ずしも参照されているとはいいがたい。むしろ，判例による判断が行われている[(24)]。

IV　当事者策定型ガイドライン

　フランチャイズ契約についても，ガイドラインの参照がみられる。事案類型は，大手コンビニエンスストア（以下，コンビニと呼ぶ）のフランチャイ

---

(23)　前掲〔31〕判決は，取引継続段階での適合性原則違反に加え，商品先物取引委託契約の時点で，指玉向いの特約があった点について，説明義務違反を認定している。すなわち，「商品先物取引について一般的な知識，経験を有していたと認められるが…投資判断の材料となる情報の提供を受けられなくても自ら的確な投資判断ができるような専門的知識（はなかった）」ところ，「信義則上…指玉向かい又は取組高均衡手法を行って（おり）…商品取引員と委託者の間に利益相反関係が生ずる可能性の高いものであることを十分に説明すべき義務を負っていた」とした。

(24)　前掲〔6〕は，適合性原則違反を認めたうえで，説明義務違反についても，ガイドラインを引用の上，違反を認定している。もっとも，説明義務に関するガイドラインの引用は具体的な項目ではなく，書面の提出とそれに基づく説明および理解の確認の義務が業者にあることの根拠としてである。また，大阪高判平24・1・19 LEXDB25501433は，適合性原則を否定したうえで，説明義務違反を認定している。50頁を超えるガイドブックを読まないとわからないような取引について，「当事者の面談は合計で3時間程度」であったし，顧客は説明を受けたあとも基本用語の漢字の読み方すらわからない状態であったから，説明が不十分であることは明らかだという。判断基準としては，ガイドラインを引用しておらず，また，そのガイドラインの具体的基準とも合致していない。

ザーが，各加盟店経営者の判断による販売期限ぎりぎりの商品の値下販売
（見切り販売）に対する制限を行うことの当否を争うものである。といって
も，約款に，見切り販売を禁止する明示の特約はなく，フランチャイザーの
責任者等（地区責任者を含む）の言動による制限を問題としている。

　この事案で問題となったガイドラインは，公正取引委員会が発した排除措
置命令（見切り販売の取りやめを余儀なくさせる行為を不公正な取引方法とし
て，㋐見切り販売に対する制限行為の取りやめ，㋑同行為を取りやめる旨及び今
後同様の行為を行わない旨を被告取締役会において決議すること，㋒同行為の取
りやめ及び上記決議に基づいて執った措置を加盟店及び被告従業員に対して周知
徹底することなどを命じる排除措置命令）（平21・6・22（同8・21確定））を前
提に，公正取引委員会と協議してその承認を受けて，コンビニ本部が策定し
たものである。

　この当事者策定ガイドラインの内容は，コンビニが「本部が加盟者に対し
て，特定の商標，商号等を使用する権利を与えるとともに，加盟者の物品販
売，サービス提供その他の事業・経営について，統一的な方法で統制，指
導，援助を行い，これらの対価として加盟者が本部に金銭を支払うという事
業形態」であることを前提に，「〔1〕売れ残り，廃棄ロスが生じる大きな原因
は，お客様のニーズと仮説に基づく品揃えがあっていない，あるいは陳列や
販売の仕方に問題があるからであること，〔2〕売れ残り，廃棄ロスを減らす
上で，本来実施しなければならないことは，単品管理を徹底し，発注精度を
高めること（いつでも，欲しい時に，欲しい商品が欲しいだけあるお店）であ
ること，〔3〕仮説が外れた場合でも，声かけや試食を通し，売り切る努力をす
ることによりロスを最小限にすることができること，〔4〕見切り販売を行う
ことは，同一商品の価格が時間帯・店舗によって異なることになり，お客様
の不信感を招くことが多分に予測されること，〔5〕本部のカウンセリングの
内容として，デイリー商品の見切り販売によって，経営状況が改善している
か否か，加盟店にとって経営状況の改善のための最良の方法は何かという観
点から，必要なデータを示すなどして，発注量の見直し，デイリー商品の見
切り販売の方法や程度の見直しについて拡大均衡を目的として助言をする時
があることなどが記載され」ている。

　高裁判決では，①上記排除措置命令確定前に閉店した店舗について，不法行為に基づく損害賠償請求をするもの（〔32〕福岡高判平25・3・28判時2209号34頁），および，②同命令の確定後に，独占禁止法19条（不公正な取引方法）に違反に基づく損害賠償（同25条）（〔33〕東京高判平25・8・30判時2209号10頁）を求めるものがある。いずれも，コンビニ本部（両方ともセブンイレブン）が上記ガイドラインによる行為を正当と認め（①については不法行為にあたらず，②については「組織的な見切り販売妨害行為」がないとして，いずれも損害賠償を否定），ただ，②事件について，排除措置命令前に「販売システムに関する説明，指導の域を超えて，具体的にデイリー商品の値下げはできない又は禁止されているなどと述べた場合には，見切り販売の実施の可否につき，これをしてはならないとの強い心理的な強制を受けるものであり，一旦生じたこのような心理状態は，被告から明示的に訂正されなければ，そのまま継続し，自己の店舗の経営に関する判断としても，見切り販売の実施を見合わさざるを得ないまま期間が経過していくことが通常であると考えられる」として，明示的な訂正がなかった点につき「見切り販売の取りやめを余儀なくさせたものとして，本件排除措置命令にいう本件違反行為に当たる」とした。高裁判決は，いずれも上告され，上告不受理（①について一部棄却）となっている。

　この類型では，直接当事者が主張したのは，コンビニ本部という当事者が策定したガイドラインであるが，その策定には，公正取引員会の排除措置命令と，それを前提とした，同委員会の承認が深く関与している。間接型ではあるが，行政の意向が承諾という形で直接反映されたものである。

V　おわりに

　以上みてきたように，ガイドラインが，裁判上で規範として作用する場合には，一定の共通性がある。背後に強行法的規範が存在し（民法新621条・商品先物取引法215条・独占禁止法19条等，現在ないし改正法施行後は，いずれも法令の条文があることになる。），それが交渉力からみた強者に不利に働きうる

場合である。このような場合には，強行法の趣旨を踏まえ，行政が具体化した基準であるガイドラインが，強行法に抵触するか否かの根拠として引かれる。

　背後にある規範は，いずれも，法令自体から違反する法律行為の私法上の不当性が明白だとはいえない。原状回復義務に関しては民法の現行法に根拠規定がなく，商品先物取引の適合性原則やコンビニの見切販売禁止の排除命令の根拠規定は取締法規である。興味深いのは，これらの準則に反する法律行為の不当性を導いている裁判例の判断基準としては，ガイドラインは，あまり決定的な要素として扱われていないということである。

　むしろ，裁判例の総合的判断によって，当該規範（通常損耗の原状回復費用の賃料からの償却，適合性原則，見切り販売禁止の排除）の違反が私法上不当だと判断される蓋然性が高まったことを前提に，その要件の充足の有無を判断する具体的判断基準として，裁判規範性を発揮するとみてよい。契約成立過程における当事者間の信義則から法律行為の効力が判断される局面に似ている。このような観察は，翻って，ソフトローの抽出する共同体の規範が，基本的には信義則の延長線上の規範であることをうかがわせる。

　冒頭にも述べたように，本稿は，ソフトローの中でも，ガイドラインを素材とし，特に裁判規範として，それに反する内容の法律行為ないし特約の無効を導く過程で，一定の役割を担っていると思われる事案のみを検討対象とした。ガイドラインは，行政の意向が強く関与する点で，特殊日本的なソフトローである可能性もあり，ソフトローにおける位置づけにつき比較法による検証を行う必要性があろう。また，裁判規範外の行為規範としての機能との関係も重要であろう。これらは今後の課題である。

21　親族法・相続法と強行法・任意法

前 田　　泰

Ⅰ　はじめに

　本稿では，民法の親族編および相続編の規定について，強行法規性に関するこれまでの議論を整理しながら，若干の検討を加える[1]。まず，一般的な理解を踏まえてから，個別規定に関する議論を整理して検討を試みる。

1　民法の教科書における親族編・相続編規定の強行法規性の説明

(1)　民法総則の教科書

　強行法規性の内容や基準は，民法91条の反対解釈を根拠に説明されることが多いため，民法総則の教科書で通常は説明されることになる。そしてそこでは，親族編と相続編とが一括して扱われ，「親族法・相続法の規定の多くは強行法規である」旨が説明されることが多い[2]。ただしそこでは，具体的

（1）　本稿は，拙稿「学説・判例にみる親族編・相続編規定の強行法規性」法時84巻11号（2012年）114頁（椿寿夫編『民法における強行法・任意法』（日本評論社，2015年）165頁所収）および「親族編規定の強行法規性」法時86巻2号（2014年）102頁（椿編・前掲書275頁「婚姻・親子関係成立規定の強行法性」として所収）を基礎とし，椿寿夫編『強行法・任意法でみる民法』（日本評論社，2013年）等を踏まえて，加筆修正したものである。
（2）　於保不二雄『民法総則講義』（有信堂，1951年）173頁，我妻栄＝遠藤浩『判例コンメンタールⅠ民法総則』（日本評論社，1963年）132頁（後の我妻栄＝有泉亨ほか『我妻・有泉コンメンタール民法　総則・物権・債権［補訂版］』（日本評論社，2006年）

に親族編・相続編のどの規定が強行法規かについては，ほとんど説明がない⁽³⁾。

（2） 親族法・相続法の教科書

①親族・相続の両編の規定につき，「すべて『公ノ秩序ニ関スル規定』（91条参照）つまり強行規定から成る」⁽⁴⁾，「強行法によって構成されるルールのセットである」⁽⁵⁾，「大部分」は強行法である⁽⁶⁾，強行法規が多い⁽⁷⁾，以上のような説明がみられる。②また，相続編には触れずに親族編についてだけ，「私法の中では強行法規としての性格を強く持つ」⁽⁸⁾，「強行法規性が強い」⁽⁹⁾，「強行法規性を有していることを原則とする」⁽¹⁰⁾という説明がみられる。以上の説明には，強行法規の例として親族編の若干の規定が掲げられている⁽¹¹⁾。

185頁も同じ），四宮和夫『民法総則［新版］』（弘文堂，1972年）201頁（後の四宮和夫＝能見善久『民法総則［第5版増補版］』（弘文堂，2000年）224頁も同じ），幾代通『民法総則［第2版］』（青林書院，1984年）198頁，辻正美『民法総則』（成文堂，1999年）200頁，平野裕之『民法総則』（日本評論社，2003年）135頁，川島武宜ほか編『新版注釈民法(3)』（有斐閣，2003年）223頁〔森田修〕，須永醇『新訂民法総則講義［第2版］』（勁草書房，2005年）169頁等多数。

（3） 前掲注(2)所掲の総則の教科書等に具体例は見当たらない。ただし，加藤雅信『新民法大系Ⅰ』（有斐閣，2002年）221頁および山本敬三『民法講義Ⅰ総則［第2版］』（有斐閣，2005年）230頁は重婚禁止規定を強行法規の例として掲げ，大村敦志『基本民法Ⅰ』（有斐閣，2001年）16頁は遺言自由を根拠に法定相続人規定の任意規定性を指摘する。

　以上に対して，強行法規性の説明中に親族編・相続編を例示しない総則の教科書に，我妻栄『新訂民法総則』（岩波書店，1965年）237頁以下（同『新訂債権総論』（岩波書店，1964年）12頁以下，同『債権各論上巻』（岩波書店，1954年）22頁以下も同じ），椿寿夫『民法総則［第2版］』（有斐閣，2007年）58頁，石田穣『民法総則』（悠々社，1992年）271頁以下等がある。

（4） 中川高男『親族・相続法講義』（ミネルヴァ書房，1989年）30頁。ただし「755条は任意法規である」とする。

（5） 窪田充見『家族法』（有斐閣，2007年）8頁。

（6） 中川善之助『新訂親族法』（青林書院新社，1965年）17頁，山口純夫編『親族・相続法［改訂版］』（青林書院，2000年）4頁。

（7） 犬伏由子ほか『親族・相続法［第2版］』（弘文堂，2016年）58頁。

（8） 久貴忠彦『親族法』（日本評論社，1984年）6頁。

（9） 川井健他編『民法(8) 親族［第4版増補版］』（有斐閣，2000年）2頁，高橋朋子他『民法7 親族・相続法［第5版］』（有斐閣，2017年）5頁。

（10） 小野幸二『親族法・相続法［第2版］』（八千代出版，2001年）7頁。

（11） 犬伏ほか・前掲注(7)4頁は，「国家による個人の私生活への介入は避けるべきであるから，家族法は当事者の合意がない場合の補充的なものとして任意法規にとどまる」が，「親子法については強行法規性を持つ規定がより多く必要となる」とみる。

これに対して，強行法規性に関する一般的な説明が見あたらない教科書も少なくない[12]。特に親族法と一緒にされていない相続法の教科書には，相続編の規定の強行法規性についての言及はあまり見あたらない[13]。

2　親族編・相続編の規定の強行法規性を検討する前提問題

(1)　財産法と「家族法」の関係

強行法規性が民法91条（または90条）を基礎とするのであれば，親族編・相続編の規定の強行法規性を検討するためには，民法典の総則編と親族編・相続編との関係を踏まえておく必要がある。

「家族法」のこれまでの通説は，旧民法に関するいわゆる法典論争の内容や，特に行為能力と法律行為に関する規定が親族法に適用されないと解しうること等を理由に，民法総則は原則として「身分法」，すなわち親族編・相続編には適用されないと解していた[14]。そして，それを前提として90条は「身分行為」に適用されないと解されてきた[15]。

これに対して，特に1947年改正後には，この通説が財産法に対する身分法の特殊性を過度に重視していると主張し批判する学説が登場していた[16]。そして，「身分行為」にも90条が適用されることが主張されてきている[17]。

---

(12)　我妻栄『親族法』（有斐閣，1961年），島津一郎『家族法入門』（有斐閣，1964年），青山道夫『改訂家族法論Ⅰ』（法律文化社，1971年），鈴木禄弥＝唄孝一『人事法Ⅰ』（有斐閣，1980年），鈴木禄弥『親族法講義』（創文社，1988年），有地亨『新版家族法概論』（法律文化社，2003年），内田貴『民法Ⅳ親族・相続［補訂版］』（東京大学出版会，2004年），二宮周平『家族法［第4版］』（新世社，2013年），川井健『民法概論5 親族・相続』（有斐閣，2007年）等。

(13)　中川善之助＝泉久雄『相続法［第4版］』（有斐閣，2000年），高本多喜男『口述相続法』（有斐閣，1988年），鈴木禄弥『相続法講義［改訂版］』（創文社，1996年），伊藤昌司『相続法』（有斐閣，2002年）等。

(14)　中川善之助『新版・民法大要（親族法・相続法)』（勁草書房，1975年）5頁等。

(15)　中川善之助・前掲注(6)33頁，最判昭46・10・22民集25巻7号985頁等。

(16)　平井宜雄「いわゆる『身分法』および『身分行為』の概念に関する一考察」四宮古稀記念『民法・信託法理論の展開』（弘文堂，1986年）233頁，前田陽一「いわゆる『仮装の身分行為』の効力に関する一考察」立教法学34号77頁（1990年）等。なお，「身分行為論」をめぐる議論の簡略な整理として，大村敦志『家族法［第3版］』（有斐閣，2010年）142頁，中川善之助ほか編『新版注釈民法(23)』（有斐閣，2004年）331頁［前田泰］等参照。

(17)　前田陽一「身分行為と公序良俗」椿寿夫＝伊藤進編『公序良俗違反の研究』（日本

534

　ただし近時の議論の帰趨は，民法総則の各規定ごとに個別に検討すべき点でほぼ一致しており，そうであれば，前記の議論が親族編・相続編の各規定の強行法規性の有無に直接に影響を与えることはないと思われる。

(2)　親族法と相続法の関係

　前記(1)の「家族法」の通説は，親族編と相続編の規定を一括して「身分法」ないし「家族法」として捉え（強行法規性に関する民法総則の教科書の多くも同様である），これと民法総則を含む財産法とを対比する作業を基礎としていた。これに対して，戸主中心の家制度を柱とした親族法と戸主の地位承継を内容とする家督相続を中核とした相続法とが一体であった明治民法とは異なり，家も家督相続も廃止した1947年改正後の現行法においては，相続法にはむしろ財産法の思考方法を用いるべきだという主張が強くなっている[18]。

　相続の根拠論にも関わることであるが，法定相続人や遺留分権者の制度が親族編の規定に基礎を持つことも，遺言が被相続人の意思に基づく財産権移転の制度であることも否定できないから，結局，相続法の各制度・規定について個別に検討する必要性があることは，前記(1)の議論の帰趨と同様であると思われる。

　なお，民法総則の教科書が親族編と相続編とを一括して捉える姿勢を維持していることは（前記1(1)）これまでの「家族法」の通説を前提とするからだと思われる。「家族法」の教科書が同様の説明（前記1(2)）をする原因も同じであろうが，さらに，親族法の担当者が相続法も担当することが多いという法学部における講義担当の実情，および，これに伴う教科書作りも影響しているように思われる。そうであれば，ここには合理的な理由は乏しい。

(3)　当事者の協議に委ねる規定の存在

　親族編には当事者の「協議」に委ねる規定が少なくない。すなわち，①離婚に関して763条（協議上の離婚），766条（離婚後の子の監護に関する事項），768条（財産分与）および769条（離婚による復氏の際の権利の承継）があり，

　　評論社，1995年）355頁。
(18)　鈴木・前掲注(13)340頁。なお，門広乃里子ほか「特集 相続と財産法理論」法時83巻1号4頁以下（2011年）も参照。

②離縁に関して811条（協議上の離縁）および819条（離縁または認知の場合の親権者）があり，③扶養に関して878条（扶養の順位）および879条（扶養の程度または方法）がある。④相続編には，904条の2（寄与分）および907条（遺産分割）がある。なお，財産法で当事者の協議に委ねる規定は，いずれも物権編の225条（囲障の設置），258条（共有物の分割）および262条（共有物に関する証書の保存者）に限られている[19]。これに関して，わが国の「家族法の規定は，客観的な基準をもたず，当事者間の協議に決定を委ねる極端な白地規定が多くを占めている。……西欧家族法には近時の改正の後も，日本法ほど極端な白地規定をもち，当事者の私的な合意による解決に絶対的自由を委ねている法はない」と指摘する学説も存在する[20]。

　そして，親族法・相続法の規定の多くが強行法規だと普通に説明されていることを前提として，しかしこのように当事者の協議に委ねる規定が多数あるから，「この説明は訂正されなければならない」と主張する見解がある[21]。

　確かに，当事者の協議に委ねられた事項に関しては，任意規定さえも置かれていない私的自治の領域が存在しているといえる[22]。ここには，家族法（特に親族編）の規制全体について強行法規性を強調する理解に対する反証の一つが示されているといえるだろう。

　しかし，このことと各規定の強行法規性とは直接には関係しないように思われる。ここに掲げた協議に委ねる規定自体は，協議を強制することはできないから任意規定である（協議が調わない場合の家裁の関与規定は，当事者の意思で排除されえないから，強行規定である）が，他の規定は当事者の協議に委ねられていない事項に関するから，強行法規か任意法規かは個別に検討しなければならないからである。

---

(19)　当事者の「合意」に委ねる規定には，374条（抵当権の順位の変更）および398条の8（根抵当権者または債務者の相続）がある。

(20)　水野紀子「民法典の白紙条項と家事調停」家族〈社会と法〉16号（2010年）133頁。

(21)　鈴木禄弥「親族法・相続法における『協議』について」東海法学3号（1989年）1頁。

(22)　水野・前掲注(20)133頁は，「このような特徴は，白地規定のもとでの合意成立に結果としての妥当性を確保することができないから，肯定的に評価できるものではない」と批判する。夫婦財産契約に関してであるが，犬伏・前掲注(7)58頁は，「契約内容の自由」に対する制限を検討する。前掲注(11)も参照。

Ⅱ　親　族　編

1　婚姻の要件

(1)　実質的要件

(a)　婚姻障害　婚姻適齢，重婚禁止，再婚禁止期間，近親婚禁止および未成年者に対する父母の同意要件の規定（731〜737条）に反する届出は受理されず（740条），誤って受理されても，父母の同意要件を除いては取消原因となる（743条）。これに関して，例えば「一夫多妻婚の契約をしてもその契約は無効である」ことを指摘して732条を参照する学説[23]や，重婚禁止規定を強行規定の例として掲げる教科書があり[24]，また，近親婚の禁止を公序良俗からの要請とみる学説がある[25]。しかし，これらの届出が受理されないことは，強行規定違反による無効というよりも[26]，要件が充足されないための不成立であるから，届出要件規定の強行法規性を導く規定と位置づけられる。

これに対して，誤って受理された場合や，前婚の離婚の無効・取消等により婚姻障害が生じた場合等には，父母の同意要件を除き取消原因となるから，これらの規定を強行規定とみるべきことになるだろうか[27]。そうであれば無効ではないから，やや弱い強行法規である。

さらに，内縁保護の限界として，重婚的内縁や近親者の内縁を保護しない場合にも，婚姻障害規定の内縁に対する強行法規性が認められる。

---

(23)　泉久雄「身分法上の契約」芦部信喜他編『基本法学4　契約』（岩波書店，1983年）231頁。

(24)　山本・前掲注(3)230頁。中川高男・前掲注(4)38頁も，婚姻の内容が定型的である例として一夫一婦婚と夫婦同氏を掲げる。

(25)　床谷文雄「契約によって親族関係を規律できる限界は，どのあたりに置くべきか」椿寿夫編『講座・現代契約と現代債権の展望(6)』（日本評論社，1991年）201頁。

(26)　小野・前掲注(10)7頁は，成立要件に違背して婚姻を締結できないことを強行法規性の例として掲げ，泉・前掲注(23)230頁はこれを契約自由の制限として理解する。

(27)　星野茂「実質的要件を充足しない婚姻」椿編・前掲注(1)『強行法・任意法でみる民法』261頁は，兄妹の一方が未認知であるためにその婚姻届が受理されたケースを想定して，公益的取消原因であることを理由に近親婚禁止規定（734条1項）は強行法規であると解する。

　盛岡地判昭31・5・31下民7巻5号1438頁では，事故死した被害者の内縁の夫が，加害者に対して近親者としての慰謝料（711条）を訴求したが，重婚的内縁であることを理由に棄却された。そこでは，次のように判示された。すなわち，内縁配偶者に711条を類推して近親者の賠償請求ができると解するのが相当であるが，しかし「内縁配偶者が同条により慰藉料請求権を取得し得るためには，その内縁関係は，あくまで法律の保護を与えるに値する正当な結合関係であることを必要とし，公序良俗または強行法規に反するため，男女の結合として正当視され得ないものである場合には，かかる内縁関係にある男女は，互に相手方の死亡により少なくとも生命侵害に基づく慰藉料請求権は，これを取得し得ないものと解さねばならない」。

　最判昭60・2・14訟務月報31巻9号2204頁では，厚生年金の被保険者である亡Aの内縁の妻Bが遺族年金の支給決定を求めたが，BがAの父の配偶者（姻族一親等）であったことを理由に，厚生年金保険法3条2項にいう「事実上婚姻関係にある者」に当らないと判示された。この判決の一審では，「公的給付を受けるにはそれにふさわしい者のみが給付対象者とされるべきところ，社会一般の倫理観に反するような内縁関係にある者は公的給付を受けるにふさわしい者とは認められない」と判示された（東京地判昭59・1・30訟務月報30巻7号1202頁）。これに対してBは，重婚的内縁者が遺族年金の支給決定を受けることができることを指摘して控訴した。しかし，控訴審は，重婚的内縁の場合には前婚である法律婚が形骸化していた場合に限って支給決定を受けうること，および，近親婚の場合には将来的にも法的な婚姻の可能性がないことを指摘して，このような内縁関係は「反倫理的関係」であることを理由に控訴を棄却した。最高裁は，「倫理観」や「反倫理的関係」の語は用いていないが，控訴審の結論を支持した。

　上記の判決では，届出要件の強行法規性が緩和されたと解されうる（後記(2)(b)参照）内縁の保護が否定されているから，この点では届出要件よりも重婚・近親婚の禁止規定の強行法規性が強いとみることができる。さらに，上記最判昭和60年の控訴審によれば，近親婚の禁止の方が重婚禁止よりも強行法規性が強いことになる。

　(b)　婚姻意思　　当事者間に婚姻する意思がないときは無効である（742

538

条1号）。本稿では，法規定に反する当事者の合意の存在を前提にするから，この要件は本稿の作業の対象にならない。ただし，届出意思はあるが，実質意思がない仮装婚姻の場合には問題となる。通説・判例の実質意思説によれば，当事者の合意に基づく婚姻の届出があっても，実質的に婚姻する意思（または重要な効果に対する意思）がなければ無効であるから，742条1号は強行規定である[28]。

（2）　形式的要件（届出）

（a）　強行法規性　届出を要件とする規定（739条・742条2号）は強行規定であると思われる。なぜなら，明治民法の起草者は，届出を要件とすることが当時の慣行と異なることを承知したうえで，法律婚と「私通」を峻別する強い政策的意図に基づいて届出を要件とし，届出のない事実上の婚姻を保護しない明確な意図をもっていたからであり[29]，少なくとも立法当時には強行規定としての性格を有していたといえる。また，届出は，それ自体が婚姻成立（または効力発生）の要件であると同時に，実質的要件の具備を確認する手段でもあり（740条），他の要件とは別の面をも併有している。なお，判例では縁組について届出要件の強行法規性が指摘されることが多い

---

(28)　星野・前掲注(27)所掲259頁。
(29)　二宮周平「内縁」星野英一他編「民法講座(7)」（有斐閣，1984年）56頁，拙稿・前掲注(1)「婚姻・親子関係成立規定の強行法性」277頁等参照。
(30)　いわゆる「藁の上からの養子」に関する判決において，虚偽嫡出子出生届を養子縁組届に転換できない理由として縁組の届出要件の強行法規性が指摘された（最判昭25・12・28民集4巻13号701頁，東京高判昭32・5・24週間法律新聞57号10頁，大阪地判昭55・5・2判タ423号136頁等）。虚偽嫡出子出生届による養子縁組の成立を否定する際に，届出要件の強行法規性に言及しない判決も少なくないが（例えば，最判昭50・4・8民集29巻4号401頁），ただし，その場合でも前記最判昭和25年が先例として引用されるから，届出要件規定の強行法規性が理由に含まれることになると思われる。これに対して逆に，養子縁組への転換を認めた下級審も，届出要件の強行法規性には言及していた（大阪高判平3・11・8家月45巻2号144頁）。
　　ただし，この問題は，養子縁組への転換ではなく，例外的な場合に親子関係不存在確認請求を権利濫用法理で却ける方法で決着がつけられた（最判平18・7・7（2件：①民集60巻6号2307頁，②家月59巻1号98頁）および最判平20・3・18判時2006号77頁（ただし，準拠法は韓国法）。後記4(1)(a)B(iii)参照）。したがって，この問題で縁組の届出要件の強行法規性が判旨において言及されることはなくなった。前段の判決では，縁組届への転換を肯定した判決も，届出要件の強行法規性に言及しているから，強行法規性の意義がどこにあったのかは必ずしも明らかではない。

が⁽³⁰⁾，そこでの強行法規という表現は婚姻届に対する立法者の強い政策的
意図を背景としていたものと思われる。

　　(b)　内縁保護との関係　　婚姻予約有効判決⁽³¹⁾を契機として，内縁を婚
姻に準じる地位とみる準婚理論⁽³²⁾の登場・通説化と，最高裁による通説の
採用⁽³³⁾，さらには特別法（現行法では労災16条の2，厚生年金3条2項等）に
よって，内縁の保護が実現している。すなわち，婚姻の届出をしないカップ
ルのうち内縁関係にある者は，婚姻に準じた法的保護を受ける。

　　このことと婚姻の届出要件規定の強行法規性との関係をどう解すべきか。
これに直接に関連する議論はほとんど見いだせないが，①届出要件規定の強
行法規性が喪失もしくは緩和したとみるか⁽³⁴⁾，または，②制定法を超越し
た理論による内縁保護が実現したとみて，法律婚自体への影響はないから，
届出要件規定の強行法規性は維持されていると解するかの，2通りの理解が
考えられる。

　　内縁の発生の原因として，①届出のために平日に役場に行く時間を作るほ
どの必要性を当事者が認識していない場合，②「嫁が跡継ぎの子を妊娠でき
るか」とか「家風に合うか」ということを試してから届出をする場合，③届
出に必要であった戸主，父母または親族会の同意が得られないために，また
は，両者が推定家督相続人であるために届出ができない場合等が掲げられて
いる⁽³⁵⁾。このような背景（特に上記の②・③）を強調するときは，内縁（事
実婚）を法律婚と同視すべきことに結びつき，届出要件規定の強行法規性の
緩和という理解につながる。

　　これに対して，現代のカップルについて上記のような背景を考慮する必要
性を疑問視し，意図的に婚姻届を出さない場合の保護を否定するか，少なく

---

(31)　大連判大4・1・26民録21輯49頁。
(32)　中川善之助「婚姻の儀式(1)～(5)」法学協会雑誌44巻1，2，4，5，6号（1926年），
　　　杉之原舜一「法律関係としての内縁(1)(2)」法律時報11巻2号，3号（1939年）等。
(33)　最二小判昭33・4・11民集12巻5号789頁。
(34)　鍛冶良堅「婚姻無効の性質」森泉章ほか編『民法基本論集第Ⅶ巻家族法』（法学書
　　　院，1993年）77頁は，婚姻の届出要件の強行法規性を指摘したうえで，内縁保護につ
　　　いて強行法規性の緩和と分析した。
(35)　二宮周平「日本民法の展開(3)判例の法形成――内縁」広中俊雄他編『民法典の百
　　　年Ⅰ』（有斐閣，1998年）344頁等。

とも男女関係の多様性に応じて対応を考えるべきとする立場も有力であ
る⁽³⁶⁾。このような理解からは，法律婚とは別にカップルの法律関係を考え
ることになるから，婚姻の届出要件の強行法規性には関係しない方向につな
がる。ただしこの立場では，そのような法律関係を生じ得る基礎（正当化理
由）を検討することが課題になる。

2 婚姻の効果

(1) 身上に関する効果

（a） 夫婦同氏（750条）は，婚姻の効果の定型性の例として示されること
があるが⁽³⁷⁾，別姓を主張する（氏の選択を記載しない）届出は受理されない
から，効果というよりも婚姻障害（前記1(1)(a)）と同様に解すべきである
ともいえる。

（b） 同居・協力・扶助義務（752条）は強行規定であり，これに反する夫
婦間の合意は無効であるとみる学説が多い⁽³⁸⁾。強行規定とみる理由は，こ
れらの義務が「婚姻の本質」からの要請であることにある⁽³⁹⁾。ただし，正
当理由のある別居合意や離婚調停における別居合意の有効性が指摘さ
れ⁽⁴⁰⁾，さらに，死刑囚との婚姻を想定して別居婚の有効性に言及する学説
もある⁽⁴¹⁾。

---

(36) 学説につき，二宮周平「内縁」星野英一編『民法講座(7)』（有斐閣，1984年）55
頁，大村・前掲注(16)229頁等参照。

(37) 中川高男・前掲注(4)38頁。

(38) 中川善之助編『註釈親族法(上)』（有斐閣，1950年）178貞［於保不二雄］，青山道
夫ほか編『新版注釈民法(21)』（有斐閣，1989年）358頁［黒木三郎］。同旨の下級審
に，長野地諏訪支判昭31・8・31下民7巻8号2337頁がある。

(39) 我妻・前掲注(12)80頁は，強行規定の語は用いないが，同居義務は夫婦共同生活の
本質的な要素であるから，別居の合意自体は無効であると説明する。同居義務の内容
の問題であるが，「子を生まない」という夫婦間の合意につき，泉・前掲注(23)231頁
は婚姻の本質に反するから無効だと解する。これに対して床谷・前掲注(25)は，男女
関係の多様化を強調し（202頁）「生殖は……現在では必ずしも婚姻の目的となってい
るものではない」とみてこの合意を有効視したうえで，さらに，性関係をもたない合
意も一定の条件で有効性を認める（204頁）。

(40) 平田厚『ロースクール家族法［新版］』（2006年，日本加除出版）27頁，大杉麻美
「同居義務を免除する合意」椿編・前掲注(1)『強行法・任意法でみる民法』267頁。

(2) 財産的効果

　法定財産制（760〜762条）は，夫婦財産契約により変更可能であるから（755条）任意規定であるが[42]，ただし日常家事債務の連帯責任の761条は第三者に対する責任を定めた規定であるから強行規定であり，これに反する合意は無効だと解されている[43]。

3 離 婚

　協議離婚の届出（764条による739条の準用）は，婚姻の届出と同様に強行規定だといえるだろう。協議に要する離婚意思は，判例によれば届出意思で足りるから，婚姻（前記1(1)(b)）とは異なり，規定の強行法規性の問題にはならない。離婚復氏（767条）した者が婚氏に戻る許可を家裁に申し立てた場合に767条の強行法規性に言及されることがあったが[44]，1976年改正によ

---

(41)　平田・前掲注(40)27頁。
(42)　道垣内弘人＝大村敦『民法解釈ゼミナール5』（有斐閣，1999年）15頁，犬伏ほか・前掲注(7)58頁等。ただし，夫婦財産契約は実際にはほとんど利用されておらず，そして他に修正の方法はないのだから，法定財産制の規定は，事実上は強行規定に近いともいえる。なお，夫婦財産契約の要件規定（755条ないし759条）の強行法規性は問題である。椿寿夫「夫婦財産契約の婚後締結と変更」椿編・前掲注(1)『強行法・任意法でみる民法』268頁参照。
(43)　三島宗彦「日常家事債務の連帯責任」中川還暦記念『家族法大系II』（有斐閣，1959年）239頁。我妻・前掲注(12)109頁，中川善之助・前掲注(6)245頁および青山ほか編・前掲注(39)458頁［伊藤昌司］は，強行規定の語は用いないが，761条の責任を夫婦財産契約で排除することはできないと解する。これに対して，犬伏ほか・前掲注(7)58頁は，761条を含めて法定財産制を任意規定とみる（ただし犬伏由子「夫婦財産契約をより利用しやすくするために」婚姻法改正を考える会編『ゼミナール婚姻法改正』（1995年，日本評論社）118頁・123頁は，夫婦財産契約により「扶養義務を免れたり，遺留分を害する内容を合意することはできない」旨を強行法規として立法すべきことを提案している）。大村・前掲注(16)59頁，62頁は，760条と761条は任意規定であるが「半強行規定化」しているとみる。さらに，椿寿夫「夫婦の法定財産制に関する規定と異なる合意」椿編・前掲注(1)『強行法・任意法でみる民法』271頁参照。
(44)　千葉家八日市支審昭39・2・7家月16巻8号119頁は，離婚復氏（767条）の強行法規性を認めながら，戸籍法107条による婚氏への変更を許可した。大阪高決昭50・9・4家月28巻9号44頁も，離縁復氏（810条）につき同旨を述べながら，縁氏（養親の氏）への変更を許可した。
　これらの審判および決定は，離婚・離縁による復氏の規定を強行法規と解した。ここでの強行法規性の意味は，戸籍法107条による婚氏・縁氏（養親の氏）への変更を「軽々しく」は許さないことであったから，氏変更の審判の内容を復氏規定の強行法規性が制限することになるが，いずれも氏変更を許可しており，強行法規性への言及

542

り婚氏続称が制度化されて強行法規性は問題にならなくなった。期限付きの婚姻の約束は離婚の問題でもあるが，婚姻に付せられた条件や期限は無効であると解されている(45)。

　財産分与をしない合意を前提に離婚した者が離婚後に財産分与を請求した場合に，768条を強行規定とみて財産分与をしない合意を無効と解しうるか。請求者が離婚後に苛酷な状況にある場合には合意を無効とみることができるという意味での「半強行法規」であると解する学説がある(46)。

　裁判離婚では，相手方の意思に反する離婚は裁判離婚の手続でのみ可能だという意味で770条に強行法規性があると解しうる。770条の離婚原因があっても離婚しない旨の特約は，離婚により救済されるべき者の保護を理由に無効であると解され，この意味での強行法規性も指摘されている(47)。

4　親　子
（1）　実　子
（a）　嫡出推定・否認

A　強行法規性　婚内実父子関係は772条の嫡出推定に基づいて成立し，この推定を受ける父子関係を争う手段は嫡出否認の訴え（774～778条）に限定される。これらの規定によらずに，例えば当事者の合意によって婚内実父子関係の成否を決めることはもちろん，嫡出否認以外の裁判で決めることも認められないから，強行規定である(48)。

に実質的な意味があったのかは不明である。1976年の民法改正により，767条および810条のそれぞれに2項が加えられて，離婚・離縁により復氏した者の届出により婚氏・縁氏の続称ができることになった。立法により復氏規定の強行法規性が喪失したわけである。

(45)　我妻・前掲注(12)15頁。
(46)　大杉麻美「民法768条の強行法性」椿編・前掲注(1)『民法における強行法・任意法』287頁。
(47)　床谷・前掲注(25)206頁。
(48)　最判平26・7・17民集68巻6号547頁では，嫡出推定が及ぶ子に対して，遺伝子鑑定結果を理由に親子関係不存在確認が請求された事案において，嫡出否認期間の経過を理由に請求が却けられたが，そこでの補足意見は，「親子関係に関する規律は，公の秩序に関わる国の基本的な枠組に関する問題」だから，立法によらずに解釈により遺伝子鑑定で嫡出推定を廃除することはできないことを理由に加えた（同日に出された別の最高裁判決でも同じ裁判官が同内容の補足意見を述べている。判時2235号21

なお，母子関係は分娩の事実により生じるという「解釈の強行法規性」を示す判決がある。

最判平19・3・23民集61巻2号619頁では，夫婦の卵子と精子を用いて米国で実施された代理出産により出生した子につき，夫婦の子としての出生届が受理されなかったことに対して，夫婦が家裁に不服申立をしたが認められなかった。最高裁は，当該夫婦と子との親子関係を認めた米国ネバダ州の裁判につき，「我が国の身分法秩序の基本原則ないし基本理念と相いれないものといわざるを得ず，民訴法118条3号にいう公の秩序に反することになるので，我が国においてその効力を有しない」と判示した（受理を命じた原決定を破棄した）。

分娩の事実によって母子関係が当然に発生することに関しては，最高裁は次のように判示した。「我が国の民法上，母と，その嫡出子との間の母子関係の成立について直接明記した規定はないが，民法は，懐胎し出産した女性が出生した子の母であり，母子関係は懐胎，出産という客観的な事実により当然に成立することを前提とした規定を設けている（民法772条1項参照）。また，母とその非嫡出子との間の母子関係についても，同様に，母子関係は出産という客観的な事実により当然に成立すると解されてきた」（最判昭37・4・27民集16巻7号1247頁）。以上のように判示した。すなわち，母子関係が分娩の事実により当然に発生する根拠は，772条の解釈および母の認知に関する判例にある。

この判決は，分娩者ではない卵子の提供者を法律上の母と認めることが民訴法118条3号の「日本における公の秩序又は善良の風俗」に反すると判示した。そして，分娩者を母とする根拠は法規定の解釈および判例にあるから，この解釈と判例に強行法規性を認めたことになる。しかし，母の認知に関する判例は「原則として」分娩の事実により母子関係が生じると判示しており，赤ちゃんポスト等の棄児の場合や，この判決の事案のように分娩者で

頁）。
　これに対して，鈴木禄弥「23条制度と身分権の処分」ジュリ271号（1964年）16頁は，実親子関係でも生物学的親子関係と法的親子関係は完全に一致せず，この食い違いを消滅させるか否かは特定の当事者の意思に依存しているから，実親子関係でも意思の支配が認められると解する。

はない遺伝子の母が存在する場合等について，今後，判例が揺れる可能性も否定できないように思われる。

　B　強行法規性の緩和

　（ⅰ）　婚姻後200日前出生子　　明治民法の起草者は，婚姻後200日前出生子は「私生子」であって認知準正しない限り嫡出子でないと解していた（772条の強行法規性）[49]。これに対して学説は当初から，このような子も嫡出子であると主張するものが少なくなかったが，婚姻法における内縁準婚理論の登場・通説化とともに，通説・判例は，内縁後懐胎・婚姻後出生子を嫡出子と解するようになった。そして戸籍実務は，これを前提として，しかし内縁後懐胎を確認する手段がないことから，すべての婚姻後出生子につき嫡出子出生届を受理するようになった。ただし学説は，①内縁後懐胎・婚姻後200日前出生子も772条により「推定される嫡出子」であるから嫡出否認によらなければその地位を争うことはできないと解する立場と，②772条によっては「推定されない嫡出子」であるから，嫡出否認によらなくても，すなわち親子関係不存在確認訴訟により地位を争えると解する立場に分かれており，判例は後者の「推定されない嫡出子」説に立っていると解されている。内縁後懐胎・婚姻後200日前出生子を嫡出子とみることと，嫡出推定・否認制度の強行法規性との関係をどう考えるべきか。

　内縁子の保護の点については内縁準婚理論によるとみることもできるが，内縁後懐胎を要件にしない戸籍実務を前提にすれば，内縁準婚理論とは接点がないから，772条の要件の緩和とみるしかないだろう。そして，判例の「推定されない嫡出子」説は嫡出否認の訴えによらない父子関係の否定を認めるから，実務上は効果の点でも，嫡出推定・否認の制度の強行法規性が緩和されている。相続分の区別が解消された後には，婚姻後200日前出生子が「嫡出子」であることの意義が問われている[50]。

　（ⅱ）　いわゆる「推定の及ばない子」　　婚姻成立200日後の出生子または

---

(49)　実親子関係の成否に関する立法趣旨，判例および学説の整理につき，拙稿「わが国における議論の整理」家族〈社会と法〉28号（2012年）15頁参照。

(50)　各学説の立場と強行法・任意法との関係は，拙稿「婚姻・親子関係成立規定の強行法性」椿編・前掲注(1)281頁参照。

　婚姻解消後300日前の出生子であっても，現在の判例は，夫の長期不在中の懐胎・出生というような夫の子でないことが外観上明らかな場合には，嫡出否認の手続によらずに，親子関係不存在確認の裁判により父子関係を否定できると解している（外観説）。学説もこのような子の身分を嫡出否認によらない手続で争うことを認めているが，判例と同様の立場と（家庭平和説），血縁に反する場合を広く認める立場（血縁説）とに分かれている。これらは，嫡出推定・否認制度の適用範囲を狭める解釈をしており，解釈による強行法規性の緩和とみるべきだと考える。

　なお，家裁実務では，家事事件手続法277条（旧家審23条）の合意に相当する審判において，当事者の合意と父子関係不存在の事実（遺伝子鑑定結果）により子の身分を否定する審判を行っている。嫡出推定・否認制度の強行法規性のさらなる緩和といえるようにも思われる[51]。さらにいわゆる「300日問題」での解決方法も[52]，嫡出推定・否認制度の強行法規性の緩和をもたらしているといえ，さらに今後もその要請は続くと思われる。

　（ⅲ）　いわゆる「藁の上からの養子」[53]　　他人の子を自分達夫婦の嫡出子として（虚偽の）出生届を提出して親子としての生活を継続していても，法律上の嫡出親子関係は発生しない（嫡出推定規定の強行法規性）。しかし，近時の最高裁は50年前後にわたる親子としての生活実態があるケースで親子関係不存在確認請求が権利濫用となる可能性を認めた[54]。学説は，「無効な

---

(51)　ここでの「合意」は，人事訴訟によらずに審判を選択することの「手続的合意」と解するのが（少なくとも実務上の）通説であるから，この立場では任意法規化とまではいえないことになるだろう。糟谷忠男「家事審判法23条の合意について」判タ150号（1963年）35頁，岡垣学「家事審判法第23条の対象となる事件と同法第24条第1項の審判」ジュリ288号（1963年）136頁等。ただし近時は，実体的合意をも含む両性説の主張も少なくなく，この見解では強行法規性の緩和がさらに大きくなる。田中永司「最判昭37・7・13解説」法曹時報14巻9号（1962年）116頁，梶村太一「親子の一方死亡後他方生存者を相手方として第三者の提起する親子関係存否確認の訴と家事審判法23条審判の適否（下）」ジュリ587号（1975年）115頁，坂梨喬「合意に相当する審判の問題点」野円愛子他編『新家族法実務大系(5)』（新日本法規，2008年）214頁等。
(52)　法務省民事局長通達第1007号（平成19年5月7日家月59巻8号157頁）。
(53)　星野茂「婚外子の嫡出子出生届」椿編・前掲注(1)『強行法・任意法でみる民法』281頁参照。
(54)　最二小判平18・7・7民集60巻6号2307頁，最二小判平18・7・7家月59巻1号98頁，最三小判平20・3・18判時2006号77頁。いずれも権利濫用を否定した原審を破棄差戻した。

546

身分行為の転換理論」[55]等により養子縁組の成立を認めることの是非をめぐり対立し，これを否定する立場からは権利濫用法理による救済が主張されていた[56]。権利濫用により親子関係不存在確認請求が斥けられる場合には，嫡出親子関係が存在することを前提とした法的取扱いが事実上認められることになる。また権利濫用は，「推定の及ばない子」や認知無効の場合等の他の場面にも及ぶ可能性を含む法理である。

　嫡出推定規定の強行法規性と，この「藁の上からの養子」の問題との関係をどう考えるべきか。①近時の最高裁のように，権利濫用法理による「親子関係不存在確認請求の否定」を認める場合には，長期間の生活実態を含めた，この問題における権利濫用法理肯定の要件を備えた例外的場合には，嫡出推定と関係のない他人間に，当事者の意思と届出に合致した嫡出親子関係としての地位を事実上認めるという点で，嫡出推定規定の強行法規性が緩和されたとみるしかないように思われる。②これに対して，「無効な身分行為の転換」または「無効行為の転換」の法理による養子縁組の成立を認める学説による場合には，制定法を超越した理論による養親子関係の発生であり，嫡出推定規定の強行法規性とは関係がないと解する余地がある。ただし，その場合には届出を含めた養子縁組の要件規定の強行法規性との関係が検討課題となる。

　(b)　認知　婚外父子関係は認知によってのみ生じるから[57]，例えば，親子になる合意に基づいて他人または血縁の親子が一緒に生活を続けていても法律上の親子にはならないから，認知に関する規定は強行規定である（婚内子との関係は，前記(a)参照）。

　裁判認知に関して「認知請求権の放棄」の議論がある[58]。相当な対価を得て子の側が認知請求権の放棄を約束しても，判例・多数説はこの約束は無

(55)　我妻栄「無効な縁組届出の追認と転換」法学協会雑誌71巻1号（1953年）28頁。
(56)　加藤永一「判批」法学17巻4号（1953年）120頁，中川高男「判批」判例評論199号（1975年）20頁等。
(57)　最判平2・7・19家月43巻33頁。実親子関係の成否に関する他の手続との関係につき，二宮周平編『新注釈民法(17)』（2017年，有斐閣）512頁［前田泰］参照。
(58)　任意認知に関する「認知権の放棄」については，二宮編・前掲注(57)606頁［前田泰］参照。

効であると解する。その理由としては，身分権は放棄できない等が主張されてきたが[59]，本稿の観点からは，判例・多数説の結論は787条の強行法規性を示しているといえる。

(2) 養 子

現行養子法の性格が明治民法の起草者の養子制度観により形成されたこと，および，その起草者は，当時の縁組慣行をすべて是認することを企図し，そのための法技術として契約構成を採用したことが明らかにされている[60]。契約構成という点で縁組が婚姻と同視されることがあるが[61]，現行規定においても，普通養子縁組の要件や離縁に関する規定は，婚姻の要件や離婚と構造がほぼ同じである。届出要件は強行規定だから虚偽嫡出子出生届によっては養子縁組は成立しない旨を判示した昭和25年最判[62]を除けば，縁組の強行法規性に関する議論はないが，婚姻の要件等に関するのと同じ内容（前記1・3）があてはまることになるだろう。すなわち，縁組障害（792条～798条）に反する縁組は届出の不受理（799条・800条）による不成立であるが（届出要件の強行法規性），何らかの理由で受理された場合には取消原因となる範囲で（803条～808条），縁組障害の規定にやや弱い強行法規性が生じる。

ただし，未成年養子の場合には対象となる「当事者の合意」自体の効力に問題があることが多いだろう。さらに，特別養子縁組の場合には養子は原則として6歳未満であるから，養親子間の合意ではなく，実親と養親との合意の効力が問題になるにすぎない[63]。

---

(59)　筆者による議論の整理として，二宮編・前掲注(57)642頁参照。また，大杉麻美「認知請求権を放棄する合意」椿編・前掲注(1)『強行法・任意法でみる民法』278頁も参照。

(60)　山畠正男「明治民法起草者の養子制度観」勝本還暦記念『現代私法の諸問題(下)』（有斐閣，1959年）743頁。

(61)　泉・前掲注(23)209頁，230頁。

(62)　最判昭25・12・28民集4巻13号701頁（前掲注(30)参照）。

(63)　特別養子の要件は適法な審判をするための要件であり，届出の受理要件である婚姻や普通養子縁組の要件規定より強行法規性は強いというべきだろう。なお，要件違反の特別養子を認めた不適法な審判が即時抗告の期間経過により確定した場合には，要件違反の婚姻や普通養子縁組のように取消しを求めることはできないが，準再審が認められるべきであると解されている（中川善之助ほか編『新版注釈民法(24)』（有斐

548

5 親 権

　親権の放棄が許されないことの指摘は少なくないが，その理由としては義務を伴う身分権の放棄が許されないことが掲げられる[64]。しかし，実定法に根拠を求める解釈論の観点からは，親権の辞任にやむを得ない事由と家裁の許可を求める837条の強行法規性がここに示されており，さらにこの規定を通じて親権者（または親権行使者）に関する規定（818条・819条・823条等）の強行法規性が生じているとみるべきである[65]。

　837条の強行法規性の理由は，子に不利益となる危険性を排除することにあると考えられるから，他の親権規定も同じ理由で強行法規性を認めることができる。例えば，意思能力のある未成年者の同意があっても利益相反行為は許されないだろう（826条）。

6 後見・保佐・補助

　強行法・任意法に関する議論は見当たらないが，未成年者や被後見人等の利益を保護するための制度であり，しかも，親権における子に対する父母の愛情を後見人等に期待できないことを前提として，監督人または裁判所の監督を必要とする制度であるから，基本的に強行規定であると思われる。

7 扶 養

　扶養義務の放棄を伴う特約は扶養請求権の処分を禁止する881条により禁止されると解されており[66]，ここに881条の強行法規性が示されている。さ

閣，1994年）598頁［大森俊輔］）。両者の要件規定の強行法規性には強弱の差はあるが，類似性もあるといえるだろう。

(64)　久貴・前掲注(8)15頁，川井健＝久貴忠彦編『親族法・相続法』（青林書院，1988年）7頁［川井健］および川井健ほか編『民法(8)親族［第4版増補補訂版]』（有斐閣，2000年）9頁［石川恒夫］は，親権を例として身分権の放棄が許されない旨を記述する。身分権一般につき，深谷松男『現代家族法』（青林書院新社，1983年）27頁は弱者保護的性質と義務的性質を指摘して放棄が許されない旨を記述し，小野・前掲注(10)12頁も放棄できない旨を記述する。なお，認知請求権の放棄に関する議論につき前記4 (1)(b)参照。

(65)　拙稿「親権の放棄」椿編・前掲注(1)『強行法・任意法でみる民法』284頁参照。

(66)　有地亨「扶養契約」『契約法大系V』（有斐閣，1963年）271頁，上野雅和「扶養契約」遠藤浩ほか編『現代契約法大系(7)』（有斐閣，1984年）275頁等。

らに，この規定を通じて扶養義務者に関する877条に強行法規性が生じているとみることができる。881条が扶養請求権の処分を禁止する理由につき，①公的扶助への依存を回避するという公益説[67]，②身分権を理由とする一身専属説[68]，および，③要扶養者の生存維持に関わることを理由とする一身専属説[69]がある。また，少数ながら有効説もある[70]。

　ただし，審判例には離婚後に子の養育費を父に請求しないという父母の合意につき変更を認める例が多数存在するが，そこでは扶養規定違反のため合意が無効だという理由は示されておらず，むしろ，一定程度以上の事情変更を要件としている[71]。その理由は，子自身の扶養請求権の放棄が許されないことを前提として，扶養義務者である父母間の費用分担の問題と解されていることにあると考える[72]。

　その他の規定（878条〜880条）は，扶養義務者間または扶養当事者間の協議および協議が調わない場合の審判に関する規定であるから，協議に委ねる

---

(67)　梅謙次郎『民法要義巻之四』（有斐閣，1912年復刻版）551頁，野上久幸『親族法』（三省堂，1928年）610頁，中川善之助・前掲注(14)160頁等。

(68)　中川善之助・前掲注(6)620頁，中川善之助編『註釈親族法（下）』（1952年，有斐閣）255頁［於保不二雄］，末川博『新版民法（下の一）』（1951年，千倉書房）46頁，青山・前掲注(12)230頁等。

(69)　薬師寺志光『日本親族法論 下』（南郊社，1942年）1404頁，我妻・前掲注(12)412頁，二宮・前掲注(12)246頁等。

(70)　谷口知平「認知請求権・認知権の放棄」『親子法の研究』（1959年，有斐閣）98頁は，認知請求権の放棄契約を有効と解する前提として，相当な対価を得たうえでそれ以上の扶養請求権を放棄する契約は有効だと解する。於保不二雄編『注釈民法(23)』（有斐閣，1969年）424頁［明山和夫］（『新版注釈民法(25)』（1994年）561頁も同じ）は，①生活保護制度でさえ，保護の辞退を認める（請求がなければ生活保護は実施されない），②自ら進んで窮迫に甘んじようとする意思を無視する必要はない等を理由に有効と解する。また，近江幸治『民法講義Ⅶ』（成文堂，2010年）198頁は，扶養請求権の放棄は自由意思に基づく扶養の辞退であるから，881条が禁止する処分に当たらないと解する。

(71)　大阪高決昭56・2・16家月33巻8号44頁等。さらに，養育費を負担しないことが離婚合意の重要な要素であった場合などには，特別な事情がない限り変更を認めないとする審判もある。福岡家小倉支審昭55・6・3家月33巻8号62頁等。

(72)　石井健吾「未成熟子の養育費請求の方法」東京家裁身分法研究会編『家事事件の研究(1)』（有斐閣，1970年）156頁，日野原昌「父母間に養育費不請求の合意がある場合又は養育費分担についての確定審判がある場合の子からの扶養請求の可否」沼辺愛一ほか編『家事審判事件の研究(1)』（一粒社，1988年）315頁等。さらに，大杉麻美「扶養請求権を放棄する合意」椿編・前掲注(1)『強行法・任意法でみる民法』287頁も参照。

550

規定は任意規定であり，審判に関する規定は強行規定である（前記 I 2 (3)参照）。

Ⅲ　相　続　編

1　総　則

相続回復請求権の放棄に関して議論がある[73]。相続開始後に相続回復請求権を放棄できることに異論はなく，さらに多数説は，相続開始前の予め放棄も許されると解するが，ただし遺留分は自由な事前放棄が禁止されているから（1043条 1 項），遺留分減殺請求権と衝突しない限度で許されると解している[74]。これによれば，884条は任意規定であり，ただし1043条 1 項の強行法規性からの制限を受けることになる。

これに対して，相続回復請求権の事前放棄を認めれば，事前の相続放棄を許さない趣旨（後記 4 (2)参照）に反する結果を生じうること[75]，「相続により取得すべき財産権の放棄または相続開始前の相続分の譲渡・処分が許されない趣旨」に反すること[76]，相続権が侵害されない限り相続回復請求権は成立しないから事前の放棄は問題にならないこと[77]等を理由とする，否定説がある。これによれば884条は強行規定である。

2　相続人

法定相続人以外の者へ遺贈が可能であるから886条ないし890条は任意規定

(73)　明治民法下を含めた判例・学説の状況は，門広乃里子『相続回復請求権』叢書民法総合判例研究（2000年，一粒社）103頁参照。強行法・任意法の視点との関係については，星野茂「将来の相続回復請求権の放棄」椿編・前掲注(1)『強行法・任意法でみる民法』290頁参照。
(74)　我妻栄＝立石芳枝『親族法・相続法』（日本評論社，1952年）371頁，中川＝泉・前掲注(13)65頁等。
(75)　鈴木禄弥「判批」家族法判例百選（新版・増補）（1975年）204頁。
(76)　山崎賢一「相続回復請求をしないことの合意の効力」島津一郎ほか編『相続法の基礎』（青林書院新社，1977年）222頁。
(77)　島津一郎ほか編『新・判例コンメンタール民法14』（三省堂，1992年）7頁［伊藤昌司］。

だという説明がある(78)。しかし，法定相続人ではない者を相続人とする相続契約の効力について，直接の説明はあまり見当たらないが，無効と解されていると思われる(79)。従来の議論との関係では，通説・判例は相続開始前の相続放棄契約を無効と解しており（後記4（2）参照），法定相続分の減少をもたらす契約には一部の相続放棄が含まれるから相続契約自体が無効となるという理由が考えられる(80)。そうであれば，相続契約に関しては相続人に関する規定は強行法規である(81)。ただし，遺贈等に関しては遺留分を侵害しない範囲で任意規定といえるから，二面性があるというべきだろう。

　相続欠格（891条）の規定は，被相続人の宥恕を認める限り(82)，その意思により規定と異なる帰結を認めるから強行規定とはいえない。欠格の宥恕は認めないが欠格者への遺贈を認める説においても(83)，被相続人の意思で欠格の効果を回避できるのだから，強行規定とはいえないように思われる。廃除（892条～895条）は，被相続人と推定相続人の間に「廃除原因があっても廃除しない」旨の合意があっても，廃除請求の可否に影響しないという意味で，強行規定である。しかし，廃除するか否かは被相続人の意思に委ねられており，すなわち欠格に宥恕を認めるよりも被相続人の意思に重点を置くのだから，この意味では強行規定とはいえないだろう。

---

(78)　大村・前掲注(3)66頁。

(79)　西島良尚「契約による相続人の指定」椿編・前掲注(1)『強行法・任意法でみる民法』293頁参照。

(80)　村崎満「相続開始前における相続人間の相続契約の効力」東京家裁身分法研究会編『家事事件の研究(2)』（有斐閣，1973年）184頁は，ドイツでは相続契約と相続放棄契約を区別するが，遺留分を害する内容の相続契約は相続の一部放棄を含むから同じであるとみて，さらに遺留分侵害の有無は相続開始前には不明であることから，相続契約を無効視すべきことを指摘する。これに対して，一定の要件で事前の相続放棄を有効と解する少数説は，共同相続人間の相続分譲渡も有効とみる。後記4（2）（b）参照。

(81)　相続放棄契約が無効であることの理由として主張されていた（後記4（2）（a）⑤参照）。西島・前掲注(79)295頁は，相続契約が死因贈与として有効となりうると解する。

(82)　中川＝泉・前掲注(13)89頁，我妻＝立石・前掲注(74)393頁，中川善之助ほか編『新版注釈民法(26)』（1992年，有斐閣）313頁［加藤永一］，島津一郎ほか編『新・判例コンメンタール民法14』（三省堂，1992年）65頁［中川良延］等。

(83)　幾代通「相続欠格」中川還暦記念『家族法大系VI』（有斐閣，1960年）78頁，鈴木・前掲注(13)23頁，伊藤・前掲(13)181頁等。

3　相続の効力

(1)　一般的効力

　896条に反して，①特定の権利義務を相続させない合意の効力，および，②一身専属である権利義務を相続する契約の効力が問題になる。関連する従来の議論においては，後者（②）の契約が無効であること（896条ただし書きの強行法規性）を前提として，前者（①）の合意についても，一身専属性の判定により権利義務の相続性の有無が決められてきた可能性を指摘する見解がある[84]。さらに，この見解は，保証債務の一身専属性における議論の経緯を踏まえて，一身専属性の判定によらない問題の解決を提案している。

(2)　相続分

　相続人の規定と同じ理由で（前記2），相続開始前の被相続人と推定相続人との間での，または，推定相続人相互間での，相続分を変更する契約は無効と解されていると思われる[85]。そうであれば，相続分の規定（900条，901条）は強行規定である。ただし，遺留分を侵害しない範囲で遺言による変更ができるから（902条），遺言自由との関係では任意規定である（二面性がある）ことも，相続人の規定と同様である[86]。

---

(84)　椿久美子「相続性規定と異なる個人の意思」椿編・前掲注(1)『強行法・任意法でみる民法』296頁参照。

(85)　床谷文雄「将来の相続財産に関する契約」神戸女学院大学論集32巻3号（1986年）52頁・54頁は，相続開始前の相続分譲渡は，遺産分割として相当な内容であれば有効と解する。

(86)　削除前の旧900条4項ただし書き（婚外子の相続分）につき，合憲説に立った最大決平7・7・5民集49巻7号1789頁は，次のように判示した。「本件規定を含む法定相続分の定めは，右相続分に従って相続が行われるべきことを定めたものではなく，遺言による相続分の指定等がない場合などにおいて補充的に機能する規定であることをも考慮すれば，本件規定における嫡出子と非嫡出子の法定相続分の区別は，その立法理由に合理的な根拠があり，かつ，その区別が右立法理由との関連で著しく不合理なものでなく，いまだ立法府に与えられた合理的な裁量判断の限界を超えていないと認められる限り，合理的理由のない差別とはいえず，これを憲法14条1項に反するものということはできないというべきである」。補足意見や反対意見においても，法定相続分の規定が「補充規定」であることが前提にされた。
　この判決では，婚外子の差別は違憲ではないという理由づけに補充規定であることが用いられたが，しかし，相続分の差別は遺留分の差別に連動し，遺留分は遺言自由を制約する意味では強行規定である。したがって「補充規定だから許される」という理由づけには問題がある（ただし，遺留分規定の強行法規性への筆者の疑問につき，後記6参照）。名古屋高判平23・12・21判時2150号41頁は，旧900条4項ただし書きを

4　相続の承認・放棄

(1)　はじめに

限定承認も相続放棄も，家裁への申述等の要件を満たさなければそれぞれ
の効果は生じない。例えば，共同相続人の一部のみの限定承認は認められな
いから，923条は強行法規である[87]。相続放棄については，以下の議論があ
った。

(2)　放　棄

熟慮期間内[88]に家裁に申述すること（915条・938条）以外の方法で，相続
放棄が可能か。特に，相続開始前の相続放棄について議論されてきた。

　(a)　無効説　　通説・判例は，相続開始前の相続放棄は無効であると解
する[89]。その理由は，①ドイツ法と異なりわが民法はこれを認めていな

その事案に適用することを違憲と判断し，さらに，遺留分の強行法規性を前提にした
うえで，900条を準用する1044条をも違憲と判決した。
　最高裁は旧900条4号ただし書き前段を合憲と判示し続けていたが（最判平12・
1・27家月52巻7号78頁，最判平15・3・28判時1820号62頁，最判平16・10・14判時
1884号40頁，最判平21・9・30家月61巻12号55頁），最大決平25・9・4民集67巻6
号1320頁により，判例変更されて違憲と判断され，平成25年改正で規定が削除される
に至った（平成25年法律94号）。
(87)　星野茂「相続人の一部による限定承認」椿編・前掲注(1)『強行法・任意法でみる民
　　法』305頁。
(88)　最判昭59・4・27民集38巻6号698頁は，熟慮期間の起算点につき，「相続人が被相
　　続人の死亡と自己が相続人になったことを知った時と解するのが原則であるが，例外
　　的に，相続財産がまったく存在しないと相続人が信じており，かつ，被相続人の生活
　　歴や相続人との交際状態等から相続財産の調査を相続人に期待することが困難な事情
　　があるときは，熟慮期間は相続人が相続財産の全部または一部の存在を認識しうべき
　　時から起算すべきである」と判示した。
　　　これに対して次のような反対意見が示された。「民法は，単純承認を相続の原則的
　　形態とみて，相続人が熟慮期間内に限定承認も放棄もしないときは，原則に従って，
　　単純承認をしたものとみなす旨規定しているが，同趣旨の規定は……明治民法の実施
　　以来，強行法規たる国法として本件相続開始時までに実に八〇余年の長きにわたって
　　施行されてきたのである」から，法廷意見のように「法の不遵守を弁護することは，
　　相当でない」。
　　　この反対意見がいう「強行法規」の意義は明らかではないが，単純承認を原則的形
　　態とみることを強調している点から，原則ではない放棄や限定承認という例外を広く
　　認めるべきでないという趣旨がここに含まれていると考えられる。そうであれば，明
　　治民法下の家督相続では放棄が許されなかったことに通じる価値観が含まれているよ
　　うに思われる。そうでなければ，熟慮期間の起算点を緩く解することが許されないと
　　いう趣旨で強行法規に言及したと解するほかはないだろう。
(89)　家督相続に関する大審院判例には有効・無効の両者があったが，下級審の多数は戦

い[90]，②遺留分（1043条1項）と異なり相続開始前の相続放棄を認める規定がない[91]，③相続開始前の推定相続人は処分できる権利を有していない[92]，④相続は義務を含むから明文規定なしで放棄はできない[93]等と並んで，⑤相続人が誰かは，他の親族，被相続人・相続人の債権者・債務者，世人一般，国家等に対しても影響するから，相続人の資格・順位等の規定は公の秩序に関する強行規定であり，当事者の契約で除外することはできないことを掲げる学説がある[94]。最後の⑤によれば，法定相続人・相続分に関する多くの規定が強行法規になる。

（b）　**有効説**　　生前の相続放棄契約も有効と解する学説は少数であり，その根拠は，意思主義を強調して相続の根拠を被相続人の意思に求める学説[95]を除けば，必ずしも明瞭ではない[96]。有効と解する帰結は，放棄者に，相続開始後の家庭裁判所への放棄の申述を義務づけ，その義務違反の場合に遺産分割の考慮事項とすることにとどまるようである[97]。ここでは，相続放棄規定の任意法規性は主張されていない。

（c）　**小括**　　前記(a)⑤の学説によらなくても，相続開始前の相続放棄

前から無効説である。判例の状況につき，床谷・前掲注(85)41頁参照。無効学説には，近藤英吉『相続法論』（弘文堂書房，1938年）655頁，穂積重遠『相続法　第二分冊』（岩波書店，1947年）249頁，於保不二雄『相続法』（ナショナルブック，1949年）93頁，永田菊四郎「相続放棄契約について」日大法学16巻6号（1951年）360頁，中川善之助編『註釈相続法(上)』（有斐閣，1954年）223頁［谷口知平］，槙悌次「相続分および遺留分の事前放棄」中川還暦記念『家族法大系Ⅶ』（有斐閣，1960年）290頁，高野竹三郎『相続法要論』（成文堂，1979年）185頁，青山道夫『改訂家族法論Ⅱ』（法律文化社，1971年）319頁，村崎・前掲注(80)184頁，谷口知平他編『新版注釈民法(27)』（有斐閣，1989年）587頁［山木戸克己＝宮井忠夫］等がある。

(90)　穂積・前掲注(89)249頁。
(91)　於保・前掲注(89)93頁。
(92)　於保・前掲注(89)93頁。
(93)　永田・前掲注(89)360頁。
(94)　永田・前掲注(89)361頁。
(95)　高梨公之「相続と被相続人の意思」小池隆一還暦記念『比較法と私法の諸問題』（慶応通信，1959年）203頁。
(96)　床谷・前掲注(85)52頁は，相当な対価が支払われて遺産分割の名に値する場合には有効と解する。
(97)　右近健男「相続ないし持分の放棄契約は，どのように考えるべきか」椿寿夫編『講座・現代契約と現代債権の展望(6)』（日本評論社，1991年）223頁は，家業に関する財産がある場合に限定して，相続分全部についての放棄を認める。

を無効と解する通説・判例の帰結を強行法規との関係でみれば，熟慮期間内に家裁に申述する方法以外には相続放棄は許されないという意味で，915条・938条の強行法規性がここに示されている[98]。さらにこの帰結が，相続人規定および相続分規定の強行法規性につながることにつき，前記2，3(2)参照。

　なお，相続開始後の遺産分割協議において事実上の放棄が可能であるが，判例を前提にすれば少なくとも第三者への対抗力や債権・債務の承継について相続放棄としての効力（939条）は生じない[99]。相続開始後・遺産分割前の相続分の譲渡や事実上の放棄も同様である。

5　遺　言

(1)　遺言の方式

　民法の定める方式に従わなければ遺言をすることはできない（960条）。方式を欠く遺言が無効であることにはあまり異論がなく，そのうえで遺言の要式性をどこまで厳格に求めるかが議論されている。したがって，960条と遺言の方式に関する諸規定は強行規定だと解される[100]。

(2)　遺言制度の強行法規性

　法定相続人や相続分は遺言により事実上変更することができる（前記2，3(2)参照）。これには遺留分の制限を受けるが，遺留分の強行法規性は弱いといわざるをえないから（後記6参照），死亡に伴う財産権の移転に関して遺言の重要性には疑いがない[101]。

---

(98)　最判・前掲注(88)の反対意見が，熟慮期間経過による法定単純承認規定の強行法規性を指摘したが，その根拠や強行法規性の内容は明らかにされていない。むしろ遺産の内容を誤解した相続人を保護する必要がないという評価にこの意見の重点があったように思われる。

(99)　対抗力につき，最三小判昭46・1・26判時620号45頁および最二小判昭42・1・20民集21巻1号16頁参照。なお，相続放棄に基づく他の共同相続人の相続分の変動につき，拙稿「相続と第三者保護」法律時報83巻1号47頁（2011年）参照。

(100)　青木則幸「遺言の方式の瑕疵」椿編・前掲注(1)『強行法・任意法でみる民法』311頁。

(101)　伊藤・前掲注(13)3頁以下は，戦後のわが国の学説が遺言自由主義を強く主張し，遺言が家督相続に代わって家族主義的な遺産承継の機能を果たしてきた結果，民法規定に基づく相続人間の平等が瀕死の状態にあるとみる。

　死因贈与を除いては，遺言によらない死後の財産処分には制約がある。被相続人と第三者または推定相続人との相続契約や，推定相続人相互間の契約によって，法定相続人や相続分に影響を与えることはできないと解される（前記2，3(2)参照）。委任により委任者死亡後の事務処理をある程度は受任者に委託することができるが[102]，遺言制度に抵触することは許されないという理解が有力である[103]。遺言には，制度としての強行法規性があるといえる。

6　遺留分
(1)　各規定の強行法規性

　「遺留分に関する規定は強行法規である」という説明があるが[104]，これには疑問が生じる。遺留分の規定は，1043条を除いて，相続開始後に遺留分減殺請求権を行使する方法およびその内容ないし効果を定めている。遺留分権者には減殺請求権を行使しない自由があるし（後記(2)(c)），受遺者等との合意により規定と異なる方法・内容での権利行使が可能な場合があると考える。

　すなわち，相続開始後に，遺留分権者と受遺者等との間で，請求権を行使しない合意，または，権利行使の方法や効果を変更する合意が成立した場合には，有効な合意となり当事者を拘束する場合があると考える。①まず，受遺者等が共同相続人である場合に，遺産分割協議として遺留分に関する内容を含めた合意が成立したときには，この協議（合意）の効力に問題はない。

---

(102)　最判平4・9・22金法1358号55頁等。
(103)　谷口知平「判批」民商29巻3号（1954年）63頁，浜上則夫「本人死亡後における代理権の存続」阪大法学27号（1958年）15頁，河地宏「判批」リマークス1994下58頁，藤原正則「本人の死後事務の委任と民法653条1号の強行法規性」椿編・前掲注(1)『民法における強行法・任意法』274頁等。筆者による判例・学説の整理として，拙稿「当事者の死亡による委任の終了」群馬大学社会情報学部研究論集25巻147頁（2018年）156頁以下参照。
(104)　中川善之助ほか編『新版注釈民法(28)［補訂版］』（有斐閣，2002年）455頁［中川淳］（中川淳『相続法逐条解説下巻』（日本加除出版，1995年）403頁も同内容）。ただし，そこでは指定相続分（902条）が参照されているから，「被相続人が遺言により遺留分の割合を変更することはできない」旨の記述かもしれない。その意味では，1028条は強行規定である。

②これに対して，同じ場合であっても，他の共同相続人が同意しないために遺産分割協議が成立しないときは，遺留分権者と受遺者等との合意により減殺請求権の行使方法や効果を変更することは許されないだろう。③また，受遺者等が相続人ではない場合には，相続人全員が共同して，減殺請求権の行使方法・内容につき受遺者等と合意したときは，その効力を認めてよいと思われる。合意に反する権利行使の可否は和解の効力（696条）の問題になると考える。以上のようにいえるのであれば，遺留分規定の強行法規性は，このような（前記①・③の）合意がない場合，したがって他の共同相続人や受遺者等の同意なしに遺留分権者の意思で，減殺請求の方法や効果を変更することはできないことを意味する[105]。

　具体的には，遺留分減殺の順序を定めた1033条は強行規定だから，贈与を遺贈より先に減殺することは許されないと解されている[106]。そして，これに限らず，遺留分の割合（1028条）や算定（1029条），行使方法（1031条以下）等も強行規定であり，審判はこれらの規定に拘束されると考える（前段でみたように，当事者の合意は成立していないことが前提である）。

　なお，相続開始前の遺留分の放棄について，1043条の手続によらない遺留分の放棄契約が無効であると解されることは，相続放棄（前記4(2)）と同様であると思われる。そしてここには，1043条の強行法規性と，これを通じての（相続開始前における）遺留分制度の強行法規性が示されている。

(2) 制度としての強行法規性（遺言自由との関係）

(a) はじめに　　法定相続人や相続分の規定は，被相続人と第三者または推定相続人との契約により変更されえないという意味で強行規定である

---

(105)　高松高決昭53・9・6家月31巻4号83頁は，生前贈与と遺贈の両方を受けた者（共同相続人の一人）が，遺留分権者に対して贈与の減殺を希望したところ，遺留分権者が遺贈と贈与の両方に対する減殺請求をした事案において，1033条の強行法規性を理由に，「減殺の順序に関したとえ当事者が別段の意思を表示したとしても，遺贈の減殺をもつて遺留分を保全するに足る限り，遺留分権利者のした贈与の減殺の請求はその効力を生じない」と判示した。事案の詳細は不明であるが，遺留分権者と受遺者（兼受贈者）との間に合意が成立していないようであるから，遺留分権者の1033条に反する一方的な権利行使が制限されたと解しうる。

(106)　中川＝泉・前掲注(13)673頁，中川ほか編・前掲注(104)491頁［宮井忠夫＝千藤洋三］，高松高決・前掲注(105)，東京高判平12・3・8高民集53巻1号93頁等。

が，被相続人の遺言による変更が可能であり，この点からは任意規定と見ることもできる。そして，遺留分は遺言による変更を制限するから，相続法において優位性が最も高い制度である。それにもかかわらず，遺留分の制度としての強行法規性には以下の点で疑問が生じる。

(b)　相続開始前の放棄　相続開始前の相続放棄は認められていないにもかかわらず（前記4(2)参照），1947年の民法改正により，相続開始前の遺留分の放棄が，家庭裁判所の許可を要件として認められるようになった（1043条）。その立法趣旨は，明治民法の家督相続を廃止して均分相続へ移行する改正を進めるうえで，主に農家相続につき事前の遺留分放棄により事実上の単独相続の可能性を残す必要性にあったといわれている。しかし，無制約な放棄を許せば均分相続という改正法の趣旨自体が没却されるため，家庭裁判所の許可を要件にしたのである[107]。これに対しては均分相続の理想と矛盾する規定であることや，相続の事前放棄を認めない趣旨と矛盾すること等の批判が加えられている[108]。

(c)　遺留分減殺請求権を行使しない自由とその意義　遺留分を侵害する遺贈等は，当然無効ではなく，遺留分権利者の減殺の意思表示が必要であり，これにより遺留分を侵害する限度で遺贈等がその効力を失う。減殺の意思表示をしなければ侵害行為も有効であり，一定期間の経過により減殺請求権は消滅する（1042条）。そして，減殺の意思表示をするか否かは，遺留分権利者の自由である。したがって，遺留分制度の強行法規性は遺留分権利者の意思に基礎を有していることになる。

　なお，通説・判例によれば遺留分減殺請求権は形成権であり，その権利行使は単独行為であると解されている。遺留分減殺請求と同様に，既に生じている効力を否定する法律行為の取消権や契約の解除権も形成権であり，その行使は単独行為であると解されている。そして，取消権や解除権も権利行使の有無は権利者の自由に委ねられている点において，遺留分減殺請求権と同じである。しかし，取消権や解除権の行使の自由は，取消では有利な取引を

---

(107)　中川ほか編・前掲注(104)532頁［高木多喜男］。
(108)　中川＝泉・前掲注(13)650頁，槇悌次「相続分および遺留分の事前放棄」中川還暦記念『家族法大系Ⅶ』（1960年，有斐閣）301頁等。

有効化する可能性，解除では履行請求と填補賠償の選択という，権利者側の合理的な判断を前提にした選択権と解することができるが，しかし遺留分減殺請求の場合には権利者に不利な侵害行為を甘受するか否かという選択権でしかない。したがって，権利行使しない自由に対する評価は異ならざるを得ないだろう。消滅時効期間（126条・167条1項に対する1042条）や，権利行使の効果等の点でも（後記(d)参照），遺留分減殺請求権は取消権・解除権より弱い権利といえる。

(d)　減殺請求権行使の効果　　通説・判例によれば，減殺請求の効果として，対象となる遺贈等は遺留分を侵害する限度で失効し，受遺者等が取得した権利はその限度で当然に遺留分権利者に帰属する。その結果，遺留分権利者は，物権的請求権または不当利得返還請求権により，既履行の給付の返還を請求し，未履行の給付は履行を拒絶することができる[109]。

しかし，遺留分権利者の返還請求に対して，受遺者等は，減殺を受けるべき限度において，目的物の価額を弁償して返還の義務を免れることができるし（1041条），減殺を受けるべき受贈者が他人に目的物を譲渡したときには，遺留分権利者は価額弁償しか受けられない（1040条）。このことは，受遺者等の意思または行為により遺留分規定が完全には守られない可能性があることを示している。これに対して現物返還を原則とすべきだという主張もあるが，家産の承継・維持を否定するためには価額弁償を原則とすべきだという学説がむしろ有力である[110]。

すなわち，遺留分規定に反する遺贈等は遺留分を侵害する範囲で「無効」と解せられるが，しかし目的物の返還請求が制限されており，その効果は，本来の無効とはいえない，いわば「弱い無効」であるといえる。2018年1月に法制審議会は，遺留分減殺請求権を，「遺留分侵害額に相当する金銭の支払いを請求する」権利と構成する相続法改正の中間試案を公表した[111]。これによれば，遺留分減殺請求権が行使されても遺留分を侵害する遺贈等は有

---

(109)　中川＝泉・前掲注(13)665頁，最判昭41・7・14民集20巻6号1183頁，最判昭57・3・4民集36巻3号241頁等。

(110)　中川ほか編・前掲注(104)514頁，520頁［高木多喜男］。

(111)　法務省のHP参照。http://www.moj.go.jp/shingi1/shingi04900346.html

効であり，侵害額に相当する金銭債権が発生するにとどまる。強行法規性は
さらに弱められることになる。

　　(e)　小括　　以上のように，①相続開始前に，（推定）遺留分権者の意思
によって遺留分の規定に反する結果を生じさせることができ，②相続開始後
に減殺請求権を行使するか否かは遺留分権者の意思に委ねられ，③遺留分減
殺請求権を行使しても受遺者等の意思や行為によって目的財産が返還されな
い可能性がある。すなわち，遺留分制度の強行法規性は，権利行使が遺留分
権利者の意思に依存している面があり，その効果は受遺者の意思等により制
限を受けるという意味で，弱いといわざるをえない。

Ⅳ　おわりに

1　相続編

　相続法を強行法規性の点で親族法と同列に扱うべきではないだろう。遺言
の要式性や家裁の関与に関する規定は強行法規であるが，法定相続の制度は
遺言自由に対して任意規定であり，遺留分の強行法規性も弱いといえるから
である。相続開始前の相続契約は無効と解されているが，相続開始後は遺産
分割協議に委ねられる。すなわち，相続開始前には（将来の）被相続人の単
独行為（遺贈，相続欠格の宥恕），契約（死因贈与），相続人廃除の請求等をし
ないこと等によって，また，相続開始後は共同相続人の契約（遺産分割協
議），遺留分権者の権利不行使，遺留分権者と受遺者等との合意等によっ
て，規定と異なる結果を生じさせることができる。少なくとも，相続法の規
定の多くが強行法規だという説明は正確とはいえないだろう。

2　親族編

　親族法の強行法規性の問題は，①婚姻，離婚，成年養子縁組およびその離
縁（婚姻・離婚等），②成年養子を除く親子，ならびに，③親権，後見・保

---

(112)　犬伏ほか・前掲注(7) 5 頁は，男女関係と親子法とで強行法規性が異なることを指
　　摘する。

佐・補助（後見等）および扶養に，分類できるように思われる⁽¹¹²⁾。

（1）　婚姻・離婚等

　例えば，婚姻や縁組といった「身分関係の成立」，および，協議による離婚や離縁といった「身分関係の解消」の場面について，当事者の合意を不可欠な要素とする「契約」として捉えることが「民法学の一般」であると言われることがある⁽¹¹³⁾。このような理解を強行法・任意法の観点からみれば，通常の（財産法の）契約にない制約（婚姻障害・縁組障害）は契約締結の自由を阻む規制という意味で強行規定と解され，婚姻の定型的な効果の規定（夫婦同氏，同居・協力・扶助義務）は内容決定の自由を阻害するという意味で強行規定と解されているとみることができる（未成年養子については，後記(2)参照）。

　確かに，婚姻は，当事者の対等性を前提に，合意を制約する規定について強行法規性を検討する作業が中心となりうるし，対等性を前提にできるかがさらに問題となりうる。そして，そこで明らかになる婚姻規定の強行法規性が，内縁では，当事者の合意とそれに基づく生活事実に対する法的評価の問題になると考えることができる。ただし，婚姻における強行法規性もやはり一様ではなく，本稿の作業から得られた帰結の概要は以下の通りである。

　婚姻障害・縁組障害は届出不受理による不成立であるが（届出要件の強行法規性），ただし，何らかの理由で受理された場合には，取消原因となる障害の規定に（やや弱い）強行法規性が生じる。届出要件は，特に婚姻について強行規定として立法されたが，内縁保護の範囲で強行法規性が緩められていると解せられうる。重婚的内縁や近親者の内縁が保護されない場合には，内縁に対する婚姻障害規定の強行法規性が生じる。

　婚姻の効果規定のうち，夫婦同氏は，別姓を主張する届出の不受理という意味で，婚姻障害と同様の不成立といえる。同居・協力・扶助義務は強行規定であると解せられているが，正当理由のある別居合意の有効性は問題にされておらず，さらに，婚姻の本質に対する理解によっては具体的義務について異論が生じうる。法定財産制の規定は，夫婦財産契約により変更可能とい

(113)　泉・前掲注(23)209頁，230頁。

う構成上は任意規定であるが，日常家事債務の連帯責任は強行規定と解され，また夫婦財産契約の内容の自由に疑念が持たれており，半強行規定という指摘もある。

(2) 親 子

実子の規定は，氏の問題を除けば実父子関係の成立の規定であり，原則として当事者の合意の効力を認める余地がない強行規定である。そして，どのような例外が認められるかが問題になり，①内縁子保護，②嫡出否認制度の厳格性の緩和，③いわゆる「藁の上からの養子」慣行等の要請により，強行法規性が緩和されてきていると解しうる面がある。

養子縁組は契約として構成され，規定の構造が婚姻に準じており，成年養子については婚姻と同様の視点で検討することができる（前記(1)参照）。しかし，現行養子法の中核は未成年養子にあると考えられ[114]，そうであれば契約構成を重視するべきではなく，強行法規性の検討の視点も契約自由の制限に置く必要はないだろう。未成年養子では当事者の合意を重視できないことは実子と同じである。特別養子は家裁の審判の要件・効果であるから任意規定ではない。

本書の検討対象は，法規と異なる当事者の合意の効力であるが[115]，親子法に関してはこの作業が当てはまらない面があることに留意が必要である。関係者の合意に基づく当事者の生活事実と法規定との関係の問題というべきであろうか。そうであれば，親子法では，強行法規であることを前提として，関係者の合意に基づく生活事実をどこまで評価できるかの問題になる。ただし，成年養子は婚姻と同様の作業も必要になる（前記(1)）。

(3) 親権，後見等および扶養

親子法と同様に，当事者の合意が問題になりにくい領域である。親権は未

---

(114) 成年養子の廃止論と維持論の対比・整理につき，拙稿「従来の立法提案（シンポジウム『養子法の検討』）」戸籍時報731号4頁（2015年）参照。

(115) 椿寿夫「民法の規定と異なる合意・特約の効力序説」法律時報84巻4号（2012年）99頁，同「強行法の観念をめぐる問題の所在(上)」法律時報85巻2号（2013年）112頁（椿編・前掲注(1)『民法における強行法・任意法』3頁，60頁所収）。ただし，椿民法研究塾における本稿の報告に対しては，「法的効果に影響を与える概念およびその基準について，財産法とは異なる，すなわち親族法または相続法のそれぞれに特有な内容を探索する」という課題を与えられたが，本稿では果たすことができていない。

成年者を当事者とし，後見では未成年者または精神障害者を当事者とするからであり，扶養においても，扶養義務者と要扶養者の合意を通常の契約と同等に評価できるとは思えないからである。

本稿の冒頭（前記Ⅰ2(3)）に紹介した，当事者の協議に委ねる規定の約半分は親権と扶養に関する規定である（766条（離婚後の子の監護に関する事項），819条（離縁または認知の場合の親権者），878条（扶養の順位）および879条（扶養の程度または方法））。そこでの協議の「当事者」は，親権に関しては父母であり，扶養に関しては扶養義務者と要扶養者の両者を含むが，扶養義務者が複数いる場合が想定されており，扶養義務者間の協議に焦点が当てられている。

親権・後見等については，婚姻における合意や親子における生活事実の問題とは異なる要素，すなわち未成年者・被後見人の利益保護が強行法規性に結びつく。扶養は，協議に委ねる規定を除いて強行規定である。

3 家族法の解釈論・立法論としての課題

親族編の中でも，婚姻の届出要件と嫡出推定・否認の制度は強行法規性が強い規定だと思われるが，しかし，そこでも強行法規性が緩められていると解しうる面があった。

すなわち，内縁の問題において，①届出要件規定の強行法規性が緩和されたか，または，②規定とは別個の理論による解決が図られてきたと解せられる。そして前者（①）の理解によれば，さらに，強行法規性を喪失させるべきとの主張にもつながり得る。逆に後者の理解（②）によれば，強行法規に反する帰結を理論により認めることになる（前記Ⅱ1(2)(b)）。

嫡出推定・否認の制度においても，①強行法規性の緩和か，または，②規定とは異なる理論による解決が行われてきた。(a)婚姻後200日前出生子については，強行法規性の緩和かまたは理論による解決が図られている点では内縁と同様であるが，子の保護の要請から，内縁自体の問題よりも強行法規性の緩和とみるべき要請が強いといえる。(b)「推定の及ばない子」については，適用場面を制限する解釈による強行法規性の緩和が行われており，家事事件手続法277条（旧家審23条）の審判実務による強行法規性のさらなる緩和

564

傾向も存在する。(c)「藁の上からの養子」については，権利濫用法理による判例の立場では強行法規性の緩和と解せられるが，従来の多数学説は理論による解決を主張した（前記Ⅱ4(1)(a)B）。

　しかし，まず理論に関しては，制定法を超越した理論による解決が許される基礎が十分に検討されてきたとはいえないように思われる。学説による無制約な法の創造が許されるはずはないから，制定法から離れた方法を主張するのであれば，その基礎（正当化理由）を明らかにしなければならない。

　次に解釈論としては，適用規定の強行法規性の有無・程度（内容）がまず検討されなければならず，これに応じてさらに解釈の方法として類推適用の限界等の検討が必要になる。特に親族編については，裁判実務における「解釈論」を吟味する必要性が高いように思われる。すなわち，婚姻の効果規定を内縁へ「準用」し，内縁後懐胎・婚姻後200日前出生子は「親子法に関する規定全般の精神より推して」嫡出子である旨を判示し[116]，無効な婚姻の追認を「否定する規定もない」ことを理由に認めるといった[117]，裁判実務の苦闘の跡を[118]，一定の視座から整理し，解釈論のあるべき姿を検討する作業が必要である[119]。裁判規範として有用な立法を検討するためには，これが前提になるはずである。

---

(116)　大連判昭15・1・23民集19巻54頁。
(117)　最三小判昭47・7・25民集26巻6号1263頁。
(118)　家制度を基礎とした制定法（明治民法），理念型の構築に腐心する学説，および，学説の帰結と制定法との関係に苦慮してきた裁判所といった構図が，かつての一般的な理解であった。
(119)　椿寿夫「民法における類推適用」法律時報62巻7号（1990年）72頁，中舎寛樹「（ワークショップ）民法規定の類推適用」私法56号（1994年）158頁，椿寿夫＝中舎寛樹編『解説類推適用からみる民法』（日本評論社，2005年）等参照。

22　実務からみた強行法・任意法

髙 井　章 光

I　はじめに

　取引・契約実務では，契約自由の原則（2017年改正民法521条，522条2項）の下，複雑な取引関係・権利関係を規定する契約が策定されている。そして，主に1980年代後半以降，海外取引を中心として詳細な契約書を作成することを当然とする企業法務が発達し，主に大企業を中心として高度な契約条項作成技術を有するに至っている。また，市販の契約書式は弁護士監修のものが多く，基本的に強行法違反の条項が掲載されることはほとんどないほか，特に訴訟に至る可能性が高いケースでは，弁護士や大企業の会社法務担当者は強行法を意識した適法な契約条項の作成を志向している。

　しかしながら，大企業の法務部においてその技術を駆使して自社に有利な条項を契約書に敷設しようとしても，取引相手方と過剰な交渉が生じることを取引担当者は嫌い，結果として契約書案のやりとりまでで契約書の締結まで行かないという場合も少なくない[1]。また，中小企業をも含めた取引実務

---

(1)　2017年度日本私法学会での報告（宍戸善一「「日本的取引慣行」の実態と変容：総論」商事法務2142号（2017年）11頁，清水真希子「モジュール化と「日本的取引慣

566

全般においては，明確な契約条項として書面化していない場合もあり，口頭
による契約，取引慣行に基づく契約，ひな型を利用した実際の取引とは記載
内容が異なる契約書面が作成される⁽²⁾など，態様は様々である。

　このような状況が生じている理由の一旦は，日本の契約が，もともとは当
事者間の信頼関係や慣習を背景として口頭によっていたことにあるように思
われる。取引当事者間の信頼関係や業界における一定の慣習などによって契
約の拘束力が図られており，これらを背景として一定の合理的な契約内容の
理解が当事者間において醸成され，また予想外の事態が生じたとしても，お
互いの信頼関係や業界における慣習によって一定の解決を試みるべく努力が
なされ，大きな紛争にまであまり発展しないことが理由と思われる⁽³⁾。

　このような状況において，強行法違反の特約が当事者間で作成されること
も少なくないが，その内容が是正されることは決して多くはない。すなわ
ち，紛争が生じた場合，当事者は裁判沙汰にすることを嫌い，当事者間の話
し合いにおいて解決することを志向するため，取引における力関係等にて結
論が生ずる傾向となり，例え強行法に違反した契約条項が存在したとしても
その条項を無効と宣言する者がおらず，強行法は規範として効力を生じるこ
とがない。強行法に違反した場合であっても裁判にならなければその効果は
生じないため，ますます強行法に対して無頓着な対応になっていき，誤解を

行」」商事法務2142号（2017年）25頁）参照。
（２）　内田貴『民法Ⅰ総則・物件総論［第４版］』（東京大学出版会，2008年）273頁は，
　　　「かつて，借地借家関係の紛争で，賃貸人に有利な条項の印刷された市販の契約書を
　　　用いていた場合に，その条項は「例文」であって当事者には拘束される意思はなかっ
　　　た，とする判決が多く出たが（例文解釈）」とする。そのほか，沖野眞已「いわゆる
　　　例文解釈について」中川良延ほか編『日本民法学の形成と課題　上』（有斐閣，1996
　　　年）603頁など参照。
（３）　中田裕康『契約法』（有斐閣，2017年）50頁は，軽微なトラブル処理として，決し
　　　て契約に定められた規律によるのではなく，当事者の関係を背景にした柔軟な解決が
　　　図られることが多く，この事態については２つの見方があるとし，第１は，当事者が
　　　現時点における諸事情（取引継続による利益，訴訟コスト，将来の取引，第三者との
　　　取引に及ぼす影響など）を勘案したうえでの経済合理性に基づく判断であり，当初契
　　　約の変更契約又は紛争を解決するための和解契約であるにすぎないとする見方，第２
　　　に，当事者間又は当事者を含む取引社会における「生きた法」によるものであり，そ
　　　れは書かれた契約を上回る規範性をもつことがあるという見方があるとしている。筆
　　　者の記述した「信頼関係」は第１に属し，「業界における慣習」については第２に属
　　　すると言えようか。

恐れず言えば，強行法を意識せず契約・取引がなされているのが実務の大半とも言える。

　このように取引実務において強行法が意識される場面はそれほど多くはないが，紛争が生ずると裁判になる可能性が高い取引においては，裁判を意識して契約や取引に望むことが多く，強行法が意識される。

　他方，取引制約原理としては，強行法以上に，違反した場合のサンクションが明確な行政等による規制や，ある取引類型に特化した判断としての先例たる裁判例・判例の方が，当事者は敏感であるかもしれない。すなわち，行政による業務停止命令等の規制が生じるような業法に一番敏感となり，さらに，実際に裁判所の判断によって規制対象が明確となった場合，すなわち重要な下級審裁判例や最高裁判例が出た場合には，類似取引において裁判となってしまえばその判例法理が適用されることが明白なため，取引・契約実務では比較的敏感に対応する傾向にある。

　業法については別稿で論じるところ，本稿では，裁判に至る前の段階（状態）において，これらの契約（取引）制約原理がどう影響しているのか，また，裁判においては強行法を中心とする制約原理や任意法がどう機能しているのか検討を試みたい。なお消費者取引は消費者法の適用が中心となるため，本稿では企業間取引を中心に論ずる。

II　日本における契約のあり方

1　日本における契約実務に対する評価の変遷

　日本の契約取引が口頭主義を中心としており，よって詳細な取り決めはなされず話し合いによる解決が多いことが，現在の強行法を意識しない取引・契約実務の根源であると思われる。よって，まず，日本における契約実務がどのように評価されてきたのか概観する。

　戦後，日本の契約はアメリカの契約観と比較され，川島武宜[4]を代表する

（4）　『日本人の法意識』（岩波書店，1967年）など。

日本的契約観が中心となった時期がある。これは，日本人は契約内容に注意を払わない，何かあれば交渉で対応するという評価であり，日本のみならずアメリカ等にも紹介され，海外からの日本の契約観に対する一定の評価を築いてしまうに至っている[5]。星野英一「現代における契約」（初出1966年）[6]においても，「敗戦に至るまで，小作関係，請負関係，雇傭関係，借地借家関係などにおいては，経済的・社会的優位にある者の恩恵と，劣位にある者の恩返しという基本的な構造のもとに，契約内容が不定量であって，終局的には優位者の一方的な意思でそれが決められる，権力服従的色彩の濃い契約が広範に存在していたといわれている」「一般的にも，とくに企業間の契約において，契約の内容がきわめてかんたんであって，権利義務に関する条項は少なく，反対に，「両当事者が信義をもって履行する」といったような一般条項が含まれていることが多い。当事者も，契約の内容にあまり注意を払わない。そして，何か事が起こっても，とくに契約条項に依拠することなく，その場に応じて改めて交渉し，「紛争」というほどのこともなく終わることが多い。」と論じられている。しかしながら，他方で川島や星野の論文と同じ時期の1967年に生じた東京ヒルトン事件[7]について，新聞紙上では契約文言の作り方によって裁判の帰趨が決したと論じられ，契約書文言の重要性が強調され認識されつつあったと考えられる。

　1970年代には経済活動が活発になるに伴い，その契約形態も複雑化して行くことになる。来栖三郎『契約法』（有斐閣，1974年）740頁は，「社会生活の複雑さを反映し，それらの典型契約からはずれる無名契約が無数に行われているのである。」と論じている。さらに，川島が述べた日本的契約観に疑問を呈する評価が多く出されるようになる。北川善太郎『現代契約法Ⅰ』（商事法務，1973年）15頁は国際商事仲裁協会のアンケート調査をもとに，国内取引の場合，「契約書を全部作成する」のが52%，「場合により作る」が39%

（5）　道田信一郎『契約社会アメリカと日本の違いを見る』（有斐閣，1987年），中田・前掲注(3)53頁参照。
（6）　『民法論集第3巻』（有斐閣，1972年）57頁所蔵。
（7）　東京地決昭42・5・12判時481号104頁。東急電鉄とヒルトンとの東京ヒルトンホテル（現キャピタル東急ホテル）の経営をめぐる契約上の違反行為に関する係争仮処分事件。

もあり（双方で91％），「ほとんど作らない」がわずか７％であるという結果を紹介してこれまでの評価に大きな疑問を呈している[8][9]。

　1980年代になるとアメリカを中心とした国際取引と比較した評価がさかんに行われるようになり，企業における法務部を中心として契約書の整備が進むことになる。日本の会社における「定型契約書」についての実態調査の結果（『会社法務部　第四次実態調査の分析報告』別冊NBLNo 8（1982年））では，全体の58％にあたる202社において契約書等の定型化が行われており，法務関係文書の整備が進んでいることがうかがえるとの報告がなされている。このような中，これまでは当事者間での交渉の道具として論じられてきた契約書について，紛争の予防という観点から，柏木昇「契約締結間の法律プラクティスとしての予防法学」[10]は「予防法学」の重要性を強調し，契約書の当事者の権利義務に関する証拠としての機能を重視し，契約内容を明確に残しておくことが重要であるとする。また，星野英一「日本における契約法の変遷」（初出1982年）[11]は，企業間取引における契約書作成実務において，法務部の契約書重視の姿勢と取引担当者の取引関係重視の姿勢の対立があることを指摘しており，実務家である出川一雄（シェル興産）「会社法務部の組織化とマネージメント」別冊NBLno 8『会社法務部　第四次実態調査の分析報告』（1982年）も同様の実態報告を行っている。さらに，1960年から80年初頭までの社会情勢の中における契約の展開を分析した論考も現れている（白羽祐三「契約法の現代的発展」（初出1983年）[12]など）。

（8）　ただし，北川は，「契約書としては，必要な条項を適切な文言を用いて盛り込むとともに不要ないし不透明な条項を徒に盛り込まないことが望ましいが，これはかなり厄介な仕事である。わが国ではこの方面の基礎的研究は遅れているのが現状である。」とする。

（9）　なお，中田・前掲注(3)54頁は，北川善太郎等の見解（『現代契約法Ⅰ』等）と星野英一等の見解（『民法論集第6巻』「日本における契約法の変遷」等）について，いずれも『前近代的な日本的契約観』という見方を批判し，日本における取引実務に一定の合理性があること，それはまた日本に特有のものではないことを示唆する，と評価している。

（10）　NBL242号（1981年）36頁，NBL244号（1981年）35頁掲載。

（11）　『民法論集第6巻』（有斐閣，1986年）299頁所蔵。

（12）　遠藤浩＝林良平＝水本浩監修『現代契約法大系　第1巻現代契約の法理(1)』（有斐閣，1978年）1頁所蔵。

　1990年代から2000年代は，従来の日本的契約観，日本的取引慣行について
さらに様々な評価が行われている。筆者は，1995年に弁護士登録を行い，当
時，大手ローファームと言われた日本の法律事務所の一つに就職し，大企業
の契約取引実務のほか，中小企業の契約取引実務を経験した。その経験から
すれば，このころには，海外取引を多く経験する企業（多くの大企業がこれ
にあてはまる）において，契約書重視の傾向が一般的となっており，大手ロ
ーファームの弁護士の助力により分厚い契約書を作成する傾向が強まってい
ったように思われる。他方，中小企業においては，契約書を作成しない，ま
たは作成しても非常に簡単な覚書程度で取引を進めており，この傾向は現在
においても見受けられる。すなわち，欧米的契約書重視の取引が一定の分野
において多くなっていくが，それは大企業における企業法務に特化してお
り，全ての企業，特に中小企業にまではその影響は及んではいないように思
われる。これは，弁護士の企業法務が大企業のビジネスにおいて専門化を高
めながら進化していったことにも影響しているものと考えられる[13][14]。

　2017年の私法学会シンポジウムのテーマの一つであった「日本的取引慣
行」に関し，前掲注(1)宍戸善一「『日本的取引慣行』の実態と変容；総論」
5頁は，1990年のダニエル・フット教授らの論文を紹介し，このころの日本
的取引慣行がアメリカの契約取引とは大きく違っていた旨を強調している。
他方，内田貴「現代契約法の新たな展開と一般条項」NBL514号〜518号
（1992年）や『契約の時代』（岩波書店，2000年）25頁は，前記のようなダニエ
ル・フット教授らの評価とは対照的に，日本企業は国際取引において法的対
応を重視している傾向にあることを指摘している。当時における実務を経験
した筆者として，これらの指摘はそれぞれ正当であり，ただ，企業規模や取

<hr />

(13)　なお，平井宜雄「契約法学の再構築」ジュリ1158号（1999年）96頁〜ジュリ1160号
　　　（1999年）99頁は，実務法学に関して伝統的な法学教育と比較して論じる中で，「市
　　　場」と「組織」という観点から，「市場型契約」と「組織型契約」とを区別して論ず
　　　る。
(14)　日本弁護士連合会による日本の弁護士業務及びその経済的基盤全般の実態調査で
　　　は，1980年以降，東京地域では大企業顧客割合が増える傾向にあるが，対照的に東京
　　　地域を含め全国的に中小企業顧客割合は減少傾向にある。（「自由と正義」32巻10号
　　　（1981年）96頁，同42巻13号（1991年）44頁，同53巻13号（2001年）75，76頁，同62
　　　巻6号（2011年）93頁参照）。

引の内容等によって，契約取引態様に大きな違いがあったにすぎないと考える。そのほか，加藤雅信・藤本亮編著『日本人の契約観』（三省堂，2005年）は，1994年から2001年にかけて，22カ国／地域での調査（23,885サンプル回収）を実施し，その調査結果では，日本はほとんどの項目で世界平均値に近いところに位置していると報告している。

2　口頭契約中心から契約書作成実務へ

　日本独特の契約観との評価の当否は兎も角として，日本の契約実務は口頭契約から始まり，経済の発展に伴って様々な取引形態が生じ，それに併せて様々な契約形態に応じた契約書が作成されるに至っている。さらには国際取引により欧米の契約慣行が導入されるなど，契約を整備する，詳細な契約書を作成する方向に進んでいるものと思われる。契約書を作成することによって，当事者の契約意思を確認することができ（意思確認機能），合意内容を明確にすることができ，裁判等において証拠として活用することができる（証明機能）[15]。

　他方，口頭契約中心の契約取引においては，当事者間において取り決めが明確でない契約内容では，しばしば力の強い者の主張が優先して採用される傾向があり，そのため弱者保護のルールとしての強行法が必要となる。この結果，借地借家法における賃借人保護の規定などが制定されてきた。また，信頼関係・慣習が契約取引の重要要素とされる傾向にあることから，例えば「継続的契約の法理」などの判例法理が生ずることになった。さらに，口頭契約を中心とする契約慣行[16]が未だに残り，その中には強行法や任意法的

[15]　これら契約書の機能について，喜多村勝徳『契約の法務』（勁草書房，2015年）82頁，中田・前掲注(3)138頁参照。

[16]　広告業界について，公正取引委員会は平成17年11月に「広告業界の取引実態に関する調査報告書」を作成し，その報告において，「広告業界においては，伝統的に広告会社は媒体社との結び付きが強く，……相対取引が取引形態の主流となり，長期の安定した取引関係を重視する考え方からくる既存の広告主を優先する原則やコミッション方式を主流とする報酬制度などの取引慣行が維持」され，さらに「相当数の広告会社が，口頭による取引について，古くからの慣習であり特に問題が起こったことがないという理由で現状を追認している」としている。広告業界以外においても，例えば，請負契約では追加工事について契約書を締結せず，契約金額はあとで調整することとして工事が先行することもたびたびみられる。

な効力を有するものも存在する。

Ⅲ　契約取引・交渉実務における強行法の機能

1　契約書における強行法違反の規定

　契約・取引実務においては，強行法等の契約制約原理が必ずしもすべての場面において意識されている訳ではない。しかしながら，市販の契約書式（ひな型）においては，特に弁護士が監修しているものが多くなっており，強行法や判例に違反するような条項を掲載するものは殆ど見受けられない。したがって，強行法違反が問題となり得るものは，業界において従前から使用されてきた契約条項や，当事者間の交渉において作成された特約事項のほか，複雑な取引形態に関して新たに作成された契約書においてである。

2　実務における強行法違反の契約条項・取引の効果

　強行法違反の契約条項は無効である（民法90条または91条）。しかしながら，契約当事者の一方が異論を唱えない限り，無効と取り扱われることはなく，異論を唱えたとしても裁判で判決が出ない限り，無効と取り扱われるとは限らない。そのように考えると，ある強行法違反の契約条項があったとしても，不利益を受ける契約当事者が納得をしている場合，または納得をしていなくても裁判にしない場合には，当該契約条項は当事者間の契約すなわち「約束」としての一定の拘束力を有し，その「約束」が履行されることになる。

　したがって，強行法に明確に違反している条項があったとしても，取引当事者間においては簡単に無効となる訳でなく，または無効主張すら簡単にできる訳ではなく，一定の事情がある場合には無効主張すること自体が，当事者間の取引経過から見て逆に問題が生じかねない場合すらあり得る。

　具体例をもって説明すると，以下のような賃貸借契約における賃料を改定できないという条項は，明らかに借地借家法32条１項に違反しており，無効という結論に通常はなる訳であるが，この契約条項が定められた経緯に一定の理由が存在する場合がある。

　第○条
　　　甲及び乙は，本契約締結後3年間は賃料及び共益費について改定することができないものとする。
　　2　次回の賃料及び共益費の改定は2021年9月1日とし，甲及び乙は相手方に対し6ヶ月前迄に改定の申入れをするものとする。

　例えば従前の賃借部分の一部を明け渡し，その代わりに新たに別の賃借部分について契約を締結するという場合において，明け渡しの際に原状回復の内容等において賃借人は一定の利便を受けたことから，その見返りとしてこのような賃料額固定の契約が締結されたという事情がある場合がある。すなわち，「○○の便宜を行ったから，○年間は賃料の減額はしない」という約束となっている，という場合には，当事者間の合意としては，○年間の賃料固定については一定の合理性を有していることになる。

　賃借人として，そのようないきさつや理由を重くみて，この合意を受け入れるままとするか，それとも借地借家法32条1項違反であるとして，賃料の減額を求めるのか選択権があることになる。もちろん，このような条項を作成するに至った経緯において，一定の金銭的便宜が賃貸人から賃借人に対して行われている場合において，その金銭的便宜を含めた全体として賃料額は相当であるという結論が生じることはあり得るものの，金銭的便宜ではなく，例えば他の取引関係からの義理や便宜からこのような契約条項を策定することに至ることもあり，賃料額の問題に引き直すことができない場合も少なくないはずである。

　このように，強行法違反の合意・契約であったとしても，当事者間においては一定の拘束力がある「約束」となっている場合がある。この「約束」の効力をどのように考えるべきであろうか。国家（裁判所）が権利を認めないものについては一切効力がないとすると，すべて無効という結論しかない。しかしながら，実務においては，「約束」違反が生じた場合，通常は「交渉」において解決を図っており，この「交渉」は「約束」の内容に関連して実施される。したがって，契約当事者としては「約束」の内容次第でより適切かつより有利な成果を「交渉」の結果として導き出すことができることから，

「約束」の内容は「交渉」において非常に重要な意味を持つことになり、「約束」は契約作成の際にも重要な要素として取り扱われることになる。すなわち、前記の賃貸借契約において、法律上無効であるから、「○年間は賃料は固定である」と記載することが実務上も意味がないかというと、一定の背景事情をもってなされた「約束」として評価でき得るのであれば、当事者間の「交渉」においては重要な意味を有する。口頭であったとしても、このような「約束」をしていなければ、いくら、「以前において○○の便宜を行ってあげたのであるから、賃借人はその点を当然に考慮しているはずであって、賃料減額請求などの行為は行わないはずである」と心中で期待しても、契約相手方は「賃料減額請求を行うことは相手方との契約経緯から行わない方がよい」という心理的規範に直面することはなく、その後の相手方からの減額請求に対して、賃貸人は自らの理を説得的に説明しなければならず賃借人との交渉をスムーズに進めることは難しくなる。

　紛争を回避するための契約実務においては、きちんと契約する、さらに書面においてきちんと明記する、ということが重要となる。その結果、例え強行法に違反する条項であったとしても、国家（＝裁判所）の判断が及ばない二当事者間の閉鎖された取引関係においては、「約束」がなによりも優先され、その内容があとあと問題となった場合の証拠として「契約書」に明記することが重要となってくる。強行法違反の条項は無効だから、契約書に記載してはいけません、という状況にはまったくないということになる。

3　実務において意識される強行法・その他の契約制約原理

　他方、それでは、すべての強行法違反が当事者間の「約束」において許されるのか。先ほど説明したとおり、第三者たる裁判所の判断が下されないのであれば、また下されてもそのサンクションが大きなものでないのであれば、どのような強行法であってもそれほど留意しない、という結論に至るはずであるが、実務においては、行政的なサンクションが生ずる業法関係については当事者間では解消できない結果を導き出すことになるため、例え、当事者間の「約束」においてであったとしても業法に反する場合には消極的である。

さらに，定型的な取引が繰り返される取引類型においては，その同種取引類型において裁判となり，複数の下級審裁判例や最高裁判例が出ているような場合には，同種取引類型において裁判が提起される頻度が一定以上認められる場合が多く，その場合には裁判例・判例にしたがった結論となる訳であるため，一定の意識をもって裁判例・判例が示す規律を「約束」の内容に取り入れることになる。ただ，すべての人がそのような行動原理で動くかというと，当該定型的取引を行うことを業とする事業会社において一番重要な意味を持つのであり，たまたま一回だけそのような取引を行うという場合には，どこまでこのような裁判例などについて危機意識を有して「約束」の内容を考慮するかは疑問である。

また，その他の取引類型においても第三者に効力が生ずる場合は第三者から問題提起が起こりうるため，強行法に留意することになる。

まとめると，交渉段階においてであっても，以下のような強行法や制約原理については影響力を有すると考えられる。

① 業法上の規制（行政による指導指針としての性質を有する場合のガイドラインを含む）。特に行政上のサンクションがある場合

例えば，宅建業法40条は，宅地建物取引業者が自ら売主となる宅地または建物の売買契約において，契約内容に適合しない場合の責任について，目的物の引渡しの日から2年以上となる場合を除いて民法566条の規定より買主に不利になる特約をしてはならないとされており，また宅建業法39条3項は買主に不利な手付けの取扱いについての特約は無効としている。これらの規定に違反した場合，宅地建物取引業者は国土交通大臣または都道府県知事から必要な指示を受けることになり，指示に従わない場合には1年以内の業務停止を命じられることになる（同法65条1項2項）。

これらの業法規定に抵触する特約については，例え当事者間で問題ないとしていたとしても，行政に露見した場合には行政上のサンクションが生ずるため，業者においてはそこまでのリスクを負って交渉上の有利を得ようとしない。一般的には業者においては業法の範囲内にて事業を行う覚悟でビジネスをしているはずであり，敢えて踏み込んで業法違反となる契約や取引を

行おうとしないのが通常である。

　さらに，行政による指導指針としての性質を有する場合のガイドライン（「企業結合審査に関する独占禁止法の運用指針」，「経営者保証に関するガイドライン」など）も同様である。

　②　第三者に影響が生ずる内容が含まれる場合

　例えば，会社法上の組織に関する規定や物権法における対抗要件に関する規定などは，第三者に効力が生ずることを前提としていたり，第三者に効力が生ずる可能性が高く，その場合には容易に無効主張がなされてしまい，さらにその結果として，それまでの取引がまったく無に帰する結果となるリスクが高いため，遵守する意識は高くなる。

　③　定型的な取引を繰り返す業者において，その定型取引上の契約条項や取引について裁判例・判例において否定された場合。なお，否定された結果，何らかの不利益が生ずる場合にはさらに影響力は強くなる。

　例えば，賃貸借契約における原状回復義務の範囲について規定した最判平17・12・16集民218号1239頁は，「特約のない限り，通常損耗に係るものは含まれず，その補修費用は，賃貸人が負担すべきであるが，これと異なる特約を設けることは，契約自由の原則から認められる」とされたため，不動産取引業者においては，賃貸借契約書において，通常損耗とされうるものについては具体的に負担内容を記載するようになった。

　他方，例えば，倒産解除条項については，最判昭57・3・30民集36巻3号484頁〔会社更生の事案〕や最判平20・12・16民集62巻10号2561頁〔民事再生の事案〕によって，無効とされているが，契約書式（ひな型）において未だにほとんど当該条項が入ったままとなっている。弁護士監修のものであっても当該条項が残っているものが多い。これは，問題となる紛争がそれほど頻発しないことや，条項が無効とされても，当初から条項を入れなかったことと同じ結果になるだけであり，サンクションがまったくないに等しいため，「約束」としての機能を重視し，従前とおり条項を契約書に残したままにされているものと思われる。

④ （コンプライアンス意識が高い企業において）消費者を相手とするなど不特定多数の取引相手と契約を締結する場合（約款取引を含む）

不特定多数の取引相手と契約を締結する場合には，個々の契約において契約当事者間の信頼関係は強くないため，紛争解決においては裁判手続が利用されやすく，コンプライアンス意識が高い企業では慎重な対応となる。裁判外紛争解決手続においても取引慣行よりは法規範の適用が優先されることが多い。他方，信頼関係が強くないことから消費者に不利な取引を強行する企業も生じうる。

4 強行法違反の合意はすべて無効となるのか

強行法違反の合意について，当事者間の「交渉」レベルにおいては「約束」としての効力が生じており，実務においては重要な効果が生じている場合も少なくない。これはこれまで論じてきたことである。それでは，このような「約束」においてはまったく「国家（裁判所）」は配慮を行わないのであろうか。一面においては，強行法違反の行為の効果として論じられるべき問題であると思われる。

「交渉」レベルにおいては「約束」としての拘束力があったことからすれば，裁判になって，すべて強行法違反として無効とされるのではなく，その「約束」の内容によっては一定の範囲内において効力を認める，という場面も生じうると思われる。裁判前において一定の拘束力を有していたのに，裁判になるとまったく無になるということに疑問が生ずる。この点，カフェ丸玉女給事件（大判昭10・4・25新聞3835号5頁）では，女給に対して約束した金員の交付について裁判上の請求は認めないものの，その給付保持力は認められる旨を判示しており，その他，業法規定に違反する行為に対する裁判例[17]においても同様に，強行法違反の契約に基づき取引相手に履行請求はできないが，一旦支払いがなされた場合には返還請求を行うことはできないとして，このような約束を完全な無効とはしていないものがある。

---

(17) 例えば，東京地判平5・12・27判時1505号88頁は，無免許者の行った仲介契約は実体法上有効であり無免許者も報酬請求権を有するが，裁判外で報酬が支払われた場合は別として，裁判上の行使については許されないとする。

　強行法違反の契約であったとしても，特に契約当事者間の利益に関わる問題であり第三者に影響が生じないのであれば，すべて「無効」とするのではなく，契約締結経過等の諸事情に鑑みて「約束」に一定の合理性を見出しうる場合には適切な解決が図られるべきであり，信義則や権利濫用等を理由として「無効」以外の判断（法的評価）がなされることがあってもよいと思われる。

5　まとめ

　取引・契約実務においては，裁判で勝訴判決を得ることが必ずしも最終目標ではなく，取引や交渉において適切かつ有利に進行できることを優先している。そのため，裁判に至る可能性が低い状況においては，強行法にはあまり関心はなく，当事者間の合意＝約束をどのように決めるのか，決めた約束をどのようにすると相手方への拘束力が強まるのか，という観点から契約条件を作成し，また契約書における条項を作成することが行われる。

　行為規範として論ずれば，裁判や行政上のサンクションが生じやすい事項については強行法にも留意してできるだけ事前に備える対応を行うことになるが，大多数はそうではない事項であり，そのような事項については，むしろ裁判前の「交渉」段階で完結しており裁判を特に意識しておらず，「交渉」段階において如何に適切かつ有利となることができるかを志向して契約締結実務を行っていることになる。

Ⅳ　裁判実務を踏まえた上での強行法及び任意法の機能

1　総　論

　裁判において契約条項の有効性が審議の対象となる可能性がある場合には，予防法学の観点において，できるだけ有効な内容（裁判で闘える内容）の契約条項の作成を目指すことになる。したがって，強行法に明らかに反する特約はもちろんのこと，裁判例・判例において効力が否定されている特約についても修正し，できる限り抵触しない内容を模索することになる。

　他方において，強行法や判例等に抵触する特約が裁判において問題となり，無効となってしまうと取引相手方や利害関係人の権利義務において必要以上に影響が生じてしまう場合がある。そのような場合には，信義則違反や権利濫用を理由として実質的な利害調整を踏まえた判断がなされることもある。

2　強行法と実務対応

　民法上の規定について強行法違反が問題となった判例は，最判平11・2・23民集53巻2号193頁が，組合契約の任意脱退を制限する約定について，任意脱退を認めている民法678条は強行法規でありこれに反する当該約定は無効であると判示したほか，古い判例であるが大判大15・1・28民集5巻1号30頁は，民法579条及び583条は強行法規であり，これに反する契約を無効と判示している。そのほか，民法以外の規定であれば，サブリース契約における賃料自動増額特約について，最判平15・10・21集民211号55頁，最判平15・10・23集民211号253頁は，借地借家法32条1項は強行法規であり，賃料自動増額特約にかかわらず賃料減額請求が可能と判示しており，この最高裁判決以後はサブリース契約において賃料自動増額特約はほとんど使用されなくなっている。また，利息制限法1条は一定利率を超える利息についてその超過部分を無効としているが，この規定に抵触しないようにするため，金銭消費貸借契約と同時に借り主の資産について代物弁済予約を行い，返済できない場合には当該資産を貸し主は取得することで元利以上の利得を得るという手法が蔓延った状況があったが，そのような代物弁済予約は暴利行為として無効とされ（最判昭27・11・20民集6巻10号1015頁ほか），さらには無効ではないものの清算義務が生じるとされることとなった（最判昭42・11・16民集21巻9号2430頁）[18]。

　判例において契約や特約が，強行法違反を理由として無効とされた場合，実務対応としては，このような判例に反しない形に契約形態を変え，特約を修正することになる。その修正結果が，形式には法令に抵触しないが実質的には問題が残るような場合には，さらに修正した内容について，判例は強行

---

(18)　その後，担保権においては清算義務が一般化するようになっており，最判昭57・10・19民集36巻10号2130頁はリース契約について清算義務を認めている。

法違反等を理由として無効とする場合がある。

　倒産における否認権は，問題となる取引の結果を強制的に元に戻す効力を有するため，一種の強行法と考えることもできる。融資取引・リース取引・割賦取引等の実務においては，契約や特約の内容や文言を工夫することによって，否認権行使の対象とならないようにする場面が時々見られる。例えば，対抗要件を否認の対象とする破産法164条は，担保権設定契約から15日を経過した後において，債務者が支払停止等であることを知って対抗要件を具備した場合を否認権行使の対象としているところ，集合債権譲渡担保の場合には，債務者の事業活動が問題なく行われている場合には当該対抗要件具備を留保し，債務者の経済的破綻が見えた時点で対抗要件を具備するため，否認権の対象となりやすい。そこで，金融実務においては，停止条件付集合債権譲渡担保契約を締結することで契約の効力時期と対抗要件具備時期を近づけ，15日という要件をクリアしようとしたが，最判平16・7・16民集58巻5号1744頁はそのような債権譲渡そのものが否認の対象となるとした。さらに，集合債権譲渡担保の予約契約を締結した後に，債務者の経済的破綻を予約完結権の発生事由とする形式での契約形態についても，東京地判平22・11・12判タ1346号241頁は同様に債権譲渡そのものを否認の対象としている。

3　新種・複合的性質の契約の場合

（1）　典型契約との関連性

　典型契約の場合，強行法違反とならないよう注意することは比較的容易である。しかしながら，新種の契約であったり，いくつかの典型契約の要素が組み込まれた複合的性質の契約においては，どの条項が適用となるのか判断しにくいため，実務において往々にして問題が生じる。すなわち，典型的な賃貸借契約において賃料固定の条項が定められている場合のように，すぐに借地借家法32条1項違反であり無効との判断がなされるケースではなく，例えばデパートの売り場でのケース貸しの場合など賃貸借契約であるのか否かが争われるような契約や，買戻し特約付きのセル＆リースバック契約などの新種の契約においては，借地借家法の適用自体が問題となる。裁判所は，このような契約や取引に対し，まず典型契約のどの契約であるのかを判断し，

その認定を行った上で，当該典型契約における強行法に抵触する場合には無効という判断を示すことになるため，入り口段階において，どの典型契約に該当する契約なのかという判断が重要となる。

（2） 新種の契約の場合

例えば，前述のサブリースの事件においても，そもそも経済的背景からすれば，地主が不動産業者との合意によって，更地上に建物を建築し，その建物を不動産業者が長期間借りるという前提にて進められているプロジェクトにおいて，地主としては建物建築コストの回収を賃料をもって行うことが大前提であるため，その賃料額においてもその前提で契約上決められている。ところが，経済状況の悪化等によって，当初の賃料額の維持や増額条項を維持することが困難となってしまったことから，賃料減額を求めるに至っている訳であるが，地主としては建物を建てたコスト回収を前提としている訳であって，賃料減額に当然に応じる訳にはいかないという事情がある。交渉段階であれば，上記のような事情を含んだ経済的バランスの中で決められた賃料であれば，「約束」としての合理性が一定の範囲で認められ，当事者間にて一定の拘束力が認められてしかるべき，ということになろうかと思われる。

裁判においては，法の適用において，借地借家法32条１項の適用が問題となるが，まず，そもそもこのような契約を通常の賃貸借契約と同様に扱ってよいのか，別の新しい契約形態として借地借家法は適用されないのではないか，という契約論が最初に問題となる。前述の２つの最判15年はこの点について問題となったものの最終的には賃貸借契約という前提にて借地借家法を適用するに至った。最判平15・10・21の藤田宙靖補足意見では，「一口にサブリース契約といっても，その内容や締結に至る背景が様々に異なり，また，その契約内容も必ずしも一律であるとはいえない契約を，いまだ必ずしもその法的な意味につき精密な理論構成が確立しているようには思えない一種の無名契約等として，通常の賃貸借契約とは異なるカテゴリーに当てはめるよりも，法廷意見のような考え方に立つ方が，一方で，法的安定性の要請に沿うものであるとともに，他方で，より柔軟かつ合理的な問題の処理を可能にする道であると考える。」という説明がなされている。

他方，リース契約について賃貸借契約と看做すか否か議論がある中におい

て，最判平5・11・25集民170号553頁は，「ファイナンス・リース契約は，物件の購入を希望するユーザーに代わって，リース業者が販売業者から物件を購入のうえ，ユーザーに長期間これを使用させ，右購入代金に金利等の諸経費を加えたものをリース料として回収する制度であり，その実体はユーザーに対する金融上の便宜を付与するものである」と判示し，金融取引との判断がなされている。したがって，借地借家法における強行法の適用が排除され得ることになる。

(3) 複合的性質の契約の場合

複合的性質を有する契約としては，タレントの専属契約について，委任契約と雇用・請負契約等の混合契約とする裁判例（東京地判平13・7・18判時1788号64頁）や準委任類似の契約とする裁判例（東京地判平12・6・13判タ1092号199頁）などがある。雇用契約においては基本的に強行法である労働法制が適用するため，当該契約の性質決定は重要となる。同様に複合的性質な契約として，システム開発契約においては，段階に応じた請負契約や準委任契約を一括契約とするケースがあり，このような複合的性質の契約で問題が生じた場合，どの典型契約のどの条項をもって判断することになるのかが大きな問題となる[19]。

(4) 複数契約の場合

さらに，複数の契約が一体的になって契約目的を果たすような契約も実務上みられている。最判昭30・10・7民集9巻11号1616頁は，金銭消費貸借契約とその契約に付随して締結する芸娼妓契約について，芸娼妓契約のみを公序良俗違反を理由して無効とするのではなく，一体のものとして金銭消費貸借契約も含めて無効とした。最判平8・11・12民集50巻10号2673頁はリゾートマンション購入と同時にスポーツクラブ会員となる旨の契約について，屋内プール完成の遅延を理由としてマンション購入契約を解除したケースであり，強行法違反が問題となった事例ではないが，最近の契約類型においてはこのような複数の契約が一つの目的のために密接に関連付けられているものが多いことから，今後，複数契約を一体として強行法違反ないし公序良俗等

---

(19) システム開発取引の契約紛争についての最近の論考として，影島広泰司会「座談会システム開発取引はなぜ紛争が絶えないのかⅢ契約実務編」NBL1117号（2018年）42頁。

に反するとするケースも存在しうると考える。

4　強行法違反の場合の効果・信義則・権利濫用を理由とする解決

　裁判例においては，強行法違反とする場合のほか，信義則違反や権利濫用を理由としてその条項・契約の効力を否定し，または事実に応じた解決を示すものが多くある[20]。これは，様々な事案においてその取引や契約の修正を求める裁判所の判断では，強行法違反による無効とするよりは，当該事案ごとの対応において，信義則が有する①法具体化機能（職務的機能），②正義衡平的機能，③法修正的機能（社会的機能），④法創造的機能によって，適切な結果を導きやすいことに理由があるように思われる[21]。

　したがって，強行法等の制約原理に特約が抵触した場合であっても，契約全体ではなく問題となる特約の効力のみをまずは検討対象とした上で，単に特約を無効とするのではなく，積極的に信義則を用いた解決が図られるべきである[22]。強行法等を理由として，当該取引や契約自体の存在が許容されなかった場合に，契約当事者間の契約関係を補充し，当事者間の公平や契約目的を達成させるためには，当事者間における権利関係の調整を積極的に行

---

(20)　民法583条について最判昭45・4・21集民99号109頁は，買戻期間が経過したとしても催告していない場合は買戻権の消滅の主張は信義則上許されないとした。その他，民法420条につき，信義則を理由として違約金の減額を認めたものとして，東京地判平2・10・26判タ758号215頁，東京地判平9・11・12判タ981号124頁がある。また業務違反について，東京地判平5・12・27判時1505号88頁，浦和地判昭58・9・30判タ520号166頁など。

(21)　最判昭32・7・5民集11巻7号1193頁は，信義則が契約の趣旨の解釈基準となるべきと判示している。

(22)　なお，同様の趣旨において，信義則ではなく一部無効等で解決を試みる裁判例も多い。大村敦志『公序良俗と契約正義』（有斐閣，1995年）363頁は，公序良俗違反が問題となる裁判例を分析した結果，「公序良俗違反＝絶対無効・全部無効＝不法原因給付という公式にはあてはまらない裁判例が多かった。訴訟は契約当事者間で行われたものが大部分であり，第三者が契約の無効を主張するということはあまりなかったし，一部無効とされたものはかなりの数にのぼり，不法原因給付は問題とならなかったのである。このように見ると，判例は，暴利行為につき，取消・減額という効果を認めたといってもよいかもしれない。」としている。また，信義則と公序良俗との関係については，「本来契約内容ではなく契約の実現段階を規制する信義則が契約内容の規制に進出し，本来契約内容を規制する公序良俗が契約締結段階と履行段階も取り込むことによって，両者の関係は曖昧になってきている」（山本敬三「信義則，公序良俗」法学教室144号（1992年）42頁）とされている。

う必要があり，契約条項が無効となって空白となった穴を埋めなければ結局のところ契約（取引）は正常に機能できないこととなってしまうため，穴埋め作業を同時に実施する必要がある。このように壊れた契約関係を修復する作業は，まさに当事者間で何とか契約目的を達成しようとする契約の効力によって導かれるものであり，当初の契約内容や契約目的の枠の範囲内にて，契約の違法部分を切り取り代わりに適法部分を付け加えることで修復して契約の履行を進めることは当然であり，実務にて契約当事者間が協議によって契約の一部変更を実施することで対応していることと同じである。このように裁判において，当事者の契約意思解釈として，または信義則を根拠として，当事者間における信頼関係による修復可能な内容の限度において契約内容を変容させることは必然のことと思われる。

そして，このような当該契約関係の修復が行われる場合においては，当該強行法等制約原理との関係で適法となるように修復されるべきであるから，当該規制原理の趣旨を取り込んだ形にて修復がなされることになり，当事者間における信義則の適用においても，強行法等の制約原理の趣旨が大きく影響されることになる。また，公序良俗等を理由として特約が無効となる場合には，信義則の適用による修復においては任意法が適用される場面もあり得よう[23]。

5　裁判所の判断プロセス（契約の法性決定）と典型契約における冒頭規定や任意法の関係

実務においては，契約自由の原則の下で比較的自由に取引契約が実施されているところ，これを法規との関係で判断する作業を行うのが裁判所である。ここで重要となるのは，様々な契約形態において，基本的に裁判所はどの典型契約に該当するかを最優先して判断することとし，典型契約を大前提として当該契約条項や取引を判断する方向にあることである。時として，当事者がめざす契約の目的や意思よりも，形式的に典型契約に当てはめることを優先する。すると，実務においては，前記のとおり法規についてあまり頓

---

(23)　例えば，瑕疵担保責任条項について不当な内容であって公序良俗違反で無効とされるような特約においては，任意法たる民法等の瑕疵担保条項が適用されることになる。

着せず，むしろ当事者の意思，信頼関係や慣習であるところを中心として交渉し，「約束」規定をつくっているのであるから，当然に，典型契約にあてはめようとする裁判所の判断に限界が生ずる部分が多くなるはずである。時として，裁判例において取引実務とはかけ離れた判断がなされる背景と思われる[24]。

少し脱線するが，このように裁判官が考える原因は，明らかに要件事実を前提とする審理の方法であり[25]，その要件事実は法律要件分類説によることが裁判実務となっていることからすれば，当然に典型契約の冒頭規定を重視し，さらには典型契約を形作っているその他の任意規定を有力な情報として，それらの規定を絶対の羅針盤として取引・契約を見ているため，その羅針盤に書いてないことについては判断の限界が大きく生じうる危険が生じる。そのため，契約実務においては，しばしばこれら裁判のやり方をも見通した形にて，法律要件分類説に従って，立証責任にも十分な注意を要し，例えば，「甲は●●について，△でない限り使用することができる」という条項があったとして，これを「甲は●●について使用することができる。但し，△である場合には，乙は使用を拒むことができる」という書きぶりにすることによって，裁判となった場合には乙において使用禁止事由についての主張立証責任を負わせ，甲において有利に裁判が進むこととなるような契約

---

(24) 中村直人「訴訟の心得——円滑な進行のために」（中央経済社，2015年）27頁など，弁護士による著作ではしばしば裁判所の判断と実務のずれがあることが指摘されている。
　　なお，中田・前掲注(3)64頁は，典型契約の機能を2つに大別した上で，第1の意義・機能を基本的な契約類型を提示することによる便益の提供とし，第2の意義・機能を契約当事者間の公平に資することとした上で，「典型契約の意義・機能は，以上の両面で評価すべきである。第1の意義・機能を見落とすと，典型契約は規制色の強い硬直的なものとなり，第2の意義・機能を見落とすと，典型契約と契約正義との関係を見逃すことになる。」とする。他方，吉田邦彦『契約法・医事法の関係的展開』（有斐閣，2003年）116頁は，日本の裁判所の契約解釈に関する司法積極性を強調するが，このような裁判所による修正的な契約解釈について，当事者の合意に介入するものであり，もはや解釈とは異質の作業であるという批判もある（中田・前掲注(3)107頁参照）。
(25) 大村敦志『典型契約と性質決定』（有斐閣，1997年）39頁参照。なお，同書229頁以下においては，日本の裁判官の法適用過程・法創造機能についての議論を紹介している。

条項を作成することとなり，また，そのような条項を作成する実務が高く評価する傾向が生じている。

　なお，この裁判所が典型契約のあてはめを行う際には多数の任意法の比較をも行うことになろうことからすれば，任意法は当該契約の性質決定において指針を構成し，当該契約の典型契約のあてはめ後において，その典型契約における強行法の適用がなされるとすれば，当該契約や特約の強行法違反の判断において任意法も作用していることになる。

V　強行法等の法規と実務との相関関係

1　総　論

　強行法等の法規は実務を規制する機能を有しているが，反対に，実務によって強行法等の法規に修正等が加えられる場合がある。

2　既存法規に対する実務からの修正

　例えば，民法420条1項は賠償額の予定を規定しており，その第二文では，「この場合において，裁判所は，その額を増減することができない。」としている。しかしながら，実務において不合理な結果が生ずるため，賠償額の予定について，信義則等を理由として減額変更する裁判例が散見される（東京地判平2・10・26判タ758号215頁，東京地判平9・11・12判タ981号124頁など）。そして，2017年民法（債権法）改正においては，この第二文は削除されることに至っている。民法420条1項第二文がそもそも強行法として規定されていたとすれば，実務が強行法より優先されるに至り，強行法を修正する法改正に至ったということになる。任意法と位置づけられた場合においても，実務において不合理な任意法を法改正によって修正したこととなる。本来は，実務を規律する機能を有する法規が，実務との関係において合理性を失った結果，実務に即した改正がなされたことになる。

3　既存法規に対する経済社会情勢の変化による修正

　平成３年法律第96号による改正前の証券取引法50条１項３号は，有価証券の売買その他の取引について，証券会社又はその役員，使用人は，顧客に対して有価証券について生じた損失の全部または一部を負担することを約して勧誘する行為をしてはならないとして，いわゆる損失保証契約を禁じており，違反した場合には免許取消し，業務の停止等の行政処分が科されるのみで刑事罰が科されることはなかった。そこで，旧証券取引法50条１項３号違反の損失保証契約がなされたとしても私法上の取引には影響はないとされていた。ところが，その後の高額の損失補てんが社会問題になるに至り，平成３年法律第96号をもって旧証券取引法は改正され，改正証券取引法50条の３は損失保証・利益保証の申込み，約束の禁止，実行の禁止を規定し，違反行為に対しては懲役刑を含む刑事罰を科することとなった（改正証券取引法199条１号の６，200条３号の３）。最判平９・９・４民集51巻８号3619頁は，この経過を踏まえ，旧法時の損失保証契約であっても，法改正の経過からすると，「次第に，損失保証が証券取引の公正を害し，社会的に強い非難に値する行為であるとの認識が形成されていったものというべきであり，遅くとも，上告人が被上告人との間で損失保証契約を締結したと主張する平成２年８月15日当時においては，既に，損失保証が証券取引秩序において許容されない反社会性の強い行為であるとの社会的認識が存在していたものとみるのが相当である。そうすると，上告人主張の損失保証契約は公序に反し無効といわなければならず，これと同旨の原審の判断は，正当として是認することができる。」と判示している。

　すなわち，この最判平９年は，公序の価値判断は，社会の状況の変化，法規範に対する認識の変化によって変更されうることを示しており，さらに敷衍すれば，民法90条の公序良俗の内容のみならず，明文の強行法においてもその適用において，社会通念の変化によって変わる可能性を示唆するものと考えられる。この傾向は経済法規に特に顕著であると考えられるが，そのほかの強行法においても可能性は否定されるものではない。

588

4 実務から新たな法規の創造

　また，実務から新たな規範が生成され，法規とすべき価値を有するに至り，新たに法規として立法化される場合がある。新たな取引分野であれば，その分野を規律するために新しい法が必要となり立法に至ることは良くあることであるが，従前からの取引に関して，それまでは慣習に過ぎなかったものが，事例を重ねて裁判例となったことによって法規に至る価値を有することがある。「継続的取引についての終了に関する規律（継続的取引の法理）」は，契約条項が契約において定められていなかった場合のみならず，契約条項が定められていたとしても，継続的取引においては一方当事者からの契約解消を制限する（裁判例として，札幌高決昭62・9・30判時1258号76頁，福岡高判平19・6・19判タ1265号253頁等）ものであり，2017年民法改正の改正手続において，当初は改正対象とされていたが，最終的には改正には至らなかったものである。もし，立法化された場合には強行法となるべき規定であることからすれば，契約自由の原則が前提となっている取引・裁判実務の中から強行法が生まれたことになる。新たな取引契約実務を規律するものではなく，実務において合理性をもって一定の法理として機能していたものが，社会一般において法規範に等しいものとして認知されるに至ったものである。そうすると，強行法は法規以外にもその根源が存在しうるものであり，その中心は慣習・取引慣行ではないかと思われる。

　他方，実務に対する規制を判例が行っているうちに，その内容が成文法となった例として仮登記担保法がある。金銭消費貸借契約と同時に代物弁済予約や，停止条件付代物弁済契約が締結された場合の規制に関し，様々な裁判例・判例を経た上で，最判昭49・10・23民集28巻7号1473頁はこのような担保実務を正面から認め仮登記担保の権利内容を詳細に判示した結果，1978年に仮登記担保法が制定されるに至っている。先ほど述べた清算義務（前掲最判昭42・11・16参照）についても同法3条1項に規定されている。停止条件付代物弁済契約という実務を規制する判例法理が最終的には立法化されたものであり，判例法として機能した例と言える[26]。

---

(26)　内田貴『民法Ⅲ債権総論・担保物権［第3版］』（東京大学出版会，2005年）548頁も「判例法による新たな担保物権の創設に等しい」と評価する。

Ⅵ　判例，取引慣行違反の効力

1　判例・裁判例違反の効力

(1)　判例・裁判例の法源性と実務的影響

　判例や裁判例が法源となるかという点については研究者の間では議論があるが，実務においては判例・裁判例は無視することはできず，むしろその動向について敏感である。これは，判例等の内容と同種事件であったり，同じ争点を持つ事件においては，裁判となった場合，実務上，判例等が当該裁判での判断に大きな影響を有していることが原因である。取引契約実務の当否について，最終的に裁判所が判断することになるため，裁判所の判断に影響が大きい判例等は無視できない訳である。

　他方，裁判所においては，最高裁判例違反・大審院判例違反，さらにこれらがない場合は高等裁判所判例違反が上告受理申立事由となっているため（民訴318条１項），これら最高裁判例等に反する判決を出すことはなく，またこれらの判例が下級審裁判例の積み重ねによってできることが多いことから，下級審裁判例であっても重要な参考資料となり無視できない。以上から判例，裁判例は実務に対し重要な影響を及ぼしている。

(2)　判例・裁判例が実務に影響を及ぼす具体的場面

　判例・裁判例が実務に対して規範的な意味をもつ場合としては，①法律の規定がない実務を規律すべきルールが判例を通して明確になるような場合や，②法律においては一定の枠組みしか規定しておらず，その適応は裁判所の事実認定とあてはめに任せているような場合，さらには③新しい取引形態に関する場合が考えられる。

　実務を規律するルールを規範化した例としては継続的取引に関する規律（継続的契約の法理）などがあり，法律が一定の枠組みしか規定していない場合としては詐害行為取消権や否認権の該当性に関する事案が考えられる。詐害行為取消権や否認権については，当該行為が取り消されてしまい，なおかつ当初と比べて経済的に圧倒的に不利な状況に陥ってしまう危険が生じてしまうことになるため，実務においては重要性が高く，その裁判例・判例に対

してはかなり敏感である。前述の将来債権譲渡担保についての対抗要件否認に関する対応などがその例である。

　新しい取引形態に関しては，担保権に関する事案にそのような傾向が多く見られる。例えば，前述の金銭消費貸借契約締結と同時に代物弁済予約（または停止条件付代物弁済契約）を締結する実務について，最判昭42・11・16民集21巻9号2430頁は代物弁済契約が実質は担保目的であるとした上で清算義務を認め，また，ファイナンス・リース契約について，最判平5・11・25集民170号5553頁はリースの対価が毎月発生する契約ではなく（担保権付きでの）金融取引と看做している。そのほか最判平18・2・7民集60巻2号480頁は，買戻特約付売買契約について，占有が伴わない場合には担保目的であり譲渡担保契約の性質であるとする。このようは判例では，形式上の典型契約ではなく実質的な契約機能から担保権設定契約と看做して具体的な判断を行っている。なお，担保権であるのか，それとも双務契約であるのかという点は，契約当事者の一方が倒産し，相手方に対する債務が倒産債権となったときに大きな意義を有する。したがって，倒産の場面における裁判例が多い[27]。

(3) 判例に抵触しないための特約の変更

　このような判例に対し，実務においては当該判例に抵触しない特約に修正し，裁判となっても当該判例によって特約が否定されないよう工夫を凝らすことになる。

　自動車の所有権留保を併用したオートローン（割賦取引）について，最判平22・6・4民集64巻4号1107頁は，自動車の売買代金の立替払いをした信販会社が，債務者が倒産したため，販売会社に留保されていた自動車の所有権（所有権留保）を代位行使しようとしたところ，契約では立替払金のほか

---

(27)　裁判例以外において，倒産事件での紛争においても同様の議論が頻出する。例えば，船舶共有契約について，山本和彦「船舶共有契約の双方未履行双務契約性」『倒産法制の現代的課題』（有斐閣，2014年）212頁は，船舶共有契約について債務不履行の際の買取特約が定められていることから実質が船舶建造のためのファイナンスリースに近い所有権型非典型担保とするのに対し，伊藤眞「船舶共有制度と会社更生上の双方未履行双務契約性」『最新倒産法・会社法をめぐる実務上の諸問題』（民事法研究会，2005年）2頁は，船舶共有契約は双方未履行双務契約であるとする。

信販会社の手数料をも当該所有権留保の被担保債権とする内容となっていたことを理由として代位行為を認めなかったため，その後，割賦販売業者において最判平22年に抵触しないように様々な特約内容が作られた。

　例えば，A信販会社の約款では，あくまで手数料をも担保させる意図のため，被担保債権の範囲の規定は費用等も含まれるとしながら，代位の条項において，「販売会社に留保されている車両の所有権が，会社が販売会社に立替払いしたときに弁済による代位によって会社に移転し」として，明文の規定において所有権留保に代位することを明確にすることにより，担保権を代位行使できることを主張する内容とし，B信販会社は，被保全債権については費用も含めながら，信販会社が購入者の債務を連帯保証するという契約形態に変更した上で，約款において，保証債務の履行によって，「民法の規定に基づき，丙は当然に甲に代位し，……自動車の留保所有権として甲が有していた一切の権利を行使する」とし，C信販会社も同じく被担保債権について費用も含めながら債権譲渡契約に変更した上で，「販売会社に留保された車両の所有権が，割賦契約の成立と同時に会社に移転し，私が割賦契約に基づく一切の債務を完済するまで，会社に留保されることを承諾します」という約款にしている。また，D信販会社は従前の立替払い方式のままであるが，費用等に販売会社が請求権を持つ形にした上で，その権利を代位行使する内容としている。これらの新しい契約形態や特約に対して，下級審裁判例は様々な判断をしており，例えば，A信販会社の約款について大阪地判平29・1・13金法2056号82頁は留保所有権の法定代位を認め，B信販会社の約款について名古屋高判平28・11・10金法2056号62頁は法定代位を否定しているが，いずれも判断は定まっていない様相である。このような中で，最判平29・12・7民集71巻10号1925頁は，販売会社か信販手数料の請求権を有する旨の契約（D信販会社の約款）において代位行為を認める判断を行った。

2　取引慣行・慣習・ソフトローの効力

(1)　慣習の効力

　もともと口頭契約を中心としており，当事者間の信頼関係のほか，業界や地域における取引慣行（慣習）が一定の規範機能を有していた（民92条参

照)。実務においては現在においても慣習は一定の規範的機能を有している[28]。

　取引慣行が確立している業界等においては，契約書を作成しない傾向も見受けられ（前掲注 6 広告業界の傾向参照），契約書を作成するとしても簡単なメモ程度の覚書か，または定型書式（ひな型）や発注書等で代用することが行われている。そして，裁判所において法適用が行われる場合においても，当事者においては取引慣行に則った方向性であてはめがなされることを望む（主張する）ことが多い。しかしながら，取引慣行や慣習を裁判所において立証することに相当の苦労が生ずる。これは裁判所が取引慣行等よりも法規や契約書記載の条項を判断基礎として優先する傾向にあり，そこに記載がないことや反することについては検討対象から早々に外す傾向にあることに起因するように思われる[29]。

(2)　強行法違反の慣習の取扱い

　一部の取引慣行については，例えば一方当事者を不当に虐げる結果を生み出しやすい場合もあり，強行法や信義則等にて修正を図られる場合も少なくない。

　しかしながら，慣習・取引慣行においては一定の合理性が認められていたからこそ長年に渡って尊重されてきた部分もあり，典型契約における規範に合致しないことがあったとしても，またその他の法規に合致しないことがあったとしても，全てが否定されるべきであるかについては慎重に検討されるべき場合が多いものと思われる。

(3)　ソフトロー（ガイドライン等）の効力

　ソフトロー（ガイドライン等）は，任意法を補う効果を有するものがほと

---

(28)　舟田正之「日本型企業システムの再検討と「私法秩序」」ジュリ1000号（1992年）299頁は，「強行法規と契約の自由（当事者の意思）の他に，各産業毎などに固有の商慣習（商慣習法・事実たる慣習）があり，しかもその商慣習自体が独禁法あるいは「公正な」取引秩序という観点から再吟味されるべきであるとすると，強行法規・商慣習・契約の自由の三者間の境界はそれほど画然としたものではないようにも思われる」とする。

(29)　しかし，研究者による見解においては，むしろ裁判所が慣習を見出し法源性を承認する方向での議論の方が多いように思われる（大村・前掲注(25)291頁以下，中田・前掲注(3)111頁参照）。

んどであり，実務的必要性から生じたものである。一部には，行政法規において概括的に規範が定められている場合にその具体的内容をガイドラインにて定める場合があり，この場合には，ガイドライン違反は行政法規違反の効果が生じうる。よって，強行法的運用が行われるガイドラインも存在しうる[(30)]。

しかしながら，内容において取引慣行となり得ないものもあり，また任意法規的規範を有している場合においても，通常は違反しても何らのペナルティもないため，取引実務において遵守意識が弱いものも多い。

（4）　まとめ

取引慣行・慣習は行為規範として大きな機能を有しており，特に裁判に至らない実務においては重要な役割を担っていることが多い。他方，裁判においては重要視されているとは言い難く，この実務と裁判における取扱いの差はなかなか埋まらないのが現状である。

Ⅶ　ま と め

契約取引実務においては，契約自由の原則の下で，あたかも強行法や任意法とはそれほど交わらないように考えられている。しかし，それは裁判にならない交渉による解決が優先される場面において生ずることであって一面に過ぎない。むしろ，裁判となった場面では，強行法の適用のほか，判例等の法規以外の規律も契約の解釈等において影響を及ぼし，これら強行法や判例等に抵触した契約は次には他の契約形態に修正して実務で取引されるようになり，さらにその修正された契約が再び違法と判断される場合も生じている。また，実務対応を行った末に確立した判例が新たに成文法となって実務を規律する場合も存在する。

---

(30)　近江幸治『民法講義Ⅰ民法総則［第7版］』（成文堂，2018年）181頁は，「ガイドライン」について，「規範性を持った行動指針であることは確かである。……経済活動領域で益々重要なものとなるだけに，任意法規との関係でどのように把握すべきかは，今後の問題である」とする。

　法規による規制においても強行法と任意法が立法され，両面から規制が図られる場合のほか，強行法を中心として立法され，任意法にかかる部分についてはガイドラインを策定して規制する方法など強行法と任意法の実務に及ぼす効果の違いにより規制方法も様々となっている。この後者の例として，保証について2017年民法改正が強行法として規定され，他方，任意法が妥当する部分については「経営者保証に関するガイドライン」が策定されている例が挙げられる。

　このように法規・判例と実務は有機的な関係において連動しているものであって，法律のみから結論づけることも，実務のみから結論づけることも適当ではなく，その相関関係にもっと焦点があてられるべきものと思われる。

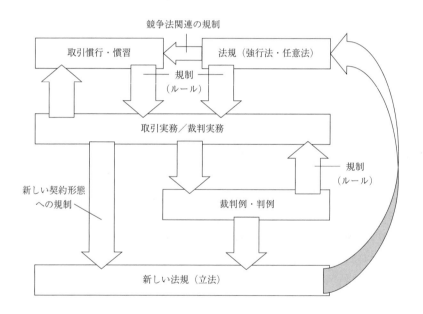

23　判例における強行法と任意法

芦 野 　訓 和

I　はじめに──問題提起──

　本来，私人間の法律関係においては私的自治の原則が尊重されるべきであり，契約当事者間では契約自由（の原則）が妥当するとされる。すなわち，当事者がどのような意思を表示するか，そしてどのような合意をするかは自由であり，尊重されるべきである。しかしながら，人が人間社会で生活する以上，社会的公益性や他者との関係などからその意思が制約される必要性を認めざるを得ない。

　一定の私法関係において当事者の合意・特約の効力が争われることは少なくない。そのような場合に制約法理としてあげられるものに強行法（強行法規・強行規定）がある（以下本稿では《強行規定》とする）。ここでは，強行規定は当事者がその意思によって逸脱することのできない法規範として機能していることになる。では，どのような規定が《強行規定》であるとされるか。この点につき前述の機能面に着目するならば，たとえば近時の教科書では，「法律行為の内容がその規定に反する場合にその効力を認めない旨の文言（たとえば，「することができない」，「無効とする」）があれば，それは強行規定である」[(1)]とされ，それがない場合には，規定の趣旨から区別されるこ

とになるがそれは容易ではなく，以下のような類型的指摘がされているにとどまるとされる。すなわち，①私的自治による法律関係の形成を認めるための前提となる事柄に関する規定（例：法律行為の成立要件や効力否定要件に関する規定〔権利能力の付与や行為能力制限の有無に関する規定，意思表示の瑕疵に関する規定〕。前提をやぶる法律行為はその法律効果の発生の根拠をもたないことになるから），②第三者の権利義務に関わる事項を規律する規定（例：物権法の規定の大部分，各種の第三者保護規定〔94条2項・96条3項，表見代理に関する規定など〕。私的自治の原則から，法律行為によって定めうる法律関係は，原則として，当事者の法律関係にとどまるというべきだから），③弱者保護を目的とする規定（例：349条。また，借地借家法，利息制限法，消費者保護法などいわゆる弱者保護立法には，強行規定が多い。もっとも，その多くは，規定の文言から強行規定であることが明らかにされている。当事者の意思を優先させると弱者保護という立法目的が達成されないから），④社会秩序の基本に関わる規定（例：婚姻，親子，相続など身分秩序・家族秩序に関する多くの規定。当事者の意思を優先させると，社会秩序維持という立法目的が達成されないから）は，強行規定であるとされる[2][3]。これらに加えて，⑤基本的な自由を保障する規定をあげるものもある[4]（上記類型を以下では類型①〜⑤と呼ぶ）。

　では，具体的に判例において，法規と抵触する合意・特約が問題となった場合，両者の優劣および効力はどのように判断されているか。本稿では，強行規定を合意・特約の制約法理のひとつとしてとらえ，法規の内容と合意・特約との関係が争われた判例を素材として，もっぱら，その機能面から類似する（あるいは，重なり合う？）他の制限法理も含め，判例を分析することにする。検討の順序としては，まず，強行規定に限定せず，判例においてどの

（1）　佐久間毅『民法の基礎1［第4版］』（有斐閣，2018年）184頁。
（2）　佐久間・前掲注(1)184，185頁。
（3）　あるドイツの学者は，①要式行為に関する規定，②契約自由を制限する規定，③人の原則的地位に関する規定（例えば，権利能力など），④弱者保護の規定（片面的強行），⑤権利と義務とを当事者の意思とは関係なく形成する規定（権利客体としての物に関する規定など）に分類する。この点については，拙稿「民法635条ただし書の強行法性」椿寿夫編『民法における強行法・任意法』（日本評論社，2015年）255頁注4を参照。
（4）　四宮和夫＝能見善久『民法総則［第9版］』（弘文堂，2018年）302頁。

ような規定がどのような用語で性質決定されているかを概観し（Ⅱ），つい
で，法規の性質決定の根拠をあげている判例につき整理し（Ⅲ），そして，
判例における合意・特約制約法理を検討し（Ⅳ），最後にまとめとして，判
例における当事者意思の制約法理につき仮説的な私見を提示する（Ⅴ）。

　取り上げる判例については以下の基準で選定した。まず，大審院，最高裁
において当事者意思と法規の優劣が争われたものを取り上げる。また，法規
の性質決定の観点から合意・特約の制約とは関係のないものも含め，問題と
なる法規につき《強行規定》《任意規定》その他の用語を用いて性質を述べ
ているものも拾い上げた。さらに，法規の性質決定をせずとも（あるいは，
法規との抵触について問題としていなくとも），合意・特約の制約・否定につい
て判断したものも対象とした。判例選定にあたっては複数のデータベースを
利用し，その結果，本書617頁から633頁の一覧表のように282件の判例を選
定した。見落とした判例もあり得るが，かなりのものは網羅できたであろ
う。なお，先行する二冊の研究書（椿寿夫編『強行法・任意法でみる民法』（日
本評論社，2013年），同『民法における強行法・任意法』（日本評論社，2015年））
において，ここで取り上げるかなりの判例はすでに対象として研究が行われ
ており[5]，本来であれば注において示すべきであるが，誌面の関係上，見解
を引用する以外には注で示さない。

　判例一覧表中の左端番号枠内に◎があるものは理由を述べた上で問題とな
る規定の強行性を認めているもの，○は理由を述べずに強行性を認めるも
の，×は強行性を否定したものである。また，右端の「関連法規」について
は，民法および本稿で検討する民事特別法についてのみ条数まで表記する
が，他の法規については，法令名のみを示すにとどめる。なお，要旨中の条
数については原則として判例で引用されているものをそのまま記載した。

（5）　一方で，これらの研究書で取り上げているものでも，一覧に掲載していない最高裁
　　判例もある。

Ⅱ　判例における法規の性質を示す用語と決定根拠

1　性質を示す用語

　ここでは，まず形式面からみていくことにする。すなわち，大審院・最高裁において規定の性質を示す用語として用いられたものにはどのようなものがあるかを概観するため，法規に反する合意・特約の制約場面だけでなく，また，民法規定以外にも対象を広げる。そのように広げたとしても，判決文の中で法規の性質について直接述べる（性質決定をした）ものは，業法，行政規則等を含めたとしても多くはない。

(1)　《強行規定》《強制的規定》

　（a）　肯定判例　　　性質決定をした判例の中で，《強行》あるいは《強制》という用語を用いて性質判断するものは肯否を併せて52件であり（一覧表で◎○×の印のついているもの），理由も述べて《強行性》を肯定しているものは18件（一覧◎），理由を述べずに肯定するものは23件（一覧○），《強行性》を否定したものは11件（一覧×）ある。

　民法規定については，時効に関する規定（判例107），債権譲渡債務者対抗要件に関する467条1項（判例50，51），買戻しの特約および実行方法について定めた579条，583条1項（判例64），やむを得ない事由に基づく解除権を規定する628条（判例116），組合員の任意脱退を規定する678条（判例252），婚姻に関する740条（判例82），養子縁組に関する現行799条，739条（判例144）が，《強行法規》《強行規定》であると判断されている。また，判例22も，388条は地上権の設定を「強制するもの」としており，ここに含めることができよう。

　特別法に広げたとしても，利息制限法1条，4条1項（判例186，192），借地借家法11条（判例183，256，263，旧借地法12条1項につき判例232），32条1項（判例257，258，259，262，263，264，268，旧借家法7条につき判例159），商法739条（判例73，218），手形小切手法6条1項（判例238），労働基準法（判例210，212，215，281），男女雇用機会均等法9条3校（判例279）などがあるに過ぎない。

（b）　**否定判例**　　一方，民法規定の強行性を否定した判例も，民法に関する規定は任意規定であるとの理解が当然の前提になっているからか，わずかである（《任意法規》としたものについては，後述(4)）。売主の担保責任に関する572条の強行性を否定したもの（判例203），買戻しの実行に関する583条の強行性を否定したもの（判例54），法定相続分に関する900条の強行性を否定したもの（判例248）があるに過ぎない(6)。

特別法では，旧商法58条（判例75），旧商法344条（判例69），旧商法429条（判例20，31，35）がある。

興味深いのは，教科書などでは「公の秩序」の観点から強行法であると説明されることが多い公法規定につき，少年法規定（判例142），地方公務員法規定（判例261），宗教法人令規定（判例185）の強行性を否定した判例が存在することであろう。

（2）**《公益規定》**

規定を《公益規定》あるいは《公益に関する規定》とするものは7件である。民法では，改正前の自己契約・双方代理の禁止に関する108条（判例24），不法原因給付に関する708条（判例14）が《公益規定》であるとされている。

特別法に目を向けるならば，利息制限法（判例11），商法（判例113），取引所法（判例66，判例85，判例128）がある。

戦前の昭和17年に下された判例128以降，この用語を用いた判例は見つけられなかった。

（3）**《公序規定》**

《強行規定》と述べずに単に《公の秩序に関する規定》とするものは4件ある。民法に関しては，不動産工事の先取特権に関する338条は公の秩序に関する規定であり，91条を根拠とする主張は認められないとしたもの（判例33）がある。"強行規定は公の秩序の関する規定である"という定義から

（6）　一覧表に載せていない高等裁判所判決ではあるが，一般に強行規定であると言われる物権法の規定につき，地代に関する266条1項により準用される永小作権の消滅請求に関する276条の強行性を否定したものもある（東京高判平4・11・16高民集45巻3号199頁）。

は，《強行規定》と明言してもよさそうであるが（民法規定に関するものではないか，判例49はそのように述べる），本判決では上告理由が民法91条を根拠にあげているからか，単に"公の秩序に関する規定"と述べるにとどまっている。また，物権の設定および内容に関する規定は「公ノ秩序ニ関セサル規定」ではないとした判例30もここに含めることができよう。

　民法以外では，民事訴訟法に関する規定を公の秩序に関するものとした判例19，労働基準法およびそれを受けた条例を公の秩序（に関するもの）とした判例210，212がある。

(4)　《任意規定》

　強行規定と対峙する概念として《任意規定》があるが，この用語をあげる判例は9件に過ぎない。民法では，自己契約・双方代理に関する108条（判例58），委託を受けた保証人の求償権に関する459条2項により準用される442条2項（判例236），解除の要件としての催告に関する541条（判例277），手付けに関する557条（判例140），賃借人の費用償還請求権に関する608条（判例217）の5件をあげることができる。

　そのほかには，合資会社の内部関係に関する商法規定（判例42），合資会社の有限責任社員は業務を執行できないと定める部分（判例139）を任意規定であるとしたものがある。

　また，当事者意思とは関係しないが，判決は交付後2週間以内に当事者に送達するとする民訴法規定につき，それは任意規定であり，送達が同条に違背したからといって，これを上告の理由とすることはできないとしたもの（判例174），公法規定である刑法25条を任意規定としたものも存在する（判例166）。

(5)　《補充規定》

　規定の機能面から《補充的規定》との用語が用いられる場合もある。弁済による代位に関する501条5号（判例236），法定相続分に関する900条（判例248）が《補充的規定》であるとされている。

(6)　《便宜的規定》

　そのほか，どのような意味で用いられているかは必ずしも明確ではないが，債権者による担保の喪失に関する民法504条を，公益的意義を有しない[7]《便宜的規定》であるとするものもある（判例105）。

2　強行性の決定根拠

つぎに，これら強行規定と性質決定された判例においてその法規の強行性がどのような根拠から認められているのかをみていくことにする。民法財産法規定に限定するならば4件に過ぎないことから，ここでも対象を他の規定に広げることにする（家族法規定は除く）。

(1)　民法規定の強行性の根拠

(a)　担保権実行規定　公正さの確保　判例143は，特約・合意と法規の抵触が問題となったものではないが，保管していた動産を処分し横領罪に問われた事案で，被告人が慣習にもとづく先取特権により処分したと主張したことに対し，そのような慣習の存在を否定した上で，「担保物権の実行に関する法規は担保物換価の公正を確保し，唯に担保権者のみならず競合する他の債権者の利益をも併せ保護する強行規定であ」るから，権利者であっても法定の手続によらずに担保物を任意処分することはできないとした。

(b)　民法467条1項　取引安全・公益保護　判例50は，民法467条1項に反し債務者への通知または債務者の承諾のない債権譲渡でも債務者に対抗できる旨を定めた特約につき，もしそのような特約を認めれば債務者は誰に弁済してよいか分からず二重弁済の危険から弁済を躊躇することになり，取引の安全を害し公益を害することは明瞭であることから，同規定は債務者の利益を保護すると同時に公益を保護する強行規定であり，それに反する特約は無効であるとした。

(c)　民法591条，583条1項　買主・第三者・売主の利益　判例64は，必要費および有益費を支払わなければ買戻しができないとの特約につき，法が代金および契約の費用と定めたのは，買主及び第三者の利益を保護すると同時に売主の利益を保護するためのものであり，それは強行規定であるから，それに反する特約は無効とした。

(d)　民法678条　自由の保障　判例252は，民法678条はやむを得ない事由がある場合には組合員は任意に脱退できると規定し，その旨を規定する部分は強行規定であり，それと反する特約は「組合員の自由を著しく制限す

（7）　この点では任意規定と同義で用いているのであろうか。

るものであり，公の秩序に反するものというべきであるから」無効であると
した。

(2) 民事特別法規定の強行性の根拠

(a) 借地法11条 借地権保護　　判例183は，借地法11条の規定につき，「借地人に債務不履行ないかぎり，借地権の保護を厚くせんとする」法意の強行規定であるとした。

(b) 借地借家法11条1項 公平の観点　　判例256は，借地借家法11条1項の規定につき，「長期的，継続的な借地関係では，一度約定された地代等が経済事情の変動等により不相当となることも予想されるので，公平の観点から，当事者がその変化に応じて地代等の増減を請求できるようにしたもの」であり，「この規定は，地代等不増額の特約がある場合を除き，契約の条件にかかわらず，地代等増減請求権を行使できるとしているのであるから，強行規定としての実質を持つ」とした。

(c) 利息制限法 経済的弱者保護　　判例186は，利息制限法1条1項，4条1項の規定は強行規定であり，債務者が利息，損害金の弁済として支払った制限超過部分は本規定により無効とされるとした上で，債務者が利息制限法所定の制限をこえる金銭消費貸借上の利息・損害金を任意に支払ったときは，その制限をこえる部分は，民法491条により，残存元本に充当されるものと解することは，「経済的弱者の地位にある債務者の保護を主たる目的とする本法の立法趣旨に合致する」とした。

(d) 手形法6条1項 取引の安全性・迅速性の確保　　判例238は，特約・合意との関係で問題となった事案ではないが，手形金額記載の差異について定める手形法6条1項の規定につき，「手形取引の安全性・迅速性を確保するために設けられた強行規定である」とした。

(3) 労働関係法令の強行法規性

(a) 労働基準法 法律による効果　　労働基準法は，13条において「この法律で定める基準に達しない労働条件を定める規定は，その部分について無効とする。この場合において，無効となつた部分は，この法律で定める基準による」と定め，同法と反する契約を無効にするだけでなく，法律の規定を強制するという強い強行法規性を定めている。判例でも同条を根拠とし

て，時間外勤務手当の支給義務を定める労働基準法および条例の規定を公の
秩序に関する定めであるとしたものが2件みられる（判例210, 212）。

　判例215は，労働時間の上限につき定める32条1項につき，就労時間の点
で労働者を保護することを目的とした強行規定であるとした。

(b)　男女雇用機会均等法9条3項　男女機会均等および待遇の促進等

　判例279は，婚姻，妊娠，出産等を理由とする不利益取扱いの禁止等につ
いて定める男女雇用機会均等法9条3項につき，同規定は「雇用の分野にお
ける男女の均等な機会及び待遇の確保を図るとともに，女性労働者の就業に
関して妊娠中及び出産後の健康の確保を図る等の措置を推進するという目的
及び基本的理念を実現するためにこれに反する事業主による措置を禁止する
強行規定として設けられたもの」であるとした。

(4)　破産法104条2号　債権者間の平等

　判例229は，「破産債権者ガ支払ノ停止又ハ破産ノ申立アリタルコトヲ知リ
テ破産者ニ対シテ債務ヲ負担シタルトキ」の相殺禁止について定める旧破産
法104条2号につき，「債権者間の実質的平等を図ることを目的とする強行規
定と解すべきであるから」それに反する合意は特段の事情がない限り無効で
あるとした。

(5)　その他の法規

(a)　行政規則　公の秩序　　判例49は，外国人の土地所有を禁ずる行政
規則につき，公の秩序に関する強行的規定であり，それに反する契約は無効
とした。

(b)　経済統制法規[8]　産業の回復および振興　　判例189は，「わが国に
おける産業の回復および振興に関する基本的な政策および計画の実施を確保
するという目的を」強行法規と解する根拠とし，それに反する行為は私法上
効力を有しないとした。

(c)　宅地建物取引業法　一般大衆の保護　　判例201は，宅地建物取引
業法の規定につき，「一般大衆を保護する趣旨」を含んでいるから強行法規

（8）　経済統制法規については，法規の強行性を明確に述べているものだけを選定した。
　　経済統制法令に反する私法的行為の効力について検討する文献は多数ある。石田穣
　　『民法総則』（信山社，2014年）543頁以下およびそこであげられている諸文献を参照。

であり，所定最高額を超える契約部分は無効とした。

（d）**国家公務員法　公益性**　判例267は，合意・特約に関するもので
はないが，国家公務員法の規定を「公益的な要請に基づく強行規定である」
とした。

3　先例を根拠とするもの

根拠を明確に示さずに強行性を判断（決定）している判例の中には，すで
に先例で規定の性質決定がされているものもある。判例51, 173, 177はその
ことを明確に述べる。一方で，単に先例を引用する形で強行性を示すものも
ある。

4　判例における用語法まとめ

これまでみてきたとおり，判例において法規の性質を決定したものは多く
はなく，根拠を述べるものはさらに少ない。その性質決定の根拠付けについ
ても，労働基準法のように明文で効力否定が明らかなもの以外は解釈によっ
ているが，これまで体系書・教科書等であげられていた"公の秩序に関する
規定＝強行規定"という図式で説明するものは１件に過ぎない。根拠につい
て明確に述べていないものも多く，例えば，《公益》という用語を用いても
公益とはどのようなものなのかを示しておらず，一義的ではなく不明確であ
る。さらには，根拠となる先例もなく，理由も述べないまま《強行》という
用語を印籠のように持ち出して，特約などの効力を否定するものもみられ
る。また，件数は多くはないが当事者意思の制約とは必ずしも関係のない場
面で《強行性》《任意性》があげられている場合があり，これが用語法を分
かりづらくしている点でもあろう。

これらの判例から分かることは，判例において法規の強行性を述べる場
合，２つの機能面に着目しているのではないかということである。一つは本
稿で着目する当事者の合意・特約の制約という機能であり，もう一つは法の
定める形式を強制するという機能である。例えば労働法に関する規定のよう
に一つの規定で両者の機能を有するものがある一方で，前者あるいは後者の
一方の機能のみを有する法規もあり，これが用語法を分かりづらくしている

原因の一つであろう。

　一方で，そもそも，法律上明記されていない《強行》《任意》という用語を必ずしも用いる必要はなく，多くの判例でも，問題となる場面で，法規の立法の趣旨や実際の機能などからその性質を判断し，合意・特約との優劣を検討している。

Ⅲ　判例における法規の類型

1　判例と学説上の類型との対比

　では，前述Ⅰの類型に当てはまる判例はどの程度あるだろうか。先に結論を述べるならば，当事者意思と規定の抵触を判断したもので各類型に当てはまるものは少ない。

(1)　類型①　私的自治の前提に関する規定

　前述の類型①に関する規定の性質（あるいは，それに反する特約の効力）が争われたものはみられない。

(2)　類型②　第三者の権利義務に関わる規定

　類型②に該当するものとしては，物権法規定に関するもの（判例5，8，22，25，33，34，143，231，243，251（否定するものとして判例245）），債権譲渡の対抗要件について定めた民法467条1項に関するもの（判例46，47）をあげることができる。

(3)　類型③　弱者保護を目的とする規定

　最も多くみられるものは類型③の弱者保護に該当するものである。すなわち，社会の発展に伴い社会的弱者が登場し，それを保護し関係を是正するものとして特別法が制定され，判例の解釈を通してその強行性が裏づけられてきた。これらの類型に属するものとしては，借地借家法（旧法も含む）に関するもの，利息制限法に関するもの，労働関係法に関するものがある。この点については，立法においても，社会的平等と正義を実現する目的から，任意法規としての第二次的な立場から第一次的な立場に進出する傾向にあることが指摘されており，判例においても，多くの場合にはそのことが当然の前

提とされ，改めて根拠を示さずとも《強行法規・強行規定》とされる場合が多い。

　この類型に含まれるものの多くは時代的な背景に基づいているといってよいであろう。明治42（1909）年に建物登記に関する建物保護法制定された後，大正10（1921）年になり借地人，借家人の保護を目的とした借地法，借家法が制定され，借地人や借家人に不利な特約の効力を否定する片面的強行規定と抵触する特約の効力が問題となった（借地法11条（判例59，63，67，90，97，110，123，183），借家法6条（判例77，80，94，106，111，121，122））。昭和16（1941）年，明渡請求（更新拒絶）に正当事由を求める改正がなされ借地人，借家人保護が強化された後は一時少なくなったが（判例127，153），戦後の昭和30年代に入ると増えることになる。これらの規定は条文上明確な片面的強行規定であることから，判例は法規の性質を改めて述べることなく，条文の趣旨・意義に基づく解釈，特約・契約の解釈により法規と特約の優劣について判断している（例外的に，特約が民法90条に反するとしたものが1件（判例97），特約を根拠とした解除権の行使を信義則上許されないとしたものが2件ある（判例191，226））。

　一方で，賃料増減額請求権については，これを定める規定（旧借家法7条，旧借地法12条1項）は権利を認めるにとどまりそれに反する特約の効力について定めていなかったことから，法規の性質が問題とされた。判例は，昭和31（1956）年に旧借家法7条を強行規定であると判断し（判例159），その後，昭和56（1981）年には本判決をあげ借地に関する旧借地法12条1項の強行性を肯定した（判例233）。借地借家法が制定された平成3（1991）年後にバブル経済も崩壊し，地価の上昇を前提として締結されていた賃料・地代自動増額改定特約と法で認められた賃料増減請求権との抵触が問題になり，これらの規定を《強行規定》であると性質決定をした上で，特約の効力を否定する判決が下されることが続いた（判例256，257，258，259，262，263，264，268）。その最初のものである判例256は，前述の判例159，233をあげながらも改めて理由を述べ，借地借家法11条1項は，公平の観点から請求権を行使することができると定めた強行法規であるとした（なお，これらの判例の中には先例の性質決定に拘束され，本来の趣旨から逸脱するものもある。ここ

での強行法性は弱者保護の観点から導き出されたものであり，その趣旨にあてはまらない場面では妥当するものではないだろう）。

　効力について着目するならば，本規定と抵触する特約自体の効力が否定されたのではなく，不相当になった場合には特約に拘束されないとするのみであり，"強行法規違反＝無効"とは異なるものである。

(4)　類型④　社会秩序の基本に関する規定

　婚姻や家族秩序に関するものとしては，嫡出子に関する民法799条，739条を強行法規とするもの（判例144）があるに過ぎない。しかし，本判例は法律の求める様式を満たさない役所への届出が問題となった事例であり，特約との関係が問題となったものではない。

　一方で，判例248は，相続に関する規定は身分関係に関する強行規定とは異なり，とりわけ民法900条は補充的な規定に過ぎないと判断しており，本規定を巡っては当事者の合意との優劣が問題となった。

(5)　類型⑤　基本的な自由を保障する規定

　本類型に含まれるものとして判例が判断するのは民法678条である。判例252は，同規定の組合員の任意脱退権を認める部分は個人の自由に関する規定として強行規定であるとしている。法規の性質を決定していないが，判例133も組合員の任意脱退権を制限する協定を民法678条の法意に反するものであり無効であるとした。

2　当事者意思とは関係のない《強行》規定

　本稿はもっぱら当事者の合意・特約と抵触する規定という観点から検討しているが，一方で，Ⅱ4で示した通り，それとは関係なく，法規の性質を判断するものもある。例えば，不動産登記法に関する判例240は，不動産登記手続きについて強制的に適用されるという観点から《強行規定》と述べている。前述の嫡出子に関する判例144もここに含めることができる。ここでの《強行法規性》は，合意・特約との優先が問題となるのではなく，法が求める形式を強制する規定であり，本稿が着目する合意・特約の制約法理とは異なるものである。

Ⅳ　特約・法律行為の効力否定

　当事者間の合意・特約の制約という観点から判例を見た場合，その機能を
果たすものは《強行規定》にとどまらない。

1　公序良俗

　契約・法律行為の効力が問題となった場合，根拠として用いられるものに
は《公序良俗》概念がある。この場合，規定そのものの性質を判断するので
はなく，規定に反する特約と公序良俗との関係が問題とされる[9]。判例一覧
においてすべてを網羅しているわけではないが，本稿と関係のある範囲で概
観する[10]。

（1）　公序違反

（a）　民法規定　　特約・法律行為の有効性が問題となった場合に《公
序》に違反しているかを検討するものはいくつかあるが，民法規定で問題と
なったものは少ない。この場合，前述Ⅱ1（3）のように規定が《公序》に関
するかを検討するのではなく，問題となる特約・契約が公序に反するかが問
題とされる。この場合，特約のみが無効となるのか，契約全体が無効となる
のかも問題となる。例えば，判例2では，親権を制限する契約は公の秩序に
反し無効とされ，判例5では，永久に譲渡しない特約を付した土地の贈与契
約全体が無効とされた。一方で，判例28では，委任契約における解除権放棄
特約が公序に反し無効とされ，判例253では，民法678条を強行規定であると
した上で，それに反する特約は公序に反し無効であるとした。

（b）　その他の規定　　私法上の効力を否定する"効力規定"という側面
に着目した場合，法規の性質判断をせずに，公序を理由として特約・法律行
為の効力を判断するものがみられる。無効とするものとして判例13，45，

（9）　ただし，判例103は，法規の性質を《便宜的規定》であるとした上で，それに反す
　　　る特約は公序良俗に反しないとした。
（10）　強行法と公序良俗の関係については本書の青木則幸「強行法違反の法律行為の無効
　　　と公序良俗」を参照。

46，61，138，251があり，無効とならないとしたものとして判例15，93があ
る。

(2)　良俗違反

(a)　民法規定　　民法規定と《良俗》概念との抵触が問題とされたもの
は420条である。判例78，136はともに手形の遅延損害金の約定が問題となっ
たものであるが，判例78は善良の風俗に反しないとし，判例136は民法90条
の良俗に反する限度において無効であるとして，原審に差し戻した。なお，
判例130も過酷な損害賠償額算定条項が問題となった事例であり，根拠は不
明であるが相当額を超える部分は無効であるとし，相当の範囲については利
息制限法を斟酌して決定した。

(b)　その他の規定　　このほか，判例10は，「株金額少ナクトモ四分ノ
一ノ払込前ニ為シタル株式ノ譲渡ハ無効ナリ」と定める商法180条につき，
譲渡行為自体を禁止したものではないから，譲渡代金の給付は禁止法もしく
は善良の風俗に反しないとした。

(3)　公序良俗違反

(a)　民法規定　　前述(2)で良俗との関係が問題とされた民法420条であ
るが，学説では一般に過大な損害賠償額の予定は公序良俗違反としてその条
項の一部または全部が無効となることがあるとされ[11]，判例でも額の多
寡，違約金を必要とする事情などを考慮して公序良俗との関係で判断される
のが一般である（判例55，60，95，103，136）[12]。また，判例38は，公序との
関係でも問題とされた委任の解除権放棄特約をめぐり，恩給を債権の担保に
供する際の委任の解除権放棄特約は公序良俗に反し特約は無効（ただし，委
任契約は脱法行為でない）とした。関連して，民法規定との抵触ではない
が，委任との関係では恩給担保が公序良俗に反するかが争われたものが3件
ある（判例39，40，74）。

(b)　その他の規定[13]　　《公序》の場合と同じく，私法上の効力を否定

---

(11)　我妻栄『新訂債権総論　民法講義IV』（岩波書店，1964年）133頁など。
(12)　判例54，59は直接に民法420条との抵触が問題となったものではないが，損害賠償
　　額の予定も含んでおり一覧表にあげている。
(13)　行政的取締規定と強行規定の関係については，米倉明「法律行為(10)～(13)」法教
　　53号20頁，54号28頁，55号108頁，56号78頁も参照。

する“効力規定”という側面に着目した場合，法規の性質判断をせずに，《公序良俗》を根拠として合意・特約の効力を判断するものは多い。例えば取引所法違反の契約を無効とした判例48，134，鉱業法と抵触する契約を無効とした判例62，食品衛生法に違反した物を販売する契約を無効とした判例184，商品取引所法に反する委託契約を無効とした判例237，不正競争防止法，商標法に反する契約を無効とした判例253，建築基準法に反する請負契約を無効とした判例276などがある。

　無資格者の行為も，公序良俗をもとに判断するものが多い。弁護士法規定に抵触する行為をめぐっては，判例182は同法72条前段に抵触する行為を民法90条に照らし無効であるとした一方で，判例280は同法72条に反する場合であっても，公序良俗違反の性質を帯びない限り無効とはならないとした。判例271も弁護士法28条に違反しても，公序良俗に反するような事情がなければ，直ちに司法上の効力が否定されるわけではないとした。

　判例208は，司法書士法に反する行為であっても，公序良俗に反する場合は別として直ちに無効になるわけではないとした。

　また，判例97は，違約罰を定めた約款を借地人の自由を不当に制限するものであり民法90条により無効とした。

2　信義則・権利濫用

　そのほか，当事者関係を客観的・強制的に修正・形成する根拠として信義則が用いられる場合がある。債権者による担保の喪失等について定めた民法504条とそれに反する特約の効力を判断するにあたり，信義則を述べる判例は3件ある。判例105は，同条は便宜的規定であり，同条により享受することができる利益を放棄する特約は信義則もしくは公序良俗に反しないとした。判例242は，担保保存義務免除特約を有効とした上で，それを主張することは信義則に反しまたは権利の濫用に当たらないとした。同様に，判例247は，担保保存義務免除特約および免責利益放棄特約を有効とした上で，それを主張することが信義則に反し，または権利濫用に当たる場合があるとした。また，売主の担保責任を負わない旨の特約について定める民法572条に関し，判例203は，572条は強行規定ではなく，信義則に反しない限り特約

によって担保責任を加重することができるとした。

　判例191，226は解除権留保付き増改築禁止特約につき，その行使を信義則に反し許されないとした。

　一方で，片面的強行規定である消費者契約法10条は，消費者契約の条項を公の秩序に関しない規定と比較し，民法1条2項に反するものは無効としていることから，判例もこの観点から判断している（判例274，275，277）[14]。

　このように信義則により特約・契約の効力の無効や修正が導き出されている場合には，信義則は実質的に特約の効力を制約する源として機能していることになり，その内容（禁止事項）は裁判所によって具体化されることになる。

3　先　例

　前述Ⅱ3で示したとおり，先例を合意・特約の制約根拠として示すものがある。これには，判例51のように「民法467条1項は強行規定でありこれに反する特約は効力を有しないことは当院の判例とするところである」と強行性の根拠として明確に述べるもののほか，先例として引用する形で根拠とするものも多い。この中には，判例159を引用判例としてあげる判例233のように法規の《強行性》の根拠としてあげるもののほか（前述のⅢ1（3）であげた賃料自動増額特約に関するものの多くはこれである），判例195のように特約の効力を否定する根拠として先例（判例191）をあげるものもある。

　また，信義則を基礎に形成された信頼関係破壊の法理が先例として後の判断の根拠とされている場合もある（判例191，195）。

　先例により判断される場合には，先例が強行的な基礎とされていることになる。これには，解釈により強行的な効力が与えられた規定の解釈を先例とするもの（「確定的解釈」）のほか，信義則を根拠に判例上形成された理論を根拠にするもの（「実質的解釈」）がみられる。

---

(14)　消費者契約法10条については，本書の椿久美子「半強行法概念と任意法」を参照。

V　判例における強行法と合意・特約制約法理

1　概　要

　これまでの検討から，判例における法規の性質と合意・特約の制約の判断について私見を提示する。

　一般に，特約等の当事者意思の効力が問題となる場合には，次のような順序で検討されることになろう。まず，①合意の有無，能力の有無・制限，②法規との関係（立法による法規の性質・解釈による法規の性質），③合意・特約の社会的妥当性，④特約等の拘束力，⑤効力内容の確定である。この中で，②については，立法により法規の性質が決定されているもののほか，解釈により法規と意思が抵触する場合の優劣が判断される場合がある。後者の場合には，a)国家秩序（公序），社会経済（取引安全）といった，秩序的な観点のほか，b)弱者保護，利益調整といった，社会的観点の両者から解釈が行われることになる。ここでは法規の性質が重要な機能をはたすことになるが，それは必ずしも法規の性質決定を必要とするものではない。また，③においては，《強行法規でない規定》あるいは《任意法規》に反する特約が《公序良俗》に反するものとして無効となる場合もあり得る。ついで，これをクリアした（特約が否定されない）場合であっても，④それがその内容のまま当事者を拘束するか（たとえば，任意の支払の有効性）という問題が生じ，ここでは信義則が大きな役割を果たすことになる。

　以下，具体的にみてみよう。

2　立法による制約

　法律に「当事者の合意・特約の効力を否定する」という法規の《強行性》が明示されている場合には，判例も多くはそれを根拠に合意・特約を制約している。例えば，借地法11条（特約を無効としたものとして判例59，63，153，165，200，202，230，有効としてものとして判例67，90，123，127，162，188，196，211），借家法6条（特約を無効としたものとして判例77，80，122，194，209，有効としたものとして判例94，106，121，163，164，171，179，198），消費

者契約法10条（判例272, 275, 277）を根拠にしたものをあげることができる。このような場合を本稿では《立法強行規定》と呼ぶ。これらは，法規の性質を決定せずに，特約の効力を判断している。この場合，制約の範囲についても，法規に従うことになり，前記の判例では特約の効力が問題となっている。

　しかし，当事者意思の制約原理としての強行法規性を明文で認める法律は少ない[15]。

3　解釈による制約

　規定に明示がない場合（多くの場合にはこれであるが），解釈により判断される。これには，前述Ⅳ3の「確定的解釈」により法規の性質が決定されるもの，「実質的解釈」により特約等の効力が決定されるものなどがある。

(1)　確定的解釈による解釈強行規定

　条文上規定の強行性が明記されていなかったとしても，解釈によりその性質が確定的に解釈・決定され，その後，判例においてそれが前提として判断される場合もある。借地借家法11条1項，32条1項に関する判例を例にあげることができる。民法467条1項，678条に関する判例もここに含めることができる。この場合には，その後の判例において当事者意思の制約原理として規定が用いられることになる。このような場合を，本稿では《解釈強行規定》と呼ぶ。明確な基準で後の判例にも影響を与えるものであり，「強い判例法」といえる。

　この場合には，その法規の性質決定根拠は様々であるが，判例は公益的判断や公平，自由の保護などから政策的・価値判断的な観点から強行規定を有権的に創設しているといえよう。

(2)　信義則

　これまでの検討の通り，信義則を根拠に当事者意思を制約する場合がある。この場合には，法規の性質を確定的に解釈するのではなく，当事者間の関係などを考慮し実質的に特約の効力を検討している。これには，単に信義

---

(15)　本文であげたもののほかには，保険法，法の適用に関する通則法，高齢者の居住の安定に関する法律などわずかなものに限られよう。

614

則を根拠に，特約による主張を認めないもののほか，信頼関係破壊の法理のように信義則を根拠に特約の内容の実現を制約するものがみられる（判例183，191，195，223，226など）。判例は信義則を根拠に政策的・修正的に当事者関係を創設しているといえよう⁽¹⁶⁾。前者の強い判例法と比較し，明確な基準をもって後に判例に影響を与えるわけではなく，「弱い判例法」といえる。

(3) 公序良俗違反

公序良俗は，法規の性質決定の根拠として用いられるだけでなく，合意・特約と抵触する法規の性質を決定せずに，あるいは任意法規に反する合意・特約が問題となった場合であっても，《公序良俗》を基準にその効力を判断する場合がある。この場合には，当事者意思の制約原理として《公序良俗》が直接に機能していることになる⁽¹⁷⁾。

4 判例による既存法規の修正

立法時には法規の性質が必ずしも明確でなかったものが，判例により性質決定されたのち，さらにその後その解釈が変更され，のちに立法により修正される場合もある。判例による解釈が，結果として法規に影響を与えたのである（「判例による既存法規の修正」⁽¹⁸⁾）。これには，民法108条および420条をめぐる判例をあげることができる。

民法108条は当初，「何人ト雖モ同一ノ法律行為ニ付キ其ノ相手方ノ代理人トナリ又ハ当事者双方ノ代理人ト為ルコトヲ得ス但債務ノ履行ニ付テハ此限ニ在ラス」と定めるのみであり，本人の許諾については書かれていなかった。そこで，これに反する行為の効力が問題となった。判例は当初本規定に反する行為は本人に何ら効力を生じない（判例18，24）としていたが，その

---

(16)　本書の髙井章光「実務からみた強行法・任意法」の信義則の関係形成機能も参照。
(17)　なお，公序良俗違反に関連して，不法原因給付も問題となる。単なる強行法違反は不法原因給付にならない。特約との関係では，不法原因給付規定に反する返還特約は無効であるが他の方法での給付は認められ（判例14），事後的な返還特約は708条にも反せず，90条にも反しないとされる（判例145，146，148）。この点，織田は民法708条を「弱い強行法規」とする。織田博子「判例・学説における民法規定の強行法性」椿寿夫編『民法における強行法・任意法』160頁。
(18)　髙井・前掲注(16)を参照。

後，本人の許諾・追認による効力を認めるようになり（判例47），ついには本規定を本人の利益保護を目的とする任意規定であるとした（判例58）[19]。その後，2004年の改正の際に，「本人があらかじめ許諾した行為については，この限りでない」との文言が加えられ，さらに2017年改正ではそれまで「できない」とされていたものを「代理権を有しない者がした行為とみなす」と効果が明確にされた（ただし書については維持されている）。

　民法420条については，1項前段のあとに，「この場合において，裁判所は，その額を増減することができない」との後段があり，本規定の性質を分かりづらいものとしていた。判例においては，他の事情や公序良俗との関係で判断し（判例78，81，92，103，114），さらには，すべてを無効とするのではなく，相当な額を終える部分（判例130），良俗に反する限度（判例136）を無効とした（そのほか，判例245，265，266）。2017年改正では，後段が削除された。

5　制約された合意・特約の効力

　前記のような法理によって合意・特約が制約された場合，それは効力の全面的否定だけではなく，特約の部分的否定がなされ，さらには，修正（当事者関係の強制的修正）といった効果も認められる場合がある（民法420条をめぐる判例，利息制限法をめぐる判例など）。

6　おわりに

　これまでの検討から明らかなように，判例において法の強行法性が問題となる場合には，法形式を強制するという機能と，当事者の合意・特約を制約するという機能が問題となる場合の2つがある。そして，当事者の合意・特約を制約する法理は様々であり，また，法規と抵触した場合でも，その性質決定は必ずしも必須ではなく，様々な法理のひとつとして機能している。制約される場合の効果も様々である。

　立法強行法，解釈強行法が問題となる場合には，改めて法規の性質決定を

---

(19)　一覧表に掲載していないが，その後の同種の判断を下すものとして，大判昭3・2・15新聞2819号5頁，大判昭9・6・15新聞3777号7頁がある。

せずとも，当事者意思が制約される場合もある。信義則・公序良俗が用いられる場合には，それだけで明確な判断が下されるわけではなく，問題となる事案の事情を考慮した上で判断されることになる。

　「強行法に反する合意・特約は無効である」という単純な当てはめは，解釈強行法の場合に有効ではあるが，その場合であっても，多くは先例による解釈が前提となっている。とするならば，いかなる規定が強行法であるかという点については，立法の際には重要であるが，当事者の合意・特約の制約場面では様々な制約法理のひとつとして機能しているのであり，他の制約法理を含めた全体での把握が必要である。

別表　判例一覧

	判決年月日	出典	要旨	関連法規
1 ×	明30・ 6・18	民録3輯 6巻40頁	登記法は強行法ではないから，登記をするかしないかは各人の自由。	登記
2	明31・ 3・17	民録4輯 3巻48頁	家政に関しては近親者の1人と協議して決定せねばならぬというような親権を制限する契約は，公の秩序に反するから無効。	民820条
3	明31・ 10・22	民録4輯 9巻49頁	取引所法による仲買人の資格を備えない者が，他の仲買人の名義を借りて取引所で行った取引は違法。	取引所
4	明32・ 2・28	民録5輯 2巻124頁	設立登記前の株式譲渡は，商法180条により無効だが，その性質として当然醜悪なものではないから，不法原因給付とはならない。	商180条
5	明32・ 3・15	民録5輯 3巻20頁	絶対永久に他に譲渡しないことを約束して土地の贈与を受けるのは，公の秩序に反するから無効。	民206条
6	明32・ 5・27	民録5輯 5巻121頁	取引所法による仲買人の資格を備えない者が，他の仲買人の名義を借りて売買取引を行うのは違法。	取引所
7	明33・ 5・24	民録6輯 5巻74頁	設立登記前の株式の譲渡または将来設立されるべき会社の株式を得る権利の譲渡は，商法180条により無効。	商180条
8	明34・ 6・24	民録7輯 6巻60頁	契約によって地上権の売買を禁止するのは，地上権者の権利を制限したに過ぎず有効であるが，善意の第三者には対抗しえない。	民265条
9	明35・ 1・29	民録8輯 1巻90頁	地代を滞ったならばいつでも地所を明け渡す旨の，いわゆる地上権の消滅時期を条件にかからしめることは，当事者の自由。	民266条1 項，276条
10	明35・ 2・20	民録8輯 2巻90頁	商法180条は，登記前の株式は譲渡の目的物とできない旨を規定したにとどまり，譲渡行為自体を禁止したものではないから，譲渡代金の給付は禁止法もしくは善良の風俗に反しない。	商180条
11	明35・ 10・25	民録8輯 9巻134頁	利息制限法は公益規定であり，制限を超過した利息は不法。	利息
12	明36・ 3・26	民録9輯 353頁	同規則は，北海道国有地借受人の権利は絶対にこれを譲渡することを禁止したのでなく，ただ行政庁の許可を受けなければ，これを譲渡してもその効力のないことを規定したのに過ぎず，当該譲渡は，性質上公の秩序または善良の風俗に反するものではなく，これを直ちに不法の契約となすことができない。	明治19年閣令16号北海道土地払下規則
13	明36・ 4・10	刑録9輯 515頁	日本臣民がその所有の船舶を日本船舶として外国人と共有する契約は，船舶法を回避することを目的とするもので，公の秩序に反する。	船舶
14	明36・ 5・12	民録9輯 589頁	民法708条に反して不法の原因のために給付したものの返還を約束することは公益規定に反する法律行為で無効であるが，売買等の法律行為に基づき給付するのは不法ではない。	民708条
15	明36・ 5・15	民録9輯 560頁	特許を得た鉱業者が鉱業者でない者をしてその事業を営ませても，鉱業者が一切の責任を負担する場合は，公の秩序に反せず有効。	鉱業
16	明36・ 11・16	民録9輯 1244頁	地上権の存続期間について，民法上数百年もしくは永代というような契約を許さない趣旨だとすれば永小作権のように期間を制限するはずだが，何らの制限もないことから，一切制限しない趣旨である。	民268条
17	明37・ 3・11	民録10輯 264頁	民法276条の規定と異なる解除原因を約定することは，当事者の自由。	民276条
18	明37・ 5・12	民録10輯 662頁	同一の法律行為につき一方が相手方の代理人となりまたは一人にして当事者双方の代理人となったときは民法108条但書の場合を除くほかその行為は本人間に何らの効力も生じない。（上告理由：民法108条は本人の利益を図ると同時に取引の安全を維持するためであり，公益保護の規定であるから強行的な規定であり，これに反する特約は無効。）	民108条
19	明38・ 5・26	民録11輯 763頁	訴訟費用に関する規定は公の秩序に関するものであつて，当事者の意思表示によりこれに反する特約をなすことは許されず，したがって訴訟に対し不当の抗争をなしたために生ずべき損害について賠償額を予定してもその効力がない。	民訴
20 ×	明40・ 10・29	民録13輯 1025頁	商法429条は，強制的規定ではないからこれと異なる別段の意思表示をすることを妨げない。	商429条
21	明41・ 5・9	民録14輯 546頁	権利株の売買は，法律の規定に反し当然無効であるが，公序良俗に反しない。	商
22 ◎	明41・ 5・11	民録14輯 677頁	民法388条は公益上の理由に基づき法律によって地上権の設定を強制するもの。	民388条

23	明41・ 12・23	新聞546号 14頁	設立登記前の株式の譲渡の予約は，商法149条但書の規定に反し無効であるが，公序良俗に反しない。	商149条 但書
24	明43・ 2・10	民録16輯 76頁	民法108条は公益規定であり，これに違背するときは本人間に何らの効力も生じない。	民108条
25	明45・ 5・9	民録18輯 475頁	家伝来の不動産を他人に贈与する際永久にその処分を禁ずるのは，社会経済上の利益を害し公益に反するから無効であるが，贈与契約自体は無効とならない。	民206条
26	大2・ 4・2	民録19輯 193頁	鉱業権を目的として第三者に採掘の権利を授与し，その第三者をして鉱業を管理させるのは鉱業法違反の行為で，これを目的とする契約は無効。	鉱業
27 ○	大3・ 6・27	民録20輯 519頁	学齢児童を工場に就業させる契約は，児童保護者に就学義務の履行をなしえぬような条項または使用者が就学を妨げうるような条項があれば小学校令の強行規定に反するが，そうでない以上有効である。	小学校令
28	大4・ 5・12	民録21輯 687頁	債権担保のために債務者の有する一身専属債権の取立を債権者に委任する際，解除権の放棄を特約するのは公の秩序に反し無効。	民651条
29	大5・ 1・29	民録22輯 200頁	債務者は特約をもってしても故意による履行遅滞の責任を免れることはできない。	民415条
30	大5・ 7・17	民録22輯 1395頁	物権の設定および内容等に関する規定は民法92条のいわゆる「公ノ秩序ニ関セサル規定」ではないから，当事者がこれと異なる慣習による意思を有している場合でも無効。	民175条
31 ×	大5・ 11・21	民録22輯 2105頁	商法429条は，強制的規定ではないからこれと異なる別段の意思表示をすることを妨げない。	商429条
32	大5・ 12・25	民録22巻 2509頁	質権者がいったん有効に質権を設定した後，民法345条の規定に反し質権設定者に質物を占有させるとき質権は消滅しない。	民345条
33	大6・ 2・9	民録23輯 244頁	民法338条の規定は公の秩序に関する規定であり，これと異なる意思表示の効力を認めることはできず，民法91条を根拠とする主張は認められない。	民338条
34	大6・ 2・10	民録23輯 138頁	上土権は民法の許容せざるものである。	民175条
35 ×	大6・ 3・20	新聞1261号 26頁	商法429条は，強制的規定ではないからこれと異なる別段の意思表示をすることを妨げない。	商429条
36	大6・ 3・30	刑録23輯 252頁	二重に電話架設の許可を得るために電話加入名義を虚無人または他人名義に変更するのは公序良俗に反する行為による給付とはいえない。	明治39年通信省令25号電話規則
37	大6・ 7・14	民録23輯 1423頁	委任は当事者の信任を基礎とするものであるから，子孫に至るまで永久に守護役を勤務させることは委任の性質に反し，無効。	民653条
38	大6・ 12・12	民録23輯 2079頁	相手方の承諾がなければ，代理人を使用しない旨の特約は無効。恩給を債権の担保に供する際委任の解除権を放棄するのは公序良俗に反し無効だが，委任契約は脱法行為ではない。	民651条
39	大7・ 2・21	民録24輯 266頁	委任の形式で恩給証書を担保としても，給付の原因が公序良俗に反しない。	民646条， 恩給
40	大7・ 4・12	民録24輯 666頁	委任の形式で債権担保のために恩給証書を交付するのは脱法行為として無効だが，その行為自体公序良俗に反し不法行為ではない。	民646条， 恩給
41	大7・ 10・23	民録24輯 2053頁	定期取引に類似する取引は，射倖的性質を有し，かつその取引が組織的に行われることによつて経済上有害なる結果を生ずる虞があるという理由で，これを防遏するために刑罰の制裁を科したものであるから，その取引は法律上無効。	取引所
42	大7・ 10・29	民録24輯 2068頁	合資会社の内部関係に関する規定は任意規定であり，定款に3分の1以上の社員の出席する総会で定款を変更する旨の規定があるときは，3分の1以上の社員出席の総会決議によりなされた定款変更は，社員に不利益な変更であっても有効。	商
43	大7・ 12・14	民録24集 2322頁	期間の定めのない雇用契約において，免職処分を受けた者は，資産の分配または手当金などを受けることができないとの内規などによって，誠実に職務を執行しない従業員をいつでも解雇することができる旨定め解約権を留保したと認められる場合には，民法627条1項の適用はない。	民627条1項
44	大8・ 5・31	民録25輯 951頁	鉱業試掘権者が，鉱山を貸借の目的となしその責任で鉱石を試掘させる契約は，鉱業権そのものを目的とする契約であり鉱業法17条違反。	鉱業

45	大8・ 6・14	民録25輯 1031頁	仲買人の資格を有しない者が仲買人の名義を使用して取引行為を営むのは取引所法の適用を免かれようとする脱法行為で，公の秩序に反する事項を目的とする法律行為として無効。	取引所
46	大8・ 9・15	民録25輯 1633頁	鉱業権者が鉱物の採掘に関する権利を第三者に授与し第三者をして鉱業を管理させることを目的とする契約は旧鉱業法17条に違背するもので民法90条にいわゆる公の秩序に反する無効な行為。	鉱業
47	大8・ 12・26	民録25輯 2429頁	民法108条は本人の利益保護のために代理権を制限したものであり，本人が許諾した場合には有効であり，許諾がない場合でも絶対的無効ではなく無権代理として本人の追認により効力を生ずる。	民108条
48	大9・ 3・10	民録26輯 301頁	取引所外で取引所の定期取引と同一の方法によって定期米の取引をするのは公序良俗に反し無効。	取引所
49 ◎	大9・ 5・22	民録26輯 732頁	外国人の土地所有を禁ずる同規則は公の秩序に関する強行的法規であるから，外国人に土地の共有権を取得させる契約は無効。	明治6年 地所買入 書入規則
50 ◎	大10・ 2・9	民録27輯 244頁	民法467条1項は物権の登記と同じく絶対的に債権譲渡を債務者に対抗するに必要な条件であり，債務者の利益保護と同時に公益を保護するいわゆる強行法規に属し，これに反する特約は無効。	民467条
51 ○	大10・ 3・12	民録27輯 532頁	民法467条の債務者に対する債権譲渡の通知に関する規定は強行法規であり，これに反する当事者間の特約は法律上効力を有しないことは当院の判例とするところである。	民467条
52	大10・ 4・12	民録27輯 632頁	鉱業法の規定に反して第三者が採掘した場合には，第三者はもちろん鉱業権者も鉱物の所有権を取得することはできない。	鉱業
53	大10・ 9・20	民録27輯 1583頁	取引所法の規定に反し，仲買人でない者が仲買人の名義をかりて，取引委託者の委託によってなした取引は無効。	取引所
54 ×	大10・ 9・21	民録27輯 1539頁	民法583条は，契約の費用を提供せずに単に代金のみを返還して買戻しをするという特約を許さない趣旨ではなく，そのような特約をした場合には，売主は単に代金のみを提供して買戻しの意思を表示し契約を解除できる。	民583条
55	大10・ 9・29	民録27輯 1774頁	契約期間内の芸妓の衣食費等は抱主で負担し，これに対し芸妓稼より生ずる収入を全部抱主の所得とし，退去等の場合には前借金に利息を附し修習費等の賠償をなすべき旨の契約は，民法90条によつて無効。	民420条
56	大11・ 7・5	新聞2024号 19頁	権利株の売買代金の支払は不法原因給付ではなく，代金の給付を受けた売主が買主に対し一定の条件のもとに返還を約することも民法708条に反しない。	民708条
57	大12・ 3・10	民集2巻 91頁	訴の取下をなすべき契約は，民事訴訟法においてその効力を認めないから無効。	民訴
58	大12・ 11・26	民集2巻 634頁	民法108条は本人の利益保護を目的とする任意規定。	民108条
59	大12・ 12・8	民集2巻 655頁	賃貸人は自己の都合によりいつでも解約申入をすることができ，解約申入をしたときは以後180日期間の経過と共に賃貸借は終了する旨の特約は，借地法11条によって，定められたものとみなされる。	借地11条
60	大13・ 4・1	新聞2272号 19頁	契約期間中芸妓稼業から生ずる収益は全部楼主の所得とし，契約違反のあるときは指南料および損害賠償として一定の金銭を支払うことを約するのは，民法90条によって無効。	民420条
61	大13・ 12・19	評論全集13 巻刑法420頁	小学教員に辞職の手続をとらせる契約は，公の秩序に反して無効。	
62	大14・ 2・3	民集4巻 51頁	斤先掘契約に基づいて採掘された石炭を第三者に譲渡した場合，当事者が法禁行為によつて採掘せられたものであることを熟知しているときは民法90条によって無効。	鉱業
63	大14・ 7・1	新聞2424号 6頁	公用のため建物が消滅した場合には返地する旨の特約は借地法11条の借地権者に不利なものとして無効。	借地11条
64 ◎	大15・ 1・28	民集5巻 1号30頁	買戻権を行使するには買主の支払った代金および契約の費用を返還することを必要としたのは，買主および第三者の利益を保護すると同時に売主の利益を保護し，買戻契約の目的を達成するという趣旨からであり，売主は多額の費用を支払うべきであるという特約は買戻権の性質と相容れず，利息制限法の規定を回避する弊害を生じることになるから，民法579条および583条1項の規定は強行規定であり，これに反して必要費および有益費を支払わなければ買戻しできないとする特約は無効。	民579条， 583条1項

65	大15・ 4・20	民集5巻 262頁	同布告に違反して外国人に土地を売渡して受領した手付金は不法原因給付。	明治6年太 政官布告
66	大15・ 4・21	民集5巻 271頁	取引員でない者を,取引員の名義の下に独立して営業の衝に当らせる契約は公益規定に反し無効。	取引所
67	大15・ 10・23	新聞2633号 14頁	賃料不払の場合における解約権留保の特約は借地法11条に反しない。	借地11条
68	昭2・ 8・3	民集6巻 484頁	会社の定款規定により利益配当金支払請求権の行使期間を制限することは,公序良俗に反しない限り可能。	民法消滅 時効規定
69 ×	昭3・ 5・1	新聞2879号 11頁	商法344条を強行法規と解するのは妥当でない。	商344条
70	昭3・ 11・21	評論全集18 巻民法550 頁	雑誌販売業者が自衛の目的で設けた組合規約が雑誌回覧業者に雑誌購入の便宜を失わせる結果になっても,その規約は公序良俗に反しない。	民667条
71	昭4・ 2・21	民集8巻 69頁	無記名有価証券の賃借は所有権を借主に移転する消費貸借であるとする法理または実験則がなく,一定の賃料を貸主に支払って有価証券を賃借し,取引所または売買委託者によって処分されたならば借主が同種同額の有価証券または代償金を支払うこととし,処分されないときは有価証券の所有権を貸主に留保し借主が借受けた有価証券を返還することを約定した賃貸借でもよく,公序良俗に反しない。	有価証券
72	昭4・ 3・4	新聞3019号 12頁	土地賃借人が期間5年の賃借権の確認を求めた場合には,存続期間30年の賃借権について,たとえ期間3年の定めがあっても,期間を5年と確認しなければならない。	借地2条
73 ○	昭4・ 3・30	民集8巻 349頁	船長その他船員の軽過失に基づいて船舶が衝突した場合の積荷の損傷に対しては,船舶所有者は責任を負わないとする免責に関する慣習は強行規定に反しない。	商739条
74	昭4・ 10・26	民集8巻 799頁	委任の形式で恩給証書を担保としても,給付の原因が公序良俗に反しない。	民646条, 恩給
75 ×	昭5・ 5・30	民集9巻 1031頁	定款の変更は会社の内部関係に属する事項であり,商法58条は,強行規定ではないから,合資会社において定款変更の決議は総社員の過半数以上の出席があれば足りる旨の定款の規定は有効。	商58条
76	昭5・ 9・27	評論全集19 巻民法146頁	利息制限法の制限を超過する利息の支払は不法原因給付。	利息
77	昭5・ 10・8	新聞3196号 16頁	借家法6条は,建物の必要に迫られた者は家主の強要によってやむなく不利な特約をなす虞があるので,同法1条ないし5条の目的を達するために,不利な特約を無効として,借家人を保護したものである。	借家6条
78	昭6・ 2・13	民集10巻 69頁	手形債務不履行の場合には100円につき1日1円の損害金を支払うとの賠償予定は,善良の風俗に反しない。	民420条
79	昭6・ 5・15	民集10巻 327頁	名板貸契約に基づく名義借用料の支払は不法原因給付。	取引所
80	昭6・ 5・23	新聞3290号 17頁	建物の所有権が移転しても賃貸借関係は当初の当事者間にのみ存続するとの特約は,借家人に不利益であり,借家法6条により法律上無効。	借家6条
81	昭6・ 5・23	新聞3281号 9頁	損害金支払の特約の内容が債務者にとつてすこぶる苛酷であっても,債務者がこのような特約をするに至った相当の理由があれば有効である。	民420条
82 ○	昭6・ 7・31	民集10巻 623頁	婚姻の届出が受理された以上,その婚姻がたとえ強行規定に違反していても,その婚姻は有効。	民740条
83	昭6・ 8・7	民集10巻 875頁	登記は申請の事実に適合することを要し,消滅した抵当権の登記を他の抵当権のために利用する契約は無効。	不登
84	昭7・ 3・2	新聞3390号 13頁	荷送人が到着地の運送人を指定した場合には元運送人は責任を負わない旨の特約は有効。	商
85	昭7・ 4・5	評論全集21 巻諸法437頁	名板貸契約は,取引員の資格に関する公益規定に背反するから無効。	取引所
86	昭7・ 4・15	法学1巻下 445頁	取引所法11条の4第2項に反する取引所仲買人でない者が営業としてした取引所における売買取引委託の取次は無効。	取引所
87	昭7・ 4・23	法学1巻下 446頁	取引員ではない者が取引員の名義で株式売買取引営業をする旨の契約をした者は,双方とも不法。	取引所
88	昭7・ 6・6	民集11巻 1115頁	和解契約をするため当事者の一方が代理人の選任を相手方に委任したときは,民法108条の趣旨に準拠してその委任契約は無効。	民108条

89	昭7・6・17	新聞3448号10頁	恩給受領の委任に際してなされた債務の完済まで委任を解除しない旨の特約は、恩給法11条の趣旨に反し無効であり、委任者は、いつでも解除できる。	民651条1項,恩給
90	昭7・8・17	新聞3456号10頁	裁判上の和解でなした転貸禁止特約は有効。	借地11条
91	昭7・8・20	法学2巻718頁	取引所法11条の4第2項は、違反営業そのものを禁止するもので、違反営業者を経由した委託そのものの効力まで否定する趣旨ではない。	取引所
92	昭7・12・24	裁判例6巻民293頁	著しく多額な違約金支払の特約が、違約予防の手段ではなく他に目的があると疑わしい事情があるのに、これを考慮しないのは、審理不尽を免れない。	民420条
93	昭8・5・1	新聞3554号15頁	無記名有価証券の所有者が他人に対して強制執行停止命令に対する保証の目的の範囲内でその処分を許すことは、公の秩序を害しない。	有価証券
94	昭8・7・12	民集12巻1860頁	借家法6条は、債務不履行がない通常の場合について、賃借人のため同法1条ないし5条と異なった不利益な契約を無効としたものに過ぎないから、賃借人の債務不履行があった場合に賃貸借を解除する旨の特約を禁ずるものではない。	借家6条
95	昭8・12・16	裁判例7巻民284頁	組合員の出資義務の過怠金の定めが多額に失するとの一事により直ちに公序良俗に反し無効であるとはいうを得ず、かかる多額の過怠金を必要とする事情の存否によりその効力を決すべき。	民420条
96	昭9・3・28	民集13巻318頁	官庁の認可を受けず、営業として、取引所の売買取引委託の代理媒介または取次をした場合でも、委任者と受任者間の法律行為および受任者が委任に基づいてした法律行為は、私法上有効。	取引所
97	昭9・4・12	民集13巻596頁	地代値上げの要求を受けた借地人が各自の借地を地主から買取らない旨を相互間に約し、その強制方法として定めた違約罰の約款は、借地人の自由を不当に制限するものであり民法90条によって無効。	借地11条
98	昭9・8・3	新聞3739号16頁	金鵄勲章年金の受領を債権者に委託して債権の弁済に充当させる契約は脱法行為で無効。債権者が弁済を受けるまでは年金証書を債務者に返還するを要しないとするのは脱法行為で無効。	民646条,恩給
99	昭9・9・12	新聞3750号9頁	借地法の適用ある土地の賃貸借についても、賃借人の賃料支払義務不履行の場合の契約の解除を特約できる。	民540条,借地
100	昭9・11・5	判決全集1輯14号32頁	買主のため200万円を提供することとし、その違約金5万円の支払を約するが売買の成立に多大の利害関係を有し、かつ、200万の提供も売主の代金積立の要求のためであるときは、該違約金の特約は有効。	民420条
101	昭10・6・6	民集14巻1235頁	解散した会社の清算人が2年の免責期間の経過するまでは払込催告をせず自分の株金払込の責任を免れる予定の下に自分の持株を無資力者に譲渡するのは、民法90条によって無効。	商
102	昭10・7・9	法学5巻341頁	正規の取引員でない者に株式の定期取引を委託し、証拠金代用として株券を差入れるは取引所法違反で無効。	取引所
103	昭10・10・23	民集14巻1752頁	組合員の出資義務違反の過怠金の規定が公序良俗に反するか否かはその率のみによって決しえない。	民420条
104	昭12・3・6	新聞4114号17頁	委任の形式で恩給証書を担保としても、給付の原因が公序良俗に反しない。	民646条,恩給
105	昭12・5・15	新聞4133号16頁	民法504条は法定代位権者の利益保護を目的とする一種の便宜的規定であり、公益的意義を有するものではないから、同条により享受することができる利益をあらかじめ放棄する特約は信義則もしくは公序良俗に反しない。	民504条
106	昭12・7・10	民集16巻1188頁	和解調書に、建物所有を目的とする賃借人が賃料その他の支払を怠るときは直ちに契約は解除され建物収去土地明渡等の強制執行を受けても異議がない旨の記載があっても、これは賃借人が一回でもその支払を怠るときは当然賃貸借は解除されるという約旨ではない。	借家6条
107 ○	昭13・4・22	民集17巻770頁	再売買の予約において、売買完結の意思表示をなしうる期限の終期が消滅時効期をこえても、時効に関する強行法規に違反しない。	民法消滅時効規定
108	昭13・4・25	判決全集5輯10号22頁	恩給証書を担保とする債権を譲受けて代金を支払うことは不法原因給付ではない。	民646条,恩給
109	昭13・10・13	新聞4335号16頁	保険外務員が保険契約者の募集勧誘に際して保険募集取締規則の禁止する行為をしても、その行為は当然無効とならない。	保険業

110	昭13・11・9	判決全集5輯22号28頁	借地法の存続期間は借地人の利益のために設けられたものだけではなく、これらの規定は当事者の合意による賃貸借の解除を妨げない。	借地11条
111	昭13・11・29	民集17巻2618頁	建物敷地を他に売却すると同時に建物賃貸借が当然終了する旨の特約は、賃貸借の経過年数のいかんにかかわらず、借家法3条・6条の規定に抵触し無効。	借家3条、6条
112	昭13・12・26	民集17巻2744頁	商法に基づき設立された合資会社がその組織を変更して現行商法に定められた株式会社とするに当り、商法施行法41条、商法78条2項に基づき行うべき公告を行わず、その手続上に欠缺があるときは、これに対する異議の有無を問わず、当該組織変更は無効。	商
113	昭14・2・10	法学8巻789頁	合併後存続する会社又は合併により設立された会社が合併によって消滅した会社の権利義務を一般的に承継しない旨の決議は、公益規定である商法82条に違反し無効であるが、特殊の事由がある場合には一部の債権を承継しないとの決議は違法ではない。	商
114	昭14・3・14	新聞4404号11頁	金銭債務不履行による損害賠償の予定額が著しく過大であるとしても、該特約が苛酷に過ぎ債務者においてこれを確約する真意を有したことを肯定し難い場合は格別、そうでない限り一応有効。	民420条
115	昭14・4・5	法学8巻1070頁	取引所法11条の4違反の行為は、直ちに私法上無効ではない。	取引所
116 ○	昭14・4・12	民集18巻397頁	学校の経営者が校長の職務を委託し、一定の報酬を支給する合意は準委任関係であるが、定められた解除原因が発生しなければ解除できない旨の特約は強行規定である民法628条に反し無効であるとして同条所定の「己ムコトヲ得サル事由」を理由に解除の効果を肯認した原審の判断は相当。	民628条、651条
117	昭14・4・20	民集18巻495頁	商法に基づき設立された合資会社がその組織を変更して現行商法に定められた株式会社とするに当り、商法施行法41条、商法78条2項に基づき行うべき公告を行わず、その手続上に欠缺があるときは、これに対する異議の有無を問わず、当該組織変更は無効。	商
118	昭14・7・27	評論全集28巻商法447頁	取引員でない者が取引員の名義をかりて取引所でなした売買は無効。	取引所
119	昭14・11・17	民集18巻1250頁	将来原告となるべき者があらかじめ第三者との間に、訴訟においてはその第三者の承認のない限り訴の取下または和解をしない旨を約束するのは、第三者に訴訟上の権能に干渉させ、また人の自由を害し、無効。	民訴
120	昭14・12・27	評論全集29巻諸法78頁	取引所法11条の4第2項及び32条の規定は、主として行政的取締の必要上のものであり、同法条所定の契約自体を無効にするものではなく、それによって生じた債権の履行を請求しえないものとする趣旨ではない。	取引所
121	昭15・4・4	新聞4574号7頁	借家法6条には、賃貸借契約公正証書に記載された賃料不払の場合における解除権留保の特約を無効とする趣旨を含まれず、賃料を期日に支払わないときは、催告を要せず直ちに家屋賃貸借契約を解除することができる旨の特約は、借家法6条によって無効とされない。	借家6条
122	昭15・4・6	新聞4569号7頁	賃貸借条件として、賃料を1日について1円50銭、期間を1週間ないし10日と定めた場合、借家法1条ないし5条の適用を避け、一時使用の貸借とするためであれば、約定は同法6条によって無効。	借家6条
123	昭15・6・13	評論全集29巻民訴355頁	裁判上の和解においては、その既判力により、土地賃貸借の残存期間にかかわらず期間を5年に短縮して一時使用の賃貸借とすることができ、借地法11条に抵触しない。	借地11条
124	昭16・2・20	民集20巻247頁	会社が取締役を名義人として自己株式を質にとることは脱法行為で無効。	商
125	昭16・8・27	法学11巻417頁	取引員の名義を借受けて営業する者に対する委託取引は無効。	取引所
126	昭16・9・6	新聞4726号7頁	委託者が取引員の名をかりて取引員のなすべき業務行為をしている者に対してした株式売買の委託はもちろん、このような者が取引所でした取引行為は無効であり、このような委託取引に関して委託者が証拠金または代用証券を差し入れる契約も無効。	取引所
127	昭17・1・27	法学11巻965頁	土地賃貸借契約を合意解除し、土地を明渡した場合には金員を贈与する旨の特約は有効。	借地11条
128	昭17・5・25	新聞4778号10頁	取引員の資格のない者が、営業意思のない取引員となる資格ある者の名義で営業の免許を受けて取引員営業を行なうことは公益に関する旧取引	取引所

			所法の規定に違反し，かかる違法な関係の設定・維持を目的とする契約は無効であるが，かかる関係を終止させることに資するものは違法無効ではない。	
129	昭17・5・27	民集21巻604頁	名板貸契約は無効であると同時に，委託者がかかる名義借受人と知ってこれとした清算取引の委託も無効。	取引所
130	昭18・5・17	法学12巻992頁	借主の窮状に乗じた苛酷な損害額算定の条項は相当な額をこえる部分は無効。	民420条
131	昭18・5・27	新聞4850号4頁	取引員が他人に名義を貸与し，その者の計算において営業を経営させる契約は，旧取引所法違反。	取引所
132	昭18・6・30	法学13巻64頁	同規則の定めに違反する保証契約は公序良俗に反する無効ではない。	岡山県令周旋業取締規則
133	昭18・7・6	民集22巻607頁	存続期間の定めがない組合契約において，組合員は正当の理由なくして組合を脱退することができず，脱退については組合の承諾を経るべき趣旨の協定は，組合員を拘束すること重きに過ぎ，民法678条の法意に違反するから無効。	民678条
134	昭18・7・16	民集22巻837頁	株式の短期清算取引を委託する際，その取引が取引所法に違反して無効な場合に生ずる不当利得返還債務を保証する契約は，公序良俗に反する不法な行為を助長し無効。	取引所
135	昭18・12・22	新聞4890号3頁	名板借主に対する取引委託および証拠金代用株式等の差入に関する契約は全部当然無効。	取引所
136	昭19・3・14	民集23巻147頁	手形金100円につき1日33銭の割合の遅延損害金の約定は，特別の事情のない限り，民法90条により良俗に反する限度において無効。	民420条
137	昭19・5・18	民集23巻308頁	数百年前から甲集落の水田を灌漑して来た流水を引くための唯一無二の堰に関し，その堰の上流沿岸にある乙集落道路の修理費の支払を甲において延滞したときはその水閘を取払う旨を約するのは民法90条によって無効。	
138	昭19・10・24	民集23巻608頁	鉱業法17条に違反して無効な斤先掘契約に基づく採掘を前提として，第三者がその採掘量に応じて金銭の支払を約するのは，民法90条，91条にいわゆる公の秩序に反する事項を目的とするもので無効。	鉱業
139	昭24・7・26	民集3巻8号283頁	商法156条の規定中業務執行に関する部分は任意規定。	商
140	昭24・10・4	民集3巻10号437頁	民法557条は任意規定であり，当事者が反対の意思表示をしたときは適用されない。	民557条
141	昭24・11・8	民集3巻11号485頁	売買は常に時価でなされるとは限らないばかりでなく，特に売買の目的物中に統制価格ある物を含む場合は，これより高い時価で売買がなされたものと推定すべきではない。	民555条
142 ×	昭24・12・8	刑集3巻12号1915頁	少年法50条，9条の規定は絶対の遵守を要請する強行規定とまではいえない。	少年
143 ◎	昭25・12・21	集刑38号391頁	担保物権の実行に関する法規は担保物換価の公正を確保し，唯に担保権者のみならず競合する他の債権者の利益をも併せ保護する強行規定であり，権利者と雖も法定の手続によらず担保処分できない。	担保物権実行規定
144 ○	昭25・12・28	民集4巻13号701頁	養子縁組は民法847条，775条及び戸籍法にしたがい，その所定の届出により法律上効力を有するいわゆる要式行為であり，かつ同規定は強行法規と解すべきであるから，その所定条件を具備しない本件嫡出子の出生届をもって養子縁組の届出のあったものとはできない。	民799条，739条
145	昭28・1・22	民集7巻1号56頁	民法708条が不法原因給付の返還請求を認めないのはかかる給付者の返還請求に法律上の保護を与えないというだけであって，受領者をしてその給付を受けたものを法律上正当の原因があったものとして保留せしめる趣旨ではなく，先に給付を受けた不法原因契約を合意のうえ解除してその返還をする特約をすることは，民法90条に反し無効でない。	民708条
146	昭28・4・14	判タ30号36頁	物価統制違反の契約を原因とする給付がいわゆる不法原因による給付であっても，その契約を解除して同給付を返還すべき合意が成立したときには，その返還を請求できる。	民708条
147	昭28・4・23	民集7巻4号396頁	本人の死亡を代理権消滅の原因とする民法111条の規定は，これと異なる合意の効力を否定する趣旨ではない。	民111条
148	昭28・5・8	民集7巻5号561頁	民法708条が不法原因のため給付をした者にその給付したものの返還を請求することを得ないとしたのは，このような給付者の返還請求に法律	民708条

624

			上の保護を与えないというだけであって，受領者をしてその給付を受けたものを法律上正当の原因によるものとして保留せしめる趣旨でないのであるから，受領者においてその給付を受けたものを給付者に任意返還することは勿論，当事者間において，同給付の返還を契約することは，同条の禁ずるところではなく，民法90条に反しない。	
149	昭28・5・21	判タ31号62頁	利息制限法の制限を超える約定利率による利息損害金でも，任意に支払を了した場合には，債務者は，その制限額超過を元本に充当できない。	利息
150	昭28・9・10	判タ33号46頁	統制法規に違反する売買の解除による前渡金返還の特約は有効。	臨時物資需給調整法
151	昭28・9・17	判タ33号47頁	統制法規に違反する売買契約を合意解除し，その前渡金を返還すべき特約は有効。	民708条
152	昭28・9・22	民集7巻9号969頁	価格統制法規に違反する売買に基づく代金の交付が不法原因給付に該当するとしても，受領者がその金額を任意返還すること，売買を解除してその金額を返還する特約は有効。	物価統制令3条
153	昭28・12・24	民集7巻13号1633頁	借地法11条の意義は「当事者が合意した建物が，永続性のものであることを前提として同法が賃借人に与えた利益に反することをいう」と狭く解すべきものではない。	借地11条
154	昭29・8・24	民集8巻8号1534頁	農地調法6条ノ2所定の最高制限価格を超える額を対価として定めたという事実のみでは，その農地の売買契約自体を全面的に無効としがたく，価格の超過部分だけを無効とすべき。	農地調整
155	昭29・10・8	民集8巻10号1831頁	村農地委員会が，公告縦覧の手続を踏み，県農地委員会の承認を受けた後売渡の相手方を変更後の議決をし，ついで知事から変更後の売渡相手方に対し売渡通知書を交付した場合において，同人に対する農地の売渡処分は無効。	自作農創設特別措置
156	昭29・10・29	判タ44号22頁	ミシンの販売業者が，昭和23年物価庁告示771号1の表所定の販売業者販売価格を超過する額を対価と定めてした売買も，特別の事情のない限り，全面的に無効ではない。	物価統制令
157	昭30・9・9	民集9巻10号1247頁	不法原因給付の原因たる契約を解除して，その給付の返還を約することは，民法90条に該当しない。	民708条
158	昭30・9・30	民集9巻10号1498頁	臨時物資需給調整法に基づく加工水産物配給規則2条によって指定された物資については，法定の除外事由その他特段の事情の存しない限り，同規則3条以下所定の集荷機関，荷受機関，登録店舗等の機構を通ずる取引のみが有効であって，それ以外の無資格者による取引は無効。	臨時物資需給調整
159 ○	昭31・5・15	民集10巻5号496頁	借家法7条は，契約条件のいかんにかかわらず，借家契約に適用される強行法規であるから，1年ごとに賃料名義の額について協定する旨の約束は同条の適用を排除しない。	借家7条
160	昭31・5・18	民集10巻5号532頁	農地の売買契約において，臨時農地価格統制令3条1項所定の最高価格を超過した代金額の約定があったというだけでは，超過した代金額の約定部分が無効となるにとどまり，統制価格の範囲内では契約は有効。	臨時農地価格統制令3条
161	昭31・6・1	民集10巻6号612頁	民法111条1項1号は，代理権は本人の死亡によって消滅する旨を規定しているが，これと異なる合意の効力を否定する趣旨ではない。	民111条
162	昭31・6・19	民集10巻6号665頁	建物所有を目的とする土地賃貸借契約において，賃借人が賃借期間の経過と共に地上建物を賃貸人に贈与すべき旨特約した場合でも，同特約が契約当時存在した賃借地上の賃貸人所有建物を取壊わす代償としてなされたものであるときは，同特約は有効。	借地11条
163	昭31・10・9	民集10巻10号1252頁	存続中の賃貸借について期限附で合意解約することは，不当とする事情が認められない限り有効であって，期限を付したことは不利な条件であるといえない。	借家6条
164	昭32・6・6	判タ72号58頁	期間の定めのない家屋の賃貸借が存続する場合に，賃借人が賃貸人に対し特約をもって一定期間内に当該家屋を明渡すことを約束することは，少しも借家法6条に違反しない。	借家6条
165	昭33・1・23	民集12巻1号72頁	借地上の建物が滅失し借地権者が新たに非堅固建物を築造するに当り，存続期間満了の際における借地の返還を確保する目的をもって，残存期間をこえて存続する建物を築造しない旨借地権者をして特約させた場合，同特約は借地法11条により無効。	借地11条
166	昭33・6・19	刑集12巻10号2243頁	刑法25条の規定は任意規定。	刑

167	昭34・5・21	訟月5巻7号890頁	芋類を，食糧管理法施行規則に違反して，購入券の記入をしないで売渡したとしても，食糧管理法制定の趣旨に鑑みれば，それが国家機関の指示に基づいてなされた以上，同取引の民法上の効力を否定しこれを無効とすべきでない。	食糧管理，同施行規則
168	昭35・3・18	民集14巻4号483頁	食品衛生法は単なる取締規法であるから，同法による食肉販売の営業許可の有無は，食肉の売買契約の司法上の効力に影響を及ぼさない。	食品衛生，同施行令
169	昭35・3・22	民集14巻4号525頁	弁護士法28条の規定は，弁護士が事件に介入して利益をあげることにより，職務の公正と品位を害し，また濫訴の弊に陥るを防止する趣旨で設けられたものであり，本条違反の権利譲受行為があった場合，その私法上の効力が否定される。	弁護士
170	昭35・4・1	民集14巻5号729頁	臨時農地等管理令5条に違反して，地方長官の許可なくして，農地を耕作以外の目的に供するためその所有権を移転する契約をしても，同規定は取締規法に過ぎないから同契約は無効ではない。	臨時農地等管理令
171	昭35・5・19	民集14巻7号1145頁	賃借人が賃貸人を雇傭している期間内に限り，賃貸人が賃借人に対し家屋を賃貸する約定は，借家法6条にいわゆる「賃借人ニ不利ナルモノ」とはいえない。	借家6条
172	昭35・5・24	民集14巻7号1169頁	東京証券取引所の会員が，上場株式について，取引市場における買付の委託を受けることなく直接顧客と売買契約を締結することは，旧東京証券取引所業務規程88条に違反するけれども，これがために，売買契約の私法上の効力を否定すべきものではない。	証券取引
173 ○	昭35・6・14	民集14巻8号1342頁	強行法規に違背する場合がすべて当然無効の原因となるものではなくして，その違背が重大かつ明白である場合に限って無効原因となることは，当裁判所の判例の趣旨とするところである。	自作農創設特別措置
174	昭35・7・1	集民43号21頁	民訴193条は任意規定。	民訴
175	昭35・8・30	民集14巻10号1957頁	農地の売渡計画樹立前の日を売渡の時期として掲げることは自作農特別措置法に反するが，これがために，農地売渡処分が無効となるものでない。	自作農創設特別措置
176	昭35・9・16	民集14巻11号2209頁	統制法規に違反した売買契約は無効であるが，農産品配給規則に違反するわら工品の取引は，米麦等の主食品のように国民生活必需物資ではないから，不良原因給付ではない。	統制法規
177 ○	昭36・4・21	民集15巻4号850頁	自作農創設特別措置法の規定は強行法規であるが，強行法規の違背が常に行政処分の無効原因となるわけではなく，その違背が重大かつ明白と認められる場合に限って当然無効となることは当裁判所の判例。	自作農創設特別措置
178	昭37・3・8	民集16巻3号500頁	臨時物資需給調整法1条ならびにこれに基づく石油製品配給規則1条・11条・12条に違反する揮発油の売買は無効。	臨時物資需給調整，石油試掘奨励金交付規則
179	昭37・4・5	民集16巻4号679頁	滞納家賃が3か月分以上に達したときは，賃貸人は賃借人に対し，催告等の手続を経ることなく，直ちに賃貸借契約を解除することができる旨の特約は借家法6条の特約には当らない。	借家6条
180	昭37・5・25	民集16巻5号1195頁	不法原因給付の場合でも，その給付の返還を約することは民法708条の禁ずるところではない。	民708条
181	昭37・6・13	民集16巻7号1340頁	金銭を目的とする消費貸借上の利息又は損害金の契約は，その額が利息制限法1，4条の各1項にそれぞれ定められた利率によって計算した金額を超えるときは，超過部分につき無効であるが，債務者がそれを任意に支払ったときは，その後において，その契約の無効を主張し，既にした給付の返還を請求することができないものであることは，同各法条の各2項によって明らかであるばかりでなく，結果において返還を受けたと同一の経済的利益を生ずるような，残存元本への充当も許されない。	利息制限
182	昭38・6・13	民集17巻5号744頁	弁護士法72条本文前段に抵触する委任契約は，民法90条に照らし無効。	弁護士
183 ◎	昭38・11・28	民集17巻11号1446頁	賃借権の譲渡または土地の転貸借などをなすには賃貸人の書面による承諾を要し，この特約に反した場合には無催告で解除できるとの特約は，信頼関係を破壊するような背信行為にあたる場合に限って解除権を認める趣旨であり，このような場合に限定せずに，広く解除権を認めることは，借地人に債務不履行がないかぎり，借地権の保護を厚くせんとする借地法11条の強行法規の法意に反し，民法91条により無効。	借地11条

184	昭39・1・23	民集18巻1号37頁	有毒性物質である硼砂の混入したアラレの販売は、食品衛生法4条2号に抵触するが、その理由だけで、同アラレの販売は民法90条に反し無効のものとなるものではない。しかし、その製造販売業者が硼砂が有毒性物質であることを知り、かつ、これを混入して製造した菓子の販売が食品衛生法によって禁止されていることを知りながら、あえて製造の上、その販売業者に継続的に売渡す契約は、民法90条により無効。	食品衛生
185	昭39・9・18	集民75号265頁	宗教法人14条によれば、残余財産の帰属について寺院規則の定めのない場合は、裁判所の許可を得て他の宗教法人又は公益事業のためにこれを処分し、然らざる場合は、国庫に帰属する旨規定しているが、同規定は前記慣習を許容しないほどの強行規定であるとは解されない。	宗教法人令
186 ◎	昭39・11・18	民集18巻9号1868頁	債務者が利息、損害金の弁済として支払った制限超過部分は、強行法規である本法1条、4条の各1項により無効とされ、その部分の債務は存在しないのであるから、その部分に対する支払は弁済の効力を生じない。債務者が任意に支払った制限超過部分は残余元本に充当されるものと解することは、経済的弱者の地位にある債務者の保護を主たる目的とする本法の立法趣旨に合致する。	利息1条1項、4条1項
187	昭39・12・23	民集18巻10号2217頁	債権者と債務者との間で、相対立する債権につき将来差押を受ける等の一定の事由が発生した場合には、両債権の弁済期のいかんを問わず、直ちに相殺適状を生ずる旨の契約および予約完結の意思表示により相殺をすることができる旨の相殺予約は、第三債務者の自動債権の弁済期が差押時よりも後であるが受動債権である被差押債権の弁済期よりも先に到来する場合に限って、差押債権者に対し有効。	民511条
188	昭40・7・2	民集19巻5号1153頁	土地賃借人が賃料の支払を延滞したときは土地賃貸人は催告を要せず土地賃貸借契約を解除できる旨の特約は、借地法11条の特約に該当せず、有効。	借地11条
189 ◎	昭40・12・21	民集19巻9号2187頁	臨時物資需給調整および同法に基づいて定められた木炭需給調整規則は、わが国における産業の回復および振興に関する基本的な政策および計画の実施を確保するという目的のため規定したものであり、同法令はいわゆる強行法規と解され、それに違反する行為は私法上無効。	臨時物資需給調整、木炭需給調整規則
190	昭40・12・23	民集19巻9号2306頁	外国為替及び外国貿易管理法28条・30条、外国為替管理令11条・13条に違反する行為は、刑事上違法ではあるが、私法上は有効。	外為法、外為令
191	昭41・4・21	民集20巻4号720頁	一般に建物増改築禁止の特約があっても、増改築が借地人の土地の通常の利用に相当であり、賃貸人に対する信頼関係を破壊する虞があると認めるに足りないときは、賃貸人が同特約に基づき解除権を行使することは信義誠実の原則上、許されない。	借地11条
192 ○	昭43・10・29	民集22巻10号2257頁	金銭を目的とする消費貸借上の債務者が、利息制限法所定の制限を超える利息、損害金を任意に支払ったときは、その制限をこえる部分は強行法規である本法1条、4条の各1項によって無効とされ、その部分の債務は存在しないから、その部分に対する支払は弁済の効力を生じない。したがって、数口の貸金債権が存在し、その弁済の充当の順序について当事者間に特約が存在する場合においては、その債務の存在しない制限超過部分に対する充当の合意は無意味で、その部分の合意は存在しないことになる。	利息1条1項、4条1項
193	昭43・11・13	民集22巻12号2526頁	利息制限法所定の制限をこえる金銭消費貸借上の利息、損害金を任意に支払った債務者は、制限超過部分の充当により計算上元本が完済となったときは、その後に債務の存在しないことを知らないで支払った金額の返還を請求できる。	利息1条1項、4条1項
194	昭43・11・21	民集22巻12号2726頁	建物の賃貸人が差押を受け、または破産宣告の申立を受けたときは、賃貸人は直ちに賃貸借契約を解除することができる旨の特約は、賃貸人の解約を制限する借家法1条の2の規定の趣旨に反し、賃借人に不利なものであるから同法6条により無効。	借家6条
195	昭44・1・31	判時548号67頁	工作物建設禁止特約は、賃借人が賃貸人の承諾を得ないで賃借地上に新たな建物を建築した場合においても、この建築が借主人の土地の通常の利用上相当であり、賃貸人に著しい影響を及ぼさないため、賃貸人に対する信頼関係を破壊する虞があると認めるに足りないときは、賃貸人は同特約に基づき賃貸借契約を解除することができない。	借地11条
196	昭44・5・20	民集23巻6号974頁	土地賃貸借の期限附合意解約は、合意に際し賃借人が真実解約の意思を有していると認めるに足りる合理的客観的理由があり、かつ、他に同合意を不当とする事情の認められない限り、借地法11条に該当しない。	借地11条

197	昭44・5・27	判時560号50頁	債務者が利息制限法所定の制限をこえる金銭消費貸借上の利息・損害金を任意に支払つたときは，同制限超過部分は残存元本に充当され，その結果計算上元本が完済となつたときは，その後支払われた金員は，債務が存在しないのに支払われたものに外ならないから，債務者において，債務の消滅を知つて弁済したものでない限り，不当利得としてその返還を請求できる。	利息
198	昭44・10・7	判時575号33頁	第三者が2年以内に賃借人と同一町内で同一営業たるパチンコ店を営業したときは賃借人の店舗賃借の利益がなくなるためその後1週間内に賃貸人に店舗を返還する旨の特約は，一定の事実の発生を条件として当然に賃貸借契約を終了させる趣旨のものではあるが，借家法の規定に違反する賃借人に不利な特約とはいえず，無効でない。	借家6条
199	昭44・11・25	民集23巻11号2137頁	債務者が利息制限法所定の制限をこえた利息・損害金を元本と共に任意に支払つた場合においては，その支払に当り充当に関して特段の意思表示がない限り，同制限に従つた元利合計額をこえる支払額は，債務者において，不当利得として，その返還を請求できる。	利息
200	昭44・11・26	民集23巻11号2221頁	いわゆる普通建物の所有を目的とする土地の賃貸借契約において期間を3年と定めた場合には，その存続期間の約定は借地法11条により定めなかつたものとみなされ，賃貸借の存続期間は，同法2条1項本文により契約の時から30年と解すべき。	借地11条
201 ◎	昭45・2・26	民集24巻2号104頁	宅地建物取引業法17条1項・2項は，宅地建物取引の仲介報酬契約のうち建設大臣の定めた額を超える部分の実体的効力を否定し，これによつて一般大衆を保護する趣旨をも含んでいると解すべきであるから，同条項は強行法規で，所定最高額を超える契約部分は無効。	宅建業
202	昭45・3・24	判時593号37頁	普通建物の所有を目的とする土地の賃貸借契約において期間を10年と定めた場合，存続期間の約定は借地法11条によりなかつたものとみなされ，存続期間は同法2条1項本文により契約のときから30年と解するが相当。	借地11条
203 ×	昭45・4・10	判時588号71頁	売主の担保責任は，当事者の意思に基づかずに民法の定めたものであるが，強行規定と解すべきではなく，信義則に反しないかぎり，特約によつて加重することもできる。	民572条
204	昭45・6・25	民集24巻6号587頁	銀行の貸付債権について，「債務者の信用を悪化させる一定の客観的事情が発生した場合には，債務者のために存する同貸付金の期限の利益を喪失せしめ，同人の銀行に対する預金等の債権につき銀行において期限の利益を放棄し，直ちに相殺適状を生ぜしめる」旨の合意は，同預金等の債権を差押えた債権者に対しても有効。	民511条
205	昭45・7・21	民集24巻7号1091頁	借地法9条にいう一時使用の賃貸借というためには，その期間は，少なくとも同法自体が定める借地権の存続期間より相当短いものであることを要し，賃貸期間を20年とする土地賃貸借が，それが裁判上の和解によつて成立した等の事情があつたとしても，これを同条にいう一時使用の賃貸借ということはできない。	借地9条，11条
206	昭46・4・9	民集25巻3号241頁	保険会社に保険金支払義務がないことが判明したときは受領した金額と同額の金額を返還するとの特約は有効。	民703条
207	昭46・6・10	民集25巻4号492頁	銀行側に過失の責任があり，免責約款の存する場合でも，銀行の注意義務は軽減緩和されない。	民478条
208	昭46・4・20	民集25巻3号290頁	司法書士が業務の範囲をこえて私法上の和解契約締結の委任を受け，同委任に基づき私法上の和解契約を締結したような場合には，その内容が公序良俗違反の性質を帯びるに至るような特段の事情のある場合は別として，同和解契約は，第三者保護の見地からいつても，単に司法書士法9条に違反するのゆえをもつて，ただちに無効とはできない。	司書
209	昭47・3・30	民集26巻2号294頁	賃借建物の敷地の一部について，これを賃貸人の請求あり次第明渡す旨の特約は，当該敷地部分が賃借建物の使用収益に不可欠なものである場合には，借家法6条に反する賃借人に不利な特約に当る。	借家6条
210 ◎	昭47・4・6	民集26巻3号397頁	労働条件の基準を定める労働基準法の規定が強行法規であることは，同法13条の規定によつて明らかである。時間外労働に対する割増賃金支払義務を定める労働基準法，これを受けて時間外勤務に対する時間外勤務手当の支給義務を定めた給与条例の規定が公の秩序であつて，これに反する慣習は効力を有しない。	労基
211	昭47・6・23	判時675号51頁	賃借人が真実解約の意思を有していると認めるに足りる合理的客観的理由があり，他に合意を不当とする事情が認められない場合，期限附合意	借地11条

			解約は借地法11条に該当しない。	
212 ◎	昭47・12・26	民集26巻10号2096頁	労働条件の基準を定める労働基準法の規定が強行法規であることは，同法13条の規定によって明らかである。時間外労働に対する割増賃金支払義務を定める労働基準法，これを受けて時間外勤務に対する時間外勤務手当の支給義務を定めた給与条例の規定が公の秩序に関する定めであって，これに反する慣習は効力を有しない。	労基
213	昭48・3・1	金法679号34頁	保証人に対する関係における債権者の担保保存義務を免除し，保証人が民法504条により享受すべき利益をあらかじめ放棄する旨を定めた特約は有効。	民504条
214	昭48・3・16	金法683号25頁	貸主が貸付をなすべき義務を負う契約において，貸主の金銭給付義務が借主の担保供与義務の履行の提供の有無にかかわりなく発生する。	民587条
215 ◎	昭48・5・25	刑集27巻5号1115頁	労働基準法32条1項は，就労時間の点で労働者を保護することを目的とし，また，もっぱら使用者対労働者間の労働関係について使用者を規制の対象とする強行規定であるが，その目的と関わりのない，労働者とその職務執行の相手方その他の第三者との間の法律関係にただちに影響を及ぼすような性質のものではない。	労基
216	昭49・3・1	民集28巻2号135頁	導入預金取締法は，金融機関の経営の健全化，ひいてその一般預金者の保護を図ることを目的とする政策的な取締法規であって，その主眼とするところからは，一般に，預金等の契約自体は，その私法上の効力までも否定しなければならないほど著しく反社会性，反道徳性を帯びるものと解することは相当でなく，預金契約が導入預金取締法に反し，当事者が刑事上の制裁を受けることがあるとしても，その契約を私法上無効のものというべきではない。	預金不当契約取締
217	昭49・3・14	集民111号303頁	民法608条はいわゆる任意規定。	民608条
218 ○	昭49・3・15	民集28巻2号222頁	保険利益享受約款は，運送人が荷主の付けた積荷損害保険を利用することによって自己の損害賠償責任を免れる目的のもとに締結される特約と解せられるところ，商法739条に定める事由によつて生じた損害について，運送人に免責を認めるのと同一の結果を享受させることを目的として締結された保険利益享受約款は，荷主を極めて不利益かつ不都合な立場におくこととなり，強行法規である同条に違反する特約であり，商法739条が特約によっても免責を許さない事由によって生じた損害に関するかぎりにおいては，無効。	商739条
219	昭49・3・28	金法721号30頁	預金契約が預金等に係る不当契約の取締に関する法律2条1項に違反し，当事者が刑事上の制裁を受けることがあるとしても，同契約を私法上無効のものと解することは相当でない。	預金不当契約取締
220	昭49・7・19	判時755号58頁	商品取引員が商品取引所法91条1項に違反して営業所以外の場所で取引の委託を受けても，同条項は商品取引員に対する訓示的規定たるにすぎないから，同違反は，契約の効力を左右するものではなく，商品取引員が同法94条1項1号に違反して不当な委託勧誘をし，それによって顧客との間に取引委託契約が行われた場合であっても，同契約が商品取引に経験のある顧客の自由な判断ないし意思決定のもとに行われたときは，公序良俗に反せず，契約の効力に影響がない。	商品取引所
221	昭49・10・7	金法738号39頁	預金契約が預金等に係る不当契約の取締に関する法律2条1項に違反し，当事者が刑事上の制裁を受けることがあるとしても，同契約自体が民法90条に該当する私法上無効と解することは相当でない。	預金不当契約取締
222	昭50・2・20	民集29巻2号99頁	賃貸人が，正常な運営維持のため特約を付し，賃借人が秩序を乱したりすること等を禁止している場合において，賃借人が同禁止に違反し，そのため賃貸人が，他の賃借人から苦情をいわれて困却し，そのことにつき賃借人に注意しても，賃借人がかえって暴言を吐き賃貸人に暴行を加える等の事情があるときは，賃貸借契約の基礎である信頼関係は破壊され，賃貸人は同契約を無催告で解除できる。	借家6条
223	昭50・3・6	民集29巻3号220頁	文化財保護法46条1項ないし3項は，所有者の自由な処分権限を前提として重要文化財の保存を目的とする国の先買権を規定したにとどまり，同法46条1項所定の国に対する売渡の申出をせずになされた重要文化財の有償譲渡を無効とすることは，著しく取引の安全を害し，譲受人に不当な損害を及ぼすことになるのみならず，同条1項の適用を受けない無償譲受人との均衡を失することにもなるのであって，重要文化財が同条1項所定の手続を経ずに有償譲渡された場合であつても，その効力には影響がない。	文化財

224	昭50・5・23	金法761号26頁	金銭債務を履行遅滞した際の約定遅延損害金は，通常は利率で定められる，その遅滞の期間の長短にかかわらず一律に9万円と約定されるのは特異な例外的であり，その金額は高額すぎ，また何十年間遅滞しても9万円で足りるということになると一日遅延の場合に比べて余りにも権衡を失するから，当事者がそのような定額遅延損害金を予定していたと解するのは相当でない。	民420条
225	昭50・7・15	民集29巻6号1029頁	外国為替及び外国貿易管理法30条3号・外国為替管理令13条1項1号・2項に違反して締結された保証契約でも，同各規定は，外国為替政策上の見地から本来自由であるべき対外取引を過渡期的に制限する取締法規にすぎないから，同法令に違反しても，その行為の私法上の効力に影響を及ぼさない。	外為，外為令
226	昭51・6・3	金法803号31頁	借地契約に解除権留保附増改築禁止の特約がある場合において，借地人が地上の工場用建物に間仕切りを作り，中2階の柱に継ぎ柱をして2階建とし，店舗兼居宅および貸間として他人に賃貸するように改造しても，それは建物を目的とする借地人の土地の通常の利用上相当であり，賃貸人に著しい影響を及ぼすものではなく，また借地人の一家の経済的苦況を脱するためにされたものであるなどの事実の下では，賃貸人が同特約に基づいてした解除権の行使は，信義則上許されない。	借地11条
227	昭52・6・20	民集31巻4号449頁	いわゆる拘束された即時両建預金を取引条件とする信用協同組合の貸付が私的独占の禁止及び公正取引の確保に関する法律19条に違反する場合でも，その違反により，貸付契約が直ちに私法上無効になるとはいえず，また，同契約が公序良俗に反するともいえないが，両建預金および超過貸付があるために実質金利が利息制限法所定の制限利率を超過しているときは，その超過する限度で貸付契約中の利息・損害金についての約定は，同法1条・4条により無効。	独禁，利息
228	昭52・8・30	金法840号38頁	不動産の買主が，裏金をもって不動産を買受けるに当り，税務当局から買受資金の出所を追及されることをおそれて他人名義を用いて不動産を買受け，同他人への所有権移転登記を受け，買受とともに同他人へ不動産を引渡した場合において，その所有権転登記および引渡は，公序良俗に反するとはいえず，不法原因給付に当らない。	民708条
229 ◎	昭52・12・6	民集31巻7号961頁	破産債権者が支払の停止を知ったのちに破産者に対して負担した債務を受働債権としてする相殺は，破産法上原則として禁止されており（同法104条2号），かつ，この相殺禁止の定めは債権者間の実質的平等を図ることを目的とする強行規定と解すべきであるから，その効力を排除するような当事者の合意は，たとえそれが破産管財人と破産債権者との間でされたとしても，特段の事情のない限り，特段の事情のない限り無効であると解するのが相当である。	旧破産
230	昭52・12・19	判時877号41頁	本件事情の下においては，借地上建物を約定期間満了後に賃貸人に贈与する旨の特約は，それ自体が賃借人に不利であり，かつその不利益を補償するに足りる特段の事情のあることが賃借人において主張立証されたといえないから，借地法11条に該当し無効。	借地11条
231	昭54・1・25	民集33巻1号26頁	建築途上の未だ独立の不動産に至らない建前に第三者が材料を供して工事を施し，独立の不動産である建物に仕上げた場合の建物所有権の帰属は，民法246条2項の規定に基づき決定すべき。	民246条2項
232	昭56・1・30	判時996号56頁	マンション分譲契約と同時にマンション購入者と分譲業者との間でなされた駐車場専用使用権設定に関する契約は，同マンション購入者はすべて同専用使用権の分譲をも受けた者およびその承継人が同駐車場を専用使用することを承諾してマンション分譲契約を締結しており，また，同専用使用権を取得した者と非取得者との間に実質上それ程の不平等があるとは認められないから，公序良俗に違反し無効であるとはいえない。	区分所有
233 ○	昭56・4・20	民集35巻3号656頁	土地の賃貸借契約の当事者が，従前の賃料が公租公課の増減その他の事由により不相当となるに至ったときは，借地法12条1項の定めるところにより，賃料の増減請求権を行使することができるところ，同規定は強行法規であって，本件約定によってもその適用を排除できない。	借地12条1項
234	昭57・11・16	判時1062号140頁	商品取引員が法商品取引所法91条1項，91条の2第1項，準則4条の各規定に違反し登録を受けていない外務員をして営業所以外の場所で基本契約を締結させても，同基本契約の効力を左右しない。	商取
235	昭58・1・25	金法1034号41頁	取締法規たる「預金等に係る不当契約の取締に関する法律」に違反する導入預金契約については，私法上の効力まで否定しなければならない程の反社会性，反道徳性を帯びるとすることはできず，これを私法上無効とできない。	預金不当契約取締

236	昭59・5・29	民集38巻7号885頁	民法459条2項によって準用される442条2項は任意規定である。民法501条5号が保証人と物上保証人の代位についてその頭数ないし担保不動産の価格の割合によって代位するものと規定しているのは，特約その他の特別な事情がない一般的場合について規定しているに過ぎず，同号はいわゆる補充規定。	民442条2項，501条5号
237	昭61・5・29	判時1096号102頁	当該取引を金地金の先物取引を委託するものであり，かつ著しく不公正な方法によって行われたものであるから公序良俗に反し無効であるとした原審の判断が，商品取引所法8条に違反するところがあるか否かについて論ずるまでもなく正当。	商品取引所
238 ◎	昭61・7・10	民集40巻5号925頁	手形法6条1項は，最も単純明快であるべき手形金額につき重複記載がされ，これらに差異がある場合について，手形そのものが無効となることを防ぐとともに，その記載の差異に関する取扱いを法定し，もつて手形取引の安全性・迅速性を確保するために設けられた強行規定。	手形6条1項
239	昭62・10・16	金法1200号51頁	外国為替及び外国貿易管理法30条，外国為替管理令13条1項1号・2項に違反する保証契約であっても，同各規定は外国為替政策上の見地から本来自由であるべき対外取引を過渡期的に制限する取締法規に過ぎず，その規定に違反してもその行為の私法上の効力に影響を及ぼさない。	外為，外為令
240 ○	昭62・11・13	訟月34巻7号1420頁	不動産登記法48条は，同一不動産に関しては，その登記が不動産の表示に関するものと権利に関するものとを問わず，すべての登記について強行規定として適用される。	不登
241	昭62・12・18	民集41巻8号1592頁	同一の担保権者に対する配当金がその担保権者の有する数個の被担保債権のすべてを消滅させるに足りないときは，その配当金は，その数個の債権について民法489条ないし491条の規定にしたがった弁済充当がされるべきものであって，債権者による弁済充当の指定に関する特約がされていても同特約に基づく債権者の指定充当は許されない。	民489条〜491条
242	平2・4・12	金法1255号6頁	債権者が保証人に対し担保保存義務免除特約の効力を主張することは，信義則に反しまたは権利の濫用に該当するとはいえない。	民504条
243	平2・11・20	民集44巻8号1037頁	民法209条以下の相隣関係に関する規定は，土地の利用の調整を目的とするものであって，対人的な関係を定めたものではなく，同法213条の規定する囲繞地通行権は，袋地に付着した物権的権利で，残余地自体に課せられた物権的負担と解すべきであり，同法213条の規定する囲繞地通行権は，通行の対象となる土地に特定承継が生じた場合にも，消滅しない。	民213条
244	平4・9・22	金法1358号55頁	民法653条の法意は委任者の死亡によっても委任契約を終了させないとの合意を否定するものではない。	民653条
245	平6・4・21	集民172号379頁	当事者が民法420条1項により損害賠償額を予定した場合においても，債務不履行に関し債権者に過失があったときは，特段の事情のない限り，裁判所は，損害賠償の責任及びその金額を定めるにつき，これを斟酌すべき。	民420条
246	平6・4・22	民集48巻3号944頁	いわゆるスカウト行為は，職業安定法5条1項にいう職業紹介におけるあっ旋に当たり，同職業紹介における手数料契約のうち，労働大臣が中央職業安定審議会に諮問の上定める手数料の最高額を超える部分については，その受領を禁ずる職業安定法32条6項が同部分の私法上の効力を否定することによって求人者及び求職者の利益を保護する趣旨をも含むものと解されるから，無効。	職安
247	平7・6・23	民集49巻6号1737頁	債務の保証人等が，債権者との間で，あらかじめ民法504条に規定する債権者の担保保存義務を免除し，同条による免責の利益を放棄する旨を定める特約は，原則として有効であるが，債権者がこの特約の効力を主張することが信義則に反し，又は権利の濫用に当たるものとして許されない場合がある。	民504条
248 ×	平7・7・5	民集49巻7号1789頁	相続に関する規律は，身分関係に関する強行規定とは異なり，結局は被相続人の財産を誰にそしていかに分配するかの定めであり，しかも，本件規定は，被相続人の明示の意思としての遺言等がない場合に初めて適用される補充的な規定。	民900条
249	平8・7・12	民集50巻7号1918頁	民法467条は指名債権譲渡についての強行法規であるとされている。（河合補足意見）	民467条
250	平9・2・14	民集51巻2号375頁	民法388条は，抵当権者の合理的意思の推定に立って，土地と建物が競売により所有権を異にするに至った場合には，抵当権設定者は競売の場合につき地上権を設定したものとみなしており，その結果，建物を保護するという公益的要請にも合致する。	民388条

251	平9・9・4	民集51巻8号3619頁	損失保証は，当初反社会性の強い行為であると明確に認識されてはいなかったが，次第に，証券取引の公正を害し，社会的に強い非難に値する行為であることの認識が形成されていったものというべきであり，問題となった当時，既に，損失保証が証券取引秩序において許容されない反社会性の強い行為であるとの社会的認識が存在していたものとみるのが相当であるから，その時に締結された本件損失保証契約は，公序に反し無効。	証券取引
252 ◎	平11・2・23	民集53巻2号193頁	民法678条は，やむをえない事由がある場合には，組合の存続期間の定めの有無にかかわらず，常に組合から任意に脱退することができる旨を規定しているものと解されるところ，同条のうちその旨を規定する部分は，強行法規であり，やむをえない事由があっても任意の脱退を許さない旨の組合契約の約定は，組合員の自由を著しく制限し，公の秩序に反し無効。	民678条
253	平13・6・11	判時1757号62頁	不正目的で周知性のある他人の商品等表示と同一又は類似のものを使用した商品を販売し，他人の商品と混同を生じさせる不正競争を行い，商標権を侵害した上に，不正競争防止法及び商標法により処罰を免れず本件商品の取引は，単に上記各法律に違反するというだけでなく，経済取引における商品の信用の保持と公正な経済秩序の確保を害する著しく反社会性の強い行為であるから，そのような取引を内容とする本件売買契約は民法90条により無効。	不正競争,商標
254	平14・9・24	判時1801号77頁	請負人が建築した建物に重大な瑕疵があって建て替えるほかはない場合に，当該建物を収去することは社会経済的に大きな損失をもたらすものではなく，また，そのような建物を建て替えてこれに要する費用を請負人に負担させることは，契約の履行責任に応じた損害賠償責任を負担させるものであって，請負人にとって過酷であるともいえないから，建て替えに要する費用相当額の損害賠償請求することを認めても，同条ただし書の規定の趣旨に反しない。	民635条ただし書
255	平15・2・28	判時1829号151頁	故意又は重大な過失がある場合には損害賠償義務の範囲を制限する宿泊約款の定めは，著しく衡平を害し，当事者の通常の意思に合致しないから，適用されない。	民415条
256 ◎	平15・6・12	民集57巻6号595頁	借地借家法11条1項の規定は，長期的，継続的な借地関係では，一度約定された地代等が経済事情の変動等により不相当となることも予想されるので，公平の観点から，当事者がその変化に応じて地代等の増減を請求できるようにしたものであり，同規定は，地代等不増額の特約がある場合を除き，契約の条件にかかわらず，地代等増減請求権を行使できるとしているから，強行法規。	借地借家11条1項
257 ○	平15・10・21	判時1844号50頁	借地借家法32条1項の規定は強行法規であり，賃料自動増額特約によってもその適用を排除することができない。	借地借家32条1項
258 ○	平15・10・21	民集57巻9号1213頁	借地借家法32条1項の規定は強行法規であり，賃料自動増額特約によってもその適用を排除することができない。	借地借家32条1項
259 ○	平15・10・23	判時1844号54頁	借地借家法32条1項は，強行法規であって，賃料保証特約によってその適用を排除することができない。	借地借家32条1項
260	平15・12・19	民集57巻11号2292頁	一括支払システムに関する契約において譲渡担保権者と納税者との間でされた国税徴収法24条2項による告知書の発出の時点で譲渡担保権を実行することを内容とする合意は，同条5項の趣旨に反し無効。	税徴
261 ×	平16・1・15	民集58巻1号156頁	地方公務員法24条1項，30条，35条は，職員の服務義務や給与の基準を定めた規定にすぎず，これらの規定が地方公共団体と私人との間に締結された契約の効力に直ちに影響を及ぼさせる規定ではない。	地公
262 ○	平16・6・29	判時1868号52頁	借地借家法11条1項の規定は強行法規であり，本件特約によってその適用を排除することができない。	借地借家11条1項
263 ○	平16・11・8	判時1883号52頁	借地借家法32条1項の規定は強行法規と解され，賃料自動増額特約によってその適用を排除することができない。	借地借家32条1項
264 ○	平17・3・10	判時1894号14頁	借地借家法32条1項の規定は強行法規であり，賃料自動改定特約等の特約によってその適用を排除することはできない。	借地借家32条1項
265	平18・11・27	民集60巻9号3437頁，同日3件あり	大学入学試験合格者の学生納付金に関する不返還特約中，授業料及び諸会費等に関する部分は，在学契約解除に伴う損害賠償額の予定又は違約金を定めるものと解され，その目的，意義に照らして著しく合理性を欠くなどと認められない限り，公序良俗に反しないが，在学契約が消費者契約法の適用を受ける場合には，同法9条1号所定の違約金等条項に該当する学納金不返還特約が，「平均的な損害」との関連で無効と判断されうる。	民420条,消費契約9条1号

266	平18・ 12・22	判時1958号 69頁	鍼灸学校入学試験合格者の学生納付金に関する不返還特約中，授業料等に関する部分が，在学契約解除に伴う損害賠償額の予定又は違約金を定めるものであり，目的及び意義の点で著しく合理性を欠くものでない限り公序良俗に反するとはいえないが，当該在学契約が消費者契約法の適用を受ける場合には，同法9条1号所定の違約金等条項に当たる学納金不返還特約が，「平均的な損害」との関連で無効と判断されうる。	民420条，消費契約9条1号
267 ◎	平19・ 12・13	判時1995号 157頁	有罪判決を受けた国家公務員の地位について定めた国家公務員法76条及び38条2項は公益的な要請に基づく強行規定であり，国において当該職員の失職を主張することが信義則に反し権利の濫用に当たるとはいえない。	国公
268 ○	平20・ 2・29	判時2003号 51頁	借地借家法32条1項の規定は強行法規であり，賃料自動改定特約によってその適用を排除することはできない。同項規定に基づく賃料減額請求の当否及び相当賃料額を判断するに当たっては，賃貸借契約の当事者が現実に合意した賃料のうち直近のものを基にして，諸般の事情を総合的に考慮すべきであり，賃料自動改定特約が存在したとしても，上記判断に当たっては，同特約に拘束されることはなく，上記諸般の事情の一つとして，同特約の存在や，同特約が定められるに至った経緯等が考慮の対象となるにすぎない	借地借家32条1項
269	平20・ 6・10	民集62巻 6号1488頁	出資法5条2項が規定する利率を著しく上回る利率による利息の契約を受け，これに基づいて利息を受領し又はその支払を要求することは，それ自体が強度の違法性を帯びる。	出資
270	平21・ 7・10	判時2058号 53頁	町と産廃処分業者とが締結した公害防止協定において，その区域内の産廃処理施設の使用期限の定め及びその期限を超えて産業廃棄物の処分を行ってはならない旨を定めていた場合において，処分業者が，公害防止協定において，協定の相手方に対し，その事業や処理施設を将来廃止する旨を約束することは，処分業者自身の自由であり，その結果，許可が効力を有する期間内に事業や処理施設が廃止されることがあったとしても，廃棄物の処理及び清掃に関する法律に何ら抵触するものではなく，本件期限条項は本件協定の締結された当時の同法の趣旨に反しない。	廃棄物
271	平21・ 8・12	民集63巻 6号1406頁	債権の管理又は回収の委託を受けた弁護士が，その手段として本案訴訟の提起や保全命令の申立てをするために当該債権を譲り受ける行為は，他人間の法的紛争に介入し，司法機関を利用して不当な利益を追求することを目的として行われたり，公序良俗に反するような事情があれば格別，仮に弁護士法28条に違反するものであったとしても，直ちにその私法上の効力が否定されない。	弁護士
272	平21・ 12・18	民集63巻 10号2754頁	請負人と雇用契約を締結し注文者の工場に派遣されていた労働者が注文者から直接具体的な指揮命令を受けて作業に従事していた場合に，請負人と注文者の関係がいわゆる偽装請負に当たり，前記の派遣を労働者派遣法に違反する労働者派遣と解すべき場合において，同法の趣旨及びその取締規法としての性質，さらには派遣労働者を保護する必要性等にかんがみれば，仮に同法に違反する労働者派遣が行われた場合においても，特段の事情のない限り，そのことだけによって派遣労働者と派遣元との間の雇用契約は無効にならない。	労働派遣
273	平22・ 3・16	判時2078号 18頁	複数の債権の全部を消滅させるに足りない弁済を受けた債権者が，上記弁済を受けてから1年以上経過した時期に初めて，弁済充当の指定に関する特約に基づき充当指定権を行使することは許されない。	民488条
274	平23・ 3・24	民集65巻 2号903号	消費者契約法10条は，消費者契約の条項が，民法等の法律の公の秩序に関しない規定，すなわち任意規定の適用による場合に比し，消費者の権利を制限し，又は消費者の義務を加重するものであることを要件としている。	消費契約10条
275	平23・ 7・15	民集65巻 5号2269号	消費者契約法10条にいう「民法，商法その他の法律の公の秩序に関しない規定」には，明文の規定のみならず，一般的な法理等も含まれる。	消費契約10条
276	平23・ 12・16	判時2139号 3頁	耐火構造規制や避難通路幅員規制違反等，居住者らの生命，身体の安全に関わるものを含む建築基準法違反の建物を目的とする請負契約は，著しく反社会性の強い行為であり，公序良俗に反し無効。	建基
277	平24・ 3・16	民集66巻 5号2216頁	本件失効条項は，保険料の払込みがされない場合に，その回数にかかわらず，履行の催告なしに保険契約が失効する旨を定めるものであるから，この点において，任意規定の適用による場合に比し，消費者である保険契約者の権利を制限するものであるが，猶予期間は民法541条の催	民541条，消費契約10条

			告期間よりも長いことなど，保険契約者の権利保護を図るために配慮されていることなどから，当該失効条項は信義則に反して消費者の利益を一方的に害するものには当たらない。	
278 ○	平25・3・21	民集67巻3号438頁	特例企業税を定める同条例の規定は，法人事業税に関する地方税法の強行規定と矛盾抵触するものとしてこれに違反し，違法，無効である。	地税
279 ◎	平26・10・23	民集68巻8号1270頁	均等法の規定の文言や趣旨等に鑑みると，同法9条3項の規定は，雇用の分野における男女の均等な機会及び待遇の確保を図るとともに，女性労働者の就業に関して妊娠中及び出産後の健康の確保を図る等の措置を推進するという目的及び基本的理念を実現するためにこれに反する事業主による措置を禁止する強行規定として設けられたものであり，女性労働者につき，妊娠，出産，産前休業の請求，産前産後の休業又は軽易業務への転換等を理由として解雇その他不利益な取扱いをすることは，同項に違反するものとして違法であり，無効。	雇均
280	平29・7・24	民集71巻6号969頁	裁判外の和解契約を締結することが弁護士法72条に違反する場合でも，当該和解契約は，その内容及び締結に至る経緯等に照らし，公序良俗違反の性質を帯びるに至るような特段の事情がない限り，無効とならない。	弁護士
281 ○	平29・2・28	判時2335号90頁	労基法37条の規定は強行法規であり，これに反する合意は当然に無効となる上，同条の規定に違反した者には刑事罰が科せられることからすれば，本件規定のうち，歩合給の計算に当たり対象額から割増金に相当する額を控除している部分は，同条の趣旨に反し，ひいては公序良俗に反するものとして無効。	労基
282	平30・6・1		労契法20条の趣旨が有期契約労働者の公正な処遇を図ることにあること等に照らせば，同条の規定は私法上の効力を有し，有期労働契約のうち同条に違反する労働条件の相違を設ける部分は無効。	労契

24　フランスにおける強行法・任意法（補充法）論

馬 場 圭 太

I　はじめに

　本稿は，フランスで展開している強行法および任意法（補充法）をめぐる議論の概略を紹介することを目的とするものである。

　強行法と任意法（補充法）の区別は，法規範の階層構造の頂点に位置する，最も根本的な区別のひとつである。それゆえに，その射程は広大であり，議論の蓄積も豊富である。このささやかな論稿の中で，強行法・任意法（補充法）論の全体像をその隅々まで精確に描写することには大きな困難をともなう。したがって，本稿では，日本をはじめとする諸国の議論と比較する際にフランス法の特徴がより際立つと考えられる論点に集中することで，検討対象を限定することとしたい[(1)]。

　本論に入る前にその基礎を整えるため，まず強行法・任意法（補充法）論

---

(1)　フランスにおける強行法・任意法（補充法）論を扱う先行業績として，吉井啓子「フランスにおける強行法と任意法」椿寿夫編『民法における強行法・任意法』（日本評論社，2015年）342頁以下がある。同論文は，公序概念を中心に強行法および任意法について論じる。これに対して本稿は，相対的に任意法（補充法）に力点を置いている。

　また，フランス補充法論の一端を示す日本語文献として，イヴ・マリ　レチェ（平野裕之・訳）「契約法と補充法規」慶應法学13号（2009年）175頁以下がある。

に現れる用語法を確定し（1），次に両概念を区別する根拠となる法文を確認する（2）。最後に，強行法と任意法（補充法）の判別方法に言及する（3）。

1　用語法の確定

フランスにおける強行法・任意法（補充法）論では，後に見るように，時代ごとにあるいは論者ごとに，用いられる概念に微妙なニュアンスが加えられてきた。このことが，議論の見通しを悪くしている側面がある。読者の混乱を避けるために，フランスで用いられている諸概念に対する筆者の暫定的な考え方をはじめに示しておく。

日本法でいうところの「強行法」，「任意法」に対応するフランス語は何か。

まず「法」にかかる形容詞から見てみよう。「強行」に対応する形容詞が «impérative» であることは間違いない。これに対して，「任意」に実質的に対応する形容詞は，«supplétive» であるといえる。しかし，«supplétive» の語にドイツ法に由来する「任意」の語をあてることは適切でないと考える（その理由については，Ⅳ章を参照。）。したがって，本稿では以下，これに「補充」という訳をあてることとする。

これらに加えて，«dispositive» の語が用いられることがある。この語は，場面によって異なる意味で用いられるため，意味に応じて訳語を使い分ける（詳しくは，後掲注(9)，注(14)および注(20)を参照。）。

次に，「法」に対応する語はどうか。フランス語では，«droit»（法），«loi»（法律），«règle»（規範），«disposition»（規定）が場面に応じて使い分けられている。これらの語の意味するところは当然異なるが，本稿の文脈においては，これらを厳密に区別して訳語を使い分けることに大きな意義を見いだすことができない。したがって以下では，原則として，これらすべてを包含する趣旨で「法」という語を用いることとする。

2　強行法と補充法の区別と根拠規定

フランス民法典は，強行法と補充法の関係を直截に定める一般規定を用意していない。したがって，形式的には，強行法と補充法が相互にどのような

位置関係に立つか（いずれが原則であり，いずれが例外か。）について解釈の余地が存在することになる。

　フランスでは，民法典は意思自律・契約自由を基本原理としていると解されており[2]，したがって民法典における諸規定は補充法が原則であり，強行法（公序に関する法）は例外に属すると考えられている[3]。

（1）　総　則

　強行法と補充法の区別（すなわち，法律 loi と契約自由 liberté contractuelle の関係に関する規律）は民法典 6 条の問題として捉えられており[4]，本論に見るように，強行法と補充法の区別をめぐる議論も同条を中心に展開されている。

　同条は，次のように定める。

> （公序良俗）
> 　6 条　個別の合意によって，公の秩序及び善良の風俗に関する法律を適用除外することはできない。

　この規定は，1804年に民法典が制定されて以来，一度も変更されていない。多数説によれば，民法典 6 条に由来する強行法と補充法の区別は，法規範における法規の適用と個人の自由との関係を画する「根本的区別 *summa divisio*」であるとされる[5]。

（2）　その形式的根拠として，契約の拘束力について定める旧1134条 1 項（新1103条）「適法に形成された合意は，それをした者に対して法律に代わる。」が挙げられる（山口俊夫「フランス法における私的自治とその現代的変容」法学協会百年記念第 3 巻民事法（有斐閣，1983年）213頁）。しかし，民法典 6 条の反対解釈によって，意思自律・契約自由の原則を導くことができるとの指摘もある（C. Pérès-Dourdou, La règle supplétive, LGDJ, 2004, n°14s, p. 14s）。

（3）　Pérès-Dourdou, *supra* note 2, n° 12, p. 12.

（4）　*Ibid.*, n° 4, p. 2.

（5）　*Ibid.*
　これに対して，「規範性を欠く規範 règle non normative」の存在を指摘する者もいる（D. Mainguy, Introduction générale au droit, 4ᵉ éd., LexisNexis, 2013, n° 127, p. 133s）。この者によれば，規範性を欠く規範は，強行法でも補充法でもない。その例として，民法典旧1384条 1 項（新1242条 1 項）が挙げられている（同条は，民法典制定当初，説明規定であると理解されていた。）。また，ソフト・ロー（droit souple）

638

日本法との関係で注意を要するのは，この条文の配置である。民法典6条は，民法典全体の通則（民法典前加章「法律の公布，効力および適用についての通則」）に置かれている。

また，同条および次に掲げる各条は公序違反の効果について明示していないが，法律行為が公序に反する場合には，当該法律行為は無効になると解されていることも，ここで確認しておこう（詳しくは，Ⅲ章2(1)を参照）[6]。

(2) 各 則

民法典6条のほかにも，債務法に関する規律（1100条以下）の中に，公序について定める規定が存在する。

まず，旧1133条が公序良俗に反するコーズを不法とし，旧1131条により不法なコーズに基づく債務の効力を否定していた。2016年債務法改正によりコーズ概念が廃止されたことにともなって，旧規定は新1162条に代置されている[7]。

（公序）

1162条　契約は，その約定によっても，それがすべての当事者に認識されていたかどうかにかかわらずその目的によっても，公の秩序に反することができない。

も規範性を欠く規範にあたるという。

（6）　フランス民法典6条は，日本民法91条と関連しているとの指摘がある。

　　例えば，能見善久教授は，91条を根拠に強行規定に反する法律行為を無効とする解釈をとるならば，「民法91条はフランス民法6条に繋がる」とする（能見善久「違約金・損害賠償額の予定とその規制(4)」法協102巻10号（1985年）58頁）。また，森田修教授は，「ボアソナードが日本民法典90条の淵源を求めるフランス民法典6条は，強行法規違反行為の無効を定めた規定であり，今日の通説によればむしろ日本民法典91条に対応する」（森田修「91条」川島＝平井編『新版注釈民法(3)』（有斐閣，2003年）222頁）と指摘する。

（7）　改正債務法の条文訳は，荻野奈緒＝馬場圭太＝齋藤由起＝山城一真「フランス債務法改正オルドナンス（2016年2月10日のオルドナンス第131号）による民法典の改正」同法69巻1号（2017年）279頁以下に従った。

　　なお同オルドナンスは，2018年4月10日の法律（Loi n°2018-287 du 20 avril 2018 ratifiant l'ordonnance n°2016-131 du 10 février 2016 portant réforme du droit des contrats, du régime général et de la preuve des obligations）によって，若干の法文に修正を加えたうえで追認されている。

次に，旧1108条が，契約の有効性について定めていた。同条は，新1128条に代置されている。

（契約の有効性）
1128条　契約の有効性には，以下の事柄が必要である。
　一　当事者の同意
　二　その者の契約を締結する能力
　三　適法であり，かつ確定した内容

さらに，2016年の改正によって，次の規定が新設された。

（契約の自由と公序良俗）
1102条2項　契約の自由は，公の秩序に関する準則に反することを許すものではない。

以上のように，現行法上は，民法典6条に加えて，1102条，1128条，1162条が，契約関係における公序について定めていることになる。

3　強行法と補充法をどのように判別するか

しかし，これらの法文を参照することによって，ある規定が強行法であるか補充法であるかを判別することはできない。これらの法文の中にその手がかりを見いだすことができないからである。したがって，ある規定がいずれの性質を帯びているかは，個別に判断するほかない。

その場合に，法文の言い回しから当該規定の性質を判断することができることがある。例えば，

「反対の約定がない場合には à défaut de conventions contraires」（例，民法典1368条）
「反対の条項があるときを除き sauf clause contraire」（例，1216-1条2項）

「ただし（当事者が）別段の合意をした場合は，この限りでない à moins qu'il n'ait été stipulé; à moins qu'il n'en soit autrement décidé」（例，1375条1項）

といった文言が用いられている場合には，当該規定の性質は補充法である。
　これに対して，

「（この規定は）公序に関する être d'ordre public」（例，1104条2項）
「これに反するすべての条項にかかわらず nonobstant toute clause contraire」（例，946条）
「（…である）条項はすべて，書かれなかったものとみなす toute clause qui … est réputé non écrite」（例，1171条1項）
「これに反する場合は無効である à peine de nullité」（例，1322条）

といった文言が用いられている場合には，当該規定の性質は強行法であるといえる。
　他方，法文の言い回しからは規定の性質を判断できないこともある。そのような場合は，裁判官が当該規定の趣旨を考慮して判断することになる。

II　代表的な学説による強行法・補充法の理解

　強行法と補充法をめぐる概念の整理は，もっぱら学説によって行われている。本章では，現在の学説が一般に，強行法と補充法をどのように理解し，整理しているかを確認する作業を行う。はじめにこの作業を行うことで，フランスにおける強行法・補充法論の特徴を大まかに把握することができると考えるからである。
　以下，現在の代表的論者であるマゾー＝シャバス（1），テレ（2），ゲスタン（3）の見解を順にとりあげて，比較を行う。

1　マゾー＝シャバスの見解

　アンリ・マゾー＝レオン・マゾー＝ジャン・マゾー＝シャバス（以下，マ
ゾー＝シャバスと表記する。）の主張するところをまとめると次のようにな
る[8]。

①強行法（loi impérative）と補充法（loi supplétive）を対置する。

②強行法の中には「命ずる法 loi ordonne」と「禁ずる法 loi défend（loi pro-
hibitive）」があり，強行法が適用される個人は，強行法を免れることも，当
該強行法が適用されない状況に自らの身を置くこともできない。

③補充法は，個人が補充法の適用を排除しない場合または当該補充法がその
者に適用されないような状況に置かれない場合にしか，個人を強制しない法
である。

④もっとも，強行法・補充法のいずれも拘束力を有する点では違いがない。
なぜなら，補充法もその適用を排除しない個人に対しては拘束力を有するか
らである。

⑤強行法と公序に関する法（loi d'ordre public）の関係については，公序に関
する法のうち絶対的無効のサンクションを課すものは強行法であるが，個人
の保護を目的とし相対的無効のサンクションを課すにすぎないものは強行法
ではない（詳しくは，後掲Ⅳ章4を参照。）。

⑥補充法をさらに，任意法（loi dispositive）[9]と純粋補充法（loi purement
supplétive）に区別する[10]。前者が当事者の意思（黙示の意思を含む。）によ
って排除することができるものであるのに対し，後者は明示の条項がある場
合にしか排除することができないものであり，その明示の条項は立法者が明
確に要求している場合にのみ必要とされる。

（8）　H. et L. Mazeaud, J. Mazeaud et Chabas, Leçons de droit civil, t. I, Introduction à
l'étude du droit, 11ᵉ éd., Montchrestien, 1996, n° 67-68, p. 120-122.

（9）　当事者が任意に変更することができる規範という意味で «dispositive» の語を用い
ているので，ここでは「任意」と訳す。

（10）　H. et L. Mazeaud, J. Mazeaud et Chabas, Leçons de droit civil, t. II, 1ᵉʳ vol., Obliga-
tions. Théorie générale, 9ᵉ éd, Montchrestien, 1998, n° 348, p. 337.

　マゾー＝シャバスは，他の学説に比して，より伝統的な立場を示しているといえる。すなわち，一方で，民法典制定以降，19世紀における社会立法の展開を経て，強行法および公序の守備範囲が広がったことを指摘しながら，他方で，公序概念を，一般的利益の保護を対象とする古典的な公序にとどめている。そして，個人の保護を目的とする新しい公序については，それが強行法であることを認めつつ，公序の概念から排除している。

　これに対して，補充法の下位分類，とりわけ «loi dispositive»（任意法）の位置づけは独特である。

2　テレの見解

　テレは，基本的にマゾー＝シャバスとほぼ同様の理解を示している[11]。

①強行法と補充法を対置する。
②強行法を，「あらゆる状況において強制され，その適用を排除することができない」法と定義する。
③一方，補充法は，「個人が，合意によりその適用を排除することができる」点に特徴があると説明する。
④補充法であれ強行法であれ，拘束力を有する点では変わらない。しかし，拘束力には強弱があり，補充法は拘束力が作用する範囲が限定されるのに対して，強行法は限定されない。
⑤強行法と公序に関する法の関係については，マゾー＝シャバスと同様に，強行法の中にはすべての公序に関する法だけでなく，公序に関しない法も含まれると考えるようである。しかし，マゾー＝シャバスのように，法が保護しようとする利益の種類（一般的か個人的か）に応じて公序に関する法と公序に関しない法を区別してはいない。テレは，これに代替しうる区別を示していないため真意は明らかでないが，強行法と公序に関する法はそもそも別の概念であり，用いられ方が異なるところに区別の理由を求めているように見える[12]。

---

(11)　Fr. Terré, Introduction générale au droit, Dalloz, 2015, n° 495s, p. 409s.
(12)　*Ibid.*, n° 498-499, p. 411-412.

　これに対して，補充法の下位分類については，テレの整理も特徴的である[13]。

⑥補充法は，立法者が当事者の沈黙（当事者意思）を補充する法規範である。補充法の中には，⑦当事者の共通意思を判断するための基準として機能する解釈法（loi interprétative）と，それとは全く異なり，⑦一定の条件の下，確固たる法政策を強行的に当事者に課す法，すなわち整備法（loi dispositive）[14]があるという。

　彼のいう整備法に該当する事例としてどのようなものがあるか。テレは，一例として法定夫婦財産制を挙げる[15]。婚姻するカップルは，適式に夫婦財産契約を締結すれば，法定財産制（現行フランス法では後得財産共通制 communauté réduite aux acquêts）を回避することができる。しかし，カップルが夫婦財産契約を締結しなかった場合または契約が無効であるか効力を生じなかった場合には，法定財産制が強行的に適用されることになる。この場合，適用される法定財産制は，当事者であるカップルの意思に全く合致しないこともありうる。しかし仮にそうであったとしても，この規範は適用される。テレによれば，このほかに，無遺言相続の場合に適用される法定相続に関する規範も整備法であるとされる[16]。

　テレが例として挙げた法定夫婦財産制は，マゾー＝シャバスの説明においては補充法の典型例として真っ先に挙げられていたものである[17]。テレによる解釈法と整備法の対置は，当事者がその適用を排除しない限り当該当事者に課されないが，当事者の意思を補充するとはいえない規範類型（整備法）があることを明確に示し区別している点に独自性を認めることができる。

---

(13)　*Ibid.*, n° 497, p. 410s.

(14)　ここでは，dispositive の語は，「当事者が任意に変更することができる」という意味ではなく，「当事者の確かな意思に反していたとしても適用される」という意味で用いられている（v. R. Saleilles, Introduction à l'étude du droit civil allemand, Mélanges de droit comparé I, Pichon, 1904, p. 49）。したがって，これに「整備」という訳語をあてた。語源学的には，«dispositive» という言葉はラテン語の «*dispono*» に由来し，«*dis-pono*» は「分けて‐置く」ことを意味する。

(15)　Terré, *supra* note 11, n° 497, p. 411.

(16)　*Ibid.*

3 ゲスタンの見解

ゲスタンも，マゾー＝シャバスの見解を基底に据えつつ，それを発展させているように見える。しかし，前二者に対して，概念整理の独自性が顕著である。ゲスタンの見解は，とりわけ強行法と公序に関する法の関係および補充法の下位分類において特徴的である。また，強行法の適用を当事者以外の者が免除または適用除外することができる場合について言及している点も興味深い。

ゲスタンの所説を要約すると次のようになる[18]。

①強行法と補充法を対置する。

②強行法は拘束力が相対的に強く，強行法が定める状況に置かれた者はその適用を排除することができない。

③補充法は，拘束力が相対的に弱く，利害関係人の反対の意思が欠ける場合にしか拘束力を有しない。

④強行法と補充法のあいだには，拘束力の強度に差がある。補充法（解釈法，任意法）は，当事者が反対の意思を表明することによって規範の効力が生じる範囲が限定される。これに対して，強行法は，当事者がその範囲を限定することができない。

⑤強行法と公序に関する法とを厳密に区別せず，それぞれの射程は重なると理解する。さらに禁止法もこれらと区別せず互換的に用いることができると解しているようである。

⑥補充法，解釈法[19]および任意法（loi dispositive）[20]を互換性のある概念と

---

(17)　H. L. et J. Mazeaud et Chabas, *supra* note 8, n° 67, p. 120.

(18)　J. Ghestin, H. Barbier et J.-S. Bergé, Traité de droit civil. Introduction générale, 5ᵉ éd., LGDJ, 2018, n° 507s, p. 468s.

　　　同書は20数年ぶりに版を改めたが，強行法・任意法に関する記述は，一部脚注が変更された点を除き，ほとんど手が加えられていない（cf. J. Ghestin, G. Goubeaux et M. Fabre-Magnan, Traité de droit civil. Introduction générale, 4ᵉ éd., LGDJ, 1994, n° 320s, p. 296s)。

(19)　ただし，ゲスタンは，解釈法という表現は意思自律の原則から着想を得た擬制であって，現実には当事者が約定していない事項について当事者が何も考えていなかったことを正面から認めるべきであると説く（Ghestin, Barbier et Bergé, *supra* note 18, n° 508, p. 469)。

解する。補充法の下位分類を行わない。

　ゲスタンはこれらに加えて，
⑦当事者以外の主体が強行法の適用範囲を限定する場合があることを指摘する。その例として，公権力による㋐伝統的公序に関する法の適用免除（dispense）[21]，㋑新しい経済的・社会的公序に関する法の適用除外（dérogation）[22]，そして㋐㋑と同様に機能する㋒裁判官の抑制権限（pouvoir modérateur）の行使[23]である。

　⑤に見たように，ゲスタンは強行法と公序に関する法を区別しない立場をとるが[24]，この点については学説のあいだで応酬が交わされているので，若干説明を付け加えておきたい。

---

(20)　ゲスタンは，強行法と異なり，当事者は個別の約定によって «loi dispositive» と異なる旨「定めること disposer」ができると説明している（*ibid.*, n° 507, p. 468）。したがって，ここでは «loi dispositive» を任意法の意味で用いているといえよう。

(21)　例えば，血族または姻族であることを理由とする婚姻障害について大統領が行うことが認められている禁止の解除（民法典164条），婚姻適齢に関して婚姻挙式地の共和国検事が行うことが認められている年齢制限の免除（民法典145条）が挙げられる。

(22)　ゲスタンによれば，建築・都市計画法や労働法の領域にしばしば現れると指摘されている。また，行政機関が実務上行っている適用除外も無視することはできないという（*ibid.*, n° 510, p. 470s）。

(23)　抑制権限とは，「（例外的な）個別事例において法律が裁判官に付与する，法を適用除外する（exorbitant）権限。これによって裁判官は，審理中の事件においてある法規範をそのまま適用すると明らかに過度な苛酷さをともなう結果が生じると考える場合に，法規範の通常の適用を避けることができる。」と説明される（G. Cornu, Vocabulaire juridique 10° éd., PUF, 2013, V° MODÉRATEUR (POUVOIR)）。
　　抑制権限の例は様々であるが，ゲスタンは例えば，善意の債務者に債務履行のための猶予期間（délai de grâce）を付与する権限（民法典旧1244条。新1343-5条）や後得財産分配制（régime de participation aux acquêts. 民法典1569条以下）が定める財産評価に関する規則を適用すると明らかに衡平に反する結果が生じる場合に，それらの規則を適用除外することができる権限（民法典1579条）を挙げる。
　　抑制権限は，法律によってではなく，判例によって与えられることもある。例えば破毀院は，不動産売買の仲介料に関して仲介業者が提供した役務の内容に比して仲介料が著しく高額である場合に，仲介料を減額する権限を認めている（Cass. civ. 1ᵉʳ, 14 janvier 1976, JCP 1976, II, 18388）。

(24)　同様の考え方をとる者として，マランヴォー（Ph. Malinvaud, Introduction à l'étude du droit, 16° éd., LexisNexis, 2016, n° 42, p. 37）やマンギ（D. Mainguy, Introduction générale au droit, 6° éd., LexisNexis, 2013, n° 125, p. 131）などがいる。

　ゲスタンは，公序の概念は不確かでありかつ非常に多様であるから，公序と強行法を厳密に区別する必要はなく，むしろそのような区別は「この問題に関して，当を得ない複雑さをもたらす」と述べる[25]。彼は，他の論者に比べて公序概念を広く捉えている。とりわけ他の論者が個人的利益を保護する強行法の公序性を否定するのに対して，彼はこれも公序に含まれるという。他方で，立法府以外の公的機関によって強行法の適用が免除ないし除外される場合があることを指摘し，強行法自体も多様化していると主張する。ゲスタンの，一見短絡的に見える「強行法＝公序」論には確かに批判が強い[26]。しかし，この主張を裏面から支える現状認識，すなわち強行法・公序概念の細分化または精緻化が適切さを失っているように見えるほどに強行法・公序の拡大[27]が著しいとの認識は傾聴に値する。

4　小　括

　学説の概観から，次のことを確認することができる。

①強行法と補充法を対置する二分法が定着している。
②補充法は，当事者の意思を補充する機能を有することから，「補充」法という名で呼ばれている。補充法は同時に，当事者の反対の意思によって排除

---

(25)　J. Ghestin, Traité de droit civil La formation du contrat, 3ᵉ éd., 1993, LGDJ, nᵒ 110, p. 91.
　　同書の刊行から20年後に改訂された第4版（J. Ghestin, G. Loiseau, et Y.-M. Serinet, La formation du contrat, t.1, 4ᵉ éd., LGDJ, 2013）では記述内容が大きく変更され，強行法と公序に関する法の関係に関する叙述が消去された（公序の項目の執筆担当者はゲスタンである。）。この消去をどのように読むかはひとつの問題である。第4版381頁第1段落の記述を見る限り改説したということではないと推測されるが，現在の立場は必ずしも明確ではない。
(26)　強行法と公序に関する法を区別する学説も多く見られる。例えば，マゾー＝シャバスやテレの他に，マルティ＝レノー（G. Marty et P. Raynaud, Droit civil, t.1, Introduction générale à l'étude du doit, 2ᵉ éd, 1972, nᵒ 99, p. 174），マロリー＝エネス＝ストフェル-マンク（Ph. Malaurie, L. Aynès et Ph. Stoffel-Munck, Droit des obligations, 9ᵉ éd., 2017, nᵒ 648, p. 358），フォヴァルク-コソン（B. Fauvarque-Cosson, L'ordre public, in 1804-2004. Le code civil. Un passé, un présent, un avenir, Dalloz, 2004, not. p. 485）などが挙げられる。
(27)　この現象については，次章で論じる。

することができる法と説明されており，その意味するところは，日本法にい
う任意法と異なるものではない。補充法はまた，当事者意思を解釈する規準
となるという意味で解釈法と呼ばれることもある。この説明も，日本の学説
による理解と一致するといえよう(28)。

③フランス法に特有の論点として，強行法と公序に関する法の区別の問題が
ある。この論点は，長く論じられてきたが，いまなお決着を見ていない。

④また，補充法の下位分類として現れる «loi dispositive»（整備法，任意法）
の位置づけの問題がある。フランスでは «loi dispositive» の概念は独自の展
開を経て現在に至っており，やはり学説は一致していない。

　以上に見た学説の理解，とりわけフランス法特有の論点である③および④
は，フランスの強行法論・補充法論が経験してきた変遷の影響を受けてい
る。

　それでは，いかなる変遷を経た結果，これらの論点が現在のような形で現
れるに至ったのか。以下では，強行法（公序）論（Ⅲ章）と補充法論（Ⅳ章）
に分けて，それぞれの議論の展開を追うことで，この問いに答えることを試
みる。

Ⅲ　強行法（公序）論の展開

　Ⅰ章で述べたように，フランスの強行法論は，民法典6条に定める公
序(29)を中心に議論が展開されている。フランスの公序論については既に本

---

(28)　我妻博士は，任意法規はさらに①意思表示の内容に欠けている点がある場合にこれ
　　を補充するものと，②意思表示の不明瞭な場合にこれを一定の意味に解釈するものに
　　分かれるとし，前者を補充法規，後者を解釈法規と呼んでいた（我妻栄『新訂民法総
　　則（民法講義Ⅰ）』（岩波書店，1965年）254頁。ただし，両者の区別は程度問題にす
　　ぎず，理論上も不可能に近いものであり，区別の実益は少ないとも述べている。）。
　　　同旨を述べるものとして，加藤雅信『民法総則［第2版］』（有斐閣，2005年）217
　　頁，山本敬三『民法講義Ⅰ総則［第3版］』（有斐閣，2011年）258頁，佐久間毅『民
　　法の基礎1総則［第5版］』（有斐閣，2018年）72頁などがある。
(29)　公序概念は，民法だけでなく，その他の法領域においても重要な役割を果たしてい

格的な論稿が公表されている⁽³⁰⁾。本章ではこれらの先行業績に依拠して民法典制定後⁽³¹⁾の公序概念の展開を概観した後で（1)，公序概念の分類とあわせて論じられることが多い，公序違反の効果論に言及する（2)。

1 公序概念の変遷
(1) 公序概念の限定的理解——民法典制定から19世紀末にかけて

民法典の立法者は，公序（ordre public）の概念を公法（droit public）の概念と混用しており，公序概念は狭小なものであった⁽³²⁾。

民法典制定後しばらくは，このような理解が維持された。すなわち，①民法典6条が定める契約当事者の合意が公序良俗に反して無効になるのは，公序良俗に関する「法律」が存在する場合に限られると解釈されていた。また，②民法典6条は，当初は，社会の維持に最小限必要な国政的・政治的公序に限定する理解がとられていた。

公序の類型として，国政的・政治的公序（ordre public étatique ou politique）〔国の政治的・行政的・私法的組織に関する公序〕と市民的・家族的公序（ordre public civil et familial）〔私人の人格およびその家族的組織に関する公序〕は，区別されていた【図1】。しかし，契約が媒介する経済の領域への国家の介入は経済自由主義によって例外視されており，経済的秩序が公

る。フランスでは特に国際私法の領域において国内私法と異なる公序概念が生成・発展しており，公序論の全体像を理解するためには，国際私法上の公序の検討を欠くことができない。本稿の検討対象からは外したが，重要な課題である。
　　フランス国際私法上の公序を扱う文献として，例えば，村上愛「国際私法上における消費者契約・労働契約の連結方法」一法5巻3号（2006年）899頁以下がある。
(30)　山口俊夫「現代フランス法における「公序（ordre public)」概念の一考察」国家学会百年記念『国家と市民』第3巻（有斐閣，1987年）45頁以下，能見・前掲注(6)1頁以下，大村敦志「取引と公序－法令違反行為効力論(上)(下)」ジュリ1023号（1993年）82頁以下，1025号66頁以下，後藤巻則「フランス法における公序良俗論とわが国への示唆」椿＝伊藤編『公序良俗違反の研究』（日本評論社，1995年）152頁以下，難波譲治「フランスの判例における公序良俗」椿＝伊藤編『公序良俗違反の研究』165頁以下，森田・前掲注(6)112頁以下などがある。
(31)　民法典制定以前の公序（強行法）については，補充法の位置づけについて論じる次章で扱う。
(32)　この混用は，フランス法における «ordre public» の概念が，ローマ法文に起源を有することと結びつけられる（山口・前掲注(30)47頁）。詳しくは，後掲注(63)を参照。

序を形成するものとは考えられていなかった。

【図 1 】

　要するに，19世紀における公序概念の機能は，
社会秩序の維持に最小限必要不可欠と考えられる
根本規範に反する行為のみを禁止するにとどまる

受動的・消極的なものであって，その法源は，もっぱら立法者が制定した法
律に求められた。そしてそれは，「私人の法律行為（契約）の領域への国家
権力の介入，ことに判事による公序概念の"恣意的な解釈"をできるだけ排除
しようとする，自由主義的契約概念および裁判所の解釈権限に対する不信感
を表象するものでもあった。かくして公序は，法律の正文によって明示的に
定められたもの（ordre public textuel）であり，それは形式的にも内容的に
も強行法（loi impérative ou prohibitive）と一致するという理解が一般的であ
った。」[33]

(2)　公序の適用領域の拡大と公序概念の細分化――20世紀以降

　しかし第三共和制期を通じて，前掲①の考え方は完全に捨て去られ，公序
は法律とは独立した概念であるという理解が一般化する。立法権の定める法
律のほか，行政権の発する命令も法源として容認される一方，法令の正文に
依拠しない潜在的公序（ordre public virtuel）の存在が判例[34]および学説に
よって認められた。また，前掲②についても，政治権力は放任されていた市
場経済への介入を強め，契約法の領域でも当事者の実質的な不平等を強制す
るために多くの法令が作られ，それらに強行性が認められていった（適用領
域の拡大）[35]。

　一方で学説は，公序の機能に着目した公序概念の細分化へと向かう。学説
は，古典的な政治的公序（ordre public politique）に加えて，経済的公序（or-
dre public économique）の存在を指摘するようになった[36]。

　政治的公序は，公序違反行為の効力を絶対的無効とし，何人が主張するこ
とも認めていたが，経済的公序については，公序違反行為の効力を一律に絶

---

(33)　山口・前掲注(30)48頁。
(34)　その画期をなす判決が，破毀院民事部1929年12月 4 日判決（Cass. civ., 4 décembre
　　　1929, D. H. 1930.50; S. 1931. 1. 49, note Esmein）である。
(35)　山口・前掲注(30)50頁以下。
(36)　山口・前掲注(30)54頁以下。

対的無効とするべきではなく，相対的無効にとどめる類型があるとされた。学説は，経済的公序をさらに指導的公序（ordre public de direction）と保護的公序（ordre public de protection）に区別したうえで[37]，指導的公序は社会の一般的利益のために一定の経済的目標の達成を目指す規範[38]を基礎とするから絶対的無効に親しむのに対し，保護的公序は，当該法律行為の一方当事者をその相手方から保護することを目的とする規範[39]を基礎とするから，保護される者にのみ無効主張を認めれば足りるとした[40]。

　指導的公序はさらに，介入的公序（ordre public d'intervention）と競争的公序（ordre public concurrentiel）に区別される[41]。介入的公序は，ディリジスム[42]の発想に立って，契約自由を否定し直接に経済活動を指導するものである。これに対して，競争的公序は，新自由主義の発想に立って，契約自由を利用して実効的競争を確保しようとするものである[43]【図2】。

(3)　公序の強行性の相対化，公序のさらなる拡大と概念の細分化——現在

　近年，公序法が有するとされてきた強行性が相対化されつつあること（公序規範のハイブリッド化）が指摘されている。

　20世紀末には既に，強行的民事秩序の発展と強行的国家秩序の後退が指摘されていた。例えば，メストルは，国が個人に対して強行法を課すことは

---

(37)　この区別は，指導経済（計画経済）から市場経済へと回帰するなかで新自由主義的経済的公序（ordre public économique d'essence néo-libérale）が展開したことにより生じたとされる（Fr. Terré, Rapport introductif, *in* l'ordre public à la fin du XXe siècle, 1996, Dalloz, p. 8）。

(38)　例として，貨幣価値の維持，生活必需品の確保，生産物の価格統制に関する規範，租税または貨幣に関する規範（ordre public fiscal ou monétaire）が挙げられる（山口・前掲注(30)60頁）。

(39)　労働契約，保険契約，運送契約，消費者契約，賃貸借契約などについて弱者保護の見地から契約内容を規制する。典型例は，消費者契約において事業者に要求される情報提供義務および不当条項規制である。

(40)　もっとも，指導的公序規範と保護的公序規範の区別は，時として困難であることが指摘されている（Malaurie, Aynès et Stoffel-Munck, *supra* note 26, n°650, p. 361; 山口・前掲注(30)64頁）。公益の保護は，通常，私的利益の保護を通じて具体化されるものであり，究極的には，当該規範の具体的政策目的をいかに理解するかにかかっているからである（山口・前掲注(30)65頁）。

(41)　森田・前掲注(6)112頁。

(42)　ディリジスムとは，政府が投資に対して強力な指導権限を行使する経済体制をいう。

(43)　Malaurie, Aynès et Stoffel-Munck, *supra* note 26, n° 650, p. 360.

徐々に少なくなってきており，むしろ，個人の利
益に配慮した，より巧みで柔軟な手法を用いる場
面が増えていると指摘する[44]。その例として，
契約を締結する際にしばしば求められる行政上の
許可を挙げる。彼によれば，これはもはや民法典
6条の意味における公序ではなく，国が経済取引
の締結を点検確認するための法であるとされ
る[45]。

【図2】
┌ 政治的公序
└ 経済的公序
　　┌ 指導的公序
　　│　┌ 介入的公序
　　│　└ 競争的公序
　　└ 保護的公序

　21世紀に入ってもなお，公序の規範力（force normative）・強行性の相対化
傾向は指摘され続けている[46]。

　他方で，これを裏づけるように，公序概念の細分化も一段と進んでいる。
ピニャールによれば，公序は，学問分野（経済的公序，婚姻（家族）公序，手
続的・司法的公序，社会的公序，刑事公序，国際的公序，職業的公序）や対象領
域（環境，人類の生残，保健，生物学，遺伝学）ごと論じられ，あるいは性質
に応じた様々な区別（指導的公序，保護的公序，競争的公序，消極的・積極的公
序，相対的・絶対的公序，補充的公序，博愛的公序，条件的公序）がなされてい
る[47]。それぞれ異なる背景を抱えるこれらの公序概念の全体を明快に整理
することは，ますます困難になりつつある。

2　公序の性質および公序違反に対するサンクション

（1）　絶対的無効と相対的無効

　公序の類型化と公序違反の効果としての無効の性質は，密接な関連を保ち
ながら議論されてきた。

　フランスの無効概念は，民法典上は単一の語 «nullité» によって表され

---

(44)　J. Mestre, L'ordre public dans les relations économique, *in* L'ordre public à la fin
　　du XXᵉ siècle, 1996, Dalloz, p. 39-40。

(45)　*Ibid.*
　　一方，競争法の分野においては，強行法を用いた個人の自由への介入は広い範囲で
　　維持されているとする。

(46)　G. Pignarre, Et si l'on parlait de l'ordre public (contractuel)? RDC 2013, nº2, p.
　　252-253; nº24-25, p. 270-271.

(47)　*Ibid.*, nº3s, p.253s; nº13s, p. 262s.

652

る。«annuler» は «a-null-er»（無効にすること）を意味する語であって，日本法でいうところの取消しとは異なる[48]。しかし，フランスでは，無効の中に，法律上当然の無効（絶対的無効）と無効訴権の行使によってはじめて無効になる相対的無効があると理解されている。フランスの相対的無効は，機能的には日本における取消しに近いものであるといえる[49]。

現在の学説の理解によれば，一般的利益の保護を目的とする強行法に対する違反は絶対的無効のサンクションを受け，個人的利益の保護を目的とする強行法に対する違反は相対的無効のサンクションを受けることになる[50]。公序との関係でいえば，前者に属するのは政治的公序，指導的公序であり，後者に属するのは保護的公序ということになる[51]。

(2) 権利の放棄・無効行為の追認

かつては，公序に関する権利を放棄することはできないと考えられていたが，現在では，放棄に際して十分な説明がなされ，詐害（fraude）なく放棄に同意し，かつ放棄が既得の権利を対象とする場合には，放棄は有効であると考えられている[52]。既得の権利は処分可能であることがその理由とされる。反対に，事前の放棄は認められない。

同様の理由から，追認（＝無効訴権の放棄）も有効である[53]。

(3) 合意による公序の拡張

当事者が合意を「公序に関する法」に服せしめることによって，その法を当該合意に適用させることができる[54]。例えば，破毀院によれば，当事者は，当事者間で締結した合意を，公布されたもののいまだ施行されていない法律に服せしめることができる。

---

(48) 鎌田薫「いわゆる「相対的無効」について」椿寿夫編『法律行為無効の研究』（日本評論社，2001年）145頁。
(49) 鎌田・前掲注(48)133頁。
(50) 鎌田・前掲注(48)143頁の表を参照。
(51) ex. Malaurie, Aynès et Stoffel-Munck, *supra* note 26, n° 651, p. 361.
(52) *Ibid.*, n° 652, p. 361s; C. Pérès, Règles impératives et supplétives dans le nouveau droit des contrats, JCP G 2016, 454, p. 779.（同論文は，Libre propos sur la réforme du droit des contrats, LexisNexis, 2016, p. 13s に再録されている。）
(53) Malaurie, Aynès et Stoffel-Munck, *supra* note 26, n°652, p. 362.
(54) *Ibid.*, n°653, p. 362.

合意によって拡張された「公序に関する法」を遵守しなかった場合には，合意は無効にならず，解除のサンクションを受ける[55]。したがって，この場合における「公序に関する法」の不遵守は，契約上の義務の不履行となる。

Ⅳ　補充法論の展開

　本章では，補充法に関する議論の展開を跡づける。

　既に述べたように，フランス民法典は民法典に定める各規定が強行法であるか補充法であるかを指し示す一般規定を置いておらず，公序について定める民法典6条が法律と契約自由との関係について規律していると解されている。フランスでは，この公序（強行法）に関する規律は「時代を超えて妥当する原則 maxime de tous les temps」[56]であるとされ，多くの論者が同条について言及してきた。その一方で，民法典の基本原則である契約自由，その帰結として導かれる民法典に定める諸規定の補充性は，同条を反対解釈することによって導かれてきた[57]。

　このような補充法の導出過程は，現在の論者による補充法の理解に受け継がれている。ペール−ドゥルドゥの分析によれば，法規の補充性は，民法典の基本原則であるにもかかわらず反対解釈によって黙示的に導かれるという解釈論上の構造が影響し，独自に考察されることがなかったとされる[58]。すなわち，学説は強行法（公序）にのみ関心を寄せ，補充法が検討の対象とされることはほとんどなかったのである[59]。

　判例にも同様の傾向が見受けられる。裁判所は，ある規定の補充性を積極

---

(55)　*Ibid.*

(56)　J.-G. Locré, La législation civile, commerciale et criminelle de la France et complément des Codes français, t.1, Treuttel et Würtz, 1827, n°29, p. 483.

(57)　Pérès-Dourdou, *supra* note 2, n°4s, p. 2s; Pérès, *supra* note 52, p. 770.

(58)　Pérès-Dourdou, *supra* note 2, n°4, p. 3.

(59)　補充法は，強行法と補充法という2つの類型のうち「愛されていない方 mal-aimée」とさえ形容されている（*ibid.*, n°6, p. 5）。

的に述べることはせず，むしろ反対に強行性を否定する形で，あるいは補充性を有するに「すぎない」という表現を用いて，規定の補充性を消極的に導いてきた[60]。

以下では，補充法が上記のように位置づけられるに至った歴史的経緯を瞥見した後で（1），ドイツ法の影響を受けて展開した «règle dispositive» をめぐる議論をとりあげる（2）。そして最後に，補充法の指導的機能を積極的に評価する最近の学説を紹介する（3）。

1　民法典6条の沿革と補充法の位置づけ

民法典6条に現れる補充法と強行法の対置は，ローマ法文に遡ることができる[61]。

古法時代，ドマの概説書の中に，「法律または良俗に反する約束または合意は，全く拘束力をもたない。」[62]との叙述が既に現れている。

古法時代の後期になると，実定法規範の内部で補充法と強行法を区別する傾向が見られるようになり，法学者は，「公の法 *jus publicum*」に対する適用除外を禁じるために，上述のローマ法文を直接的に援用するようになる[63]。

---

(60)　*Ibid.*

(61)　*Ibid.*, n°46, p. 43.
　　ここにいうローマ法文とは，①ウルピアヌスの法文 «*Privatorum conventio juri publico non derogat. 私的合意は公の法を適用除外することができない* » (Ulp. L. 30e ad Edoctum, D. 50. 17. 45. 1)，②パピニアヌスの法文 «*Jus publicum privatorum pactis mutari non potest. 公の法は私的合意によって変更することができない* » (Papin., L. 2°, D.2.14.38)，③ディオクレティアヌスの法文 «*Juri publico derogare cuiquam permissum est. 何人も公の法を適用除外することは許されない* » (C.6.23.13 Diocl. et Maximian. a. 294)，そして④パウルスの法文 «*Privata conventio juri publico non derogat. 私的合意は公の法を適用除外することができない* » (Paul., Sent.1.1.6) である。

(62)　J. Domat, Traité des lois, chap. V, n°10, p. 18. カルボニエによれば，これが民法典6条の最も直接的な淵源であるとされる（J. Carbonnier, Droit civil, PUF, 2004, n°989, p. 2043）。

(63)　Pérès-Dourdou, *supra* note 2, n°9, p. 10.
　　もっとも，法学者によるローマ法文の引用は，誤訳または解釈の誤りであると指摘されている。すなわち，*jus publicum* の適用除外を禁じるローマ法文は，個人の意思によって，実定法を形成する規定を有効に適用除外することができないという基本的

　このような過程を経て，補充法と強行法の区別は，個人の契約自由と法規
範の適用との関係を絶対的に二分し，互いに透過性が全くない区別として確
立するに至る[64]。

　民法典制定以降は，民法典6条が，補充法と強行法を区別する根拠として
援用された[65]。すなわち，同条が公序に関する法の適用除外を禁止してい
ることの反対解釈として，個別の合意によって補充法を適用除外することの
絶対的な自由が導かれた[66]。

　以上のような経緯は，前述したように，強行法との関係において補充法に
二次的性格を与えることになった。すなわち強行法（公序）の反射として補
充法が認められることから，強行法（公序）に対する論者の関心が比較的高
かったのに対して，補充法に対する学説の関心は低いまま推移した。

　な原則を述べたものにすぎず，実定法規範の内部で概念の区別を確立しようとするも
　のではなかった。ローマ法では，概念上，補充法と強行法という根本的区別の基礎を
　見いだしてはいなかった（*ibid.*, n°46s, p. 43s）。それにもかかわらず，フランスの法
　学者は，これらの法文を反対推論することによって，補充法と強行法の根本的区別を
　確立したのである（*ibid.*, n°65, p. 61）。
　　この点に関連して，原田慶吉博士が次のように述べていることは，注目に値する。
　「九一條（佛6）の「法律行爲ノ當事者カ法令中ノ公ノ秩序ニ關セサル規定ニ異ナ
　リタル意思ヲ表示シタルトキハ其意思ニ從フ」とは，「強行法は私人の合意を以て變
　更せらるることを得ず」（ius publicum privatorum pactis mutari non potest）なる羅
　馬法起源の法格言の裏の意味を表現したものに外ならぬ。」（原田慶吉「日本民法典の
　史的素描」（創文社，1954年）48頁。
　　石川真人教授は，原田慶吉『ローマ法 改訂版』（有斐閣，1955年）の「任意法規
　（＊ius dipositum）」の項の叙述について，「「任意法規」の原語を示す ius dipositum
　にローマ法源的（quellenmässig）でない原語であることを示す＊印（同書五頁）が
　付せられているところから，また，これに続く「その反面として，任意法は特別の意
　思表示で排除され得る（民法九一条）」という叙述から，同書が本法文における ius
　publicum はローマ法上「強行法」を意味すると理解しているのではなく，民法九一
　条が本法文の反対解釈から導き出されたことを述べているにすぎないように思われ
　る」と指摘する（石川真人「私的自治の歴史—「ius publicum は私人の合意によって
　変更されえない」—」法の理論29号（2010年）15頁注5および19頁注40を参照）。

(64)　Pérès-Dourdou, *supra* note 2, n°10-11, p. 11-12.
(65)　もっとも，同条の起草過程において，補充法と強行法の区別は，起草者の念頭に置
　かれていなかったとされる（*ibid.*, n°45, p. 41）。
(66)　*Ibid.*, n°14, p. 15.

2 補充法と隣接する概念との関係—— «règle dispositive» をめぐる議論

補充法に対する無関心が続く中で，例外的に補充法に注目する見解も存在した。特筆すべきは，19世紀後半から20世紀初頭にかけて独仏法学の交流が盛んになった時期に，一部の学説がドイツ法の «dispositives Recht» から着想を得て，«règle dispositive» の概念を提示したことである。しかし，彼らが示した «règle dispositive» の意義および位置づけは，ドイツ法のそれをそのまま輸入したものではなく，多かれ少なかれ独自のアレンジが加えられていた。

以下では，まず初期の学説として 4 人の主要な論者（ジェニー，サレイユ，アンリ・カピタン，グノー）の見解を紹介し(1)，次にその後の学説がこれらの見解をどのように受け止めたかを見ていくことにする(2)[67]。

(1) 初期の学説

(a) ジェニー　　まず，ジェニーが，従前の補充法と強行法の二分法では不十分であることを指摘し，これらに，第 3 の類型として，«règle dispositive» を付け加えた[68]。ジェニーは，補充法を意思自律の原則，強行法を公序の原則，そして «règle dispositive» を「私的利益の均衡を図る原則 principe de l'équilibre des intérêts privés en balance」と性格づける[69]（以下，この考え方を，ジェニー前期と表記する。）。ここにいう «règle dispositive» は，個人の意思から解き放たれ，むしろ強化された規範的権威を帯びた規範である。

しかし後に，ジェニーは考えを変え，新たに «droit dispositif» という概念を提示した[70]。彼は，これを，「性質上，意思自律に支配的な地位を与える法」と定義し，諸事情により成し遂げることができなかった当事者の意思に基づく解決を補充する（当事者自身の判断に委ねる disposer）法と捉える[71]

---

(67)　以下の学説の整理は，ペール - ドゥルドゥの分析に多くを負っている。詳しくは，*ibid.*, n°461s, p. 443s を参照。

(68)　Fr. Gény, Méthode d'interprétation et sources en droit privé positif. Essai critique, t. II, LGDJ, 1919, n°170, p. 150.

(69)　*Ibid.*

(70)　Fr. Gény, Science et technique en droit privé positif, t. III, Recueil Sirey, 1913, n°237, p. 341.

(71)　*Ibid.*, p. 342.

（以下，この考え方を，ジェニー後期と表記する。）。

　（b）　**サレイユ**　　ジェニーからやや後れて，サレイユが，ジェニーとは異なる意味で «règle dispositive» の概念を定義した。サレイユは，任意法と強行法の二分法を批判して補充法の下位分類を設けることを主張するドイツ学説[72]を支持した。これらのドイツ学説によれば，補充法はさらに，解釈法と «règle dispositive»[73]に分かれる。当事者の意思が明確でない場合に適用されるのが解釈法である。これに対して，法文に「ただし，別段の定めがある場合を除く。」という文言が付されることがある。この場合，法は，当該法を排除するという当事者の意思が十分明確に表示されないとき，その帰結が当事者の意思に反していたとしても適用される。この法は，当事者の意思を解釈する（仮定的な意思を探求する）ためのものではない。このような法をサレイユは，«règle dispositive» と呼ぶ[74]。

　もっとも，サレイユは，ドイツ学説を受容しながら，それらと異なる主張を展開したと指摘されている[75]。サレイユは，第1に，解釈法であれ «règle dispositive» であれ，当事者意思に代えて適用される法規範なのであって，当事者の意思を表したものではないという[76]。第2に，彼は，解釈法と «règle dispositive» が互いに排他的な関係にあるものとは考えていない[77]。

　（c）　**アンリ・カピタン**　　アンリ・カピタンは，次に述べるグノーとともに，ジェニー，サレイユの問題意識を継承した。

---

(72)　サレイユは，ダンツ，シュタムラー，デルンビュルク，エールリッヒ，ヘルダーなどの説を引用する（Saleilles, *supra* note 14, p. 46s; *idem*, De la déclaration de volonté, Contribution à l'étude de l'acte juridique dans le Code civil allemand, Pichon, 1901, art. 133, nᵒ1s, 194s）。ダンツおよびシュタムラーの見解については，松田貴文「任意法規をめぐる自律と秩序(1)(2)完」民商148巻1号（2013年）64頁以下および148巻2号2頁以下に詳しい。

(73)　松田・前掲注(72)論文168頁以下は，ビュローの用いる «dispositiver Rechtssatz» を「任意法命題」と訳している。

(74)　Saleilles, *supra* note 14, p. 49.

(75)　Pérès-Dourdou, *supra* note 2, nᵒ472, p. 451.

(76)　Saleilles, *supra* note 14, p. 50.

(77)　サレイユは，「règle dispositive は，一次的には，［欠缺する当事者意思を］補充するものであるが，少なくとも二次的には，［当事者意思を］解釈するものでもある」と述べる（Saleilles, *supra* note 72, art. 133, nᵒ23, p. 204）。

　アンリ・カピタンは，私法上の法律は，3つの類型に分かれると主張する[78]。すなわち，第1の類型は利害関係人の意思を解釈し補充する法，第2の類型は強行法ないし禁止法，そして第3の類型が «loi dispositive» である。ここにいう «loi dispositive» とは，当事者意思が何らの役割も果たさない状況にかかる規定であって，私的利益の衝突を解決するために立法者が問題となる諸利益を比較・検討し，立法者が保護に値すると考える利益を優越させるものである[79]。この理解は，ジェニー前期の見解を踏襲したものである。

　(d)　グノー　　グノーは，ジェニー前期とサレイユの見解の双方を継承する。彼は，一方においてジェニーの分析をとり入れる。彼によれば，法は，意思を制限すること（強行法）でも解釈すること（解釈法）でもなく，諸利益を画定または調整することを目的とする場合があり，それが «[loi qui] dispose» であるとする[80]。しかし他方で，彼はサレイユおよびエールリッヒの見解を引用しており，«loi dispositive» を補充法の一種ととらえている[81]。このように，グノーは矛盾する2つの考え方に同時に依拠しており，彼による «loi dispositive» の位置づけは，必ずしも明確ではない。

　以上のように，«règle dispositive» の理解ないし位置づけについては，大きく2つの考えが示されていた。それにもかかわらず，その後この概念の位置づけについて論争が生じることはなく，理論的な整理は放置された[82]。その結果，«règle dispositive» の意義および位置づけについて，複数の異なる学説が交錯することなく併存し，その状態が現在まで続くことになる。

　(2)　その後の学説

　ジェニーまたはサレイユの見解を承継する学説は，ジェニーと同様に «règle dispositive» を強行法でも補充法でもない第3の類型と考える説[83]，こ

---

(78)　H. Capitant, Introduction à l'étude du droit civil, 5ᵉ éd., Pedone, 1929, n°24, p. 56.

(79)　*Ibid.*, n°34, p. 65-66.

(80)　E. Gounot, Le principe de l'autonomie de la volonté en droit privé. Contribution à l'étude critique de l'individualisme juridique, thèse Dijon, 1912, p. 93.

(81)　*Ibid.*, p. 97. V. aussi Pérès-Dourdou, *supra* note 2, n°480, p. 456.

(82)　Pérès-Dourdou, *supra* note 2, n°482, p. 457.

れを強行法の一種と捉える少数説(a)，そしてこれを補充法の一種と捉える多数説(b)に分かれる。さらにジェニー・サレイユの見解を承継していないとされる説(c)も存在する。

　（a）　**強行法の一種と捉える見解**　«règle dispositive» を強行法と捉える見解として，まずルネ・カピタンがあげられる。

　ルネ・カピタンは，アンリ・カピタンと同様に，（最狭義の）強行法とも補充法とも異なる3つ目の類型として «loi dispositive» を挙げる。彼のいう «loi dispositive» とは，表意者または法律行為について条件を課すことによって表意者の権利創設を制限する法をいう[84]。そして彼は，強行法を3段階（最狭義の強行法・狭義の強行法・広義の強行法）に区別し，最狭義の強行法と «loi dispositive» を含むものが狭義の強行法であり，狭義の強行法と補充法を含むものが広義の強行法であるという[85]。したがって，この定義に従えば，«loi dispositive» は，広義または狭義の強行法の一種ということになる。

　また，ロラン＝ボワイエは，当事者は «loi dispositive» を免れることができないから，強行法の一種であるとする[86]。

　しかし，«loi dispositive» が強行法であるといわれる場合の多くは，規範の性質についてではなく，それが個人の意思に対して強いる拘束に着目するケースであることが指摘されている[87]。その典型例として，現代的な新しい公序（経済的・社会的公序）を «dispositif» と形容する用語法が挙げられる[88]。この場合，伝統的な公序が契約自由を消極的に制限していたのに対して，新しい公序は個人の合意の内容を積極的に定めているという趣旨で，«positif» あるいは «dispositif» という表現が用いられている。

　（b）　**補充法の一種と捉える見解**　これに対して多数の学説は，サレイ

（83）　A. Bolze, L'application de la loi étrangère par le juge français: le point de vue d'un processualiste, D2001, Chron., p. 1818s.

（84）　R. Capitant, Introduction à l'étude de l'illicite. L'impératif juridique, Dalloz, 1928, p. 76-77.

（85）　*Ibid.*, p. 78.

（86）　H. Roland et L. Boyer, Introduction au droit, Litec, 4ᵉ éd., 1996, n°458, p. 184.

（87）　Pérès-Dourdou, *supra* note 2, n°483, p. 458.

（88）　G. Farjat, L'ordre public économique, LGDJ, 1963, n°121, p. 98.

ユに従い，«règle dispositive» を補充法の一種と捉える。II章で見たテレの見解がそれである。マズー＝シャバスもこの系列に位置づけられるが，テレとは整理の仕方が異なることは既に見た通りである。

(c) ジェニー・サレイユを承継しない見解　　以上の見解は，何らかの形でジェニーまたはサレイユの見解を受け継いできたものといえるが，その伝統から切り離された «loi dispositive» の理解を示す学説も存在する。そのひとつが，«loi supplétive» に代えて «loi dispositive» の語を用いるよう提唱するゲスタンの見解である。この説は，当事者の仮想的な意思を補充するという趣旨に由来する «supplétive» という表現を意思主義的な観念に依存しすぎるものと批判し，この概念を意思主義的発想から切り離すために «dispositive» の語を用いているとされる[89]。

(3) 小　括

以上に見たように，フランスでは，強行法と補充法の二分法は定着しているものの，さらなる概念の精緻化は十分に進んでいないように思われる。とりわけ «loi dispositive» の定義および位置づけについて，学説は一致を見ていない。しかし，このような混沌の中でも，一定の共通点を見いだすことができないわけではない。(c)は異質であるが，それ以外の見解はいずれも，強行法と補充法のあいだに，あるいは強行法と補充法の外側に存在しうる諸類型を示すことで，強行法と補充法の単純な二分法を相対化しようとしている点で共通している。もっとも，ドイツ法に見られるような任意法の指導形象機能をめぐる議論は，展開していない。

フランスにおける補充法論がドイツのそれに比して低調に見える原因は，必ずしも明らかではない。例えばペール-ドゥルドゥは，フランスではローマ法学に起源を有する伝統的な強行法・任意法二分論の影響が根強く，そこから抜け出すことができなかったことを原因に挙げる[90]。また，ロシュフェルドは，コーズ概念をもたないドイツにおいて約款規制の場面で任意法が果たしてきた指導形象機能が，フランスではコーズ概念（典型コーズ）の作用によって処理されていることを示唆している[91]。

---

(89)　Pérès-Dourdou, *supra* note 2, n°491, p. 465.
(90)　*Ibid.*, n°552, p. 534.

3　補充法の指導的機能

　補充法が果たす機能に関する分析は活発であるとは言い難い状況にあるが，そのような中で，ペール–ドゥルドゥが行った補充法に関する本格的な研究が精彩を放っている。以下では，補充法の機能に関する彼女の所説に従い，論を進めることにする。

　ペール–ドゥルドゥは，中世ローマ法学における「契約の本性 natura contractus」[92]，ドイツ法およびスイス法における任意法の指導形象機能論を参照した後で，フランス法における補充法の指導的機能（fonction directrice）について分析する[93]。ここにいう指導的機能とは何か。ペール–ドゥルドゥによれば，それは「個人の意思を指導する機能」である。そして「指導モデル modèle directeur である補充法は，モデル modèle であると同時に秩序ordre である。すなわち補充法は，反対の約定を評価する基準としての参照モデルであると同時に，秩序づけの役割を果たすことがある」という[94]。

　既に述べたように，フランスでは，ドイツのような任意法の指導形象機能論は展開していない。しかし，フランス法においても補充法が同様の機能を果たしていると考え得る事例がある，と彼女は指摘する。その中から不当条

---

(91)　J. Rochfeld, Cause et type de contrat, LGDJ, 1999, n°401, p. 361-362.
(92)　ペール–ドゥルドゥによれば，「契約の本性は，契約自由の標準計器として機能する。当事者が契約に約定を付加するときには，それが契約の本性に適合している限りにおいて，当事者は，ある契約類型の典型的な内容から離れることができる。しかし，契約自由の領域を固定するものとしての契約の本性は同時に，契約の常態 normalité を具象化したものとして姿を現わす」（Pérès-Dourdou, *supra* note 2, n°532, p. 517）。そして，ローマ法学における本性の理論によれば，「補充法は，理想型 modèle idéale あるいは価値論的常態 normalité axiologique を表現するものとして現れる。というのもそれは，ある法目的がそれを動かす原則に従って実現することを可能にするからである」（*ibid.*, n°534, p. 519）とされる。
(93)　*Ibid.*, n°525s, p. 509s.
(94)　*Ibid.*, n°595, p. 582.
　ペール–ドゥルドゥは，ドイツ約款規制における任意法の「秩序づけ機能 Ordnungsfunktion」に «fonction de modèle» の語を，「指導形象機能 Leitbildfunktion」に «fonction d'ordre» の語をあてている（*ibid.*, n°542, p. 524）。«fonction de modèle» および «fonction d'ordre» の語はロシュフェルドのコーズ論における典型コーズのモデル機能と秩序づけ機能から示唆を得ており，ロシュフェルドはこれらの語をドイツ法から借用している（v. *ibid.*, n°576, p. 562）。ロシュフェルドのコーズ論については，石川博康『「契約の本性」の法理論』（有斐閣，2010年）428頁以下および山代忠邦「契約の性質決定と内容調整(2)」論叢177巻5号（2015年）55頁以下に詳しい。

662

項規制と本質的債務論をとりあげることにしよう[95]。

（1） 消費者法における補充法の指導的機能——不当条項規制

ペール=ドゥルドゥによれば，フランス法における不当条項規制[96]は，消費法の枠内に射程が限定されるものの，補充法の指導的機能を示しているとされる[97]。

不当条項が問題となるケースにおいては，事業者が補充法の適用を除外する取引慣行が広まっている。しかし，このような取引慣行が正当化されるのは，契約内容の決定について当事者双方の実質的な契約自由が確保されている場合に限られる。そうであるとするならば，不当条項規制は，「個人の意思との関係において補充法の権威 autorité du droit supplétif を明確にし，それを取り戻そうとする技術」であると性格づけることができる[98]。そしてそのために，当該補充法が指し示す理想的なモデルと相容れない条項が，不当（abusive）との評価を受けることになる[99]。

以上のような機能が作用する具体的場面として，消費法典旧 L. 132-1条（現 L. 212-1条）に定める不当条項の判断基準が挙げられる[100]。同条は，「消費者に不利になるように，契約当事者の権利及び義務のあいだに著しい不均衡 déséquilibre significatif を生じさせることを目的とする又はそのような効果をもたらす条項」を不当とすると定める。この規定は，当該補充法に反するあらゆる約定についてその不当性を問題としているわけではない。「著しい」不均衡という文言を用いることによって，それらの約定のうち，同条が示す根本的価値と相容れない利益を事業者が享受しうるような約定に，不当

---

(95) ペール=ドゥルドゥは，もうひとつの類型，すなわち当事者の態度の評価（不誠実 déloyauté，信義誠実 bonne foi）に基づく条項の無効についても補充法の指導的機能の有無を検討している（Pérès-Dourdou, *supra* note 2, nº561, p. 548）。しかし，この類型においては，補充法の権威の強化が認められるとしつつも，指導的機能を認めることについては消極的な姿勢を示している（*ibid.*）。そのため，本論でとりあげないことにした。
(96) フランスにおける不当条項規制の構造については，大澤彩『不当条項規制の構造と展開』（有斐閣，2010年）151頁以下に詳しい。
(97) Pérès-Dourdou, *supra* note 2, nº558s, p. 544s.
(98) *Ibid.*, nº553, p. 536.
(99) *Ibid.*
(100) *Ibid.*, nº554, p. 536.

性判断の射程を限定している[(101)]。

　もっとも，同条は，どのような場合に「著しい」不均衡があると認めるべきかに関する具体的な基準を示していない。また，条項によって排除される補充法を参照すべきであるとも述べてはいない。だからといって，補充法の参照が禁止されているわけではない。むしろ現に，補充法を参照した解決が行われている場合がある。例えば，ある条項が不当であるとみなされ一部無効となった場合，その条項が消滅したことによって生じた欠缺を補充する必要が生じる。その際に，補充法が参照される[(102)]。

　結論として，権利義務の不均衡が「著しい」かどうか判断する具体的基準を導く方法として，補充法の参照はフランス法においても有用である，とペール-ドゥルドゥは評価する[(103)]。もっとも，①あらゆるケースにおいて指導的機能を果たす補充法が存在するとは限らないこと，②強行法に反して用いられる違法な約定が不当条項と認定されることもあること，③不当条項に該当するか否かを判断する際には補充法以外の判断要素も加味されるため，補充法が判断基準として一般性および予見可能性を備えているとは必ずしもいえないこと，以上の3点に不十分さが残るとする[(104)]。

（2）　契約一般法における補充法の指導的機能——本質的債務・典型コーズ

　これに対して契約一般法の領域においては，補充法の指導的機能は，様々な法制度を通じて間接的に現れる。例えば不当条項規制に着目すると，契約一般法のレベルでも同様の機能を果たす概念が存在する。フランスの判例によって形成された本質的債務（obligation essentielle）がそれである[(105)]。

　ペール-ドゥルドゥは，この本質的債務の概念を介して，補充法が個人意思を指導する機能を果たす可能性を見いだす[(106)]。

---

(101)　*Ibid.*

(102)　J. Ghestin et I. Marchesseaux-van Melle, L'application en France de la directive visant à éliminer les clauses abusives après l'adoption de la loi n°95-96 du 1er février 1995, JCP G 1995, I, 3854, n°15, p. 280.

(103)　Pérès-Dourdou, *supra* note 2, n°557, p. 543.

(104)　*Ibid.*

(105)　フランスにおける本質的債務論については，既に多くの論稿によって紹介・分析が進められている。とりわけ石川・前掲注(94)410頁以下および同「フランスにおける本質的債務論の展開と整合性の原理」野村豊弘古稀（2014年）63頁以下を参照。

664

　本質的債務論の根拠（fondement）については，これを契約の拘束力に求める少数説[107]と契約のコーズに求める多数説[108]に分かれている。ペール-ドゥルドゥは，後者の中でも特にロシュフェルドの典型コーズ論に依拠し，そこに補充法の指導的機能の理論的根拠を見いだす。ロシュフェルドによれば，コーズ概念は，モデルとしての機能（fonction de modèle）と秩序づけの機能（fonction d'ordre）を有するとされる[109]。モデルとしての機能とは，その後に目的を達するのに適した契約構造の全体をもたらすものであり，秩序づけの機能とは，コーズが構成する最小限の部分を当事者が変更できないことである[110]。一度典型契約を締結すると，当事者は，典型的な帰結をもたらすのに不可欠な要素を契約から排除することができなくなる。

　ペール-ドゥルドゥは，このような現代におけるコーズ概念の機能を，補充法に対する伝統的な見方を根本的に見直すよう迫るものであるとして積極的に評価する一方，コーズまたは本質的債務の概念を介して補充法の指導的機能を実現することは間接的・迂回的であり，適切な方法ではないと断じる[111]。そして，これまでの発想を根本的に転換し，指導的機能を補充法の核心的部分に位置づけることを提案する[112]。

V　おわりに

　フランスでは，強行法と補充法の根本的かつ絶対的な区別は，かなり早い段階から確立していた。そこでは，意思自律・契約自由の原則を根拠とし

---

(106)　Pérès-Dourdou, *supra* note 2, n°563s, p. 550s.
(107)　本質的債務を整合性原則（principe de cohérence）によって基礎づけるウシェフの見解を指す。詳しくは，石川・前掲注(94)436頁以下を参照。
(108)　ドゥルベックおよびロシュフェルドが代表的論者である。両者の見解については，石川・前掲注(94)414頁以下および427頁以下を参照。
(109)　Rochfeld, supra note 91, n°156, p. 146s, n°166, p. 163s; 石川・前掲注(94)428頁，山代・前掲注(94)61頁。
(110)　Rochfeld, *supra* note 91, n°628, p. 565.
(111)　Pérès-Dourdou, *supra* note 2, n°576, p. 562.
(112)　*Ibid.*, n°581s, p. 567s.

て，補充法が原則であり強行法（公序）は例外であると考えられていたものの，強行法と補充法の区別に関する一般規定が民法典に置かれなかったことから，公序に関する規定（民法典6条）がこの区別の手がかりとされた。その結果，強行法論は公序概念を中心に展開し，補充法は，積極的な意義が見いだされないまま，強行法（公序）との関係において受動的・消極的に捉えられる概念として長く据え置かれた。

公序については，民法典制定以降，その適用範囲の拡大と概念の細分化，そして公序の強行性の（すなわち効果面での）相対化が一方的に進展した。この現象は，私法秩序における画一的な強行法モデル（根本的・絶対的二分法）の瓦解を示しているといえよう。

他方，補充法論に目を転じると，20世紀初頭にドイツ学説の影響を受けた一部の学説によって，«règle dispositive» の概念を介した補充法の細分化が一定の範囲で進められた。しかし，補充法を中心とする概念の整理は一方向に収斂する形で展開せず，補充法の理論化は表面的には停滞しているように見える。もっとも，近年は補充法を扱うモノグラフィーも登場しており，注目が高まる兆しも窺われる。

*

フランスにおいてこれまで補充法論が正面から扱われることがほとんどなかったことは確かである。しかし，その一事をもって，他国において補充法が果たしている機能がフランスにおいて欠落していると判断することは早計である。補充法の指導的機能（Ⅳ章3）に関する議論に見たように，全く同じ概念を用いていなくとも，他の制度を通じて同様の機能を果たすことがありうるからである。

概念整理の仕方は，事物の一側面にすぎない。その先にある実体の異同を把握するためには，個別の制度を機能面から複眼的に比較する作業が求められよう。

［付記］本研究は，JSPS科研費 JP16H03571の助成による研究成果の一部である。

25　ドイツ法における任意法と強行法

藤　原　正　則

I　はじめに

　契約による自由な合意（契約自由）によって当然に社会の調和が達成されるというのが，19世紀のドイツでの自由主義思想の想定していた世界像であり，ドイツ民法（BGB）は，19世紀の自由主義の「遅生まれの子（spät geborenes Kind）」であるとされている[1]。だから，BGB の規定は任意法（dispositives Recht）が原則で強行法（zwingendes Recht）が例外だと考えられていた[2]。その結果，BGB には，契約自由の制限としては，BGB134条（法律上の禁止）と138条（良俗違反）の２つの規定[3]がおかれているにすぎなかった。

---

(1) Franz Wieacker, Das Sozialmodell der klassischen Privatrechtsgesetzbücher und die Entwicklung der modernen Gesellschaft, Karlsruhe, C.F.Müller, 1953, S.9. パンデクテン法学と特に1848年以来の自由主義に導かれた国民民主主義の動きの遅れて生まれた子であり，その骨格は，契約自由，所有権の自由，遺言自由で，精神はフランス民法などと変わらないと指摘されている。

(2) 例えば，Hans Christoph Grigoleit, Zwingendes Recht (Grundlage), Jürgen Bassedow, Klaus J. Hopt, Reinhard Zimmermann (Hg.), Handwörterbuch des Europäischen Privatrechts, Bd. II, Tübingen, Mohr, 2009, S.1822ff., S.1822を参照。

(3) BGB134条　法律上の禁止に反する法律行為は，当該の法律から別段の結果が生じるのでなければ，無効である。

　BGB138条(1)良俗に反する行為は無効である。(2)特に，他人の窮迫，軽率又は無

668

　しかし，任意法とは，当事者の意思によって，当該の法規範の変更が可能
な法規定である。そうすると，当事者が自由にその適用を排除できるなら，
任意法が存在する意味が問題となる。それに対する答えは，仮定的な当事者
の意思（hypothetischer Parteiwille）が任意法であり，当事者の意思の探求と
いう側面からは，補充的契約解釈（ergänzende Vertragsauslegung）との関係
が問題とされていた。ただし，他方で，任意法と強行法の区別は，どの限度
で法規定が私人の自由な法形成を認めるのかという程度（ないしは，法規定
による義務づけの強度）の違いであり，任意法が私人への授権（Ermächti-
gung）を認めるがゆえに合意による法形成が可能であり，法規定それ自体
の変更はできないという考え方も古くから存在した。

　ところが，特に，20世紀に入って，大量契約（Massenverträge）による普
通契約約款（AGB）が普及したことで，当事者の自由な合意による法形成の
原則である契約自由が，実質的には実現できなくなってきた。その結果が約
款規制法（AGBG）の立法であり，AGBG 9条1項では，約款の条項が回避
した法規定の重要な基本思想と一致しないときは，当該の約款の条項は，信
義誠実の原則に反して，約款使用者の相手方に不当な不利益を与えるから無
効であると規定されることになった。その結果，約款規制を契機として，任
意法の「指導形象機能（Leitbildfunktion）」が説かれ始めた。つまり，約款と
の関係では，任意法が（片面的）強行法化したということになる。だから，
現在では，「どの程度で現実に民法典の債務法の規定から乖離することがで
きるのかは，約款規制法からはじめて明らかになる。」とも指摘されてい
る[4]（加えて，2002年の債務法現代化法で，約款法はBGB305条以下に規定される

　　　経験につけ込んで，自己又は第三者に，ある給付に対して財産的利益を約束させるか
　　　供与させる法律行為は，その財産的利益が当該の事情から著しく給付と均衡を失する
　　　ほどに給付の価値を超えるときは無効である。
　　　（現行法では，2項は，「特に，他人の窮状，無経験，判断能力の欠如，又は，著し
　　　い意思の虚弱につけ込んで，自己又は第三者に，ある給付に対して，その給付と著し
　　　く均衡を失する財産的利益を約束させるか供与させる法律行為は無効である。」）
（4）　2002年の債務法現代化法の立法に際しての議論での指摘。Claus-Wilhelm Canaris,
　　　Schuldrechtsreform, München, Beck, 2002, S.191. ドイツの約款規制に関しては，特
　　　に，河上正二『約款規制の法理』（有斐閣，1988年）318頁以下，任意法の指導形象機
　　　能に関しても，383頁以下を参照。

ことになった)。しかも，約款は市場で大量に反復される法取引と関係しているから，任意法が原則で強行法が例外という認識は，必ずしも現実に合致しないことになる。

　他方で，強行法に関する関心は，最近まで必ずしも高くなかったようである[5]。とはいっても，20世紀の居住賃貸借法，労働法，約款法，消費者法での片面的な強行法ないしはルールに関しては，具体的に当該の強行法の意味も問われることになる。さらに，現在では近年のアメリカ法での法の経済分析，つまり，行動科学という経験的な側面からの分析の影響によって，任意法，強行法の意味も根拠づけられており，特に，最近では，消費者指令をすべて強行法とするいうEU指令との関係で，強行法の意味，ないしは，強行法になじむルールに関する議論がされているというのが，ドイツ法での任意法と強行法に関する議論の推移であろう。

　ただし，任意法の機能に関しては，松田論文が，ドイツ法に関して，当事者の自律（意思補充機能）と秩序（指導形象機能）を対比させた上で，厚生（法の経済分析）を対置するという構想で，詳細かつ抽象度の高い極めて優れた理論的な検討を加えている。だから，本稿は，松田論文に屋上屋を架すどころか，劣化した紹介を企てることになりかねないが，松田論文は，「任意法規に関する議論を歴史的に跡づけることを目的」とせず，任意法の機能に関する議論の紹介も「時系列に従わない」としている[6]。しかし，任意法と強行法の機能，存在論というテーマは，少なくとも実定法の適用との関係で

(5)　Gerhard Wagner, Zwingendes Privatrecht-Eine Analyse anhand des Vorschlags einer Richtlinie über Recht der Verbraucher-, ZEuP2010, S. 243ff., S. 250. 強行法の意味に関しては，ほとんどの教科書で無視されており（S.250），賞賛すべき例外が，ケッツの契約法（H. Kötz, Vertragsrecht, 2009, Rn. 36ff.）だとされている（S. 250, Anm. 17）。例えば，Helmut Köhler, Prüfe dein Wissen, BGB Allgemeiner Teil, 23.Aufl., München, Beck, 2004には，補充的契約解釈（ergänzende Vertragsauslegung）の項目で任意法（dispositives Recht）についての説明はあるが，強行法に関しては取り上げた項目は存在しない。
(6)　松田貴文「任意法規をめぐる自律と秩序(1)(2)」民商148巻1号（2013年）34頁以下，2号（2013年）117頁以下，(1)38頁。それ以外に，経済分析の観点から任意法の構造を検討しているのが，松田貴文「契約法における任意法規の構造—厚生基底的任意法規の構造へ向けた一試論」神戸法学63巻1号（2013年）171頁以下。以上の二つの論文の骨子を併せた記述が，松田貴文「任意法規の基礎理論的検討—自律・秩序・厚生の観点から」私法79号（2017年）158頁以下。

は，現実の具体的な問題との対決を迫られることなく議論されるものではないと考える。そこで，本稿では，歴史的な経緯，ないしは，具体的な議論の背景となった問題を意識して，ドイツ法での任意法と強行法というテーマに関する議論をトレースしたい。以下では，まず任意法と強行法に関するドイツの幾つかの代表的な学説を時系列で一瞥し，そこで具体的に問題とされていたことを概観する。ただし，上述したように，最近までドイツ法では強行法の意味は余り論じられることはなかったから，そこでの紹介の中心は任意法に関するものである（Ⅱ）。その上で，任意法の強行法化という側面から，契約自由の実質化というカナーリスの論考を紹介したい（Ⅲ）。以上に加えて，法の経済分析からの任意法と強行法に関するドイツでの議論を若干紹介し（Ⅳ），最後に，特にEU消費者保護指令との関係で注目されている強行法の意味に関する最近の議論を見た上で（Ⅴ），若干のコメントを加えることとしたい（Ⅵ）。

Ⅱ　任意法と強行法に関する考え方の変化

1　ドイツ民法の立法時の考え方

ドイツ民法の立法時には，ヴィントシャイト（Windscheid）は，強行法と任意法（Zwingendes und nachgiebiges Recht〔強制する法と譲歩する〔，ないしは，柔軟な〕法〕というタイトルで以下のような簡潔な記述を与えていたにすぎない。すなわち，「私人の恣意を排除する法命題が存在する。その者に当該の法命題が与えられた者が，当該の法命題を適用しないと意思表示したときでも，当該の法命題は適用される。つまり，当該の法命題は強制する。他方で，それ以外の法命題は，当該の法命題と関係する法律関係に，私人の意思によって当該の法命題と違った指示がされれば，適用されず，私人の意思による関係の秩序が存在しない（か，又は，意思が不完全な）ときに限って適用される。任意的な法命題が適用されるのは，積極的に何かが完全に法律行為によって確定されないときであり，当事者が任意的な法命題の存在を知らなかったときでも同じである。推定的，黙示的な当事者の意思を探求すれ

ば，それだけ任意的な法命題を適用すべきではなくなる。任意的な法命題が適用されるのは，当事者の意思が存在しないときであり，表示された意思に反してではない。」である(7)。つまり，任意法の機能は，当事者の意思の補充にすぎず，しかも，例外的な場合（法律の禁止，良俗違反）を除いては，任意法と強行法がどのような法律関係を規律すべきなのかに関しては，ほとんど注目されていなかった。その背景は，倫理的，政治的，国民経済的な考慮は，立法の課題であり，法律家の仕事ではないという，ヴィントシャイト(8)のみならず当時の法律家の多くの共通認識であろう。つまり，BGBの立法時には，契約自由の手続的な合理性には注目するが，契約内容の適切さは原則としては視野の外に置かれていたということである(9)。

　ただし，当時でもデルンブルグ（Dernburg）は，任意法と強行法に関して，今ひとつ踏み込んだ叙述を与えている。すなわち，強行法に関しては，とりわけ法制度の特性から避けがたく帰結される法律であり，例えば，夫婦の同居義務，差押債権者の競売権であり，さらに，公共の福祉，法政策的な根拠を考慮して，法律は強行的な性質を有し，しかも，強行法に抵触する場合は，良俗違反の可能性もある，と指摘している(10)。つまり，法制度の設計それ自体に強行法の要素が内在している場合である。加えて，任意法に関しては，多くの学説は，任意法を当事者意思の補充だと考えているが，反対説もあり，法律は，それ自体が内的な存在意義を持っており，補充的（ergänzend）な法律が当事者の決定に正当性を与えている限度で，個人の意

（7）　B. Windscheid, Lehrbuch des Pandektenrechts, Bd. I, 8. Aufl., Frankfurt am Mein, Rütten und Loening, 1900, S. 106f.

（8）　B. Windscheid, Die Aufgaben der Rechtswissenschaft, in: P. Oertmann (Hg.), B. Windscheid, Gesammelte Reden und Abhandlungen, Leipzig, Dunker & Humblot, 1904, 111f. は，法律学の任務は適用すべき法律の認識には限られないが，それには限界があり，立法に委ねるべき事項がある。立法の技術的な問題（例えば，不動産登記制度の起草，刑事事件での控訴の可否など）は別として，離婚の有責主義の是非，社会的困窮の救済などの問題に関しては，法律家には決定権はない。「立法は高い見地を占めている。立法は多くのケースで倫理的，政治的，国民経済的な考慮，しかも，そのような考慮の組み合わせと関係しており，これは，それ自体としては，法律家の仕事ではない」と指摘している。

（9）　例えば，Münch-Komm, 5. Aufl., München, Beck, 2006, Vor §145, Rn. 1〔Kramer〕を参照。

（10）　Heinrich Dernburg, Pandekten, Bd. 1, Berlin, 3. Aufl., H. B. Müller, 1892, S. 68ff.

672

思決定が認められるというビュロー（Bülow）の見解を紹介している(11)。その上で，任意法には，私人の意思解釈にすぎない場合もあるが，多くは，立法者が当該の関係に相応しい，公的な効用を促進すると考えたことを規定しているが，それを命じるのではなく，それと違った当事者の意思に反対していないだけであると指摘している(12)。だから，デルンブルグによれば，処分可能な法（dispositive Gesetze）という任意法の名称は妥当ではなく，単に，強制しない法（nichtzwingende Gesetze）とネーミングすべきだとされている(13)。

　ちなみに，デルンブルグの引証するビュローに関しては，松田論文に適切な紹介がある(14)。ただし，若干ここで情報を付加すると，ビュローの議論の直接の対象は，民事訴訟法での任意法と強行法の関係である。つまり，民事訴訟は民事法だが公法で裁判所の手続に関するルールだから，私的自治，契約自由が無制限に認められるのではなく，法規定の拘束力を肯定しやすい法分野である。だから，ビュローは冒頭で，「すべての法は，個人の自由意思（Wilkür）の制限であり，民事訴訟法も同じである。例えば，訴訟主体は，民事訴訟法により法的な拘束を受けている。裁判所は，訴訟法の方法によってだけ手続きすべきであり，当事者が手続を無視することはできない。当事者の意思がすべてで優先するなら，民事訴訟法は法秩序の一部ではない。合意による裁判は存在しない。」(15)と指摘している。その上で，法規定の拘束力には強弱があり，強行法は，直接，唯一に，決定する方法で，絶対的（absolut）な法だが，任意法は，一定の制限内で，当事者が幾つかの可能性の中から法的な規範化を行う授権（Ermächtigung）を与える法である。つまり，強行法では，個人の自律性は拒否され，任意法では，自律性の作用する余地が与えられている。訴訟法でも，同じ区別はあり，しかも，より明確である。しかし，強行法ばかりだと，訴訟は機械になり，生活の現実を反映

(11)　前掲注(10)Dernburg, a. a. O., S. 72, Anm. 4.
(12)　前掲注(10)Dernburg, a. a. O., S. 72.
(13)　前掲注(10)Dernburg, a. a. O., S. 71.
(14)　前掲注(6)松田「任意法規」(2)68頁以下。
(15)　Von Bülow, Dispositives Zivilprozeßrcht und die verbindliche Kraft der Recgtsordnng, AcP64 (1884), S. 1ff., S. 1.

しなくなる。だから，訴訟法の規定の多くも，任意法であるという議論を展開する[16]。

　その上で，訴訟制度には公共の利益と私益が交錯しており，民事訴訟は私益の実現の手段だから，多くの規定は任意法であり，訴訟法は私人にその利益擁護の方法を委ねていると任意法の意味を確認している[17]。ただし，そうではあっても，やはり，任意法は，自身の訴訟決定のための訴訟主体への客観法の授権であるというのが，ビュローの結論である[18]。その結果，「任意法は，法の変更の許可ではなく，法秩序の名前と力による，法主体の自身の決定への法的な力の付与である。」[19]，「任意法は，絶対的法と，拘束力の欠如によってではなく，拘束力の弱いことで区別される。任意法にも拘束力は内在しているが，その拘束力は絶対的ではなく弱い拘束力である。任意法は，譲歩的で柔軟に構成されている。任意法は，法主体に，絶対的な法より，法取引および訴訟追行で，可動の自由を与えている。しかし，任意法命題の帰結は，個人に決して現行法の変更を許したり，訴訟手続からの乖離を許しているわけではない。至る所に，それが，法の有効性を毀損すべきでない場合には，法の処分が超えることのできない限界が存在する。」というのであり[20]，取り上げられている具体例も，将来の訴訟での証明に関する当事者の訴訟外での合意などである[21]。しかも，結論は，民事訴訟法では，放棄できる規定は限られており，裁判官にはその余地は与えられておらず，当事者の処分権に服する分野に限られるとされている[22]。

　だから，デルンブルグ，ビュローともに，当事者が任意に変更できる法として任意法を位置づけているのではないが，任意法の指導形象機能までを提唱しているわけではなく，具体的には契約自由の基礎をなす制度に関する規定が強行法だと想定していたのだと考えるべきであろう。

---

(16)　前掲注(15)Von Bülow, a. a. O., S. 8ff.

(17)　前掲注(15)Von Bülow, a. a. O., S. 12ff.

(18)　前掲注(15)Von Bülow, a. a. O., S. 35.

(19)　前掲注(15)Von Bülow, a. a. O., S. 45.

(20)　前掲注(15)Von Bülow, a. a. O., S. 46f.

(21)　前掲注(15)Von Bülow, a. a. O., S. 62ff.

(22)　前掲注(15)Von Bülow, a. a. O., S. 94.

2 第2次世界大戦後の考え方

ところが，第2次世界大戦後のエネクツェルス・ニッパーダイの1954年の体系書では，趣が変わってくる。ニッパーダイ（Nipperdey）は，任意法と強行法に関する記述の冒頭で，客観的法（＝法律）は，法律関係を自ら形成する可能性を与えることで，個々人に協力を呼びかけているとした後に，生成的な力は，客観的法にだけ基礎を置くと指摘している。その上で，人間に法的効力を基礎づける力を与える法命題は，授権的法命題（ermächtigende Rechtssätze）とネーミングされているとして，ビュローを引証している[23]。ただし，重要なのは，任意法の補充的機能とともに，任意法の秩序機能が強調されていることである。つまり，任意法は補充的規定で強行法ではない。従来の通説は，これを良俗違反でなければ，無制限に許容してきた。しかし，それでは契約自由の限界を正しく認識していないという見解が次第に増えつつあり[24]，かつ，その出発点は，約款（AGB）規制だと指摘している[25]。その上で，「立法者が十分に考え，当事者の通常の利益状況から作成した任意〔譲歩〕的（nachgiebig）法命題は，一定の秩序機能（Ordnungsfunktion）を有している。だから，強行法と同じではないが，任意法は尊重されるべきである。当事者が任意的法命題から乖離できるのは，実質的理由，つまり，法律の基礎としなかった実態・利益状況が存在する限りでである。乖離は制度趣旨（rule of reason）から正当化されるべきである。任意法の変更では，その内容が，契約によって除去された，または，修正された法的ルールが信義誠実，正義の考慮の基準に則して，両当事者の利益が適切に考慮されるべきである。つまり，『公平（fair）』でなければならない。それこそが，人間の自由な発展を，憲法に則した秩序，他人の権利の尊重，および，良俗法則の限界で保護する基本法の『自由な社会的法治国家』の基準

---

(23) Enneccerus/Nipperdey, Allgemeiner Teil des Bürgelichen Rechts, Tübingen, Mohr, 1959, S.299. その上で，ニッパーダイは，S. 299, Anm. 2 で，この性質を強調したのは，Bülow だが，用語自体は，Eisele に由来すると指摘している。だたし，法の授権による意思表示によって法律行為の効力が発生するという説明は，論理必然的ではなく，法律が効力の原因だということもできるが，純粋に論理的には，法律と法律行為の全体が，法律行為の効力の原因であると指摘している。

(24) 前掲注(23)Enneccerus/Nipperdey, a. a. O., S. 301.

(25) 前掲注(23)Enneccerus/Nipperdey, a. a. O., S. 301, Anm. 11.

となる原理である。それが第一義的に当てはまるのが，（特に，いわゆる免責条項に関して，）立法者が考えた法律関係の秩序と反対の結果となる，普通契約約款，および，経済的優越性の利用によって課された契約条項，商慣行である。」[26]と指摘している。つまり，約款による大量取引での任意法の変更が，契約自由によって任意法から乖離することの限界という認識につながっている[27]。他方で，強行法に関しては，強行法が大部分の公法規定とは異なり，私法では授権的，補充的規定が多いが，公共の福祉，つまり，倫理的直感，取引の安全，家族の配慮，経済的弱者の考慮，あるいは，固有の軽率さ，無経験，劣弱の保護が要請される場合が強行法の例としてあげられている[28]。つまり，法秩序の基本的な制度設計だけでなく，社会政策が強行法と関係していることの指摘であろう。

　さらに，ラーレンツ（Larenz）の1980年の体系書では，居住賃貸借法，雇用法，および，割賦販売法では強行法が存在することが指摘されている。加えて，例えば，日常的な売買では，契約交渉は面倒で時間を要するし，かつ，法律が適切なルールを用意しているから，当事者は代金と目的物の引渡に関してだけ合意する。その結果，契約不適合の目的物が給付されたときの処理に関しては，任意法が答えを与える。だから，個別の合意で排除はできるが，任意法は一般的ですべてに当てはまる法であり，その意味は軽くないとされている。つまり，任意法は，当事者が変更はできるが，当事者の意思によってではなく，「法ゆえに（von Rechts wegen）」効力を持つとされている。その上で，約款法では，個別の契約交渉がなければ，約款の条項ではなく任意法が適用されることが強調され，任意法と強行法の対立は一定程度相対化されていると指摘されている[29]。つまり，社会政策による契約自由の

---

(26)　前掲注(23)Enneccerus/Nipperdey, a. a. O., S. 301f.

(27)　約款規制と任意法に関しては，HK-Kommentar, Bd. II/2, Mohr, Tübingen, 2007, §§305-310（I），Rn. 1ff.〔Sibylle Hoffer〕も参照。

(28)　前掲注(23)Enneccerus/Nipperdey, a. a. O., S. 303. ニッパーダイには，Nipperdey, Die sozaiale Marktwirtschaft in der Verfassung der Bundesrepublik, WuW 1954, S. 211ff. という論考があり，社会的市場経済を憲法秩序の下にあるものとして，19世紀の自由主義の完全な価値相対主義と対置している。以上のニッパーダイの考え方に関しても，前掲注(6)松田「任意法規をめぐる自律と秩序(2)」民商148巻2号135頁以下に適切な紹介がある。

制限によって，伝統的な任意法と強行法の区別が曖昧になっていることの指摘である。

3 現代の代表的な考え方

　恐らく現代の体系書で任意法と強行法に関する最も詳細な記述のあるものの1つであるラーレンツ・ヴォルフ（Larenz/Wolf）では，任意法の第1の役割は，当事者が任意法と異なった合意をしなかったときの欠缺補充だとされるが，それだけではなく，特に約款規制で意味を持つ，当事者に事理に適った契約上の合意を提供する指導形象機能（Leitbildfunktion）が強調されている。加えて，ラーレンツの日常の取引では，任意法は合意によってではなく適用されるという記述が繰り返されている[30]。つまり，任意法は，指導形象機能を持つから，規範的な意味でも，単に合意によってだけ排除できるものではないとした上で，さらに，経験的な意味での任意法の現実の機能を確認している。強行法に関しては，具体例として，物権法定主義の規定，取引の安全，第三者の信頼保護という私的自治の基礎を構成する制度の他に，不正義の回避，または，社会の要請を満足させるための私的自治の制限があげられている[31]。だから，後者は，社会政策的な見地が強行法の役割であることを正面から認めたものであろう[32]。

　つまり，BGB の立法時には，法制度の基底を構成する法規定，例えば，物権法定主義などが強行法とされ，他方で，任意法は，契約自由が原則であり，法律上の禁止，良俗違反だけがその限界を画しているにすぎなかった。ところが，居住賃貸借法，雇用法などで強行法が規定され，加えて，約款規

(29)　Karl Larenz, Allgemeiner Teil des deutschen Bürgelichen Rechts, 5. Aufl., München, Beck, 1980, S. 27ff.

(30)　Larenz/Wolf, Allgemeiner Teil des Bürgerlichen Rechts, 9. Aufl., München, Beck, 2004, S. 67ff., S. 68. 同書での任意法と強行法に関する記述に関しては，中山知己「ドイツ法における任意法・強行法の議論について」椿寿夫編著『民法における強行法・任意法』（日本評論社，2015年）333頁以下，334頁以下に詳しい紹介がある。

(31)　前掲注(30)Larenz/Wolf, a. a. O., S. 69f.

(32)　Wolf/Neuner, Allgemeiner Teil des Bürgerlichen Rechts, 11. Aufl., München, Beck, 2016, S. 17では，任意法は当事者が自身で選択せずとも適用されること，および，弱者は任意規定の排除ができないから，憲法上の過剰の禁止（Übermaßverbot）によって規制される必要があると指摘されている。

制に始まる任意法の（片面的）強行法規化によって，任意法の機能の理解が変化し，かつ，任意法と強行法の限界が流動化してきたということであろう。

Ⅲ　形式的・手続的な契約自由からの契約自由の実質化

　以上のような任意法と強行法の区分，意味に関する理解の変化の背後にあるのが，BGB の制定から現代に至る形式的な契約自由の実質化という現象であろう。カナーリスは，「債務契約の変遷―『実質化』の傾向」という論考で，この問題を論じている。そこで，ここでは本稿のテーマに関係する限りでだが，カナーリスの論考の概要を紹介することとしたい。カナーリスは，（Ⅰ）まず契約自由の実質化は，(a)契約自由，(b)契約正義，(b)BGB の基礎となる世界観・政治的な基本思想という要素と関係していると指摘する。その上で，(a)BGB は，（意思・行為）能力（BGB104条以下），意思表示（BGB123条以下），および，暴利行為（BGB138条 2 項）に関する規定で，実質的な契約自由を保障している。だから能力に関する規定を除けば，BGB の実質的な契約自由を保障するモデルは 2 つであると指摘する。ただし，暴利行為の要件は，（ⅰ）窮状，経験不足，判断能力の不足（ⅱ）給付と反対給付の不均衡（ⅲ）窮状などの状況の利用だが，その要件は現在では緩和されてきている。他方で，意思表示の規定は，契約内容の適切さは問題にしないが，詐欺・強迫は故意を必要とし，錯誤は動機の錯誤を含まないから不十分だが，現在では契約解消のための要件は緩和されてきており，実質化を実現していると指摘している。(b)契約正義に関しては，BGB の出発点は，138条（良俗違反）であり，形式的・手続的な正義の保障に止まる。しかし，実質的な契約正義の実現の手段は，契約自由の限界を画す「強行法」と，「契約を補充する任意法」であり，補充的な任意法が，当事者間の権利・義務，負担と利益，リスクとチャンスの適切な配分を図っている。つまり，客観的，実質的な等価原則の命令の具体化であるとする。(c)さらに，世界観に関しても，（経済）自由主義を優先する BGB に代わって，弱者保護を目指す

社会的な世界観へと変化して来ていると指摘する[33]。加えて，(II)契約自由の実質を側面支援する制度として，市場での競争の存在が契約自由の前提だから，競争制限禁止法（GWB）および，個別交渉では交渉力が対等ではないから，集団的な賃金交渉（Tarifautonomie）をあげ[34]，その上で，契約法の実質化の諸相に検討を加えている。具体的には，(III)BGB138条の実質化，(IV)契約締結上の過失，(V)AGBGによる内容規制，(VI)消費者保護のための撤回権である。

(III)に関しては，(i)経済力を欠く近親者の保証契約を良俗違反で無効とした連邦憲法裁判所（BVefG）の判決（BVerfGE, 89, 214）は，ホンゼル（Honsell）が「19世紀末期の私的自治の冷たい風」と評した近親者の保証を有効とした連邦通常裁判所（BGH）の判決（BGH136, 347; 137, 329; BGH NJW1999, 58）と比べると，上記(I)の3つの意味で契約法の実質化の証左であると評している。さらに，(ii)さらに，暴利的な消費者与信の判決（BGH80, 153）では，BGHは，商人，事業者とは異なり，消費者は経済的な弱者として与信条件を受け入れていると推定しているとするが，カナーリスは，その理由づけ自体は不十分だが，契約の複雑さゆえに，実際には消費者の決定の自由が侵害されているから結論として判決は支持できるとする[35]。

(IV)では，契約締結上の過失は，契約当事者の誤解の惹起に関して，良俗違反とは違ったニュートラルな方法で，実質化に貢献していると評している。すなわち，相手方の錯誤を誘引した場合には，本来は，詐欺，良俗違反の不法行為（BGB826条）では，故意が必要だが，契約締結上の過失では，過失で契約の解消が可能となる。だから，カナーリスの評価では，契約締結上の過失は，現実の決定の自由という意味での実質的な契約自由を補完している。さらに，場合によっては，行為基礎のルールによる補助手段も存在し，不実の宣伝に対しては，過失を問題にしない不正競争防止法（UWG）

---

(33)　Claus-Wilhelm Canaris, Wandlungen des Schuldvertragsrechts-Tendenzen zu seiner „Materialisierung", AcP200 (2000), S. 273ff., S. 275ff.

(34)　前掲注(33)Canaris, a. a. O., S. 292ff.

(35)　前掲注(33)Canaris, a. a. O., S. 295ff. 以上の近親者保証に関する憲法裁判所の判決，および，その前後の（裁判）例に関しては，斉藤由起「近親者保証の実質的機能と保証人保護(1)(2)」北法55巻1号113頁以下，2号675頁以下に詳しい紹介と検討がある。

13a 条も用意されていると指摘している[36]。

　（Ⅴ）で，約款規制は，契約自由の実質化の中心テーマだとカナーリスは評している。その第1が，AGB では顧客の交渉の余地のないことと契約条件に関する競争の欠如による，顧客の実質的な契約自由の欠如であり，それゆえに，法秩序による補償が必要となる。第2が，形式的な契約正義の欠如のもたらす実質的な契約正義の付与の要請である。つまり，約款の使用者は任意法を恣意的に削除するから，契約内容の規制が問題となる。その結果，（ⅰ）事実上の決定の自由の侵害，（ⅱ）内容の不適切さ，（ⅲ）（ⅰ）（ⅱ）が約款の使用者に帰責されることという要素から，約款の内容規制は，BGB138条2項（暴利行為）の判断枠組みと類似してくる。ただし，（ⅰ）（ⅱ）（ⅲ）の要素は，BGB138条2項の場合より脆弱だとも指摘している（ただし，その上で，カナーリスは，約款の内容規制の過剰による契約自由と契約正義の危殆化にも言及している）[37]。

　最後に言及されているのが，（Ⅵ）消費者保護のための消費者の撤回権である。カナーリスは，約款規制は伝統的な私法上の概念（つまり，BGB138条2項の延長線上）で説明できるが，撤回権は決定の自由の保障のための全く新しい手段だと評している。撤回権は形式的な契約自由（「約束は守られるべきだ〔pacta sunst servanda〕」と実質的な契約自由の衝突ではあるが，契約に方式が要求されているのと同様であり，一方の当事者に熟慮期間を与えるためには正当な手段であるが，その理由が必要だというのが，カナーリスの撤回権の評価である。その上で，訪問販売法（HaustürWG）1条の根拠は不意打ち防止だが，不意打ちを良俗違反，または，信義則違反と評価する必要のあるBGB138条や契約締結上の過失より有効であり，法効果の点でも無効より撤回のほうが勝っていると評価する。今1つ消費者与信法（VerbKG）7条の撤回権も事理に適っており，結果的に，契約上の決定の自由が脅かされる状況に対する処方箋だと評価している[38]。

　つまり，カナーリスの論考は，契約自由という私法の大原則が，19世紀末

---

(36)　前掲注(33)Canaris, a. a. O., S. 304ff.
(37)　前掲注(33)Canaris, a. a. O., S. 320ff.
(38)　前掲注(33)Canaris, a. a. O., S. 343ff.

の BGB の形式的・手続的な契約自由から，現在では内容的・実質的な契約自由に変化しており，その理由は，実質的な決定の自由を確保するためだとしている。BGB の制定時には，契約自由の基礎となる意思能力，行為能力の規定，意思の欠缺・瑕疵の規定以外には，良俗違反だけが，契約自由を保障する強行法規だったが，それ以外の法制度が実質的な契約自由を確保するために発展してきたというのが，20世紀から今世紀に至る法発展だったということになる。その手段が，（ⅰ）BGB138条（良俗違反）の解釈の柔軟化，（ⅱ）契約締結上の過失の理論，（ⅲ）約款の内容規制，および，（ⅳ）消費者保護のための撤回権の付与である。だから，（ⅰ）および（ⅱ）は伝統的な法制度の柔軟化，ないしは，発展だが，（ⅲ）は任意法の（片面的）強行法化であり，（ⅳ）は強行法の新設によっていることになる。つまり，以上のカナーリスの論考は，19世紀から現在までの任意法，強行法の機能に関する議論の変化の背景を明らかにしたものと考えることができる[39]。

Ⅳ　法の経済分析の影響——経験的な側面からの説明——

1　任意法の意味

　加えて，最近のドイツ法では，アメリカ法での法の経済分析の影響で，任意法と強行法の機能を説明するものも存在する。例えば，ケッツ（Kötz）は，なぜ当事者は契約自由を行使しなかったのかという経験的側面から，任意法の存在意義を説明している。すなわち，当事者は現実には付随的な契約内容に関しては交渉せず，主な契約上の義務ですら概括的にしか合意せず，保護義務に関しては全く合意しない。その意味で，契約は「不完全（unvollständig）」である（不完全契約）。その理由は，契約交渉には，経済学の概念でいう取引コスト（Transaktionskosten）を要するからである。リスクの発生の可能性が100分の１で，リスクが現実化したときの損害が500だとすると，５の不利益を相手方に転嫁するために交渉に投資する必要があるのかは疑わ

---

(39)　前掲注（9）Kramer, a. a. O., Rn. 2ff., Rn. 19ff. も参照。

しい。だから，日常的な取引で当事者が契約交渉しないのは理性的である。その結果，現実に，完全契約が成立するのは，2つの場合に限られる。1つは，高価な給付が交換されるとき，例えば，科学工場の建築では，損害の膨大さゆえ契約条件は細かく点検される。今1つが，1つ1つは安価な財貨・給付交換でも，一方の当事者にとっては反復される取引であり，例えば，AGBの作成には時間と費用を費やすインセンティブが存在する，というのである。だから，以上の理由で，契約が不完全で，かつ，補充的契約解釈によっても十分でないときに，欠缺を補充する「予備の秩序（Reserveordnung)」として任意法規が登場する。任意法の制定での立法者の目的は，当事者の典型的な利益を考慮した適切なルールを，一定の通常は繰り返し現れる状況に応じて用意することである。言い換えると，任意法は，理性的で真摯な当事者が，取引費用を考慮する必要なく，注意と労力をつぎ込んで，交渉して合意したであろうと考えられるルールである。だから，任意法の役割は，消極的な欠缺補充に止まるものではない。しかも，任意法は，明確な言語で表現されているから，当事者の交渉費用の節約にも資することになる，というのである[40]。つまり，ケッツは，任意法の意味を，取引費用（ないしは，効用）の観点から，経験的（ないしは，行動科学的）に説明している。

2　強行法の意味

　ヴァグナー（Wagner）は，強行法の性格を持つEUの消費者指令との関係で，アメリカの議論に依拠して強行的な契約法の経済分析の議論を紹介している。ただし，同時に，アメリカでの法の経済分析の観点からは，強行法の存在意義は疑問視されているとも指摘している。ただし，立法者，ないしは，判例法国で裁判所が任意法を定立する意味は，合理的で十分に情報を与えられた当事者が，契約の個別の問題について交渉し決断したであろう内容を持った任意法のルールを用意して，当事者が費用をかけず利用できるよう

---

(40)　Hein. Kötz, Vertragsrecht, Tübingen, Mohr, 2009, S. 26ff. 以上を敷衍したものとして，Kötz, Der Schutzzweck der AGB-Kontrolle-Eine rechtsökonomische Skizze, JuS 2003, S. 209ff.; dispositives Recht und ergänzende Vertragsauslegung, JuS 2013, S. 289ff. も参照。後者は，特に，補充的契約解釈と任意法の適用について論じている。

にすることだとされている。そのような作業の結果が一義的でないときは，任意法を個別化するか，潜在的な契約当事者の多数の利益に合致するルール（いわゆる「マジョリテリアン・デフォールト・ルール」）を優先することになる。ただし，それ以外に，当事者に情報を公開して契約の合意を試みさせるための，利益に合致した解決とは反対の任意法（いわゆる「ペナルティー・デフォールト・ルール」）が必要かに関しては争いがあると指摘している[41]。

その上で，ヴァグナーは，強行法の機能を4つに分類し，その後に，強行法による弱者保護について論じている。第1は，外部費用を第三者に転嫁することの防止のルールであり，法規・良俗違反（BGB134条，138条），および，第三者の負担による契約の禁止が，これに当たる。第2が，当事者を強制またはそれ以外の影響から保護するルールであり，契約の締結の前提に当たるルール，強迫，詐欺，窮状につけ込むこと（BGB139条2項）に対する保護である。第3が，当事者間の情報の不対称が効用を最大化させる契約の締結を妨害しているときだが，現実の世界では情報は不対称であり，どのような場合に国家が介入すべきかは判然としない。しかし，幾つかの手がかりが存在し，AGBの規制がその例であるとしている。第4が，一方当事者が優越した市場での力を有している場合である。その規制の手段は，給付と反対給付の不均衡（BGB138条1項），他人の窮状に乗じることの禁止の規定（BGB138条2項）である。以上の他に，強行法は，特定の人的集団を優遇しており，それは，労働者，母性，賃借人の保護だと例示している。ただし，ヴァグナーは，契約法で一方の当事者に特権を与えて保護する方法は，例えば，賃借人が常に賃貸人に比べて弱者なわけではないから，必ずしも目的適合性が正確ではないと批判する。さらに，例えば，賃借人の保護によって賃貸住宅の建築が促進されない結果となるから，住居を得られない賃借人は，已に住宅を得ている賃借人に補助金を与えているのと同じ結果になると批判し，契約上の特権の付与は必ずしも適切な方法ではないと結論づけている[42]。

---

(41)　前掲注(5)Wagner, a. a. O., S. 256.
(42)　前掲注(5)Wagner, a. a. O., S. 257ff.

V　強行法に関する最近の議論

　最後に，強行法に関して，包括的で詳細な検討を行っているグリゴライト（Grigoleit）の議論を要約することによって，強行法の機能と20世紀から現在までの展開に関する概観を紹介することとしたい。

　グリゴライトは，(1)任意法と強行法を定義した後に，意思表示に関する規定を強行法の一環だと指摘している。つまり，能力，意思表示の欠缺・瑕疵に関する規定，および，方式に関する規定である。ただし，以上の規定は，有効な意思表示があったときでも，契約上の合意の効力を否定する強行法規とは種類が異なるが，契約の有効要件の前提とされている点で，強行法に属するとする。さらに，信義則が契約の欠缺を補充するだけでなく，契約上の合意を無効とするための正当化として適用される限りでは，信義則は強行法の法源だが，禁止が予め法律の形ではなく，裁判所によって個々のケースで具体化される点で，強行法の規定とは異なると指摘している[43]。

　その後に，グリゴライトは，(2)強行法と任意法の目的論的な背景に言及している。まず任意法の目的は典型的な当事者の意思を反映することだから，その説得力は典型的な当事者の意思を現実に把握していることにある。だから，典型的な意思を有していないときには，当事者には任意法を回避することが期待されている。その結果，不注意な当事者には，任意法の回避を怠るという危険があるこということになる。任意法は，当事者にその意思を詳細な意思表示と合意によって包括的に表現する必要をなくすことで，取引費用を低下させる。典型的な当事者の意思との関係を基礎とすることで，任意法の構成要素は強い経験的要素を指示している[44]。

　他方で，強行法では，当事者の意思が排除されるが，その追求する目的によって，強行法は3つに分類できる。(ⅰ)第1が，社会の上位の目的や価値の貫徹のために，個人の処分権を剥奪するルールである。具体的には，安全法上の目的に基づく私法上の禁止（例えば，武器，麻薬取引の禁止），一定の

---

(43)　前掲注(2)Grigoleit, a. a. O., S. 1822f.
(44)　前掲注(2)Grigoleit, a. a. O., S. 1823.

人格権の側面の私法上の処分不可能性（例えば，人間の尊厳にとって重要な内容に関する契約の無効），家族法，相続法での家族に関する価値決定の強行的な貫徹（一夫一婦制，家族相続），および，競争の機能を保障するためのカルテル法上の禁止である。（ⅱ）第2が，取引安全のための規定である。個別の取引で実質的な正義が実現される必要はないが，これらの規定によって，取引費用が低下し，集合的な意思の実現は容易かつ確実となる。このような規定の特徴は，取引保護の理由で制限されている，1人ないし複数の当事者の処分と第三者が潜在的に関係していることである。具体的には，物権法上の方式の厳格さ，ないしは，会社法上の類型強制である。（ⅲ）第3の，しかも，最近の私法の発展にとって重要な範疇が，特に，契約で弱者保護を目的とし，社会保護的な性格を有する規定である。弱者は強者に対して自己の保護を十分に貫徹できないという前提で，私法上の社会保護的な規定は強行法とされている。その具体的内容は，ヨーロッパでは，社会的な賃貸借法，労働法，消費者保護法である。それ以外で社会保護の色彩を有するのが，差別禁止の規定であり，性差，少数者の保護と関係する強行法である。ただし，差別禁止の命令は反面で差別的な性格を持っており，パラドキシカルなルールである。社会的保護の規定は，強者にだけ向けられているのではなく，弱者にも保護の処分可能性はない。なぜなら，そうでなければ，強者によって保護は空洞化されるからである。加えて，社会保護的な私法の特徴は，内容の自由だけでなく締結の自由も規律の対象とされ，弱者の社会参加を保障していることだ，とされている[45]。

　ただし，強行法によって個人の処分の自由への侵害には相当の正当化の論拠が必要であり，それは，重要な部分では3つに要約できる。第1は，当事者の情報と評価の資源が不対称なことであり，第2が，配分的正義に対する社会倫理的な基礎の優先であり，第3が，当事者意思から乖離することによるコストの正当化である。ただし，個別的には，正当化の根拠は，具体的に追求されている利益の種類に依存している。だから，上記の（ⅰ）では，特別な趨個人的な目的と価値のための侵害は，目的と価値の社会的な重要性によ

---

(45)　前掲注(2)Grigoleit, a. a. O., S. 1823f.

って正当化される。（ⅱ）の取引の安全のための規範では，具体的なケースでの取引の利益および取引の利益の社会的つまり経済的な保護の必要性の説得力という基準で評価されるべきである。ただし，（ⅲ）の社会保護的な規定の根拠づけでは，2つの特別な疑念を考慮すべきである。第1の疑念とは，社会保護の負担が，社会一般，例えば，租税ではなく，私法関係に関与する当事者の1人に割り当てられることには，それなりの正当化が必要なことである。なぜなら，分配の目的と当該の私法関係の間の特別な関係が明示されない限りでは，私法関係に関与する当事者の1人の負担には偶然性の要素が内在しているからである（偶然性の問題）。第2が，当該の私法関係を超えた侵害の影響への疑念であり，当事者の1人への負担は，価格の上昇を招き，優遇されるべき者の負担につながるからである（パラドキシカルな影響）⁽⁴⁶⁾。

　加えて，グリゴライトは，強行法の発展の傾向についても整理している。最初は，強行法の例外的性格についてである。すなわち，任意法の射程は，私的自治，契約自由の許容される範囲と相応している。以上の私的自治，契約自由という原理は，自由な社会のシステムを担うものであり，ヨーロッパ各国の法秩序に根を張っている。ローマ法では，強行法の例外的な性格は非常に明確だった。禁止規範および，良俗違反による実体法的な制限は，さして厳格ではなく，社会保護は重要な役割を果たしていなかった。一定の契約自由の制限は，履行強制できる訴権（actio）の種類の制限だった。ただし，以上の契約類型の強制は，未発達な手続秩序の副次的効果であり，特定の目的のための制限ではなかった。しかも，契約の類型的な拘束は，相当に緩和されていた。普通法の伝統でも，実体法上の契約内容の自由を与えることは保障されていた。加えて，アクチオ体系の手続的な制限は，中世の進行と共に廃止された。近世の法典，例えば，プロイセン一般ラント法でも，当事者の自由な契約の形成は尊重されていた。

　BGBの法典化でも，契約自由は，法律・良俗違反（BGB134条，138条）以外では，法的・倫理的な最低の基準によって制限されてるだけだった。法律の規定する契約類型は，給付障害法と同様に任意法であり，強行法が存在す

---

(46)　前掲注(2)Grigoleit, a. a. O., S. 1824.

るときでも，それは，ほとんどが倫理的な最低の基準である（例えば，
BGB276条3項〔故意に基づく債務者の責任を予め排除することの禁止〕444条
〔売主が目的物の瑕疵を黙秘したとき，または，目的物の性質を保障したときの，
買主の瑕疵請求権の排除の合意の禁止，〕）。強行法の重要な適用領域は，親族
法，相続法の特別に倫理的な色彩の強い分野，および，物権や会社での類型
強制のような固定された取引保護の構造に止まった。

　ところが，20世紀に入ってから現在まで，強行法の適用範囲は，ドイツ
法，および，ヨーロッパ法圏では拡大してきている。もちろん，任意法が原
則で強行法が例外という関係は未だ残ってはいるが，明確に後退してきてい
る。その背景は，なんといっても，様々な不対等な関係で（典型的には）弱
者を特別な規定で保護しようという傾向である。その具体例が，第1が，居
住賃貸借での賃借人の保護，雇用関係での労働者の保護である。その理由
は，賃借人，労働者は，その地位ゆえに，相当の程度で住居，職場に依存し
ており，通常は社会的な強者である賃貸人，使用者に対して，その利益を十
分に主張できないからである。第2が，BGB134条，138条の最低限の基準
を超える契約内容の規制であり，その重要な構成部分がAGBの内容規制で
ある。第3が消費者保護である（ただし，EG指令に促されたドイツの消費者保
護は十分ではないと評されている）。最後に，第4が，EU指令と基本権の影響
による差別禁止である(47)。

　以上は，BGBの立法時から現在に至るまでのドイツ法での強行法の存在
論と発展の傾向に関する簡にして要を得た概観だと考える。

VI　おわりに

　以上をまとめると次のようになる。ドイツ法，ないしは，BGBは，19世
紀の自由主義的世界観を基礎としており，BGBの規定の原則は任意法で，
強行法は例外だった。契約自由の制限は，法律上の禁止（BGB134条）およ

---

(47)　前掲注(2)Grigoleit, a. a. O., S. 1825f.

び，良俗違反（BGB138条）に止まった。そうすると，民法の規定で強行法と考えられるのは，基本的な民法の制度設計に関する規定，例えば，物権に関する規定，親族法，相続法の規定だということになる。だから，BGBの立法時から，強行法の機能には余り注目されず，任意法も補充的契約解釈との関係に言及されるだけだった。もちろん，任意法も当事者が自由に変更できるものではなく，法律が当事者に変更の授権を与えたという考え方はあった。ただし，任意法の積極的な機能，つまり，秩序機能，指導形象機能が注目される契機を与えたのは，約款による大量契約の締結と実質的な契約自由の空洞化である。さらに，居住賃貸借法，雇用法での片面的な強行的ルールも，同様に実質的な契約自由の実現の手段である。つまり，原則として価値相対主義を基礎とし，形式的・手続的な正義に契約自由を限定していたBGBの考え方が，実質的な契約自由ないしは社会正義を実現するという方向に変化してきたのが，任意法と強行法の存在意義を問い直すことにつながっている。だから，BGBの立法時には（意思・行為）能力，意思表示の欠缺・瑕疵に関する規定は，当事者が有効に合意したことを無効にするわけではないから強行法としては例示されていなかったが，現在では実質的な契約自由の保護という視角からは強行法の一環だとされている。さらに，契約自由の実質化の傾向を説くカナーリスによれば，約款規制，消費者保護のための撤回権とBGB138条（良俗違反）の柔軟化，契約締結上の過失は同一線上にある。さらに，それが契約を無効とする理由となる場合は，信義則は強行法と同一の機能を持っていることになる。

　つまり，任意法（ius cogens）と強行法（ius dispsitivum）の区別は古くから存在したが，その定義は，任意法とは，当事者の意思によって，当該の法規範の変更が可能な法規定であり，その反対概念が，当事者の意思での変更が不可能な強行法である。しかし，両者の定義は，私人の意思による当該の法規定の適用の排除ないしは変更の可否によるものであり，強行法規でなければ任意法規だというだけでは，一種の同義反復であり，そこから任意法規と強行法規の具体的な内容は明らかにはならない。ただし，古典的な経済自由主義の完全な価値相対主義を背景として，契約自由を形式的・手続的な側面だけから考えると，基本的には，強行法は法制度の基本設計に関する規定

だけに止まることになり，それ以外は原則として契約自由，ないしは，当事者による変更が可能な任意法の守備範囲だということになる。しかし，実質的な意味での契約自由を実現するという，特に20世紀の半ばに始まる社会思想の変化によって，契約内容の妥当性が問題にされると，本来は任意法の守備範囲だったはずの領域に強行的なルールが適用される結果となる。さらに，それは強行的な法規定の立法，信義則，良俗違反という伝統的な法制度の解釈だけには止まらず，任意法の強行法化による場合が多々ある。しかも，その範囲は，約款規制をはじめとして，市場での重要な法取引に拡大しており，任意法は単なる任意法ではなくなっている。その結果，任意法の適用の合理性，ないしは，任意法のあり方に関しても議論されている(48)。さらに，EU 指令による強行法である消費者保護の指令との関連で(49)，強行法の存在理由，具体化が論じられているというのが，ドイツ法の現状ではないかと考える。つまり，個人の自由の領域を保障する契約自由の実質的な前提条件，および，その保護のあり方をめぐる模索の一環が，ドイツ法では，ないしは，ドイツ法でも，任意法と強行法に関する議論に反映されていることになるという，ある意味では陳腐な認識が，本稿での管見である。

---

(48) 例えば，Lorenz Kähler, Begriff und Rechtfertigung abdingbaren Rechts, Tübingen, Mohr, 2012は，現実には任意法が当事者の合意がなくとも適用されることを前提に，任意法の合理性を検討している。すなわち，ケーラーは，任意法は意思モデル（当事者の仮定的意思），法規モデル（指導形象機能），効用モデル（経験的現実）で説明されており，意思モデルは，任意法は当事者の意思に反してはならないことを，法規モデルは，任意法を全法秩序との関係で位置づけることを，効用モデルは，任意法の効果を説明しているが，いずれも任意法の意味を完全には説明できないとする（S. 95ff.）。任意法の契約自由への干渉は緩やかだから，強行法に対して法倫理的，法理論的な優位性を持つ。ただし，その限度は，契約当事者および第三者の保護が明確に要請されない限りでであるとした上で，合意がないにもかかわらず，任意法が適用できることの正当化理由を探求している（S. 227ff.）。

(49) 例えば，前掲注(5)Wagner, S. 276ff. の EU 指令による消費者保護に関する一律の強行法化への反対を参照。

26　ヨーロッパ契約法における強行法

カライスコス　アントニオス

Ｉ　はじめに

　欧州連合（European Union. 以下「EU」という）が設立（過去には，異なる名称を有するものとして）されて以来，EU 加盟国の国内法を平準化するための試みが進められてきた。この平準化のプロセスは，主に次の２つの形で行われてきた。第１は，第二次法（主に規則や指令）である。これらは，すべての EU 加盟国で適用される規定を通じて EU 私法を平準化することで域内市場での越境取引に対する障壁を取り除き，それを通じて域内市場を機能化させることを目的とする市場志向のものである[1]。第２は，将来的なヨーロッパ契約法（あるいはヨーロッパ民法典）の形成を視野に入れた，学術的なプロジェクトである。これらは，上記第二次法とは異なり加盟国に対する拘束力を有するものではないが，その洗練された高度な水準がゆえに，加盟国内の実務でも参照され，ヨーロッパ私法（特に契約法）の自主的な平準化に実質的に貢献している[2]。本稿でみるように，これらのいずれにおいても，強行

（1）　Iris Benöhr, *EU Consumer Law and Human Rights*, Oxford University Press, 2013, p. 31 ff.
（2）　詳細については，ルス・M. マルティネス・ヴェレンコソ著（カライスコス　アントニオス訳）「平準化されたヨーロッパ私法およびアキ・コミュノテールの EU 加盟国へのインパクト——大陸法とコモン・ローの調和——」ノモス40号（2017年）195

法をどのように位置づけるのかが重要な課題として取り扱われてきた。

　本稿は，ヨーロッパ契約法における強行法の在り方を紹介および分析することを目的とするものである。本稿では，まず，総論的な内容のものである第2章において，ヨーロッパ私法（特に契約法）における強行法の定義，位置づけと類型を概観する。そして，各論的な内容を含む第3章では，具体的な立法等における強行法の在り方を検討する。ヨーロッパ契約法における強行法の在り方は，主にこのような具体的な立法などを通じて浮き彫りになっているため，本稿ではこの各論に重点を置いて論じる。最後に，第4章では，結びに代えて，本稿での検討事項についてより包括的に考察し，若干の結論を導きたい。なお，本稿は上記のような構成を採るものであるため，ヨーロッパ（EU）レベルでの検討に留め，各加盟国における状況については取り扱わないこととする。

II　ヨーロッパ私法における強行法の概観

　本章では，ヨーロッパ私法における強行法の意味や位置づけなどについて，基本的な理解を整理したい。以下では，強行法と任意法の定義および位置づけをみた上で（第1節），強行法の類型について検討する（第2節）。

1　定義と位置づけ

　ヨーロッパ私法における「強行法（ius cogens）」は，当事者が，契約によって逸脱することのできない法規範（規定）として理解されている。強行法の反対概念は「任意法（ius dispositivum）」であり，これは，当事者が，契約によって，その内容とは異なる定めを置くことのできる法規範（規定）であるとされている[3]。後に詳述するように，日本法における[4]のと同様に，

　頁以下を参照。

（3）　Hans Chr. Grigoleit, Stichwort *"Zwingendes Recht (Grundlagen)"*, in Jürgen Base-dow/Klaus J. Hopt/Reinhard Zimmermann (Hrsg.), *Handwörterbuch des Europäischen Privatrecht*s, Band II, Mohr Siebeck, 2009, S. 1822, およびヨーロッパ契約法原則1：103条のノートにおける定義を参照。なお，ヨーロッパ契約法原則で

ヨーロッパ契約法でも，私的自治の原則（および契約自由の原則）が基本原則とされている。そのため，法の任意的な性質が原則となり，その強行的な性質は例外としての位置づけをもつ。このような位置づけは，特定の法規範が任意法と強行法のいずれに属するのかを決定する際にも影響する。つまり，法規範の任意的あるいは強行的な性質はその内容を基に解釈を通じて決定されることになるが，上記のような位置づけがゆえに，強行法の場合にはその旨が明記されていることが多く，特にそうされていない場合には，任意的な性質が解釈の出発点とされるのである[5]。

2　強行法の類型

ヨーロッパ私法における強行法の類型については，一般的に，次のように分類されている[6]。まず，上位にある社会的な目的や価値を実現させるためのものがある。具体例としては，安全を確保するための禁止を設けるもの（武器や麻薬の取引の禁止等），人格権の特定の要素について私法上の処分を禁止るすもの（人の尊厳に反する事項を内容とする合意の無効等），家族法および相続法における価値観を実現するためのもの（重婚の禁止，遺留分制度等），競争機能を確保するためのカルテル法上の禁止が挙げられる。次に，取引上の保護を目的とするものがある。具体例としては，物権法における形式主義や，会社法上の類型強制[7]が挙げられる。最後に，特に契約関係において，弱い当事者を保護することを目的とするものがある。具体例としては，労働法や消費者保護法を挙げることができる[8]。

は，「強行法（mandatory law）の反対概念を示すものとして，「非強行法（non-mandatory law）」という用語が用いられている。
（4）　近江幸治『民法講義Ⅰ総則［第7版］』（成文堂，2018年）14頁以下。
（5）　Grigoleit, a.a.O. (Fn. 3), S. 1822.
（6）　以下で紹介する分類については，Florian Möslein, *Dispositives Recht: Zwecke, Strukturen und Methoden*, Mohr Siebeck, 2011, S. 19, および Grigoleit, a.a.O. (Fn. 3), S. 1823 ff. を参照。
（7）　民法における類型強制について紹介する文献としては，田中康博「『民法における契約自由と内容の自由・類型強制・類型固定』── Ann-Marie KAULBACH 氏の所説を中心に」神院41巻3・4号（2012年）177頁以下を参照。
（8）　同様に，日本における強行法規を，市民社会の基本制度を定めるもの，私法上の行為の基本ルールを定めるもの，私法上の行為と第三者との関係ルールを定めるものに

　上記のうち，第3の類型は最も新しく出現したものであり，本稿の各論で取り扱う指令のほとんどがこれに属する。歴史的にみると，ヨーロッパでは，ローマ法以来，私的自治や契約の自由が保障される結果としての私法の任意的なものとしての位置づけが基本とされ，例外としての強行法の位置づけが明確に示されてきた。上述したように，そのような位置づけは現行のヨーロッパ契約法でも基本的なものとなっている[9]。ただし，ヨーロッパ私法における強行法の範囲は，EU指令における要請の影響もあって，時の流れと共に拡大してきている。その主な例としては，上述した消費者保護法を挙げることができるが，そこでいうところの保護対象となる「弱い当事者」としての消費者の範囲については，EU加盟国間で違いがみられる。

Ⅲ　ヨーロッパ契約法の条文やモデル準則にみる強行法の在り方

　本章では，ヨーロッパ契約法に関する立法やモデル準則において強行法がどのように位置づけられているのかを分析する。以下，第1節では前者，第2節では後者における強行法の位置づけを，それぞれに属する立法等（ヨーロッパ契約法に関するもの）の時系列順にみていくこととする。なお，国際物品売買契約に関する国際連合条約は，EUによる立法ではないが，ほぼすべてのEU加盟国によって批准されており，EU法に強い影響を与えてきていることから[10]，第1節において，EU第二次法と共に取り扱うこととする[11]。

　　分類する見解については，伊藤進「私法規律の構造(1)——私法規律と強行法規の役割，機能——」法論85巻2・3号併合（2012年）52頁以下を参照。
（9）　Gerhard Wagner, *Zwingendes Privatrecht – Eine Analyse anhand des Vorschlags einer Richtlinie über Rechte der Verbraucher –*, ZEuP, 2010, S. 250を参照。
（10）　Michael J. Bonell, *The CISG, European Contract Law and the Development of a World Contract Law*, The American Journal of Comparative Law, vol. 56, no. 1 (2008), p. 1 ff.
（11）　EU第二次法には，たとえば差別禁止法など，契約法と間接的な関連性をもつ領域が存在するが，本稿ではこれらは取り上げず，契約法とより直接的な結びつきのあるもののみを対象としている。

1　EU 第二次法等における強行法

(1)　EU 第二次法における強行法

　契約法に関連する EU 第二次法は，消費者私法の領域に属する指令を中心とするものとなっている。これらの指令は，いずれも域内市場の機能化を目的とするものであるが，そこには，本節で紹介するように，この目的を達成するために，消費者の利益における強行法としての性格を有する規定（いわゆる「片面的強行規定」）が置かれることが多い。以下では，主な指令をその時系列に沿って取り上げ，そこにおける強行規定の在り方を概観する。これらの指令には，その保護目的がゆえに，当然に強行的な性質を有すると理解されているものもあるが，本稿ではこの点には触れず，これらの指令の強行的性質等に明示的に言及する規定のみを取り上げて検討する[12]。

　(a)　消費者信用指令87/102/EEC（現行の指令2008/48/EC）　　消費者信用契約は，当初は指令87/102によって規律されていたが，同指令は，後に指令2008/48によって置き換えられた（以下，現行の指令2008/48を「消費者信用指令」という）[13]。消費者信用指令は，消費者に対する信用供与にかかわる契約に関連する国内法を調和することを目的とするものである（1条）。同指令の強行的性格については，22条に規定が置かれている。同条(2)によると，加盟国は，同指令によって認められた権利を消費者が放棄することができないことをその国内法の規定によって保障しなければならない。また，同条(4)によると，加盟国は，信用契約が1つまたは複数の加盟国の領土と密接な関連性をもつ場合に，信用契約に適用される法として第三国の法を選択することによって同指令の下で認められる保護を消費者が失わないことを保障するために必要な措置を講じなければならない。これらの規定から明らかなように，消費者が自己の権利を放棄し，あるいは保護を失うような

---

(12)　なお，本稿では詳述しないが，EU 指令における強行規定については，既に欧州連合司法裁判所の判決で，国内裁判所がそれに対する違反について職権で審査しなければならないとの判断が示されたものに限らず，すべてについてそのような審査がされなければならないとの見解がある。詳細については，Arthur Hartkamp, *European Law and National Private Law: Effect of EU Law and European Human Rights Law on Legal Relationships Between Individuals*, Intersentia, 2016, p. 154 ff. を参照。

(13)　同指令の翻訳としては，谷本圭子「2008年ヨーロッパ消費者信用指令（2008/48/EC）について」立命336号（2011年）457頁以下がある。

合意についてのみ制限がされており，同指令の関連する規定は，消費者の利益における片面的強行規定としての性質を有するものである。

　(b)　パック旅行指令90/314/EEC（現行の指令2015/2302/EU）　　パック旅行契約は，当初は指令90/314によって規律されていたが，同指令は後に，指令2015/2302/EU によって置き替えられた（以下，現行の指令2015/2302を「パック旅行指令」という）[14]。パック旅行指令の強行的性格について定める規定としては，23条がある。同条(2)によると，旅行者は，同指令の下で有する権利を放棄することができない。また同条(3)よると，同指令に基づく権利の放棄や制限を直接あるいは間接的に生じさせる合意や旅行者の意思表示は，旅行者を拘束しない。このように，関連する規定は，片面的強行規定としての性格を帯びているのである。

　(c)　不公正契約条項指令93/13/EEC　　不公正契約条項指令は，売主または提供者（自己の事業等に関する目的のために行為する場合に限る）と消費者との間で締結された契約における不公正な契約条項に関する加盟国の国内法を接近させることを目的とするものである（1条）[15]。不公正契約条項指令6条(1)によると，加盟国は，消費者と締結された契約の中で売主または提供者によって使用された不公正な条項が消費者に対して拘束力を有しないことをその国内法上の規定として定めなければならない。また，同条(2)によると，加盟国は，契約がその領土と密接な関係にある場合に，契約に適用される準拠法として非加盟国の法を選択することによって，消費者が本指令によって与えられた保護を失うことのないように必要な措置を講じなければならない。この強行性は，消費者の利益における片面的なものである。

　(d)　タイムシェアリング指令94/47/EC（現行の指令2008/122/EC）

　タイムシェアリング契約は，当初は指令94/47によって規律されていたが，同指令は後に指令2008/122によって置き替えられた（以下，現行の指令2008/122を「タイムシェアリング指令」という）[16]。タイムシェアリング指令

---

(14)　同指令の翻訳としては，髙橋弘「新 EU パック旅行指令第2015/2302号の条文」広法39巻4号（2016年）126頁以下がある。
(15)　同指令の翻訳としては，河上正二訳「消費者契約における不公正契約条項に関する EC 指令（仮訳）」NBL534号（1992年）41頁以下がある。
(16)　94年指令の抄訳としては，寺川永訳「タイムシェアリング指令（Council Directive

は，タイムシェアリング商品の購入等に関連する契約のいくつかの側面に関する加盟国の国内法を接近させることを目的とするものである（1条）。タイムシェアリング指令12条(1)によると，加盟国は，加盟国の法が契約の準拠法となる場合には，消費者が同指令によって付与される権利を放棄することができないことを確保しなければならない。また，同条(2)によると，第三国の法が準拠法となる場合には，消費者は，特定の条件が満たされていれば，同指令によって付与される保護を失わない。この指令における強行性も，消費者の利益における片面的なものである。

　(e)　**消費者物品売買指令99/44/EC**　　消費者物品売買指令は，域内市場における消費者保護の最低水準の統一性を確保するために，消費者物品売買等に関する加盟国の国内法を接近させることを目的とするものである（1条(1)）[17]。同指令の強行的性格については，7条に規定が置かれている[18]。同条(1)によると，売主の注意が適合性の欠如に向けられる前に売主との間で行われた合意または締結された契約であって，同指令から生じる権利を直接あるいは間接的に放棄させ，あるいは制限するものは，消費者を拘束しない。また，同条(2)によると，加盟国は，契約が1つまたは複数の加盟国の領土と密接な関連性をもつ場合に，契約に適用される法として第三国の法を選択することによって同指令の下で認められる保護を消費者が失わないことを保障するために必要な措置を講じなければならない。この指令でも，関連する規定は，消費者の利益における片面的強行規定としての性質を有するものとなっている。

　(f)　**電子商取引指令2000/31/EC**　　電子商取引指令は，加盟国間における情報社会サービスの自由な移動を確保することで，域内市場の適切な機

　94/47/EC）」別冊 NBL121号（2008年）214頁以下がある。
(17)　同指令の翻訳としては，今西康人「消費者売買指令と目的物の瑕疵に関する売主の責任——指令の国内法化からの検討——」判タ1117号（2003年）56頁以下に掲載のものがある。
(18)　同指令における強行法の在り方については，Gerhard Wagner, *Mandatory Contract Law: Functions and Principles in Light of the Proposal for a Directive on Consumer Rights*, Erasmus Law Review, vol. 3（2010）, issue 1, p. 62 ff.; Reiner Schulze and Fryderyk Zoll, *European Contract Law*, Nomos Verlagsgesellschaft, 2016, p. 70 ff. を参照。

能に貢献することを目的とするものである（1条(1)）[19]。同指令の11条は，電子商取引における発注について定めている。同条(1)によると，「消費者ではない両当事者が別段の合意をした場合を除き」，サービス受領者が技術的な方法により発注をするときは，サービス提供者は，サービス受領者による注文の到達を，遅滞なく，電子的な方法で確認しなければならない。また，同条(2)によると，加盟国は，同じく「消費者ではない両当事者が別段の合意をした場合を除き」，サービス提供者が，サービス受領者が発注前に入力ミスの確認や修正を可能とするための手段を利用できるようにすることを確保しなければならない。これらの義務は，当事者の双方が消費者ではない場合（つまり，事業者間契約の場合）には，その強行的な性質を喪失するのである。

(g)　通信金融サービス指令2002/65/EC　　通信金融サービス指令は，消費者金融サービスの通信マーケティングに関する加盟国の国内法を接近させることを目的とするものである（1条）[20]。同指令にも，その規定の強行的な性格について明示規定が置かれている。12条(1)によると，消費者は，同指令によって消費者に付与されている権利を放棄することができない。また，12条(2)によると，加盟国は，消費者が，自己の締結した通信金融サービス契約が1つまたは複数の加盟国と密接なつながりを有する場合において，非加盟国の法をその契約の準拠法として選択することにより同指令によって付与されている保護を失わないことを確保するために必要な措置を講じなければならない。ここでも，片面的な強行性が付与されているのである。

(h)　契約債務の準拠法に関するローマⅠ規則（EU）593/2008　　規則593/2008（以下「ローマⅠ規則」という）は，EUにおける準拠法の選択を規律するものである[21]。同規則によると，契約当事者は準拠法を選択する

---

(19)　同指令の抄訳としては，寺川永訳「電子商取引指令（Directive 2000/31/EC）」別冊NBL121号（2008年）221頁以下がある。

(20)　同指令の抄訳としては，寺川永訳「通信金融サービス指令（Directive 2002/65/EC）」別冊NBL121号（2008年）224頁以下がある。

(21)　同規則の翻訳としては，杉浦保友訳「契約債務に適用される法に関する欧州議会及び理事会規則（Rome Ⅰ）（最終草案全文訳）」BLJ Online（2008年）（http://www.

自由を有する（3条(1)）。しかし，選択時に，関連する他のすべての要素が複数の加盟国に存在する場合は，当事者が加盟国法以外の準拠法を選択したときであっても，合意で逸脱できない EU 法の規定（強行規定）の適用は妨げられない（3条(4)）。

　また，消費者契約については6条に特別規定が置かれている。同条によると，事業者と消費者との間の契約（消費者契約）の準拠法は，消費者の常居所地国法とされる（6条(1)）。ただし，当事者は，これにかかわらず，3条に従い準拠法を選択することができる。しかし，そのような選択は，それがなければ6条(1)を基に適用される法における合意で逸脱できない規定（強行規定）によって消費者に付与される保護を消費者から奪う結果となるものであってはならない（6条(2)）[22]。

　こうして，契約の準拠法の選択においても，特定の条件の下で，強行規定の適用が排除されないよう工夫がされているのである。

　(i)　消費者権利指令2011/83/EU　　消費者権利指令は，上述した不公正契約条項指令と消費者物品売買指令を修正し，訪問販売指令85/577/EECと通信取引指令97/7/EC に置き替わるものである[23]。消費者と事業者の間で締結される契約に関する国内法を接近させることによって，高水準の消費者保護を達成することで，域内市場の適切な機能に貢献することを目的とする（1条）。同指令は，その規定とは異なる規定（異なる消費者保護水準を確保する，より厳格なまたはより厳格ではない規定を含む）を維持または は導入することを加盟国に認めない，いわゆる完全平準化（full harmonization）指令である（4条）。同指令25条によると，契約の準拠法が加盟国の法であるときは，消費者は，同指令を国内法化した国内法上の措置により消費者に与えら

---

businesslaw.jp/blj-online/imgdir/pdf/20080620_sugiura-02.pdf で閲覧可能。本稿で紹介するウェブサイトは，いずれも2018年7月1日に最終アクセスしたものである）がある。

(22)　ローマⅠ規則における消費者保護と強行法の関係については，Christopher Bisping, *Consumer Protection and Overriding Mandatory Rules in the Rome I Regulation*, in James Devenney and Mel Kenny（eds.）, *European Consumer Protection: Theory and Practice*, Cambridge University Press, 2012, p. 239 ff. が詳細に分析している。

(23)　同指令の翻訳としては，寺川永＝馬場圭太＝原田昌和訳「2011年10月25日の消費者の権利に関する欧州議会及び理事会指令」関法62巻3号（2012年）436頁以下がある。

れた権利を放棄することができない。また，同指令に基づく権利を直接また
は間接的に放棄しまたは制限する契約条項は，消費者を拘束しない。つま
り，消費者に権利を付与する規定は片面的強行規定として位置づけられてい
るのである。

　後述するように，完全平準化アプローチを採用する指令は，本稿で取り扱
っている指令のうちのいくつかを含めて，他にも存在する。しかし，その採
択当時，同指令は数少ない（本稿で取り扱っている中では唯一の）完全平準化
指令であった。また，消費者権利指令は，その適用範囲が比較的広く，契約
自由に対する特に広範な制約を定めるものとなっているため，この点につい
て注目を集める結果となった。そのような制約の根拠については，同指令で
は特に言及がされていない。また，この点については，契約自由に対するこ
のような強い制約は，同指令の有する保護目的によっても直ちに正当化され
るものではないとの指摘がされている(24)。この指摘を行う見解からは，そ
のような根拠について同指令で特に言及されていない理由としては，次の2
つが考えられるとされている。第1は，欧州委員会の考えでは，同指令がも
たらす完全平準化という目的から当然に，その規定の強行的な性格が導かれ
るというものである。そして，第2は，EUにおける消費者保護の領域で
は，私的自治に対するこのような制約が常態化しているということである。

　(j)　ヨーロッパ共通売買法規則提案(25)　　ヨーロッパ共通売買法規則提案
(Proposal for the Common European Sales Law Regulation. 以下「CESL」とい
う）は，2011年10月に，欧州委員会によって発表された。CESL は，事業者
と消費者および中小企業との間の売買契約において，各加盟国の国内法に代
替する契約法準則の選択を可能とするものとして想定されていた(26)。しか
し，加盟国からの強い抵抗に遭った結果として，2014年12月に撤回された。
その撤回の理由としては，「デジタル単一市場における電子商取引の可能性

---

(24)　*Wagner*, a.a.O. (Fn. 9), S. 245.
(25)　COM/2011/0635 final-2011/0284 (COD).
(26)　詳細については，ユルゲン・バーゼドー著（カライスコス　アントニオス訳）
　　　「ヨーロッパ契約法——ヨーロッパ共通売買法（CESL）への道，それを超えて」川角
　　　由和ほか編『ヨーロッパ私法の展望と日本民法典の現代化』（日本評論社，2016年）
　　　29頁以下を参照。

を完全に開放するための修正提案」を行うことが挙げられ[27]，その後，CESL の流れを汲みながらもより適用範囲の限定されたものとして，後述するデジタル・コンテンツ指令提案およびオンライン売買指令提案がそれぞれ公表された。このように，CESL は既に撤回されているが，その内容は加盟国法に影響を与えており[28]，また，本稿の関心事項との関係で重要性を有するものであるため，検討対象に含めて分析することとする。

　まず，CESL の特徴としては，強行規定の定義を置いていることが挙げられる[29]。CESL 本文によると，「『強行的準則』とは，当事者がその適用を排除若しくは制限し，又はその効力を変更することができない規定をいう」（2条）[30]。そして，CESL の付則（当事者が選択することのできる準則を含むもの）には，原則としてのその任意的性格と，例外としての強行的性格を定める規定が置かれている。まず，付則1条(1)によると，「当事者は，適用される強行的準則に反しない限り，自由に契約を締結し，その内容を決定することができる」。また，同条(2)によると，「当事者は，ヨーロッパ共通売買法の規定を排除し，又はその効果を制限し，若しくは変更することができる。ただし，その規定に異なる定めがある場合は，この限りでない。」。

　上記の原則の例外として，いくつかの規定において，CESL の特定の章あるいは節の規定が強行的なものである旨が記されている。こうして，CESL の規定の一部は強行的な性格をもつものとなっているが，その強行性には，消費者の利益における片面的なものと通常のものの双方がみられる。特定の規定群に前者の性格を付与する条文としては，22条，27条，47条，108条や

---

(27)　Communication from the Commission to the European Parliament, the Council, the European Economic and Social Committee and the Committee of the Regions, Commission Work Program 2015 - A New Start, COM (2014) 901 final of 16 December 2014, Annex 2, no. 60.
(28)　ヴェレンコソ・前掲注(2)を参照。
(29)　CESL および後述する DCFR における強行法の在り方について分析する文献としては，オリバー・レミーン著（中田邦博訳）「強行法，基本的自由，ヨーロッパ契約法」川角由和ほか編『ヨーロッパ私法の展望と日本民法典の現代化』（日本評論社，2016年）90頁以下を参照。
(30)　CESL の翻訳としては，内田貴（監訳）＝石川博康ほか訳「共通欧州売買法（草案）共通欧州売買法に関する欧州議会および欧州理事会規則のための提案」別冊 NBL140号（商事法務，2012年）がある。

700

177条が挙げられる。これに対し，後者の性格を付与する条文としては，81条や171条がある[31]。また，66条は，CESL の下における契約の条項について，契約条項は当事者の合意によって構成されるが，それは，CESL の強行的準則に従ったものでなければならないことを明示している。

　(k)　デジタル・コンテンツ指令提案[32]　デジタル・コンテンツ指令提案は，2015年12月に公表された[33]。上述したように，これは，CESL の撤回後に，その流れを汲む形で提案されたものである。同指令提案は，消費者にデジタル・コンテンツを供給する契約に関する一定の要求事項，特にデジタル・コンテンツの契約への適合性，適合性が欠如した場合の救済手段および救済手段の行使方法ならびに契約の改定および解消に関する準則を定めるものである（1条）。同指令提案の強行的性格については，19条に規定が置かれている[34]。同条によると，異なる定めがある場合を除き，消費者が供給者の注意を契約適合性の欠如に向ける前に，消費者に不利になるように同指令を国内法化する国内法上の措置の適用を排除し，制限し，またはその効果を変更する契約条項は，消費者を拘束しない。消費者の利益における片面的強行規定としての性質を有するのである。

　(l)　オンライン売買指令提案　オンライン売買指令提案は，上記デジタル・コンテンツ指令提案と同じ流れの一部として，同じく2015年12月に公表されたものであり[35]，2017年10月には修正提案[36]が公表された[37]。同指

（31）　Oren Bar-Gill and Omri Ben-Shahar, *Regulatory Techniques in Consumer Protection: A Critique of European Consumer Contract Law*, Common Market Law Review, vol. 50（2013），issue 1/2, p. 109 ff. によると，CESL には81の強行規定があり，そのうちの31が消費者の利益における片面的強行規定である。
（32）　COM/2015/0634 final - 2015/0287（COD）.
（33）　同指令提案の翻訳については，カライスコス　アントニオス＝寺川永＝馬場圭太訳「デジタル・コンテンツ供給契約の一定の側面に関する欧州議会及び理事会指令提案」関法66巻2号（2016年）197頁以下を参照した。
（34）　同指令提案における強行法の位置づけについては，Rafał Mańko, *Contracts for Supply of Digital Content: A Legal Analysis of the Commission's Proposal for a New Directive*, EPRS In-depth analysis, PE 582.048（Brussels: European Parliament, 2016），p. 7 を参照。
（35）　COM/2015/0635 final - 2015/0288（COD）.
（36）　COM/2017/0637 final - 2015/0288（COD）.
（37）　修正前の提案の翻訳としては，カライスコス　アントニオス＝寺川永＝馬場圭太訳

令提案は，売主と消費者が締結する通信売買契約に関する一定の要求事項，特に物品の適合性，不適合の場合の救済手段および救済手段の行使方法に関する準則を定めるものである（1条(1)）。1つの規則と1つの指令を修正するほか，通信売買契約については上述した消費者物品売買指令に置き替わるものとして想定されている。同指令提案にも，その強行的な性格を定める規定が置かれている。18条によると，消費者が売主の注意を物品の契約適合性の欠如に向ける前に，消費者に不利になるように，同指令を国内法化する国内法上の措置の適用を排除し，制限し，またはその効果を変更する契約条項は，消費者を拘束しない（片面的強行規定）。ただし，例外として，契約当事者が，4条(3)に従い，5条（物品の適合性に関する要求）および6条（誤った取付け）における要求事項の効果を排除し，制限し，または変更した場合はこの限りではない。4条(3)によると，そのような合意は，契約締結時に消費者が物品の特別の状態を知り，かつ，消費者が契約締結時にその特別の状態を明示的に受け入れた場合に限り効力を有する。

(2)　国際物品売買契約に関する国際連合条約における強行法

1980年に署名され，1988年に発効した国際物品売買契約に関する国際連合条約（United Nations Convention on Contracts for the International Sale of Goods. 以下「CISG」という）は，営業所が異なる国に所在する当事者間の物品売買契約を規律するものである。日本では2009年に発効した。

CISGでも，その規定の任意性が原則とされ，強行性が例外としての位置づけを与えられている。CISG 6条によると，当事者は，CISGそのものの適用を排除することができる。さらに，一定の条件の下で，CISGの規定の適用を制限し，またはその効力を変更することができる。その例外については，12条（96条に基づく留保宣言の効果）および96条（書面を不要とする規定を適用しない旨の留保宣言）に定めが置かれている[38]。

「物品のオンラインその他の通信売買契約の一定の側面に関する欧州議会及び理事会指令提案」関法66巻3号（2016年）314頁以下がある。

(38)　これらの規定の解説としては，潮見佳男ほか編『概説　国際物品売買条約』（法律文化社，2010年），甲斐道太郎ほか編『注釈　国際統一売買法　I——ウィーン売買条約——』（法律文化社，2000年），同『注釈　国際統一売買法　II——ウィーン売買条約——』（法律文化社，2003年）を参照。

2　ヨーロッパ私法の統一に向けた学術的プロジェクトにおける強行法

　ヨーロッパでは，契約法に関連するものとして，上記第1節で取り扱った立法と並んで，ヨーロッパ私法の統一に向けた学術的プロジェクトが存在する。これらのプロジェクトが登場した背景は，おおむね次のようなものである[39]。つまり，EU指令を中心としたヨーロッパ私法の平準化には，EUの立法権限が限定されていることから生じる限界がある。また，指令は，加盟国によって達成されるべき結果を定めるにすぎず，その国内法化に際しては，加盟国は方式および手段を選択することができる（EU運営条約288条）ため，もたらされる平準化が必ずしも十分ではない場合もあり，目的とされている越境取引に対する障壁の除去が実現したとはいえない状況も存在する。このような背景の中，ヨーロッパ私法の統一に向けた学術的プロジェクトが進行し，実際に，ヨーロッパ私法の平準化に貢献している[40]。以下では，これらのプロジェクトにおいて強行法がどのように位置づけられているのかを，その公表の時系列に沿ってみていきたい。

（1）　ユニドロワ国際商事契約原則

　ユニドロワ国際商事契約原則（UNIDROIT Principles of International Commercial Contracts 2016. 以下「PICC」という）は，国際商事契約法の平準化を支援することを目的として，ユニドロワ（私法統一国際協会）によって作成されたものである。第1版は1994年，第2版は2004年，第3版は2010年，そして，現行の第4版は2016年にそれぞれ公表されている。ユニドロワにはEU域外の国も参加しているため，PICCはヨーロッパに限定されたモデル準則ではないが，ヨーロッパにおける商事契約についても重要性を有するものであることから，本稿でも取り扱うこととする。

　PICCには，原則としての契約自由の位置づけ，およびそのモデル準則の任意的な性質について明文規定が置かれている。1.1条（契約の自由）によると，当事者は，自由に契約を締結しその内容を決定することができる[41]。

---

(39)　中田邦博「ヨーロッパ（EU）私法の平準化——ヨーロッパ民法典の可能性——」岩谷十郎ほか編『法典とは何か』（慶應義塾大学出版会，2014年）197頁以下。
(40)　ヴェレンコソ・前掲注(2)を参照。
(41)　ユニドロワ国際商事契約原則の和訳については，内田貴＝曽野裕夫＝森下哲朗によるもの（第3版に関するもの。https://www.unidroit.org/english/principles/

また，1.5条（当事者による排除または変更）によると，当事者は，PICC に別段の定めがない限り，PICC の適用を排除し，またはそのいずれの規定についてもその適用を制限し，もしくはその効果を変更することができる。後述する PECL とは異なり，PICC では，信義誠実は，契約自由に制限を加えるものとしては位置づけられておらず，その遵守は契約上の一般的な義務であるものとされている。つまり，1.7条によると，各当事者は，国際取引における信義誠実および公正取引の原則に従って行動しなければならず（同条(1)），この義務を排除し，または制限することができないのである（同条(2)）。

準拠法の選択と強行法との関係については，1.4条が定めている[42]。同条によると，PICC は，国際私法の準則に従って適用される強行規定については，その適用を妨げるものではない。

(2) ヨーロッパ契約法原則

ヨーロッパ契約法原則（Principles of European Contract Law. 以下「PECL」という）は，オーレ・ランドー教授の率いる研究者グループ（いわゆる「ランドー委員会」）によって作成された。このプロジェクトは，EU のほとんどの加盟国の法体系に共通する契約法（およびより全般的に債権法）の基本原則を明らかにすることを目的としたものであり，PECL の第1部は1995年，第2部は1999年，第3部は2002年にそれぞれ公表された。EU による公式のプロジェクトではないが，部分的に EU の支援を受けている。CISG から発想を受けながらも，これとは異なり，アメリカの契約法リステイトメントと同様のソフト・ローであり，拘束力を有しないモデル準則を提示するものである。そのため，上述した PICC に非常に類似している。

PECL では，契約自由を優先するというアプローチが採られている[43]。

contracts/principles2010/translations/blackletter2010-japanese.pdf で閲覧可能）を参照した。

(42) 同条による規律の詳細等については，Michael J. Bonell, *An International Restatement of Contract Law: The UNIDROIT Principles of International Commercial Contracts*, third edition, Transnational Publishers, 2005, p. 219 ff. を参照。

(43) 詳細については，Stefan Vogenauer, *'General Principles' of Contract Law in Transnational Instruments*, in Louise Gullifer and Stefan Vogenauer (eds.), *English and European Perspectives on Contract and Commercial Law*, Hart Publishing, 2014,

1：102条（契約の自由）(1)によると，当事者は，自由に契約を締結し，その内容を決定することができる[44]。ただし，信義誠実および公正取引，そしてPECLの強行規定に従わなければならない。また，同条(2)によると，当事者は，PECLに別段の定めがある場合を除き，その適用を排除し，その効果の内容や程度を変更するすることができる。PECLにおける強行規定の具体例については後述するが，ここでは，上記に加えて，信義誠実に若干触れることとする。1：102条(1)に明記されているように，PECLにおける契約自由は，信義誠実の制限に服する。そして，信義誠実については，1：201条に，当事者は信義誠実に従って行為しなければならないこと，および当事者のこの義務は排除または制限できないことが定められている。こうして，信義誠実は，契約自由を強行的に制限するものとして機能しているのである。

　PECLにおける強行規定の具体例としては，過大な利益取得または不公正なつけ込み（4：109条），個別に交渉されていない不公正条項（4：110条），意思表示に瑕疵があった場合における救済の排除または制限（4：118条），当事者の一方または第三者による価格その他の契約条項の決定（6：105条，6：106条(2)），期間の定めのない契約（6：109条），不履行に対する救済を排除または制限する条項（8：109条），不履行に対する支払いが契約で合意されていた場合（9：509条(2)），時効に関する合意（14：601条）に関するものが挙げられる[45]。

　強行規定と準拠法の選択との関係については，1：103条が定めている。同条(1)によると，当事者は，契約に本来適用される法が許容するかぎりにおいて，契約の規律をPECLに委ねることを選択することができる。そして，この場合，各国の国内法における強行規定は適用されない。ただし，同条(2)によると，各国の国内法，超国家法，国際法における強行規定のう

---

　　p. 301 ff. を参照。

(44)　PECLの翻訳については，オーレ・ランドー＝ヒュー・ビール編（潮見佳男ほか監訳）『ヨーロッパ契約法原則Ⅰ・Ⅱ』（日本評論社，2006年）およびオーレ・ランドーほか編（潮見佳男ほか監訳）『ヨーロッパ契約法原則Ⅲ』（日本評論社，2008年）を参照した。

(45)　Hans Chr. Grigoleit, Stichwort *"Zwingendes Recht (Regelungsstrukturen)"*, in Jürgen Basedow/Klaus J. Hopt/Reinhard Zimmermann (Hrsg.), *Handwörterbuch des Europäischen Privatrechts*, Band II, Mohr Siebeck, 2009, S. 1828.

ち，関係する国際私法上の準則によれば契約を規律する法のいかんにかかわ
らず適用可能なものについては，(1)の規定にかかわらず適用されなければ
ならない。

　契約が強行法に違反する場合の効果については，15：102条に定められて
いる。同条(1)によると，契約が1：103条に基づいて適用される強行規定に
違反する場合において，その違反が契約に及ぼす効果がその強行規定に明文
で定められているときは，その定めに従うことになる。また，同条(2)によ
ると，強行規定違反が契約に及ぼす効果がその強行規定に明文で定められて
いないときは，その契約は，全部有効，一部有効，全部無効，または改定す
るべきもののいずれかとして判断される。最後に，同条(3)には，同条(2)の
規定に基づいて行われる判断に際して考慮される事情が例示されている。こ
のように，準拠法に含まれる強行法規への違反がある場合のサンクションと
しては，無効と改定が定められているのである。これに対し，加盟国の「根
本的であると認められている原理（fundamental principles）」への違反の場合
には，契約は無効となる（15：101条）。

(3)　アキ原則

　アキ原則（Acquis Principles, ACQP）は，その作成時に存在するヨーロッ
パ私法から抽出されたモデル準則および原則であり，ヨーロッパの学術的グ
ループ（いわゆる「アキ・グループ」）によって作成されている。その目的
は，ヨーロッパ共同体法の起草，国内法化および解釈に貢献することにある
（1：101条(2)）。アキ・グループは2002年に設立されたものであり，その成果
の一部が既に公表されている。以下では，契約締結前の債務，契約締結およ
び不公正条項に関する部分[46]について，検討を行う。

　既存のヨーロッパ私法のエッセンスを集約するものとして作成されている
ことから，アキ原則には，本稿で紹介したEU消費者保護法の諸要素も包含
されている。そのため，たとえば，撤回権，情報提供義務や不公正条項規制
等について多くの強行規定が置かれている。

---

(46)　Acquis Group, *Contract I: Pre-contractual Obligations, Conclusion of Contract, Unfair Terms* (*Principles of the Existing EC Contract Law* (*Acquis Principles*)), Sellier European Law Publishers, 2007.

アキ原則には，まず，消費者契約（事業者と消費者との間の契約）における強行性について定める一般規定として，1：203条が存在する。同条(1)によると，消費者に不利益な契約条項であって，消費者契約に適用されるアキ原則の準則から逸脱するものは，アキ原則に異なる定めを置く準則がない限り，消費者を拘束しない。同条を参照する形で強行性を定める特別規定としては，1：302条（電子的通知），2：205条(2)（電子的手段による契約締結），2：301条（入力ミスの修正），4：108条(4)（受領の通知）を挙げることができる。また，このほかにも，消費者契約に限定しない形での（つまり，事業者間契約にも適用される）強行的な準則も存在する。

アキ原則では，信義誠実は，契約の交渉（2：101条），債務の履行（7：101条），権利の行使（7：102条）において遵守されなければならないものとして定められている。他方で，上述したPECLとは異なり，信義誠実は，契約自由を制限するものとして明確に位置づけられてはいない。このような位置づけの背景にある理解は，次のようなものである。つまり，当事者の自由な意思に基づく契約は，それゆえに当然に信義誠実に適うものであるため，信義誠実の機能は，当事者間に合意のない事項についてその利益が衝突する場合に補充を行うことに限定されるということである。そして，そこには，信義誠実のこのような補充的な機能は，PECLのようにその強行性を明記した場合には失われる可能性があるとの考え方が示されているのである[47]。

なお，アキ・グループは，2005年に他のグループと共にヨーロッパ契約法共通原則に関する共同ネットワーク（Joint Network on Common Principles of European Contract Law. 以下「CoPECL」という）を構成し，後述する共通参照枠草案を2008年に公表した[48]。そのため，アキ原則は，同草案にも影響を与え，アキ・グループの作業の流れがこれに組み入れられることとなった[49]。

---

(47) Grigoleit, a.a.O. (Fn. 45), S. 1829 ff.

(48) 関連する一連の流れについては，Constantin Stefanou, *Drafters, Drafting and the Policy Process*, in Constantin Stefanou and Helen Xanthaki, *Drafting Legislation: A Modern Approach*, Routledge, 2008, p. 321 ff. を参照。

(49) 詳細については，Hans Schulte-Nölke, *From the Acquis Communautaire to the Common Frame of Reference - The Contribution of the Acquis Group to the DCFR,*

（4）　共通参照枠草案

　共通参照枠草案（Draft Common Frame of Reference. 以下「DCFR」という）は，上述したように，CoPECL が作成し2008年に公表したものである。DCFR は，上記で紹介した PECL を引き継ぐ形で，民法，中でも特に債権法および契約法全般に関するモデル準則を提案する。そのモデル準則が広範な内容をカバーするものであることから，DCFR は，ヨーロッパ民法典の中核的要素を含むものであると評価されている[(50)]。

　DCFR でも，契約自由の優先的な地位を強調するスタンスが採られている[(51)]。そして，DCFR の「原則」（「11　最小限の介入」）で示されているように，契約自由に対する介入は最小限に抑えられるべきだとの立場が採用されている[(52)]。DCFR の作成者たちは，「公正性（fairness）」について，強行規定を用いた介入よりも，そのような柔軟な基準を使用した方が，当事者の契約自由への介入の程度が小さいとの見解を示している。この見解に対しては，公正性を基準として用いることによって契約上の合意事項の効力が制限される結果となる場合には，結局のところ，公正性も強行法の一類型として機能しているとの批判が加えられている[(53)]。この立場によると，このような場合における強行法の利用との違いは，強行的な性格をもつそのような制限の具体化が裁判官の判断に委ねられることにある。

　個々の具体的な強行規定のレベルにおいては，DCFR は，基本的に，PECL やアキ原則における理念的方向性を採用しているといえる（ただし，当事者自治に優先的地位を認めている点においては，PECL とは異なる）。DCFR には，信義誠実に関する一般規定は置かれておらず，個別の規定（契約交渉に関する II. -3：301条(2)，債務に関する III. -1. 103条(1)および(2)）でこれに言

　　Juridica International, vol. 14（2008），p. 27-31を参照。

(50)　たとえば，Horst Eidenmüller and others, *The Common Frame of Reference for European Private Law - Policy Choices and Codification Problems*, Oxford Journal of Legal Studies, vol. 28（2008），issue 4, p. 659-708を参照。

(51)　詳細については，Vogenauer（op. cit. at note 43），304 ff. を参照。

(52)　DCFR の翻訳については，クリスティアン・フォン・バールほか編（窪田充見ほか監訳）『ヨーロッパ私法の原則・定義・モデル準則　共通参照枠草案（DCFR）』（法律文化社，2013年）を参照した。

(53)　Grigoleit, a.a.O.（Fn. 45），S. 1830.

及されている。

　強行規定（強行法規）に関する規定としては，Ⅱ.-1：102条（当事者の自治）がある。同条(1)によると，当事者は，自由に契約その他の法律行為を行い，その内容を決定することができるが，強行法規が適用されるときは，それによる。同条(2)には，当事者は，別段の定めがない限り，契約その他の法律行為またはそれらに基づいて生じる債務に関するDCFRの規定の適用を排除し，またはその効果を制限もしくは変更することができる旨が定められている。そして，同条(3)には，当事者がある規定の適用を排除し，またはその効果を制限もしくは変更することができない旨の規定があるときでも，当事者は，既に生じている権利であって，認識しているものを放棄することを妨げられないと規定されている。

　個々の具体的な強行規定をみると，アキ原則に取り込まれた既存のEU法，中でも特に消費者保護関連規定を反映するものとなっており，DCFRやアキ原則との関連性が露わになっている。そのような代表例としては，情報提供義務に関するⅡ.-3：101条以下や，撤回権に関するⅡ.-5：101条以下が挙げられる。そして，EU法の特徴が受け継がれていることから，これらのモデル準則での強行性も，消費者の利益における片面的なものとなっている（たとえば，情報提供義務についてはⅡ.-3.109条(5)およびⅡ.-3：201条(3)，撤回権にいてはⅡ.-5：101条(2)を参照）。

　強行法規に違反する契約については，Ⅱ.-7：302条によって定められている。同条(1)によると，Ⅱ.-7：301条（基本原則に違反する契約）により無効とならない契約が強行法規に違反する場合には，その違反が契約の有効性に与える効果は，その強行法規によって明示的に定められた効果があるときは，その定めるところによる。同条(2)によると，強行法規が，その違反がその契約の有効性に及ぼす効果を明示的に定めていないときは，裁判所は，全部有効，一部無効，全部無効，または契約もしくはその効果の修正のいずれかを行うことができる。最後に，同条(3)によると，上記(2)の定めにより行われる判断は，(3)で例示されているものを含むあらゆる事情を考慮して行われる。これらの規定には，PECLの内容がDCFRに取り込まれていることを特に明確に見ることができる。

Ⅳ　まとめと若干の結論

　本稿では，ヨーロッパ私法における強行法の定義や位置づけ，分類について検討した上で，EU 第二次法およびヨーロッパ契約法の統合に向けたプロジェクトを中心に，そこにおける強行法の在り方を分析した。以下では，本稿における検討事項についてより包括的に考察し，いくつかの点について若干の結論を得ることを試みたい。

1　強行法と消費者の利益

　本稿で見てきたように，EU 第二次法によるヨーロッパ契約法の平準化は主に消費者法に関する指令によって行われており，その内容は，基本的に，ヨーロッパ契約法の統合に向けた学術的プロジェクトにも受け継がれている。そして，そこには，事業者と消費者との間の契約における弱い当事者としての立場にある消費者に対する保護を強化するために，強行規定（主に消費者の利益における片面的強行規定）が用いられることが多い。これらの規定に強行的な性質が付与されている理由は，交渉力等において優位にある事業者が，約款等を通じて，そのような規定の適用を排除等することを防止するためである[54]。

　一般的に，上記のような規制手法は，消費者にとって望ましいものとされているが，他方で，これについて異論を唱える見解も見られる。その論拠は，強行規定の多用によって事業者に生じるコストの増加が少なくとも部分的に消費者に転嫁されるため，コスト面での消費者の負担が過重されるというものである[55]。この見解では，消費者には，より高い保護を受けるのであればより高い価格を支払うことになってもかまわない者と，より低い保護を受けてもよいのでより低い価格を支払いたい者の双方がいることに鑑みると，同水準の保護を強制することは望ましくないというのである[56]。そし

---

(54)　Bar-Gill and Ben-Shahar（op. cit. at note 31），p. 112.
(55)　Ibid, p. 113.
(56)　同様の批判は，たとえば消費者権利指令における撤回権の強行的な性格についても

て，消費者保護のための強行規定の使用は，それ自体として好ましくないとまではいえないが，その多用は避けるべきであり，また，使用する場合には，市場の失敗等によるその正当化が必要だとしている[57]。

　上述したように，本稿で取り扱ったEU指令等による平準化には，消費者保護のみならず，EU域内市場の形成および機能化という視点も含まれている。つまり，そこでは，域内市場を信頼し，積極的に越境取引を行う消費者の存在が，域内市場の存続のための重要な要素として位置づけられているのである[58]。上記見解で主張されているような，強行法の存在が強いことによる消費者の不利益（主に価格面におけるもの）に対する一定程度の配慮は必要かもしれないが，市場志向性の強いEUにおいて強行法を消費者保護の手法として用いる傾向は，市場の機能化の観点からも，決して誤ったものであるとはいえないであろう。

2　準拠法の選択との関係

　EUでは，いわゆる越境取引の充実が，域内市場の機能化と直接の結びつきをもつものとして理解されており，このことは，多くのEU指令の立法理由（前文）にも明記されている。そして，そのような取引では，本稿の主な関心事項である強行法と，準拠法の選択との問題が生じやすく[59]，この点は今後益々重要になるものと思われる。本稿で見てきたEU第二次法等では，この点についても配慮されている。以下では，この問題の困難性と限界を示すものとして，CESLとローマⅠ規則との関係について若干述べたい。

行われている。そして，強行法としてのそのような位置づけよりも，撤回権付きでより高い代金を支払うか，撤回権なしでより低い代金を支払うかの選択が消費者に与えられるべきだとの見解もある。詳細については，Hein Kötz, *European Contract Law*, second edition, Oxford University Press, 2017, p. 301を参照。

(57)　なお，Norbert Reich and Hans-W. Micklitz, *Unfair Terms in the Draft Common Frame of Reference*, Juridica International, vol. 14 (2008), p. 63は，このようなコストの増加が，中小企業等においても生じうるとしている。

(58)　たとえば，Lucinda Miller, *Ethical Consumption and the Internal Market*, in Dorota Leczykiewicz and Stephen Weatherill (eds.), *The Images of the Consumer in EU Law: Legislation, Free Movement and Competition Law*, Hart Publishing, 2016, p. 285を参照。

(59)　私法における抵触法の問題については，レミーン・前掲注(29)83頁以下を参照。

CESL は，上述したように，指令ではなく規則として提案されたものである。規則は，加盟国からの国内法化措置を必要とせず，自動的に加盟国の国内法の一部となる（EU 運営条約288条）。そのため，仮に CESL が採択されていた場合には，その内容は加盟国の国内法の一部となり，そこに，契約法に関する第 2 の体系（選択的なもの）が設けられる結果となっていた。これが実現していた場合には，ローマ I 規則との関係で，次のような問題が生じていた。同規則の 6 条(2)によると，準拠法の選択は，それがなければ適用される法における強行規定によって消費者に付与される保護を消費者から奪う結果となるものであってはならない。問題は，CESL を適用することに関する合意が，ここでいう準拠法の選択に当たるのか，ということである[60]。

欧州委員会の公式な見解[61]では，CESL の選択はあくまでも国内法における 2 つの契約法体系（つまり，通常の契約法体系と，CESL によるもの）との間での選択であるため，ローマ I 規則でいうところの準拠法の選択に当たらない。この見解では，当事者が CESL を選択した場合，国内法の強行規定が適用されることはない。これに対し，規則は国内裁判所によって直接適用され，国内法と同様に扱われるものの，国内で採択された立法とは性質の異なるものであるとする見解がある。これによると，CESL の選択によって国内法の強行規定の適用が排除されることはない。CESL は撤回され正式な第二次法となることはなかったが，この問題は，EU のような超国家的な存在においては，今後も重要性を失うことはないものと思われる。

3　完全平準化アプローチと強行性

EU 指令は，最小限の平準化（minimum harmonization）と完全平準化（maximum or full harmonization）のアプローチを採用するものに大別できる[62]。前者は，加盟国が達成するべき最低限の水準を示すものである。こ

---

(60)　この問題に関する分析としては，Christian Twigg-Flesner, *The Europeanisation of Contract Law: Current Controversies in Law*, second edition, Routledge 2013, 193 ff.; Stefan Wrbka, *European Consumer Access to Justice Revisited*, Cambridge University Press, 2015, p. 237 ff. を参照。

(61)　COM（2011）635 final, p. 9.

(62)　これらのアプローチについては，Stephen Weatherill, *Contract Law of the Internal*

れに対し，後者は，指令の定める水準を超えることも，それを下回ることも
認めないものである。本稿で取り扱った指令のうち，完全平準化のアプロー
チを採用しているのは，消費者信用指令，パック旅行指令，タイムシェアリ
ング指令および消費者権利指令である。このうち，消費者権利指令以外のも
のは，採択当初は最小限の平準化を行うものであったが，後に新たな指令に
置き替えられた際に完全平準化アプローチを採用するものへと変わった。ま
た，デジタル・コンテンツ指令提案およびオンライン売買指令提案も，完全
平準化を行うものとして想定されている。本来，このようなアプローチの採
用は，指令を国内法化する際に加盟国が有する裁量の範囲に関連するもので
あり，その指令の規定の任意法あるいは強行法としての位置づけとは関係し
ない。しかし，上述したように，消費者権利指令によって契約自由が特に制
限され，かつ，そのような制限の根拠が明確に示されていないことについて
はこれを消極的に評価する見解があり，指令が完全平準化のアプローチを採
用していることから当然に正当化されるものではないとの指摘がされている。

　完全平準化を行うものとしての指令の性質と，その規定の強行的な性質と
の関係をみると，まず，それぞれの側面が次元の異なる問題に関するもので
あることが分かる。つまり，指令が完全平準化アプローチを採っているとい
うことは，加盟国に対する指令の拘束力の程度（垂直的拘束力の問題）に関
するものである。これに対し，指令の規定が強行法としての性質を有するか
否かは，加盟国によるその国内法化後に，その適用範囲に含まれる主体であ
る者の間における指令内容の拘束力の程度（水平的拘束力の問題）に関する
ものである。このように，それぞれが対象とする次元が異なることから，完
全平準化というアプローチから当然に規定の強行的な性質が導かれるわけで
はないことが明らかであると思われる。

　なお，上記で紹介した見解からは，完全平準化を実現するために必ずしも
強行的な性質の付与が要請されるわけではないことについて，このような次

Market, Intersentia, 2016, p. 223が詳しい。また，前者から後者への移行について簡
潔かつ示唆に富む分析を行う文献としては，Norbert Reich, *From Minimal to Full to
'Half' Harmonisation*, in James Devenney and Mel Kenny (eds.), *European Con-
sumer Protection: Theory and Practice*, Cambridge University Press, 2012, p. 3 ff. を
参照。

元の違い以外に，実体的なレベルにおいても示唆に富む分析が行われている[63]。これによると，EU レベルの立法と加盟国レベルの立法を比較した場合，加盟国レベルでは EU レベルで議論されているところの「法の統合」が行われていることから，指令による国内法化に則していうならば，一種の「完全平準化」が実現しているといえる。そして，そのような状態にある国内法をみると，当事者は，原則として，法令の規定とは異なる定めを置くことを認められており，それによって国内法レベルでの私法の統合の程度に何ら問題が生じることはない。また，完全平準化という手法では，越境取引のコスト削減という目的も視野に置かれているが，指令に強行的な性質を付与しなかったからといって，それが達成できなくなるわけではないというのである。なぜなら，特に事業者が指令の規定とは異なる内容の合意を受け入れるのは，主に，そのような合意の有用性が，それによる取引コストを超える場合に限られると推測できるからである[64]。

　以上，本稿における検討から若干の結論を導くことを試みたが，本稿の関心事項との関係で重要性を有する事項はほかにも多い。たとえば，本稿で取り扱った，ヨーロッパ契約法の統合を目指す学術的プロジェクトの成果であるモデル準則は，いわゆるソフト・ローに属するものであるが，時として（特に中小規模の EU 諸国において）強い影響力を有し，法の統合に貢献している。そして，本稿で述べたように，そこには，ヨーロッパ契約法における強行規定に関する流れも基本的に受け継がれている。特に消費者を保護するために片面的強行規定を多用する傾向にある EU 第二次法と比べた場合に，ヨーロッパ私法（特に契約法）の統合に本質的なレベルでそれぞれがどの程度寄与しているのかを分析することは，非常に興味深いと思われる。このような残された課題等については，機会を改めて考察したい。

　　〔付記〕本研究は JSPS 科研費16H03571の助成を受けたものである。

---

(63)　*Wagner*, a.a.O. (Fn. 9), S. 248.
(64)　この点に関して，消費者の観点からも同じことがいえるのかについては，議論の余地があろう。

執筆者紹介（掲載順）

＊近江幸治（おうみ こうじ）　早稲田大学法学学術院教授

＊椿　寿夫（つばき としお）　民法学者・京都大学法学博士

椿　久美子（つばき くみこ）　明治大学専門職大学院法務研究科教授

青木則幸（あおき のりゆき）　早稲田大学法学学術院教授

中山知己（なかやま ともみ）　明治大学専門職大学院グローバル・ビジネス研究科教授

川地宏行（かわち ひろゆき）　明治大学法学部教授

中舎寛樹（なかや ひろき）　明治大学専門職大学院法務研究科教授

西島良尚（にしじま よしなお）　流通経済大学法学部教授

藤田寿夫（ふじた ひさお）　香川大学法学部教授

大澤慎太郎（おおさわ しんたろう）　千葉大学大学院社会科学研究院准教授

長谷川貞之（はせがわ さだゆき）　日本大学法学部教授

深川裕佳（ふかがわ ゆか）　東洋大学法学部教授

山口斉昭（やまぐち なりあき）　早稲田大学法学学術院教授

稲田和也（いなだ かずや）　山梨大学生命環境学部教授

後藤元伸（ごとう もとのぶ）　関西大学政策創造学部教授

髙井章光（たかい あきみつ）　弁護士（髙井総合法律事務所）

前田　泰（まえだ やすし）　群馬大学社会情報学部教授

芦野訓和（あしの のりかず）　東洋大学法学部教授

馬場圭太（ばば けいた）　関西大学法学部教授

藤原正則（ふじわら まさのり）　北海道大学法学部教授

カライスコス　アントニオス（KARAISKOS, Antonios）　京都大学大学院法学研究科准教授

＊は編著者

強行法・任意法の研究

2018 年 9 月 1 日　初版第 1 刷発行

| 編著者 | 近 江 幸 治 |
| | 椿 寿 夫 |

発 行 者　阿 部 成 一

〒162-0041　東京都新宿区早稲田鶴巻町 514
発 行 所　株式会社　成 文 堂
電話03(3203)9201(代)　FAX03(3203)9206
http://www.seibundoh.co.jp

製版・印刷　藤原印刷　　　　　　　　製本　弘伸製本
©2018 K. Ohmi　T. Tsubaki
☆乱丁・落丁本はおとりかえいたします☆　Printed in Japan
ISBN978-4-7923-2721-7 C3032　　　　検印省略

定価（本体14,000円＋税）